U0930091

中国产权市场年鉴

2016—2018

中国产权协会◎主编

CHINA PROPERTY RIGHTS EXCHANGING
CAPITAL MARKET YEARBOOK
2016-2018

中国经济出版社
CHINA ECONOMIC PUBLISHING HOUSE
·北京·

图书在版编目（CIP）数据

中国产权市场年鉴．2016—2018／中国产权协会主编．
—北京：中国经济出版社，2019.1
ISBN 978-7-5136-5441-8
Ⅰ.①中… Ⅱ.①中… Ⅲ.①企业产权—产权市场—中国—2016-2018—年鉴 Ⅳ.①F279.21-54

中国版本图书馆CIP数据核字（2018）第251464号

组稿编辑　崔姜薇
责任编辑　夏军城　焦晓云
责任印制　马小宾
封面设计　任燕飞装帧设计工作室

出版发行　中国经济出版社
印 刷 者　北京富泰印刷有限责任公司
经 销 者　各地新华书店
开　　本　880mm×1230mm　1/16
印　　张　32
插　　页　1
字　　数　821千字
版　　次　2019年1月第1版
印　　次　2019年1月第1次
定　　价　399.00元
广告经营许可证　京西工商广字第8179号

中国经济出版社　**网址** www.economyph.com　**社址** 北京市西城区百万庄北街3号　**邮编** 100037
本版图书如存在印装质量问题，请与本社发行中心联系调换（联系电话：010-68330607）

《中国产权市场年鉴2016—2018》编委会

◎ 2015 年 5 月，中国产权协会党委举行“三严三实”专题教育党课。

◎ 2016 年 6 月，国务院国资委产权管理局领导到中国产权协会检查指导工作。

◎ 2016 年 11 月，产权交易市场服务国企改革创新论坛在成都举行。

◎ 2017 年 4 月 25 日，中国产权协会资本投资运营分会成立。

◎ 2017 年 4 月，十二届全国人大代表、中国产权协会副会长、天津产权交易中心主任孔晓艳到协会就产权交易行业立法工作进行调研。

◎ 2017 年 11 月，中国产权协会三届二次理事会产权交易行业信用评价机构授牌仪式。

◎ 2017 年 11 月，中国产权协会三届二次理事会第三次典型案例颁奖仪式。

◎ 2018 年 2 月，中国产权协会与英国董事协会签署战略合作备忘录。

6 财 经

经济日报

5年累计成交额突破20万亿元——

产权市场在服务改革中发展壮大

热点聚焦

小额并购可走"快车道"

基金投资债券要防利益冲突

◎ 2018 年 10 月，《经济日报》高度关注产权交易资本市场发展动态。

人民日报

RENMIN RIBAO

结束秘鲁之行抵达圣地亚哥

习近平对智利进行国事访问

习近平同智利总统巴切莱特举行会谈

两国元首一致决定建立中智全面战略伙伴关系，开启双边关系发展新阶段

习近平出席中拉媒体领袖峰会开幕式

我国产权交易4年突破10万亿元

山沟里也有创业"风口"

◎ 2016 年 11 月，《人民日报》在头版显著位置报道产权交易行业发展动态。

CCTV.com 央视网 新闻　　国内　国际　图片　视频

我国产权交易资本市场5年累计成交额突破20万亿元

中国新闻　来源：新华网 2018年09月27日 16:02　　我要分享

原标题：我国产权交易资本市场5年累计成交额突破20万亿元

新华社南昌9月27日电（记者王希）中国企业国有产权交易机构协会（中国产权协会）27日发布的数据显示，近年来我国产权交易资本市场发展迅速，交易规模逐年增长，2013年至2017年累计成交额已突破20万亿元，有力推动了实体经济发展。

这是记者在此间举行的"推进产权交易资本市场体系建设 助力国企国资改革高峰论坛"上了解到的信息。

作为我国多层次资本市场的组成部分，产权市场是现代产权制度的重要一环，也是要素市场化配置的重要平台，主要为非上市企业提供非标准化的权益流转和融资服务等。

中国产权协会秘书长夏忠仁在论坛上介绍说，过去5年间，产权市场交易品类涵盖产权转让、企业增资、资产转让、金融资产交易、环境权益交易、技术产权交易、文化产权交易、农村产权交易、其他公共资源交易等12大类，总成交金额达到23.73万亿元，5年复合增长率24.89%。

产权市场在国企盘活存量资产、提高国有资产配置效率方面成效突出。过去5年间，接入国资交易监测系统的35家机构共完成国有产权转让交易金额9658亿元，较评估值增值1535亿元，增值率近20%。同期，产权市场还为国企和行政事业单位处置实物资产，回笼资金2877亿

◎ 2018 年 9 月，央视网对产权交易行业高峰论坛进行报道。

我国产权交易资本市场5年累计成交额突破20万亿元

2018-09-27 15:50:36　来源：新华网

关注新华网

微信

微博

Qzone

0 评论

新华社南昌9月27日电（记者王希）中国企业国有产权交易机构协会（中国产权协会）27日发布的数据显示，近年来我国产权交易资本市场发展迅速，交易规模逐年增长，2013年至2017年累计成交额已突破20万亿元，有力推动了实体经济发展。

这是记者在此间举行的"推进产权交易资本市场体系建设 助力国企国资改革高峰论坛"上了解到的信息。

作为我国多层次资本市场的组成部分，产权市场是现代产权制度的重要一环，也是要素市场化配置的重要平台，主要为非上市企业提供非标准化的权益流转和融资服务等。

中国产权协会秘书长夏忠仁在论坛上介绍说，过去5年间，产权市场交易品类涵盖产权转让、企业增资、资产转让、金融资产交易、环境权益交易、技术产权交易、文化产权交易、农村产权交易、其他公共资源交易等12大类，总成交金额达到23.73万亿元，5年复合增长率24.89%。

产权市场在国企盘活存量资产、提高国有资产配置效率方面成效突出。过去5年间，接入国资交易监测系统的35家机构共完成国有产权转让交易金额9658亿元，较评估值增值1535亿元，增值率近20%。同期，产权市场还为国企和行政事业单位处置实物资产，回笼资金2877亿元。

"这表明通过产权市场的运作，很好实现了国有资产的保值增值，有效防范了国有资产流失，产权市场已经成为国有资产交易领域建立健全惩防体系的重要抓手。"中国产权协会会长吴汝川说。

组图　视频

◎ 2018 年 9 月，新华社报道产权交易市场最新动态。

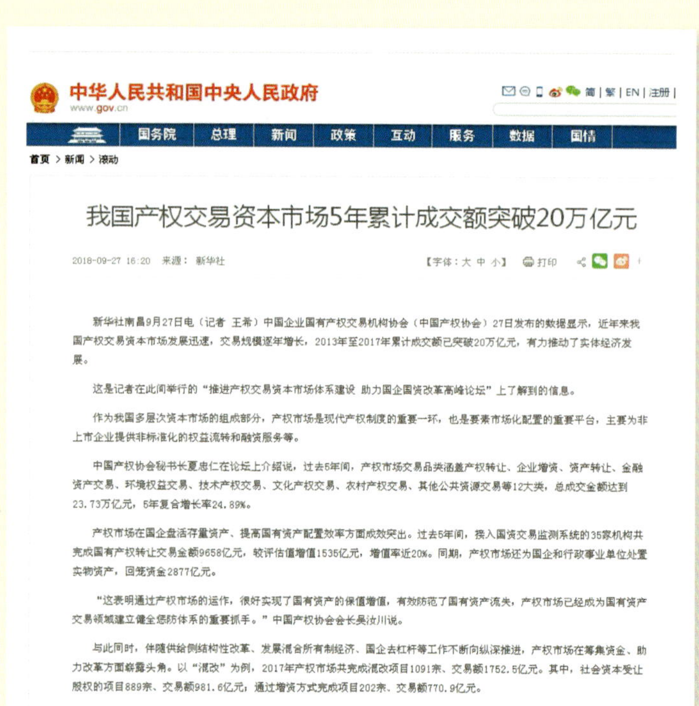

中华人民共和国中央人民政府

www.gov.cn

国务院 总理 新闻 政策 互动 服务 数据 国情

首页 > 新闻 > 滚动

我国产权交易资本市场5年累计成交额突破20万亿元

2018-09-27 16:20 来源：新华社 【字体：大 中 小】 打印

新华社南昌9月27日电（记者 王希）中国企业国有产权交易机构协会（中国产权协会）27日发布的数据显示，近年来我国产权交易资本市场发展迅速，交易规模逐年增长，2013年至2017年累计成交额已突破20万亿元，有力推动了实体经济发展。

这是记者在此间举行的“推进产权交易资本市场体系建设 助力国企国资改革高峰论坛”上了解到的信息。

作为我国多层次资本市场的组成部分，产权市场是现代产权制度的重要一环，也是要素市场化配置的重要平台，主要为非上市企业提供非标准化的权益流转和融资服务等。

中国产权协会秘书长夏忠仁在论坛上介绍说，过去5年间，产权市场交易品类涵盖产权转让、企业增资、资产转让、金融资产交易、环境权益交易、技术产权交易、文化产权交易、农村产权交易、其他公共资源交易等12大类，总成交金额达到23.73万亿元，5年复合增长率24.89%。

产权市场在国企盘活存量资产、提高国有资产配置效率方面成效突出。过去5年间，接入国资交易监测系统的35家机构共完成国有产权转让交易金额9658亿元，较评估值增值1535亿元，增值率近20%。同期，产权市场还为国企和行政事业单位处置实物资产，回笼资金2877亿元。

“这表明通过产权市场的运作，很好实现了国有资产的保值增值，有效防范了国有资产流失，产权市场已经成为国有资产交易领域建立健全惩防体系的重要抓手。”中国产权协会会长吴汝川说。

与此同时，伴随供给侧结构性改革、发展混合所有制经济、国企去杠杆等工作不断向纵深推进，产权市场在筹集资金、助力改革方面崭露头角。以“混改”为例，2017年产权市场共完成混改项目1091宗、交易额1752.5亿元。其中，社会资本受让股权的项目889宗、交易额981.6亿元；通过增资方式完成项目202宗、交易额770.9亿元。

【我要纠错】 责任编辑：刘

◎ 2018 年 9 月，中国政府网报道产权交易行业发展动态。

中华人民共和国中央人民政府

www.gov.cn

国务院 总理 新闻 政策 互动 服务 数据 国情

首页 > 数据 > 数据说

图表：我国产权交易资本市场5年累计成交额突破20万亿元

2018-09-27 21:26 来源：新华社 【字体：大 中 小】 打印

我国产权交易资本市场

5年累计成交额突破20万亿元

中国企业国有产权交易机构协会（中国产权协会）9月27日发布的数据显示

过去5年间

产权市场交易品类涵盖

●产权转让 ●技术产权交易

●企业增资 ●文化产权交易

●资产转让 ●农村产权交易

●金融资产交易 ●其他公共资源交易

●环境权益交易 等12大类

5年复合增长率 24.89%

产权市场总成交金额达 23.73 万亿元

接入国资交易监测系统的35家机构共完成国有产权转让交易金额 9658亿元

较评估值增值1535亿元，增值率近20%

产权市场还为国企和行政事业单位处置实物资产，回笼资金 2877亿元

◎ 2018 年 9 月，中国政府网报道产权交易行业发展成就。

目　录

行业大事记

市场述略

行业动态

业务研究

案例选编

宏观政策汇编

年度统计

附　录

索　引

中国产权市场年鉴 2016—2018

China Property Rights Exchanging Capital Market Yearbook 2016–2018

行业大事记

习近平总书记强调毫不动摇坚持我国基本经济制度，推动各种所有制经济健康发展，着力引导民营企业利用产权市场组合民间资本，培育一批特色突出、市场竞争力强的大企业集团

2016 年 3 月 4 日，中共中央总书记、国家主席、中央军委主席习近平看望参加全国政协十二届四次会议的民建、工商联委员。他强调，实行公有制为主体、多种所有制经济共同发展的基本经济制度，是中国共产党确立的一项大政方针，必须毫不动摇巩固和发展公有制经济，毫不动摇鼓励、支持和引导非公有制经济发展。要着力引导民营企业利用产权市场组合民间资本，培育一批特色突出、市场竞争力强的大企业集团。

推动产权交易资本市场发展的一系列政策文件颁布实施

2015 年 8 月，为认真贯彻落实党中央、国务院战略决策，按照“四个全面”战略布局的要求，切实破除体制机制障碍，坚定不移做强做优做大国有企业，中共中央、国务院下发了《关于深化国有企业改革的指导意见》（中发〔2015〕22 号）；为贯彻党的十八大和十八届三中、四中全会精神，落实党中央、国务院决策部署，推进国有企业混合所有制改革，促进各种所有制经济共同发展，国务院印发《国务院关于国有企业发展混合所有制经济的意见》（国发〔2015〕54 号）。2016 年 6 月，为规范企业国有资产交易行为，加强企业国有资产交易监督管理，防止国有资产流失，国务院国资委、财政部联合发布《企业国有资产交易监督管理办法》（国务院国资委、财政部令第 32 号）；国务院国资委、财政部、证监会联合印发《关于国有控股混合所有制企业开展员工持股试点的意见》（国资发改革〔2016〕133 号）；为贯彻落实《国务院关于国有企业发展混合所有制经济的意见》（国发〔2015〕54 号），稳妥有序推进中央企业混合所有制改革，国务院国资委印发《中央企业实施混合所有制改革有关事项的规定》（国资发产权〔2016〕295 号）。关于国企国资改革的一系列政策文件密集出台，有力推动了产权交易资本市场发展进入新时代。

中国产权协会二届六次常务理事会议在北京召开

2015 年 8 月 7 日，中国产权协会二届六次常务理事会议在北京召开。会议的主要议题包括：学习国务院常务会议通过的关于“决定整合建立统一的公共资源交易平台，以管理创新促进资源配置高效透明”的会议精神，研究产权交易行业如何贯彻落实会议决定，在全国范围的公共资源交易平台体系中发挥更大作用。常务理事单位代表围绕国务院常务会议精神中涉及产权交易平台的内容展开讨论，结合当地公共资源市场建设最新情况，充分分析产权交易机构在整合建立统一的公共资源交易平台工作中面临的形势和存在的问题，研究产权交易行业如何贯彻落实会议决定，在全国范围的公共资源交易平台体系中发挥更大作用。

为深入贯彻落实国办发〔2015〕63号文件，协会秘书处向国家发展改革委法规司提出8条工作建议

2015年9月17日，协会与国家发展改革委法规司共同召开贯彻落实国办〔2015〕63号文件座谈会。会上，李亢司长希望协会与法规司建立双向沟通机制，对公共资源交易平台的合作内容和方式进行深入研究。为此，协会秘书处向发改委法规司提出了深入贯彻63号文件建设公共资源交易平台的8条建议，为公共资源交易行业与产权交易资本市场协调发展出谋献计。

中国产权协会第三次会员大会在北京召开，选举产生第三届组织机构

2016年2月24日至25日，中国产权协会第三次会员大会在北京召开。大会审议通过了协会党委书记、秘书长夏忠仁代表协会第二届理事会所作的题为《创建品牌协会，打造阳光行业，推进产权交易资本市场建设》的工作报告，审议通过了《全国产权交易行业“十三五”发展规划》《中国企业国有产权交易机构协会章程（修订稿)》，选举产生中国产权协会第三届组织机构，即第三届理事会。第三届理事会第一次会议选举产生常务理事单位、会长、副会长、秘书长。吴汝川当选为第三届理事会会长；高峦、钱琎、张西建、陈志祥、苗伟、雷承孙、刘晓鸿、马正武当选为副会长；选举夏忠仁为协会秘书长。国务院国资委党委委员、总会计师沈莹同志参加大会并作重要讲话。

中国产权协会党委加强协会党建工作

2016年4月21日，中国产权协会党委召开“两学一做”学习教育动员部署会。协会党委书记、秘书长夏忠仁主持会议，秘书处全体人员参加会议。国资委直属机关党委“两学一做”学习教育督导组成员耿毅同志全程参加了会议。动员部署会上，协会党委副书记、副秘书长王双林带领大家学习了习近平总书记关于“两学一做”学习教育重要指示精神，刘云山同志、赵乐际同志在“两学一做”学习教育工作座谈会上的讲话，张毅书记在国资委直属机关和中央企业“两学一做”学习教育动员部署会上的讲话。

2016年7月1日，习近平总书记在庆祝建党95周年大会上的重要讲话发表后，中国产权协会党委认真落实中央、国资委党委、直属机关党委部署要求，结合“两学一做”，学习贯彻讲话精神。庆祝大会召开当天，党委号召秘书处全体工作人员在第一时间通过电视直播、网络直播等多种形式收听收看大会实况，随后通过报刊、网络等媒体学习、研读讲话原文。

7月8日，中国产权协会党委组织全体党员重温入党誓词、入党志愿书，组织秘书处全体人员深入学习习近平总书记在庆祝建党95周年大会上的重要讲话。

7月14日，党委组织召开中心组扩大会议，全体工作人员参加，专题学习研讨习近平总书记“七一”重要讲话。直属机关督导四组组长李春梅、督导员刘艳伶参加专题学习研讨会，对学习贯彻讲话精神进行督促指导。

中国产权协会三届二次常务理事会会议暨学习32号令培训班在太原举行

2016年8月23日，中国企业国有产权交易机构协会三届二次常务理事会会议暨学习《企业国有资产交易监督管理办法》（国务院国资委、财政部令第32号）培训班在太原召开。国务院国资委产权管理局副局长郜志宇，监管处处长李晓梁，监管处副处长李雪梅，山西省国资委党委委员、副主任张宏永参加了培训班开班式。来自全国各产权交易机构的负责人及业务骨干260余人参加了培训。

国有资产交易指数正式上线运行

根据《产权交易行业三年（2013—2015年）发展规划》和《全国产权交易行业“十三五”

（2016—2020 年）发展规划》的要求，为了动态、直观地展现产权交易行业发展趋势，为产权交易机构业务决策提供行业信息、市场信息和宏观经济信息，中国产权协会于 2015 年组织开发了产权交易行业指数综合分析管理系统。2017 年 6 月 23 日，产权交易行业指数正式向社会公开发布。

“产权交易市场服务国企改革创新论坛”在成都举办

2016 年 11 月，“产权交易市场服务国企改革创新论坛”在成都举办。国务院国资委有关厅局领导、地方国资监管部门领导、研究机构专家学者和中央企业、地方国企、产权交易机构、中介机构代表等产权交易市场主体齐聚一堂，共同规划设计产权交易市场未来发展方向，深入探讨产权交易市场创新转型之路，促进产权交易市场完善和提升市场建设水平，以便更好地服务于国家经济结构调整战略，服务于国有企业改革发展和提质增效。论坛取得一个共识，即党的十八大以来，产权交易市场迎来了又一个重要政策机遇期。论坛对产权交易市场未来 10 年发展形成了主流认识：一是准确把握产权交易市场作为资本市场的定位，坚持为实体经济发展服务的主流业务方向，按照国家发展战略要求，提升产品创新能力；二是按照资本市场要求，建设统一的产权交易大市场；三是重构产权交易市场运作模式，提高市场积聚资源、整合资源的能力；四是推进产权交易与互联网的深度融合；五是建议政府推进产权交易市场法制建设，并明确产权交易市场的监管主体，促进产权交易市场健康、有序、可持续性发展。

中国产权协会成立资本投资运营专业分会

2017 年 4 月 25 日，中国产权协会资本投资运营专业分会成立。自国务院国资委开展两类公司试点改革以来，中国产权协会积极贯彻落实工作要求，经过一年多的筹备，资本投资运营专业分会挂牌成立。资本投资运营专业分会首批共有 54 家会员单位。会议审议通过了《资本投资运营专业分会章程》，选举产生了分会会长、副会长和秘书长。

中国产权协会组织开展第三次产权交易资本市场典型案例评选活动

2017 年 5—11 月，中国产权协会组织开展了第三次产权交易资本市场典型案例评选活动。经会长办公会议审核，最终从 19 家机构申报的 53 篇案例中评出了产权交易资本市场 10 个最具影响力增资案例和产权交易资本市场 20 个典型增资案例。北京产权交易所申报的“招商局华建公路投资有限公司增资项目”“中石化川气东送天然气管道有限公司增资项目”案例、甘肃省产权交易所申报的“跨市场运作助力华龙证券成就年度新三板最高融资记录”案例、上海联合产权交易所“天津泰达科技投资股份有限公司增资项目”案例、天津产权交易中心“渤海证券增资 52 亿元扩股 15 亿股”案例、重庆联合产权交易所与北京中招国际拍卖有限公司合作完成的“分类募集、公开竞价，中国物流增资 39%”等 10 个案例被授予“最具影响力增资案例”奖。

推进产权交易行业信用体系建设，启动产权交易行业信用评价工作

为推进产权交易行业信用体系建设，进一步营造公平、公正、诚实、守信的市场环境，中国产权协会于 2016 年 9 月在全国产权交易行业开展了首批信用评价工作。经第三方评价机构评价，中国产权网、中国市场秩序网公示，产权交易行业信用评价专家委员会终审认定，报国务院国资委、商务部备案，首批评出 AAA 级信用企业 15 家，AA 级信用企业 8 家。在总结首批信用评价工作经验的基础上，中国产权协会于 2017 年 7 月组织开展了第二批信用评价工作，19 家机构申报，

经初审，有13家机构向第三方评价机构递交了资料，最终有9家机构被评为AAA资质，3家被评为AA资质，1家被评为A资质。

国务院国资委党委第一巡视组对中国产权协会党委进行巡视

2017年6月5日至7月18日，国务院国资委党委第一巡视组对中国产权协会党委进行了巡视。巡视期间，巡视组分别听取了中国产权协会临时党委工作汇报和有关工作专项汇报，开展了个别谈话，调阅了有关文件、档案和会议记录，走访了部分产权交易机构，听取了意见。8月11日，巡视组向中国产权协会临时党委进行了巡视情况反馈。

中国产权协会与英国董事协会签约培训项目合作

2017年8月31日，英国董事协会主席芭芭拉·贾琦女士一行到访国务院国资委，中国产权协会领导陪同国资委副主任王文斌参加会见。王文斌表示，国资委希望与英方加强沟通与合作，未来的具体合作事项主要由中国产权协会来落实，目的是学习和借鉴英国的丰富经验，帮助培育世界一流的董事，促进中国董事更加职业化、国际化，促进中央企业做大做强做优。贾琦女士对中国近年来的发展成就深感敬佩，希望加强与中国同行的合作，实现共赢。中国产权协会秘书长夏忠仁参加会见时表示，当前中国缺乏一个统一的与各国及国际组织就公司治理、董事会建设进行交流的平台，为了更好地推动董事会制度建设，服务国企改革，国资委在中国产权协会专门成立董事分会，有利于下一步和英国董事协会共同在研究、国际交流及培训等方面展开深度合作。

中国产权协会参与发起“中国商务信用联盟”，并当选为副理事长单位

2017年9月26日，第六届全国商务诚信建设大会暨“互联网+”信用年度创新峰会在京隆重举行。会议发布了“中国商务信用联盟”倡议书。来自商务部、工信部、地方发改委、行业商协会、金融机构、信用机构、诚信企业和媒体的代表共400余人参加了会议。会上，中国产权协会代表协会商会从创新行业信用评价工作、规范行业信用评价管理模式、推动信用评价结果应用等方面介绍开展行业信用建设的情况。同时，作为倡议单位参与了“中国商务信用联盟”倡议书的发布。“中国商务信用联盟”成立大会暨商务信用建设经验交流会于2018年6月1日在北京召开，中国产权协会当选为副理事长单位和商协会信用委员会副主任单位。

中国产权资本市场国有资本投资运营研讨会在甘肃成功举办

2017年11月22日，由中国产权协会和甘肃省公航旅集团联合主办，由协会资本投资运营专业分会、甘肃省金融资本管理有限公司、甘肃省产权交易所承办的“中国产权资本市场·国有资本投资运营研讨会”在甘肃省临夏州举办。国务院国资委、甘肃省政府国资委有关领导出席会议。研讨会上，各级国有资本投资运营公司紧密贴合十九大精神，围绕“国有资本投资运营及地方政府投融资平台公司转型发展”等主题，积极探讨国有资本投资运营公司搭建、运营经验，并就“如何处理国有资本市场化运营的关系”及国有资本投资、运营公司自身架构等热点难点问题进行了交流。

中国产权协会三届二次理事会扩大会议在京召开

2017年11月14日，中国企业国有产权交易机构协会三届二次理事会扩大会议在北京召开。国务院国资委协会党建局、产权管理局等厅局领导同志出席了会议。会议对十八大以来产权交易资本市场发展成果进行总结交流；推动产权交易行业深入学习、宣传、贯彻十九大精神，部署协会2018年的重点工作；举行了行业第三次典型案

例评选活动获奖单位授牌发证仪式；为协会产权市场服务分会成立揭牌；总结开展行业信用评价工作，公布行业专家库成员名单。

中国产权协会市场服务专业分会成立

2017 年 11 月 14 日，中国产权协会市场服务专业分会成立大会暨一届一次理事会在北京西藏大厦召开。大会先后审议并通过了《中国产权协会市场服务专业分会章程》和分会首届候选理事单位名单等重要议题。中国产权协会市场服务专业分会首批会员单位共计 53 家。

中国产权交易行业学习贯彻党的十九大精神暨理论研究课题结题会、2018 年理论研究课题开题会成功举办

2017 年 12 月 14 日，中国产权交易行业学习贯彻党的十九大精神暨理论研究课题结题会、2018 年理论研究课题开题会在广州成功举办。党的十九大代表、广东省国资委党委书记、主任李成，广州市国资委副主任崔彦伦，深圳市国资委副主任叶新明，中国产权协会副会长陈志祥、苗伟、刘晓鸿出席会议，苗伟副会长主持会议，中国产权协会党委书记、秘书长夏忠仁作了总结讲话。本次会议是中国产权交易行业机构集中学习宣传贯彻党的十九大精神，总结部署产权交易行业理论研究工作的大会，由中国产权协会主办，广东省产权交易集团承办，广东联合产权交易中心、南方联合产权交易中心、广州产权交易所、深圳联合产权交易所和珠海产权交易中心协办。

中国产权协会持续开展产权交易行业全员培训

2015—2017 年，中国产权协会持续开展行业人才培训工作，提高从业人员的业务素质和业务水平。3 年共举办了 6 期常规培训班，包括专题业务培训和综合业务培训。培训内容涉及大宗采购及实物资产交易业务、投融资业务、金融资产交易业务、产权交易资本市场专题培训，32 号令学习培训，学习贯彻党的十九大精神网络培训。行业内外与产权交易相关的机构参加了培训，包括交易机构主要负责人和高级管理人员。培训教师既有政府部门相关政策法规的制定者，也有高校专家学者，还有经验丰富的行业资深专家和交易机构领导。

中国产权协会规范开展交易数据统计工作

2015—2017 年，中国产权协会按照《企业国有资产交易监督管理办法》《产权交易行业统计工作实施办法》的要求，组织开展产股权交易、实物资产交易、诉讼资产交易、金融资产交易、环境权益交易、公共资源交易、技术产权交易、企业融资服务、文化产权交易、林权交易、矿业权交易和农村产权交易 12 类业务的统计工作。2015 年，64 家会员单位 12 类业务交易额合计 3.76 万亿元，成交宗数 84 万宗；2016 年，69 家会员单位 12 类业务交易额合计 7.92 万亿元，成交宗数 132.95 万宗；2017 年，68 家会员单位 12 类业务交易额合计 7.90 万亿元，成交项目总数 164 万宗。从统计数据看，产权交易行业在打造各类产权有序流转阳光平台等方面继续深耕细作、开拓创新，实现年交易总额大幅增长，行业发展势头良好。产权交易市场流转功能进一步巩固，融资功能逐步显现。

中国产权交易资本市场创新发展，涌现出一批典型案例

随着产权交易资本市场的不断发展，行业服务国企国资改革、服务实体经济的能力不断增强，2015—2017 年涌现一批典型案例。

2015 年，北金所完成的中华联合保险控股股份有限公司 30 亿股股份转让项目，成为 2009 年财政部颁布《金融企业国有资产转让管理办法》（54 号令）以来国有金融资产交易市场增值金额最大的项目；重庆联交所在中国物流有限公司二次增资项目

中，首创了“分类募集、公开竞价”的方式，为该项目成功募资9.63亿元，成为中央企业通过产权市场成功引入投资者的一个典型案例。

2016年，北京产权交易所完成中石化川气东送天然气管道公司增资项目，为中央企业成功融资228亿元；上海联交所完成的上海证券转让海际证券66.67%股权项目，以约30亿元成交，较挂牌价高出26亿元，创下641.28%的增值率；重庆联交所处置“重庆市江北区唐家沱组团E分区E29－1/03地块”，以6.5亿元成交，当年刷新重庆司法拍卖进场交易以来两项记录，即重庆司法拍卖单宗最大成交额项目和人民法院诉讼资产网竞价系统单宗最大成交额项目。

2017年，北京金融资产交易所操作完成的南洋商业银行100%股权转让项目，以680亿港元成交，交易规模一举刷新中国并购市场金融企业资产交易纪录，北金所因此获得中国并购公会颁发的“2017最佳并购交易奖”；广东省产权交易集团以拍卖方式成功组织了广东国投破产财产整体处置项目，该项目经过22轮竞价，最终以551亿元成交，增值104亿元，增值率23.34%，最大程度保护了债权人的合法权益，标志着我国历时近20年的首宗非银行金融机构破产项目圆满收官；北京产权交易所操作完成的中航工业集团所属中国航空技术国际控股公司转让航发投资管理有限公司100%股权及部分债权项目，以207.67亿元高溢价成交，其中股权部分增值80.65亿元，实现国有资产增值1803.81%；重庆联交所在国家电投集团下属企业天泰铝业85%股权转让项目中，主动对接天泰铝业全资股东国家电投重庆公司，为其出谋划策、牵线搭桥，成功挽救了一家停产企业，使其重新焕发生机；上海联交所在东航物流增资项目中，为增资企业设计了“增资扩股附带股权转让”的方案，帮助原股东回笼资金，实施核心员工持股计划，协助东航物流引入联想控股、珠海普东物流、德邦物流、绿地金融投资控股等战略投资者，有效引入了22.55亿元非国有资本，切实放大了国有资本的带动力和影响力；航天科工火箭技术公司增资项目是军民融合领域具有里程碑意义的一个“混改”案例，上海联交所为融资方引入8家社会投资机构，募集资金12亿元，标志着我国航天骨干企业向社会化和市场化发展迈出重要一步；浙江产权交易所协助浙江省建设投资集团，通过采取债转股实施机构承接银行债权和现金增资的方式，成功将近20亿银行债权转为公司27.08%股权，成为产权交易资本市场以市场化方式实施银行债转股的首宗类增资项目案例。

北交所荣获中国企业改革发展优秀成果一等奖

2017年12月28日，由中国企业改革与发展研究会主办的中国企业改革发展优秀成果发布会暨《中国经济发展阶段性转换》专题报告会在北京召开。北交所申报的“建设产权交易资本市场、服务国资国企深化改革”工作成果在此次活动中荣获一等奖。此次活动中，北交所以“建设产权交易资本市场、服务国资国企深化改革”为主题，以产权市场的历史沿革和北交所的发展脉络为主线，向外界全方位展现了北交所在打造高效、规范的资本市场平台以及服务国资国企改革等方面取得的优异成绩，获得评审专家的一致好评，北交所也因此荣获中国企业改革发展优势成果一等奖。

上海联合产权交易所被指定为“中国—中东欧国家投资促进机构联系机制”项目发布平台

2017年6月9日，商务部投资促进局刘殿勋局长在第三届中国—中东欧国家投资合作洽谈会上正式宣布上海联合产权交易所为“中国—中东欧国家投资促进机构联系机制”（简称“16＋1”联系机制）项目发布平台。

中国—中东欧国家投资促进机构联系机制是为落实中国与中东欧国家领导人共同签署的《中

国—中东欧国家合作布加勒斯特纲要》而成立的，这是其2014年成立至今首次指定项目发布平台。

天津产权交易中心北京总部正式成立

2017年11月，天津产权交易中心北京业务总部正式揭牌运营。中国国资国企产业创新战略联盟副理事长林俊来、秘书长张士传、国有重点大型企业监事会主席季晓南，中国诚通控股集团有限公司副总裁、中国国有企业结构调整基金股份有限公司总经理童来明，天津产权交易中心主任孔晓艳、天津国资研究院院长陈林云等出席了揭牌仪式。揭牌仪式上，举行了互动沙龙活动。航天科工资产管理有限公司、中国五矿经济研究院、新兴际华投资有限公司、中邮资本管理公司的领导嘉宾，分别介绍了企业在混合所有制发展中的做法，为更好地做好国企混改服务提供了经验，拓展了思路。

重庆联交所集团积极服务国有企业“瘦身健体”提质增效

2017年，重庆联交所集团紧扣供给侧结构性改革，积极服务国有企业瘦身健体提质增效，取得积极进展。一是推动化解“存量”。以股债务一体转让方式，帮助企业化解不良债务，瘦身健体。重庆商社中天集团债股一体化转让项目以15.48亿元顺利成交，推动重庆百货剥离非主营业务，提升核心竞争力；帮助重钢建设工程公司转让其持有的重庆美渡房地产开发公司100%股权及5645.98万元债权项目。二是推动做优“增量”。修订《增资业务规则》，积极服务新兴战略企业增资扩股，其中，对接重庆三峰环境公司，推动三峰环境增资项目进场，预计增资金额9亿元，支持培育战略性新兴环保产业。三是推动提高“质量”。发挥市场作用提高资源配置效率，优化资本布局，助力企业转型发展。成功帮助重庆结售汇服务标杆企业菲斯克电子商务服务有限公司引入实力战略投资者，顺利转让60%股权，溢价906.67%。

西部产权交易所与陕西省信用再担保有限责任公司实现战略合作

2016年8月23日，西部产权交易所与陕西省信用再担保公司达成战略合作。该战略合作协议的签署，旨在充分发挥陕西省金控集团的资源聚合效应，加强集团所属企业之间的合作，实现“发挥优势、相互促进、长期合作、互利共赢”，是集团各企业间有效合作的新探索和新起点，是双方做优做大的重要举措，同时有利于国有产权交易机构为拓展国资业务、壮大集团发展做出贡献。

广州产权交易所获得“2015年广州地区交通运输行业信息化服务管理工作先进单位”荣誉称号

2015年，在广州市交委的领导下，广州产权交易所以高度的责任心，圆满完成远程广州市中小客车指标竞价IP座席应用与维护工作，市场化服务水平与能力不断提升。2015年1—12月，广州市中小客车指标竞价IP座席共承接中小客车指标竞价业务咨询话务需求量为130886宗（月均需求10907宗），共接听127039宗（月均接听10586宗），接通率为97.06%，整体情况良好。为表彰先进，市交通信息指挥中心授予广州产权交易所（广州市中小客车指标竞价分中心）“2015年度信息化服务管理标兵单位”荣誉称号。

武汉光谷联合产权交易所与农行合力助推宜昌高新区金融创新

2015年9月，武汉光谷联合产权交易所与宜昌国家高新区管委会、中国农业银行三峡分行、宜昌市中小企业担保公司签署“科技创业贷”合作协议，共同为宜昌高新区注册的中小企业提供创新型股权质押贷款产品，优先支持在武汉股权托管交易中心挂牌的企业，由宜昌市高新区管委会、宜昌市中小企业担保公司进行双重风险担保，在中国农业银行三峡支行获得单户不超500万元的优惠利率贷款。武汉股权托管交易中心作为武汉联合产权交易所的创新子平台，和宜昌高新区共同打造区域资本市场的“宜昌高新区板”，加强对园区内企业后备挂牌资源的培育。

山东产权交易中心突破地域限制，积极开拓国有产权交易业务

2016 年 11 月，航天科工资产管理有限公司与山东产权交易中心签署战略合作协议，双方围绕产权转让、增资、实物资产处置以及企业并购、融资等方面展开长期合作。双方合作的首个项目林泉航天电机有限公司所属液压检测设备一台在中心顺利启动。山东产权交易中心始终秉承“自我变革，永葆青春”的理念，在省内央企业务全面开花的情况下，借助中心平台优势，积极开拓省外市场，进一步扩大中心在全国范围的影响力，致力于全面提升资源配置能力，切实提升服务水平，让客户满意，让项目增值，争取与更多央企总部开展合作。

广东省产权交易集团荣列 2017 年广东服务业 100 强，连续三年获此殊荣

2017 年 8 月，2017 年度广东企业 500 强、优秀自主品牌发布大会暨企业发展高峰论坛在广州举行。会议发布了 2017 年度广东服务业 100 强、广东制造业 100 强等榜单；省产权交易集团入选广东服务业 100 强，这是该集团连续三年获此殊荣。

自 2013 年省产权交易集团成立以来，该集团紧紧围绕全省经济社会发展大局，全力拓展要素与商品交易业、金融与交易服务业、数据与信息服务业三大主业，壮大主业规模，加快向“要素市场‘网顶’+ 非标资本市场”战略转型，实现了企业规模和经济效益的较快双提升。在交易业务体量上，省产权交易集团居全国前列。2015—2017 年 6 月 30 日，产权集团累计实现交易量 23167 亿元。2017 年上半年，集团及旗下各平台实现总交易金额 5117 亿元，同比增长 95%，成交金额 4951 亿元，同比增长 73%，与 2016 年同期全国成交金额相比，市场占有率 12.6%。实现挂牌宗数 73 万宗，成交宗数约 70 万宗，全国排名第一。其中，金融类业务年交易额超千亿元，公共资源交易（此处不含国有产权交易）、产股权交易（含非国有企业产股权交易）业务年交易额超百亿元，企业融资服务、技术产权交易、诉讼资产交易三类业务年交易额超亿元。

市场述略

北京产权交易所 2015—2017 年市场述略

2015 年以来，北京产权交易所（以下简称北交所集团）把握全面深化改革和区域经济发展带来的新机遇，聚焦服务国家战略和首都城市功能建设，以“建设规范、高效的新型资本市场”为战略发展目标，以“投行化、金融化、互联网化、国际化”为着力方向，扎实工作、开拓创新，服务边界不断拓宽，业务品类更加丰富，市场交投更加活跃，交易规模持续提升，集团发展呈现新局面。

一、总体交易情况

随着集团化运营架构的形成和业务范围的拓展，北交所集团目前的交易品种涵盖权益、金融产品、实物资产、大宗商品四大品类，市场范围涵盖全国各省市区乃至全球市场，总体交易规模持续增长。自 2004 年成立至今，北交所集团累计交易规模超过 20 万亿元，其中，2015—2017 年连续三年突破 5 万亿元，充分体现出市场化配置已经成为各类要素资源交易的主要方式，要素市场对国民经济和社会发展的助推作用愈加明显。

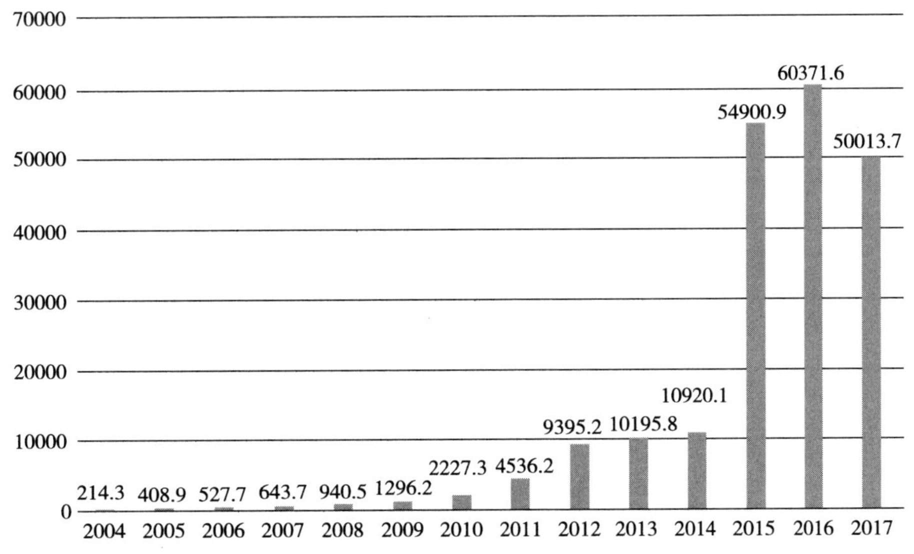

图 1　北交所集团历年成交规模（单位：亿元）

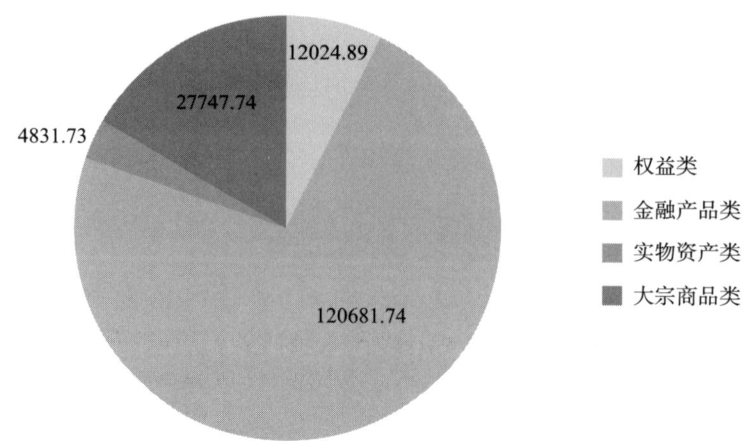

图2 2015—2017年北交所集团四大品类成交规模（单位：亿元）

从四大交易品类看，2015—2017年，北交所集团累计成交企业国有产权、碳排放权、矿业权、技术、林权等权益类项目1.2万亿元，占比7.28%；债券发行与交易、委托债权投资交易、信托产品交易等金融产品类项目成交12.07万亿元，占比73.01%；行政事业资产、国有企业资产、诉讼资产、特殊资产等实物资产类项目成交0.48万亿元，占比2.92%；石油石化产品、铁矿石、林产品等大宗商品类项目成交2.77万亿元，占比16.79%。

二、服务国家战略和首都城市功能建设情况

北交所始终坚持与时代同行，充分发挥新型资本市场的功能作用，积极服务国家战略和首都城市功能建设的大局，三年来取得良好成绩。

（一）服务国资国企改革

2016年7月，国务院国资委、财政部联合发布《企业国有资产交易监督管理办法》（32号令），明确国有企业增资扩股进场交易，赋予产权市场资本市场的功能。当年8月，北交所被确定为中央企业增资服务机构之一，至此，北交所承担起中央企业和北京市管国有企业产权转让、企业增资、资产转让三大类服务，成为中央企业资产交易全牌照服务机构。

1. 服务国有资产实现保值增值

2015—2017年，北交所共成交企业国有资产交易项目17323项，交易金额4186.14亿元，增值金额达到953.62亿元，综合增值率达到23.27%，有效挖掘了企业资产价值，促使国有资产在流动中实现了保值增值。

2. 服务国有企业混合所有制改革

混合所有制经济是我国基本经济制度的重要实现形式，混合所有制改革是国企改革的重要突破口。2015—2017年，265家国有企业通过北交所完成混改，引入社会资本787.51亿元，有效充实了企业资金实力，优化了企业股权结构，融合了市场优势资源，为企业后续发展奠定了基础，涌现出招商局华建公路、中国茶叶、中核新能源、北汽新能源、中企云链等多个典型混改案例，招商局华建公路增资等7个项目在中国产权协会“产权交易资本市场第三次典型案例评选”中获奖。

3. 服务国有企业压减户数减少层级

2015—2017年，各级国有企业通过北交所退出1403项企业产权，累计收回投资1686.76亿元。具体来看，国有企业实施该项工作，与退出落后和过剩产能行业、退出非主业投资、退出亏损和僵尸企业紧密结合。一是退出落后和过剩产能行业，推进“去产能”。三年来，各级国有企业共退出130项该类企业产权，收回资金128.22亿

元，增值金额 22.58 亿元，增值率达到 20.75%。二是退出非主业投资，实现聚焦主业。三年间，各级国有企业共退出 410 项该类企业产权，回笼资金 687.89 亿元，增值金额 297.65 亿元，增值率为 73.37%。三是退出亏损和“僵尸企业”，实现止血减亏。三年来，各级国有企业共退出 853 项该类产权，累计减亏 165.55 亿元，处置收益 751.55 亿元，增值率为 39.32%。此外，2016 年底，北京天力泽实业有限公司向北京市工商局申请注销登记，因该公司部分股东已注销、吊销或前往外埠等原因，公司清算后应分配给四家股东的资金合计 180 余万元一直未被领取，企业注销工作因而停滞。为解决这一困局，北交所联合旗下登记结算公司创造性地为“僵尸企业”注销后失联股东提供权益托管服务，打通了企业退出的“最后一公里”，为类似情况的“僵尸企业”退出提供了可借鉴、可推广的有效路径。

4. 服务国有企业“去库存”回笼资金

2015—2017 年，各级国有企业通过北交所处置闲置库存资产 5242 项，处置金额 190.72 亿元，增值率 9.98%。其中，房产土地类资产成交 1162 项，成交金额 122.47 亿元，占全部库存资产处置金额的 64.21%，增值率为 5.29%；机械设备类资产成交 1105 项，成交金额 60.89 亿元，增值率为 12.59%。为服务好国电集团、华能集团等五大电力央企关停火电机组处置工作，北交所于 2010 年专门设立“关停火电机组资产市场化处置专栏”，集中发布相关信息，广泛聚拢投资人。截至 2017 年底，共计 68 个项目 137 台机组在北交所挂牌或预挂牌，覆盖从 6MW 到 330MW 全系列 13 个型号；已成交 58 个项目 118 台机组，成交金额 23.52 亿元，竞价率达到 77.78%，增值率达到 79.35%。车类资产成交 2958 项，成交金额 3.48 亿元，增值率为 22.34%；其中，各中央企业通过北交所处置车改公务车 1290 辆，处置金额 1.93 亿元，增值率 20.63%，取得良好处置效果。

5. 服务国有企业“去杠杆”降低杠杆率

北交所集团服务国有企业“去杠杆”主要有三种方式：一是助力企业增资扩股。三年间，各级国有企业通过北交所共完成 110 项增资项目，直接融资总金额 956.69 亿元。二是助力企业转让债权。三年间，各级国有企业通过北交所处置 112 项“股权 + 债权”类项目，其中债权部分账面价值 362.49 亿元，均已完全收回。通过以上方式，北交所集团助力包括国有企业在内的各类企业有效提升了直接融资比重，降低了企业杠杆率和融资成本，有力支持了实体经济发展。

（二）服务政府部门经济管理和资产处置

北交所阳光化、市场化的平台属性，得到越来越多政府部门的认可，成为各级政府部门转变职能，发挥市场在资源配置中的决定性作用，最终实现经济调控与管理目的的重要依托。在行政事业单位资产交易方面，北交所受中央直属机关事务管理局和国家机关事务管理局委托，承担中央行政事业单位资产处置工作；受北京市财政局委托，承担北京市行政事业单位资产处置工作。三年来，共成交项目 27660 项，成交金额 5.67 亿元，增值率达到 17.78%。在涉案资产处置方面，北交所承担北京市部分法院、其他地区部分法院涉民事执行资产处置工作，三年来成交项目 552 项，成交金额 86.01 亿元，增值率达到 20%；2017 年 9 月，北京市公安局等五部门明确刑事涉案财物变现处置交由北交所统一进行，目前已有多批资产进场。在正版软件和信息化项目采购方面，2017 年，北交所旗下北京软件和信息服务交易所（以下简称软交所）被选定为北京市公共资源交易（软件和信息服务）分平台，为北京市政府部门和国有企业提供的正版软件采购服务，截至 2017 年底，采购金额达到 210 亿元，节省资金约 50 亿元。在上市公司并购重组方面，上市公司作为公众公司，受到市场广泛关注，监管部门对上市公司开展并购重组行为的合规性、价格的公允性提出了更高要求。北交所作为一个公开、阳光的市场化服务平台，顺应市场需求，推出“上市公司并购重组服务”业务，三年来，共有挂牌项目30余项，成交20余项，成交金额73.2亿元，为上市公司提供投行化的投资并购及资产出售服务，助力监管部门实现对上市公司相关行为的规范管理。在助力地方政府招商方面，北交所为全国各地方政府搭建招商融资服务平台，三年来，共与20个地方政府达成合作，挂牌项目37项，挂牌金额60亿元。

（三）服务北京建设全国科技创新中心

北交所旗下的中国技术交易所（以下简称中技所）、北京软件和信息服务交易所是服务北京建设全国科技创新中心的重要抓手。中技所的具体工作：一是把握科技成果转化政策带来的利好，开发上线“国有科技成果挂牌交易系统”和“国有科技成果交易信息公示系统”，三年来，累计完成交易项目2300余项，成交金额近7亿元。二是依托国家级技术交易网络服务平台“技E网”，在全国布局84个地方工作站或科创服务中心，搭建北京与各地方科技研发成果与产业孵化的对接渠道，三年来，共计聚拢和披露项目信息超过30万项。软交所服务科技型中小企业知识产权质押融资和订单融资，三年来，助力450家企业获得融资约50亿元，有力支持了初创期科技型中小企业发展。

（四）服务生态文明建设

北交所旗下北京环境交易所（以下简称环交所）和中国林业产权交易所（以下简称中林所）不断探索运用市场机制推进生态文明建设，服务环境治理和绿色发展。在碳配额交易方面，三年来，环交所顺利完成北京市碳交易市场第二至四期履约工作，累计完成碳配额交易1797.04万吨，为北京市万元地区生产总值二氧化碳排放量持续下降做出贡献。在自愿减排交易方面，三年来，环交所作为国家主管部门备案的中国自愿减排交易机构，全力运营好中国核证自愿减排量（CCER）交易平台，累计成交量达到2050万吨，交易金额1.35亿元。同期，环交所全力推进林业碳汇项目，成交7.41万吨，交易金额265.24万元；中林所在林业碳汇项目方面提供资源勘察、规划开发、管理拓展等综合一体化服务。环交所还推出“我自愿每天再少开一天车”活动，参与人数达到11万人，形成减排量2万吨；推出绿色出行奖励微信平台——绿行者，为车主参与绿色出行活动提供奖励资金。在拓展碳中和市场方面，环交所与蚂蚁金服公司合作，推出“蚂蚁森林”项目，利用其C端渠道拓展个人碳中和市场，截至2017年底，用户超过2.3亿人，减排量122万吨，累计种植真树1025万棵；与中化集团旗下中国金茂等企业达成合作，开展企业碳中和工作，减排量将近2万吨。在绿色公共服务方面，环交所受北京市环保局委托，为全市老旧机动车淘汰更新补助发放、示范应用新能源小客车购车补助发放、高排放老旧柴油货运车淘汰办理等提供服务，三年来，累计服务各类车辆479658辆，发放补助金额85.71亿元。

（五）服务北京建设全国文化中心

北交所建立旅游资源交易平台（以下简称旅游平台）、体育产业资源交易平台（以下简称体育平台），作为服务北京建设文化中心的主要抓手。三年来，旅游平台中标中国（四川）国际旅游投资大会项目，为四川省优选旅游产业项目提供全流程投融资服务；运营“京津冀旅游投融资服务平台”，举办“京津冀旅游投融资项目推介会”，服务京津冀三地旅游资源交易。截至2017年底，旅游平台挂牌旅游项目985项，挂牌金额3626亿元；成交130项，成交金额56亿元。体育平台致力于提供体育项目招商、体育企业股权交易、体育企业融资、体育实物资产交易的一站式服务。三年来，在体育项目招商融资方面，为“2015斯诺克世界杯”成功征集到农夫山泉独家冠名，为中国花样游泳队寻找到维亿阳光公司作为赞助商；在搭建京津冀体育资源交易服务体系方面，举办“河北省体育产业资源推介发布会”，上线“北交所体育资源交易平台—河北频道”，并筹建京津冀三地统一的体育产业资源交易平台；在体育产业培训方面，开展包括全国健身休闲产业高级研修班、京津冀体育产业发展高峰论坛暨健身休闲产业宣贯培训会、中国冰雪产业高级研修班、全国体育旅游产业高级研修班等一系列体育培训。截至2017年底，体育平台挂牌体育产业资源项目117项，挂牌金额11.94亿元；成交5项，成交金额0.12亿元。

（六）服务生产要素价格市场化改革

北交所旗下的北京铁矿石交易中心（以下简称北铁中心）、北京石油交易所（以下简称北油所）和中林所通过搭建大宗商品交易平台，积极服务国家对生产要素资源的价格市场化改革工作。北铁中心致力于搭建独立、开放、公正的国际铁矿石交易综合服务平台，推动建立合理、透明的国际大宗矿产品价格形成机制。三年来，北铁中心铁矿石现货交易量累计9982.78万吨，自2016年首次超越新加坡环球交易所以来，北铁中心已经成为全球交易规模最大的铁矿石现货交易平台。北铁中心根据平台交易数据，形成“平台基准价”，上海清算所以该基准价作为其铁矿石掉期结算价格编制数据源，普氏等国际主要价格指数机构从平台采集数据，作为其指数形成依据，体现出平台对全球铁矿石现货价格的定价影响力持续提升。北油所运营的“中国石油石化商城”和华东石油交易中心（以下简称华东中心）“油品汇”商城两大平台，累计形成成品油现货交易额超过600亿元，初步形成成品油市场化交易的重要场所。北油所及华东中心基于成品油交易数据，结合国内主要炼化企业及地区的采编数据，分别编制发布了“北油所全国成品油价格指数”及“华东中心山东成品油价格指数”，为国内成品油市场提供了客观、公正的评价指标，积极推动生产要素价格市场化改革。中林所积极开展大宗林产品网上交易服务，三年来，成交额共计7.36亿元，为大宗林产品提供了便捷、规范的服务。

（七）服务“租购并举”的住房制度改革

北交所及旗下北京房地产交易市场有限公司（以下简称北京房地市场）积极推进企事业单位房屋租赁服务，三年来，共完成房屋租赁项目23项，合同金额6601.60万元。党的十九大提出，要推进“租购并举”的住房制度改革。目前，北京房地市场已取得北京市住建委住房租赁服务平台资质，接下来，北京房地市场将积极推进创新产品研发，为国有、集体及各类非公房产租赁提供服务。

（八）助力防范金融风险

防范重大风险是中央确定的三大攻坚战之一，首要的是防范金融风险。为促进自身及各类要素交易场所规范运营，北交所于2016年参与投资设立北京登记结算有限公司（以下简称北京结算），为全市以及其他地区交易场所提供产品登记、资金清结算以及其他增值服务。截至2017年底，北京结算已经完成相关结算系统开发建设工作，与全市14家交易场所签订结算协议，与5家交易场所完成结算系统对接，同时与内蒙古自治区金融办达成合作，为当地交易场所提供清结算服务，累计结算量为16.5亿元，有效促进了首都乃至其他地区要素市场的高效、规范运行。

三、市场建设

（一）扎实推进党建工作

北交所党委始终坚持“抓好党建是最大的政绩”“理直气壮抓党建”“抓好党建也是创造生产力”的党建工作理念，为各项经营管理工作提供坚实的政治保障。一是始终坚持把思想政治建设放在首位。三年来，北交所扎实开展“三严三实”专题教育，落实“三会一课”制度，推进“两学一做”学习教育常态化制度化，深入学习宣传习近平总书记系列重要讲话精神和治国理政新思想新战略，将党性教育与业务工作相结合，既确保集团发展战略符合正确的政治方向和发展趋势，又从党建学习中挖掘出新的发展机遇，真正实现党建工作和业务发展的有机融合。二是持续强化基层组织建设。北交所党委坚持“投资到哪里，党组织就建设到哪里”的原则，并通过集中讨论、专题党课、参观交流、党日活动等多种形式，提升基层组织生活水平，扩大基层党组织的覆盖面和影响力。截至 2017 年底，北交所党委下辖 18 个支部，共有党员 244 名，党员在全体员工特别是中高层干部中的占比逐年提高，成为推动北交所事业发展的坚强战斗堡垒。三是深入推进党风廉政建设。三年来，北交所深入贯彻落实党委“主体责任”和纪委“监督责任”，逐级分解责任，层层压力传导，将党风廉政建设责任制落实情况作为各级领导班子绩效评定、选拔任用的重要依据；制定责任制落实指引和宣贯方案，狠抓廉政教育，扎牢思想防线，强化党员干部的规矩意识和履职担当。

（二）开展产权资本市场基础理论研究

三年来，北交所陆续开展“中国产权交易市场特质属性和功能定位研究”“企业国有产权交易立法研究”“企业增资业务中产权交易机构的定位和功能研究”“新型产权资本市场建设对标分析”“产权市场立法研究”等多项课题研究。通过分析我国的经济制度、时代特征，以及产权市场的实践历程，深入研究产权资本市场的功能定位，并提出了许多行之有效的发展对策；通过研究企业增资业务中产权交易机构的作用，促使产权交易机构加强资产监管能力，从而达到监督产权资本市场，规范产权交易行为的目的；通过对标分析证券市场等传统资本市场的体系架构和制度规则，提出信息披露制度、合格投资人制度、交易制度、中介服务与监管、市场行为监管等“五位一体”的产权资本市场建设框架；通过对立法管辖范围、原则、内容、程序及难点进行研究，向立法部门提供可资借鉴的参考，为产权资本市场的规范高效运行提供统一有效的法律保障。

（三）提升投行化服务能力

在发挥平台阳光化、市场化属性的基础上，北交所持续推进“平台 + 投行”服务模式，全力提升平台的投行服务能力。一是增设投行服务部门，针对增资类业务开展专业化服务，强化投行服务团队的人才储备和专业能力，建立适应投行化业务的工作机制和激励机制。二是发展投行类会员，提升增资项目服务能力，并推动其直投部门参与增资项目，提升交易活跃程度。目前，已发展中信证券、华融证券、国泰君安、银华基金、建银国际等海内外多家知名投行机构加入。三是开发投行信息服务平台北交汇投，为投融资双方搭建了集资源汇聚、信息分析、精准匹配为基础，以线下投行化服务为支撑的一站式信息服务平台，根据投融资双方的需求和偏好，展开双向推介，同时全流程提供财务顾问服务等增值服务，最终实现撮合交易。截至 2017 年底，北交汇投的有效投资人数量达到 13000 余家。四是开发增资项目专家评估系统，从股权结构、行业发展潜力、综合信息、增资方案、财务状况五个方面分析，并自动生成项目投资价值分析报告，有效挖掘增资项目的投资价值。五是创新增资项目定价模式，初步设计出单轮多档报价、多轮一次性报价等增资项目定价模式，有望成为产权资本市场服务增资项目的重要定价标准。六是推进增资顾问服务，沿着国资交易服务链条向交易的前后方延伸，与招商局集团等央企、聚德华天等北京市属国企签订《顾问服务及交易委托合同》，为企业增资提供全流程深度服务；北交所在上海和成都分别设立北交所金融服务（上海）有限公司和北交金科金融信息服务有限公司，为北交所国资项目聚拢华东和西南地区投资人，并提供全流程投行化服务。七是针对增资业务制定投行化工具范本，特别是增资项目推介书和项目投资分析报告，有效提升了交易所的投行化服务水平。

（四）增强互联网技术支撑

互联网技术是提升产权资本市场规范化水平和服务效率的重要支撑。近几年来，北交所适应大数据、云计算、移动互联网和人工智能技术的快速发展，分别建成“北交云”“北交互联”“权益互联”等互联网服务平台。“北交云”是采用云服务机制的IT基础设施服务平台，可为不同专业领域的交易项目、交易机构提供符合产权资本市场特点的业务运行环境。“北交互联”是北交所依据“多元、统一、开放、共享”理念打造的综合交易服务及业务创新应用平台，实现了产权交易在移动端和PC端的应用。目前，该平台已全面接入企业国有产权转让、企业增资和资产转让业务，并满足监管部门监测要求。“权益互联”是北交所协同旗下的北京权益通支付科技有限公司和北京金马甲产权网络交易有限公司推出的产权交易综合服务平台，为包括国有产权在内的各类要素交易提供信息披露、竞报价等专业服务，以实现行业资源的高效汇聚。

（五）强化市场营销和平台宣传

三年来，北交所积极创新项目宣传推介方式，通过举办专场项目推介会、充分运用业内各类网站、打造电视直播节目、编辑优秀案例汇编、拓展移动端推介渠道等多种形式，取得良好成效。一是北交所先后组织“航天科工集团混改专场项目推介会”“中国铁物所属企业闲置资产专项推介”“首约科技和首汽智行增资扩股”等30余场重点项目推介或项目路演活动，根据项目特点有针对性地挖掘投资人资源，现场解答投资人疑问，得到项目方高度认可。二是北交所积极与中国产权协会官方网站进行系统对接，并通过京津冀产权市场发展联盟网站、同业机构网站、会员机构网站等渠道推介项目，有效放大了信息披露的覆盖范围。三是北交所与中央电视台证券资讯频道达成合作，共同推出电视直播类节目——《北交所时间》，充分运用央视证券资讯频道在资本市场的影响力和辐射力，融合证券市场千万级投资人资源，重点宣传推介北交所平台上的各类项目，市场反响热烈。四是北交所注重项目案例的梳理总结，目前已编辑成册案例汇编三本，涵盖67个具有代表性的优秀案例；其中，2017年7月推出的《跨越——北交所服务国资国企改革案例汇编①》，全面体现了北交所的平台服务能力，受到各界的充分肯定。参加中国产权协会开展的典型案例评选活动，北交所报送的七个案例同时获奖，其中招商局华建公路公司增资项目、中石化川气东送天然气管道公司增资项目两个案例获得“最具影响力的十大典型案例奖”。五是北交所积极适应移动端传播的趋势，开通北交所官方微博、微信公众号等自媒体平台推介项目信息，取得了良好的宣传效果。此外，北交所还深入企业走访调研，倾听市场需求，在持续加强平台推广力度的同时，进一步促进各类产品和服务的优化提升。

（六）创新资产专业化处置模式

鉴于北交所和各专业平台上大量房产、车类等资产处置项目，北交所整合集团内部专业力量，分别打造“北交地产”“北交车辆”“北交科技”业务模块，有效拓展了平台的服务范围，提高了资产处置效率。“北交地产”打造面向客户垂直需求的互联网服务网络专栏，有利于意向买受人精准搜索；将“北交地产”模块嵌套于“北交互联”平台，实现了移动端和PC端双通道的全流程业务操作；与链家地产、戴德梁行等专业房产服务商开展项目推介合作，与多家银行、资产管理公司创新过桥贷款、提前放款等金融服务产品，为交易各方统一提供市场推介和金融服务。“北交车辆”实现了各类车辆资产交易信息统一披露；整合和创新金融服务，为车类资产买卖双方提供置换补贴、新车贷款、二手车贷款、车抵贷等订制化融资支持；打造覆盖汽车消费与生活的车联网平台，为交易双方提供绿色出行补贴申领、车险补贴、汽车维护、行车娱乐、交通提示等综合性服务。“北交科技”专门设立工作推进小组，拟定相关交易规则，目前已推动北京市农林科学院两宗科技成果转化等四个项目挂牌，为高科技企业——北京燕东微电子有限公司募集到发展所需资金，助力北京市集成电路产业的发展。

（七）推进风险防控工作

三年来，北交所不断建立健全风险防控和管理体系。一是通过制定《北交所集团风险控制管理办法》《创新业务备案管理暂行办法》等多项风险管理制度，从制度上建立健全风险防范机制，增强集团风险管理能力，确保集团运营的制度化、标准化和规范化。二是完成《北京产权交易所有限公司风控自查报告》《中央企业国有产权交易试点机构综合评审自查报告》，对本部业务进行风险排查，同时组织旗下各平台进行风险自查并督促整改。三是进一步完善风险监督管理巡回机制，完成对旗下各平台的风险巡回检查，及时反馈风控建议并督导落实。四是制定《北交所内部控制手册》《北交所内部控制评价管理办法》，同时完成对旗下各平台的内部审计或专项调查，提出整改意见和建议并督促落实，通过集团内控评价和内部审计，及时查找工作缺陷，增强集团风险管理能力。

（八）夯实和拓展市场合作

北交所持续夯实和拓展市场合作，逐步建立完善市场服务体系，不断提升交易所平台功能。一是建设京津冀统一的要素交易服务体系。三年来，“京津冀产权市场联合信息披露平台”共披露企业资产、技术、林权、矿权、环境权益等各类要素交易项目信息11000余条，北交所及旗下各平台促进要素资源自由流动取得初步成效。主要包括：成立“京津冀资产管理公司战略合作联盟”服务三地不良资产分类处置，筹建“京津冀体育产业资源交易平台”，打造“京津冀旅游投融资服务平台”，服务三地环境资源跨区域自由流动，建设三地统一的技术交易体系等。二是深化同业机构合作。三年来，北交所积极推进统一的产权市场建设，与部分同业机构探索股权合作，通过资合、人合进一步深化业务合作，逐步建立产权资本市场的全国服务体系，借此提升产权市场的整体功能和服务水平；与广东、广西、黑龙江、江西、山西、武汉等地20余家产权交易机构结合新的市场形势和业务发展趋势签订战略合作或业务合作协议，进一步密切相互之间的合作关系；与广西北部湾产权交易所等机构合作举办8场专场项目推介会，与深圳、浙江、贵州、武汉等地交易机构联合发布重点项目信息，在促进项目进场、竞价等方面取得了显著效果。三是推进国际市场体系建设。三年来，北交所连续举办国际项目专场项目推介会，共推出100余项美国退市项目，受到市场广泛关注；与亚美咨询签订合作协议，共同开展跨境并购业务，服务于中国企业“走出去”战略；与国防大学非洲安全研究中心签订了合作协议，共同开展跨境并购业务，服务于国家“一带一路”倡议。通过与国内外机构的业务合作，形成了北交所国际化战略的基本框架。

（九）大力实施“人才兴企”战略

为适应新型资本市场快速发展的态势和复杂多变的市场环境，北交所大力实施“人才兴企”的人力资源战略。一是编制《北交所集团“十三五”人才发展规划》《集团人力资源管理指引》等制度文件，着眼集团长远发展，就人才引进、培养、选拔、交流等提出工作思路、重点任务目标和工作举措，致力于构建知识化、年轻化的高素质人才聚集型企业。二是创新和完善人才选聘机制，制定《干部选拔任用管理办法》，严格履行选拔任用程序，实行中层干部试用期制度，开展年终“述职述廉”，推进交流挂职，深入开展专业平台民主测评和“一报告两评议”工作，形成科学的选人用人标准和考核评价体系，营造了良好的用人风气。三是建立员工职业生涯规划机制，打造“多层次、立体式、全方位”的培训体系，围绕集团“十三五”规划精神宣贯、金融知识提升、中高层管理等内容，有针对性地组织基金、证券从业等各类资格考试，有效提升了干部员工的专业技能和职业素养。

上海联合产权交易所 2015—2017 年市场述略

2015—2017 年，上海联合产权交易所（以下简称上海联交所）在国务院国资委、上海市国资委的领导下，以党的十九大精神和习近平总书记系列重要讲话为指导，认真贯彻中央关于深化供给侧结构性改革的决策部署，紧紧围绕“服务国资国企改革、服务上海科创中心建设、服务多层次资本市场建设”的战略使命，坚持把服务实体经济作为各项工作的出发点和立足点，充分发挥资本市场的资源配置功能，努力强化自身体制机制建设和运营管理能力，不断提升资本市场的服务水平和能级，努力探索多元化、市场化业务创新，较好地完成了各年度制定的目标任务。

一、上海产权市场总体运行状况

2015—2017 年，上海联交所累计完成各类产权交易项目 6716 宗，成交金额 6342.25 亿元。各类成交项目中，产股权类交易占交易宗数、金额的比率分别为 49.29% 和 72.88%；增资类业务占交易宗数、金额的比率分别为 1.73% 和 8.56%；资产类项目占交易宗数、金额的比率分别为 47.2% 和 18.12%。

1. 产股权类项目交易情况

产股权类项目累计成交 3310 宗，成交金额 4622.21 亿元。共有 240 宗产股权项目以竞价方式成交，成交金额 676.21 亿元，较挂牌价格增值 216.09 亿元，增值率达到 31.96%。

国有产股权转让项目成交 1825 宗，转让金额 3134.15 亿元。其中，中央企业转让产股权项目 782 宗，转让金额 1428.96 亿元；本市国有企业转让产股权项目 997 宗，转让金额 1627.01 亿元。

产股权成交项目所属行业中，房地产、综合投资、制造业、社会服务业、计算机通信业、金融业和交通运输业等行业成交金额居前，分别占成交总额的 28.98%、15.13%、14.55%、11.17%、8.2%、6.33% 和 5.33%。

从成交项目规模来看，超亿元的项目 609 宗，成交金额 4227.56 亿元，分别占成交总量的 18.4% 和 91.46%；中等规模项目（1000 万元至 1 亿元）成交 1000 宗，成交金额 351.85 亿元，分别占成交总量的 30.21% 和 7.61%；小于 1000 万元的项目成交 1701 宗，成交金额 42.81 亿元，分别占成交总量的 51.39% 和 0.93%。

2. 资产类项目交易情况

资产类项目累计成交 3170 宗，成交金额 1149.13 亿元。共计 806 宗资产类项目以竞价方式成交，成交金额 84.57 亿元，较挂牌价格增值 17.98 亿元，增值率达到 21.26%。

资产成交项目中，不动产成交金额居首，累计成交 1073 宗，成交金额 156.57 亿元。其次，交通运输设备累计成交 819 宗，成交金额 32.46 亿元。

国有资产转让项目累计成交 1442 宗，转让金额 329.4 亿元。其中，中央企业转让资产项目 979 宗，转让金额 193.7 亿元；本市国有企业转让资产项目 408 宗，转让金额 133.45 亿元。

3. 增资类项目交易情况

增资类项目累计成交 116 宗，成交金额 542.64 亿元。其中，2017 年增资类项目成交宗数和金额均大幅增长，年成交宗数 83 宗，成交金额 442.09 亿元，较上年分别增加 4.53 倍和 19.96 倍。2017 年增资企业中，本市企业占 36.92%，中央企业占 16.92%，异地企业占 46.15%；增资资本中，国有资本占 27.69%，民营资本占 72.31%。

二、上海产权市场运行特点

1. 聚焦供给侧改革，以服务“三去一降一补”为重点，助力国有企业提质增效、转型升级

三年来，上海联交所积极贯彻落实《企业国

有资产交易监督管理办法》（国务院国资委、财政部令第32号，以下简称32号令），充分发挥国资国企改革发展主渠道功能，着重针对国有企业供给侧结构性改革发展需要，围绕国有企业“三去一降一补”重点任务，积极服务国有企业“瘦身健体”提质增效，推动产业重组和结构调整，为国有产权清理退出、重组调整、创新发展等提供全流程、专业化综合服务，着力提升国资国企资源市场化配置效率，进一步加速国有产权流转，推动“僵尸企业”兼并重组，为优化国有企业产权结构、增强国有企业市场活力提供配套服务，取得了显著成效，成为企业国有产权市场化调整的全国产权交易中心市场之一。

一是积极创新交易模式，有效化解过剩产能。2016年，完成中央企业过剩产能清退项目48宗，成交金额121.64亿元；完成本市国有集团低效无效产权转让项目80宗，收回投资金额160.26亿元。2017年，在钢铁、煤炭、水电等产能过剩领域，为央企提供去产能服务35项，共计68家重资产企业和生产性企业挂牌交易，实现成交金额96亿元，增值12亿元。

二是发挥专业化优势，妥善处置僵尸企业。上海联交所成立“僵尸和特困企业处置（低效无效资产）”服务中心，帮助企业减损止亏、提质增效。2016年，为企业盘活设备、厂房、闲置房产等低效无效资产约150亿元。2017年，共服务国有企业完成“僵尸和特困企业”清理退出112户，成交金额83亿元。

三是聚力完成压减任务，助推国企瘦身健体。帮助企业压缩管理层级，减少法人户数，实现非主业退出。2016年，完成央企压缩层级清理退出项目168宗，成交金额达到189.89亿元。2017年，共实现中央企业压减类项目成交337宗，盘活沉淀资产499亿元。

四是围绕市场化重组，服务国有经济结构优化调整。国家能源投资集团、中国航空发动机集团组建过程中，通过上海联交所挂牌转让多宗股权和资产项目。仪电集团、电气集团通过上海联交所实施内部重组，涉及金额约100亿元。

2. 聚焦混合所有制改革，努力探索有效路径，促进重大国企改革项目顺利落地

三年来，上海联交所紧紧把握国资国企改革发展新动向，围绕服务国资国企混合所有制改革需求，积极为各类市场主体提供有效的投融资服务，以增资业务功能探索拓展为契机，积极创新探索运用新的产权投融资方式，增资扩股、私募股权并购交易业务创新取得新进展，上海产权市场投融资资本市场平台功能不断增强。2016年，上海联交所被国务院国资委指定为从事中央企业增资业务的两家机构之一。

一是积极推动混改试点项目顺利完成。2015年，累计为120家中央企业和本市国有企业集团提供了国有产权市场化调整服务，实现混合所有制改革项目355宗，交易金额407.37亿元。2016年，共有440家国有企业通过上海联交所以产权转让或增资扩股方式实现混合所有制改革，引入社会资金规模达到537亿元。2017年，协助东方航空物流有限公司顺利完成增资扩股，成为民航领域首个混改落地项目，“东航模式”也成为国企混改的创新样板。

二是服务首批央企员工持股试点稳步推进工作。根据国务院国资委关于中央企业所属10户子企业开展员工持股试点的要求，上海联交所成功为其中4家试点企业（欧冶云商、中国电器院、中铁咨询、泛亚航运）提供了增资服务，顺利募集资金37.01亿元，在服务国资国企混改的实践中形成了一套可复制、可推广的成功经验。

三是支持国企并购重组、做强做优做大。上海联交所积极发挥资本市场作用，协助企业加快深度调整重组步伐，2016年完成本市国有集团产权整合调整15家，涉及资产规模213.97亿元。2017年，在国电集团与神华集团合并重组为国家能源投资集团有限责任公司的筹备阶段，通过协

助两集团下属企业进行股权转让、非主业退出，为两大集团理顺了资产结构，为加速资源整合提供了有力的支撑。

四是引入社会资本，推动军民融合。2017 年，航天科工火箭技术有限公司 A 轮股权融资项目在上海联交所挂牌，最终引入了 8 家社会投资机构，成功募集资金 12 亿元。

3. 以市场化、专业化为经营导向，积极开拓创新型业务，子平台建设成效显现

上海知识产权交易中心自 2017 年正式挂牌运营以来，紧紧围绕服务上海科创中心建设的战略部署，全年共计挂牌项目 903 宗，同比增长 36.8%；累计完成技术合同认定登记 226 项，涉及金额 190 亿元，约占全市 33 家技术合同登记处登记总额的 1/4。同时，该中心依托南南全球技术产权交易所的国际化优势，建立了广泛的国际合作关系。

上海环境能源交易所在上海市发改委的指导下，成功实现全国碳排放权系统的落户。上海碳交易试点第二个履约期工作圆满完成，现货交易也取得良好进展。2016 年，在全国率先推出碳配额远期交易产品；2017 年，全年碳配额成交 996.39 万吨，同比增长 58.7%。

上海农村产权交易所有序推进农村产权交易综合试点工作，与上海市农科院等科研机构开展合作，主动服务农业科技成果转化。2017 年成交项目 79 宗。

上海联交所实物资产交易平台租赁资产业务呈增长态势，2017 年挂牌项目 42 宗，同比上升 40%。与上海市虹口区国资委合作开拓的国有经营性房产阳光租赁业务，示范辐射效应开始显现。公共资源平台借鉴招投标模式，为占公类项目提供综合评审服务，积极探索军民融合发展领域，拓展了大宗物权采购、质量技术服务交易等新业务。

在金融产权交易方面，在财政部 PPP 中心指导下，上海联交所成立了 PPP 资产交易流转平台，并成功举办了“PPP 资产流转与发展”专题研讨会和第三届中国 PPP 融资论坛，促成首单 PPP 资产交易项目挂牌，并积极推动 PPP 项目库及 PPP 信息平台暨“一带一路”项目信息平台建设。与相关国内金融机构签署战略合作协议，实现信贷资产流转项目落地。供应链金融服务也实现首单落地。

在体育产权交易方面，2016 年上海联交所搭建了体育资源交易平台和公共资源交易平台并启动运行，并在当年完成上海第二届市民运动会总冠名招商。2017 年，上海联交所又成功为上海国家半程马拉松、环崇明岛国际自盟女子公路世界巡回赛等 9 项占公类赛事以及“2017 上海城市业余联赛上海市开发区运动会”公开招募到赛事运营合作方。浦东源深体育中心部分场馆经营权转让项目也取得试点成功。同时，上海联交所联合市体育局、宝山区人民政府、上海体育学院成功举办首届体育资源配置上海峰会。

4. 完善体制机制，强化市场运营管理，确保产权交易规范透明、公平公正

一是健全制度体系，提供市场发展基础支撑。上海联交所积极构建阳光平台，持续不断强化规则体系建设。2015 年，全面推进制度“立改废”工作，对上海联交所建所以来 286 项制度进行梳理并制定专门工作方案加以推进落实；2016 年，全面开展业务规程整体设计，包括《交易运行总规则》《业务操作细则和管理规则》《业务指南》及格式文本等层面；2017 年，出台了《上海联合产权交易所交易业务总规程》等一系列业务相关规章制度，规范交易流程，强化风险防范，加快形成健全的产权市场交易环境。

二是上海联交所事转企改制顺利完成。2016 年，根据中央关于分类推进事业单位改革的部署，按照市委、市政府和市国资两委对上海联交所发展定位的要求，上海联交所认真研拟完成了“事转企”改制方案。2017 年，上海联交所妥善、有序地推进清产核资、审计评估、人员安置、制度建设、法律事务协调等各项改制工作，有效维护了员工的合法权益，确保了改制任务的顺利完成和机构的平稳过渡，进一步激发了“二次创业”、开拓创新的活力。

三是提升投行服务能力，全面提高服务质量。强化投资人管理，根据投资人的投资偏好、投资需求、投资活跃度等进行分类管理和差异化服务。建立项目推介常态化机制，2017 年全年举办例行推介会 21 场、专场推介会 8 场，推介项目 1217 宗次，重点宣讲项目 106 宗次。同时，整合券商投行、产权经纪、财务会计、审计评估、法律服务等资源，与资本市场各类专业服务机构建立联系、加强互动，推动服务模式由传统平台服务向提供包括法律咨询、财务咨询、投行服务等在内的“一站式服务”延伸。

四是构建财务集中管控体系，完善财务与投资管理。试行业务部门利润中心预算管理，建立预算执行跟踪机制，将预算执行结果作为业绩考核和薪酬分配的重要依据。加强财务决算管理，发挥决算审计、内控测试对企业经营活动的监督评价作用。根据市国资委《关于加快推进国资系统企业集团财务信息化工作的指导意见》，完成财务信息化建设立项。出台投资管理办法，试行投资机构财务总监委派制。

天津产权交易中心 2015—2017 年市场述略

一、市场述略

天津产权交易中心（以下简称中心）是我国大型国家级产权交易资本市场，中国产权协会副会长单位，国务院国资委、财政部选定的央企产权、央企资产交易机构，市国资委、市财政局、市高法选定的全市唯一一家产权交易机构，国企深改混改的综合性服务平台，各类资本、资产、要素资源市场化配置的专业化投融资服务平台，市政府选定的市小客车增量指标竞价服务机构，市二手公务车处置交易平台，中国产权协会会刊《产权导刊》的主办单位。

中心投资运营区域性股权、农村产权、排放权、金融资产、技术产权等九大专业交易市场，业务涵盖企业股权、企业资产交易、企业增资扩股融资、中小微企业挂牌融资、股权质押融资、租赁权融资等数十项类别，形成了交易市场延伸、交易品种丰富、市场核心功能突出、平台渠道资源优化、运营管控规范高效的产权交易资本市场体系。

2015 年出台的《中共中央国务院关于深化国有企业改革的指导意见》（中发〔2015〕22 号）、《国务院关于国有企业发展混合所有制经济的意见》（国发〔2015〕54 号）将产权市场与证券交易市场并行定位为我国多层次资本市场的重要组成部分，明确提出支持企业依法合规通过证券交易、产权交易等资本市场，以市场公允价格处置企业资产，实现国有资本形态转换，明确要求利用好产权市场发展混合所有制经济。2016 年出台的《企业国有资产交易监督管理办法》（国务院国资委、财政部令第 32 号），明确了产权市场的资本市场属性。新时代供给侧结构性改革背景下的国企混改新需求以及产权交易资本市场的功能定位，赋予了产权市场新的任务、新的使命。中心围绕新任务、新使命，对未来发展做出了新的业务布局。

一是以产权交易资本市场定位着力构建市场核心功能。包括融资功能，比如，引入各类战略投资人、财务投资人及其他机构合格投资人能力，汇集各类资金资源能力、竞价定价能力，提供各类融资服务项目对接能力；还包括市场设计产品功能，比如，除了股权、资产、增资扩股以及这三类业务的混合产品外，积极开发 PPP 项目挂牌融资产品、去杠杆盘活存量资产的定向融资产品、国有企业资产有限证券化产品等新产品；还包括线上线下渠道功能，比如，资源集聚投资人汇集能力、询价能力、项目招商能力，等等。

二是以市场化服务理念构建专业化服务体系。调整设立“前、中、后”台部门，建立市场化运营机制，着力打造一支具有“行商”服务理念和金融法律专业能力的服务团队，主动上门做好各类项目的延伸服务、增值服务；着力打造公开、公平、公正又高效的产权交易流程，提供规范便捷服务；着力打造以资本市场为发展方向，以“互联网+”大平台、大市场为理念，以信息化为支撑的产权交易系统，构建专业化服务体系。

三是以交易所集团运营目标整合各类资源要素。围绕京津冀协同发展及天津金融创新运营示范区建设的定位要求，加快实现自身的混改，创新市场运营管理体制机制，整合相关要素资源市场，打造大区域性产权交易资本市场。

二、行业动态

2015—2017 年，中心完成各类项目交易达 26000 宗，交易额 4000 多亿元（不含商品类交易），交易规模呈大幅上涨趋势，市场功能大幅提升。2017 年，中心完成各类项目交易 10034 宗，交易和融资服务额达 1657 亿元。其中，企业国有项目 1815 宗，交易量同比提高近 5 倍；交易额 146.4 亿元，在 2016 年同比提高 43% 的基础上，又同比提高 7.5%；国企产权和资产项目的平均挂牌成交率 70.3%，平均增值率近 30%，平均竞价率 88.7%。主营业务收入、利润总额等指标分别在 2016 年同比大幅提高的基础上，又同比提高超 30%，再创历史新高。国务院国资委牵头的国家五部委在第六次综合评审中对中心的工作给予了高度评价。

——服务国企混改成效显著。中心按照市委、市政府国企改革“两会一文”和“一二三”总体工作思路要求，紧紧围绕“三去一降一补”助力国企深改混改。调整设置专门的前台部门，主动上门对接企业混改需求，帮助企业制定混改方案、交易方案、投资人择优方案，优化交易流程，修改完善交易制度，建立择优评审专家库，大幅优惠混改市场主体交易费用，降低企业交易成本，帮助混改企业引入“真家伙”“硬家伙”。2017 年以来，中心深改混改挂牌项目 220 多宗，成交额和融资额合计 160 多亿元。其中，完成混改项目 83 宗，引入社会资本逾 120 亿元。

——市场融资功能大幅提升。渤海证券增资 52 亿元扩股 15 亿股项目荣获全国产权行业“产权交易资本市场最具影响力案例奖”。成功运作了津融资产增资 23 亿元混改引战、宁盛建筑增资 9.34 亿元引入行业龙头保利地产等项目。为配合混改，积极探索服务国企混改的新融资模式，与工行、海河产业基金等各类基金合作，研究设立专项混改基金；加强与浙商银行、华夏银行、渤海银行等金融机构合作，探索为企业混改提供保证金贷款、并购基金贷款、过桥融资对接服务，积极做好综合融资服务。

——市场询价定价功能凸显。中心率先将债券市场“簿记建档”定价方式引入产权市场混改增资业务，渤海证券增资 52 亿元项目荣获全国产权行业“产权交易资本市场最具影响力案例奖”，并得到推广应用。7 天 24 小时动态报价方式的功能进一步凸显，完成二手公车处置近 4000 辆，项目的平均增值率达 80%（最高达 35.5 倍）、竞价率 100%、成交率 99.1%。中心将簿记建档、权重报价、7 天 24 小时动态报价方式引入股权转让、“转增同步”的混改项目，满足了国企混改不以价高者得引入多家战略投资人的需求。

——专业市场建设取得成效。2015—2017 年，专业交易市场完成各类交易 23000 多宗，交易额 3500 多亿元；其中，2017 年完成各类交易 8200 多宗，交易额 1510 多亿元。天津股权交易所与天津 OTC 两家区域性股权市场整合工作取得重要进展，整合后将成为全国规模最大、最具影响力的区域性股权市场。一德集团整体并入中心顺利推进。天津农村产权交易所率先在全国建立市—区—镇（街）“三位一体”的市场服务体系，积极参与行业协会建设，与全国 10 多个省市实现项目交易信息资源共享，完成各类农村交易项目 800 多宗，累计交易额突破 23 亿元，呈现了良好的发展势头。天津排放权交易所溢价混改引入蚂蚁金服，实现了股东强强联合和资源、技术、人才优势互补。积极探索成立新的专业交易市场，完善市场体系。进一步提高专业交易市场运营管控和投资效率，促进专业交易平台规范、创新、协同、高效发展。

——跨市场合作取得新成绩。深入落实《京津冀系统推进全面创新改革试验工作方案》，牵头协调北京、河北等地机构，研究筹建大区域性专利成果转化交易平台。与兄弟单位、央企等 10 家机构合作建立行业信息化服务平台，强化行业信息共享和资源整合能力。与山东、武汉、浙江等 10 多家交易机构建立了战略合作关系，开展项目联动挂牌。成立北京业务总部，充分联合央企协会联盟组织，深入对接央企深改混改需求，成功挂牌第一单非国资系统央企“清控道口教育”增资项目。成功在津举办京、津、沪、渝四地央企产权交易机构业务协调会，加强了业务经验交流，提升了中心的国家级市场地位。

——全面完善优化交易制度。中心根据 32 号令和业务实践新需求，新增制定《企业择优确定投资方操作实施办法》《择优评审专家管理办法》《项目查询行贿犯罪记录操作实施办法》《业务管理规定》等多项制度。系统修订原有企业产权、资产、增资和二手公务车等业务规则。全面修订交易收费办法和网络竞价、拍卖、招投标、动态报价 4 项竞价操作办法、10 项操作细则和 12 项业务表单、合同。丰富优化股权动态报价、定向债务融资、租赁资产转让交易、技术成果转让等业务制度规则。根据业务实践中发现的问题，研究修订交易争议调解细则，制定新的争议处置机制、舆情管理机制。全面系统地修订完善 40 多项交易制度、竞价规则、收费规则和制式表单，形成了新的制度规则体系，保障了各项业务依法依规、高效有序地开展。

——全面实现业务流程重塑。中心以资本市场为发展方向，以“互联网 +”大平台、大市场为理念，以渠道体验为核心，着力建立产权登记、交易、撮合、结算四大中心，实现“信息整合、流程整合、知识整合”发展目标，打造与产权交易资本市场发展定位相适应的信息系统。重塑业务流程，全面改版上线新系统、新网站，实现业务交易、日常 OA 办公全流程线上化、自动化。新流程实现了各类国有资产交易业务登记、信息披露、撮合、签约、结算、出具凭证、项目归档等各监测环节全流程电子化交易，设立了项目交易节点事项办结反馈机制，能够实时提醒和督促项目进度。实现了线上多部门联审、会商，做到了每个交易环节固定并形成闭环，审核要件明确，流程时效清晰。办件、审件效率提高了 3 倍。升级后的业务系统可以满足 20000 人在线参与报价，支持 2000 人同时在线报价。

——全面调整优化部门设置。以“行商”服务理念为指导，全面调整部门设置，设立前台、中台、后台，增加市场一线前台部门力量。实行全员重新上岗，加大干部轮岗交流和培养力度，对 50 名干部进行内部轮岗。固化部门职能，明晰岗位职责，确立部门业务流程制衡机制及工作协调机制。采取内部管理 OA 全流程留痕，实行全员考核，并将考核结果与绩效、奖金、任职挂钩，打破了过去多年“干多干少一个样”的局面，牢固树立了“行商”服务理念，不断加强市场化运营管理。

——全面加强投资运营管控。一是明确中心与各下属单位的资产权益和经营管理责任，建立了有效管理工作机制，提高中心整体资产运营质量和抗风险能力。二是从股东、投资、财务、运营等方面系统梳理了下属投资单位的整体情况，制定中心投资管理制度、投资后评价制度、国有资产评估制度等相关配套制度，规范“三会”工作，逐步推动投资管理工作合规、有序进行。三是积极指导下属单位做好专业交易市场清理整顿工作，强化风险管控，不断提高资产运营质量和抗风险能力。2017 年 10 月，清整联办通过了天津市交易场所的整体验收工作。

——积极实施全面转企改制。中心认真贯彻落实市委、市政府关于经营类事业单位改革和国有企业深化改革的决策部署，扎实做好中心事改企并混改工作，结合自身功能定位，同步谋划事转企并混改工作，研究制定转企改制工作方案，指导下属单位深化混改和重组。通过分层分阶段操作推进，实现一步到位，建立高度专业化市场化的运营管理机制，转变业务发展方式，转换发展动力，激发市场活力，努力打造与天津金融创新运营示范区建设定位相配的全国性产权资本市场。

重庆联合产权交易所 2015—2017 年市场述略

自《中共中央、国务院关于深化国有企业改革的指导意见》（中发〔2015〕22 号）实施以来，重庆联合产权交易所（以下简称重庆联交所集团）在做好国有资产交易服务的基本上，对标资本市场，从机构体制、业务研究、市场拓展等方面进行了深入工作，以不断提升产权交易资本市场服务功能。

一、平台整合升级，打造创新型产权市场电商平台

（一）整合组建全国首家公共资源交易平台

按照国务院整合建立统一的公共资源交易平台决策部署，2016 年 5 月，重庆市委、市政府决定，将原重庆市政府采购交易中心、重庆市机电设备招投标交易中心与重庆市国有资产产权交易中心整合，组建重庆市公共资源交易中心；剥离原所属交易中心的交易服务职能，纳入重庆市公共资源交易中心职能范围；在重庆联交所集团加挂“重庆市公共资源交易中心”牌子，实行一个机构两块牌子，承担重庆市公共资源交易中心的职责。截至 2016 年 10 月 19 日，5 个市级专业平台机构职能整合全面完成，重庆市公共资源交易中心成为全国首个也是目前唯一采取“政府强监管、企业化经营、市场化运作”的省级公共资源交易平台。

整合后，平台设立四个业务分中心，按照事业部制，实行企业化管理，实施统一的制度规则、共享的信息系统、规范透明的运行机制，提高公共资源配置效率和效益，同时遵循“业务延续、职责延续、管理延续”，坚持公共服务职能定位，为各市场主体提供工程建设项目及机电设备招投标、土地使用权和矿业权出让、政府采购、国有产权转让等领域的信息、咨询、交易、结算、鉴证和融资等专业化服务。

（二）转型升级，打造产权市场电商平台

一是实现全流程线上交易。经过数年的探索创新，重庆联交所集团已形成以发布系统、网络报名系统、第三方支付系统、网上竞价交易信息

系统为支撑的互联网交易体系，实现了包括信息发布、受让登记、交易结算、网络竞价等交易业务的全流程线上电子化服务，实现了由传统的产权交易模式向现代电子商务华丽转身的艰难求索与自我突破，向打造新型产权市场电商平台迈出了坚实的一步，为转让方及意向投资人提供了更高效、更便利的通道，并将逐步实现从“人在路上跑”向“信息网上跑”的转变。

二是打造第三方支付平台。2014 年 7 月，重庆联交所集团全资子公司“联付通”获批第三方支付牌照，开展互联网支付服务，实现了交易保证金和价款支付的网络化，为产权交易网上报名、网上结算、网上竞价的全流程线上交易打通了重要关卡。为全方位打造市场化第三方支付平台，近三年来，“联付通”第三方支付平台相继打出增资扩股、升级业务系统、拓展金融合作等漂亮的组合拳，并签约了十余家国企及电商平台提供结算服务，开通了数十家大型国有股份制商业银行支付接口，向着全方位打造市场化的第三方支付平台迈出了坚实步伐。目前，联付通结算功能已覆盖市级公共资源交易市场资金结算服务，并积极争取市外交易结算业务。

三是升级改版网站页面。重庆联交所集团借鉴主流电商平台做法，充分吸纳电商网站的优点，在网站风格、功能模块和用户体验方面进行了大幅改进，开设“超划算”等栏目，将所有挂牌价低于评估值10%以上的项目按折价率从低到高排序，实施重点推荐，在项目公告旁开设 QQ、微信等即时通讯工具，方便投资人与项目经理及时沟通。网站的改版升级，进一步增强了网络信息发布效果，优化了信息咨询及时性。

二、聚焦主业，创新思维服务产权交易资本市场

在服务产权交易资本市场过程中，重庆联交所集团紧紧围绕国有资产的优化配置和国有资本的有序流转，以专注主业、精耕细作、俯身躬行为本，不断深入挖掘、探索创新，加强服务创新意识，强化资本市场服务功能，充分发挥基础性资本市场作用，在方案咨询策划、项目推介、市场发动及交易方式等方面为不同客户量身订制，在政策法规范围内，大胆创新交易模式、交易方式、交易品种，为完成供给侧结构性改革、国企深化改革等工作提供了更高效、高质量的通道。

（一）创新产权市场产品供给，服务供给侧结构性改革

目前，国有企业承担着供给侧结构性改革的重要任务，而产权交易机构作为服务供给侧结构性改革的重要载体，为深化国有企业改革发展服务，既是产权交易行业的历史使命，也是产权交易市场的立身之本。因此，重庆联交所集团主动谋新求变，在服务国企做好企业国有资产交易的同时，还不断丰富交易品种类别，创新交易方式，高效组合各类社会资本，致力于为国有企业“三去一降一补”提供更有效率的市场化服务。

例如，国电投合川发电公司此次燃煤机组发电产生的粉煤灰、炉渣和脱硫石膏废弃资源项目。火力发电企业生产中产生的粉煤灰等固体废弃物处置是一个令人头疼的“老大难”问题，给相关企业和部分地区造成了极大的环境治理压力和处理成本。通过重庆联交所集团的精心服务，该项目以2380 万元成功处置，增值率72. 5%，使废弃资源得到了效益最大化。此次交易，打破了传统企业废弃物资闲置、随意处理或协议收购，开拓出新的信息化、系统化、高效化的新型废弃资源处置模式，帮助企业降低了运营成本，提高了企业废弃资产运作效率及企业废弃资产回报率，为企业可持续发展、提高供给侧质量创造了有利条件，也为国有企业废弃资源处置开辟了一条新道路。

（二）增强产权交易资本市场服务功能

一是深度对接企业产权管理工作，服务向前

端深化。为了增强市场主动性，重庆联交所集团对30余户市属国资监管企业、60余户遍布全国各地的央企二、三级单位进行了详细了解，积极搜集各方面信息，搞清行业和资产现状、核心主业和边缘产业、改革发展思路以及存在的具体困难和问题，做好企业整体情况摸底工作，并对搜集到的信息进行科学分类：哪些属于可以通过产权市场采用增资扩股等股权融资模式进行直接融资，引入战略投资者，化解资金瓶颈，提升股本规模和市场影响力，进而迈向资本市场，实现资产证券化的；哪些属于市属监管企业范围内同质化竞争严重，需要进行资产重组，明确核心产业，实现专业化管理、板块化经营的；哪些属于需要股权出让，通过引入外部股东，进而“催化”国企改制的；哪些属于整体运营困难，但尚有部分可用资本、资产、业务，需要进行要素剥离的；哪些属于“僵尸企业”，低效无效资产和投资不佳需要止损的项目。通过摸底，对各国有主体的改革方向有了基本的认识与判断，按照落实“三去一降一补”供给侧改革和国有企业混合所有制改革、重组整合工作各项任务要求，对照各个企业具体情况，做好国企增资、国有股权转让、国有资产转让三大主业务及交易新品种的对接工作。

二是不断加强方案设计服务能力。方案设计不仅是规范流转功能的体现，也是并购融资功能的体现，是资本市场的重要价值所在。重庆联交所集团作为产权交易资本市场的一部分，结合国有企业及项目自身情况，为国有企业提供个性化的方案设计服务。

例如，重庆联交所集团挂牌转让的国之四维80%股权项目，在转让方原方案设计中，其拟整体转让全部2亿资产（包括土地、设备等重资产），但在卫浴这样一个充分过度竞争的传统行业中，当时有意接盘的市场主体资金实力并不雄厚，全盘消化有难度。鉴于转让方拥有的“四维”品牌是驰名品牌，依旧具备一定的市场价值，为帮助四维卫浴尽快退出高度竞争的卫浴行业，实现产业结构转型升级，重庆联交所集团通过案例分析、内部交流、市场摸底等方式，将转让方的需求与项目本身的实际情况结合起来，创新提出了“分离改制，重资产出租”的建议方案，即让四维卫浴以其持有的所有存货及商标专利资产出资，设立了独资公司国之四维，再以6050万元的价格将国之四维的80%股权通过交易所挂牌转让，同时为防止厂房、设备闲置，设定将原厂房及设备租赁给新公司作为交易条件。这样一来，一方面能最大程度促成项目成交；另一方面能保证转让方的利益不受影响，帮助转让方实现退出完全竞争行业的目的。

三是发挥好投资人集聚作用，不断探索投行模式。在服务国有企业过程中，重庆联交所集团一方面做好线下投资人集聚的深度服务，采取专人上门、集中会议、资料邮递、微信推送等方式进行国资国企改革政策动向及投资机会的介绍、拟交易项目的集中推介、投资意向的收集，重点是集聚专业VC和PE机构、私募基金等专业投资机构；另一方面是做好项目信息的再“加工”，为投资人提供深度价值分析报告，包括对信息进行处理分析及后期运营预估等内容。同时，针对不同的投资人，重庆联交所集团不断调整推荐内容及重点，以达到有效推介的预期。

例如，在服务中新大东方人寿保险公司50%股权项目的过程中，重庆联交所集团对标的企业情况及行业发展趋势进行了深入分析，并形成上万字的推介资料。在推介过程中，除通过中国证券报、和讯网、环球财经等10多家有影响力的专业媒体，以及集团门户网站、微信平台和市级报刊等渠道发布资讯，还对上百家央企及大型民营企业进行了定向推介。最终，恒大地产集团（南昌）有限公司以39.39亿元成功受让，较挂牌价16.03亿元增值23.36亿元，较股权对应净资产2.99亿元增值36.4亿元，溢价13.2倍。

武汉光谷联合产权交易所2015—2017年市场述略

一、光谷联交所基本情况

武汉光谷联合产权交易所（以下简称光谷联交所）的前身是1998年11月组建的湖北产权交易所，后更名为湖北省产权交易中心。2006年，经省政府批准，以湖北省产权交易中心为基础，由省政府国资委、武汉市国资委、省科技厅和武汉东湖新技术开发区管委会四家股东单位共同组建光谷联交所，现为公司制的省管出资企业，按照现代企业制度规范运营，功能界定为承担重大专项任务的商业二类国有企业。

1. 功能定位

光谷联交所作为国内最早成立的产权交易市场之一，最初是国企改革源头治腐的产物，是《企业国有资产法》明确规定的企业国有产权交易的法定平台和纪委指定的经济领域源头治腐的阳光平台。后来，顺应经济社会发展的需要和市场经济的发展趋势，交易标的不断丰富，市场体系不断完善。根据《国务院关于武汉城市圈资源节约型和环境友好型社会建设综合配套改革试验总体方案的批复》和《省政府关于进一步加快湖北产权市场建设的意见》的要求，光谷联交所由传统产权市场逐步向着“覆盖多种经济成分、多功能、多层次的综合性产权交易机构”的方向转型发展，目标是建设成为服务湖北、辐射中部、影响全国的资本要素市场体系。省政府制定的金融发展战略把产权市场和资本要素市场作为多层次资本市场建设的切入点和打造武汉金融中心的重要举措，进一步为光谷联交所及下辖各要素交易平台的转型发展指明了方向。

2. 市场体系

目前，光谷联交所及下属各交易平台已初具集团化发展的架构和态势，交易日趋活跃，功能日益完善，深度服务于湖北省多个领域改革和省级重点战略。现已建成两个“1+N”的市场体系。一个“1+N”：光谷联交所是全国唯一一个分支机构全覆盖的省级产权交易机构，已与省内17个市州、直管市合作设立了法人型分支机构体系，建立起了“五统一”（统一监管机构、统一交易规则、统一信息发布、统一审核鉴证、统一收费标准）的全省产权交易大平台，并与国务院国资委、省纪委、省政府国资委实现了信息对接，确保平台运作的规范性。另一个“1+N”：光谷联交所内设交易部门、下设交易平台，已初具集团化格局，包括国有企业产权交易、央企资产交易、国有金融资产交易、行政事业资产交易（旅游资产交易）和涉讼资产交易（非公资产交易）5个内部交易部门，控股设立了武汉股权托管交易中心、湖北碳排放权交易中心、武汉知识产权交易所、湖北环境资源交易中心、武汉国际矿业权交易中心、恩施硒资源国际交易中心6个专业交易平台，参股设立了湖北华中文化产权交易所、武汉农畜产品交易所、武汉城市矿产交易所、武汉陆羽国际茶业交易中心、武汉长江大数据交易中心、武汉长江众筹金融交易有限公司6个专业交易平台，正在筹建交易场所登记结算平台、体育产权交易、船舶资产交易等专业交易平台。2016年12月，省政府批准由光谷联交所控股设立了湖北省联合交易集团。湖北省联合交易集团将成为全省资本要素市场体系建设的母平台。这既是光谷联交所向资本要素市场创新转型的战略选择，也是湖北省金融业深化改革和创新发展的重大举措，对国内产权行业和交易场所的规范创新和风险管理都具有积极的意义。

3. 发展规划

光谷联交所在总结实践经验基础上提出“五大创新战略”作为指导思想：一是基础业务创新战略。业务部门要不断加强投资银行能力和增值服务能力建设，主动创新交易流程和业务模式，积极吸引和对接投融资资源和金融新业态。二是资本运营创新战略。各交易平台要在推动交易规模持续扩大的基础上，不断加强交易融资能力和综合服务能力建设，为所在行业的资源配置和资本运营提供平台支撑。三是功能拓展创新战略。凭借对交易所业态的管理经验，不断完善综合性现代产权市场体系和区域性资本要素市场体系，全面推动交易功能和市场体系的外延拓展。四是品牌管理创新战略。统一开展对光谷联交所和各交易平台的对外品牌和形象宣传，全新打造区域性交易所集团的实体形象，建设一个有形的“资本谷”和“市场群”。五是规范管理创新战略。全面推进各交易场所的市场化运营和规范化管理，积极防控业务操作风险，不断提高集团化管理水平，全面助推光谷联交所又好又快发展。

为适应市场化需求，未来光谷联交所主要向投行化、平台化、市场化和金融化等方向转型发展：投行化，主要是指要实现传统业务能力的转型，在产权市场的基础交易功能上加载投行服务功能，以提升产权市场服务新一轮国企改革的综合服务能力；平台化，是指要实现技术服务手段的转型，积极对接“互联网+”，充分利用互联网重新构建业务运作的商业模式，成为信息时代真正的平台；市场化，是指要实现战略发展思路的转变，充分利用产权市场最具有市场化特征的“交易所模式”进行外延扩张，为培养持续发展能力和核心竞争力奠定基础；金融化，是指要实现服务功能定位的转变，增强金融属性，充分挖掘产权市场的金融属性和资本属性，为中小微企业提供优质的多元化融资服务。

二、产权市场建设举措及成效

1. 党建置顶发挥国有企业党组织的领导核心作用

近年来，光谷联交所党委坚持用习近平总书记国有企业党建思想武装头脑、指导工作，在深化国有企业改革中全面加强党的领导，提升党建工作水平。所党委提出“党建置顶”原则，坚持党对国有企业领导的重大政治原则，实行政治领导、思想领导、组织领导的有机统一，充分发挥党委领导核心和政治核心作用，以科学理论指导党的建设，以科学制度保障党的建设，以科学方法加强党的建设，紧紧围绕加强党的执政能力建设、先进性和纯洁性建设这“一条主线”，牢牢把握思想建设、组织建设、作风建设、制度建设和反腐倡廉建设“五位一体”的建设布局来推进工作。

同时，所党委把党的领导内嵌到企业治理结构中，贯穿于企业改革创新、转型发展、经营管理的各个方面和各个环节，让企业党建的独特优势在做强做优做大的实践中得到充分发挥。把方向，提出产权市场转型发展“五大创新战略”和交易所建设“四层次理论”。管大局，明确党组织在决策、执行、监督各环节的权责和工作方式，及时完成了本级及二级公司“党建入章程”工作，明确决策原则、决策范围、决策方式、决策程序、决策执行和决策监督等实施细则，明确党委研究讨论是董事会、经理层决策重大问题的前置程序。保落实，使党组织发挥作用组织化、制度化、具体化，正确处理好党组织和董事会、监事会、经理层的关系，明确权责边界，做到无缝衔接，形成各司其职、各负其责、协调运转、有效制衡的公司治理机制。

2. 市场导向发挥现代企业制度的规范作用

光谷联交所具有省、市、区三级国资入股的多元化国有股权结构，成立以来就严格按照现代企业制度的要求，不断建立和完善公司法人治理结构，规范设立了董事会、监事会、董事会专业委员会、董事会秘书处等机构。公司董事会运作规范，各项管理制度不断健全，充分发挥董事会的决策作用、监事会的监督作用、经理层的经营管理作用、党组织的政治核心作用，总体经营运转情况良好。光谷联交所下辖各交易平台全部是公司制的独立法人，按照现代企业制度规范运作，同时积极推动混合所有制改革，在控股子平台中，股交中心有长江证券、天风证券等上市公司、证券公司和深圳证券信息有限公司参股；碳交中心进行战略性增资后，引入国电、中建材等央企股东入股；知交所获得省政府国资委批准，开展员工持股试点。

光谷联交所根据公司战略发展方向，配合集团化管理架构的整合完善，在市场化人才队伍建设方面进行了一系列探索。在市场化人才引入、考核评价、激励保障和培养发展等方面，逐步实现了由国企人事管理向市场化人力资源管理的转变，引入专业咨询机构全面实施了“人力资源提升项目”，通过细化岗位职能，明确考核指标，优化薪酬激励体系，形成了与市场化人才相匹配的分配考核体系，让人才价值得以充分体现。

3. 发挥国有产权交易平台作用，服务国有经济改革

光谷联交所是全省企业国有产权交易唯一定点机构和全国央企资产转让业务的交易机构。省属、市属、区属国有企业产权、全省文化企业国有产权已基本全部进入光谷联交所公开转让。通过规范转让国有资产和信息公开，帮助企业改制重组，实现了资源优化配置和源头治腐。2016 年 9 月，省国资委发文指定光谷联交所为唯一从事全省国有企业增资业务的定点产权交易机构。光谷联交所积极参与省属企业的混合所有制改革，为企业提供政策咨询、方案策划、风险防控等专业化服务，已为武汉国创资本投资有限公司、武汉农畜产品交易所有限公司、湖北省资产管理有限公司增资项目、湖北三环国际股份有限公司增资项目等国有企业成功引进了合格的战略投资者，完成了三环集团有限公司增资项目、湖北永泰小额贷款股份有限公司增资项目。

光谷联交所还是财政部和省财政厅指定的行政事业单位，在配合行政事业单位改革方面也成效显著。同时，光谷联交所致力于打造一个聚集信息、发现价格、规范交易、优化资源的金融资产交易平台，被财政部确定为全国金融企业非上市国有产权交易信息监测系统的指定对接单位。在推进国资国企业务不断拓展完善的同时，光谷联交所也积极推进其他基础业务领域的创新发展，如在省旅游局支持下，推动全省旅游资源交易平台网站顺利上线。

4. 功能拓展，发挥资本要素市场功能

（1）推动区域性股权市场的发展。

形成了全省统一、规范的股权托管交易市场。目前，股交中心挂牌企业总数、挂牌股份公司家数、挂牌科技板企业家数、县域特色产业板块数量、市场规模增长幅度五项主要指标在业内位列第一，托管企业家数、成交总额、融资总额三项主要业务指标在业内排名第二，已发展成为在全国具有广泛影响力的区域性股权市场。股交中心在全国区域性股权市场率先推出了专门服务小微科技型企业的“科技板”、专门服务青年创新创业的“青创板”以及专门服务海外留学归国人员的“海创板”，设立了四板股权投资基金，开展定向私募增资、股权质押融资、私募债券备案发行等多种融资方式，拓宽了中小企业融资渠道。

（2）碳交中心持续走在全国前列。

碳交中心自2014 年4 月正式开市以来，市场交易规模，包括总交易量、总交易额、日均交易量和日均交易额始终居于全国首位，交易的连续性、市场开户数、引进社会资金量、控排企业参与度等指标也均居全国首位。碳交中心在全国首创了碳现货远期产品、“碳保险”业务、碳众筹业务等，在碳金融创新的首创性、创新品种和规模上均领先于其

他试点。2017 年 12 月 19 日，国家发展改革委宣布由湖北省牵头承担全国碳排放权注册登记系统建设与运维任务。目前，正在筹建全国碳金融综合服务平台、湖北低碳产业综合服务平台等。

（3）区域性要素市场集群初步形成。

光谷联交所与国内其他省份的同业机构相比，具有两个显著特点：一是与各市、州、直管市合作投资的法人型分支机构覆盖全省；二是省政府批设的联合交易集团统筹承担资本要素市场建设任务。这两个特点使光谷联交所在推动湖北产权市场转型发展和资本要素市场体系建设上具有良好的基础和条件。下一步，光谷联交所将推动知交所建设全省科技金融创新创业服务平台和出版融合交易服务平台，推动环交中心建设全省排污权交易及投融资的综合性服务平台，推动矿交中心成为全省矿业权转让交易的有形市场，推动硒交中心成为恩施州富硒产业战略实施的承载平台，推动农畜所成为农业产业链资源配置平台，推动茶交中心成为业界首选的国家级茶产业投融资服务平台，推动大数据交易中心和众筹金融交易平台为相关产业提供市场化服务。为促进区域资本要素市场体系发展，光谷联交所还设立了联合资本管理公司，致力于为全省区域性资本要素市场体系提供创新、高效、专业的投资银行服务。

三、服务新一轮国企改革发展

产权市场最初起源于上一轮国企改革源头治腐的需要，本身就是改革的产物。在上一轮国企改革中，产权市场在服务企业国有资产进场交易的过程中取得显著成果，为国有资产的保值增值做出了贡献，同时显现出交易所模式在市场化改革中的强大生命力，此后产权市场不断向相关公有领域进行延伸服务，进场范围拓展到了行政事业单位资产、国有金融机构资产、法院司法涉讼资产等。2016 年，习近平总书记在参加全国政协十二届四次会议的民建、工商联委员联组会时指出，“要着力引导民营企业利用产权市场组合民间资本，培育一批特色突出、市场竞争力强的大企业集团”，进一步要求产权市场发挥规范化和市场化功能，为非公有资产和资本提供服务。可见，产权市场正是在市场化改革中不断走出国资国企领域、突破行业界限和所有制壁垒，不断对交易所的市场化服务能力进行延伸和拓展。光谷联交所就是这个改革过程的典型产物。在十九大前，央视播出的大型政论专题片《将改革进行到底》第一集中选用了光谷联交所工作场景的镜头，这里出现的光谷联交所代表着整个产权行业，而产权行业作为在改革中起源、在改革中发展并将在改革中持续壮大的典型行业，是对“将改革进行到底”这个主题的有力诠释。

因此，光谷联交所深化改革的方向主要为：

一是顺应新一轮国资国企改革的要求，扎实做好服务于国有经济布局优化和推动供给侧结构性改革的各项工作，承担新时代产权市场发展的新使命。

党的十九大报告明确提出要改革国资授权经营体制、加强推进国有经济布局优化、深化国有企业改革、发展混合所有制经济等战略方向和目标任务。

在这一改革过程中，产权市场将是实现新时代国资国企改革任务的重要抓手和承载平台。但这一轮的国资国企改革有新的任务和特点，因此对产权市场的工作任务和功能要求也不完全一样，中央 22 号文件将产权市场与证券市场一同纳入了“资本市场”范畴，就是对产权市场发挥资源配置功能、服务国资国企改革提出了更高的要求，是对产权市场未来发展方向的一种指引。比较两轮国企改革的目标任务可以看到，上一轮国企改革是被动式改革，是为了破解国有企业经营效益不好的困局，要妥善安置职工、要稳妥处置资产，所以产权市场是按这个要求建立的规范导向、程序导向的交易机构，而这一轮的国企改革是在大多数国企经营状况尚好的情况下推进的主动式改革，是新时代通过对战略性重组和优化资源配置来提高国有经济的活力、控制力、影响力、竞争力和抗风险能力，还需要产权市场效率导向、功能导向。也就是说，在新时代国资国企改革的任务要求已经发生重大变化的背景下，产权市场的自我改革将是势在必行的，必须对自身的传统业务能力进行根本性改造，否则将无法适应新时代国资国企改革战略性目标的需要。

从这一轮国资国企改革的新要求来看，产权市场的深化改革方向是在继续完善规范功能外，还需要不断增强投资银行服务能力，一方面要积极对接国企改制上市、增资扩股、资产重组、股权并购、股权置换等市场化需求，深入研究资产证券化等多种融资方式，提升投行化的综合服务能力，全面承接国企混改业务进场的各类中介服务和增值服务要求；另一方面也要探索建立与其他层次资本市场的协同衔接，通过开展基础业务和通道业务，积极与证券市场、债券市场开展合作，消除相互间壁垒，进一步提升资本市场功能，融入资本市场体系，助力国资国企改革的顺利推进。

二是顺应建设现代化经济体系的要求，有效服务于使市场在资源配置中起决定性作用的各项改革任务，开辟新时代资本要素市场建设的新境界。

十九大报告首次提出建设现代化经济体系的重要思想，要求始终把发展经济的着力点放在实体经济上，把深入推进供给侧结构性改革作为主攻方向，加快要素市场化配置改革。核心问题就是如何处理好政府和市场的关系，既要使市场在资源配置中起决定性作用，也要更好地发挥政府作用。这就要“积极稳妥地从广度和深度上推进市场化改革，大幅度减少政府对资源的直接配置，推动资源配置依据市场规则、市场价格、市场竞争实现效益最大化和效率最优化”。

但是，使市场在资源配置中起决定性作用，并不是说政府就完全放手不管，全部推向市场。因为发挥配置资源作用的市场机制和体系都还不够完善，而发展资本要素市场则是完善市场体系和市场经济体制的重要环节。一是发展资本要素市场可以形成资源价格的市场化形成机制；二是可以以交易场所建设来加大市场配置资源的改革力度。我国的要素市场尤其是资本要素市场发展不充分不平衡，已经成为阻碍经济发展的重要障碍。在政府部门简政放权的过程中，交易所是最重要、最有效的市场化承接方式之一，只要是需要对资源进行定价的行政审批权下放，交易所都可以承接。通过产权市场来建设资本要素市场，可以使各种经济资源依据市场需求，通过市场合理的引导流向更需要资金支持的企业，改变以往极具行政性的经济资源分配行为。资本要素在市场上通过公开交易实现流动和配置，从而形成各类资本要素市场。

西部产权交易所2015—2017年市场述略

为推进陕西省资本要素市场建设，按照陕西省委、省政府要求，西部产权交易所（以下简称交易所）于2015年划转至陕西金融控股集团，改制为企业，成为真正的市场化主体。交易所根据新形势和新要求，积极推进企业市场化转型工作，转变体制机制，完善服务功能，提升服务能力，拓宽服务领域，不断提升资本市场服务功能。

一、立足新起点，确定发挥资本市场功能新定位

（一）新政策，新要求，明确产权平台资本市场功能定位

党的十八大以来，国家对资本市场及产权交易市场发展出台了一系列大政方针，特别是中共中央国务院《关于深化国有企业改革的指导意见》（中发〔2015〕22号），确立了产权市场作为资本市场的重要地位，并且赋予产权市场与证券交易市场平行的地位，为产权平台完善资本市场服务功能提供了新的政策依据和要求。如何发挥资本市场服务功能，交易所进行了一系列的尝试和论证。要把握转型发展的方向，就要确定产权市场在资本市场的地位，厘清它与证券市场的区别，明确针对的市场和发挥的功能。产权交易市场与证券交易市场同属于资本市场，主要功能相同，即为市场主体的产权、资本等提供场内交易、融资等相关服务，实现交易品增值和所有者利益最大化，但两者的本质区别是交易品种是否标准化，产权交易市场是同证券交易市场相互补充和完善的两个市场。而且无论产权平台在资本市场建设方面进行如何完善和转型，首先不能忘记做好国有产权服务。因此，现阶段交易所就是以企业国有产权交易、非标准产品和非连续交易方式为主要特征，并为企业产权转让和增资扩股提供服务的新型资本市场，为供给侧结构性改革、国有企业混合所有制改革、“三去一降一补”，“瘦身健体”、提质增效提供专业化、多样化、市场化的配套服务。

（二）新职能，新使命，助力区域经济发展

陕西省政府对交易所进行改制，正是为了能够有效整合陕西金融资源，构建金融生态圈，支持陕西地方经济发展，以多元要素交易以及国有资本运营的基础构架，发挥综合性投融资平台的规模效应和协同效应。为配合陕西省国资委做好国有企业发展混合所有制经济的战略部署，积极稳妥推进省属国有企业混合所有制改革，放大国有资本功能，助推陕西实现“追赶超越”目标，根据《省国资委监管企业积极发展混合所有制经济行动方案》总体目标要求，交易所向主管部门提供了《西部产权交易所服务国有企业混合所有制改革实施方案》，并根据该方案，结合省国资委国企改革“一企一策”要求，为多家企业提供了相关法律法规、政策的解读和运用等咨询服务，切实服务陕西经济发展转型、深化改革，促进陕西省要素资本的高效流动和要素资源的合理配置，盘活存量资产，解决资金融通，实现经济结构调整和转型升级。

（三）新身份，新观念，以市场为导向，完善服务功能

在行业遇到战略机遇期的2015年，正是交易所企业化运营的企业元年，市场环境和内部环境的双重变化为交易所改革发展提供了契机。首先，交易所依托现代化的企业管理理念，制定并完善内部制度体系，形成有效制衡的公司法人治理结构和灵活高效的市场化经营机制，为企业发展提供制度保障。其次，根据市场需求和政策环境，完善交易品种和交易模式。一方面，积极拓展进场项目资源；另一方面加大项目宣传推介力度，大力发掘、发展客户资源，由原来的被动材料审核把关、交易登记服务为主转变为市场推荐、撮合成交为主。通过一系列的举措，交易所近三年项目成交额达到94.07亿元，最高溢价率达到1567.15%。西安中院转让被执行人持有的西安航天基地九鼎石油装备制造工程有限公司60%股权项目，标的评估值为138.34万元，成交价为2306.34万元，增值率达到1567.15%。陕南地产安康有限公司100%股权及20943.69万债权转让项目，最终经过47轮有效报价，被恒大地产集团西安有限公司以24484.83万元竞得，溢价11000万元，增值率达81.57%。陕西体育产业集团国际体育旅游发展有限公司增资扩股项目，标的评估值为50.71万元，成交价为480万元，增值率达到846.65%。

二、拓宽业务服务领域，搭建省级农村产权交易平台

（一）积极沟通，争取政策支持

2014 年 12 月，《国务院办公厅关于引导农村产权流转交易市场健康发展的意见》（国办发〔2014〕71 号）发布，为引导我国农村产权流转交易市场健康发展指明了道路。2017 年，陕西省委、省政府出台的涉农三个重要文件《中共中央、国务院关于深入推进农业供给侧结构性改革、加快培育农业农村发展新动能的若干意见》的实施意见（陕发〔2017〕1 号）、《关于稳步推进农村集体产权制度改革的实施意见》（陕发〔2017〕5 号）、《关于贯彻落实中央完善农村土地所有权、承包权、经营权分置办法的实施意见》（陕办发〔2017〕14 号）中，都提出要建立全省统一的农村产权交易体系，并依托现有产权交易平台组建省级农村产权交易中心。交易所根据文件精神，迅速谋划全省统一的农村产权交易市场的建立，通过与陕西省委政研室、陕西省委农工办、陕西省农业厅等主管“三农”工作的政府部门沟通、协调，获得了相关部门认可。在《关于贯彻落实〈中共中央国务院关于深入推进农业供给侧结构性改革、加快培育农业农村发展新动能的若干意见〉的实施意见的分工方案》（陕办发〔2017〕58 号）中，首次明确“西部产权交易所参与建立陕西省农村产权交易中心，建设全省农村产权交易市场体系”。这也是陕西省首次在 1 号文件的分工方案中把企业写进任务分解单位，为交易所搭建省级农村产权交易平台提供了强大的政策支持，也为省级平台六统一市、县、镇平台提供了重要依据。

（二）开展合作，建立多种模式

模式一：省县共建、股份合作，农村为主、兼顾国有，联网交易、六统一运行。同白水县政府合作，出资组建国有控股的白水县农村综合产权交易中心，其中白水县政府持有股权 60%，交易所持有股权 20%，其他社会资本占 20%。交易中心于 2017 年 10 月 31 日正式挂牌成立，为省县共建、企业化运行的综合性产权交易平台。陕西省委农工办、陕西省农业厅、陕西金控集团、渭南市农业局相关领导出席揭牌仪式暨产权交易网站上线运行启动仪式，均对白水县交易中心的成立给予高度赞扬，对产权交易体系引入市场化机制模式给予充分肯定。

模式二：业务对接、加挂牌子，联网交易、五统一运行。与合阳县农村产权交易中心签署《推进合阳县农村产权交易市场建设的合作协议》，立足合阳县农村各类资产资源，发挥交易所系统建设、制度建设、业务创新和市场资源等优势，由交易所与县农村产权交易中心以业务和系统对接为核心，以“统一交易系统、统一信息发布、统一交易规则、统一交易鉴证、统一资金结算”五统一为主要内容开展合作，同时在合阳县农村产权交易中心加挂“西部产权交易所合阳办事处”牌子，省、县交易平台联网运行，交易所负责系统后台运营及维护、相关业务人员岗位培训、组织较大标的项目的交易活动，收益按一定比例在双方进行分配。

三、完善要素市场建设，筹备省级登记结算平台搭建工作

（一）规范要素市场建设，服务区域经济发展

陕西省委、省政府发布的《关于加强金融工作意见》（陕发〔2017〕12 号）提出“规范发展股权、农村产权、文化、能源、碳排放等要素交易市场”，交易所所在陕西金融控股集团包含陕西省产权交易、股权交易、碳排放权、环境权等多个要素交易板块，承担着完善和发展全省要素市场的职责，在深化投融资体制改革、促进现代金融产业发展、服务陕西经济社会发展等方面发挥重要作用。陕西金控集团通过多方调研论证，批准由交易所负责牵头搭建，以便资源快速整合，有效监管要素市场相关业务。同时，能够为区域性要素市场提供更加专业的技术保障，提升区域

要素市场服务实体经济的能力。

（二）抢抓机遇，实现全省交易场所统一登记结算

随着金融系统性风险加大，交易场所乱象频生，各地纷纷出台相应政策，有效规范要素交易场所交易、资金、结算等问题，加快加强交易场所监管，防范地方金融风险。陕西省政府于2017年12月发布了《陕西省交易场所监督管理暂行办法》（陕政办发〔2017〕105号），其中第二十二条规定：“全省交易场所适时实行集中统一的登记结算制度。交易场所的计算机系统及业务流程应满足集中统一登记结算的要求，其电子化交易系统应按要求接入全省交易场所统一登记结算中心。”这预示着陕西省登记结算公司搭建工作即将启动。交易所根据文件精神，抓住政策机遇，通过调研学习，形成相关报告，积极同陕西省政府、金融办等进行沟通，搭建陕西省交易场所登记结算平台，并依托登记结算机构建立地方金融风险防控平台，作为加强区域交易场所监管、防范地方金融风险、有效服务实体经济、维护交易者合法权益的重要手段。

四、产权交易平台资本市场的探索建议

（一）规范发展，坚持“三公”原则

产权交易所是我国计划经济向市场经济、全民国有向部分国有转变过程中的产物，是我国特殊经济环境里的特殊交易机构。成立之初，产权交易所就是政府为配合地方国企改制、协助国有产权退出而设置的一个行政服务窗口，自《企业国有产权转让管理暂行办法》至《企业国有资产交易监督管理办法》出台，以及各省级政府相继颁布有关产权转让的行政规章，奠定了产权市场运行的基本制度，也明确指出，企业国有产权转让应当坚持公开、公平、公正的原则。从全国产权交易机构20多年的实践经验可以看出，什么时期重视坚持公平、公正原则，产权交易事业的发展就健康、迅速；相反，一些不重视坚持公平、公正原则的产权交易机构，在发展的道路上就走了弯路，付出了代价。因此，公开、公平、公正是产权市场的基石，也是产权市场健康发展的有力保障。

（二）立足主业，服务国企改革

产权交易市场为国有企业改革服务、规范国有产权转让、减少国有资产流失，是国家选择的处置国有资产的制度安排，今后仍是一个长期的制度安排，并不是国家“赐给”产权交易市场的短期“政策红利”。因此，从国家既定的制度安排角度审视产权交易市场，从为国有企业产权转让和国有资产处置的角度来看产权交易市场，这个制度安排是产权交易市场“之舟”走向资本市场“蓝海”的“压舱石”，而不仅仅是“政策红利”。32号令颁布后，原来未进场交易的增资扩股业务也正式纳入产权市场，正是对产权市场融资功能的放大。党的十九大提出“要完善各类国有资产管理体制，改革国有资本授权经营体制，加快国有经济布局优化、结构调整、战略性重组，促进国有资产保值增值，推动国有资本做强做优做大，有效防止国有资产流失”；要“深化国有企业改革，发展混合所有制经济，培育具有全球竞争力的世界一流企业”。《中央关于深化国有企业改革的指导意见》明确了产权市场的资本市场定位，要求做强做优做大国有企业，不断增强国有经济活力、控制力。在这样的历史背景下，产权交易市场需要牢牢把握为国企改革服务的定位，在当前国企混改中发挥应有的市场功能，创新市场制度和完善交易规则，完成国家赋予的为国有资本形态转换和国有资本重新配置的重托，坚持服从国家战略部署，服务国企改革，服务经济实体。

（三）集聚资源配置，坚持业务创新

长期以来，资本、技术、能源、矿产资源等作为生产经营活动中不可或缺的投入品，因流动渠道不畅或受行政管控，导致企业在生产经营过程中产生投资冲动、资源错配、结构失衡、要素使用效率低下等问题。党的十九大报告强调，经济体制改革必须以完善产权制度和要素市场化配置为重点。中国经济社会的健康持续发展，将更加倚重现代市场

体系发挥作用，产权市场作为阳光化、市场化的平台，其促进各类要素资源高效流动和优化配置的作用，在新的时代背景下将更加凸显。这就需要产权平台充分发挥资源集聚作用，提供更加专业的全产业链条服务。第一，充分发挥会员优势，整合区域内产权交易中介机构，形成超市化一站式服务格局，通过发展市场会员，吸引诸如咨询服务、投资经营、产权经纪、招标拍卖、律师公证等机构，为企业进行投融资运作提供便捷、安全、低成本的服务。第二，全面提升交易所的投行服务能力，深度参与项目的前期方案设计、市场推介、交易撮合等投行类工作，实现交易平台资产端和资金端高效对接，加强与各类金融机构的合作，建立多层次、多方位的信息交流和沟通协调机制，依托产权交易市场，在企业改制、并购重组、产权交易、融资服务方面，以市场化方式发现要素价格，优化资源配置，实现要素资源的高效利用，为经济转型升级提供有力支撑。

广州产权交易所2015—2017年市场述略

《中共中央、国务院关于深化国有企业改革的指导意见》（中发〔2015〕22号）中明确提出，要“支持企业依法合规通过证券交易、产权交易等资本市场，以市场公允价格处置企业资产，实现国有资本形态转换”，将产权市场与证券市场并列为中国资本市场的组成部分。2016年出台的《企业国有资产交易监督管理办法》（国务院国资委、财政部令第32号）要求，企业产权、重大资产、企业增资要通过产权市场公开进行，拓宽了产权市场的服务领域，这是对产权市场多年来促进国有资产规范有序流转、提升资源配置效率和效果工作成绩的肯定，也对产权市场在服务国有企业的功能提升方面提出更高要求。

广州产权交易所成立于1999年，是以“交易所”命名并通过国家层面验收的国家级综合性产权交易机构。2010年，经广州市人民政府批准，广州产权交易所牵头成立国内首家从事各类交易平台投资运营的第三方交易公共服务平台——广州交易所集团。随着国资国企改革进入攻坚阶段，广州产权交易所坚持通过发挥产权市场的特色方案策划、挂牌前期辅导、广泛信息披露、规范流程控制、快速价格发现、资金安全监管和便捷结算、综合融资支撑、中介机构服务整合等功能，助力国有资产规范交易、发现市场公允价格，促进国有资本的优化配置。

一、以贯彻32号令为抓手，全面服务国有企业改革创新

（一）服务国企股权多元化和混合所有制改革

国有企业实现股权多元化和混改，除了公开上市之外，还可以通过产权市场操作、产权转让和增资扩股的方式，为非公有资本、集体资本、外资、员工持股等各类资本进入和退出市场提供规范有序的市场环境，导入更多业务资源，激发企业活力和竞争力，以及通过发挥产权市场灵活多样的交易方式，充分发现价值、发现价格，以市场化定价手段，护航国有资产保值增值。

2015—2017年，在广州产权交易所挂牌的国有产权转让及增资项目中，近九成企业通过转让部分国有股权或增加企业资本金的方式，成功引入非公企业和个人100余家，累计交易金额近200亿元。例如，通过设计以员工发起成立持股平台联手收购的方式，为省属国有企业引入金融领域

和海外业务资源的战略投资者，实现股权结构从国有全资向国有实际控股、多家民营资本共同参与运营的转型升级。又如，某企业在已有财务投资者的基础上，通过广州产权交易所增资扩股方式为企业引入专业能力极强的战略投资者，由国有控股的中外合资有限责任公司转型为国有参股的混合所有制企业。

（二）服务国企“三去一降一补”

“三去一降一补”是供给侧结构性改革的重要内容，广州产权交易所坚持“企业主体、政府推动、市场引导、依法处置”的工作原则，通过市场化手段，让国有企业在新的发展环境中放开手脚、轻装上阵。

一是在淘汰高污染、低利润的过剩和落后产能的重要任务背景下，广州产权交易所为广州钢铁、广州港、广州造纸等大型国有企业的废旧资产处置打造“绿色通道”，带动钢铁行业、有色金属、建材行业等相关淘汰设备进入产权市场，帮助企业盘活存量资产，实现资本的最大变现，在转型升级中有效解决“去产能”难题。

二是根据不动产处置数量大、金额小等特点，针对性地提供规模化处置等专业服务，先后帮助风行集团、珠江实业、连州粤电等企业高效、安全地处置积压库存。例如，为企业设计整体转让优先、同时接受整栋标的和单套标的登记的方式，引导买家联合受让，帮助企业在短时间内实现批量房产一次性套现。

三是通过开放性市场化平台配合“僵尸企业”重组整合和市场出清，服务于主辅分离、淘汰落后产能、盘活存量资产，配合推动国资流动重组、优化调整结构布局。

四是拉伸经济动能短板，为新一代战略新兴产业培育新优势。2015—2017 年，广州产权交易所通过股权转让方式，先后为广州、佛山、惠州等地市的基因药物工程、机器人设备、光电材料、医药科技、生物科技、通讯技术等高新行业提供融资服务平台，交易金额近 10 亿元。

（三）服务国企产业结构调整和资源优化重组

产业结构调整是推动企业发展的主要力量。广州产权交易所通过公开透明的平台和市场化的定价机制，帮助企业提升资本运营效率，增强实力。

一是广州产权交易所利用产权平台资源集聚优势，吸引资本向优势产业集中，向价值链高端领域集中，助力企业核心业务做优做强。广州产权交易所平台先后为广州、肇庆、梅州等地市国有企业征集到高质量的战略投资者，引入成熟的行业管理经验，服务国有企业做强主业。

二是房地产行业是近年来产业调整、行业转型的重点领域，也是广州产权交易所挂牌项目的交易热点，交易宗数多，金额较大，影响力也较大。例如，为配合当地政府城市规划和发展目标，广州产权交易所通过阳光、高效的平台，为广州经济技术开发区、惠州高新科技产业园多个地块和用地、广州金融城、金沙洲等地块开发项目引入万科、保利等大型地产公司，引入专业项目开发团队和管理团队。

三是针对企业非主营业务和资产，或者对与主业无互补性、协同性的低效业务和资产，配合国有企业退出一批不具有发展优势的非主营业务，实现国有资本形态转换，将变现的国有资本集中投向国有资本更需要集中的领域和行业。例如，为了配合深圳某企业业务转移，配合当地高新科技园产业升级改造的规划，广州产权交易所转让其壳公司全部股权，并经过 13 个意向受让方、多达 439 次的网络报价，项目增值 11. 74 亿元人民币，增值率高达 319. 02%。

二、不断拓宽服务领域，广泛服务于国有资源优化配置

（一）产权市场助力新三板市场国有资本规范流转

随着股转公司的审核标准日趋严格，新三板挂牌企业中如果涉及国有资产或者国有股权，股

权转让的合法合规性成为重中之重。广州产权交易所联手新三板市场，先后为多家新三板挂牌企业提供阳光、规范、高效的第三方平台，通过发挥产权市场在国资流转方面的经验做法，为防止国有资本流失加上“双保险”。

（二）全面落实市、区国有企业物业出租业务“全覆盖”

根据广州市关于推进企业物业进行公开招租的工作部署，广州产权交易所搭建广州公有物业出租的第三方公共服务平台，充分发挥产权交易平台在特色方案策划、广泛信息披露、规范流程控制、快速价格发现、高效产权流转、综合融资支撑等方面的优势，进一步推进公有物业出租的“阳光交易”，配合落实国有资产流转的“有效监管”。平台自启动至今，累计挂牌出租项目近万宗，出租面积300多万平方米，成交金额约60亿元。

（三）探索金融企业国有资产处置专业服务

积极探讨“互联网+特殊资产”模式，为各金融机构提供包括金融国有股权转让、不良资产处置以及并购贷款等各类金融资产服务，率先以商业银行为试点，开展了银行不良资产转让、担保类资产转让、抵债类资产转让、大宗物业等资产租赁等进场交易业务，为银行资产处置开辟了又一条市场化通道，通过引入社会资金盘活存量资产，共同发挥化解企业债务风险、盘活闲置资源、盘活存量资产的作用。

（四）国有企业大宗商品公开采购业务逐步完善

为进一步规范国有企业采购管理工作，为国有企业降低采购成本、提升采购效率，广州产权交易所以番禺区为试点开展国有企业大宗商品公开采购业务，成效显著，获得良好口碑。广州产权交易所通过不断优化采购流程以及完善平台功能，建立健全平台采购制度，持续提供优质服务，推进大宗商品采购平台建设，促进业务制度化、规范化，积极帮助公有企业降低采购成本。2015—2017年，累计开展大宗商品公开采购业务成交金额近10亿元，资金节约率约40%。产权市场以其多年服务于非标准化业务的经验，为企业客户提供多样化采购解决方案和规范化交易操作流程，让采购变得更阳光、更高效。

（五）探索国有企业大宗物流项目进场交易新模式

为降低物流成本，创新廉洁风控机制，广州产权交易所探索搭建统一交易流程、统一交易规则、统一资金结算、统一市场监管，以市场主导运作、政府统一监管为模式的物流公共交易平台。例如，开拓部分试点国有企业参与物流交易和投融资服务，为进一步推进国有企业大宗物流交易业务的开展在模式和规则设计、风险控制措施、系统开发等方面积累充足经验。

三、升级商业模式，构建立体化的产权资本市场融资服务体系

（一）“平台+投行”，提升资本运作能力

广州产权交易所不断扩宽国有企业引进投资者和资金的有效渠道，在与市场知名机构开展合作的同时，引领股权投资基金、产业引导资金、风险投资基金等市场投资资本进入产权市场，直接服务于国有企业做强做优做大。例如，为广东开平某旅游公司征集到北京一家大型基金公司，为项目引入后期投资金额逾30亿元，切实落实赤坎古镇大项目开发，打响世遗品牌，带动当地旅游产业链的多元化发展。

（二）“平台+银行”，加速金融与资本融通

随着产权市场的融资功能显现出巨大发展潜力，广州产权交易所在实物资产交易、汽车指标竞价等领域创新与银行的合作内容，为中小企业与广大市民提供便捷、安全的融资渠道，在推行普惠金融服务方面取得新成效。例如，为有效解决汽车指标竞价中“一次性付款”的难题，广州产权交易所与广州农商银行推出“车牌分期服

务”，提供银行零首付、低费率、无利息融资服务，更好地满足民生需求的资金流通。

（三）“平台+互联网”，实现交易全链条“零跑动”

广州产权交易所重点推进信息化建设，强化交易高效性、便利性，抢占服务品质先机。通过重新开发系统基础构架、重新构建互联网交易门户、重新打造基于大数据分析的辅助支撑系统，实现线上与线下的交叉赋能，利用互联网助力交易行为升级，重塑交易主体间的关联方式，全方位支持交易业务、市场服务、风控管理等环节，实现客户的全线上报名竞价、交易客户的线上管理、交易资金的自动结算、审核流程的电子化管理等功能，大幅度提高平台服务全面性和便利性。

山东产权交易中心2015—2017年市场述略

山东产权交易中心（以下简称山东产权）经过多年创新发展，积极参与产权资本市场建设，已由成立初期专司国有资产规范流转、保值增值、源头防腐的市场化平台初步发展成为集资本交易、要素转化、大众投行和社会服务“四位一体”的专业化现代信息服务集团，并引领带动各类中介服务机构，着力打造了集研发、投行、融资、培育等于一体的综合金融配套服务体系，不断创新金融服务模式，为市场主体开展投融资、并购重组、资源资本化提供专业服务，打通资本与产业的连接，探索出一条支持实体经济发展的新道路。

一、发展历程

（一）山东产权交易中心基本情况

山东产权紧紧围绕高质量发展要求，以深化供给侧结构性改革为主线，重点打造“一体两翼”战略布局，扎实推进新旧动能转换，充分发挥市场在服务资本流转、要素定价、国企改革、动能转换、融资服务等方面的作用。山东产权旗下有山东国赢资产管理公司、蓝色经济区产权交易中心、黄河三角洲产权交易中心、山东文化产权交易所、海洋产权交易中心、山东省大成投资咨询中心、山东省机电设备成套公司、山东省设备成套招标中心和山东招标股份有限公司等权属企业；济南、烟台、潍坊、菏泽等20多家（含正在设立）分中心、办事处；引领带动发展咨询、经纪、清算、拍卖、招标、审计、评估、律师事务所等各类中介服务会员800余家，建立了包括各类PE、VC、战投、产业投资者等在内的2000余家机构投资者与数万户个人投资者信息库，与全国100余家产权交易机构及各类不良资产处置平台、房产、物资等各类专业市场建立了信息链接，为山东产权着力构建的产权公社生态圈打下了坚实的基础，为山东产权奋力开创新时代下的发展新局面打开了新空间。

（二）山东产权规范化发展

规范是国有企业健康发展的根本原则，山东产权始终坚持规范化、专业化、市场化运作思路，通过完善制度设计、加强一线监管、注重过程控制确保规范运作。成立10多年来，山东产权没有出现过一起违规操作项目，在省级审计和国家审计署重点项目抽查中，山东产权项目操作的规范程度得到了国家最高审计机关的充分肯定。

阳光规范实现国资保值增值。按照“依法合规、市场机制”的理念，山东产权积极打造“阳光国企”服务平台，全力助推山东省惩防体系建设，确保国有资产的规范流转、保值增值。山东产权建立了一整套完备的交易规则制度体系，确保交易每一环节都有规可依，并在强化规则制度执行的同时，不断进行优化完善。山东产权的规则制度水平也得到了同行业的高度认可，多个基础交易规则被其他省市交易机构原文发布。此外，山东产权还利用先进的信息化手段，进一步保证交易过程的公开、规范、透明。近年来，山东天诺光电材料公司、山东大众出租汽车公司、淄博搜秀商贸公司等一大批民营产权项目主动进场交易，除了对山东产权市场效应的认可外，更多的也是看重山东产权的规范化程度高，能够为其资本运作扫清障碍。

创新驱动抵御市场波动风险。山东产权能够实现持续稳定增长，主要依托持续不断的业务创新。一方面，在确保规范的基础上，山东产权及时根据市场环境的变化，快速反应，顺势调整，不断研发新的业务品种，开拓新的业务领域，从而打造新的业务增长点；另一方面，山东产权不断强化大众投行以及社会服务业务开展，降低市场波动对自身的影响。目前，山东产权的收入来源主要包括两方面：一是交易业务收费。随着山东产权不断降低收费标准，这部分收入占山东产权总体收入的比重不断下降。二是资源整合收入。该部分收入已经逐渐成长为山东产权的主要收入来源。按照“成熟业务精细化、成长业务规模化、新生业务制度化、创新业务实质化”的经营方针，山东产权不断强化业务精细化操作，帮助转让方实现标的资产大幅增值，帮助投资方整合资源、挖掘价值，通过增值服务带来收益，保持了良好的发展态势。

（三）山东产权市场化发展

作为阳光公开的市场平台，山东产权始终坚持市场化运作思路，在健全交易机制、丰富交易品种、扩大交易规模、营造市场效应等方面做出了积极有益的尝试，也结出了硕果。山东产权以企业国有产权交易业务为依托，坚持实施多元化发展战略，丰富交易品种，拓宽服务领域，实现了一个平台多种业务齐头并进的多元化集群式发展。一方面，山东产权利用产权市场形成的良好的品牌优势及市场效应，积极搭建山东省文化产权、海洋产权、体育产权、农村产权等各类要素市场；另一方面，山东产权推行“走出去”战略，大力拓展实物资产、行政事业资产、金融资产、涉诉资产等非政策性业务进场交易。通过各要素市场的搭建以及非政策性业务的大力拓展，山东产权主营业务涵盖企业国有资产、行政事业资产、金融资产、中央企业资产、涉诉资产、文化产权、海洋产权、体育产权、农村产权、技术产权十大板块。自 2007 年实现盈亏平衡以来，山东产权收入及利润连续 10 年实现快速增长，年均收入增长率达到 117.17%，年均利润增长率达到 188.98%。其中，企业国有资产业务板块收入占比逐年降低，2017 年实现利润总额 10299.98 万元，较上年同期增长 164.30%。

随着中国经济发展进入新常态，山东产权深入贯彻落实新发展理念，增强主动意识和紧迫感，积极推进以产权交易业务为主体，以大众投行业务和社会化服务业务为两翼的“一体两翼”战略部署，以新旧动能转换的澎湃力量推动市场平台快速发展、做大做强。依托产权交易业务，山东产权着力打造具有产权特色的非标资本市场大众投行业务新模式，不断整合跨区域的各类社会资源，对资源向资产、资产向资本的转化提供专业服务，打通资本与产业的连接。作为社会服务业开展的重要部署，体育产业、司法辅助、国企采购等实体服务业快速高效推进。体育产业服务方面，山东产权正在以推进“大众体育发展”项目为抓手，大力推进体育实体服务业务的发展。司法辅助服务方面，目前已成功对接全省各级人民法院，并派驻司法辅助人员，通过联手淘宝，山东产权运用市场化手段实现了山东省网络司法拍卖业务信息的统一管理和省高院对司法拍卖项目的统一监管，尤其是在不良资产处置方面，实现了资产端、处置端、资金端和交割端的全线贯通。国企采购服务平台建设得到了省国资委的大力支持，正在稳步推进中，未来山东产权在供应链管理方面将大有可为。

（四）山东产权专业化发展

专业化市场体系不断提升市场效应。在市场交易体系不断健全的同时，山东产权不断强化市场服务体系建设。在服务网络上，山东产权现已引领带动发展各类中介服务会员600余家，还建立了包括各类PE、VC、战投、产业投资者等在内的2000余家机构投资者与数万户个人投资者信息库，与全国100余家产权交易机构及各类不良资产处置平台、房产和物资等各类专业市场建立了信息链接，形成了覆盖全国、辐射世界的交易网络和信息共享平台。在服务手段上，山东产权依靠自身优秀的信息技术团队，成功搭建了集网络报价系统、资产处置电商平台、信息统一发布平台、山东产权涉讼交易网、公物拍卖申报管理系统等于一体的“山东产权云数据管理系统”，优化了交易信息全覆盖的网络化运营体系。先进的线上交易手段结合完备的线下服务，切实满足了客户的多元化需求。山东产权通过包括咨询服务、策划运作、市场推介、结算融资等在内的市场化手段，也更好地实现了市场发现价格、发现投资人的功能，市场在资源配置中的决定性作用也得到了充分显现。

职业化人才队伍不断夯实业务基础。山东产权经过多年发展，引进和培育了一大批熟悉产权交易和资本运作的专业化人才，为各项业务不断走向深入提供了坚实的智力支撑。一是以市场化为导向，建立选聘考核机制。积极推进高级管理人员市场化选聘和契约化管理工作，通过完善薪酬与业绩相挂钩的基本分配制度体系，增强企业发展活力。二是以高端智库为依托，加大产权生态研究。为推进山东省及全国产权交易市场建设，山东产权从省内外一流高等院校、科研机构聘请一批产权研究领域的经济学家、高级教授、专家学者，设立产权研究院，组建专家智库，不断开发新模式、新业态，以理论研究激发创新活力。三是以文化建设为核心，强化员工执行力提升。山东产权积极开展以“打造四力，提升四感”为主题的精神文明创建工作，针对战略发展需要和企业经营实际，着力提升干部员工的担当力、凝聚力、协同力、创新力，不断提升客户的愉悦感、尊严感、神圣感、获得感，不断增加客户黏性，提升客户体验。

二、参与产权交易资本市场建设情况

（一）“平台+投行”模式，优化非标资本市场运营

以增量为主的国企混改，为投行业务带来了更多的项目资源。围绕企业融资需求，山东产权积极探索以投行业务为核心的商业模式再造，配套理论研究、业务模式、制度建设和利益分配机制，着力打造“平台+投行”的融资服务体系，帮助企业解决融资难题，优化非标资本市场运营。山东产权依托市场资源，与银行、券商及各类投行机构合作，将产权交易服务向前后两端延伸，立足产权交易中间环节，向前拓展咨询顾问业务，向后拓展融资服务。在山东省交运集团混改项目中，山东产权与德勤分别以产权顾问和财务顾问身份介入。山东产权充分发挥了熟悉国企改革和国资交易的优势，联合德勤制定混改方案，在员工持股方案实施、引入战略投资者、流程管控、资产核实、“存量和增量”交易方案策划等重要环节牵手共进，形成了以客户为核心的合作共识，有效推进了山东省交运集团混改进程。为打造“投行+基金”的运营模式，山东产权专门成立了山东国赢投资管理公司，并设立济南国赢私募基金管理中心和国赢投资基金。一方面，发起设立并购基金，直接配套服务国企混改融资，为员工持股提供融资服务；另一方面，设立基金，直接参与市场化投行业务，探索开拓产权市场的第二阵地。此外，针对不同的业务领域，山东产权通过与各类股权投资基金、产业引导基金、私募股权基金、风险投资基金建立战略合作关系，推动

其参与产权市场，引入社会资本，服务实体经济。山东产权的“平台+投行”业务模式促进了产权市场服务前后延伸，市场效应凸显，资本流动加速。

（二）“要素融资”模式拓展非标资本市场空间

随着经济社会的不断发展，要素的内涵和外延也在不断深化和扩大，许多要素由实物形态延伸到价值、虚拟形态，股权、债权、租赁权、经营权、品牌商誉、市场网络、生产工艺、产能指标、碳排放权、水权等都被纳入了要素的范畴。山东产权秉承“资源资本化”的创新发展理念，推动实现各类要素资源到资产、资产到资本的转化，盘活了存量要素资源、优化了增量资源配置、促进了要素自由流动，为经济增长注入了新的强大动力，激发出巨大的市场活力。山东产权逐步明确了产权市场“资源要素市场”的功能定位，在股权融资、物权融资、债权融资及无形资产融资基础上，通过产权市场要素转化、资本交易功能，各类要素资源通过市场发现价值、发现投资者，企业大量错配、低效、闲置资源要素通过产权市场得以高效转化，不仅满足了广大国有企业、非上市公司、中小企业等微观主体通过要素直接融资的需求，还完成了要素资源的重新配置。2017 年 9 月，兖矿科澳铝业有限公司 14 万吨电解铝产能指标通过产权市场公开转让，挂牌 2.1 亿元的产能指标吸引了东方希望、信发集团、魏桥集团等电解铝龙头企业在内的十多家机构参与，并最终以 14.02 亿元成交，增值 11.92 亿元，在创造产能指标转让价格新标杆的同时，帮助企业实现资源要素直接融资 14 亿元。2018 年 6 月，首个民营指标类项目——淄博淄川鸿丰矿业有限公司所属 35 万吨煤炭产值指标项目在山东产权以网络竞价方式顺利成交。除此之外，行政事业资产招租、纪委涉案违纪款物处置、信托计划新的产品发行、银行不良资产处置等项目进场交易的诉求愈发强烈，山东产权依托要素市场研究院与高等院校、科研机构在乡村振兴、经略海洋、现代金融等重点要素领域开展相关课题研究，发挥非标资本市场服务功能，打开了新的市场空间。

甘肃省产权交易所 2015—2017 年市场述略

2017 年 10 月 18 日，中国共产党第十九次全国代表大会开幕会在人民大会堂举行，习总书记向大会作报告。大会的主题是：不忘初心，牢记使命，高举中国特色社会主义伟大旗帜，决胜全面建成小康社会，夺取新时代中国特色社会主义伟大胜利，为实现中华民族伟大复兴的中国梦不懈奋斗。在报告中，习近平总书记提出新时代中国特色社会主义思想，并写入党章，成为我们党迈向新时代、开启新征程、续写新篇章的政治宣言和行动纲领，成为当前和今后一个时期党和国家事业的总设计、总定向和总指引。报告还提出新时代坚持和发展中国特色社会主义的十四条基本方略，提出全面建设社会主义现代化国家的“两步走”目标，并从经济、政治、文化、社会、生态、党建等九大方面进行了战略部署。这其中，涉及产权交易资本市场建设和发展的内容超过 20 项，这足以让我们感到振奋。甘肃省产权交易所（以下简称甘交所）认真学习党的十九大报告精神，不忘初心，将继续按照党的十九大指示奋力前行。

党的十八大以来，甘交所紧紧围绕要素与资本两大纽带，不断丰富交易品种，提高服务水平，打造核心竞争力。五年来，在上级有关主管部门、行业协会及社会各界的大力支持下，甘交所按照国家供给侧结构调整的整体要求，充分发挥产权市场“去产能、去库存、去杠杆、降成本、补短板”的服务职能，在区域经济调结构、转方式、促升级中发挥了重要作用。甘交所立足传统，深化转型发展，传统业务亮点频现，创新业务卓有成效，平台建设有声有色，党建工作也取得显著成效，各项事业均取得了可喜可贺的成果。

在平台建设方面，一是紧密围绕国家“互联网＋”的战略方向，打造了“甘交所互联网＋”战略，改版了官方网站，开通了官方微信、微博、移动第三方新媒体。截至目前，甘交所官方网站年点击量达百万有余，移动第三方新媒体平台点击量累计达三百万有余。二是紧紧围绕市场化转型发展思路，在全省各地州市设立办事处，进一步实现业务下沉。从2015年起，甘交所着手建设市州办事处，先后建立了平凉、天水、定西、酒嘉、甘南、庆阳、临夏等11个办事处，加上原有的武威办事处，在全省绝大部分市州均已设立办事机构。各地办事处建立后，迅速与当地相关部门进行业务沟通和对接，扩大了甘交所在当地的影响力，相关业务也进入了常态化运营，并取得了可喜成就。三是积极与协会及行业机构开展交流互动。2016年，甘交所成功当选“中国企业国有产权交易机构协会常务理事单位”“E交易联盟增资扩股业务小组组长单位”“中国证券业协会特别会员单位”，成功获得“财政部政府采购代理机构”资质，同时积极参加由中国产权协会组织的32号令和产权资本市场专题培训班，增资扩股融资业务、金融服务产品创新、产权交易资本市场建设等学习培训活动，通过研讨、交流与互动，深入了解国家政策走向，学习行业发展经验，为下一步业务的深入创新开展指明了方向。四是进一步加大对外合作。在新的经济环境下，为进一步向客户群体提供全方位市场服务，延伸服务链条，获取更多交易资源，甘交所先后与定西市人民政府、天水市人民政府、酒泉市人民政府等地州市政府，中国电信、中国石油甘肃销售分公司、中国储备粮管理总公司等央企集团，中国农业银行、中国工商银行、中国建设银行等金融机构，金川集团、白银有色集团等省属企业，平凉城乡发展建设投资集团、平凉文化旅游产业投资集团、兰州新区金融控股集团、白银金融控股集团等地州市国有资本投资运营公司建立了战略合作关系，为其提供包括但不限于国有资产产权交易、企业直接融资、政府招商引资、PPP项目咨询、政府（企业）招采招租、企业挂牌上市咨询及融资工具集成服务等在内的综合服务，通过资源整合和优势互补，全力推进要素交易与直接融资业务的开展。五是进一步加大会议营销力度，承办了“中国产权资本市场国有资本投资运营研讨会”“2017年金融资产交易和融资专题交流会”“2017年玉门市政银企对接暨省产权交易所服务实体经济创新与举措专题培训交流会”“2017年白银市金融大讲堂”“陇南市产权市场服务实体经济举措交流会”等多个主题会议；交易所领导受邀分别在“中国产权资本市场专题培训班”“产权行业增资扩股融资业务交流会”“玉门县域经济2017年年会暨金融合作论坛”“定西市融政企对接会”等专业经济论坛和培训会议上作主题演讲与报告。积极承办、参加在行业和区域内有影响力的会议及活动，为甘交所在各领域、各地区的相关业务的开展奠定了良好的基础。五是不断加强队伍建设，多次组织开展专题知识培训与先进个人评选活动；交易所领导多人先后荣获行业协会专家、地方发展顾问、PPP专家以及中高级经济师、注册拍卖师等荣誉和职称，多名员工考取了证券从业资格证、基金从业资格证、机动车高级评估师等从业资格证书，通过打造学习型组织的一系列举措，不断提升交易所队伍整体素质与专业技能。六是进一步深化党的领导，扎实开展“牢记初心、不忘使命”专题教育，牢树“四个意识”，认真落实管党治党“两个责任”，严格党内政治生活，将党管人才、重大事项经党组织决议等事项写进公司章程，全面加强交易所党组织建设。

在业务开展方面，公司业务品种不断丰富，交易体量逐年稳步攀升。2004 年 3 月至今，甘交所累计成交各类项目 800 多宗，成交金额 700 多亿元人民币，其中增资扩股直接融资金额 300 多亿元人民币并排名全国第三。其中不乏一些典型案例：

在资产流转业务领域，2015 年，兰石集团老厂区 25#地块使用权以近 10 亿元人民币在甘交所成功转让。2016 年，上市公司兰州三毛实业土地使用权通过甘交所以 49538. 8 万元高溢价成交。2017 年，兰州国器装备制造集团有限公司拥有的原兰州水泵总厂原址土地使用权及地上附着物项目在甘交所以 121369 万元人民币成功挂牌转让。2017 年 8 月 14 日，上市公司甘肃祁连山水泥集团股份有限公司所属的安宁一宗国有土地使用权转让项目在甘交所成功挂牌，经过 6 家意向受让方历经 2 小时 48 分钟、76 轮次的网上报价，最终以 2. 64 亿元顺利成交，较账面价值 828. 56 万元增值 2. 55715 亿元，增值率 3086. 48%；较评估值 1922. 46 万元增值 2. 4477 亿元，增值率 1273. 24%；较挂牌价 8000 万元溢价 1. 84 亿元，溢价率 230%。

在并购重组业务领域，2016 年 10 月 13 日，甘肃省物产集团兰州物流配送有限公司 100% 股权通过甘交所以 14. 52 亿元成功转让，这是甘交所近年来进场交易标的额最大的一笔股权转让项目；2017 年 1 月 22 日，兰州新区亚太科技总部股份有限公司 40% 股权通过甘交所以 9800 万元成功转让；2017 年 8 月 16 日，北京方大炭素科技有限公司 100% 股权通过甘交所以 7222 万元成功转让；2017 年 8 月 22 日，广西金川阳光城实业有限公司 45% 股权通过甘交所以 14590. 26 万元成功转让。

在企业增资扩股业务领域，2015 年 12 月 24 日，甘交所成功帮助兰州兰石石油装备工程有限公司募集资金 1. 2958 亿元人民币。2016 年 8 月 29 日，甘交所以 3. 5 倍 PB、19 倍 PE 的价格成功为民营企业中核嘉华设备制造股份有限公司募资 3500 万元。2016 年 12 月 27 日，华龙证券非公开定向增发项目在甘交所顺利完成，成功实现在新三板场内非公开增发股份 36. 87 亿股，募集资金 96. 22 亿元，增资完成后，华龙证券注册资本由 26. 4 亿元增至 63. 27 亿元；本次融资规模在 2016 年全国资本市场名列前茅，也是该年度甘肃省在资本市场单笔最大融资。

在资产招租业务领域，搭建了甘肃省资产招租服务中心，为资产方与租赁方架起沟通的桥梁。截至现在，已累计挂牌租赁项目（标的）800 余个，成交年租金总额达 5000 余万元，项目成交率 81. 3%，服务客户包括天水市等地州市政府和兰州建投、西北永新集团、酒钢集团等多个省属市属企业，招租业务已在甘交所实现规模进场交易。

在采购和咨询业务领域，先后完成兰州公交集团车辆采购、电子显示屏采购、员工体检采购项目三宗采购项目，采购金额共计 915. 68 万元；先后完成中石油甘肃销售分公司与甘肃交建集团合资新设项目可研报告论证、定西市市民广场 PPP 项目咨询、中国电子进出口海南公司整体产权转让咨询服务、湖南洞庭白杨林纸有限公司 3. 5868% 股权转让咨询服务等十几宗项目咨询论证服务工作，交易所咨询论证服务水准不断得到锻炼和提升。

党的十九大报告强调，要贯彻新发展理念，建设现代化经济体系，以供给侧结构性改革为主线，推动经济发展质量变革、效率变革、动力变革，提高全要素生产率，着力加快建设实体经济、科技创新、现代金融、人力资源协同的产业体系，着力构建市场机制有效、微观主体有活力、宏观调控有度的经济体制。报告提出，“经济体制改革必须以完善产权制度和要素市场化配置为重点，实现产权有效激励、要素自由流动、价格反应灵活、竞争公平有序、企业优胜劣汰”。产权交易资本市场作为现代化经济体系的重要构成，是市场化配置各类要素资源的主战场，必将迎来高速发展的新时代。

报告在国企国资改革领域，提出“要完善各类国有资产管理体制，改革国有资本授权经营体制，加快国有经济布局优化、结构调整、战略性重组，促进国有资产保值增值，推动国有资本做强做优做大，有效防止国有资产流失”；要“深化国有企业改革，发展混合所有制经济，培育具有全球竞争力的世界一流企业”。可以预见，各类国有企业的产权流转、融资活动将越来越活跃，产权交易资本市场为这些流转和融资活动提供服务的机会也将越来越多。同时，报告对金融体制改革、科技体制改革、商事制度改革、生态文明体制改革、文化产业发展、乡村振兴、住房制度改革等做出明确部署，这背后蕴含着广阔、海量的要素资源流动需求，需要产权交易资本市场发挥重要作用。

经过近30年的发展，产权交易资本市场建立了完备的规则体系、科学的交易流程、强大的交易系统、广泛的信息披露渠道，监管体系逐步完善，市场在促进各类要素资源流转、拓宽投融资渠道、支持实体经济发展等方面积累了丰富经验，具备了推动我国由资本大国向资本强国转变的基础。党的十八届三中全会通过了《中共中央关于全面深化改革若干重大问题的决定》，首次提出要新建或改组建立国有资本投资、运营公司。在刚刚闭幕的党的十九大会议报告中明确提出：“要完善各类国有资产管理体制，改革国有资本授权经营体制，加快国有经济布局优化、结构调整、战略性重组，促进国有资产保值增值，推动国有资本做强做优做大”。

为深入贯彻落实党的十九大会议精神，2017年11月22日，由中国产权协会与甘肃省最大的国有资本投资、运营机构甘肃省公航旅集团主办，中国产权协会资本投资运营专业分会、甘交所以及甘肃省金融资本管理有限公司共同承办的“中国产权资本市场国有资本投资运营研讨会”顺利召开。作为承办方之一的甘交所在会议现场作了产权交易机构助力国有资本投资运营的主题交流。在国务院国资委、中国产权协会及资本投资运营专业分会、甘肃省政府国资委、中国诚通等30多家央企集团以及甘肃省公航旅集团和社会各界的大力支持下，此次首届中国产权资本市场国有资本运营研讨会取得圆满成功，会议有力地塑造了甘交所的良好形象，宣传了产权市场的服务职能，进一步密切了战略合作伙伴关系，为甘交所国有资本投资运营业务的开展及各项事业长远发展营造了良好的合作氛围。

党的十九大为产权市场的下一步发展指明了方向，也为甘交所下一步具体业务的开展指明了道路，未来甘交所将以服务国有资本投资运营、助力全省要素市场化配置为主线，全力以赴谱写甘肃省产权资本市场新篇章。

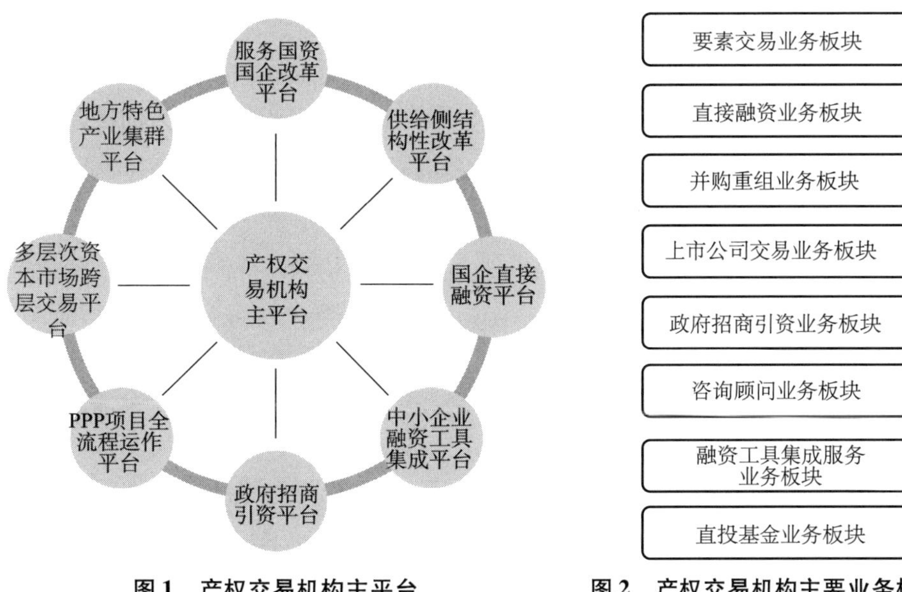

图1 产权交易机构主平台

图2 产权交易机构主要业务板块

一是不断丰富要素交易品种，继续做大做强要素资源流转板块。未来，甘交所将重点打造土地二级市场交易、PPP咨询、金融资产交易、企业招标采购、政府（企业）招商招租等领域的业务板块，积极探索种子交易、农村产权交易、碳排放交易、林权交易、知识产权交易等要素领域的交易市场，不断做大做强各要素交易体量和活跃量，努力成为集股权、债权、知识产权（技术）、物权、林权、金融产品、环境、矿产品等交易以及电子商务等服务于一体的全方位、多层次、全要素集聚的交易中心。

二是重点打造并购重组业务板块，继续服务好国有企业混合所有制改革工作。经过近30年的发展，产权市场以自身的制度和服务模式创新，促进了国有产权的规范有序流转，已经成为经得起考验的国有企业产股权流转的平台。未来，产权市场依旧是国企改革的主战场。党的十九大报告提出要“深化国有企业改革，发展混合所有制经济，培育具有全球竞争力的世界一流企业”。根据这些要求，国有企业与非国有企业的融合发展将成为新一轮国有资产管理体制和国有企业改革的重头戏。面对新一轮国企混合所有制改革的机遇，甘交所将紧密围绕国家供给侧结构性改革，盘活存量资产，落实“三去一降一补”等重点任务，为国有企业改制重组和结构调整提供有针对性的、个性化的服务。围绕当前供给侧结构性改革，在尽可能短的时间内通过资产处置帮助企业盘活存量资产，去产能、去库存，实现国有资本形态转换；通过国有股权的有序流转和吸收增量资本入股，加快国有资本与非公资本的融合，规范发展混合所有制经济；在更大范围实现国有资源优化配置，推进企业结构调整、优势互补、产业转型升级和创新发展。

三是按照国家建设产权资本市场的要求，进一步做大直接融资业务板块。《中共中央、国务院关于深化国有企业改革的指导意见》（中发〔2015〕22号）明确将产权市场定位为与我国证券市场平行的资本市场，支持国有企业通过产权交易平台以市场公允价格处置企业资产，实现国有资本形态转换。下一步，甘交所将进一步创新开展企业增资业务，主动进行市场调研，强化企业估值和推介能力，拓宽投资人征集渠道，帮助企业以更低的成本、更高的效率通过增资扩股的方式进行直接融资，充实企业资本金，引导社会资本进入实体产业，降低企业负债水平，实现去杠杆，为各类所有制企业发展提供源源不断的资本支持。

四是打造融资工具集成业务板块，提升交易所的综合服务能力。面对海量的投融资服务客户，甘交所将以建设“功能一站式，产品全系列，服务可持续”的投融资服务平台为目标，为受托的各类交易项目和企业提供融资担保、小额贷款、基金过桥和直投等一站式综合金融服务，具体包括融资担保、融资租赁、并购贷款、信托服务、券商专项资管、私募基金、小额贷款、互联网金融、资产管理、典当、金融仓储和商业保理等。通过多金融工具组合、集成式综合金融服务，为企业提供直接或间接股权和债权融资服务，提升产权交易机构的服务能力，增强其流动性。

五是打造上市公司业务板块，抢抓资产证券化业务机遇。随着各类所有制企业资产证券化水平的不断提高，产权市场面临的上市公司业务机遇逐渐增多。下一步，甘交所将继续为上市公司母公司/子公司盘活存量资产、股权转让交易、股权增资融资提供优质高效的投行+平台服务。同时，作为各类优质标的的汇聚地，甘交所还将独立承担上市公司投资顾问，为其提供优质并购标的，进而助力非上市企业资产或股权在资本市场成功退出。

六是打造政府招商引资业务板块。多年来，甘交所为各市、州政府招商引资暨土地使用权、矿权、广告经营权、出租车经营权、天然气加气站经营权、旅游景区经营权等公共资源的转让做了大量的工作，取得了各级政府及社会的充分认可。下一步，甘交所将紧密衔接各地政府的招商引资需求，通过产权市场宣传甘肃省各地、州、市经济状况、投资环境及招商项目的详细情况，积极打造区域内有影响力的政府招商引资服务平台。

七是进一步打造以 PPP 业务为主线的咨询板块，助推交易所多元化发展。经过多年发展，交易所锻造了一批经得住考验的专业人才队伍，这为交易所打造强有力的咨询板块奠定了基础。甘交所将进一步发挥智囊优势，在做好国有资产交易、股权增资、员工持股、企业改制、投融资咨询等传统业务咨询工作的基础上，加大 PPP 业务拓展力度，聚合各类政府和社会资本方资源，打造 PPP 专业团队，为客户提供“培训 + 咨询 + 采购 + 融资 + 交易 + 退出通道”全流程的 PPP 服务，打造交易所核心竞争力，助推甘交所多元化发展。

八是探索开展产权市场基金直投业务，提升交易所的盈利能力。产权市场一直以来都存在着融资难题，导致很多优质的产权交易项目因融不到资金而流产。随着混合所有制改革的加快推进，部分优质项目陆续进场挂牌，这为产权市场开展直投业务奠定了基础。甘交所将借鉴部分金融集团公司或者国企集团已开展的直投业务模式，积极与省内外投资公司、专业投行合作，构建风险防火墙，筹备开展直投业务。

追梦路上，奋斗不止。过去的五年，在党中央的正确领导下，国家的各项事业均取得了举世瞩目的成就。承前启后，继往开来。习近平总书记在党的十九大报告中明确提出并详细阐述了新时代中国共产党所领导的中国人民该走何种道路，坚持和发展什么样的中国特色社会主义的时代课题，也为产权市场的下一步发展指明了方向。2018 年是中国产权市场诞生第 30 年，30 年间，中国产权市场从无到有、从弱小到强大，实现了向资本市场的跨越。让我们以习近平新时代中国特色社会主义思想为指引，撸起袖子加油干、一张蓝图绘到底，全力建设好规范、高效、统一的产权交易资本市场，为国企国资改革、为各类要素资源的市场化配置、为区域经济和社会发展做出新的、更大的贡献！

广东省产权交易集团 2015—2017 年市场述略

2015—2017 年，广东省产权交易集团（以下简称广东产权集团）在市场运行规模、运行质量、运行效益等方面取得了突破性进展，呈现出效益导向的高质量发展态势，各项经营指标再创新高，全集团实现挂牌宗数突破 402 万宗，成交宗数突破 396 万宗；实现挂牌金额达 3.46 万亿元；实现成交金额突破 3.16 万亿元，连续两年进入全国万亿元交易总量俱乐部；2017 年，集团实现营业收入突破 2.7 亿元，同比增长 8.5%。广东产权集团市场运行规模、运行质量和运行效益均取得了突破性进展，名列全国同行前列，形成“北上广”三足鼎立局面。

一、加大市场整合力度，推动“六统一”进程

一是初步完成全省产权市场整合。广东产权集团积极牵头落实广州、深圳、珠海 3 个地级以上市产权交易机构与南方联合产权交易中心 4 家

平台的资源整合，与深圳市投资控股有限公司、广州交易所集团有限公司、珠海金融投资控股集团有限公司共同发起注册设立全省统一平台——广东联合产权交易中心有限公司。历时10年的广东产权交易市场，实现由分散走向统一的历史性和革命性突破，构建统一的产权交易资本市场外部环境已初步形成，全国产权市场“北上广”三足鼎立格局已初步显现。

二是着力争取央企增资扩股资质。随着广东产权市场“大统一”，2015—2017年，广东产权交易集团交易总量已超过3.4万亿元，市场份额占比超过25%，交易宗数突破396万宗。其中，国有产权交易金额超过1180亿元。这为申请中央企业产权交易和增资扩股资质奠定了坚实的业务基础，目前该项工作正在加快推进。

二、加大改革力度，推动以并购重组、增资扩股、混改为重点的国企国资产权交易

一是打造出清重组专业服务市场平台，建立国有企业有序退出和脱困的阳光通道。股权托管中心紧紧围绕国有企业混合所有制改革、瘦身健体、提质增效等国企国资出清退出、扭亏脱困、并购重组和转型升级工作，加强业务拓展和服务创新。通过司法、非标、资本运作、工商、仲裁五大出清路径，搭建了产权市场全国首个“僵尸企业”出清重组专业服务平台，畅通国有企业有序退出、规范流转和脱困通道。

2017年全年，股权托管中心托管与关停企业达1789家，其中16家省属集团委托托管企业达653家、16个地市委托托管企业达1136家。在司法出清方面，与广州市中级人民法院共筑“僵尸企业”司法出清绿色通道，建立广州“僵尸企业”出清综合服务市场平台，在全国起到引领示范作用。2017年，股权托管中心参与服务广州市中级人民法院裁定受理的首批104家国有“僵尸企业”，成为迄今为止全国规模最大的“僵尸企业”集中进入司法清算程序的经典案例。2017年，股权托管中心参与的全省首例由地方税务部门作为破产清算申请人发起的“僵尸企业”破产清算案件也已正式启动。

二是打造混合所有制改革专业服务市场平台，增强国有经济的增长力、影响力、带动力和控制力。充分发挥股权托管中心“企业成长助推器、中小企业孵化器、科技成果产业化摇篮、国企投行”四大平台职能，发挥要素市场的集聚功能，整合社会资源，构建国企投行、混改基金、商事登记和权益登记等基础服务板块，有效助推全省企业混合所有制改革。累计挂牌混合所有制改革项目234宗，挂牌金额达2404亿元，成交金额达808亿元，通过混改增强了企业可持续发展的动力。

三、加大市场化运作力度，推动供给侧结构性改革

广东产权集团始终围绕全省社会经济发展大局，坚持产权交易资本市场服务实体经济的本源，不断增强产权交易资本市场的功能和全要素交易市场平台配置资源的作用，以灵活高效的市场化经营机制，助推全省供给侧结构性改革、产业结构转型升级和经济高质量发展。

一是发挥产权交易市场优势，助推供给侧结构性改革。截至2017年底，在“去产能”方面，全省104家重资产企业和生产性企业在广东省产权交易资本市场挂牌交易，实现成交金额达778.2亿元，交易增值金额达173.86亿元，增值率达到29.51%；在“去库存”方面，非主业企业整体转让交易金额达96.93亿元，交易增值达30.76亿元，增值率达到46.49%；在“降成本”方面，药品及资产流转共节约采购和流通成本达352亿元；在“补短板”方

面，通过产权交易资本市场，引入银行配套资金，服务实体经济，金融支持实体经济累计金额达2200亿元。

二是充分发挥市场发动、价格发现、价值创造的增值作用。受广东国际信托投资公司（以下简称广东国投）破产清算组委托，2017年6月29日，广东国投破产财产进入南方联合产权交易中心公开处置，标的起拍价人民币446.772亿元，经过22轮激烈竞价，最终以551亿元成交，竞价增值达104.228亿元，增值率达23.34%，成功开创重大破产企业财产进入产权交易资本市场公开处置的先例，实现司法委托拍卖和破产财产清算处置的创新和突破，创造国内产权交易资本市场“史诗交易”经典案例，在全国引起热烈反响。

四、加大产融结合力度，推动金融服务实体经济

一是强化平台“交易+融资”功能，引领金融资产流转支持实体经济发展。2015—2017年，广东金融资产交易中心进一步巩固“明星产品”优势，保信易、投融资交易等传统业务交易稳定增长。定向债务融资工具效应不断放大，有效推动企业直接融资发展，降低企业融资成本。2015—2017年，广东金融资产交易中心运行质量在全国同行中排名前列，实现交易量突破2万亿元，累计交易量突破2.2万亿元。2018年，广东金融资产交易中心取得银行不良资产跨境转让交易资格，进一步开拓国际金融资产交易市场。与省农信联社签订战略合作框架协议，携手创新“交易+融资”模式。

二是强化产融结合支持实体经济。2015—2017年，广东产权集团积极探索产融结合“投贷保三结合、投贷信三联动、债信担三运用”的三大融资模式，服务实体经济，集聚投资未来，对混合所有制改革项目的金融支持累计达2226亿元。探索“互联网+供应链融资”服务模式，会同多家金融机构推出了多个专属在线融资品种，实现无抵押、无担保、实惠快捷的在线融资服务。推出“药·贷”在线融资产品，顺利通过银行机构联合测试，已实现上线运行，2015—2017年，已累计完成线下和线上放款达10.22亿元。推出以南方产权挂牌房产为标的的融资产品“产权·贷”，已累计完成线下实际放款18笔，金额达2522.93万元。

湖南省联合产权交易所有限公司2015—2017年市场述略

近年来，湖南省联合产权交易所有限公司（以下简称湖南联交所）紧紧围绕“产权交易资本市场”的功能定位，不断强化自身交易策划、招商推广、金融解决等核心竞争力的建设，在为湖南国企国资做好服务的同时，积极探索创新发展路径，不断拓展市场业务深度，实现了交易规模逐年攀升、平台影响力不断提升的发展趋势。

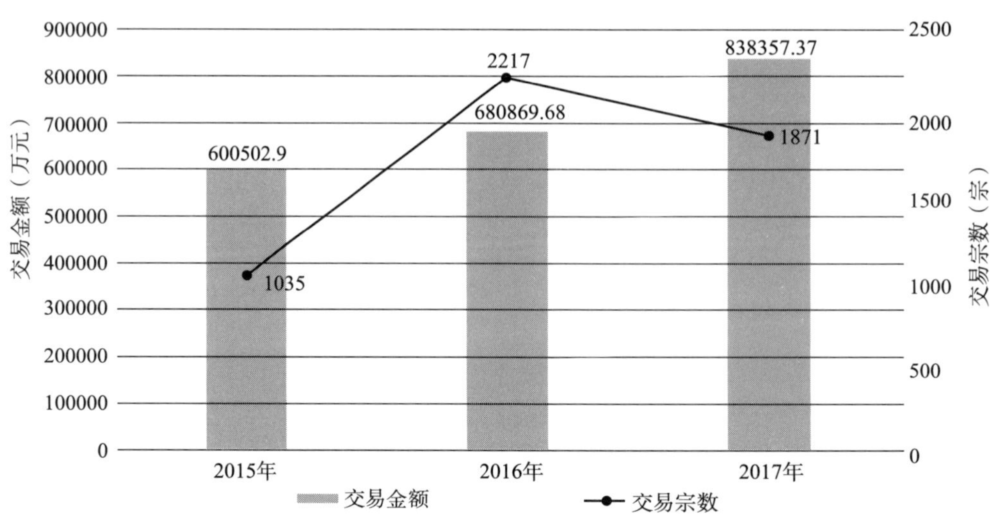

图1　2015—2017年湖南省联合产权交易所项目成交情况

作为湖南唯一一家省属国有企业产权交易机构，湖南联交所始终秉承“阳光交易、价值发现”的理念，以完善机制体制、规范制度规则、强化渠道建设为抓手，业务基础不断夯实，人员素质不断提高，市场服务不断延伸，在服务国有企业供给侧结构性改革、促进各类权益要素阳光流转、拓宽各类经济主体投融资渠道等方面做出了一定贡献。

一、深化服务，助力企业提升资产处置效益

2014年3月，湖南省人民政府发布《关于进一步深化国有企业改革的意见》，正式拉开湖南新一轮国有企业改革的序幕。新一轮改革是以发展混合所有制经济、推进建设现代企业制度、优化国有资本的资源配置为目的的主动式改革，一方面通过战略性并购重组来提高国有经济的综合效率，另一方面通过退出非主业、处置低效、无效资产来盘活存量资产。湖南联交所作为国有资产保值增值的主渠道和主平台，充分发挥规范化和市场化功能，不断创新交易模式和服务方式，助力国有企业优化资源配置，提升资产处置效益。三年来，湖南联交所服务国有企业处置各类资产累计收回资金70亿元，较挂牌价增值近17%。

2015年，湖南省国资委下发《关于促进监管企业国有产权流转有关事项的通知》（湘国资产权〔2015〕60号），湖南联交所深入贯彻文件精神，同步推出多项配套措施。一是拟定《省属企业资产转让绿色通道合作协议》，对成交金额在10万元以下的资产项目提供免费服务，大幅提高企业资产进场交易的积极性；二是结合60号文件和业务实际对《实物和无形资产交易规则》进行了大幅修改，全面梳理优化业务流程、简化交易文本，全力提高企业资产处置工作效率；三是协助省国资委督促监管企业上报资产交易情况，进一步提高了企业资产公开转让的规范性，初步实现了省国资委“国有资产应进必进、全面规范”的预期目标。

2016年，湖南联交所联合山西产权交易中心成功运作北京融新创达投资开发有限公司100%股权项目，该项目两个转让方分别为湖南国资委和山西国资委监管企业。为充分挖掘项目价值，避免国有资产流失，湖南联交所根据项目实际情况提出将两个股东持有的100%股权一并转让。通过两个交易所的精诚合作，该项目历经62轮激烈角逐，最终以25.2亿元成交，较挂牌价增值6.2亿元，成为产权交易市场又一经典案例。

二、创新策划，发挥产权交易资本市场功能

党的十八大及十八届三中全会以来，推动国有企业混合所有制发展及深化供给侧结构性改革始终是国有企业改革发展的主旋律。供给侧结构性改革必然要求改善金融环境，健全直接融资机制，完善中小企业融资渠道的问题。湖南联交所借改革之势，不断提升产权交易活动的资本市场功能，积极创新业务模式和交易撮合方式，完善融资服务能力。截止目前，已累计为22家省属企业募集资金近40亿元，切实为资本混合发展做好全程全面服务。

2016年6月，32号令明确将国有企业增资纳入进场交易范围。32号令的发布一方面赋予增资企业更大自主决策权，另一方面也对产权交易机构的服务能力提出更高要求。湖南联交所为进一步规范运作增资业务，结合32号令对公司原有的《企业增资业务规则》进行修改，同时增补制定了《湖南省联合产权交易所有限公司企业增资评审专家管理操作流程》和《湖南省联合产权交易所有限公司企业增资业务择优确定投资方操作流程》，经省国资委备案后已经正式实施。

面对需求各不相同的增资企业，湖南联交所“量体裁衣”，通过增资方案设计、意向方征集、投资人遴选帮助增资企业引入最合适的合作伙伴。2017年，湖南联交所接受湖南兵器集团下属两家军工企业委托，创新采用竞争性谈判方式，有效解决了同次增资引入多个投资者需“同股同价”和军工行业需保密的特殊要求，成功为标的企业引入战略投资者，共增加资本金3396万元。

三、横向开拓，推动各类要素市场化配置

湖南联交所作为国有资产阳光处置的平台，自成立以来坚持依法依规开展各项进场业务，创下了“零投诉、零违规”的展业记录，实现了社会效益和经济效益的双丰收。为进一步扩大平台影响力，拓展业务发展渠道，湖南联交所将为国企服务经验推广至其他经济主体，积极搭建了行政事业单位资产交易平台、涉诉资产交易平台、金融企业资产交易平台、非上市公司股权交易平台、中央企业资产处置平台等，业务领域涵盖股权转让、增资扩股、物资采购、资产处置、招商引资、资产租赁权、信托收益权、林权等，平台综合要素服务能力不断提升。

近三年，湖南联交所涉诉资产交易平台累计成交项目1491宗，成交金额32.27亿元，交易规模逐年递增，平台建设取得显著成效。湖南联交所通过健全制度体系，形成了“统一拍卖场所、统一信息发布、统一竞买登记、统一网络竞价、统一保证金账户”五统一的司法拍卖第三方交易平台，较好解决了过去司法拍卖信息发布不规范、滥用解释权突出、抗干扰能力不强、围标串标、监管不到位等问题。此外，湖南联交所注重招商力度，一是通过在公司网站、微信公众号发布各标的图文、视频介绍、标的亮点等信息，提高信息披露深度；二是针对优质标的，分析标的所在区域、特点、行业等属性的不同，在标的所在地通过报刊、兄弟产权交易机构、定向推介等方式进行推广，拓宽信息发布渠道，加大招商力度。三年来，司法拍卖项目成交率由2013年的不到30%逐步上升到46%，招商成果显著。2017年，根据最高院法释〔2016〕18号文件司法拍卖应进入淘宝等网络平台的要求，湖南联交所的司法拍卖项目中止进场。

四、抓住契机，不良资产业务规模大幅增长

随着我国进入新的经济周期以及金融改革的日渐深入，银行业不良贷款持续上升，基于司法处置程序艰难而漫长、传统处置渠道单一等金融机构不良资产处置困难而产生的现实需求，传统的市场中介模式已不能满足金融机构的系统性、

专业化需求，可以提供集成化服务的平台模式成为解决问题的关键。湖南联交所凭借多年来为省内金融机构资产流动提供具有公信力的承载平台，具备政策咨询、转让策划、招商推广等专业能力，为金融市场体系中相关内容产品和权益交易流转提供灵活快捷的中间市场支持，走出了一盘出色的金融企业不良债权交易活棋。

2016 年底，银行不良债权进入周期性处置阶段，湖南联交所适时抓住业务发展机遇，做到走出去、勤沟通，成功为中国农业银行湖南省分行处置对湖南省国龙外贸实业公司等 49 户债权资产包。该项目经过 110 轮激烈竞价，最终以 10307.2 万元成交，增值 4020 万元，增值率高达 64%。该项目的高溢价成交为银行不良债权处置带来新模式，湖南联交所以点带面，在做成项目的基础上形成合作局面，依托单个项目与金融机构建立长期战略合作关系，相继与工行湖南省分行、建行湖南省分行、华融湘江银行、兴业银行、中行湖南省分行、长城资产管理公司湖南分公司、华融资产管理公司湖南分公司等多家有影响力的金融机构和资产管理公司签署业务合作协议。三年来，湖南联交所成功处置 57 宗金融债权资产，处置债权本息共计 95.62 亿元，帮助金融机构回收资金 27.01 亿元，增值金额总计 2.56 亿元，为实现金融债权价值最大化、服务金融机构化解不良债务风险做出了应有的贡献。

五、多元发展，加速新品类业务探索布局

近几年，湖南联交所为寻求多元发展途径，扩大交易市场规模，着力开展搭建新业务平台的探索。一是完成了湖南省联合产权交易所邵阳油茶分所的签约授牌、工商注册，推进油茶林权流转；二是完成了对湖南省股权交易所和湖南省金融资产交易中心的股权受让工作，实现了交易板块的整合；三是与沅陵县人民政府开展农村综合产权交易合作，共同出资搭建沅陵县农村综合产权交易平台，有效激活农村要素市场。湖南联交所为贯彻落实湖南省人民政府《关于深入推进农业“百千万”工程、促进产业兴旺的意见》，以沅陵县农村综合产权交易平台为突破口，形成成熟运作经验后，积极探索与县市区“共建共享”县、乡、村三级联动的农村产权交易体系；四是与北京睿至、九次方大数据公司进行多次沟通，对组建湖南大数据交易中心有限公司进行积极探索；五是积极争取省属企业大宗物资采购进入公司阳光采购平台集中采购。目前，湖南联交所已经搭建企业采购平台，建立了产权交易机构、招标机构、采购方及供应商四方“各自独立、相互制约、责任明确、程序透明”的采购体系，能够运用先进的信息化手段，为需求方提供规范、优质、高效的采购服务。

六、强化信息建设，实现全品类、全流程、全网络、全监控交易

现代企业发展离不开互联网建设。为推进互联网交易与互联网金融“双轮驱动”战略发展，努力构建互联网交易金融生态圈，更好地服务于湖南乃至全国的国企国资改革和各类权益要素交易工作，2016 年，湖南联交所与各省市产权交易机构共同出资组建产全云科技投资有限公司，成功打造了集非标资产交易与招标采购于一体的全国性、综合型电子商务平台——“E 交易”。目前，湖南联交所已经通过“E 交易”系统实现了从项目挂牌申请、信息发布、受让申请、网络竞价、价款结算到成交公告的全流程互联网化，同时与国务院国资委监测系统、财政部监测系统、湖南省公共资源交易中心“一网三平台”及中国产权协会综合服务平台成功对接。

2017 年，湖南省人民政府发布《湖南省人民政府关于积极稳妥降低企业杠杆率的实施意见》（湘政发〔2017〕36 号），明确指出“支持湖南联合产权交易所形成全国同业领先优势，增强市场影响力，打造区域交易中心”。湖南联交所将不负使命，

外树形象、勤练内功，在夯实政策性业务的基础上，通过管理创新、业务创新和制度创新，不断提升企业竞争力，更好地服务于供给侧结构性改革，全力打造规范、高效、服务功能强的产权交易资本市场以及各类权益要素有序流转的阳光平台。

江苏省产权交易所2015—2017年市场述略

一、2015年度

（一）产权市场资源配置功能日趋完善，初级资本市场基本形成

1. 产权交易成交金额创历史新高

共完成50宗产权交易项目，成交金额21.55亿元（较上年增长110%）；其中，市场化交易项目13宗，成交金额12.53亿元（较上年增长97%），占全年成交金额的58%。

2. 股权质押融资业务大幅增长

新增7家登记托管企业，新增登记托管股份5.11亿股；全年办理57宗股权质押冻结登记，为企业融资22.69亿元。

3. 稳步推进金融资产交易工作

完成了省金融资产交易中心有限公司股权结构和法人治理结构调整，为后续发展扫清障碍；加强了金融资产交易产品的研发和对外省金交所的调研。

（二）发挥财政宏观调控和优化投资结构作用，积极引导社会资本投向战略性新兴产业

1. 切实履行引导基金出资人代表职责

把好市区引导基金新设创投企业和投资项目的审核关，督查存在问题，保证引导基金规范运作。截至2015年11月30日，引导基金首期出资10亿元已完成认缴出资9.27亿元，阶段参股41家创业投资企业，资金总规模达到78.99亿元，投资新兴产业项目339个，总投资额38.44亿元，有效实现了财政资金的放大和引导作用。

2. 推进省级产业发展资金投管工作

一是加强和完善制度建设。在2014年建章立制基础上，又制定了《江苏金财投资有限公司投资管理制度》等4项制度。二是组建金财公司直投业务团队。考察了16家企业，对其中8家企业进行了跟踪调查；投资了2家企业，投资金额980万元，实现了直投业务零的突破。三是再次征集合作创投机构。共有6家合作创投管理机构进入投委会决策及合伙协议等法律文本谈判签署阶段，产业资金拟认缴出资2.6亿元。截至2015年11月30日，产业资金已认缴出资1.405亿元，阶段参股5家创投企业，基金总规模达22.90亿元，财政资金放大15.3倍；参股的5家创投企业已投资23家创业企业，合计投资金额9.788亿元。

3. 全力配合省政府投资基金等其他基金运作

一是按厅内部分工与基金办秘书处共同推进省政府投资基金运作。二是配合厅工贸处产业基金、厅农业处现代种业基金、厅金融处银行贷款风险补偿资金、厅经建处现代服务业发展基金的管理工作。三是代南通、宜兴、泰州海陵区政府履行创业投资基金出资人职责。

（三）服务行政事业国有资产管理，承担公益职责

一是扎实推进公物仓管理工作，定人定岗、明确职责、严格管理、加强督查、安全运营。二是妥善处置电子废弃物，减轻环境污染。三是处置省纪委罚没物品，提升反腐工作的公开透明度。

二、2016 年度

（一）产权交易业务提升明显

一是通过大力拓展非指定进场交易业务，累计完成产权交易业务 55 宗，成交金额 34.71 亿元，同比增长 61.07%；二是以国务院国资委 32 号令颁布实施为契机，深入研究和制定增资业务规则，完成增资项目 1 宗，交易金额 1995 万元，增资业务实现零的突破。

（二）金融资产交易业务取得较大突破

一是明确业务发展方向。确定了以金融企业国有资产交易、不良资产处置等权益性金融资产交易为基础业务，以风险可控的直融计划（私募债）金融产品为拓展极，以整合参股创投企业资源、开拓私募股权二级市场为尝试点的业务发展规划；二是推动金融企业股权进场交易，挂牌金额 21176.23 万元，成交金额 10753 万元；三是搭建全省不良资产处置平台，挂牌金额 50709 万元，成交金额 803 万元；四是开展直融计划业务，建设“江苏金交中心—信新金融超市”互联网金融交易平台，完成首单直融计划产品的备案发行，融资金额 2000 万元；五是开拓金融中介市场，为企业提供融资咨询服务。在手融资服务项目 2 宗，意向融资金额约 7000 万元。

（三）股权登记业务稳步进行

以规范的股权登记托管为托管企业上市提供保障，2016 年登记托管的幸福蓝海影视文化集团股份有限公司和江苏恒力化纤股份有限公司成功登陆 A 股市场。2016 年新增登记托管企业 3 家，新增股份 1.5 亿股，办理 43 宗股权质押冻结，帮助企业实现质押融资 46.88 亿元，缓解中小企业融资难题。

（四）基金管理投资业务稳步推进

一是省新兴产业创业投资引导基金 10 亿元目前阶段参股 41 家子基金，规模达 78.99 亿元，子基金投资项目企业 430 家，投资金额 44.27 亿元，达引导基金的 4.42 倍。二是完成省级产业发展资金全部投资，出资 4.16 亿参股设立 12 支子基金，总规模达到 41.87 亿元，杠杆放大 10 倍，子基金已投项目企业 49 家，投资金额 18.46 亿元，是产业发展资金出资的 4.44 倍；完成直接投资 7980 万元，共投资 6 家企业，所投企业发展状况良好。三是积极配合基金办秘书处开展省政府投资基金相关运营工作。四是完成基金管理人登记，成为合格的私募基金管理人。五是发起设立江苏金财创业投资基金（有限合伙），基金初始规模 3 亿元。

（五）财政资产管理业务有序开展

一是继续按照勤俭节约、物尽其用要求，盘活闲置资产，使省级政府公物仓功能得到进一步拓展；二是配合开展电子废弃物环保处置现场观摩活动，全面提升各单位环保意识，坚持零收费妥善处置电子废弃物，减轻环境污染；三是根据违纪品及境外房产等资产特性，通过考察调研，制定周密方案，为新形势下的行政事业单位资产处置探索新模式。

三、2017 年度

（一）产权交易业务进一步拓展

2017 年，累计完成产权交易业务 165 宗，成交金额 20.72 亿元；增资业务持续增加，已挂牌 4 宗；继续提升市场化业务比重，非指定进场国资业务大幅增长，非国有产权转让业务取得一定突破。

（二）基金管理投资业务业绩显著

累计参股设立 58 家子基金，基金总规模达 139.93 亿元，杠杆放大 9.46 倍；累计投资项目企业 611 家，合计投资金额 88.8 亿元；所投项目企业中已有 17 家上市，14 家已申报 IPO，109 家已在新三板挂牌；产业发展基金估值大幅提升，个别项目不到 2 年时间获得 20 多倍估值增长，预期退出盈利丰厚；代管基金规模进一步扩大，总额已达 28.01

亿元；新增管理的母基金海峡两岸（淮安）产业发展基金已确定三支子基金管理人；继续积极配合省基金办开展省政府投资基金相关运营工作。

（三）金融资产交易业务获得重大突破

坚持以服务实体经济为宗旨，努力发挥省级金融交易平台的桥梁与纽带作用，通过创新定向融资工具、定向融资产品等多种金融工具，为拓宽企业直接融资渠道、提高企业融资效率、降低融资成本、优化债务结构提供金融服务，取得了显著成效。积极服务供给侧结构性改革，帮助金融机构高效处置不良资产，防范化解金融风险，受到业界和监管部门的高度认可。2017 年，省金交中心成交、发行及备案各类金融资产和金融产品项目 766 宗，合计 411.23 亿元，实际成交 174.33 亿元。省金交中心已发展成为全省业务规模及影响力最大的金融资产交易机构。

（四）股权登记业务稳中有进

已为苏州银行等 95 家非上市股份有限公司提供股权登记托管和质押融资服务，登记股份合计 212.91 亿股，新增股权质押冻结 19 宗，新增质押融资金额 6.68 亿元，在押融资金额 92.39 亿元。

青岛产权交易所 2015—2017 年市场述略

2015—2017 年，青岛产权交易所（以下简称青交所）在青岛市政府国资委的正确领导下，在青岛市有关部门的大力支持下，继续坚持依法依规运作，坚持公开、公正、公平的市场交易原则，保障了国有资产产权交易的安全性；同时立足自身发展特点，以规范促发展，进一步规范各类交易行为，强化内部管理，积极探讨新的业务发展方向，稳步推进产权市场专业化、规模化、多元化、规范化建设。

一、紧紧把握“规范、发展、再规范”的业务主线，在以下几个方面部署工作

1. 全面革新业务规则

抽调业务骨干及企业法律顾问组建专项工作组，重新制定《青岛产权交易所意向方登记受理操作指引》《青岛产权交易所信息披露操作指引》《青岛产权交易所企业增资业务规则》，并对《受让申请书》《意向投资申请书》等表单文件进行重新制作，做到业务符合新规要求。

2. 引进专业法律服务，强化依法依规决策

为进一步加强各部门在日常工作中的风险防控意识，防范业务运行过程中的法律风险，充分发挥法律顾问的作用，青交所印发“关于规范法律顾问工作的通知”，要求对规则修订、签署合同、对外文书等均提交法律顾问审核。重大决策、风险控制会议邀请法律顾问出席，做到让管理和业务依法进行。委托法律顾问对青交所网站政策法规进行了梳理规范，对网上政策法规信息进行必要的维护，保证相关政策信息的有效性。

3. 规范到位、责任落实

通过编印《青岛市产权交易市场操作指南政策法规篇》《青岛产权交易所内部控制管理规范》，做到权责明确，以制度来强化管理，保证规范到位、落实到人。

全面落实岗位职责及岗位廉政责任，在业务领域推行《反商业贿赂承诺书》，同时邀请法律顾问进行相关法律知识培训，增强全体职工的廉洁自律意识和法律意识。

4. 做好技术提升，为业务开展提供信息化支撑

2016 年 7 月，国务院国资委和财政部联合颁

布《企业国有资产交易监督管理办法》（32 号令），对国有企业产权转让、国有企业资产转让、国有企业增资业务提出了新要求。为了适应新的要求，青交所对交易系统进行升级改造，经近一年的开发、部署、试运行及修改完善，目前产股权交易子系统、实物资产交易子系统、企业增资子系统的基础设计开发已按照 32 号令的要求完成并投入使用。已按 32 号令及省市有关规定完成国务院国资委产股权交易、实物资产交易、增资扩股交易监测，财政部金融资产监测，山东省公共资源交易电子服务平台及青岛市公共资源交易电子服务平台监测，与中国产权协会全国产权交易行业信息化综合服务平台系统对接完成。

5. 稳定传统业务，积极拓展新的业务领域

一是通过积极协调，稳定涉讼业务的开展，取得青岛市各级法院司法辅助业务资格。二是搭建破产企业产权交易平台，开拓新的资产交易领域。三是按照应进必进、能进则进、进则规范的原则，在确保国有资产规范发展的同时，积极推进事业单位财产入场。在青岛市财政局的支持下，全面开展事业单位闲置房屋租赁进场公开招租，同时积极推进国有企业闲置房产公开租赁。四是配合青岛市公共资源交易目录的颁布实施，努力开拓行政事业单位国有资产、涉海洋国有资产、公共空间、公共场地及市政公用设施以及集体产权业务。首先是做好各项交易规则的拟定工作；其次是梳理业务流程，做好业务的宣传推荐工作。

6. 青交所聘请中国海洋大学制订未来五年发展规划

发展规划课题组负责人为中国海洋大学经济学院副院长、博士生导师纪建悦教授，课题组包括多名中国海洋大学研究生和青交所工作人员。该规划于 2017 年 10 月完成。根据青交所面临的外部环境和发展基础，为其制定了近几年的发展规划，明确为一个战略目标、双轮驱动、三方拓展和四大支撑。总体战略目标指导青交所朝着综合性、广泛性、高效性方向发展，青交所应以公有产权和民营企业产权协同发展为发展策略，主要从业务对象、业务范围和业务区域等方面进行拓展，并辅以人才队伍支撑、制度支撑、线上线下交易平台支撑和合作包容体制机制支撑四大保障措施，从而打造一流的基础性权益资本生态系统。

二、积极参与中国产权协会主导的行业自律建设，促进行业发展

1. 积极参加行业协会课题研究

2016 年 7 月，青交所、安徽省产权交易中心、黑龙江联合产权交易所、大连产权交易所共同承担行业协会“产权交易市场支撑体系比较研究”子课题研究。本课题由课题成员机构分工合作，课题提纲初稿由各个机构分别完成，课题最终整合统稿由青交所完成。

2. 积极参加信用评价工作

青交所通过历年来的踏实工作，工作业绩通过了中国产权协会信用评价初审。青交所认真筹备了近 6 万字的申报资料，涉及综合素质能力、管理能力、市场能力、社会责任及荣誉四大类，以及组织架构、人力资源、管理制度、社会信用等 19 个项目，成功获得行业协会资格认证。

三、业务简况

2015 年，青交所共完成各类产权交易项目挂牌 1618 项，成交 202 项，成交额 24. 68 亿元。2016 年，青交所共完成各类产权交易项目挂牌 2608 项，全年成交 477 项，成交额 47 亿元。2017 年，青交所共完成各类产权交易项目挂牌 1924 项，成交 772 项，成交额 89. 83 亿元。

沈阳联合产权交易所2015—2017年市场述略

沈阳联合产权交易所（以下简称沈交所）成立于1994年，是辽宁省政府和沈阳市政府共同设立的跨地区、跨行业、跨所有制的省级交易机构。按照省市做大做强交易市场的工作要求，2015年注册成立沈阳联合产权交易所集团。面对经济新常态，沈交所以多元化经营为主线，努力拓展新市场、构建新机制、提升新水平、塑造新形象，取得一系列重大突破，市场建设进入历史最好时期。

一、主要成果

二年来，沈交所通过以集团化发展、金融化提升、信息化支撑、区域化布局为抓手，坚持平台布局和功能拓展同步发展，已经成为区域内聚集资本、配置资源、沟通各类要素市场的重要平台，市场发展取得不断突破。

（一）成为沈阳打造东北金融中心战略的重要环节

作为区域多层次资本市场的重要组成部分，沈交所发展得到省市各级党委政府和相关部门的关注与支持。省市主要领导先后视察沈交所，并对市场建设及创新交易平台成果给予了高度评价。沈交所发展先后列入优化金融生态综合试验专项方案、加快国家中心城市建设规划纲要及省、市服务、金融、科技、文化、国有经济布局等多个产业发展规划。建设了集网上报名、网络竞价和交易管理于一体的综合产权交易信息服务平台，进一步夯实了市场发展基础，提升了市场核心竞争力。沈交所在区域资本市场体系中的战略地位和作用进一步强化。

（二）首开东北地区产权交易机构集团化发展先河

近年来，沈交所以服务企业经济社会发展为目标，推进市场集团化、股权多元化、团队专业化，先后投资设立辽宁股权交易中心、辽宁沈阳文化知识产权交易所、沈阳农村综合产权交易中心、沈阳环境资源交易所、沈阳技术产权交易中心、辽宁股权登记托管服务公司等专业市场，相继获得国家及省级国有产权、金融、非上市股权、文化、技术以及涉讼资产等12类经营资质，成为首批获得国务院国资委授予从事央企资产转让交易资质的全国18家产权交易机构之一，交易业务实现从中央到地方的全覆盖，服务对象涵盖国有、民营、股份制等各种所有制形式。成为东北地区唯一的中国产权协会常务理事单位。2017年4月，在中国产权协会首批产权交易行业信用评价中，沈交所被评为最高的AAA级信用企业，为辽宁唯一AAA级交易机构。沈交所社会影响力和辐射力不断提升，成为省市聚集资本、配置资源、沟通各类要素市场、促进经济转型发展的重要平台。

（三）纳入公共资源交易体系，独立运作、借势发展

在地方整合建立统一公共资源交易平台工作中，经积极努力，保持了沈交所独立法人地位，同时借势发展，为开展城市公共资源市场化配置业务奠定基础。相继探索开展了公车处置、出租车标转让、公交线路特许经营权招标、体育赛事承办权招商等权益性创新业务。其中，利用网络竞价系统，多轮次、大批量组织公车处置，实现了社会效益最大化和处置效率最优化，对产权市场服务政府公车改革、推进市场化配置公共资源起到了良好的示范作用，提升了产权市场知名度和美誉度，增强了市场竞争力和辐射力。中央电视台、人民日报、新华社等全国知名媒体均进行跟踪报道，并在全国产权行业相关业务会议上进行经验介绍。

（四）创新市场服务功能，规范市场交易流程

辽沈地区国企改革基本结束，企业国有产权交易业务持续萎缩。为确保市场可持续发展，沈交所拓宽思路、创新服务，积极参与企业增资扩股、上市公司国有股权转让，国家政策性参股资金退出等资本运作，探索开展了国有资产租赁、涉讼国有资产处置、知识产权托管和质押融资、外资银行股权和债权转让等创新业务。同时，不断规范和健全市场运行制度。在涉讼、环境、技术、农村等新市场建设和新业务拓展中，本着规范为本、制度先行原则，探索制定了一系列规则、流程和法律文书，获得相关市场监管部门的重视和认可。多年来，沈交所按照国资委的监管要求，严格规范国有资产转让流程，无一例违规投诉，为保障国资流转安全和源头治理发挥了不可替代的作用。

二、主要措施

（一）解放思想、明晰任务，确定转型发展战略

党的十八大以来，全国产权交易市场发展进入了转折期。由于地方国企改制基本完成，进场项目资源持续减少，交易额大幅萎缩。面对市场建设困局，沈交所以高度的政治责任感和科学的工作态度，不等不靠主动谋划沈交所可持续发展之路。一是深入学习党的多层次资本市场建设理论及政策，认真领会省、市政府推进东北区域金融中心建设发展战略及对沈交所建设的宏观要求，把握改革进程和市场发展大势；二是通过协会平台与各地交易机构加强交流，学习各地市场建设新鲜经验，形成规范为本、创新驱动的发展理念；三是结合辽沈地区经济特点、市场资源及发展需求，认真评估梳理沈交所自身优劣，抓住主要矛盾确定了面向市场，大布局、大国资、大平台、大服务的转型路径。在此基础上，制定了沈交所“十三五”发展规划，确定了“以国有产权交易为支柱、非上市股权交易为顶层、服务新兴产业产权流转和公共资源市场化配置为两翼，构建区域内各类资本要素市场的规划中心、投资中心和运营中心”的发展理念。

（二）整合资源、规范服务，打造国有产权流转主市场

产权市场是具有中国特色的资本市场，沈交所将做强国有产权流转主平台作为实现市场可持续发展的首要任务。配合区域经济体制改革，发挥多年来沈交所在建设市场、规范流转、遏制腐败等方面的优势，整合国有资源，拓展服务范围，增加交易品种。一是拓展业务，努力为各类国企转方式、调结构提供更为有效的服务。先后协助本钢、沈煤、能源、机床、沈鼓、锦州抚顺及鞍山银行等重点企业开展股权转让、增资扩股、私募股改一系列市场化服务。以国内首批获得央企资产交易资质为契机，积极争取华润集团、中国石油、五矿集团、中国华电、中储粮、中国冶金、中船重工等多家央企资产项目进场交易。二是配合政府职能转变和服务要素市场化配置，抓住在公共资源交易体系中独立运作的机遇，借势发展大力推进公共资源进场，将服务拓展到行政事业资产处置、国有资产租赁、出租车标转让、体育赛事承办权招商、公交线路经营权招标、全国足球甲级联赛资格及球队转让等新的公有产权领域。沈交所的社会影响力和资源配置能力得到大幅度提升，进一步巩固了辽沈地区国有产权交易主市场地位。三是积极参与组建沈阳盛京金控投资集团。按照沈阳市委、市政府工作部署，沈交所完成整建制事转企改革，并纳入沈阳盛京金控投资集团管理，为机构加强市场化运营功能奠定基础。

（三）抢抓机遇、战略布局，提升服务经济社会发展能力

随着国家经济体制改革深化及区域多层次资本市场体系建设的推进，融入多层次资本市场体系已经成为各地产权市场建设的重要环节。沈交所审时度势，依托东北区域中心城市的区位优势和资源优势，抢抓机遇、战略布局，积极促进辽沈地区多层次资本市场体系的孵化和培育。一是推进股权交易市场建设。经省政府批准，沈交所联合券商及上海证券交易所共建的“辽宁股权交易中心”落户沈阳，沈交所作为主要投资人出任董事长单位，这在全国券商参与建设的区域场外市场中是首例。目前，该中心作为全国重要的场外交易市场之一，挂牌1459家，托管321家，帮助企业融资362亿元，市场发展居国内同类市场前列，对地方经济建设的作用日益显著。二是搭建农村产权交易市场。2015年7月，经市政府批准，沈交所联合社会资本发起设立的沈阳农村综合产权交易中心挂牌运营，将逐步搭建省、市、县、乡四级交易架构，为区域农村各类产权交易、农业经营主体融资搭建有效对接平台。三是加速创新平台建设。配合政府职能转变和服务要素市场化配置，采取得力措施主动推进行政事业资产、权益性公共资源、政府购买公共服务进场交易，不断加快文化产权交易市场和技术产权交易建设。

（四）转变机制、重整体系，推进沈交所集团化建设

集团化发展是一个复杂的系统工程，为此，沈交所抓住四个重点加速集团化进程。一是优化基础。在市国资委支持下，建成了经营面积达5600平方米的配套设施齐全的新产权交易大厦，并通过现代网络技术构建了面向全国的现代化多功能交易系统，打造服务社会的公有权益流转平台，不但极大提升了市场形象，更为集团化建设提供了运作空间和综合服务保障。二是规范制度。本着市场创新、规范先行的原则，结合不同市场领域和交易品种的特点，健全、完善市场规章制度、运作流程，确保各类产权流转公开、公平、公正、规范。三是改革机制。以市场化为导向改革内部体制机制，将市场开拓及培育任务落实到各个部门，实行创新工作目标经济责任制。以混合所有制为方向重构市场体系，区别不同市场情况及自身专业能力，采取并购重组、股份多元化、联办、引入职业经理人等多种方式，吸引国有、集体及非公有资本参与市场建设，推进市场组织结构优化和要素重组，形成现代治理结构，提升市场投融资能力、创新能力以及经营活力。四是区域发展。确定了沈阳经济区产权交易统一市场、辽宁产权交易共同市场、东北地区产权交易区域市场三个层次的区域化拓展目标。先后与省内多地政府部门、公共资源交易机构、金融商贸开发区、技术高新区、产业先导区建立战略合作关系，吸引省内外近百家中介服务组织依托市场为国企国资运作提供信息化服务保障，提升市场发现价值、发现投资者的空间与能力，促进资本跨区域联动。

经过三年的建设与发展，辽沈地区资本要素市场体系框架基本形成，沈交所已完成事转企改革，并在此基础上，通过政府引导、市场化运作，立足大布局、大平台、大服务，进一步整合资本、资源、人才等市场要素，着力打造一个既有强大投融资能力，又有持续发展后劲，具有现代治理结构的综合性市场集团，成为区域资本市场规划发展中心、投资建设中心、运营服务中心，增强在东北乃至全国资本市场中的整体竞争力，为沈阳市优化金融生态综合试验及打造东北金融中心、加快国家中心城市建设做出新贡献。

浙江产权交易所2015—2017年市场述略

一、浙交所简况

浙江产权交易所有限公司（以下简称浙交所）是经省政府批准设立的浙江省内唯一综合性省级产权交易平台。自2004年由省国资委管理以来，省国资委积极指导推动浙交所全方位加强专业能力建设，发挥区域资本市场平台功能，对标行业龙头，打造省级龙头企业，努力建设成为全国一流产权交易所。

浙交所近年来围绕“两全四化”，推动“三大”建设，全力打造各类公共要素的市场化配置工具和非标化区域资本市场平台。目前业务品种涵盖产股权及实物资产转受让、资产租赁、购并重组、企业融资、增资扩股、咨询策划、公车处置、公款存放银行竞标、中介机构选择等，同时努力拓展金融服务、农村产权、排污权等权益交易及政府招商等业务。2016年成交金额近240亿元，2017年成交金额逾155亿元，2018年上半年成交金额101.49亿元；近年来为10多家上市公司提供了专业服务（项目成交金额超200亿元），拥有11万家有效机构投资人信息。

浙交所目前已拥有下述重要资质与资源：全省唯一由国务院国资委指定的从事中央企业资产转让交易业务的产权交易机构、财政部备案的国有金融资产交易机构、全省唯一的产股权及资产交易信息接入国务院国资委企业国有产权交易监测系统的机构、财政部全国金融企业非上市国有产权交易信息监测系统对接机构，浙江省国资委混合所有制项目唯一指定发布平台、全国产权交易行业首批AAA信用等级机构。

二、浙江省产权市场发展现状

在社会主义市场经济条件下，产权交易是深化国有产权制度改革、促进市场在资源配置中发挥决定性作用的基本方式之一。建立一个规范有序的产权交易市场，对深化国有企业改革、促进市场经济健康发展有重要意义。浙江产权交易市场经过这些年的发展形成了自己鲜明的特点。

三、浙交所近年来的做法

近年来，浙交所在传统行政事业单位国有资产、涉讼涉诉资产及其他公共资源交易范围狠抓服务质量，并不断向多个要素市场拓展，积极推进全省统一规范产权市场建设，争创体制机制新优势，更好地服务于全省经济社会发展大局。

（一）建立极具公信力的阳光交易平台

国有资产交易政策性强，规范性要求高，社会关注度高，责任重大。“规范创新、专业开放、诚信务实、廉洁高效、团结奉献”是浙交所的立身之本，浙交所始终把平台公信力建设放在首位。党的十九大作出了我国经济已由高速增长阶段转向高质量发展阶段的重大判断，中央经济工作会议把这一重大判断进一步明确为我国经济发展的基本特征。浙交所努力为推动国有资产交易规范化水平上新台阶出实招，不仅助力省国资委举办《企业国有资产交易监督管理办法》（国务院国资委、财政部令第32号）的全省解读培训班，还针对各省属企业、地市国资委，由总经理亲自带队组成工作小组，为客户进行详细、全面、深入的解答。作为产权管理的市场化工具和非标化资本平台，为了充分发挥平台的交易规范和国有资产保值增值功能，浙交所在拓展合作领域、深化合作机制方面迈出了实质性步伐。通过对集团资产管理制度建设、32 号令的政策解读和实务操作等内容的宣讲，为企业国有产权交易提供“一对一”的定制式业务辅导。

浙交所作为阳光化的资本要素流转平台，积极引进政府及有关部门需要公开化、阳光化交易的各类资源，大力打造“公有房产租赁平台”，目前已有多家省属企业发文要求自 2018 年 1 月起，省级行政事业单位的出租业务大规模进场交易。为满足客户需求做好相关服务工作，浙交所在租赁项目业务受理模式上进行调整，通过采用前中后台服务模式，实现了“最多跑一次”的服务目标，大大便捷了进场各方的交易手续；同时为实现国有资产收益最大化，浙交所在租赁项目营销上，依托 11 万家投资人信息库大数据，进行多渠道营销，针对重点项目采用房产网站置顶等方式进行营销推荐，已总计为各类公有机构实现总租金 20 多亿元的交易。其中，2018 年 1—5 月，共完成财政厅租赁项目挂牌 79 宗，成交 34 宗（挂牌中 29 宗），项目成交总金额 5289.2546 万元。此外，浙交所在依托母体扎根省属企业的同时，把服务对象拓展到了在浙央企。2018 年 3 月，杭州市延安路 378 号办公大楼 2—9 层整体出租项目在浙交所公开竞价，项目挂牌价为 750 万元，通过激烈竞价，最终以首年租金 1150 万元成交，溢价率达到 53.3333%。通过测算，租期为 15 年，该项目总溢价达到 7076 万元。此项目是浙交所经办的首例央企资产租赁项目，浙交所充分挖掘项目亮点，通过优惠的政策、专业化的服务、市场化的运作手段，使国有租赁资产利益最大化。多年来，浙交所建立了严格的内容制度，继续保持 2004 年至今参与各方相关人员无一例违规违纪现象纪录。

（二）创新服务方式，切实发挥资本市场功能

为配合浙江省委省政府提出的“凤凰行动”计划，服务“管资本”新体制，浙交所深挖客户需求，谋划服务双向市场客户，对接金融企业、上市公司。一是站在客户立场，以尽量扫清进场障碍并减轻客户工作量、增加收益为出发点，提出“不良资产经营”理念，从传统的资产包业务向单户债权业务拓展，深入推进银行不良资产处置业务合作，成功实现某商业银行从杭州分行业务向省内其他地市分行等全省业务拓展及与其他国有银行省分行、商业银行市分行的单户债权业务合作。近三年，浙交所共帮助银行盘活不良贷款合计 160.19 亿元（账面本息）。二是抓住上市公司资产处置公开性（审查）要求，结合贯彻落实省政府《关于印发浙江省推进企业上市和并购重组“凤凰行动”计划的通知》和省国资委《关于推进省属企业上市和并购重组“凤凰行动”计划的实施意见》，大力推进上市公司资产及对外投资股权处置业务。在向全国上市公司发函营销及抓取联系人信息入投资人信息库的基础上，通过梳理典型案例与经验，组成专门（营销）工作组，走访省上市协会、省银行业协会及省内金融企业、上市公司。2016 年，长城国际动漫游戏股份有限公司（股票代码：000835）将其持有的四川圣达焦化有限公司 99.80% 股权通过浙交所公开挂牌方式出售，最终确定了受让方，交易价格为 13000 万元。本次交易完成后，长城动漫将退出焦化行业，彻底转型为动漫文化企业。这是众多在浙交所成交的上市公司资产转让项目中的一例。浙交所通过不断拓展、完善和发展新的交易品种与方式，已逐渐成为上市公司资产退出的公信平台及价值发现平台。近三年来，上市公司及其关联公司借助浙交所平台退出的资产累计 95.52 亿元。三是提供投行化服务，助力企业融资。浙交所在企业增资服务领域不断开拓创新，提供专业化准“投行”服务，已为多家省属企业增资业务提供了高效、周到和专业的增资咨询策划服务，近三年为 12 家企业融资超过 33.31 亿元；我省首批五家国企混改试点之一浙江中医药大学中药饮片有限公司增资项目也在2018年上半年完成增资。特别值得一提的是省建投集团融资项目，这是浙交所首宗采取市场化竞争性谈判方式组织进场的债转股项目。该项目经浙交所精心设计，提出将债权受让与对企业增资分离，实施机构对拟债转股价格进行竞价，通过竞争性谈判方式选取合适投资人的市场化运作系列建议，并被最终采纳和实施。浙交所共为融资方引入了两家优质金融类战略投资者，增资金额超过18亿元。通过信息公开、市场择优，既引入了优质的新股东，又降低了资产负债率，改善了公司财务状况，为推动企业整体上市奠定了坚实基础。

（三）为“最多跑一次”改革提供市场化机制

浙交所一直以要素资产化、资产资本化为思路，通过“产权交易＋互联网”模式，助力各政府部门在产权要素管理上“最多跑一次”精神和要求的落地，进一步丰富、拓展“最多跑一次”改革的内涵和外延。继续加快推进“产权＋互联网”系统建设，以全流程线上交易提升客户体验。为在业务量激增情况下继续优化客户体验，除线下试行分段式业务受理模式外，继续加快“产权＋互联网”系统建设，现已实现股权、增资、资产等功能模块上线，正加速完善在线资金结算、投资人信息库、租赁等功能上线试运行，以及手机App和产权云平台功能开发等。不久，将实现网上挂牌、报名直至资金网上结算工作，便利交易各方降低交易成本、提高响应效率、提升服务体验。

内蒙古产权交易中心2015—2017年市场述略

内蒙古产权交易中心有限责任公司（以下简称内蒙古产权）是由自治区国资委监管，由国资公司、包钢、电力、日信等企业集团共同出资组建的产权交易第三方公共服务平台，是拥有企业国有产权、央企实物资产、金融资产、行政事业资产、涉诉资产等多项国家和自治区特许经营资质的功能性企业。2017年7月，中国产权协会结合产权交易机构实际，依据信用评估模型，开展产权交易行业第二批信用评价工作。内蒙古产权获评中国产权交易行业企业信用评价AAA级信用企业。2017年，根据《自治区直属企业负责人经营业绩考核办法》，内蒙古产权被自治区国资委评为A级企业。截至2017年底，内蒙古产权累计成交各类国有企业、行政事业单位、金融机构国有资产等公共资源交易业务3489宗，成交金额177.95亿元，涉及资产总额770.31亿元，平均增值率9.81%。国有企业物资采购4867宗，采购金额近67.82亿元，节资额8.85亿元，平均节资率11.54%。

一、以战略发展规划为指导，做强做优做大中心

大力振兴实体经济是扭转经济“脱实向虚”问题的根本着力点，是国家经济转型的重要产业支撑。产权市场相比于证券市场的最大特征就是全要素的实体经济交易，产权市场更有利于推动实体经济发展，基于此，产权市场的非标准、全要素资本市场地位得到国家认可。产权市场作为资产、权益要素交易的第三方公共服务平台，在发现价格和发现投资人的功能方面有巨大的市场空间可以挖掘。内蒙古产权结合十八大、十九大与三中全会精神，围绕全面深化供给侧结构性改

革，服务“三去一降一补”，以“汇聚资源、融通产权”的企业愿景为导向，以明确资产或资本交易为前提，针对经营团队业务拓展和经营管理中存在的问题，开展专题培训与执行辅导，统一经营团队发展理念，理清发展思路，以促进中心高质量发展。

2015—2017 年，是内蒙古产权“第二个五年规划”向“第三个五年规划”发展的过渡期。内蒙古产权紧紧抓住历史发展机遇，客观分析内外部环境，结合自治区国资委对内蒙古产权“特定功能类”的企业定位，依托股份制改造产生的体制活力，围绕“扩大市场规模，提升服务功能，构建市场体系，夯实市场地位”的导向思维，以国有产权全要素市场为发展重心、以并购重组咨询、创新权益类托管业务、金融服务业务为重要手段，构建党领导下的“一个定位、四个规划理念、四个平台发展、八项核心举措为支撑”（简称 1448 战略）发展战略推进新型商业模式构建，及时调整策略、提高工作效率、改善工作质量，不断探索和创新，勇于迎接更难更大的挑战。

内蒙古产权调研各省市集团发展情况，向自治区国资委提交《关于组建内蒙古产权交易集团的方案》，得到国资委领导的重视并列入下一年度重点工作任务，为内蒙古产权的转型发展创造了新的机遇。随着内蒙古产权正式纳入自治区公共资源交易管理服务中心，在自治区和各盟市公共资源领域，积极推动内蒙古产权牵头组建的产全云和 E 交易系统接入各盟市公共资源，并得到自治区政府办公厅和分管的自治区政府常务副主席的支持与认可，这在政府办公厅出台的一系列政策中都有体现。内蒙古产权在市场化专业子平台建设方面，关注环交所、产全云平台、文旅平台、农村产权平台、金融资产交易的推动工作。

二、推进国有企业全要素服务，助力国企高质量发展

依据《中华人民共和国企业国有资产法》、国资委和财政部 3 号令，2014 年自治区政府出台了《内蒙古企业国有资产转让管理办法》（自治区人民政府主席令 205 号），明确规定了自治区国有资产进场交易的范围、流程和相关部门的监管和联动机制，其中实行应进必进的企业国有产权包括国有股权、实物资产、债权、知识产权、经营性土地使用权、矿业权等重要权益性资产，以及国有资产出租出借、承包经营权等资产使用权的有偿转让，还包括国有企业的破产和涉诉资产转让等。根据国家、自治区相关法律法规，结合各类业务特点，中心相继制定出台了《企业国有产权交易操作规则》《国有企业增资业务操作规则》《国有实物资产交易规则》《国有企业采购规则》《国有矿业权交易规则》《国有房产出租、行政事业单位资产交易规则》等业务制度，并向自治区质监局标准化处申报产权交易规则地方标准。同时根据业务开展实际，不断完善各类业务的具体操作细则和标准化模板。2017 年，修订了《企业国有产权交易操作规则及细则》《国有企业增资业务操作规则》《国有实物资产交易规则》，完善了《国有实物资产交易操作流程》《企业国有产权和国有实物资产交易中止终结操作指引》《国有房产出租公告模板》等内容。同时，各部门严格按照中心的规章制度要求认真总结提炼，明确了 28 项流程和规范，并于 2017 年 8 月出台了内蒙古产权《内部管理及业务流程汇编》。内蒙古产权不断创造各类市场主体在交易平台上平等参与、主动参与机制，并且不断提高全要素交易的流动性，始终维护交易的安全性，持续增强交易的收益性，切实保障国企职工的权益，满足国企深改的全方位需求。

三、融入自治区公共资源平台，推进区域性产权市场一体化建设

内蒙古产权于 2016 年 2 月正式纳入自治区公共资源平台运行管理后，建立了与自治区和部分盟市公共资源的规范对接规程。一是建立评价考

核体系。按照自治区公共资源交易平台评价考核办法，内蒙古产权按月向自治区公共资源中心报送业务数据，包括各种交易方式下的交易量、交易额、增值率等，由自治区公共资源汇总形成统一数据。及时将中心动态、相关报道、项目案例等发送至自治区公共资源，由自治区公共资源网站同步发布。内蒙古产权在2017年度自治区本级公共资源交易平台建设及交易数据上传考核中，位列四大板块的第一位。二是完成系统对接和数据实时推送。内蒙古产权作为自治区公共资源四大板块中第一个与自治区公共资源系统实现对接的机构，凡列入自治区公共资源交易目录中的项目，在履行挂牌程序时，均实时向自治区公共资源中心推送数据并同步显示，同时年内完成与包头、通辽、赤峰等盟市公共资源交易中心的系统对接工作。按照公共资源一体化建设要求，全力推进国有资产交易板块实现统一信息发布、统一交易系统、统一交易规则、统一过程监控。内蒙古产权申报的产权交易服务规范的地方标准工作被列为自治区公共资源的年度重点工作任务，在自治区公共资源的支持推动下，该标准申报成功后，将成为全区公共资源平台国有产权类业务的统一操作规范，也将为产权交易行业的发展起到一定的助推作用。

四、加强党的建设，把党的领导嵌入内蒙古产权《公司章程》

按照中央六次全会、自治区十次党代会、国有企业党的建设工作会等会议精神，以及上级党委要求与部署，为贯彻中央关于党组织发挥国有企业领导核心的作用，并以制度的方式确立在公司的治理体系当中，内蒙古产权上报自治区国资委调整《公司章程》，理顺公司治理。这不是普通的党建工作，而是国家战略，是党对国有企业治理模式的一次升华与再造。党管干部、党管人才、党管重大决策、党管工会这四个方面的具体要求，体现了中央总结多年来国有企业治理问题后得出来的结论，是真正由所谓的能人治企转变为党委集体领导模式，体现了国企领导干部在党性、党规、党风、党纪约束下实现高经营绩效的目标要求。对国企领导班子成员的政治素质、道德修养、专业素质提出了更高的要求。内蒙古产权认真学习相关文件要求，不折不扣地落实中央和自治区党委这一决定，深刻认识中央精神的重要意义，摆正管理层每个人在公司治理结构中的角色定位，持续学习提升管理团队的素质和水平，加快推进、积极实践这一治理模式，并在全年的经营管理工作中取得应有的成效。

“两个职务两肩挑前提下保持两个肩膀一般齐”，内蒙古产权坚持党总支书记和董事长研究一致再行决策，并且充分发挥人多力量大的优势，从不同角度支持总经理放手抓好经营及业务，建立每周班子沟通例会，相互通报情况，提高效率，进一步理顺公司治理关系。

五、优化服务，实现自身高质量发展

中国经济由粗放型增长向集约型增长转变的过程中，各行各业必须提高发展质量，内蒙古产权以第三个五年规划为目标，以产权市场的新趋势为方向，以优秀的企业为榜样，抓住企业管理的规律，提升团队的领导力、执行力、凝聚力，努力转型提升生产力。

内蒙古产权在国有产权方面，制定具体的落实方案，编制全要素服务手册和国有企业实物资产进场交易问答手册；加强对自治区区直企业、盟市重点企业、驻区央企的走访和业务对接工作，宣传落实包括内蒙古自治区人民政府令第205号（《内蒙古自治区企业国有资产转让管理办法》）在内的4个国资进场方面的支持性文件。特别针对中央企业产业布局结构调整和淘汰落后产能步伐加快所释放的机遇，重点对通信、电力、煤炭、铁路方面的中央驻区企业进行走访沟通，取得了很好的社会反响。涉诉资产方面，在自治区高院确定内蒙古产权为内蒙古自治区各级人民法院的第三方交易平台机构后，全面开展盟市中院及呼市周边基层法院的走访沟通工作，针对性完善内蒙古产权涉诉资产处置服务体系，开展平台优势的宣讲推介。罚没资产方面，积极开展公、检、司、纪、地税、海关等部门的沟通走访，派专人参与自治区纪委罚没资产清理造册工作，提前介入项目。结合自治区实际研究拟定了罚没资产处置方案和流程，由罚没资产处置工作小组牵头与自治区财政厅、自治区高院、自治区检察院进行深入沟通，积极协调引导项目进场。金融业务方面，梳理业务主线，以权益资产融资与实物资产抵押自动转让业务、抵贷抵债与金融资产交易、过桥与供应链融资等为突破方向，经过精心策划，以非公开撮合方式实现非国有股东所持有的内蒙古银行5000万股股权成功转让，实现内蒙古产权金融抵贷资产业务成交零的突破。

六、建立全面的风险防控体系，提升内部管理

规范是我们的生命线，规范的目的是将风险控制在未发生之前，而不是事后处理。内蒙古产权要求各部门严格按照规章制度总结提炼各部门涉及管理和业务的矩阵式流程，于2017年8月印发了第一版内部管理及业务流程手册，并定期调整，动态完善。为将制度内化于心，制度通关成为内蒙古产权员工的必考内容。定期清理细节中的漏洞，不仅关注整个流程是否合理，还要了解每个环节上可能存在的风险和问题，做出预判并准备好预案，确保中心业务持续健康操作，形成业务全过程预防体系、应急体系、控制体系和善后体系，将风险第一时间阻止和消除。

积极响应自治区国资委关于监管企业全面建立总法律顾问的总体工作要求，建立了总法律顾问制度，设立兼职总法律顾问。2017年，内蒙古产权结合自身业务特点和实际情况，通过内外结合和分级审核的方式，通过层层分解风险的内部管理与外部律师事务所参与相结合的机制，有效分解落实了总法律顾问职责。内蒙古产权与律师事务所签订常年法律顾问协议，由律所指定律师为内蒙古产权提供日常的法律咨询，协助制订、修改相关规章制度，开展法律培训等工作。提升内部管理，优化薪酬考核体系并完善制度修订，建立有效的激励约束机制。将年度考核细化到季度考核，任务分解，责任到人；通过建立科学合理、更符合市场化的薪酬分配与激励约束机制，激发团队的内生动力，确保企业持续稳定增长。

七、践行企业文化，树立并筑牢内蒙古产权价值观

企业文化不是标语和口号，领导班子没有践行，企业文化就没法落地。企业文化只有清晰、正确，人心才会凝聚，工作才会有意义，精神上才会有动力。管理要有原则，在统一的原则上，上下同心才能胜。

内蒙古产权不断推动企业文化落地，聚焦员工的心理健康和精神需求，利用集中培训、交流座谈、征求意见建议等方式了解员工内心的想法，进行关于如何做到知行合一的企业文化培训，在涉及员工权益方面始终为员工利益着想，例如在食堂建设上提出了有关食品安全等方面的“六条原则”，营造良好的人文环境。想方设法剔除员工焦虑、烦躁、孤独、逆反等负面情绪，帮助员工树立自信、自尊、阳光、平和、快乐的心态和情绪，形成文化认同感和凝聚力。

八、强化执行落实，提高管理水平

内蒙古产权管理始终秉持几个基本原则。第一是规矩。没有规则的管理是乱来，认识规矩才知管理的边界和管理的深浅。第二是公平。社会的底线是公平正义，管理的底线亦然，我们做任何决定，首先要看是否公平，不仅是对员工管理，对客户管理亦然。这是我们处理内部和外部纠纷的原则，也是我们价值观的体现。第三是激情。

做管理工作要有激情，没有激情是做不好工作的。不关注甚至不了解管理对象，管理就无法想象，要设身处地地去体验、观察、分析、交流和解决问题，这要有工作激情。第四是认真。要用事实说话，搞清楚每个政策的真正内涵、外延、背景、关键节点等内在关系。

九、供给服务转型，尝试建立产权市场生态圈

经过10多年快速发展，面对经济新常态下的复杂交易需求，内蒙古产权供给服务不能停留在股权和资产拍卖层面，要更多地涉及资本募集、资本运营、权益托管、金融服务等全产业链功能，形成以进场交易标的企业为核心的综合金融服务理念。特别要加强在共享经济理念指导下的跨平台合作，即通过交易机构整合金融中介、基金、媒体、实体企业、互联网等平台类机构，形成银行+产权交易机构、互联网平台+产权交易平台、企业托管+基金运营等模式。内蒙古产权已合作开发并试运行产权交易全线上操作的“E交易”系统，逐步摆脱有形产权市场的概念，搭建了基于大数据和云服务的系统平台与线上线下服务体系。通过全流程线上操作改变过去客户不确定、交易偶然性的现象，实现客户对接精准化；摆脱人为因素的影响，实现内部操作精细化；改变非标产权的区域限制和交易系统的工具化特点，使更多的跨区域交易在系统支撑下得以实现，形成产权市场高附加值经营转型。此外，内蒙古产权依托业已上线的《碰撞》杂志微阅读、产权微信双号“E企秀”、阳光产权俱乐部微信群，以及400电话和QQ在线，逐步建立产权交易粉丝社区与朋友圈，促进产权交易产品的广泛使用和服务的深度开发，进一步拉长产权交易的前后端服务链，包括信用服务、融资服务、结算服务、推介服务、代办服务、相关需求服务等，转变产权市场盈利模式。

十、“一个中心、多个支点”，强化盟市分支机构建设

内蒙古产权全面推进盟市分支机构建设工作。《关于做好清理整顿各类交易场所“回头看”前期阶段有关工作的通知》（清整联办〔2017〕31号）提出，“省级人民政府推动交易场所按类别有序整合，原则上一个类别一家，合法合规的同类别交易场所，应采取有效措施，于2018年3月底前整合为一家交易场所”。内蒙古产权以此为契机，推进赤峰、包头地区产权交易机构股权重组事宜。截至2017年底，内蒙古产权已设立锡盟、阿盟、巴盟、通辽、赤峰、包头、满洲里等盟市分支机构。初步建立了覆盖全区各盟市的市场服务体系，实现一体化监管和运行，有效保障了全区国有资产的保值增值。

福建省产权交易中心2015—2017年市场述略

2015年以来，福建省产权交易中心（以下简称中心）不断开拓交易品种，创新交易模式，延伸交易平台，充分发挥市场资源配置作用，推进福建产权交易市场的转型升级。2016年，国务院国资委、财政部颁布《企业国有资产交易监督管理办法》（32号令）后，福建产权市场进入创新发展、转型发展的新阶段，在更好地服务国企国资改革的同时，中心着力打造区域产权交易资本市场，以适应经济发展的新常态，在地方经济发展中发挥更大的作用。2017年，中心以32号令为

依托，积极引导金融资产增资扩股、实物资产和煤炭去产能指标等资源进场交易，交易规模和单宗交易项目收入创历史新高。

一、延伸服务链条，打造服务国企国资的阳光交易资本市场

2015年以来，中心加大业务拓展力度，省属国企交易额大幅增长，在开展传统股权交易的同时，着力拓展资产交易和招租业务，行政事业资产交易业务规模进一步扩大。2015年，中心取得了国务院国资委授予的开展中央企业资产转让交易业务资格，成为福建省唯一获得国务院国资委认定的从事中央企业资产交易资质的交易机构。中心与多家央企签订项目合作协议，并成功操作了多项央企资产转让业务，实现了业务领域的新突破，平台多元化服务功能进一步增强。根据国企国资改革的新要求，中心紧紧抓住发展混合所有制经济这个新一轮国企国资改革的主线和方向，积极探索和实践国企增资或部分股权转让实现混合所有制改革，总结摸索出利用阳光化、专业化的产权交易平台实现国企国资混合所有制改革的有效模式。

企业国有资产成交率和增值率不断提高，挂牌项目一次成交率高达90%以上，平均增值率近30%。中心严格按照国资监管相关法规，为项目方提供政策咨询、方案设计、组织推介、并购融资等全方位、全流程、全链条服务，充分发掘项目市场潜力。在2016年福建华夏世纪园发展有限公司40%股权转让项目中，中心从内部决策、行为报批、原股东优先权行使等前期工作就开始介入。在项目挂牌期间，国家房地产政策的限购、限贷等限制政策相继出台，福州市同时拍出市区8幅地块，对标的的价值与投资吸引力影响很大。在此情况下，中心通过各种途径，积极开展项目推介，最终该项目以13.69亿元成交，高于评估值7.76亿元，增值率达130.89%。

国有资产经营权进场交易效果显著。资产租赁项目信息发布面广、竞争充分，达到了良好的租赁效益。福建省肿瘤医院委托的停车场招租项目增值率达1251%。在福州市鼓楼区福飞路153号8#楼整座招租项目中，实行限价后，成交价仍比原租金增值了387%。中心高速公路资产、户外广告牌经营权市场化配置已成为业内比较有特色的交易板块，其中福建省工业技术展览交流中心外墙面广告招商项目，溢价1210.3411万元，增值率达336%；罗宁高速公路罗源服务区招商项目，增值率达200%，高速公路沿线服务区、加油站、广告牌经营权进场交易大都实现较高的增值率，为业主创造了良好效益。

二、着眼新的市场领域，探索搭建各类专业产权交易平台

1. 搭建省级去产能指标交易平台

2017年，中心对接福建省经信委煤炭去产能指标业务，配合省经信委制订了《福建省煤炭去产能指标置换工作实施方案》，配套制订整套交易文件范本，完成相关交易软件的开发。平台搭建后，将促进水泥、钢铁等去产能指标以及碳、硫、硝等排放指标的置换交易，服务新一轮节能减排和生态建设。

2. 创设文化艺术品交易平台

中心利用互联网文化电商的方式，与新华网合作“丝路艺品”文化产权交易平台，实现互联网+文化+金融三位一体的叠加模式，构建面向全国走向“一带一路”的文化艺术交易平台。中心通过文化艺术交易平台的建立，将促进文化要素资源的有效流转，服务福建省文化产业大繁荣大发展战略。

3. 实现海洋产权交易业务的零突破

中心申报了国家级“中国海洋产权交易中心”，并得到省海洋渔业厅的积极配合和争取，2017年引进福清两宗海域使用权的进场交易挂牌，项目的成交不仅盘活了海洋国有产权资产，实现了保值增值，也是海域使用权首次在中心挂牌运作成功，拓

展了产权交易新品种。“中国海洋产权交易中心”是创新海洋管理和市场化配置海洋资源的有效抓手，是通过市场化手段达到海洋权益确权和流转，将在我国保护海洋权益、实现海洋战略中发挥积极作用。

三、实现产权交易跨境人民币结算，推进产权资本市场外资并购服务

充分利用福州、厦门自贸区的政策优势，开立产权交易跨境人民币结算专门账户，积极探索跨境投融资并购交易、跨境金融资产交易等创新服务。在厦门水山机械设备公司、福建大华制扣有限公司等外资并购项目中，积极协调外管、商务等管理部门，完成从德国、韩国等境外人民币直接汇达中心账户进行交易结算，在业内首先实现产权交易外资并购款项人民币跨境结算。

四、推进信用体系和信息化建设，不断提升中心综合竞争力

1. 着力加强信用体系建设，提升平台公信力

2017年获得全国产权交易行业首批最高级别AAA级信用企业称号，被选为福建省诚信促进会副会长单位和福建省守合同重信用企业协会副会长单位。

2. 提升信息化建设水平

对现有的交易系统、监测系统进行优化升级，完善网络竞价方式，实现进场项目全电子化交易模式，全程留痕、全程监控。与省公共服务平台实现产权信息实时对接，实现在省公共资源交易信息网站同步推送公共资源类产权交易信息。通过公开比选的方式，使用中心自主开发的电子评审软件，工作效率大幅提高，在时间紧任务重的情况下，顺利评选出福建省国资委所出资企业2016—2020年度财务决算、业绩考核和工资总额的专项审计机构，2016年度审计费用比2015年度节约90万元，5年合计约节约450万元。

综上，随着近年来海峡西岸经济区经济的快速发展，中心平台的业务品种、服务领域、交易规模和影响力的日益增强，已逐渐在资源集聚、资本流动、信息辐射等方面成为海西产权交易资本市场体系的核心平台，并在海西经济区产权交易市场建设中引领和指导海西区域产权交易机构逐步实现统一联合发展之路。

西南联合产权交易所2015—2017年市场述略

2015年8月，中共中央、国务院印发了《中共中央、国务院关于深化国有企业改革的指导意见》（中发〔2015〕22号），将产权市场纳入资本市场的范畴，这对于长期游离在主流资本市场视野之外的产权市场无疑是一剂强心针。以产权交易机构为主的产权市场迎来了新的发展机遇。西南联合产权交易所（以下简称西南联交所）作为全国唯一一家跨省区的产权机构，发展至今，已成为川藏两地产权资本市场中最重要、最具影响力的地方交易所。

一、积极打造川藏产权资本市场

（一）打造统一市场

一是打造全要素市场。截至2017年底，四川省有11家、西藏自治区有4家（含分所）交易场所通过了国务院清理整顿各类交易场所部际联席会议备案，其中四川省权益类交易场所6家，西藏自治区2家（含分所）。上述8家权益类交易场

所，西南联交所及其投资的专业交易所（西藏产权交易中心、四川金融资产交易所、成都文化产权交易所、四川联合环境交易所、天府（四川）联合股权交易中心）占6家，目前已经形成集团化发展态势，在川藏产权市场稳居龙头地位，具有较强影响力和示范作用。西南联交所及其投资的专业机构范围涵盖了股权、物权、债权、矿业权、排污权、特许经营权、碳排放、金融权益产品、大宗商品、特色农产品等。2015—2017年，西南联交所及投资的专业交易机构共计完成交易规模近20000亿元。经前期建设，西南联交所已经成为以权益交易为主，涵盖权益类、大宗商品类等区域性要素的综合交易市场。

二是服务西藏市场。西南联交所是四川省、西藏自治区、成都市两地三方国有企事业单位设立的跨省区的产权交易机构，是全国唯一一家跨省区的产权交易机构。为更好地服务西藏国有企业，西南联交所在西藏设立了西南联交所西藏分所，在西藏分所的基础上又组建了西藏产权交易中心（目前是西藏自治区唯一一家综合性产权交易所）。西南联交所从市场拓展、业务发展、内部管理、人才队伍等各方面大力支持西藏产权交易中心发展，形成了业务协同联动机制，较好地促进了西藏国有资产规范流转。西藏产权交易中心积极参加西藏经济建设，充分运用西南联交所理念、技术和人才优势，牵头承建了西藏自治区“十二五”重点项目——西藏电子商务工程，积极促进西藏电子商务产业化发展，促进西藏地区经济增长和产业转型升级。目前，西南联交所和西藏产权交易中心正发挥资本市场的功能和作用，大力促进川藏地区资本与资源的结合，提高资源市场化配置的效率和效益，提升西藏地区国有产权流动性，积极改善当地中小企业融资难的局面。

三是实现全省覆盖。西南联交所积极搭建覆盖全省的服务网络体系，按照“统一交易制度、统一交易后台、统一清算结算、统一产品规划、统一市场管理”的原则对分支机构实施有效的运营和管理。截至2017年底，西南联交所建立并运营了巴中、绵阳、遂宁、雅安、广元、广安、凉山、攀枝花、德阳、泸州、甘孜、自贡12家分支机构，随着川藏两省要素市场覆盖区域继续扩大，各类要素进场交易比例继续提升，分支机构正在成为四川省产权资本市场的重要载体。

（二）加强产权资本市场基础建设

一是加强平台建设。西南联交所依托西藏电子商务工程搭建的全国性非标资产和权益交易综合服务平台——“第四产权”，分别接入了国务院国资委企业国有产权交易监测系统和省公共资源服务平台。第四产权以先进技术手段实现了挂牌、报名、竞价、结算、见证等产权交易全流程的信息化、互联网化，先后交易上线了国有资产、涉诉资产、不良资产、房地产等交易品种以及金融服务、手机APP、司辅通等服务种类。在平等互利的前提下，西南联交所第四产权向省内其他产权交易机构全面开放，与其他产权交易机构一道，共同做大做强产权资本市场。

二是加大对融资服务的探索。西南联交所探索为客户提供基于交易的综合服务方案，以产权交易带动投融资服务，以投融资服务巩固产权交易的循环发展模式基本成型。引入银行、信托、融资租赁、融资担保等金融（准金融）机构开展房产按揭贷款、抵押贷款等融资服务；与互联网金融企业合作，开展保证金、交易价款线上融资服务等；与基金公司合作，对场内项目实施定向收购以及专项融资贷款服务。

三是加深理论研究。通过对政策、理论及市场的深度研究，结合工作实践，形成一批高水平理论成果。基于产权交易市场正在成为新型资本市场，提出了以产权交易机构为主的要素交易市场正逐渐成为地方经济发展的重要“基础设施”的创新理论。研究市场在资源配置中起决定性作用的理论基础，从理论上完善了产权交易机构的地位、作用和角色扮演，区分了产权交易机构与公共资源交易机构的发展模式。研究市场变化和产权交易行业发展趋势，提出了产权交易机构平台化、电商化、投行化、综合化的发展趋势。从国企国资改革的目的入手，深入分析国企国资改革的市场化需求，系统阐述产权交易机构在国企国资改革中的功能和作用，并提出产权交易机构应成为国有企业混合所有制改革的实现平台和监管平台的理论。研判信息技术及互联网技术的发展态势，充分论证产权交易机构信息化建设的方向，提出产权交易从电子化到数字化最终实现信息化的发展路径。结合产权交易市场的特性，提出利用公开市场手段落实纪委监督责任的新理论，得到省纪委的高度评价。提炼 PPP 项目经验，从理论上论证了产权交易所从事 PPP 项目的可能性，明确了产权交易机构从事 PPP 项目的路径。

（三）提升社会影响力

一是加大宣传。与四川日报合作，以专题、专版的形式，加大“产权交易市场促进地方经济发展作用”“产权交易市场具有融资和市场化资源配置功能”等宣传力度，开展精准营销，向政府相关部门传递产权交易市场的成果成效，不断强化产权交易市场是资本市场的组成部分这一事实。加大自媒体的投入，自创《产权与资本》《产权视野》等刊物，积极传播进场公开交易理念和产权交易知识，让主管部门、监管部门以及企事业单位充分了解产权市场的功能和作用，逐步树立进场交易的观念和理念。尝试以全新的微信方式，将热点项目及热点资产展示给社会公众，一方面接受社会监督，另一方面加大项目普及面，让更多的社会公众参与产权交易。积极参与金融行业及相关行业的论坛、研讨会等，提高产权交易市场在金融界的知名度及影响力，先后承办了“产权交易市场服务国企改革创新论坛”“西部金融论坛——资产交易场景下的金融创新与服务分论坛”“2017 中国西部不良资产高峰论坛”；在《财经》年会“2018：预测与战略”论坛上发表主题演讲等；主办了九期“四川 PPP 龙门阵”，全方位地讲解了 PPP 融资、运营、财政支出等 PPP 项目中的困境及破局方式。

二是争取政府重视和政策支持。产权资本市场发展离不开政府的支持，西南联交所作为川藏两地唯一的产权交易机构，积极争取政府对产权资本市场的重视和支持。在西南联交所的努力下，“推进区域性产权交易中心建设”“完善资本要素交易平台”“加强产权交易市场建设”“积极打造全省统一、集中、规范的国有产权交易平台，鼓励非国有产权进场交易”等有利于产权资本市场建设的重大事项纳入四川省“十三五”规划及四川省金融业“十三五”规划。成都市政府也出台相关政策对产权市场给予一定专项资金补助、税收优惠等。

三是积极参与社会公益活动。主动与西南财经大学、四川大学、成都理工大学等高等学校联系，成为现场教学基地，向莘莘学子展示改革开放的成果及防腐廉洁教育基地。大力支持西藏地区人才培养，先后援藏 20 多人，有效促进西藏地区的发展。积极关注社会弱势群体，积极参与社会公益，组织干部职工向弱势群体、地震灾区、贫困人群等捐赠财物等近百万元。西南联交所积极履行社会职责，推动社会和谐、公平发展，实现全社会共同发展。

二、对产权资本市场建设的建议

一是夯实理论基础。从产权市场到产权资本市场是一次了不起的跨越，但无论是产权市场还是产权资本市场，都是中国特色社会主义经济体系下的独创性成果，是实践出来的改革成果。随着全球经济一体化的进程加速，中国产权资本市场势必与世界资本市场逐步接轨。但对于有着三百多年历史的西方经济理论，我们关于产权市场的经济理论显得较为单薄，对实践的指导已经跟不上经济发展的趋势。因此，产权交易机构应当加大投入对产权市场、产品设计等基础理论进行研究。

二是坚持“互联网＋产权”道路。目前，大

部分交易机构信息化建设缺乏顶层设计和统筹规划，功能建设不健全，各系统属于“拼凑型”，系统间孤立运行，缺乏相互协作和数据共享。虽然产权市场对线下渠道的依赖更大，但“互联网 +”对每个行业的改造和升级已经成为一种必然，产权市场不能回避。为应对行业竞争和满足资本市场建设的需求，产权交易机构应当牢固树立产权交易全流程信息化的信念，并在实践中逐步推动“互联网 +”对自身的融合和改造。

三是加强融资功能的应用。产权市场是资本市场的组成部分，产权交易机构也是一种金融机构。产权交易机构是从企业国有资产交易起家的，十多年发展下来，无论在主观方面还是客观方面，都形成了“重交易、轻融资”的局面。目前，产权交易机构更多发挥了信息聚集和资源配置作用，资本市场的融资功能尚未充分发挥出来，建议产权交易机构围绕产权交易开发融资产品，大力开展融资服务，改善中小企业融资难的局面，切实服务地方经济发展。

四是加快标准化建设。建立一套统一、标准化的交易规则和风险责任体系，加快产权资本市场建设。产权市场的交易标的主要是非标准资产和权益，同时产权市场的发展历史决定了产权交易机构有明显的地域性和市场分割特性。既要考虑产权市场的特点，又要兼顾地方产权交易机构的利益，还要着眼于产权交易机构的长远发展。我们相信，产权交易机构定能发挥集体智慧，创造性地设计出符合市场要求的规则体系。

五是探索培育产权市场生态圈。以产权交易机构为主的产权资本市场，目前业务还比较单一，服务水平还有待提高。仅仅依靠产权交易机构自身发展带动产权市场发展壮大还有一定难度。建议以产权交易为核心，搭建产权交易机构、投资机构、金融机构、服务机构、监管机构、自律组织等参与，各自发挥优势、相互依存、相互补充、相互监督、互利互惠、共享共赢的生态圈，汇集项目资源、资金、服务资源等，形成规模效益和滚雪球效益，使产权资本市场快速发展。

贵州阳光产权交易所 2015—2017 年市场述略

2018 年是中国改革开放 40 周年，也是产权交易资本市场诞生 30 周年，这 40 年是中国高速发展并取得伟大成就的 40 年，产权交易资本市场也在改革开放的浪潮中应运而生，经过曲折艰辛的探索，终于呈现出如今的繁荣景象。

我国国有企业改革自改革开放开始，已经历五个阶段，其中第五阶段是 1992 年至今，以建立现代企业制度为目标的改革。习总书记在中共十九大上的报告中提出，“加快国有经济布局优化、结构调整、战略性重组，促进国有资产保值增值，推动国有资本做强做优做大，有效防止国有资产流失。深化国有企业改革，发展混合所有制经济，培育具有全球竞争力的世界一流企业。”随着改革的深入，国有经济布局和结构调整力度加大，大多数国有企业进行了公司制改革，企业改制和产权转让逐步规范，国有资本有序退出，国有企业管理体制和经营机制发生深刻变化。贵州阳光产权交易所（以下简称交易所）作为贵州省国资委批准的全省唯一从事企业国有产权转让的交易机构，在做好传统产权交易业务的基础上，充分利用 10 余年的交易业务所积累的经验成立了咨询项目组，大力拓展业务模式，发挥“投行 + 平台”

功能，助推国企深化改革。

一、拓展业务模式，发挥“投行+平台”功能

交易所意识到单一的产权交易业务已经不再符合现今的发展趋势，要在互联网时代进行市场开拓和平台构建。利用现有优势，交易所于2014年从各部门抽调业务骨干设立了咨询项目组，经过几年的探索和发展，从最初的为配合公司开展业务提供相关配套咨询服务，发展为主动出击，为国企改革提供咨询顾问服务。随着交易所业务向服务上、下游进一步延伸，即通过项目咨询团队前期介入项目进行咨询、沟通，中期组织交易、挖掘价值，后期交易所参股子公司贵州阳光基金管理有限公司（以下简称阳光基金公司）投资的组合形式，为客户提供一体化、个性化服务，真正发挥交易所“投行+平台”的业务功能，形成以交易促进价值体现、以流转促进融资发展的业务新格局。

（一）咨询项目组基本情况

咨询项目组成员共36人，平均年龄35岁，其中硕士研究生18人，其余均为大专及本科以上学历。

（二）咨询项目组业务开展情况

项目组成员在立足于本职工作的同时，利用业余时间进行学习。每周一下午下班后两小时为集中学习时间，采取实务轮训和个人课题轮流讲解的方式，提升业务综合能力和个人管理能力。

咨询项目组成立至今4年，承接了国企改制咨询、公司组建咨询、公司增资咨询、股权无偿划转咨询、供给侧改革咨询、公司实体化转型咨询、特许经营权转让咨询等项目，共计230余件，涉及交易金额86亿元，交易所实现收入近530万元。

（三）咨询项目组制度建设情况

交易所为了保障咨询项目组的正常运行，由法律事务部、财务部制定了《项目风险考评制度》《咨询项目组考核分配制度》，切实解决了业务开展过程中的风险识别和防范、项目质量考核及利润分配等问题，确保了咨询项目组的专业性和高效性。

二、丰富业务类型，助推国企深化改革

交易所咨询项目组依托交易所在产权交易领域的多年耕耘，以及积累的丰富经验，在承接各种类型业务时，都能够满足委托方的需求，专业高效地完成咨询服务，在为交易所树立良好口碑的同时，助推了省内国企的深化改革。

咨询项目组成立4年来，承接了如下类型业务。

（一）国企改制类咨询典型案例

2017年6月20日，交易所圆满完成了贵阳市奶品供应站（以下简称奶品站）以增资方式进行混合所有制改革的项目。该项目从方案咨询到进场交易，交易所全程参与，充分发挥了“投行+平台”的功能，打造了一个自《企业国有资产交易监督管理办法》（32号令）公布实施以来的样板项目。

奶品站创建于1958年，2016年为了扩大企业经营规模，增强企业抗风险能力，促进企业健康持续发展，以增资的方式进行混合所有制改革。项目启动之际，正值32号令公布实施不久，该项目也成为交易所依据32号令做的第一单以增资扩股的形式进行国有企业混合所有制改革的业务。为了将此项目打造为新法规下的样版项目，从项目的前期准备到最后签订增资协议，交易所几乎做到了全程跟进。

交易所咨询项目组从项目筹备开始介入，为奶品站提供各项咨询服务，制定工作进度安排，准备各项混改所需的方案和文件，包括《改制思路分析》《可行性研究报告》《以增资扩股方式进行改制的方案》《职工安置方案》《员工持股方案》。在《以增资扩股方式进行改制的方案》中，

根据奶品站的需求，设计了上游投资人、下游投资人、财务投资人3类投资人，并对3类投资人分别设置了条件。在《员工持股方案》中，设计了先增资再进行员工持股的路径，即各方签订增资协议的同时，各股东签订股东协议，当约定的条件达到时，股东向员工的持股平台转让一定比例股份，以达到员工持股的目的。

该项目在进场交易阶段，交易所充分利用多种渠道对项目进行推介，遴选投资人时采用竞争性磋商和综合评议的组合方式，最终组织各方在交易所进行签约。同时，阳光基金公司所管理的贵阳市国有企业产业发展基金（有限合伙）作为项目的财务投资人，参与了奶品站的混改。

至此，交易所为委托方提供了一体化、一条龙的服务，发挥了“投行+平台”的功能，深度参与了国企改革。

（二）公司组建类咨询典型案例

2015年，交易所接受委托，拟定组建贵阳市惠民民生农副产品经营有限公司（以下简称惠民公司）方案及相关文件。惠民公司的组建是为了贯彻落实贵阳市“菜篮子”工程建设的相关文件精神，切实解决贵阳市“买菜难、买菜贵”问题，配合全面推进全市“菜篮子”工程体系建设、建立健全稳价保供机制，降低和稳定全市农产品销售价格。

交易所咨询项目组在接手该项目后，对成立公益性平台公司涉及的资源整合归集、人事状况、法人治理结构、财产情况等进行调查摸底和市场调研，并跟随相关单位去往临近省份考察，学习先进经验。项目组在对相关情况进行了充分了解后，确立了惠民公司的四大组建原则，即统筹主导、资源集中的原则，公益保障、权责明晰的原则，资本引进、多元投资的原则，行政引导、强力推进的原则，并对惠民公司的组建方式、组织架构、运营模式、主要职责、实施步骤等进行了规划，最终形成了组建方案。该方案通过了市国资委、市商务局的联合审核，以及市长办公会的审批。

该项目充分展现了交易所咨询项目组在非交易项目上的专业水平和实力，有力推动了国企参与民生工程的建设。

（三）公司增资类咨询典型案例

2018年，贵阳日报传媒集团旗下的贵州新闻旅业集团投资管理有限公司（以下简称新闻旅业集团）为完成企业转型升级，寻求战略投资者，拟通过公开增资的方式进场交易，同时委托交易所为该项目提供进场前的咨询及相关方案的编制服务。

交易所咨询项目组根据该项目的情况，首先对新闻旅业集团进行了尽职调查，掌握了公司的基本情况和关键数据后，发现新闻旅业集团之前设计的“高价股转+低价增资”路径存在的风险，通过财务测算、税务安排及法律关系分析，协助新闻旅业集团理顺法律关系和财税关系后，重新设定增资路径，出具了《以公开增资方式引入战略投资者的可行性研究报告》。该报告深入剖析了公司的现状，论证了必要性和可行性，并对风险防范和控制给出了建议。在《可行性研究报告》得到认可后，项目组进一步出具了《增资方案》和《职工安置方案》，其中《增资方案》对公司增资的金额、比例，投资方的资格条件、遴选方式，增资后的法人治理结构，增资的实施步骤等做了详细阐述，为公司的增资做了全方位的设计，满足了委托方的需求，推动了新闻旅业集团的转型升级。

（四）股权无偿划转类咨询典型案例

“十三五”是贵州省公路交通调整结构、转变增长方式、向现代服务业转变的重要战略期。全省高速公路建设“三年会战”即将结束，高速公路建设重心逐渐转向公路养护，路用砂石料需求下降不可避免，在此背景下，贵州公路交通行业主动求变，通过行业内部的调整，优化资源配置，整合产业结构，使得石料供应企业焕发新的活力，拟通过内部无偿划转的方式达到上述目的。

交易所接受委托，由咨询项目组先后为贵州公路交通行业的两家企业提供了股权无偿划转的咨询，并出具《无偿划转可行性研究报告》。报告主要通过政策、程序、思想、发展四个方面分析了无偿划转的可行性，对可能存在的风险提出了解决方案，对划转后公司的发展战略提出了规划，并对经济效益进行了测算。

该项目体现了交易所咨询项目组对法规政策的精准把握，为交易所开拓了非进场交易业务，同时保障了国有企业非公开协议交易的合法依规。

（五）公司实体化转型类咨询典型案例

按照贵阳市政府投融资平台公司向实体化转型发展的目标，交易所咨询项目组根据市级层面统一安排部署和平台公司自身特点，协助贵阳市工商资产经营管理公司、贵阳市城市建设投资有限公司、贵阳铁路建设投资有限公司、贵阳市农业担保有限公司、贵州阳光产权交易所有限公司拟定《转型发展整体方案》和《实体化转型方案》。

方案从企业现状分析、实体化发展方向与目标、实体化发展业务定位及举措等七个方面对上述公司的现状、历史问题等进行剖析和阐述，对实体化发展的目标、方向以及实现目标所需的各项举措和配套支持政策进行了科学定位与论证，并结合具体的项目分析，充分论证了各家企业实体化发展的可行性及效益性。方案获得委托方一致好评，并得到市领导的高度认可。

（六）PPP 顾问类咨询典型案例

2016 年，交易所接受贵阳小湾河生态环境有限公司（下称小湾河公司）委托，就小湾河公司增资及同步实施 PPP 项目政府采购征集社会资本方工作制定增资方案并进场交易。本项目进行时，32 号令尚未出台，国有企业增资未要求进场交易且缺乏细则性规定及操作指引。交易所为保障增资项目合法合规进行，由咨询项目组对相关法律、法规及文件进行深入研究，依托自身长期从事 PPP 咨询及增资方案设计的经验，在本次增资方案的设计上，开创性地提出通过公开招投标遴选投资方的方式选择增资的投资方同时也是 PPP 项目公司社会资本方，使得该项目既能满足财政部、发改委对 PPP 项目的运作要求，又符合当时国有资产性权益交易的相关法律法规及文件规定。

在项目的实际操作中，采取了由政府先行设立项目公司，由项目公司同时发起征集社会资本方和增资的要求，通过相关法定程序，选定社会资本方即增资投资方的创新模式，改变了引进社会资本方之后再成立项目公司的传统模式。这样，项目在推进的过程中就不需要变更法律主体，且项目发生的可行性研究报告、初步设计方案等前期工作费用直接由项目公司支付，不需要进行转移；简化了新设项目公司的法律流程，降低了项目运作成本，提高了项目运作效率。小湾河公司通过本次增资成功融资 2.5 亿元，确保了国有资产保值增值。

交易所该项目的完成，为配合政府通过后续 PPP 模式缓解政府短期资金压力、弥补政府公共服务短板，助推政府职能转变，实现降成本和补短板的供给侧结构性改革工作发挥了良好助力，同时推进了小湾河公司的混合所有制改革，为产权交易资本市场在 PPP 项目公司增资、顺利取得特许经营权积累了可供推广的经验。由于本项目涉及水源环境污染治理领域，在贵州省内乃至全国具有重大的社会影响力，项目完成后入选财政部政府和社会资本合作中心第三批政府和社会资本合作示范项目。

随着“互联网 +”等新兴模式的平台兴起，以及国有企业深化改革政策的影响，产权交易市场竞争日趋激烈，打破了传统产权市场在交易模式、客户资源、地方政府政策支持等方面的优势。企业发展犹如“逆水行舟，不进则退”，交易所理性接受信息积聚于辐射功能、价格发现功能、发现投资者功能可能将被其他交易平台逐渐取代的趋势，将市场定位调整为满足市场主体投融资需求的综合服务商，并成立了咨询项目组，提升员工整体素质，拓展交易所的业务范围，走出了一条符合产权交易资本市场发展的全新道路。

随着交易所产权交易业务向服务上、下游进一步延伸，项目咨询团队采取前期介入项目进行咨询、沟通，中期组织交易、挖掘价值，后期交易所参股子公司阳光基金公司投资的组合形式，使得交易所产权交易业务从一个单纯的交易平台成长为集平台功能于一体和投行功能的专业机构，为国企改革提供了强大的助力。

山西省产权交易市场有限责任公司2015—2017年市场述略

山西省产权交易市场有限责任公司前身为山西省产权交易市场，成立于1994年，为山西省国资委直属单位。2017年12月27日，整体改制为有限责任公司，现为山西省国有资本投资运营有限公司全资子公司。

山西省产权交易市场有限责任公司是山西省国资委选择确定并报国务院国资委备案的首家企业国有产权交易定点机构；是国务院国资委首批选择确定的从事中央企业资产转让进场交易业务的18家机构之一；是山西省财政厅确定的从事山西省金融企业国有产权转让的交易机构；是山西省公共资源交易中心入驻机构；是中国产权协会理事单位、长江流域共同市场常务理事单位，拥有山西省唯一的产权行业AAA级信用评级资质。

山西省产权交易市场有限责任公司坚持党建工作和业务发展“双轮驱动”，把党的组织和政治优势不断转化为企业发展优势，不断提升全体员工政治素质和水平，持续巩固和扩大文明单位创建成果，在事业发展壮大中发挥战斗堡垒作用。在20多年的发展历程中，得到各级政府部门和社会各界的充分认可，连续多年荣获“文明和谐单位标兵”“先进党支部”“金融系统优质服务先进单位”“先进工会组织”等荣誉。

山西省产权交易市场有限责任公司始终坚持以规范为生命线，充分发挥平台功能，服务于山西国企国资改革，紧紧围绕国有资产的优化配置，在做好省属企业、央企各类产权交易业务的基础上，在“保存量、促增量”方面下功夫，积极开发专业平台，加快战略布局，完善业务运行体系，提升服务能力，实现交易环境公开透明、交易行为规范有序、国有资产保值增值，为山西省国有资本经济结构调整与深化改革做出积极的贡献。自2005年以来，累计完成进场交易项目800余宗，涉及资产总额近1100亿元，成交额560多亿元，成交项目平均增值率达19%，与项目评估总值比，增值总额达90多亿元，体现了产权交易机构的价值发现功能。其中，项目最高增值率606%，项目最高竞价轮次237次，实物资产转让竞价率达50%以上。单个项目增值额创历史最高，高于评估值7.2亿元。山西省产权交易市场有限责任公司还与同业机构开展深度合作，建立业务协作网络，形成跨地域资源共享机制，努力共创多赢局面，确保各类交易项目实现有序流转。

2017年10月18日，党的十九大胜利召开之际，山西省首个央地合作增资项目——中科潞安能源技术有限公司（简称中科潞安）增资项目签约仪式在山西太原成功举行。潞安集团副总经理刘俊义、中国科学院山西煤炭化学研究所副所长吕春祥、山西省产权交易市场有限责任公司总经理高亮及各方代表出席并见证了增资协议的签订。

中科潞安增资项目通过山西省产权交易市场平台成功落地，既是山西省上下以习近平总书记视察山西重要讲话为指引，横下一条心、培育新动能，深入推进创新驱动发展战略的务实举措，也是践行科技成果转化法，加快科技成果有效转化，实现对科研人员的股权奖励，打通科技与经济结合的重要通道，更是贯彻《国务院关于支持山西省进一步深化改革促进资源型经济转型发展的意见》文件精神，落实院地合作，推动山西经济结构战略性调整，培育新动能、布局新产业，加快创新驱动和转型升级的高效平台。

2017 年 11 月 30 日，长江流域产权交易共同市场理事会在上海召开。山西省产权交易市场被增选为常务理事单位，并与上海联合产权交易所签订战略合作协议。山西省产权交易市场总经理高亮被推选为共同市场业务创新与风险防范委员会副主任。

与会机构一致认为，党的十九大后共同市场发展进入了新时期。产权市场进入资本市场的步伐不断加快，共同市场在混合所有制改革、“三去一降一补”、各类要素资源优化配置、增资扩股并购融资等方面的市场空间广阔，业务创新的市场潜力巨大。

长江流域产权交易共同市场的 65 个成员单位分布在全国 27 个省市自治区，已经成为全国性的区域产权交易市场，在国有企业改制、国有资本流转、中小企业融资等方面发挥了历史性作用。下一步，通过紧密合作，沪晋两地乃至共同市场各交易机构都将充分发挥跨区域合作优势，不断强化资本市场定位，服务于国家“一带一路”建设发展总目标，服务于国企混改和国有资本流转，服务于各类经济实体和各类要素优化配置，服务于省属企业传统产业优质项目“腾笼换鸟”工程，共同为供给侧结构性改革、国有产权交易为主的非标准资本市场建设贡献力量。

山西省产权交易市场有限责任公司将坚持稳中求进的总基调，不忘初心，牢记使命，脚踏实地，全力服务于国企国资改革，服务于各类要素资源优化配置，凝心聚力实现产权交易市场高质量发展。

大连产权交易所 2015—2017 年市场述略

2015 年以来，大连产权交易所（以下简称大交所）在深入拓展业务市场、创新业务品种的同时，以各种形式积极参加产权交易资本市场建设，体现了对产权交易行业发展的责任感和使命感。

一、积极参与行业理论体系建设

为在新的发展时期和历史阶段进一步理清产权市场发展的基本问题，进一步明确产权市场发展的方向和功能定位，把产权市场建设成为真正的资本市场，2016 年 5 月，中国产权协会组织 40 家机构和行业专家共 80 余人开展了“中国产权交易市场的特质属性、功能定位与支撑体系实证研究”。大交所与青岛、黑龙江、安徽等地兄弟机构共同完成了其中的子课题——“产权交易市场支撑体系比较研究”。该课题研究进一步明确了产权交易资本市场是我国资本市场的重要组成部分，是与证券市场并列，以企业国有产权交易、以非标准产品和非连续交易方式为主要特征，并为企业产权转让和增资扩股提供服务的新型资本市场。

二、推动行业信用体系建设

一是为建立和完善产权交易行业信用评价体系，促进产权交易行业持续健康发展，中国产权协会于 2016 年 9 月首次开展产权交易行业信用评价工作。大交所高度重视、积极响应、主动参评，认真准备上报材料，并最终获评最高信用等级 AAA 级。

二是为贯彻落实党的十九大精神，更好地推进产权交易市场发展，厘清产权交易资本市场信用管理现状和存在的问题，根据国务院及有关部门信用体系建设要求，结合产权交易行业发展实际，中国产权协会于 2018 年初组织了“产权交易行业信用体系建设研究”课题研究工作。大交所与协会领导、行业专家及浙江、厦门等地同业机构组成课题组，赴山西、重庆、武汉等交易机构进行现场调研，并合作完成了产权交易行业信用体系建设研究报告和产权交易行业信用体系建设指引。

三、全力支持行业信息网络体系建设

为打造真正的产权交易资本市场门户，加快建设全行业统一的互联互通、“互联网 + 产权交易”的信息交换总枢纽、信息共享平台，经中国产权协会三届三次常务理事会审议通过，拟以协会为主导，采用定向征集股东单位的方式，向协会交易机构会员和相关中央企业募集资金，组建全国产权交易行业信息化综合服务平台公司。

根据协会设计的组建方案，平台公司发起人股东不超过 10 家，其中交易机构股东 5 家，主要为具有央企股权和增资资质的交易机构以及国家发展战略指定区域和交易规模大的机构；央企股东 3 ~ 4 家，主要为能够提供核心技术并具有互联网运营能力及管理、资金、技术优势的大型央企。非发起人股东的出资人通过组建有限合伙企业的方式出资入股平台公司，出资额不少于 50 万元。

为积极支持平台公司的组建工作，深度参与全国产权交易资本市场统一门户网站建设，大交所拟通过出资组建有限合伙企业的方式向平台公司间接投资 100 万元。

未来，平台公司将通过与行业内各交易云平台、投融资平台、航天云网、全国商会协会服务平台、各专业交易平台系统对接，成为全国产权交易行业非上市公司权益流转和融资服务的信息资本市场的根平台和数据交换枢纽，实现市场信息互联互通、聚合共享、动态公开，为政府调控和监督市场秩序、发挥社会公众监督作用以及建设行业诚信自律机制提供大数据支持。

四、组织行业学习交流

2017 年 9 月 6—8 日，由中国产权协会主办、大连产权交易所承办、中国产权协会资本投资运营专业分会协办的“产权交易资本市场专题培训班”在大连举办。地方国资监管部门、中央企业、地方国企、产权交易机构、中介机构等产权交易市场主体 140 个单位，近 400 人齐聚大连。辽宁省国资委副主任徐吉生，大连市国资委副主任冯海波，中国产权协会党委书记兼秘书长夏忠仁，中国产权协会资本投资运营专业分会会长、国投资产管理公司总经理刘良出席开班式并致辞。开班式由中国产权协会副秘书长方建国主持，国务院国资委产权管理局监管处张奎、大连市公共行政服务中心及大连市公共资源交易管理办公室副主任白贵龙、大交所董事长李晓光等参加了开班式。

此次培训班围绕“企业增资、股权转让、员工持股、央企混改、企业改革改制、打造创新型交易平台”等内容邀请资深专家开设了 11 个讲座，重点对 32 号令的出台背景、要点精髓进行了剖析，并对企业在增资扩股过程中的规范化操作、员工持股问题的有效解决、股权转让如何有效避免资产流失、产权交易市场如何服务好国企改革等问题结合案例进行了理论联系实际的详尽介绍，参会单位围绕国企国资改革发展中的热点、难点和疑点开展了学习交流。

中国产权协会本次在大连举办培训班，是贯彻党中央、国务院关于深化国企国资改革有关意见的积极举措，将进一步加强国有企业对产权交易资本市场的认识，推动产权交易资本市场健康发展，更好地为供给侧结构性改革、“三去一降一补”、化解过剩产能、处置“僵尸企业”和低效无效资产等提供优质服务。

五、积极参加协会各类会议活动

大交所每年积极参加协会理事会、会员大会及其他各类专题培训研讨活动，据实上报年度产权交易数据，推荐加入协会市场服务专业分会，身体力行支持协会各项工作，推动行业健康发展。

吉林长春产权交易中心2015—2017年市场述略

吉林长春产权交易中心的前身是长春产权交易中心，1993年由长春市政府批准成立。为整合吉林省产权交易市场，2005年5月，经省、市政府同意，省编办批准，在原长春产权交易中心和长春技术产权交易中心的基础上，组建了具有事业法人资格的吉林长春产权交易中心，为省、市政府合办的多功能、综合性省级产权交易机构，在省、市政府共同指导下开展工作。吉林长春产权交易中心是全省产权交易市场体系的核心和区域资本市场的重要组成部分。

中心主要业务为：单位和个人产股权交易；审查产股权转让的合法性；办理产股权登记托管转让手续；发布产股权转让信息；接受委托撮合产股权转让成交，出具产股权转让证明，主持双方签订合同，办理资产转让鉴证交割手续；为甲乙双方提供咨询、论证、交易场所，为明晰产权提供界定服务；开展技术产股权交易及项目孵化；为促进技术成果转化与成交提供相应服务。

按照省委、省政府关于“积极发展区域资本市场，以吉林长春产权交易中心为核心，构建全省产权交易市场体系”的要求，吉林长春产权交易中心经报市国资委等有关部门批准，出资参与设立了吉林省股权登记托管中心、北方环境能源交易所（原吉林环境能源交易所）、吉林省文化产权交易所、吉林股权交易所、长春金融资产交易中心、长春农村产权交易中心、吉林省技术产权交易中心等专业化要素市场平台，初步构建起多样化要素市场框架，为健全我省产权市场体系奠定了基础。现共有7家全资单位，3家控股单位，3家参股单位。

吉林长春产权交易中心本着“诚信为本、服务至上、公正规范、和谐发展”的宗旨，严格按照国务院国资委3号令等有关文件的规定开展各类产权交易业务。

一、制度建设层面

自整合成立以来，吉林长春产权交易中心按照统一交易制度、统一服务流程、统一信息平台、统一市场监管的“四统一”原则，制定了“九个规则、十个细则”，内容涵盖了国有产权、实物资产交易、增资扩股等主要交易类型，以及产权交易中的各个环节。在交易制度和流程方面，编制了一整套产权交易流程以及《产股权转让委托合同》《挂牌申请书》《产权转让合同》等15个示范文本，并在实践中不断完善，形成了成熟的交易体制和机制。鉴于权益类资产、各类物权、债权等资产的交易模式有其共通性，近十年的产权交易实践不仅使产权中心积累了丰富的市场经验，成熟的交易机制也为其他产权进场交易提供了范本。

二、产权交易行为合规性方面

吉林长春产权交易中心在国家及省市地方，以及自身制定的制度体系的基础上，从进场项目规范性审核开始，狠抓落实，恪守原则，通过初审、复审，层层把关，确保项目规范进场。

三、转让标的的价格确定方面

吉林长春产权交易中心严格按照评估机构评估结果、评估的核准备案文件，以及有关部门的审批文件确定资产转让价格，在规定的渠道公开发布产权转让信息，并通过大力宣传、推介，广泛征集意向受让方。采取互联网网络竞价、动态报价等多种灵活方式，以更加透明的方式促进国有资产进一步增值，较好地发挥了产权交易机构发现投资人、发现价格的市场功能，涌现出一大批国有资产增值的经典案例。

四、交易操作层面

吉林长春产权交易中心分设两个业务部门，分别为转让方和意向受让方提供服务，建立交易“防火墙”制度，避免了转让方与竞买人信息集中于同一个部门。同时，对产权交易项目实行“项目经理专人负责制”，每个项目由指定人员专门负责，受让登记情况对外保密，建立起严格的问责机制，从根本上保障交易的公开、透明，为广大竞买人平等参与竞买提供了阳光、公正的交易平台。

五、规避交易违约行为方面

为保障交易依法、合规、顺利进行，吉林长春产权交易中心按照 3 号令等文件规定，建立了保证金制度，并根据产权交易不同环节的需要，分为竞买保证金、过户保证金、搬运保证金、履约保证金等多种方式，以此制约交易双方履行交易义务，保障当事人合法权益，保证交易行为依法、合规、顺利进行。

六、信息化建设方面

顺应产权市场信息化发展趋势，在较短时间内实现了从现场举牌到局域网竞价，再到互联网动态报价（网络竞价）的“三步走”。互联网竞价系统的应用，有效避免了竞买人现场竞标所带来的场面混乱、易发生串标围标行为的弊端。2014 年，根据公务车辆改革进程及批量机动车交易要求，吉林长春产权交易中心创新性地采取动态报价系统专用厅竞价方式，对同一批次车辆实行不限数量、不限具体车辆的登记竞买形式，最大限度满足投资者的竞买意向，以此大大增强市场透明度，进一步防范串标围标行为。2015 年，经过两年的开发测试，吉林长春产权交易中心正式上线协同办公交易系统。在此基础上，为给竞买人提供更加便利的服务，提高异地竞买人参与的积极性，吉林长春产权交易中心开通了互联网报名系统，提供远程报名登记服务，从根源上杜绝了串标围标的可能。2017 年，中心利用早已搭建好的互联网竞价系统以及良好的市场氛围，成功处置长春市公务用车 1100 余辆。

安徽省产权交易中心2015—2017年市场述略

2015—2017年，面对产权交易市场日益加大的竞争、错综复杂的经济金融形势和艰巨繁重的改革发展任务，安徽省产权交易中心扎实推进传统业务平稳运行，做大做强主业，公司业绩连续三年大幅增长；注重开拓创新业务品种，金融产权、文化产权、林权等进场交易。2015年，获批成为省级公车改革取消车辆处置主体平台，被国务院国资委批准具备从事中央企业资产转让交易业务交易资格。

一、产权交易业务迅猛发展

安徽省产权交易中心深耕主业，抢抓机遇，2015—2017年连续三年实现业绩大幅增长。交易宗数由2015年的139宗增长到2017年的348宗，涨幅达150%。交易规模由2015年的13.21亿元增长到2017年的48.44亿元，涨幅达267%。四大核心业务板块均取得较快发展。一是省属企业业务稳中有升。省属企业产股权业务基础扎实、持续增长，省属实物资产、增资扩股业务领域取得较大突破，成功运作了皖新传媒资产证券化股权资产包转让项目、安徽省高速地产集团（苏州）有限公司40%股权及债权项目等多宗重大省属企业股权、资产项目。二是分中心属地的市、县业务保持稳定态势。采矿权、增资、债权、租赁等创新业务均取得了良好的经济和社会效益，成功运作了滁州市自来水公司51%股权转让项目、安徽省金寨县炮石湾冲建筑石料用安山岩矿采矿权出让项目等多宗成交金额大、社会影响力好的项目。三是行政事业单位资产业务稳步推进。实现了省级行政事业单位资产进场交易项目的双向收费，交易规模、交易收入均有显著提高，成功运作了安徽安岱棉种技术有限公司100%股权转让、安徽铜陵紫金矿业有限公司59%股权转让等多宗行政事业单位股权转让项目。四是央企业务成效显著。2014年底，经争取获批央企资产转让交易业务资格后，与乐凯科技、十六所、三十八所等超过15家驻皖央企建立联系，同步以央企公车改革为契机，持续推进央企资产进场交易。

二、平台建设继续深化

三年来，安徽省产权交易中心坚持推进公司平台建设，开创了公司发展新局面。一是资本实力得到增强。股东单位通力合作，完成公司增资工作，注册资本由5280万元增加到1亿元，资本实力、行业竞争力均得到大幅提升。二是业务开拓成效显著。公司在坚持做大做强传统业务的基础上，将业务范围拓展至市县企业行政事业单位、中央企业、金融企业、文化企业、法院等。三是投资功能得到提升。经安徽省国资委批准，将投资（金融）业务增为公司主业，以投资为抓手培育新的利润增长点，稳健开展金融产品投资，股权投资取得良好收益。四是创新交易模式，搭建综合性服务平台。安徽省产权交易中心依托产权交易发挥平台资源聚合效应，加强与投资咨询机构、金融机构、同业机构、律师事务所等专业机构的合作，共同为客户提供服务。五是着力培育专业机构，搭建金融服务平台。安徽省产权交易中心为体现资本市场平台功能，全力培育和发展控股子公司安徽省金融资产交易所（简称安金所），2015年3月，对安金所进行增资扩股，注册资本由500万元提高至5000万元，引入战略投资者，增强安金所资本实力，推动业务创新发展。

三、公车处置影响广泛

2015年，安徽省产权交易中心以《关于全面推进公务用车制度改革的指导意见》及《中央和国家机关公务用车制度改革方案》出台为契机，积极向安徽省行管局争取安徽省涉改取消车辆处置工作在公司平台交易。2015年5月，安徽省产权交易中心成立公车处置专项工作组，全面启动省级涉改取消车辆处置主体服务平台工作。公司在公车处置过程中，积极作为，主动担当，确保了工作的圆满完成。一是科学谋划，确定平台运作模式。在省公车办的领导下统一平台，由公司担当公车处置主体平台，联合评估鉴定公司、拍卖公司、网络技术公司共同完成此项工作，充分发挥了各专业机构的优势。二是周密部署，注重完善工作细节。成立了以总经理为组长的“安徽省产权交易中心涉改取消车辆处置工作领导小组”，学习借鉴全国各地公车改革车辆处置工作的具体做法，不断调整工作思路及方案内容，积极发挥组织协调职责，加强与相关单位的团结协作，确保公车处置工作有序开展。三是公开透明，广泛宣传。为遵循“公开、公平、公正”的基本原则，本次车改取消车辆的交易方式统一采用网络竞价拍卖方式，由淘宝软件公司和支付宝网络技术公司提供网络技术支持。同时，本次公车处置也引起了众多媒体的高度关注，人民网、新华网、安徽省电视台、安徽日报、新安晚报等媒体纷纷转载我省公车处置新闻。安徽省产权交易中心也通过官方网站、微信平台、淘宝网等新媒体进行信息推广，最大程度地征集竞买人。

2015—2017 年，安徽省直属单位及中央驻皖单位车改车辆网络竞价拍卖从车辆接受、鉴定评估、网络拍卖、现场宣传、报告总结、价款结算等工作流程上高效、稳妥推进，完成了省直机关、中央驻皖单位总计 13 个批次 1093 台车改取消车辆网络竞价拍卖工作，成交 1048 台，成交率 95.88%，拍卖成交价款 4383.58 万元，平均增值率 100.44%。

2016 年，在省直单位公车处置工作经验基础上，安徽省产权交易中心积极开拓市县公车处置工作，对省内 16 个地市公务用车改革情况进行摸底，并主动与主管部门商洽。两年间，共组织完成亳州谯城区、金寨县、桐城市车改取消车辆网络竞价拍卖总计 3 个批次 411 台车辆，成交 395 台，成交率 96.10%，成交总额 900.32 万元，增值率达 68.23%。

深圳联合产权交易所 2015—2017 年市场述略

2015—2017 年，深圳联合产权交易所（以下简称联交所）面对政策环境、市场变化和外部竞争等多重考验，在市国资委和市政府有关部门的指导和支持下，经过公司全体员工的共同努力，交易规模再创新高，国企增资服务、国有资源性资产进场招租、实物资产处置等获得了长足发展；在巩固原有业务的基础上，不断拓宽业务范围，积极推进股份合作公司集体资产进场交易和国企大宗商品采购服务，深度服务上市公司并取得突破性进展；公司加快行业布局，积极加强区域合作。下一步，联交所将进一步完善管理制度，全面改进工作作风，继续保持在全国有重要影响力、功能比较完善、服务领先的综合性创新型产权交易市场地位。

一、业务发展情况

2015—2017 年，联交所实现交易总额分别为 3544.45 亿元、3700 亿元和 1140.08 亿元（剔除见证业务交易额）。公司主营业务总体上平稳增长，金融资产交易大幅攀升，国企增资服务、股份合作公司集体资产进场交易和国企大宗商品采购作为新的业务品种实现零的突破。未来，公司将持续深入挖掘国有、民营产股权进场项目价值，为企业盘活沉淀资产，实现转让标的价值最大化，推动国有及民营产股权交易业务大幅增长。

二、不断创新、拓展产权市场发展空间

（一）以优质服务，促进国有产股权业务发展

1. 拓展跨区域增资业务战略合作，为做大做强国有企业发挥积极作用

从2012年开始，联交所在服务国有企业做大做强、引进战略投资者的增资服务中，探索“产权平台+投行服务”国企增资创新服务模式，并在此基础上形成了完备的增资业务规则，积累了丰富的业务操作经验。2016年6月下旬，《企业国有资产交易监督管理办法》（32号令）正式颁布实施，明确将国有企业增资行为纳入国资交易行为。借助32号令新规实施的契机，联交所加强与各兄弟单位在增资业务服务上的合作交流，秉承“发挥各自优势、市场化操作、合作共赢”的原则，与全国15家产权交易所达成战略合作关系，在国企混改、产权转让及投融资方面进行全面合作。2018年，联交所与北交所成功合作，完成中国电子下属新三板子公司振华新材增资项目，实现溢价100%。

2017年，联交所已成功实施国企混改项目9宗，引进社会资本11.91亿元。其中，城市交通规划中心、水务规划设计院、赛格物业、综合交通设计研究院等多家市属国有企业在联交所的组织运作下顺利完成融资改制，通过引资本与转机制的有机结合，进一步放大国有资本功能，深入推动国企混合所有制改革。

2. 搭建股份合作公司“三资”交易平台，实现集体资产保值、增值

联交所根据深圳市委市政府《关于推进股份合作公司试点改革的指导意见》等文件精神，积极推进股份合作公司集体资产进场交易，目前已完成全市除大鹏和坪山外，8个主要行政区（罗湖、盐田、福田、南山、宝安、龙岗、龙华和光明）的三资（资金、资产、资源）交易监管系统对接，实现从项目发起到交易完成的全闭环对接，并协助各区制定三资交易操作规则，各项工作进展顺利，成效初显。2016年9月5日，联交所顺利完成了深圳市福星股份合作公司位于福永福海工业园的两宗集体资产物业的招租工作，租金最高溢价率达到200%，实现了集体资产公开招租网络竞价的“开门红”。此次招租作为联交所的首例社区股份合作公司集体资产进场交易项目，充分依托市级“三资”平台的价值发现作用，实现了物业租金高溢价，促进了集体资产的保值、增值。2017年，联交所“三资”业务成交206宗，交易金额达37.38亿元。

3. 创新交易模式，为传统国有产股权交易开辟新的增值途径

联交所创新交易模式，为企业量身定做产股权交易模式，不仅盘活企业沉淀资产，同时提升了资本的运营效率，为资产增值开辟了新的途径。2016年10月，联交所承接了深圳南山热电股份有限公司拟转让深中置业75%股权及深中开发75%股权的项目，通过前期对方案转让标的、保证金价款及竞价模式的合理设计，充分利用平台广泛征集意向客户，经十几轮激烈现场竞拍，最终以10.3亿元成交，溢价率高达1216%。该项目不仅实现了转让标的资产的价值最大化，而且使持有标的的原国有股东实现了沉淀资产的有效盘活。2017年，联交所承接了深业集团有限公司拟转让鹏翔置业有限公司100%股权的项目，充分发挥平台的信息资源集聚优势，通过前期对转让方案的详细规划以及有针对性的市场推介，成功征集多家意向方参与竞价，最终溢价率高达58%，在确保转让标的价值最大化的同时，高效服务企业退出非主业投资，实现“瘦身健体”和“量质”双升，加快企业产业结构调整与转型步伐。

4. 规范业务操作，推动国有企业资源性资产招租业务发展驶入快车道

2015年，在深圳市国资委的指导下，联交所进一步完善了《深圳联合产权交易所市属国有企业资源性资产公开招租操作规则》，制定了《深圳

联合产权交易所国有企业资源性资产公开招租综合评审操作指引》（试行）和《深圳联合产权交易所国有企业资源性资产公开招租项目公告期内一次报价操作程序》（试行），规范了交易流程，丰富了交易手段。利用联交所信息交易技术方面的优势，积极配合市国资委，进行了大量的数据分析和架构设计，提交了平台设计方案，2015 年已完成市属国有企业租赁信息管理系统的相关建设工作。2015 年，深圳联交所公开招租挂牌项目 358 个，其中成交项目 319 个，成交率高达 89%。

2016—2017 年，联交所积极拓展国有、集体企业阳光交易服务范围，推进资源性资产阳光招租再上新台阶。截至 2017 年 12 月，联交所国有资源性资产租赁平台公开招租成交项目 298 宗，总出租面积 64.44 万平方米，竞价成交面积约 24.26 万平方米，占成交项目总面积 37.65%，成交总租金 20.44 亿元，竞价成交租金 11.85 亿元，竞价增值 1.7 亿元。2017 年成交项目竞价率、成交面积、成交租金等对比 2016 年均呈现较大幅度的增长。

5. 创新开展阳光防腐的大宗商品公开采购新模式

深圳联交所认真总结各类权益交易经验，借鉴采购和招投标做法，发挥专业交易机构的制度优势和操作规范，通过创新大宗商品进场公开采购模式，从 2015 年 10 月开始，已成功代理了东部公交包括运营车辆轮胎、燃油、抢修车、车用尿素水溶液等多个采购项目，涵盖了综合评审、单一来源采购、竞争性谈判、网络竞价等多种采购方式，不仅为东部公交公司降低了采购成本，而且从源头上防范了采购过程中容易出现的徇私舞弊和权钱交易等违法违纪现象。

2016 年，联交所积极推进国企大宗商品进场交易，已陆续成功代理了深圳东部公共交通公司多个采购项目，并不断在实践中充实、创新业务模式。同年 4 月，联交所协同深圳东部公交公司进一步创新大宗商品采购模式，以“混合租赁 + 回购”模式完成 3024 辆纯电动公交客车的更新工作。这一方式有效解决了纯电动公交车投放瓶颈问题和现有营运未到期非纯电动公交车辆处置的棘手问题。经核算，该项目原采购预算为 19.66 亿元，最终成交价为 18.12 亿元，实际成交价较采购预算下降了 7.82%，其中下降最大的一个标的达到了 31.03%，大幅降低了采购成本，维护了国有资本保值、增值的权益，为联交所持续开展国企大宗商品采购业务提供了良好示范。

（二）主动出击，多举措促进民营产股权业务发展

1. 加速拓展金融服务合作，金融资产类业务发展驶入快车道

联交所通过不断规范金融资产业务操作流程、完善业务交易规则，增强交易风险防控，逐步形成了不良资产及民营资产挂牌交易的模式，并积极拓展业务渠道，与银行、证券、资产管理公司等各类金融机构开展业务合作。2016 年相比 2015 年，成交量和增值率呈跨越式增长，共计实现业务交易总额 27.53 亿元，其中金融类资产成交金额 22.03 亿元，不良资产成交金额 6 亿元，民营类资产成交金额 4900 万元。

2. 全面推进区域合作，加强跨区域合作布局

与 10 多家产权交易所建立战略合作关系。与 4 家大型投资公司签订《战略合作协议》。联交所与深圳市招商慧合股权投资基金管理有限公司、深圳市力合创业投资有限公司、嘉实投资管理有限公司和联想（北京）有限公司 4 家大型专业投资机构签订《战略合作协议》，协议就场内项目和基金合作等作出相关约定。

与多家银行达成合作意向。全面开展和金融机构尤其是各个银行的业务交流，已经和农业银行深圳分行、农业银行湖南省分行、交通银行深圳分行、中信银行深圳分行、华润银行、中信银行东莞分行、江苏银行、华夏银行深圳分行、北京银行深圳分行、华润资产、东方资管北京办事处等多家金融机构签署或正在签署战略合作协议，

也和农业银行总行、建设银行总行、浦发银行深圳分行、长城资管深圳分公司等金融机构达成了初步的合作意向。

3. 指数运营与指数投资业务工作稳健运行，公司首个发明专利进入实质审查阶段

2006年7月1日至2016年12月31日，中国智能资产指数升幅为1006.18%，期间年化增长率为25.69%，在2115支指数中（不含海外指数），升幅排名第十。2016年4月，联交所自主研发的专利价值评估系统获得了国家知识产权局的《发明专利申请公布及进入实质审查阶段通知书》，并在2016年第22期专利公报上进行公布，评估系统专利申请工作正式进入实质审查阶段，标志着公司首个发明专利离正式授权又迈进一步。专利评估系统是国内首创客观、可量化的专利质量评估系统，可在无人为干预的情况下，自动表征专利好坏，提高了专利交易的撮合和匹配效率，能有效地帮助企业促成技术交易，提升企业并购与资源优化能力。

青海省产权交易市场2015—2017年市场述略

产权交易市场作为我国资本市场的组成部分，是现代产权制度的重要一环，是要素市场化配置的重要平台。青海省产权交易市场紧紧围绕服务供给侧结构性改革、国企国资改革发展大局和中心工作来部署，加强市场建设，打造全要素配置平台，提高服务能力，以高度的使命感和责任感，为深化经济体制改革做好服务，努力建设规范、高效、服务功能强的产权交易资本市场，为建设现代化经济体系做出贡献。

近年来，青海省产权交易市场在推动国资国企改革、要素市场建设、去库存、去产能、资源配置改革等多个方面发挥着重要作用，交易规模持续增长、行业影响力持续扩大，发展迅速，已逐渐发展为跨区域的综合性产权交易机构，成为地方经济发展的重要“基础设施”。各级政府高度重视，领导多次莅临市场调研、考察，给予了好评。

一、产权交易机构助力国资国企改革

在推动全省国资国企改革过程中，产权交易机构功能随着国资国企改革的不同阶段而不断丰富和完善。

一是定价和交易功能。定价和交易功能是产权交易机构最基本的功能，从党的十四届三中全会以来，国有企业改革逐渐将产权制度作为改革的核心。这个变化的实质是从企业经营层面的改革上升到了对企业本身层面的改革，在这个时期，国家根据战略需要、企业根据发展需要而进行一些资本、资产结构上的调整和优化，需要退出一些领域或卖掉部分资产，但由于国有资产的特殊性，在处置时应该采取何种方式、如何定价成为必须要面对的现实问题。由于国有资产的特殊性，在转让时，科学定价与公开交易是最关键的两个因素。由于公开交易的需要，产权交易市场应运而生，武汉、四川、青海等地率先设立了产权交易市场。产权交易市场设立后，随着交易规则和模式的不断创新，只要真正实现了“公开”交易，最终的交易价格就是资产的市场价格，这种公开披露信息、公开透明的转让方式也更能获得社会公众的认可。正因为这个功能，国有资产通过产权交易场所公开转让才成为我国在国有企业改革实践过程中特有的制度性安排。

二是监督功能。2002年中纪委提出了建立四项权益性交易市场化制度的要求，同年党的十六大提出“积极发展产权交易市场”，在国务院国资委的推动下，国有产权转让逐步形成了“国务院国资委和财政部制定规则、国有企业委托、产权交易机构组织交易、多部门联合监管”的模式。在这种模式下，产权交易机构必须制定覆盖所有环节、行为的公开交易细则，并按国资流转各种规定对具体交易项目进行审核，程序不对、手续不全的项目不予挂牌，在交易执行过程中对转受双方的行为进行监督等，同时交易市场的交易组织行为又通过监测系统接受各级国资监管部门的全程监督。这种模式有利于从源头上预防国资交易腐败行为的发生，实践效果非常显著，得到了社会的广泛认可。

三是监管功能。中央提出，国有资产管理要从“管资产”向“管资本”转变。这个“转变”最本质的要求就是国资监管机构要将国有企业本身视为“产品”，注重国有企业价值的提升从而做大国有资本。最近几年，国务院国资委要求通过公开市场交易由过去的单一流转环节向国有资产形成、运营和流转所有环节全覆盖，最近出台的《企业国有资产交易监督管理办法》（国务院国资委、财政部令第32号）所体现出的全链条、穿透式交易监管精神，正是对充分发挥产权交易机构对国资市场化监管功能的体现。

产权交易机构作为产权交易市场的核心组成部分，也具有一般“交易市场”的功能。国有资产通过产权交易机构公开交易，已经成为我国国资国企改革实践过程中独具特色的制度性安排，功能强大。2008年，《中华人民共和国企业国有资产法》正式颁布，其中第五十四条明确指出“除按照国家规定可以直接协议转让的以外，国有资产转让应当在依法设立的产权交易场所公开进行”，由此国有资产进入产权交易机构公开交易成为一个法定事项。

二、青海省产权交易市场服务国资国企改革业绩斐然

（一）市场在推进国企混改、退出“僵尸企业”以及去产能等方面发挥的作用

一是国企混改的实现平台。近年来，青海省产权交易市场完成了青海盐湖新域资产管理有限公司持有上海富友房产有限公司100%股权整体转让，成交额3.6亿元，在评估基础上增值1亿元；西宁市新宁广场公共停车场改造工程招商项目，通过青海省产权交易市场的精心策划，最终投资额达8.47亿元，比初期预算的4.5亿元增值近一倍；青海盐湖机电装备技术有限公司进行增资扩股，经过多轮的“定时报价+连续报价”，最终以7200万元成交，较6000万元的挂牌价格增值38.1922%，为其未来上市奠定资金基础；青海物产爆破技术服务有限公司49%股权转让，成交额1043.0385万元；都兰西钢矿业开发有限公司将其100%股权公开转让，经过激烈的竞价后，最终由甘肃中新房国创实业有限公司以高于挂牌价的20%竞标，项目成交价为2.4亿元，较挂牌价高出0.4亿元，既保留了上市企业的品牌影响力和资金优势，又引入了民营资本灵活高效的管理和投资决策机制，有效提升了公司的投资效率和竞争活力；西宁特殊钢股份有限公司转让所持青海银行股权0.6亿元；青海华鼎实业股份有限公司转让所持青海一机资产转让1.32亿；西部矿业集团有限公司所持巴彦淖尔紫金有色金属有限公司20%股权；紫金矿业集团有限公司全资子公司青海威斯特铜业有限公司所持青海铜业有限责任公司34%股权等众多项目，既盘活了企业的沉淀资产，又提升了企业资本运营效率。截至2017年底，青海省产权交易市场组织的国资交易项目中，共有机构客户和自然人客户223360个，涉及近2000多家国有企业，累计公开转让国有产股权300余亿元，增值近100亿元，多家企业在交易完成后实现了非公有资本控股，在政策、资本等多方合力作用下，混改有序拉开，有效引入

增量，降低了企业杠杆率。

二是混合所有制企业法人财产的市场化监管平台。即充分发挥青海省产权交易市场市场化交易监管功能，对已经是混合所有制企业的法人财产流转通过进场公开交易，既简化了混合所有制企业资产流转程序，国资监管部门又达到了监管的目的，在退出“僵尸企业”和低效无效资产方面做出了贡献。据不完全统计，自2015年中央提出供给侧结构性改革以来，青海省产权交易市场公开处置各类国企废旧物资、闲置设施设备和其他低效资产已达100多亿元，增值30多亿。比如：公开转让青海运输集团有限公司子公司土地，以1200万元成交；公开转让青海省国有资产投资管理有限公司关于大通宁张公路国有工业用地，该土地挂牌价为1491.32万元，成交价为2396.32万元，增值905万元，增值率60.68%；公开转让西部矿业股份有限公司铅业分公司机器设备，挂牌价为400.8万元，成交价为457.2万元，增值56.4万元，增值率为14.07%；公开转让西部矿业股份有限公司锡铁山分公司所拥有的报废物资，该物资挂牌价为80.68万元，成交价为366.33万元，增值285.65万元，增值率为77.98%；公开转让西昌大梁矿业冶炼有限责任公司所拥有的机器设备，挂牌价为711.9611万元，成交价为2946.9611万元，增值2235万元，增值率为313.92%。产权市场还完成公开处置西部矿业房产，成交价为3亿余元；盐湖房产2亿余元；能源集团房产2亿多元；海西州发展投资有限公司房产0.3亿元；央企资产0.8亿元等众多资产处置项目。为青海省国有企业“三去一降一补”、瘦身健体、提质增效、产业升级做出贡献。

（二）产权交易市场在建设青海金融中心过程中发挥的作用

加快建设青海金融中心是省委、省政府着眼全局作出的重要战略性布局，青海省产权交易市场作为青海省综合性的产权交易市场，其本身就是青海金融中心的一个组成要素，理应发挥重要作用。主要作用体现在两个方面：

一是基础性支撑作用。产权交易市场交易的对象是“非标准化资产和权益”，而这恰是金融和准金融机构开展各类金融服务的基础资产，交易某种程度上讲也是个并购的过程，本身就需要金融服务，产权交易所开展交易的过程也是“非标准化资产和权益类基础资产”客户、信息集聚的过程，交易量越大，客户、信息、资金集聚的数量也越大，各类金融和准金融机构完全可以将其部分服务产品与交易所“嫁接”。目前，青海省产权交易市场与部分金融机构尝试开展了个人按揭贷款服务实践，效果较好。近几年，青海省产权交易市场为客户融资2800笔，融资额超过11.6亿元。

二是化解风险作用。防控金融风险是当前金融工作三大任务之一，建设青海金融中心更要注重金融风险防控和化解体系建设。青海省产权交易市场作为公开交易市场，充分发挥发现投资人、发现价格的作用，大力推进不良资产、诉讼资产、破产清算财产处置，目前交易规模突破100亿元，解决了省内外多家金融机构和企业的债权、债务问题。

三、产权交易市场迎来发展机遇，抢占先机

（一）市场在资源配置中起决定性作用对产权市场的意义

十九大报告指出，“经济体制改革必须以完善产权制度和要素市场化配置为重点，实现产权有效激励、要素自由流动、价格反应灵活、竞争公平有序、企业优胜劣汰。”中央经济工作会议也将“坚持使市场在资源配置中起决定性作用，更好发挥政府作用，坚决扫除经济发展的体制机制障碍”，作为习近平新时代中国特色社会主义经济思想的重要内容之一。这表明：一是完善产权制度和建立社会主义现代市场体系已经成为经济体制改革的重要内容；二是市场化已经成为资源、要

素配置改革不可逆转的趋势。这对青海省产权交易市场来说意味着：一方面，产权交易机构迎来了巨大的发展机遇，这是最大的政策红利。另一方面，产权交易机构又面临着巨大的压力，要素市场化配置客观上要求配置要素的“主体”，即产权交易机构本身要高度市场化、要有效，否则，就起不到“市场”应有的作用。在这方面，青海省产权交易市场自党的十八届三中全会提出“使市场在资源配置中起决定性作用”以来，就开始研究和准备，提出了由单纯的中介服务机构向综合性交易服务平台转型的战略方向，具体标准就是“四化”，即交易模式电商化、业务开展平台化、服务内容综合化、服务方式投行化。经过几年努力，“四化”平台雏型基本形成，下一步青海省产权交易市场将按照既定的方向，夯实基础，争取早日成为区域性甚至全国性真正有效的“非标准化资产和权益”要素配置市场。

（二）全国各地产权交易机构都在抓紧建设要素市场

目前，全国很多省市都在大力推进要素市场建设，广东、重庆、湖北、北京等地尤为突出，其基本做法：一是推进交易机构集团化发展，将各类要素交易机构进行整合，组建交易市场集团；二是支持扩大交易规模，政府采取“赶羊入圈”的方式将能够掌控、影响的资源部分或全部纳入交易机构公开交易，迅速做大规模并吸引其他资源进场交易，青海省产权交易市场在完成房产、设备、车辆、冬虫夏草等基础要素市场的同时，也积极响应相关企业和部门筹建集股权、房产、土地、矿权、设备、车辆、债权、大宗农资、工业产品交易于一体的青海省要素交易集团。

从某种程度上讲，政府发展经济的过程就是资源优化配置的过程。市场的决定性作用已经成为资源配置领域的基本规则，建设一个统一、集中、规模化的要素交易市场，优化资源配置方式、提高资源配置效率，也是推进经济转型发展、提质增效的重要依托。从这个意义上讲，以产权交易为核心的要素交易市场是区域经济发展的重要战略资源和重要的“基础设施”，谁能拥有和掌控一个有效的要素交易市场，谁就抓住了未来经济发展的主动权和制高点，对要素交易市场之争已成为各地抢抓经济发展的焦点之一。

（三）本省产权交易市场建设情况

青海省委、省政府历来高度重视要素交易市场建设，谋划早、起点高，很早就提出要建立全省统一、集中、规模化的产权交易市场，并积极推动区域性市场建设，青海省产权交易市场是一家跨区域的产权交易机构，是省委、省政府推动的结果。青海省要素交易场所总体运行较为规范，但要素交易市场还存在交易场所实力弱、规模小、市场分散、行业与金融结合不够等诸多突出问题。青海省是盐湖、旅游、矿产等特殊资源大省，要素潜力和资源综合配置优势明显，加之要素交易市场基础较好，完全有条件、有能力立足青海建设西部乃至走向全国前列。这对于破除妨碍青海省经济发展的结构性障碍，实现经济发展模式的快速升级，推动青海省经济由量的积累向质的飞跃转变，提升青海省经济具有举足轻重的作用。

（四）打造“青海模式”的要素交易市场

1. 要素交易市场是区域经济发展的重要战略资源和重要的“基础设施”

要素交易市场分基础要素市场和权益类要素市场，目前青海省产权交易市场在基础要素市场建设中已走在全国前列。在信息时代，互联网瞬息万变，从电脑PC端到移动PC端APP，再到微信公众平台、小程序，都是对时机的把握。青海省产权交易市场在信息化体系的支撑下，按照“整合资源、先易后难、重点突破、整体推进”的思路，以最具社会广泛要素资源的房产交易为基础，导入实物产权、车辆、冬虫夏草等基础实物类要素资源，相继构建了“非标准化资产西宁房产交易平台”“全国实物资产交易平台”“青藏虫草交易平台”等手机终端微信平台，通过建立房产大数据，利用互联网手段，突破产权交易的地域限制，集聚更多的客户和项目信息，为建立全国性“非标准化资产和权益交易大数据中心”打下了基础，为非标准的权益类产权的高效、有序流转提供高效服务；利用强大的市场效应，盘活国有企业存量资产，优化增量投入；通过互联网技术实现线上、线下相结合，推动了股权、物权、债权、知识产权等权益类资源建设，为发展混合所有制经济，实现产业转型升级、优化产业结构发挥了市场的决定性作用；为整合分散的资源、资金、管理、技术、信息等权益类要素市场提供支撑；为青海金融要素市场建设提供项目和客户层面的基础性支撑。已完成服务于资源、要素高效转化、促进要素活力迸发的综合要素市场基础建设。

权益类要素交易市场发展除机构自身努力外，离不开各级党委、政府的引导和支持，一是要将要素交易市场建设真正提高到经济发展重要的“基础设施”的高度来抓；二是省市要形成合力，厘清边界，避免市场分割；三是要将可交易资源尽可能地引入相关交易机构公开交易。

2. 青海省产权交易市场提升服务质量积极投入国资国企改革

国资体系的运转和国有资本布局结构调整过程中，产权市场一直扮演着重要的角色，并致力于承接为国有资本形成、运营、监管服务的重任。从国退民进的改革大潮到主辅分离辅业改制，从定向协议转让到公开进场，从淘汰落后产能、国资“转、调、创”到国有企业混合所有制改革一路探索创新，从功能单一的国资退出通道，逐步服务于国资流转、资本对接、社会监督等国资运营监管的各个领域。规范是产权市场的生存之本，共赢是产权市场的发展之要，创新是产权市场的能量之源。产权市场已成为服务国资国企改革市场化的重要平台和阳光大道，随着《企业国有资产交易监督管理办法》出台，产权市场被赋予新的历史使命，应充分发挥基础性资本市场的作用，承接国资资本市场优化配置的重任。

安徽长江产权交易所2015—2017年市场述略

安徽长江产权交易所有限公司（以下简称长交所）经安徽省人民政府（皖政秘〔2004〕59号）批准，于2004年10月由芜湖等皖江七市国有控股（独资）公司及安徽国元实业等法人股东共同发起设立，注册资本2500万元，主要为国有产权交易提供场所和设施、组织交易活动、受托代办企业增资扩股及股权转让等。

2005年4月，长交所被安徽省国资委认定为全省企业国有产权指定交易机构（皖国资产权〔2005〕58号）；2012年5月，被安徽省财政厅确定为金融企业国有资产指定交易机构（皖财金〔2012〕754号）；2013年2月，经安徽省人民政府办公厅（皖政办秘〔2013〕16号）报部际联席会议通过验收备案；2017年4月，经中国产权协会评定为首批产权交易机构企业信用评价AA级信用企业。

一、业务开展情况

长交所在省、市国资委及金融办的监管和指导下，规范、有序组织开展企业国有产权转让工作，2015—2017年共成交项目1637宗，总交易额82亿元。

（一）国有产权交易业务

作为全省以企业国有产权交易业务为主的交易平台，已构建系统的交易管理制度和操作流程。从受理转让申请、发布转让信息、登记受让意向、组织交易签约、结算交易资金、出具交易凭证等方面规范挂牌项目的交易行为，确保项目交易的公开、公平、公正和国有资产的保值、增值，业务覆盖皖江全域。

2015—2017 年，国有产权项目共成交 1061 宗，成交额 701591.73 万元。详见图 1 和图 2。

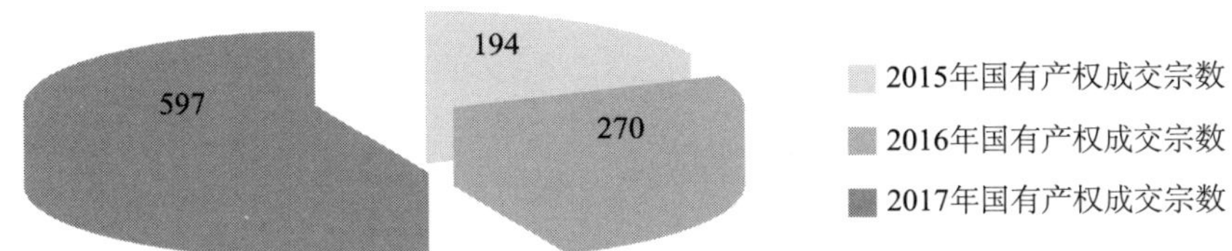

图 1　2015—2017 年国有产权成交项目分析（单位：宗）

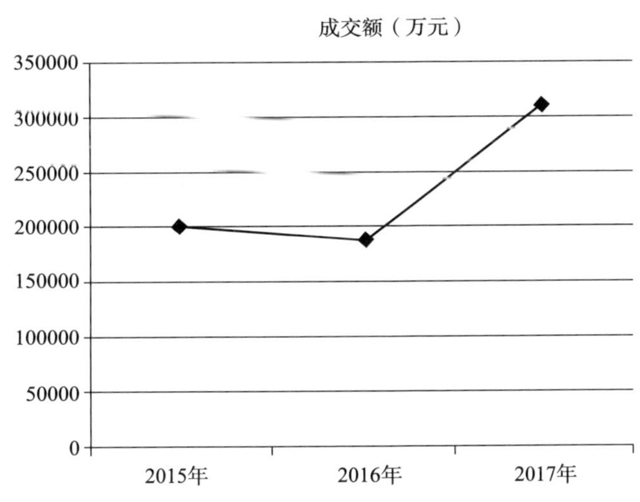

图 2　2015—2017 年国有产权成交项目成交额走势

（二）涉讼资产交易业务

长交所被省高级人民法院列入处置诉讼资产交易平台，这也是长交所的主要业务板块。芜湖、黄山、安庆、池州、宣城、阜阳等地诉讼资产均进入长交所挂牌交易，有效缓解了执行难的局面。

2015—2017 年，涉诉资产项目共成交 535 宗，成交额 121447.63 万元。详见图 3 和图 4。

图 3　2015—2017 年涉诉资产成交项目分析（单位：宗）

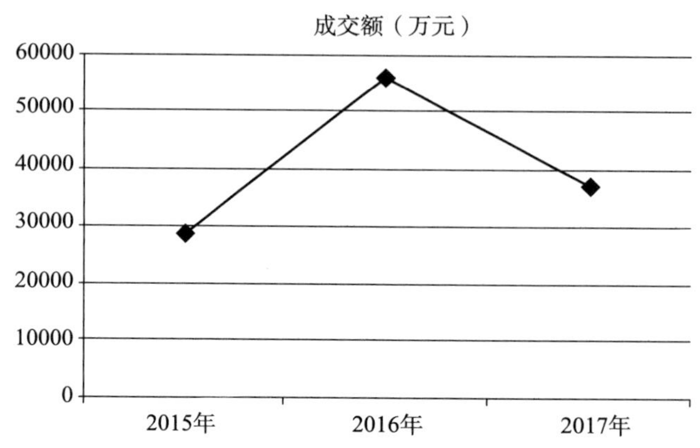

图4 2015—2017年涉诉资产成交额走势

（三）农村产权交易业务

根据《芜湖市农村产权交易体系建设推广方案》，在市、县领导及相关部门的推动下，农村产权交易工作取得积极进展。方案明确了交易品种，并与县村镇银行积极对接，探索金融配套服务。

2016—2017年，农林产权项目共成交41宗，成交额1669．55万元。其中，2016年成交14宗，成交额582．04万元；2017年成交27宗，成交额1087．51万元。详见图5。

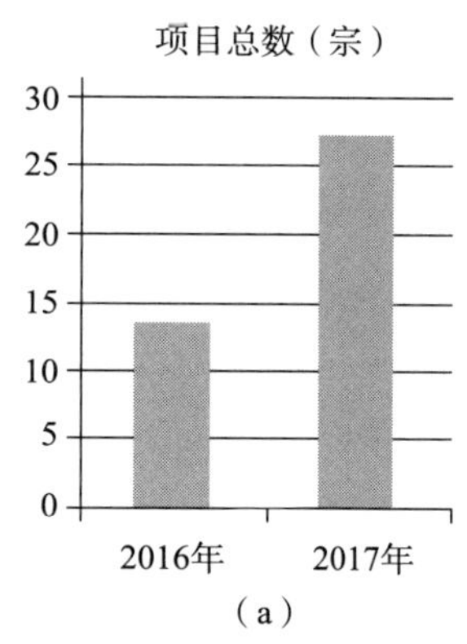

（a）

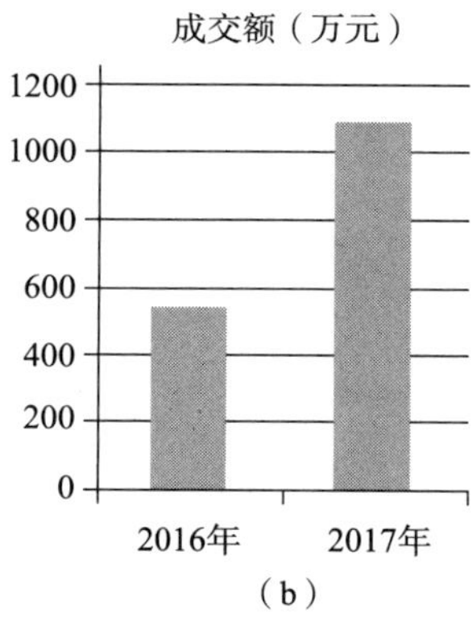

（b）

图5 2015—2017年农林产权项目个数和成交额走势

二、长交所建设情况

根据安徽省政府批文“按照资源共享原则，对周边市现有产权交易机构进行整合”的文件精神，长交所立足芜湖，辐射周边，先后设立了铜陵、马鞍山、池州、安庆、黄山、无为、芜湖县7家分公司，基本形成了区域市场架构，为规范开展企业国有产权交易提供了便利条件。相继设立了安徽高新技术产权交易所、安徽长江农林产权交易所2家全资子公司，控股子公司安徽长江金融资产交易所，2013年2月均通过省清理整顿各类交易场所联席会议并报国家部际联席会议验收备案，控股芜湖长江典当有限公司、参股芜湖市徽恒通小额贷款股份有限公司。

长交所系统制定了《安徽长江产权交易所企业国有资产转让交易操作规则》《安徽长江产权交易所受理企业国有资产转让申请操作细则》《安徽长江产权交易所企业国有资产转让信息披露操作细则》《安徽长江产权交易所登记受让意向操作细则》《安徽长江产权交易所组织交易签约操作细则》《安徽长江产权交易所结算交易资金操作细则》《安徽长江产权交易所出具交易凭证操作细则》《安徽长

江产权交易所企业国有资产转让交易保证金操作细则》《安徽长江产权交易所企业国有资产转让交易中止和终结操作细则》《安徽长江产权交易所企业国有资产转让争议调解操作细则》等相关规则，明确各岗位的风险防控职责，将风险防范责任细化、分解到各工作岗位，强化交易项目全过程的风险跟踪、分析与控制，建立健全交易项目风险评估制度，从制度层面预防和控制各类潜在的风险。

三、业务创新和交易模式

安徽长江产权交易所近年来成功运作多宗涉及不同类别的产权交易，2015—2017 年累计成交额达 82 亿元。交易品种涉及实物资产、企业产权、股权交易、土地、房产、采矿权、商标权、设备、企业整体资产、户外广告经营权、渔业捕捞权、法院涉诉资产等，正在开发的交易品种有二手房、二手车、二手船舶等。

为了满足国有资产监管需要，提高交易业务全程电子化水平，长交所选择启用了 E 交易系统。经过多轮调试和完善，该系统已经成功与国务院国资委国资监测系统、财政部金融资产监测系统及安徽省公共资源监测系统对接，交易项目数据上报和推送及时完整，得到各级监管部门的认可。该系统运行稳定，实现了业务流程自动化、网上报名、网上竞价和网络清算，大大提高了项目竞价自动化水平，强化了业务流程规范化工作，有效降低了人为风险。

以网络电子竞价交易的模式为主要交易方式；对于特殊项目，创建了一次报价、综合评分等交易方式。

江西省产权交易所 2015—2017 年市场述略

《党中央国务院关于深化国有企业改革的指导意见》（中发〔2015〕22 号）提出，“支持企业依法合规通过证券交易、产权交易等资本市场，以市场公允价格处置企业资产，实现国有资本形态转换，变现的国有资本用于更需要的领域和行业。”2015 年以来，江西省产权交易所认真学习 22 号文关于产权市场与证券市场并列为资本市场的定位精神，深入推进“二次创业”，充分发挥产权市场的资源优化配置功能，为国有资产变现、企业混改募集资金、中小企业股权质押融资和助力金融机构化解金融风险做出了积极贡献。

一、按照资本市场定位，深入推进“二次创业”

（一）提出“二次创业”战略构想

2016 年 1—6 月，江西省产权交易所在认真学习《党中央国务院关于深化国有企业改革的指导意见》基础上，通过对北京、天津、上海、山东、广州、深圳等省市产权交易机构的调研考察，找出了差距，明确了努力方向和发展目标，提出“二次创业”战略构想：通过 5 年努力，争取在做大做强国有产权交易、碳排放权交易、知识产权交易、国有企业增资和股权登记托管业务板块的基础上，大力拓展债权交易、金融资产交易、排污权交易、用能权交易、水权交易、农村综合产权交易、文化体育产权交易等业务板块，打造“政府培育、市场运作、滚动发展”的综合性产权交易集团，加快建设江西产权资本市场和要素市场化配置平台。同时，为确立“二次创业”理论基础，形成社会共识，明确实施路径，防范执行风险，江西省产权交易所委托江西财经大学开展了“江西产权市场创新发展研究”。

（二）争取省编办支持，增加“二次创业”业务职能

为争取政府增加“二次创业”业务职能范围，经过多次请示汇报，省编办以〔2017〕43号文明确了江西省产权交易所的业务范围。具体包括：依法依规开展产权交易，为全省产股权、企业增资、实物资产、金融资产、金融产品、技术知识产权、涉讼资产、罚没资产、文化体育产权等产权交易提供场所、设施、信息和合同鉴证等服务；承担全省非上市股份有限公司股权（含国家股、法人股、自然人股）托管业务；根据有关法律、法规和政策开展碳排放权交易及咨询服务等业务。为适应发展需要，省编办进一步增加江西省产权交易所金融产品、涉讼资产、罚没资产、文化体育产权等交易职能，为江西省产权交易所“二次创业”、拓展业务提供了政策依据。

（三）按照资本市场发展方向进行机制体制改革

江西省产权交易所为推动以资本市场发展为主的“二次创业”宗旨，主动进行内部机制体制改革。一是坚持“德才兼备、以德为先”的人才观，注重培养懂知识、有能力的人才队伍。目前，江西省产权交易所共有员工61名，其中大学本科学历员工25名，研究生学历员工19名；取得中级职称人员8名，高级职称3名；具有证券业从业资格人员11名。二是实施新的薪酬管理办法。按照《江西省产权交易所薪酬管理办法》，实现了全员绩效考核。三是成立了业务项目风险管理委员会，1000万元以上重大项目，都要实行集体研究决策。四是改革了内设机构。将原设置的“五部一中心”的组织架构，划分为“前、中、后”共16个职能模块。其中，前台是直接面对市场的8个业务模块，中台是起业务支撑作用的4个职能模块，后台是为江西省产权交易所运营提供技术、行政和后勤等支持的4个职能模块。这些改革措施，厘清了部门职能，建立了适应市场竞争的运营模式，完善了激励约束机制，有利于提高内部风险防控能力，有利于调动员工开拓业务的积极性和服务的主动性，有利于促进资本市场业务转型。

（四）在公共资源平台整合中保持机构独立运行

《关于印发整合建立统一公共资源交易平台工作方案的通知》（国办发〔2015〕63号）发文以来，江西省产权交易所主动为江西省公共资源平台建设提供合理化建议。2016年4月5日，在广泛调查研究的基础上，向省发改委（公管办）提出了《关于我省公共资源交易平台整合工作意见建议的报告》。报告提出，在全省公共资源平台整合中，保留江西省产权交易所的独立法人地位，履行全省国有资产交易职责。2016年5月，代拟《江西省国有产权交易平台整合工作方案》，提出新开发建设国有产权交易子系统，完善综合监管和行业监管，建立健全全省国有产权交易市场体系，实现全省国有资产通过信息互联互通，在江西省产权交易所的组织下进行统一交易。2017年4月10日，《江西省人民政府办公厅关于印发江西省公共资源交易目录（2017年版）的通知》（赣府厅发〔2017〕21号）规定，国有企业和行政机关事业单位人民团体的实物资产、股权、债权、知识产权等其他财产权利，通过江西省产权交易所进入全省公共资源平台交易。2016年11月24日，省公共资源管理办公室印发《江西省公共资源交易平台运行服务管理细则（暂行）》，将江西省产权交易所列为我省公共资源（国有集体资产）交易平台服务机构，江西省产权交易所作为江西资本市场的主体地位和主要职能得以完全保留。

（五）江西省碳排放权交易中心正式批复成立

2016年8月10日，经江西省人民政府授权、省编办批复同意，江西省产权交易所增挂“江西省碳排放权交易中心”牌子，根据法律法规和政策开展碳排放权交易及咨询服务。江

西省碳排放权交易中心致力于打造专业化、市场化、金融化的碳排放权交易及服务平台，为繁荣我省要素市场、服务低碳发展、应对气候变化不断贡献力量。2016 年 10 月，省发改委批准江西省碳排放权交易中心作为我省碳排放权交易咨询服务平台。

（六）获得全国产权行业首批 AAA 级信用评级等多种殊荣

2017 年 4 月 25 日，中国产权协会公布产权交易行业首批送评交易机构信用评价结果，江西省产权交易所荣获最高信用等级 AAA 级信用评级，成为 15 家最高等级信用省级产权交易机构单位之一。2017 年 8 月 14 日，江西省产权交易所等 6 家机构成为首批通过全省清理整顿各类交易场所“回头看”检查验收的单位。2017 年 12 月 26 日，省服务业发展领导小组经过评审并报请江西省人民政府批准同意，授予江西省产权交易所“江西省服务业龙头企业”荣誉称号。

二、资本市场业务蓬勃发展

（一）服务国有资产变现，实现保值增值

2015—2017 年，江西省产权交易所充分发挥产权交易资本市场的信息积聚功能、价格发掘功能、制度规范功能、中介服务功能，严格交易程序，切实防范市场风险，推动国有资产有序流转，实现国有资产保值增值。三年共完成国有产权交易项目 721 宗，竞价 456 宗，竞价率为 63.25%；成交金额 230.47 亿元，增值 43.16 亿元，增值率为 23.04%。2017 年，江西省产权交易所产权交易额达 99.08 亿元，接近 100 亿大关。江西省产权交易所成立 15 年以来，累计完成各类国有产权交易 463.95 亿元，实现质押融资金额 500.86 亿元，合计交易量近 1000 亿元，引进国外、省外投资 400 多亿元。中国产权协会数据表明，2015 年，江西省产权交易所国有产股权交易类交易额排在全国第 9 位，实物资产类交易额排在全国第 5 位。据中国产权协会《2017 年度产权交易行业统计工作报告》，2017 年，江西省产权交易所企业融资服务交易额、资产交易额在全国 68 家产权交易机构中双双排第 9 位，交易总额排在全国第 15 位。2015 年 5 月，挂牌价为 18.29 亿元的江西中江集团公司 100% 股权转让项目，在江西省产权交易所经过 82 轮网络竞价，最终以 41.49 亿元成交，增值 23.20 亿元，增值率达 126.8%。2017 年 2 月 8 日，挂牌价为 1591.5 万元的赣州工投科技有限公司 55% 股权转让项目，经过 47 轮激烈竞价，最终以 3329.8 万元成交，实现国有资产价值翻一番。

（二）服务国企混改，实现直接融资

2015 年以来，江西省产权交易所运用投行思维，积极开展国有企业增资业务，已成为我省推进国企混合所有制改革的主平台。截至 2017 年底，累计为我省 11 家国企完成混合所有制改革直接募集资金 40.1 亿元。2015 年 9 月，省盐业集团公司通过江西省产权交易所募集资金 6.2 亿元。《企业国有资产交易监督管理办法》施行以来，江西省产权交易所加大了国企增资业务服务力度。2016 年 12 月，为江西省铁路投资集团所属福建中原港务有限公司增资扩股，直接募集资金 2.4 亿元。2017 年 1 月 6 日，通过增资及股权转让方式，为省旅游集团直接募集资金 15.75 亿元。2017 年 4 月 28 日，为省招标咨询集团增资扩股，直接募集资金 2.1 亿元。2017 年 5 月 17 日，为江西江铃集团轻型汽车有限公司增资扩股，直接募集资金 3.74 亿元。江西省国资委党委书记陈永华在省盐业集团公司增资扩股项目签约仪式上表示，此次混改工作创造了多个“第一次”：第一次尝试在省产权交易所进行项目的公开挂牌操作，第一次聘请独立的第三方机构对项目实施进行路径设计和指导，第一次全角度全面公开披露项目信息和进展，第一次设计了全新的员工骨干持股计划。这四个“第一次”将为下一步全

面推进深化我省国企改革提供宝贵的经验和借鉴。2017 年 11 月，江西省产权交易所报送的“江西省盐业集团增资实现江西‘四个第一次’——江西省盐业集团增资扩股”案例，荣获产权交易资本市场第三次典型案例评选活动“典型增资案例”殊荣。

（三）服务“三去一降一补”，提高资源配置效率

2015—2017 年，江西省产权交易所发挥产权市场发现投资人、发现价值功能，为我省“去产能、去库存、去杠杆、降成本、补短板”、化解过剩产能、处置“僵尸企业”资产和低效无效资产提供更有效率的市场化服务。2017 年 10 月 26 日，江西省产权交易所通过充分挖掘企业潜在价值，全面推介企业投资亮点，为亏损企业江西江中食疗科技有限公司征集到浙江、安徽、江西三地四家战略投资方，募集资金 5.75 亿元，开创了我省亏损企业通过产权交易市场成功增资的先河。2017 年 8 月以来，江西省产权交易所按照《江西省化解过剩产能工作领导小组办公室关于印发江西省煤炭产能置换指标交易工作实施方案的通知》要求，分三批为全省 8 个区市和江西省能源集团公司共计 289 个煤矿企业成功转让煤炭产能减量置换指标，合计实现退出过剩煤碳产能 1826 万吨，成交总额 9.37 亿元。

（四）服务处置不良债权资产，助力金融机构化解风险

2015—2017 年，江西省产权交易所规范开展金融企业国有资产交易，积极开展金融机构的不良资产处置业务，努力化解金融风险。2018 年 7 月 26 日，江西省产权交易所联合北京金融资产交易所在南昌举办了“金融企业不良资产处置专题研讨会”，提高了江西省产权交易所的公信力和影响力。2017 年 8 月 9 日，挂牌价为 11536 万元的江西银行持有的某公司债权，经过 19 轮竞价，最终以 22336 万元成交，增值 10800 万元，增值率为 93.62%。2015—2017 年，先后有国家四大资产管理公司、江西省金融资产管理公司、兴业银行、民生银行、农业银行、江西银行、南昌农村商业银行等金融机构的 120 宗不良债权资产项目在江西省产权交易所挂牌转让，成交金额 10.8 亿元。

（五）服务企业股权登记托管，促进中小企业融资发展

2015—2017 年，江西省产权交易所新增登记托管企业 37 家，登记托管股权 39.18 亿股，办理股权质押登记 416 宗，质押登记股权 51.16 亿股，质押融资金额 226.79 亿元。江西省产权交易所成立 15 年以来，累计登记托管企业 155 家，登记托管股权 165.09 亿股，办理股权质押登记 1051 宗，质押登记股权 145.20 亿股，质押融资金额 500.86 亿元。2015 年 5 月，江西省产权交易所整体登记托管鹰潭农村商业银行股份有限公司全部股权。2017 年 5 月，整体登记托管九江银行，登记托管股权数达 20 亿，完成省内第二家城市商业银行股权整体登记托管。2016 年 3 月，为洪城大市场股份有限公司 2.6 亿股股权办理质押登记，通过股权投资企业成功融资 9 亿元。2017 年 6 月 16 日，江西省产权交易所为江西巨网科技 9796.6 万股股权办理整体托管后，派员赴天津、广州、杭州、台州等地办理完 178 笔共 1766.2 万股、价值 2.42 亿元股权转让变更手续。2017 年 8 月 4 日，江西巨网科技从新三板摘牌，成功与上市公司三维通讯重组，实现了强强联合。

（六）服务环境产权交易，实现要素市场化配置

党的十九大报告提出，建设生态文明是中华民族永续发展的千年大计。江西省产权交易所按照《国家生态文明试验区（江西）实施方案》要求，努力探索碳排放权交易、用能权交易、排污权交易、水权交易业务，服务江西生态文明试验区建设。2016 年 8 月增挂“省碳排放权交易中心”牌子以来，江西省产权交易所联合有关技术支撑单位开展碳交易能力建设和政府低碳课题研究工作，积极探索推进碳排放权（林业碳汇）、用能权、排污权和水权等资源环境要素交易，服务江西生态文明建设。2017年6月12日，省碳排放权交易中心首单林业碳汇减排量项目签约成交。江西银行、大新银行南昌分行分别购买了20000吨、1000吨江西省乐安县VCS林业碳汇第一期自愿减排量。该项目签约成交，开了我省碳自愿减排量交易先河，走出了我省通过“卖空气”为生态建设提供金融支持、绿色发展的新路子。

三、推动产权交易资本市场创新

习近平同志在党的十九大报告中提出，加快完善社会主义市场经济体制。江西省产权交易所认真学习党的十九大精神，按照创新是引领发展第一动力的要求，以完善产权制度和要素市场化配置为重点，以实现产权有效激励、要素自由流动、价格反应灵活、竞争公平有序、企业优胜劣汰现代化市场经济体制改革为目标，为了完善各类国有资产管理体制，改革国有资本授权经营体制，加快国有经济布局优化、结构调整、战略性重组，促进国有资产保值增值，推动国有资本做强做优做大，有效防止国有资产流失，努力做好五方面“二次创业”主要工作，推动产权交易资本市场创新。

（一）适应资本市场发展规律，实行机构体制改革

改革是江西产权市场创新发展的动力。江西省产权交易所的事业单位性质已成为江西产权市场创新发展的体制障碍。只有加快改制，才能适应资本市场运行规律，才能缩小与发达省市产权交易机构的差距，才能建立机构的创新和激励机制，才能通过国内外市场引进专业人才，逐步培养和建立专业人才队伍。江西省产权交易所要根据国家关于经营类事业单位改制要求，进行公司制改革，为江西产权市场转型升级成为地方资本市场奠定体制基础。

（二）坚持“六统一”原则，实行市场建设方式创新

党的十九大报告提出清理废除妨碍统一市场和公平竞争的各种规定和做法。国务院部际联席会议办公室《关于做好清理整顿各类交易场所“回头看”前期阶段有关工作的通知》规定，省级人民政府要推动交易场所按类别有序整合，原则上一个类别一家，以保持必要规模，避免无序竞争。国务院国资委《关于贯彻落实整合建立统一公共资源交易平台、加强国有产权交易监管有关事项的通知》规定，应当利用好现有成熟的、市场化程度高的产权交易机构，不得由公共资源交易平台取代依法设立的产权交易机构开展国有产权交易业务，防止出现以行政性机构代替市场化场所的倾向。《江西省产权交易管理办法》规定：“本省所属国有、集体产权的交易，必须在江西省产权交易所进行。”江西省产权交易所要在省委省政府的正确领导下，努力贯彻十九大文件精神，依据产权交易法律法规和我省探索实践，借鉴兄弟省市做法，通过以资本为纽带等多种方式，在各设区市设立江西省产权交易所分支机构，建设全省“统一交易系统、统一交易规则、统一信息披露、统一过程监测、统一交易凭证、统一收费标准”的“六统一”产权市场。

（三）启动“互联网+”工程，实行信息化建设创新

进一步加强网络信息系统建设，通过信息互联，扩大交易信息覆盖面，提高信息在市场交易中的导向作用，积极引导投资者关注江西产权市场，投资江西。具体措施：一是瞄准产权市场，建设“1+3”产权交易系统，即基础综合平台+国有企业产权转让、企业增资、实物资产转让系统，并与国务院国资委、财政部监测系统和省公共资源交易系统对接，实现各监管机构对产权交易的即时、动态监测；二是提升功能，充分采用网络新技术，逐步建设具有互联网远程项目申报、

信息发布、信息查询、受让报名、身份验证、保证金支付、资格确认、登录竞价、成交确认等功能健全的交易系统，以及配合线上交易的风险预警系统和线下服务系统。

（四）坚持以规范为前提，实行交易业务创新

一是要扩大国有产权交易服务的覆盖面，努力推动各类国有集体企业产权、企业增资、实物资产进场交易，扩大国有企业租赁权和经营权进场交易范围，探索国企集中采购、项目招投标的进场交易服务工作，不断提高国有产权交易的规范化和透明度，为我省国企的“三去一降一补”、化解过剩产能、处置“僵尸企业”和低效无效资产提供更有效率的市场化服务；二是要尽快实现股权托管登记机构整合，创新非上市股份公司托管登记和股权质押融资登记等业务；三是在做实非上市国有企业金融资产交易业务的基础上，拓展不良债权资产、信贷资产交易业务，创新绿色金融产品，改善金融服务，化解金融机构贷款风险；四是要在开展林业碳汇减排量交易的基础上，探索开展碳排放权、排污权、水权、用能权交易，加快推进环境资源要素交易业务；五是要争取科技厅支持，推动全省技术产权交易，加大知识产权保护力度，促进技术发明创造转化为现实生产力；六是要在省高院的支持下，组织办事处和全体拍卖会员，为全省司法委托拍卖资产处置提供全面规范的线下统一服务；七是争取省农业厅的支持，加快开展农村土地承包经营权等农村产权交易业务，促进农业发展和农民增收；八是争取省文化厅支持，开展文化企业物权、股权、债权、知识产权交易，为文化产业投融资提供服务；九是要加快推进个性化、多样化、专业化市场服务，不断提高以挂牌率、成交率、竞价率、增值率为标志的市场化运行水平，满足各类投资者的融资需求。

（五）坚持服务经济实体宗旨，实行融资功能创新

服务经济实体是产权交易市场赖以生存的基础，也是市场服务的起点和归宿。江西省产权交易所要坚持服务实体经济的宗旨，通过市场的结构调整和制度创新，不断发现和解决服务实体经济中存在的新问题，不断满足实体经济直接融资等方面的新需求，成为资本市场中服务经济实体的重要市场。一是创新企业增资业务。要主动进行业务模式创新和业务能力更新，强化企业估值和推介能力，拓宽投资人征集渠道，提供企业增资方案策划等增值服务，推动企业增资业务规范发展，为国有企业和民营企业发展提供源源不断的资本支持。二是创新企业股权质押融资业务。联合银行、资产管理公司、信托公司、担保公司、小额贷款公司等金融机构，创新企业股权质押融资方式，促进中小企业融资发展。三是开展企业管理顾问服务。帮助企业策划改制方案、理顺企业股权关系，完善企业法人治理结构，优化企业资产结构，提升企业价值，提高企业融资效率。四是开展企业融资咨询服务。为企业选择资产变现、增资扩股、抵押贷款等融资方式提供咨询意见，设计融资方案。五是为企业融资提供全流程服务。充分发挥产权市场信息对称优势，根据企业发展不同阶段的不同需求，提供企业估值、信用升级等中间服务，质押融资、债券发行、融资租赁等债权融资服务，存量转让、增资扩股、私募引资等股权融资服务。六是健全投资权益退出机制。充分发挥产权市场产权有序流转优势，为投资人投资形成的股权、物权、债权、知识产权和质押资产提供流转渠道，建立健全融资权益退出机制。要充分发挥自身与普惠金融要求相匹配的特点，抓紧开发新产品和开拓服务新领域，不断满足数量众多的中小企业和不同偏好投资者的投融资需求。

云南产权交易所 2015—2017 年市场述略

“十三五”开局以来，我国经济发展进入新常态，深化国资国企改革持续推进，混合所有制改革成为国企改革的核心，以“去产能、去库存、去杠杆、降成本、补短板”为重点任务的供给侧结构性改革在全国铺开，充分发挥了市场在资源配置中的决定性作用，加快调整经济结构和产业结构，矫正要素配置扭曲，提高全要素生产率成为市场的新态势。在机遇与挑战面前，云南产权交易所（以下简称云交所）坚持改革发展，积极主动作为，坚持行业规范自律，继续以“夯实传统业务，创新业务领域”为核心，充分发挥产权交易市场在资源配置中的决定性作用，切实服务好国企改革，通过不断努力完善新平台、开拓新业务领域，业务覆盖范围逐步扩大。2016 年至 2018 年 9 月，云交所累计完成交易项目 352 宗，累计交易金额突破 100 亿元，为云南省各类资源的有效配置贡献了重要力量。

一、充分发挥云交所的功能，服务国资国企改革

（一）“三公”交易平台规范国有产权交易

云交所是一家建立了社会公信力的产权交易机构，有丰富的产权交易经验，规范、独立运作，提供资金结算、交易鉴证等服务，为各类产权提供了“公开、公平、公正”的交易平台。产权交易机构作为第三方交易平台，通过不断规范交易程序，完善市场管理制度，打造阳光交易平台，阳光透明发现价格，把惩防体系建设植入产权市场体制、机制、制度建设中，建立各种风险防范措施，从而使产权市场成为源头治腐的窗口和反腐倡廉的重要阵地。

云交所形成了国家制度规范下相对统一的产权转让、资产处置、增资扩股等交易制度体系及 20 余项法律文件，从申请进场交易到产权变更登记，已建立了一套完整有序的流程，并在转受让登记、信息披露、受让方资格审查、交易方式选定、组织交易、资金结算、成交鉴证等方面制定了严格细化的规则，以确保资产处置安全顺利进行，维护交易各方的合法权益。在信息披露方面，云交所按照国家要求形成了统一的网络信息披露平台，为交易主体提供了覆盖广泛的信息渠道。在交易方式上，云交所充分运用现代化信息技术，实现了网络竞价，克服了传统拍卖、招投标方式的弊端，能有效避免项目的围标串标。

（二）促进国有资产发现价值和发现投资人

云交所是中国产权协会理事单位、长江流域产权交易共同市场理事会常务理事单位、中国产权市场创新联盟理事单位，与全国产权交易机构密切合作，与全国各省级产权交易机构建立了信息共同发布的流畅通道，实现了信息共享、跨区域投资和项目跨区域流转，提高了信息集聚和辐射功能。现代信息技术的应用和网络竞价平台的建设，使产权市场发现价值、发现投资人的功能大大提升，能够使各类交易标的实现价值最大化，在更大的范围内发现投资人，这对资源配置中的价值发现和使用效能的提高起到了保证作用，也促进了国有资产的保值增值。

（三）服务国企改革，促进资源优化配置

随着近几年国有企业深化改革的持续推进，混合所有制改革成为国企改革的新方向。2013 年底，国务院发布的《中共中央关于全面深化改革若干重大问题的决定》要求“积极发展混合所有制经济”。2015 年 9 月出台的《国务院关于国有企业发展混合所有制经济的意见》中明确要求，“国有企业产权和股权转让、增资扩股、上市公司增发等，应在产权、股权、证券市场公开披露信

息，公开择优确定投资人”。云交所全力引进民营资本参与国有企业改制，通过增资扩股或股权转让等形式，实现国资与民资等各类资本的最佳组合，成为各类资源优化配置、资产重组的重要平台。此外，供给侧改革持续推进，云交所进一步服务国有企业“三去一降一补”，重点帮助产能过剩及高库存的国有企业“去产能”“去库存”，通过优化服务功能，为供给侧改革贡献力量。

二、创新交易业务，提升服务能力

（一）增资扩股平台建设扎实推进

2015年，为进一步推动增资扩股业务有规可依，云交所在结合各家交易所增资扩股业务的基础上，根据自身的实际情况，拟定了《云交所增资扩股操作规则》和相关流程。2016年6月，随着《企业国有资产交易监督管理办法》（国务院国资委、财政部令第32号）的出台，国有企业增资扩股进场有了政策支持。云交所在结合32号令的基础上，对之前制定的《增资扩股操作规则》和交易流程进行了进一步修订；同时，加强与省国资委的沟通，争取省国资委的政策支持与业务指导，构建国企增资扩股业务平台，拓展服务功能。

增资扩股业务取得新成效：一是在量上有了提升。自32号令发布以来，云交所2016年完成增资项目1宗，交易金额1.4亿元；2017年完成增资项目3宗，交易金额4亿元；截至2018年9月，2018年完成增资扩股项目2宗，交易金额11.94亿元。二是坚持产权交易资本市场定位，综合服务实力有了初步的提升。云交所在增资业务上积极借鉴兄弟机构的经验，研究探索“平台+投行”增资业务模式，提升平台服务能力，不断优化增资业务交易方式和机制，着力推动国企市场化改革和混合所有制创新发展。

纽米科技有限公司作为新三板企业，借助云交所的平台实现两轮增资，这也是云交所资本市场功能的重要体现。“云交所助力新三板挂牌公司纽米科技完美增资”案例成为32号令颁布实施后国企产权交易10个最具影响力增资案例之一。2018年8月和11月，云交所在产权行业交流研讨会上与来自全国40余家产权交易机构和部分省市公共资源交易中心及相关会员机构就该案例做了经验分享和交流，获得同行一致肯定。

（二）提升实物资产处置能力，服务“三去一降一补”

云交所于2014年底获批中央企业及省属国企资产交易资质，2015年进行了多项实物资产处置，2016年32号令发布以后，实物资产进场交易更是达到了新的高度。2016年，云交所完成实物资产交易项目15宗，交易金额3025.44万元；2017年，完成实物资产交易项目73宗，交易金额13127.74万元，比评估价增值3381.38万元，增值率为34.69%。

近年来，云交所按照各省属集团企业战略中去库存的工作部署，以“三去一降一补”为抓手，切实发挥交易机构市场配置资源的重要作用，服务国企改革。重点为云南工投、昆钢、云锡、云天化等集团服务，帮助企业清理过剩产能、减少无效和低端供给，为企业集团处置不动产、设备资产、租赁资产等挤压库存提供优质服务。在此项重点工作中，完成项目70余宗，交易额突破10亿元。云交所全力为国企化解过剩产能提供有针对性的、个性化的服务，为使项目顺利成交，科学制定交易方案，并将有不同需求的投资人进行分类登记、分类推送，广泛发动市场寻找意向投资人，充分发挥信息集聚、资源优化配置作用。

（三）交易业务从“卖”拓展到“买”

云交所从交易的“买”和“卖”出发，从客户需求出发进行业务创新，使交易业务从“卖”拓展到“买”，协助企业参与异地交易所受让业务。2017年，央企控股的云南铜业（集团）有限公司在北京产权交易所挂牌转让的云南省投融资担保有限公司10.07%股权项目，以及央企中国邮电器材西南公司在上海联交所挂牌的成都中邮高讯科技发展有限公司65%股权项目，云交所作为项目受让方工投集团和云南叁玖网络科技有限公司的代理机构，为其提供了专业的交易咨询策划等多项产权交易相关服务，成功完成两单代理受让产权交易业务。

（四）债权交易业务实现新突破

伴随着经济增长的放缓、经济下行压力的增加，经济结构转型的深度推进和利率市场化的影响，我国商业银行的不良资产数量呈上升趋势，贷款不良率也逐年增加。随着不良资产整体规模的增加，不良资产管理行业的压力也在加大。云交所作为云南省资产处置的重要平台，努力探索既符合自身交易平台本质也满足银行迫切需求的新路径。2017 年以来，云交所不断加强与金融机构及资产管理公司的沟通，重复了解他们的需求，并通过学习上海、重庆等交易机构的债权交易模式及交易文书，制定了一套符合自身的债权交易流程及委托合同、申请书及公告模板等文件。

2018 年，“中信银行昆明分行对字应军的债权”项目通过云交所官网发布转让公告并顺利征集到意向受让方。该项目是首宗在云交所挂牌的金融债权转让项目，标志着云交所与国有金融机构的合作取得了实质性的突破，对进一步拓展产权交易资本市场的资源配置和融资服务功能，高效合理地处置银行不良资产，化解金融风险、帮助过剩产能加速市场出清和盘活企业存量资源具体重要意义。

（五）积极向资本市场靠拢，开展实物资产交易融资

随着 2014 年云交所取得实物资产处置的资质，实物资产大量进场，但实物资产面临投资人资金缺乏的问题。为进一步促进实物资产交易业务，帮助受让人解决融资需求，云交所积极开展实物资产交易融资业务。云交所与多家银行进行沟通，学习了银行信贷业务的基本流程，并梳理了实物资产交易融资业务中的障碍和困难。最终，云交所与云南省投融资担保公司、浦发银行达成共识，并形成一套合作的业务模式。为进一步验证业务模式的可操作性，云交所以实际项目进行先行先试，以白马房产项目开展实物资产交易融资业务，虽然在业务开展过程中遇到了许多意料之外的问题及阻碍，但云交所及时与银行、公证处、房产交易中心和不动产登记中心等相关机构进行沟通，最终使白马房产项目顺利完成，在实物资产交易融资业务上实现首次突破。

（六）推进全流程服务，提高实物资产处置效率

为了继续夯实实物资产交易业务，突破主要服务于交易环节的单一服务功能，云交所从产权交易产业链出发，尽可能将服务向上下游拓展，努力推进交易全流程服务功能。云交所加强与银行、公证处等机构的合作，通过整合各方面资源，为转让方提供全流程服务。重点推进代办产权转移登记服务及实物交易融资服务方面的合作：一是为实物资产交易项目代办产权转移登记的相关手续；二是利用自身资源或合作机构资源，为买受人提供相应的资金监管、金融贷款、垫资等配套服务；三是针对交易客户的个性化需求，对特定事项、特定流程制定法律服务方案等。通过对外开展业务合作，努力使各方资源得到有效利用及共享，提高实物资产处置效率，为资产国企改革提供便利及服务支持。

（七）全力推进信息化建设，实现产权交易业务全程网络化

随着“互联网 +”不断发展，产权交易行业面临多重挑战，交易流程烦琐、线下获客成本高等行业硬伤逐渐显现，同时要面对监管和市场竞争愈加严峻的情势。云交所从 2016 年下半年开始布局信息化的重新规划和投资建设，通过多方学习调研，最终与常州创业投资集团在信息化建设方面达成了“共建、共用、共享、共治”的合作共赢意向，于 2017 年 4 月正式入驻“E 交易”平台，并通过“E 交易”平台整体接入国资监测系统，满足国资委对企业国有产权交易全流程动态监管要求。于2017年11月完成与云南省公共资源交易中心系统数据对接，实现交易数据在省公共资源交易中心服务平台公开共享。目前，云交所已实现股权、实物资产、增资扩股三大类业务平台上线，系统上线后，在云交所挂牌的项目均通过“E交易”平台组织交易，通过互联网信息技术实现产权交易业务全程网络化。

三、未来展望

2017年，党的十九大在北京胜利召开。十九大以“决胜全面建成小康社会，夺取新时代中国特色社会主义伟大胜利”为主题，就“建设现代化经济体系”提出了六项重大任务。其中，诸多内容与产权制度改革、生产要素市场化配置和产权资本市场业务密切相关。在新的历史背景下，云交所必须明确新的任务目标，肩负起新的使命担当，紧紧围绕新任务、新使命，确立发展思路、制定工作举措、深入贯彻施行。

一是促进国有资产保值增值不动摇，推动国有资本做强做优做大，有效防止国有资产流失。在十九大精神的指引下，促进国有资产保值增值，推动国有资本做强做优做大，有效防止国有资产流失，维护国家和社会的利益，将是产权资本市场需要严格遵守的底线。云交所将进一步实现国有资产的保值增值和预防腐败，高效联通公共资源交易中心、中介机构和交易各参与主体的业务关系，有效保护交易各方的合法权益，规范各方交易行为，在阳光下规避各种风险。云交所继续致力于信息化建设，通过互联网与全国产权资本市场实现了互联互通，发挥信息集聚的优势，最大限度提高处置效率和实现国有资产的保值增值，为防止国有资产流失发挥重要作用。

二是以深化国企改革为引擎，服务混合所有制改革。云交所将以十九大精神为指导，推动深化国有企业改革，发展混合所有制经济。通过充分发挥产权交易资本市场作用，完善国有产权流转及融资机制，进一步发挥资本市场投融资功能，发展混合所有制经济，推进股权多元化、国有资产跨区域优化配置，提高国有资本优化重组目标。进一步鼓励民营、外资等非公有制经济的产权进入交易，促进产权竞争，激活产权资本市场。

三是发挥产权交易资本市场功能，服务供给侧结构性改革和“三去一降一补”五大任务。2015年，习近平总书记在中央经济工作会议上提出“去产能、去库存、去杠杆、降成本、补短板五大任务”，进一步推动国有企业供给侧结构性改革、产业结构调整和“三去一降一补”。党的十九大再次明确强调“坚持去产能、去库存、去杠杆、降成本、补短板，实现供需动态平衡”。云交所将重点围绕“三去一降一补”开展相关业务，进一步发挥产权交易资本市场服务功能。通过处置“僵尸企业”，使国有资本通过产权资本市场退出产能过剩企业，释放国有资本；处置废旧厂房及设备等资产，促进企业通过技术革新退出产能过剩产业；处置国有企业房产，通过去库存促进国有资本使用效率提升。

云南产权交易资本市场发展的新时代、新征程已经正式开启，在国务院国资委和云南省国资委的指导下，云交所将积极主动把握深化国企改革的历史机遇，以高度的责任心和使命感，强化自身本领，搞好市场建设，完善平台功能，规范做好企业国有资产交易，发挥产权交易资本市场的作用，在实现自身跨越式发展的过程中更好地服务于云南省经济发展，更好地服务于国有经济布局和结构调整，更好地服务于国资国企改革和提质增效。

北部湾产权交易所集团 2015—2017 年市场述略

北部湾产权交易所集团积极探索产业升级和结构调整，着力打造立足广西、联通全国、辐射东盟的开放合作、互利共赢的区域综合要素交易平台。内设国资（交易）业务部、金融（资产交易）业务部、物权交易中心、农村产权交易中心、知识产权交易中心综合服务部、投融资服务部、东盟事业部等部门，业务范围涵盖企业产股权、农村产权、林权、知识产权、物权、金融资产等。2016—2017 年，累计挂牌项目 1995 宗，挂牌金额 756 亿元，年度交易额 200 亿元。先后荣获中央及地方国有企业资产交易指定机构、中央及地方金融企业国有资产交易指定机构、广西国有企业增资业务指定产权交易机构、全国产权交易行业 AAA 级信用单位、广西技术合同认定登记点等资质。

推动各类要素资源交易稳步增长。近年来，北部湾产权交易所集团国资交易大幅增值成交项目频现，通过企业国有产权进场交易的引导与示范，以及交易方式和技术手段的创新，吸引其他非公有产权进场交易，有力促进广西多层次资本市场的发展与繁荣。2017 年 12 月，广西铁路投资集团有限公司下属广西铁投冠信贸易有限公司转让桂林市冠信房地产有限公司 100% 股权项目在北部湾产权交易所集团成功挂牌转让。项目以 2.4 亿元挂牌，经过 182 次激烈报价，最终被民营企业桂林联翔置业有限公司以 7.4 亿元竞得，比挂牌价增值 5 亿元，溢价率达 208.33%。该项目先后三次挂牌，历时三年时间，终于获得了圆满成功，创造了广西单宗国有产权交易项目增值额的历史新高。除继续深耕国有产权交易业务外，在林权交易方面，广西林权交易中心成立两年来，累计入场交易林农、林企 11482 次，实现挂牌交易总金额 187 亿元，溢价 2 亿余元。积极探索林业金融产品，开展林权抵押贷款、森林绿色生态产品电商平台等业务。投融资业务方面，累计实现融资成交额 360 亿元。2018 年 6 月，工行受托债权资产包转让项目在北部湾产权交易所集团高溢价成交，溢价率高达 11%。该转让项目共 10 项债权，挂牌价为 2.242 亿元，经过 78 轮激烈竞价，溢价 2480 万元，最终以 2.49 亿元成交，实现了北部湾产权交易所集团债权类项目的最高溢价，该项目也是广西本土债权市场溢价率最高的项目。北部湾产权交易所集团充分发挥产权交易市场资源配置功能，为金融资产交易提供“交易服务 + 金融服务”的一站式综合服务，构建了广西金融资产交易资源的聚集地，建立起一套本土区域特点突出的行之有效的资产处置服务体系，全面助力金融资产规范高效流转。知识产权业务方面，累计挂牌项目 8000 多宗，交易金额 4.198 亿元。2018 年 5 月，北部湾产权交易所集团承办了中国・广西粤港澳大湾区专利技术投融资对接会，广西、广东、香港等地 200 余家企业和投资机构代表参会对接，现场 6 家单位成功签约，签约金额达 8500 万元，推动了创新要素在地区间的合理流动和高效组合，构筑了广西专利技术与粤港澳双向流通通道，加快培育了新兴科技产业在广西的发展。知识产权交易中心还联合各类知识产权服务机构、金融机构，组建了广西知识产权“一站式”服务联盟，目前已签约 31 家成员单位，共同为企业开展知识产权相关服务。

推进农村产权流转交易市场建设。北部湾产权交易所集团于 2012 年起着手探索建设广西农村产权交易市场。先后在田东、田阳、覃塘设立县级农村产权交易中心；与玉林市政府合作共建玉林市农村产权交易中心；2016 年发起成立控股子企业——广西林权交易中心，采取“以林带农”的方式开展农村产权交易服务，并在此基础上推出广西农村产权交易市场“1 + N”建设模式，

"1"即一个主体，由北部湾产权交易所集团负责建设自治区农村产权交易中心，"N"即以县（市、区）级农村产权流转交易市场为主的地方交易平台主体。目前，北部湾产权交易所集团已完成农村产权流转交易市场体系建设22项政策文件的汇编和22项交易制度规则、62项文本、32项内部管理制度的编制工作，并在现有平台正式运营。下一步，北部湾产权交易所集团将按照"六统一"原则（统一平台建设、统一交易规则、统一信息系统、统一产品研发、统一监督管理、统一培训机制），全力推广"1＋N"农村产权交易市场建设模式，促进农业要素有序规范流动、优化资源配置；加大力度推动"E农村"平台建设，构建广西农村产权交易大数据平台，延展农村产权交易服务链条，构建综合配套的农业社会化服务体系。为实施振兴乡村战略，为提升农民财产性收入和生产经营收入，为广西打赢脱贫攻坚战提供平台服务新供给。

深入开展混合所有制改革。2018年8月，广西北部湾广易投资咨询有限责任公司作为北部湾产权交易所集团的全资子公司，通过增资扩股引入广西联程供应链管理有限公司、武汉国泰智城科技有限公司、广西平行资产管理有限责任公司等在项目咨询、并购及产业规划方面拥有丰富经验的战略投资者。本次混改旨在深入贯彻落实《中共中央国务院关于深化国有企业改革的指导意见》《广西壮族自治区人民政府关于推进国有企业发展混合所有制经济的实施意见》精神，通过搭建专业团队，推行市场化激励约束机制，依托平台集聚的资源储备优势，为各级政府、各类企业提供产业规划、投融资、国企混改、资源整合、司法辅助、第三方信任等咨询服务。在拓展业务发展领域、丰富服务品种、提高交易效率、扩大营收规模、增强服务附加值、提高盈利水平的同时，进一步提升了北部湾产权交易所集团市场化资源配置平台功能，充分发挥资源要素聚集流转一站式交易服务平台功能作用，为服务广西国企混改提供示范。

建设面向东盟的要素资源交易市场。2018年9月，在中国—东盟博览会、中国—东盟商务与投资峰会期间，北部湾产权交易所集团举办了"两会"专题活动——产权交易平台服务"一带一路"建设创新论坛，邀请国内外有关政府部门领导、专家学者、广西直属企业负责人和专业机构负责人等出席论坛，共同探索构建中国—东盟要素交易平台合作机制。柬埔寨发展理事会副秘书长昂万那拉，广西国资委党委书记、主任管跃庆，中国产权协会党委书记、秘书长夏忠仁等出席论坛并致辞。会上举行了共建中国—东盟要素市场相关合作签约仪式。北部湾产权交易所集团分别与柬埔寨内政部NICE广播电视台、恒生电子股份有限公司、中国—东盟信息港股份有限公司、西南联合产权交易所、西藏产权交易中心等签约。北部湾产权交易所柬埔寨资产交易服务中心网站正式上线，标志着面向东盟的资源要素市场下建设工作全面启动。夏忠仁指出，北部湾产权交易所集团在构筑广西全区统一产权交易资本市场体系、全面建设面向东盟的综合要素市场等工作上做出了重要贡献，广西产权交易资本市场进一步推动了面向东盟、辐射全球的综合要素市场建设和发展，促进了中国—东盟经贸合作，为全国产权交易资本市场服务"一带一路"建设提供了模板和借鉴。下一步，北部湾产权交易所集团将牢牢抓住国家"一带一路"发展战略和广西面向东盟扩大开放合作的发展新机遇，在柬埔寨产权交易中心试点尝试的基础上，形成可复制的模式，逐步拓展东盟要素市场，不断拓宽发展的空间和渠道，打造能集聚、能服务、能带动、能支撑、能保障的广西助力"一带一路"建设的综合服务平台。

海南产权交易所 2015—2017 年市场述略

海南产权交易所（以下简称产交所）是海南省国资委根据海南省政府第 176 号令相关规定，联合海口市国资委、三亚市国资委，于 2004 年 12 月 28 日设立的，注册资本 5100 万元，分别由海南省国资委、海口市国资委和三亚市国资委各自下属企业出资持股，海南省国资委下属 2 家企业持股合计 52%，海口市国资委、三亚市国资委下属企业分别持股 24%，本质上属省市共建平台。产交所是海南省国资委选择确定的全省唯一具备从事国有产权转让服务资格的专业交易机构，是海南省财政厅规定的省直行政事业单位资产处置机构，是海南省财政厅选定并报财政部备案的作为海南省承办金融企业国有资产转让业务的交易机构，是海南省涉诉国有资产拍卖指定的省级交易平台。

产交所本部内设交易一部、交易二部、受理鉴证部、财务结算部、市场发展部、办公室、党群纪检部、信息部 8 个部门。产交所现有员工 29 名，目前经营场所约为 1212 平方米，含有约 200 平方米的多功能竞价交易大厅，目前使用 E 交易系统，内部审核、网路交易全程电子化，功能配套设施齐全，风控和交易服务成熟稳健。产交所有两家全资子公司，即海南产权招标有限公司和海南机电设备招标中心。

产交所业务领域持续拓展，基本实现国资全覆盖的目标。从最开始的企业国有股权实物资产，逐步扩大到行政事业单位资产、金融资产、涉诉国有资产、市县资产、央企资产、海域使用权、公车处置等业务板块，其中公车处置、项目招商、资产招租和增资扩股等业务近年来逐渐增多，成为新的效益增长点。

日常交易中主要采取的交易方式为书面报价、互联网竞价、综合评审等。其中，网络竞价受客户普遍接受并运转顺畅；综合评审方面，产交所组建了评审专家库，不断学习业内的成熟做法，完善相关流程，服务增资扩股、资产招租等项目需求。

产交所自成立以来，根据国家、海南省的政策规定，坚持规范操作、阳光交易，在做好国有企业产权交易服务的基础上，完善市场功能，创新交易方式，提升服务水准，吸引了其他领域的各类产权和资源要素进场交易，构筑了“全省统一、规范、专业”的产权交易大市场，实现了我省国有产权流转和资产处置工作的公开化、程序化、制度化，取得了良好的社会效益。2017 年，产交所完成交易近 300 宗，成交金额 16.91 亿元，增值率为 11.86%。产权交易市场配置资源功能、社会价值和竞争优势得到了较好的展示和发挥，获得中国产权协会“企业信用评价 AAA 级信用企业”称号。3A 信用资质为产权交易机构最高信用级别，海南产权交易所的诚信经营获得社会高度认可。中维地产海南公司 100% 股权转让项目增值 2.06 亿元，海南海控置业 100% 股权转让项目增值 2.37 亿元，儋州兰洋海港温泉度假村有限公司 100% 股权转让项目增值 140%，社会反响较好。

在服务海南自贸区（港）建设的新形势下，产交所在海南省委省政府和海南省国资委的正确领导下，认真分析自身的职责定位和有利条件，决心紧紧抓住有利时机，进一步解放思想，发挥地方国有资本的引导带动作用，大胆引进国内外投资者，打造全国最开放、最活跃的产权交易市场，努力发展成为立足国内、面向东盟、服务“一带一路”沿线国家的非标产权市场。

产交所未来的发展思路与业务重点包括以下方面：一是积极对接产权转让、增资扩股、资产处置、兼并重组、改制上市等需求，提供优质服务，引导各方资本通过海南资本市场寻求合理的配置，实现价格发现和资源优化配置。二是推出产权交易指数，选取具有代表性的产权类型建立交易价格趋势指数，为交易各方提供决策参考，形成可追溯、可评价的产权交易数据库。三是探索建立与国际国内资本市场的协同衔接，通过开展交易业务和金融服务，积极与国际国内证券市场、债券市场、期货市场开展合作，推动相互补充和融合的格局进一步深化。

行业动态

新时代国有企业的战略定位与历史使命

国务院国资委党委书记　**郝　鹏**

习近平总书记在党的十九大报告中郑重宣示中国特色社会主义进入新时代，标定了党和国家事业发展新的历史方位，这是我们认清形势任务、谋划推进工作的基点。推进新时代国有企业改革发展党建工作，必须准确把握我们站在什么样的历史起点上，深刻领会进入新时代对国有企业的重大意义。

新时代意味着责任更重。国有企业是中国特色社会主义的重要物质基础和政治基础。一以贯之坚持和发展中国特色社会主义，决胜全面建成小康社会、全面建设社会主义现代化国家，要求国有企业勇挑重担、勇于担当，要求我们理直气壮、毫不动摇地把国有企业搞好，坚定不移地把国有资本做强做优做大。

新时代意味着挑战更大。从国内看，我们要解决人民日益增长的美好生活需要和不平衡不充分的发展之间的矛盾，推动我国经济由高速增长阶段迈向高质量发展阶段。从国际看，我国日益走近世界舞台的中央，世界范围内的竞争更趋激烈。这些对国有企业提出了前所未有的挑战和要求，国有企业必须迎难而上，敢于接招、善于出招，以加快发展破解难题。

新时代意味着新机遇。进入新时代，有挑战更有机遇，关键要看得准、抓得住、用得好。贯彻落实党的十九大精神，党和国家事业必将有一个大发展，这为国有企业创造了良好的宏观环境，扩展了更大的发展空间。国有企业能够在更广领域、更大范围、更高层次上推进布局优化、结构调整、战略性重组，加快培育一批具有全球竞争力的世界一流企业。

立足新时代新方位，国有企业正从跨越式发展追赶者，发展成为与国际先进企业同台竞争的并行者，而且在很多领域和行业已经成为领跑者。我们更加坚信新时代国有企业应有作为、必有作为、大有作为。

纵观我国社会主义建设、改革和发展历程，国有企业为推动我国经济社会发展、科技进步、国防建设、民生改善做出了重要历史性贡献，保障了国家战略的有效实施。新中国成立后，国有企业为我国构建独立完整的工业体系和国民经济体系建立了历史功勋。改革开放以来，国有企业改革作为经济体制改革的中心环节，始终发挥着牵引性作用。特别是党的十八大以来，国有企业在新时代的新征程中改革创新、开拓进取、攻坚克难，在做强做优做大的道路上迈出坚实步伐，取得了明显成效。中央企业实力明显增强，资产总额与五年前相比增长74%，累计实现利润比上一个五年增长27%，进入世界500强的82家国有企业中，有48家中央企业。布局结构明显优化，国有资本向关系国家安全、国民经济命脉和国计民生的重要行业和关键领域集中，向前瞻性战略性新兴产业和优势企业集中。“瘦身健体”成效明显，重组整合步伐加快，完成18组34家中央企业重组，除僵治困、压减层级稳妥推进。社会贡献明显加大，中央企业上缴税费比上一个五年增长41%，2017年创造的增加值约占全国GDP的8%，上缴税费和收益约占全国财政收入的1/8；承担完成的一大批国家重大专项成果已成为国家名片，充分彰显了国家力量，体现了大国重器的责任担当；带头抗击重大自然灾害、推进脱贫攻坚、参与民生工程建设。国有企业发展是党和国家事业取得历史性成就、发生历史性变革的生动体现。这些成绩的取得，根本在于以习近平同志为核心的党中央的坚强领导，在于习近平新时代中国特色社会主义思想的科学指引。正是由于坚持了习近平总书记关于国企国资改革发展和党建的重要思想，新时代国企改革发展才有了科学指南和行动纲领。

新时代开启的新征程，是推进伟大事业的新征程，是实现宏伟蓝图的新征程，是创造美好生活的新征程，是成就伟大梦想的新征程，是走近世界舞台中央的新征程。这就要求国有企业明确战略定位、担负历史使命、不断奋发进取，在新征程上再创新辉煌。

习近平总书记历来高度重视国有企业改革发展和党建工作，强调国有企业的地位作用。2017年12月，习近平总书记在党的十九大之后的首次调研就来到了江苏徐工集团，强调指出，国有企业是中国特色社会主义的重要物质基础和政治基础，是中国特色社会主义经济的“顶梁柱”。习近平总书记这一掷地有声的指示指明了新时代新征程国有企业的战略定位。这个战略定位我们可以从以下六个方面来把握。一要牢牢把政治建设摆在首位，成为党和国家最可信赖的依靠力量。二要始终在国家建设、国防安全、人民生活改善中勇挑重担，成为坚决贯彻执行党中央决策部署的重要力量。三要坚持以供给侧结构性改革为主线，不断推进体制机制创新，成为贯彻新发展理念、全面深化改革的重要力量。四要深入开展国际化经营，加快形成国际经济合作和竞争新优势，不断拓展国际发展新空间，成为实施“走出去”战略、“一带一路”建设等重大战略的重要力量。五要坚持以人民为中心的发展思想，切实履行社会责任，成为壮大综合国力、促进经济社会发展、保障和改善民生的重要力量。六要建设好基本队伍，成为我们党赢得具有许多新的历史特点的伟大斗争胜利的重要力量。

在明确新时代战略定位的基础上，国有企业将义不容辞地承担起自己的历史使命。要按照从“有没有”转向“好不好”的要求，深刻把握我国社会主要矛盾变化，坚持质量第一、效益优先，以供给侧结构性改革为主线，率先实施质量变革、效率变革、动力变革，坚定做高质量发展的主力军。要按照跨越关口的要求，推动实体经济优化升级，做强实业、做优主业，在建设现代化经济体系中充分发挥排头兵作用。推动社会主义现代化国家建设，打好三大攻坚战，全力推动创新发展，在加快建设创新型国家中发挥突击队作用。把握好我国改革开放的大格局大趋势，在参与“一带一路”建设中发挥国家队作用，推进国际产能和装备制造合作，积极参与全球技术标准、行业规范、经贸规则的制定，更好融入全球创新和产业分工体系，加快培育主业突出、技术领先、管理先进、绩效优秀、全球资源配置能力强的世界一流企业。

新时代要有新气象，更要有新作为。国有企业要以习近平新时代中国特色社会主义思想为指导，深入学习贯彻党的十九大精神，统筹谋划、狠抓落实，奋力开创国企国资改革发展新局面。

一是以深化供给侧结构性改革为着力点，加快实现高质量发展。要全面提高供给体系质量，努力厚植企业发展质量优势；加快传统产业优化升级，促进全产业链整体跃升；培育壮大战略性新兴产业，抢占未来发展制高点；扎实推进“三去一降一补”，推动瘦身健体取得更大成效；坚持绿色低碳循环发展，全面落实生态文明建设要求，加快实现企业发展的三大变革。

二是以强化创新发展为着力点，加快提高企业核心竞争力。要通过加强自主创新，主动承担国家重大科研任务，力争在重要科技领域实现跨越发展；加快构建协同创新体系，最大限度发挥创新要素合力；大力推动双创工作，有效带动全社会创新创业；不断完善创新体制机制，激发创新人才活力和动力。

三是以构建灵活高效的市场化经营机制为着力点，加快增强企业活力。要坚持两个“一以贯之”，加快建设中国特色现代国有企业制度，积极完善企业市场化经营机制；突出战略规划引领，加快国有经济布局优化、结构调整、战略性重组；积极稳妥发展混合所有制经济；稳步开展国际化经营，提升全球资源配置能力；持续深入推进改革试点，放大试点效果。

四是以增强监管系统性、有效性为着力点，进一步完善国资监管体制。加快出台权力清单和责任清单，明确出资人监管职责边界；持续改进监管方式，深入推进分类监管，加强境外国有资产监督；以管资本为主加强国有资产监管，着力抓好重点领域风险防控，筑牢不发生重大风险的底线；强化监督和责任追究，坚决守护好人民的共同财富。

中国共产党的领导是中国特色社会主义最本质的特征，是中国特色社会主义制度的最大优势。国有企业是党领导的国家治理体系的重要组成部分，必须始终坚持党对国有企业的全面领导。党的十九大修改通过的党章规定，国有企业党委（党组）发挥领导作用，把方向、管大局、保落实，依照规定讨论和决定企业重大事项。我们按照党章规定和新时代党的建设总要求，将 2018 年确定为中央企业党建质量提升年，目的就是要推动国有企业党建重点任务落实到位，提高国有企业党的建设质量，全面开创国有企业党建工作新局面。我们要把政治建设摆在首位，牢固树立“四个意识”，坚决维护习近平同志在党中央和全党的核心地位，坚决维护党中央权威和集中统一领导，在政治立场、政治方向、政治原则、政治道路上坚决同以习近平同志为核心的党中央保持高度一致，做到思想上高度认同、政治上坚决拥护、组织上自觉服从、行动上紧紧跟随。要强化政治责任，抓住党建责任制这个“牛鼻子”，继续完善“述评考用”相结合的工作机制，构建“压实责任—量化考核—反馈整改”的党建工作闭环，推动党要管党、从严治党落到实处。要突出政治标准，总结“选”的经验，提升“用”的实效，研究“育”的方法，健全“管”的制度，完善“督”的机制，切实把好干部选出来用起来，大力提升企业领导人员政治素质和专业化水平。要强化政治功能，抓好“三基”工程，大力加强基层党支部建设，大力推进党建工作全覆盖，大力创新基层党建工作方式，不断夯实企业党的基层组织建设。要把准政治方向，切实履行意识形态工作责任制，加大正面宣传，拓展宣传方式，大力强化企业宣传思想工作。要保持政治定力，全面落实党风廉政建设主体责任，坚决整治“四风”突出问题，深化政治巡视，持续保持反腐败高压态势，持续推进党风廉政建设和反腐败斗争，打造忠诚干净担当的国企国资党员干部队伍，为国有企业改革发展提供坚强保证。

全面贯彻落实新发展理念，奋力开创国企国资高质量发展新局面

国务院国资委主任　肖亚庆

2017 年，各级国资委和中央企业深入学习贯彻习近平新时代中国特色社会主义思想，认真落实党中央、国务院决策部署，坚持稳中求进工作总基调，全面贯彻落实新发展理念，以推进供给侧结构性改革为主线，以提高质量效益和核心竞争力为中心，扎扎实实、埋头苦干，各项工作稳步推进，取得了明显成效。

一、2017 年国企国资发展成就突出

一是收入和利润持续快速增长，创历史最好水平。2017 年，国资监管系统企业累计实现营业收入 50.0 万亿元，同比增长 14.7%；实现增加值 11.5 万亿元，同比增长 13.0%；实现利润总额 2.9 万亿元，同比增长 23.5%；上交税费总额 3.7 万亿元，同比增长 11.5%。其中：中央企业累计实现营业收入 26.4 万亿元，同比增长 13.3%；实现增加值 6.6 万亿元，同比增长 7.8%；实现利润总额 1.4 万亿元，同比增长 15.2%；上交税费总额 2.2 万亿元，同比增长 5.5%。

二是供给侧结构性改革深入推进，企业持续发展基础进一步夯实。各级国资委和中央企业坚持以新发展理念为引领，深入开展“三去一降一补”，大力推进结构调整，取得明显成效。

三是企业改革不断深化，重要领域和关键环节取得明显进展。各级国资委和中央企业持续加强组织领导和统筹协调，改革深入推进、层层落地，整体性、协同性不断提升。

四是国资监管不断改进加强，监管效能持续提高。各级国资委按照以管资本为主加强国有资产监管的要求，持续完善监管体制机制，监管质量和效率不断提升。

五是党的建设全面加强，有力促进和保障了企业改革发展。各级国资委党委和中央企业党委（党组）始终把坚持党的领导、加强党的建设作为首要政治任务，把提高企业效益、增强企业竞争力、实现国有资产保值增值作为党组织工作的出发点和落脚点，紧紧围绕生产经营抓好党建。中央企业党委（党组）把方向、管大局、保落实的领导作用进一步发挥，党的领导与公司治理融合更加紧密。

2017 年，国企国资改革发展取得的成绩，是多年攻坚克难、久久为功成效累积的结果。这些成绩的取得，根本在于以习近平同志为核心的党中央的坚强领导，在于习近平新时代中国特色社会主义思想的科学指引。这些成绩的取得，是中央国家机关各部门、各地党委政府和社会各界大力支持和帮助的结果，更是国企国资广大干部职工坚定信心、锐意改革、砥砺奋进的结果。

二、2018 年要抓好八项重点工作

党的十九大是在全面建成小康社会决胜阶段、中国特色社会主义进入新时代的关键时期召开的一次十分重要的大会。大会进一步确立了习近平总书记在党中央和全党的核心地位，把习近平新时代中国特色社会主义思想确立为我们党必须长期坚持的指导思想，在党的历史上、新中国发展

史上、中华民族发展史上都具有划时代的里程碑意义。当前和今后一个时期，我们要把深入学习贯彻习近平新时代中国特色社会主义思想和党的十九大精神作为首要政治任务，切实在学懂弄通做实上下功夫，在抓实抓牢抓深上下功夫，进一步增强“四个意识”、坚定“四个自信”，坚决维护习近平总书记的核心地位，坚定维护党中央权威和集中统一领导，自觉用习近平新时代中国特色社会主义思想武装头脑、指导实践、推动工作，努力在新时代开启新征程、续写新篇章。

党的十九大对国企国资改革发展作出重大部署，明确指出：“要完善各类国有资产管理体制，改革国有资本授权经营体制，加快国有经济布局优化、结构调整、战略性重组，促进国有资产保值增值，推动国有资本做强做优做大，有效防止国有资产流失。深化国有企业改革，发展混合所有制经济，培育具有全球竞争力的世界一流企业。”中央经济工作会议对推动高质量发展、深化国企国资改革、做强做优做大国有资本等进一步提出了明确具体的要求。这些部署和要求为我们坚定不移搞好国有企业、毫不动摇做强做优做大国有资本指明了正确方向，提供了根本遵循。

今后三年是决胜全面建成小康社会的关键时期，我们要振奋精神、继续奋斗，到2020年努力实现重要领域和关键环节改革取得决定性成果，发展混合所有制经济取得积极进展，公司法人治理结构更加健全，党组织在公司治理中的法定地位更加巩固，企业党委（党组）领导作用更好发挥，形成更加符合我国基本经济制度和社会主义市场经济发展要求的中国特色现代国有企业制度和灵活高效的市场化经营机制；国有资产监管制度更加成熟，相关法律法规更加健全，监管手段和方式不断优化，监管的系统性、有效性明显提高，国有资产保值增值责任全面落实；国有资本布局结构更趋合理，进一步向重点行业、关键领域、优势企业集中，国有资本功能进一步放大，流动性和配置效率进一步增强，运行质量和效益进一步提升，国有资本进一步做强做优做大；造就一批对党忠诚、勇于创新、治企有方、兴企有为、清正廉洁的优秀企业家，形成一批在国际资源配置中占主导地位的领军企业、一批引领全球行业技术发展的领军企业、一批在全球产业发展中具有话语权和影响力的领军企业，从而培育一大批具有全球竞争力的世界一流企业。

2018年是贯彻党的十九大精神的开局之年，是改革开放40周年，是决胜全面建成小康社会、实施“十三五”规划承上启下的关键一年。2018年生产经营主要目标是：国有企业效益实现稳定增长，国有资本保值增值率、回报率进一步提升，企业流动资产周转率进一步提高，资产负债率进一步下降。

2018年要着力抓好八个方面重点工作：

（一）着力抓好效益稳定增长，进一步巩固企业发展良好态势

我们必须深刻认识，稳中求进工作总基调是我们党治国理政的重要原则，是做好经济工作的方法论，牢固树立稳是主基调、是大局的战略思想，做到政策要稳、运行要稳，保持企业运行在合理区间，保证发展大局稳定。一要加强形势研判，抢抓市场机遇。要准确把握新形势对企业生产经营提出的新要求，敏锐捕捉市场变化带来的新机遇，巩固传统市场、开发新兴市场、深挖细分市场。要密切关注大宗商品价格变化，及时调整应对举措，全力确保经济平稳运行、稳中有进。二要明确目标任务，分解落实责任。科学制订全年计划和预算安排，确保全年目标任务实现。制订可量化、可操作的工作方案，层层分解目标、层层落实责任。完善考核分配机制，充分调动和发挥广大干部职工的积极性、主动性、创造性。各地国资委要结合地方实际，按照地方党委、政府要求，制订积极向上的目标任务。三要深挖内部潜力，降低成本费用。确保实现中央企业平均百元收入负担的成本费用同比下降，营业成本增幅低于营业收入增幅。加大重点行业企业成本压控力度。加大资金集中管控力度，加快内部资金融通，2018 年中央企业资金集中度要力争提高到 80%。抓好采购管理对标提升，着力打造集中统一、高效透明、共享共赢的供应链体系，有效降低采购成本和库存。进一步加大“两金”压降力度，确保“两金”增幅低于收入增幅，力争实现重点行业“两金”规模零增长。四要强化协同合作，实现互利共赢。深入推进行业内资源共建共享和产业链上下游互助合作。中央企业与地方国有企业要进一步加强沟通，相互支持，积极探索开展交叉持股、战略联盟等多种方式合作，努力实现共赢发展。五要加强市值管理，增加股东回报。坚持以提升内在价值为核心的市值管理理念，依托上市公司平台整合优质资产，不断提升价值创造能力。强化信息披露，加强与投资者的沟通交流，坚持规范运作，争做优秀的上市公司。六要对标一流企业，夯实基础管理。

需要特别强调的是，中央企业在提高自身效益的同时，要积极履行社会责任，坚决完成好所承担的精准脱贫任务，积极开展援疆援藏援青工作，有效发挥中央企业贫困地区产业投资基金作用，大力实施产业支援、对口支援、人才支援、就业支援、技术支援，为打好精准脱贫攻坚战做出更大贡献。

（二）着力抓好供给侧结构性改革，进一步提高实业发展质量

实业是国有企业的安身立命之本和职责使命所在，必须一心一意做强做优实业，坚持质量第一、效益优先，按照高质量发展要求，深化供给侧结构性改革，紧紧围绕主业做好发展这篇大文章。一要扎实推进“瘦身健体”。大力化解过剩产能，2018 年中央企业要完成化解煤炭过剩产能 1265 万吨、整合煤炭产能 8000 万吨的目标任务，积极推动煤电去产能，做好有色金属、船舶制造、炼化、建材等行业化解过剩产能工作。深入推进“压减”工作，力争年底前累计减少法人户数 18% 以上，压缩管理层级至 5 级以内，为 2019 年上半年全面完成“压减”总目标打好基础。持续推进“处僵治困”，认真抓好全年 800 户“僵尸企业”、特困企业处置治理工作，努力实现年底前“僵尸企业”基本出清和特困企业整体盈利。开展中央企业亏损子企业全面排查摸底，做好重点企业改革脱困工作。二要加快制造业优化升级。以智能制造为着力点，加快发展先进制造业，落实好国务院增强制造业核心竞争力三年行动和新一轮技术改造升级工程，积极培育世界级先进制造业集群。深入实施“互联网 +”行动，推动制造业向数字化、网络化、智能化转型。三要将资源更多投向战略性新兴产业，加快人工智能领域布局，引领新兴产业集群发展，努力形成新的增长点。强化军民深度融合发展，加快军民互动，实现相互支撑、有效转化。四要厚植企业发展质量优势。大力提高企业运行质量，加快生产要素的合理流动和优化配置，不断提高投入产出效率，推动企业理念、目标、制度、经营全方位适应高质量发展要求。

（三）着力抓好创新驱动，进一步增强企业核心竞争力

必须牢牢把握新一轮世界科技革命和产业变革机遇，加大创新投入力度，提高创新能力和水平，促进新旧动能加快转换。一要积极承担国家重大战略科研任务，努力牵头承担更多关键性技术攻关任务，充分发挥中央企业在技术创新中的引领带动作用。不断增强原始创新和自主创新能力，尽快攻克更多前瞻性、原创性、颠覆性的关键核心技术。二要充分发挥创新要素合力。加快建立以企业为主体、以市场为导向、产学研深度融合的技术创新体系，形成企业与科研机构、大学、国家实验室等功能互补、良性互动的协同创新新格局。完善产业创新链，加快科技成果向现实生产力转化。积极融入全球创新网络，主动牵头或参与国际大科学计划和工程，把握全球科技竞争先机。三要着力打造“双创”升级版。继续办好中央企业熠星创新创意大赛，积极推进国家“双创”示范基地建设，搭建更多创新资源开放共享平台。研究探索大中小企业融通发展新模式，完善多层级创新发展基金系，探索资源共享、资本扶持、团队合作等多种方式，孵化培育“特尖专精”的创新型小微企业。四要持续激发创新活力。鼓励中央企业实施股权、期权、分红等激励措施，充分调动各类人才积极性和创造性。营造尊重劳动、尊重知识、尊重人才、尊重创造的良好风尚。

（四）着力抓好布局结构优化调整，进一步提高国有资本配置效率

优化国有经济布局结构是做强做优做大国有资本的重要举措，必须聚焦国家战略领域，坚持市场化导向，加快推进横向联合、纵向整合和专业化重组，扎实推动国有资本优化配置。一要突出战略规划引领。引导优势企业牵头发起主业方向的产业投资基金，创新企业投融资模式，以增量优化促进存量调整，有效发挥引领带动作用。二要扎实推进战略性重组，稳步推进装备制造、煤炭、电力、通信、化工等领域中央企业战略性重组。以重组整合为契机，深化企业内部改革和机制创新，放大重组效能。三要积极推进专业化整合。以拥有优势主业的企业为主导，发挥国有资本运营公司专业平台作用，持续推动煤炭、钢铁、海工装备、环保等领域资源整合，减少重复建设。结合国家重大专项、行业体制改革等，围绕重点领域整合现有优质资源，适时培育孵化新的产业集团公司。四要稳步开展国际化经营。积极推进“一带一路”建设，抓好重点项目实施，着力获取先进技术、优化全球布局、打造国际品牌。创新对外投资方式，打造深化国际产能和装备制造合作新平台，加快形成面向全球的资源配置和生产服务网络，积极培育国际合作竞争新优势。

（五）着力抓好改革举措落实落地，进一步推动重要领域和关键环节取得突破性进展

深化改革是推动国有企业发展的根本动力，要按照“1+N”系列改革文件的部署要求，紧紧围绕增强活力、提高效率的要求，坚决破除束缚企业发展的体制机制障碍，加快构建灵活高效的市场化经营机制。一要加快改革试点拓展深化。深入推进“十项改革试点”，加强改革经验总结交流，形成模式并复制推广。实施“双百行动”，选取百户中央企业子企业和百家地方国有骨干企业，深入推进综合改革，打造一批改革尖兵。建立改革举措实施效果后评价机制，促进改革举措落地见效。二要加强和改进董事会建设。推动中央企业集团层面全面建立规范董事会，制定完善中央企业外部董事选聘和管理的规范性文件，建立健全外部董事履职支撑和服务体系。统筹推进落实董事会职权、推行经理层成员契约化管理、建立职业经理人制度、实施差异化薪酬分配等试点工作，探索建立企业党组织内嵌到公司治理结构的有效方式，不断健全完善中国特色现代国有企业制度。三要推进股权多元化和混合所有制改革。选择具备条件的中央企业推进集团层面股权多元化，积极探索有别于国有独资公司的治理机制和监管模式。积极推进主业处于充分竞争行业和领域的商业类国有企业混合所有制改革，进一步推动重点领域混合所有制改革试点。健全混合所有制企业治理机制，探索优先股、特殊管理股制度。系统总结国有控股混合所有制企业员工持股试点经验，扩大试点范围，建立激励约束长效机制。四要改革国有资本授权经营体制。进一步扩大两类公司试点范围，推进综合性改革，着力提高国有资本运作效率和水平。创新国有资本运营模式，推动各类国有资本基金规范运作、发展壮大。五要深化三项制度改革。在主业处于充分竞争行业和领域的商业类子企业，推进经理层任期制和契约化管理。改革国有企业工资决定机制，完善职工工资总额管理制度体系，合理拉开收入分配差距，充分调动广大职工积极性。全面实施以合同管理为核心、以岗位管理为基础的市场化用工制度。六要加快解决历史遗留问题。2017年底前基本完成“三供一业”分离移交、独立工矿区办社会职能剥离、企业办教育医疗机构分类改革工作。

深入推进国有企业退休人员社会化管理，逐步在全国推开试点。稳妥推进厂办大集体改革，力争在东北地区取得实质性进展。扎实开展培训疗养机构改革，积极探索向健康养老产业转型。七要加强宣传舆论引导。聚焦改革开放40周年，开展系列宣传活动，全方位展现国企国资改革发展成就，为国企国资改革发展营造良好舆论环境。

（六）着力抓好重点领域风险防控，进一步筑牢不发生重大风险底线

防范化解重大风险是国有企业打赢三大攻坚战的重中之重，要坚持底线思维，采取过硬措施，及时防范、有效化解各类重大风险。一要全面梳理排查风险隐患。各级国资委和中央企业要坚持问题导向、增强忧患意识，认真梳理、全面排查各类风险点，密切关注形势变化可能带来的新风险、新隐患，切实做到预案在先。企业集团层面要担负起防范风险主体责任，着力将风险消灭在萌芽状态，重要情况及时报告。二要严控各类债务风险。力争中央企业带息负债占负债总额比例进一步降低，平均资产负债率稳中有降。持续提升直接融资特别是股权融资比重，积极稳妥推进市场化、法治化债转股。持续加强债券兑付风险管控，强化中央企业债券发行比例管理和履约情况监测。各地国资委也要督促监管企业做好融资、债务情况分析研究，进一步降低负债率。三要严控投资风险。制定《中央企业投资监督管理办法》和《中央企业境外投资监督管理办法》实施细则，细化投资事前、事中、事后监管要求。严控非主业领域PPP项目投资，严禁开展单纯追求做大规模、不具备经济性的PPP项目，稳妥处置存量PPP项目风险。四要严控国际化经营风险。建立健全跨部门信息沟通、项目全周期风险管控、违规行为联合惩戒机制，坚决遏制无序恶性竞争。探索建立境外重大项目预报告制度、第三方风险评估制度，严控境外投资、法律诉讼、廉洁等风险，确保境外资产安全可控、有效运营。密切关注地缘政治局势变化，做好境外安全事件和突发事件的应急处置预案，切实保护好海外员工和资产安全。五要严控金融业务。中央企业金融业务必须紧紧围绕实业、服务主业有序开展，严防脱实向虚倾向，严禁脱离主业单纯做大金融业务。全面加强委托贷款、内保外贷、融资租赁等高风险业务管控，严禁融资性贸易和“空转”贸易。研究建立中央企业金融业务风险监控报告体系，开展风险自查专项活动，不断提高风险防控能力。六要严防重特大安全事故和重大污染事件发生。

（七）着力抓好监管体制机制完善，进一步提高国资监管水平

完善国有资产管理体制，促进国有资产保值增值，有效防止国有资产流失，是各级国资监管机构的重要职责，必须坚持以管资本为主，进一步转变监管职能、增强监管效能。一要出台权力和责任清单。进一步梳理国资监管机构职能和各项规章制度，明确出资人监管职责边界，确保职能定位更加准确清晰、监督管理更加规范高效。二要持续改进监管方式。深入推进分类监管，按照分类改革、分类发展、分类考核的要求，强化目标导向，突出监管重点。持续推进国务院国资委机关政务信息系统整合共享，启动中央企业大额资金使用实时跟踪试点，探索建立和完善国资监管信息化工作平台，健全中央企业产权、投资、财务等监管信息系统，推进信息化与监管业务深度融合。全面梳理优化监管流程，建立系统科学有效的监管标准和制度体系。深化国资监管法治机构建设，推动重点领域立法，推进依法行权履职。推进经营性国有资产集中统一监管。三要强化监督和责任追究。加强业务监督，进一步加强对投资、产权、财务、考核分配、选人用人等重点环节的监督管理。继续扩大委派总会计师试点范围，加强派后管理，落实总会计师责任。加强境外国有资产监督。加强改进外派监事会监督。切实加强对企业内控体系完整性、有效性的监督。对发现的问题，要建立台账，及时调查核实，逐一督促整改。制定出台《中央企业违规经营投资责任追究实施办法》，依法依规严肃查处违规造成的重大损失问题。四要加强对地方国企国资改革发展工作的指导。指导下级国资监管机构准确把握改革方向、科学制定改革举措，加强改革协同，共同研究解决重点难点问题。健全工作机制，加强工作交流和信息共享，切实增强国资监管系统合力。积极搭建企业合作平台，促进企业间战略合作，加强供需对接，打造“共享竞合”新模式，共同应对困难和挑战，实现互利共赢。五要积极推进重大问题调查研究。各级国资委和中央企业要紧紧围绕十九大新部署新要求，集聚智库、高校、科研院所等研究力量，集中开展重大问题调查研究，形成一批针对性、指导性、可操作性强的高水平研究成果，为推动国企国资改革发展提供丰富实践案例和坚实理论支撑。

（八）着力抓好管党治党责任落实，进一步加强党的领导党的建设

按照党章和十九大提出的新时代党的建设总要求，结合贯彻落实全国国企党建会精神，坚持以政治建设为统领，推动全面从严治党不断向纵深发展。坚持党对国有企业的领导，深入落实党建工作责任制实施办法，建立健全考核评价机制，确保责任落实到位。充分发挥企业党委（党组）领导作用，把方向、管大局、保落实，确保中央各项决策部署得到坚决贯彻。坚持党管干部原则，突出政治标准，从严选拔管理企业领导人员，全心全意依靠职工办企业，建设一支高素质的干部职工队伍。深入推进党风廉政建设和反腐败工作，贯彻落实中央八项规定精神，驰而不息纠正“四风”，巩固风清气正的发展环境。

当前，国企国资改革发展正处在“涉深水滩、啃硬骨头”的关键时期，完成全年目标任务绝非轻而易举，仍然面临许多困难和挑战，必须付出艰苦的努力。习近平总书记多次强调“一分部署，九分落实”，深刻指出“抓落实是党的政治路线、思想路线、群众路线的根本要求，也是衡量领导干部党性和政绩观的重要标志，抓落实体现党性修养，体现思想作风，体现精神状态，体现能力素质”。各级领导干部特别是中央企业主要负责人，要在狠抓落实上下功夫，切实以钉钉子精神把中央决策部署和改革发展各项具体工作抓紧抓实、抓出成效。

让我们更加紧密地团结在以习近平同志为核心的党中央周围，不忘初心、牢记使命，脚踏实地、苦干实干，一步一个脚印，奋力开创国企国资高质量发展新局面，为实现“两个一百年”奋斗目标和中华民族伟大复兴中国梦做出新的更大贡献！

新起点，国企改革如何发力

国务院国资委主任　**肖亚庆**

（2017 年 11 月 17 日）

深化国企改革，做强做优做大国有资本，对坚持和发展中国特色社会主义、实现“两个一百年”奋斗目标具有重要意义。

2020 年要全面建成小康社会，实现第一个百年奋斗目标，之后要为实现第二个百年奋斗目标而努力，到 21 世纪中叶建成社会主义现代化强国。任何一个强国，必然有一批强而优的大型企业。国有企业作为推进国家现代化、保障人民共同利益的重要力量，作为党和国家事业发展的重要物质基础和政治基础，在这一历史进程中，地位重要、作用关键、不可替代，必须以更大的决心、更大的气力把国企改革往前推进，形成更加符合新时代中国特色社会主义要求的国有资产管理体制、现代企业制度和市场化经营机制。

资本最大的特点是可流动，在流动中实现高效配置、创造更大价值。从强调做强做优做大“国有企业”到“国有资本”，层级更高、范围更广、内涵更深刻，也与新一轮国企改革由“管企业”为主向“管资本”为主转变一脉相承。

十九大强调：“要完善各类国有资产管理体制，改革国有资本授权经营体制，加快国有经济布局优化、结构调整、战略性重组，促进国有资产保值增值，推动国有资本做强做优做大，有效防止国有资产流失。”这是一个完整的表述，我们体会，核心要在“放活、管好、优化、放大”国有资本方面下更大的功夫。

放活国有资本，就是要以管资本为主完善各类国有资产管埋体制，改革国有资本授权经营体制，科学界定国有资本所有权和经营权边界，切实向管资本转变，真正落实属于市场主体的权利。

管好国有资本，就是要牢牢守住防流失这条红线，提高监管的针对性、有效性、系统性，有效防止国有资产流失。

优化国有资本，就是要加快国有经济布局优化、结构调整、战略性重组，围绕服务国家战略，推动国有资本向关系国家安全、国民经济命脉和国计民生的重要行业和关键领域、重点基础设施集中。

放大国有资本，就是要增强国有资本的影响力、带动力、控制力，发展混合所有制经济，放大国有资本功能，提高国有资本配置和运行效率，促进各种所有制经济平等竞争、相互促进、共同发展。

一、努力打造具有全球竞争力的世界一流企业

世界一流企业不是轻易提的，也不是轻易能做到的。培育具有全球竞争力的世界一流企业，我们有条件。

看企业自身，我国不少国有企业已迈进或接近世界一流企业的阵营。中央企业中，有48家进入世界500强；不少企业的核心产品和技术已达到国际领先水平，如高铁、智能电网、“天宫一号”空间实验室、“蛟龙号”深海载人潜水器等。

看宏观经济，中国经济保持中高速增长，国内生产总值稳居世界第二，经济结构不断优化，开放型经济新体制逐步健全，正由高速增长阶段向高质量发展阶段转变。可以说，中国经济的持续健康发展为培育世界一流企业创造了难得的机遇，提供了大展身手的舞台。十九大报告提出“培育具有全球竞争力的世界一流企业”，可谓正当其时。

我们更要认真地、全方位地检视不足，认清自己的差距在哪儿，才知道往哪儿努力、如何努力。

什么是具有全球竞争力的世界一流企业？

首先应是在国际资源配置中能够占有主导地位的领军企业。目前，不少中央企业资源对外依赖度还比较高，在国际竞争中受到相当程度的制约。这种状况不改变，很难成为世界一流企业。其次，世界一流企业应当具有一流的创新能力。近年来，央企创新成果丰硕，但核心产品、关键零部件，还有很多要大量依赖进口。世界一流的创新能力，不是短时间就能锻造出来的，也不是只要加大投入就必然会实现的，需要一大批人静下心来扎扎实实地去推进。再次，世界一流企业应当是在全球行业发展中具有引领作用和国际话语权的企业。“一流”不是自己说出来的，要看行业里认不认，看市场认不认。一些中央企业，可能在市场份额上逐步占据前列，但产品附加值、品牌价值还有比较明显的差距。

那么，打造具有全球竞争力的世界一流企业，国资委将引导企业从哪些方面努力？一是机制强企，通过深化国企改革，完善现代企业制度，增强国有企业的活力和竞争力。二是创新强企，加快在“关键共性技术、前沿引领技术、现代工程技术、颠覆性技术”等方面实现创新突破。三是产业强企，加快转型升级，向全球价值链高端攀登。四是开放强企，提高国际化水平。五是人才强企，把国内外各方面的优秀人才，通过好的机制集聚到国有企业中来。

需要特别强调的是，坚持党的全面领导，加

强国有企业党的建设，是国有企业打造具有全球竞争力的世界一流企业的根本保证和最大优势。今后要把党对国有企业的领导落实到位，把加强党的领导和完善公司治理统一起来，建设中国特色现代国有企业制度。

二、国企改革不能停也不会停，一篙松劲退千寻

国企效益好转，受益于外部经济环境的积极变化，最主要的是十八大以来国企改革取得重大进展，国有企业体制机制发生了重大变化，为国企注入新动力、激发新活力。

国企改革正全面进入“施工期”，下一步要牢牢把握改革的正确方向，按照国企改革的顶层设计，扎扎实实地推进国有企业改革各项任务落地见效。

比如发展混合所有制经济。这项改革试点已经起步，今后还要积极推进主业处于充分竞争行业和领域的商业类国企混改。鼓励包括民营企业在内的非国有资本投资主体通过多种方式参与国企改制重组，也鼓励国有资本以多种方式入股非国有企业，建立健全混合所有制企业治理机制。

再如企业战略性重组。五年来，中央企业已开展了一系列重组整合，下一步要继续推进国有企业战略性重组，聚焦发展实体经济，通过横向联合、纵向整合和专业化重组，使企业更加突出主业、做强主业，提高国企核心竞争力。

此外，国企在形成有效制衡的公司法人治理结构、灵活高效的市场化经营机制方面，还有很长的路要走。到2017年年底，中央企业将全面完成公司制改革，下一步要在此基础上推进股份制改革，引入各类投资者实现股权多元化，探索建立优先股和国家特殊管理股制度。还要全面推进规范董事会建设，使董事会真正成为企业的决策主体。

国企改革改出了企业活力和动力，目前所取得的初步成绩充分说明党中央确定的改革方向、改革路径是完全正确的。我们要坚定信心，只要沿着正确的路径改下去，一定能够做强做优做大。但这绝不是说，国企改革可以松口气、慢改甚至不改了。

国企改革是一个持续不断的进程。企业经营困难，要靠改革走出困境；企业效益好转，也要通过改革巩固成果、追求更好。不论是全方位的深化改革，还是打造世界一流企业，都是一个动态的过程，如逆水行舟、不进则退。一篙松劲退千寻，哪怕是一刻的停顿，可能老问题又会出现、新问题又会冒出来，竞争对手可能拉大了差距或赶了上来。何况，目前国企改革只是取得了初步成果，仍然存在改革推进不平衡、体制机制不健全、布局结构不合理等问题，国企的竞争力、活力还有待增强，一些深层次的难题还需要破解。国企改革不能停，也不会停下来。

在中国产权协会第三次会员大会上的讲话

国务院国资委党委委员、总会计师　**沈　莹**

（2016年2月25日）

今天非常高兴来参加中国产权协会第三次会员大会。国务院国资委对这次会议非常重视，黄丹华副主任对开好这次会议提出了明确指示，国务院国资委相关厅局负责人都来参加了这次会议。今天由于丹华副主任有更重要会议，不能前来，委托我代表她讲话。

我本人对产权协会的工作非常关注。我认为，产权交易事业是国资监管事业的重要组成部分，产权交易机构的建设也是国资监管体制设计的一个重要方面。多年来的实践表明，产权交易机构在推动国有资本高效运转方面发挥了非常重要的作用。我代表国务院国资委对中国国有企业产权交易机构协会第三次会员大会的顺利召开表示热烈的祝贺，向新当选的理事单位、常务理事单位、会长、副会长和秘书长表示祝贺，向长期以来推动我国产权交易事业发展的机构和人士表示衷心的感谢！

借这次机会讲以下几点意见。

一、充分肯定中国产权协会所取得的成绩

中国产权协会自成立以来，秉承规范、创新、合作、自律的理念和办会宗旨，开展了大量的工作，在服务政府监管、服务会员机构等方面发挥了重要作用，在政府监管部门和会员机构之间架起了沟通的桥梁，特别在以下几个方面表现突出：

（一）构建了较为完善的服务体系

一是会员数量稳步增长。在二届理事会工作期间，新增了47家会员，现在会员单位发展到129家。会员单位的增加表明市场的活跃程度不断提高，也表明协会的服务能力在不断提升。二是制度建设上取得很大突破。协会现有的11项制度基本涵盖了目前交易市场所需要的基本制度规则，奠定了市场规范运转的良好制度基础。三是信息系统建设方面下了很大功夫，这对会员单位提升市场服务能力是一个很大的帮助。四是服务会员方式多样化。协会在对会员单位的培训、市场形势的研判和会员交流方面做了大量工作。

（二）确立了新兴的资本市场地位

2015年中共中央国务院文件已经明确了交易市场是国家资本市场的重要组成部分。这个地位的确立是我们这项事业发展的重要标志。中国经济改革的方向是建立社会主义市场经济体制，这需要多层次的资本市场做支撑。但是，我们国家的资本市场仍处于起步、探索阶段，长期以来，资本市场发展比较单一，很难满足我国庞大的经济总量的需求。产权交易市场经过这些年的努力，在中国资本市场体系里发挥了重要的作用。我国的国情决定了国有产权交易在国际上很难找到合适的经验去借鉴，协会带领着会员单位共同努力，做了很多有益的探索和创造，形成了一个较为完善的市场体系，得到了国家的认可，确立了在资本市场的地位。2012—2014年，协会统计的会员机构交易量达到6万多亿，这个交易量非常可观，也代表了产权市场在资本市场中的重要地位。可以预见，产权市场未来在资本市场体系里的作用将进一步发挥，对多层次资本市场体系的构建是一个重要支撑。

（三）推动了国有资产的流动和优化配置

这一功能是我们建立产权交易机构的初衷。我们如此庞大的国有资产需要转让，怎么让它流动起来，在流动中增值，实现资源优化配置，这是产权市场的基本功能。改革开放以来，特别是近十年，国有经济抓住了中国经济发展黄金十年的机遇，实现了快速发展，总量、质量、结构都在不断优化。这样的变化和国有产权交易机构的作用是分不开的。国资委成立以来，利用产权交易这个阳光交易平台，有效防止了国有资产的流失，加快了国有资产的流动和重组，使资产的价值在流动中得到增值。

二、新时期对协会工作提出新的要求

中共中央已经对制定“十三五”发展规划提出了建议，将在2017年3月初召开的全国人代会上审议通过。这五年将是我国经济社会发展的重要时期，定位为小康社会建设的决胜阶段，是我们国家结构调整、转型升级的重要时期，也是国有资产监管体制改革和国有企业深化改革的关键时期。党中央和国务院在十八届五中全会提出了新的发展理念，描绘了发展宏图，会后又提出

了供给侧改革、结构性改革等一系列部署和要求，对新时期的经济工作提出了明确的指引。在这个时期，希望协会和会员单位抓住机遇乘势而上，更好地发挥产权交易行业机构和协会的作用。

协会的十三五规划提出大力推进规范型、创新型和功能型产权市场的建设目标，打造各类股权、产权、物权、债权、知识产权有序流转的阳光平台，这样的设想和工作安排，我非常赞同。下面，我结合国资委的工作，从三个方面来谈谈产权市场如何抓住机遇乘势而上，更好地发挥作用。

（一）产权交易市场要更好地服务于国企提质增效

当前经济进入新常态，总书记对新常态多次进行系统深入阐述。新常态具有其新的特征，国有企业在新常态下面临很多挑战。

国际金融危机以后，全球经济复苏曲折缓慢。国际相关机构组织对全球经济的增长速度预期做了下调，说明经济复苏的不确定因素在增多。2015年以来，大宗商品价格深度下跌和金融市场波动的加剧，都表明国际经济形势异常的复杂严峻。2015年的大宗商品价格，如石油市场价下降了50%以上，另外铜等有色产品的市场价格也大幅下降，这对实体经济影响非常大。表明国际市场活跃度的波罗的海指数[1]在2007年金融危机前最高点为17000多点，而近两年不断下降，2015年最低点仅为291点，这说明国际市场复苏的形势非常复杂严峻。同时，国内经济也面临很多挑战。近两年来，国内经济增速放缓，很多领域的需求增速变慢，产能的过剩情况较为严重。我国的PPI[2]已连续40多个月没有上涨，一些行业的生产价格、销售价格难以覆盖生产成本而相继出现了亏损。

国有企业在这方面的压力更大。我国的国有企业和工业体系建设是相伴产生的，我们很多国有企业资产的分布主要在传统的重化工业，在国有经济中所占比重较大，而这些产业也是受到冲击比较大的，因此国有企业在这一轮的市场调整中首当其冲，国有经济的增速明显放缓。

中央企业在2003—2012年间，增速都保持在两位数。在2003年国资委成立之初，中央企业盈利为3006亿元，2012年则突破了12000亿元。但2013年以后，经济压力较大，央企的利润和增速明显回落。2013年开始，国资委年年将“保增长”作为工作的重中之重，而近几年央企的效益和增速维持在2%～4%。2015年压力更大，石油价格大幅下跌，石油行业利润回落较大，去年全国国企收入为45.5万亿元，同比下降5.4%。这是从未有过的情况。即使在金融危机的当年，国有企业的利润虽然下降，但收入没有太大变化。而2015年我们的营业收入开始下滑，并出现负增长。2015年全国国有企业利润2.3万亿元，下降6.7%。从这一数据可以看出，全国国有企业出现了收入和利润的双下滑，国企提质增效的压力非常大。

国有企业是国民经济的重要支撑，国有企业上缴的税收占全国财政收入的四分之一，国有企业大量分布在国民经济的重要行业，国有企业收入、效益的下降对我国国民经济的增长会产生很大的影响。所以此时，国有企业的提质增效是摆在我们面前非常重要的任务。怎么引领国有企业通过各种措施提质增效，遏制住收入效益下滑势头，是当前国有资产监管工作的一个重要任务。

对于国企提质增效，中央和国务院都有明确的部署，特别是近年来全国经济工作会议，都要求以提高质量和效益为中心。这也表明我们在当前经济下行时期、结构调整和转型升级的关键时期，提质增效工作非常重要。一方面，我们要开拓市场，想办法增收；另一方面，在经济下行时期，一项重要的措施就是要“挖潜”，苦练内功，拓展我们的盈利空间。产权交易机构怎么服务国有企业的提质增效，就是摆在我们面前的重要课题。

由于PPI一直在下降，收入压力很大，能做的工作更多的是降成本，即“降本节支”。对企业来讲，一方面是人工成本压力比较大，另一方面是融资成本压力大，还有就是我们重资产的国有企业的运行成本比较高。作为交易机构，我们怎么来帮助国有企业降低成本？我们可以从以下几个方面入手：

首先，通过资本市场推动国有企业优化融资结构、降低融资成本。我国国有企业长期偏重于间接融资，依赖银行间接融资，负债率比较高。近年来，国企平均资产负债率连续上升，国务院国资委采取了很多措施，从2015年开始实现了负债率下降，但是幅度并不大。这就要求我们想办法去杠杆，一方面防风险，另一方面降低融资成本，提升盈利能力。这两年国有企业进行了很多探索，如优化融资结构，采取发债、PE、股权众筹、股权融资等方式，但还是有很大空间。如何拓展直接融资渠道，增加直接融资的比重，降低融资成本，是我们下一步努力的方向。产权交易机构要想办法拓宽融资渠道、降低融资成本，推动国企提质增效，做国企深化改革的重要帮手。

其次，盘活存量，向存量要效益。通过资本运作、资产重组，推动企业存量的优化来减少运行成本。特别是企业在资产、产权结构方面不是很合理，国有独资占比较高。如何优化资本结构、提升资产效益？这方面有很多工作可以做。

再次，推动产业协同。各个产权交易机构是有市场服务功能的，能了解产业上中下游都有什么样的业务需求，通过我们产权交易平台的撮合，推动上下游产业链之间的合作和协同。以此推动企业提质增效，应对经济下行压力，适应新常态，引领新常态。

当前形势严峻，经济压力较大，产权交易机构要多下功夫，帮助国有企业挖掘潜力，实现提质增效，扼制下滑势头，为国民经济稳增长做出应有的贡献。

（二）产权交易市场要更好地服务于国企国资的改革

当前，国企国资改革已开启了新的篇章，进入了新的时期，特别是《中共中央、国务院关于深化国有企业改革的指导意见》（中发〔2015〕22号）的发布和一系列配套文件的出台，为国有企业的改革做出了全面部署，提出了许多制度创新安排，也对产权交易市场提出了新的要求。

1. 服务国资监管体制改革

在国有资产监管方面，如何服务于国务院国资委、地方国资机构确立的以“管资本为主”的国有资产监管体制改革，产权交易机构要在这方面多做探索。管资本主要是指管理资本投向、资本运作、资本回报、资本安全。这里面重要的因素是怎么能够推动我们国有资本的优化布局、加快流动、在流动中增值。这就要求产权交易机构一方面要了解国有资本分布的结构；另一方面，通过市场机制加快资本流动，通过我们的服务咨询功能，使资本向更高收益、更重要的领域流动。

2. 服务国企混合所有制改革

国有企业经过多年改革，在产权多元化方面做了很多探索。从中央企业来看，一半的资产在上市公司，60%的利润也来自上市公司，说明我们的证券化率还是比较高的。现在为什么要提出混合所有制？我理解，主要是为了优化法人治理结构，通过产权多元化来实现企业治理的优化。现在虽然很多国有企业已经上市，但是我们大股东的比例还是比较高的，而小股东则过于分散。怎么引入一些高品质的多元股东参与公司治理，这是治理体系的重要方面。在这一过程中，我们要通过市场的交易作用，引进更多有能力的股东参与国有企业的改革。在混合所有制改革的过程中，产权交易机构怎么通过公平、公正的交易，使各类产权的权益在组合、改制过程中得到有效的保障，这是发展混合所有制的一个前提。在这个方面，产权交易机构应该能够起到不可替代的作用。

3. 提升国有经济资本运作能力

《中共中央、国务院关于深化国有企业改革的指导意见》（中发〔2015〕22号）的一个重要思想是，企业的资产如何通过流动优化配置？这是国企改革的重要组成部分。国有经济的改革一定要依托于国有经济功能，功能决定布局，在布局决定的条件下，我们怎么能实现资产配置效率的进一步提高？要提高资本运作，有很多途径和方法，产权交易机构交易市场是一个重要途径。产权交易机构要努力建立起一个畅通、规范、高效的推动资本运作的市场通道，在这方面我们应当大有可为，也应当有所作为。

（三）更好地服务于国有经济布局结构的调整

最近，中央在供给侧结构性改革方面提出很多新的要求，这对我们国有企业、国有经济来说任务更加迫切。在调结构的过程中，一是我们要加快培育新兴产业，培育经济新的增长点；二是对传统产业进行升级改造；三是要退出低效、低端的产业。从布局来讲，哪些需要做大做强，哪些需要退出，无论是要做强或是要退出，都涉及资产的流动，交易机构在这方面有很多工作可以做，有很大空间可以发挥作用。

这几年国有经济结构的调整，一方面是通过做大做强一些大的企业，把一些优质资产向国民经济关键领域、重要领域集中；另一方面就是退出一些低端、低效的业务。从现在的布局来看，许多领域需要调整，并且这一结构调整还要与我们国有经济的功能紧密相连。国有企业与民营企业相比，有其特殊的功能。第一个功能是国家国民经济的基础支撑功能。中国是一个大国，需要有一个完整的产业体系做支撑。在国民经济的关键行业和基础领域，必须要有国有企业发挥基础支撑作用，这是保障国民经济健康、持续发展的重要要求。第二个功能是国有企业要发挥产业组织功能。我国具有庞大的产业体系，企业数量众多，作为领头的国有企业，特别是中央企业，要发挥引领的作用。产业组织的功能要突出，在产业组织体系建设方面发挥产业组织作用，这是产业体系完善的标志，也是良好的产业生态圈的标志。第三个功能是要发挥产业先导功能。行业的升级换代，需要一批大企业引领，这些企业在技术创新方面要积累一定基础，而且要有能力引领产业的升级和发展，国有企业要发挥产业先导功能。第四个功能是财税支持功能。上述四种功能作用决定布局，在调整过程中国有企业虽然说有一定的特殊功能，但我们应坚持企业的基本属性，做到有盈利、有利润、投资要有回报，资产配置应向高效率领域流动。

长期以来，国有大型企业注重规模的扩张，但对现有的业务、资产整合和调整却远远不够。我们怎么推动优势资源向国民经济的重要领域、关键行业进增，向优势的大企业进增，向高效率进增，这是我们产业调整的方向。在这一过程中，我们要退出一些低效、低端业务，这里面都有产权交易的过程。在市场化经营条件下，达到布局的优化组合、调整，都是需要产权交易做支撑的。如果我们产权交易市场功能得到进一步发挥，那么对国有企业的结构调整就是一个极大的支持。

这段时间大家都在看供给侧改革，现在为什么有那么多“僵尸企业”，那么多亏损企业长期亏损不能退出？这和我们市场交易功能不完善、各项配套制度不健全是相关的。我们怎么在经济布局结构调整中发挥作用，这将是产权交易机构的一个重要课题。此外，资产证券化的工作也要提上议事日程。资产证券化对国有企业的改革是至关重要的。一方面，可以优化资本结构；另一方面，可以提升国有企业的资产配置及增值能力。我希望产权交易机构多关注这方面的动向，通过发挥产权交易机构的能力，推动国有企业提质增效，推动国有企业深化改革，推动国有企业布局结构调整，推动国有企业资产证券化。

三、进一步完善功能，加快创新，提升交易机构服务市场的能力

（一）进一步增强交易市场的服务功能

从近几年的探索看来，交易市场的交易品种已比较丰富，不仅仅是资产和产权的交易，在债权、知识产权、股权融资等方面都做了很多探索。下一步，企业发展对市场的功能提出了新的要求，交易机构要进一步完善交易市场服务功能，为国有企业的改革发展提供更好的服务。为此，协会应更好引领各会员单位在服务功能方面多下功夫。产权交易机构要紧密结合形势的变化，紧密结合国有企业改革的实际需求，不断创新我们的服务领域、创新服务方法，在资产证券化、股权融资，特别是资产处置方面，提供更加贴近实体经济需求的服务。

（二）进一步加快交易市场的业务创新

产权交易机构在创新方面下了很大的功夫，也取得了很大的成就。如今形势变化，我们怎么通过业务创新、管理方式创新来适应实体经济发展的需要，这方面还要下很大的功夫。国家各层次资本市场和中介机构，对实体经济的咨询和风险控制方面的创新还有一定的提升空间。企业如果进场交易，怎么通过专业团队来进行资产的处置、怎么定价、怎么寻找合作对象？我们需在这些方面提供咨询，通过创新服务方式、创新服务领域，提高产权市场服务水平。

（三）进一步增进交易市场的业务协同

进入“互联网＋”时代，行业竞争更多的是“共享竞合”，通过共享合作可能形成一种双方互利共赢的格局。一是贯彻落实好《国务院办公厅〈关于印发整合建立统一的公共资源交易平台工作方案〉的通知》（国办发〔2015〕63号）提出的公共资源交易平台建设要求，积极主动地去对接协同；二是各个交易机构之间要加强联系和业务协同。协会要创造条件为会员提供服务，通过构建一些统一的后台支持，推动机构之间的业务联合与协同。面对统一的市场，无论是地区性还是其他层次的机构，我们的交易对象都是全国性的。在此情况下，交易机构之间要做到信息共享，后台的服务平台相互支撑，业务上做些联合、协同，这对我们增强服务能力至关重要。在业务协同方面，协会还有很多工作可以做，除各类信息系统的建设，还包括市场研判、行业发展、市场交易等方面的信息，通过共享体系的建设，使大家在平台上都能够受益。下一步，我们还可以探索支付、清算方面的工作，积极与国家的金融体系创新协同起来。第三方面的协同，是和其他层次资本市场的协同。作为资本市场的重要组成部分，产权交易市场要不断探索与金融市场，与主板资本市场、债券市场等各类市场之间建立协同机制。

（四）把风险控制放在首要位置

形势的变化要求我们增强机构的服务功能，加快创新步伐，增进业务协同，这也对我们的风险控制提出了新的要求。作为产权交易机构，应将风险控制摆在首要位置。市场的风险在不断增加，不确定的因素有很多，在此情况下，我们服务功能的提升、创新、协同都要建立在风险有效防范的基础之上。

我们协会要推动各会员单位首先树立风险防控意识，强化规范意识。要在不断完善制度的同时，加强制度的执行。我们各个机构要加强自身的风控建设，要把风控作为我们竞争力建设的重要内容。风险控制能力是机构竞争的重要方面，风险控制要守住底线，作为我们的生命线。在风险控制过程中，大家一定要平衡好风险与收益之间的关系，不能为了收益铤而走险，或者说对不可控、不可知的东西我们也去尝试，这是不行的。包括资产证券化中，现在有各种各样SPV[3]的设计，我们对这种工具是不是有充分认识，怎么来用好这种工具？其次，风控能力、流程设计、风控措施能不能适应市场需要？作为机构的主要负责人，一定要有风险防范的意识，高度重视小概率事件对机构健康性的影响。大家可以看到我们

有些机构出了很大问题，实际上是某一个点上的事情，某一项小概率事件引发的一些问题。这方面，大家要平衡好收益与风险之间的关系、风险控制能力与业务发展之间的关系。市场开拓期有很多业务机会，如果说你的能力跟不上，就应当适当放慢步伐，平衡好业务发展和风控能力之间的关系。有时候虽然是好的业务，但是可能由于自身风控能力跟不上，这些业务就不能做，一定要把风险控制能力摆在首位。

机构和企业一样，在市场下行期，要通过内部管理稳住基本面。在市场不确定因素多的情况下，要把风险控制放在首要的位置上，特别是对一些风险控制流程和手段要不断优化，不同业务、不同品种都要建立相应的风控体系。

（五）在脱钩改革中找准定位，焕发协会新活力

按照当前社会组织改革的要求，国家在推动协会与行政机关脱钩的工作。这也是我们经济体制市场化改革的一个重要方面。协会要积极按照国家的规定和要求做好脱钩工作安排，找到脱钩后发展的优势，增强后续的服务能力。协会承载行业的规范和自律的责任，要在服务会员机构、搭建政府部门与会员机构沟通桥梁等方面发挥应有的作用，特别是在信息共享、人员培训、规则制度的建设等方面多下功夫。同时，我希望协会本着开放办会的精神，多听取会员单位的意见和建议，以大家的智慧将协会办好；同时要吸纳、吸收和借鉴一些兄弟协会好的经验和做法，将我们协会打造成优秀的品牌，巩固我们在资本市场中的地位。

我希望新一届协会领导班子，不辜负全体机构、会员的期望和寄托，带领大家共同谋划行业和协会的发展。从大局出发，从协会与会员的共同利益出发，共同推动产权交易行业不断迈向新的台阶！

[1] 波罗的海指数：波罗的海指数（BDI）是世界上衡量国际海运情况的权威指数，也是反映国际间贸易情况的领先指数。由波罗的海几条主要航线的即期运费（Spot Rate）加权计算而成。如果该指数出现显著上扬，说明各国经济情况良好，国际贸易繁荣。

[2] PPI：即工业生产价格指数，是衡量工业企业产品出厂价格变动趋势和变动程度的指数，是反映某一时期生产领域价格变动情况的重要经济指标，也是制定有关经济政策和国民经济核算的重要依据。

[3] SPV：Special Purpose Vehicle，指特殊目的的载体，也称为特殊目的机构/公司，其职能是在离岸资产证券化过程中，购买、包装证券化资产和以此为基础发行资产化证券，向国外投资者融资。

在产权交易市场服务国企改革创新论坛上的讲话

国务院国资委行业协会商会党建工作局局长　**张　涛**

（2016 年 11 月 23 日）

中国产权协会坚持民主办会、科学创新，不断推出新举措、服务，引领新发展，建设作用发挥得越来越好。举办这次论坛切合当前形势，具有鲜明的主题性、针对性和时代性，对提升行业服务的质量效益、促进产权交易市场服务国企改革创新具有重要意义。我们对论坛的隆重举办表示祝贺。

产权保护和规范交易、有序流转，是构建现代企业制度、完善市场经济体制的重要内容，是推动国企国资改革发展的重要支撑。中国产权协会在我国市场化进程深入推进中建立和发挥作用，有其客观必然性，被称为是改革开放，发展社会主义市场经济，推动社会力量参与社会管理、完善社会治理、服务经济社会发展大局结出的一个“正果”。一方面，它是产权交易同业企业反映集体诉求、规范共同行为、开展自律服务、实现共同发展的现实需要，是市场内生因素的强烈驱动；另一方面，它是完善市场经济体制、推动政府职能转变、构建新型社会治理格局的客观要求，是市场驱动与国家意志相结合的产物。

市场催生与政府推动这两个因素如何交叉、落地，发挥聚合推进的现实作用，则要依靠为协会的建立、发展和发挥作用积极推助、贡献力量的一批有识之士的责任担当与实际作为。

中国产权协会生命基础健康、成立起点高、队伍素质尤其是领导团队素质好、发展目标科学，“打基础，上台阶，大发展”战略统筹得到有效坚持，民主办会深入人心，政策把控、行业关键抓得准，秘书处服务支撑作用突出，组织的自身建设不断加强。说到这里，我们要表扬一下具有高度责任心、使命感，有能力、善协调、有效服务企业家办会的秘书长夏忠仁同志。他为协会建设付出心血、做出贡献，体现了作为“协会人”突出的榜样作用。协会从成立到今天有这样好的局面，我们看在眼里、高兴在心里，对协会在各个时期适应形势、提升建设、健康发展及发挥作用充满信心。

新一届理事会产生以来，以过去成绩经验为基础，在完善章程、制定规划、提升手段，以及信息化建设、诚信体系建设和市场理论建设、协会组织建设、行业规范建设、协会党的建设方面，有了新的更加积极的作为。协会发展上了一个新台阶，研究和运用政策推动行业、企业发展上到一个新水平，行业公信力、品牌影响力和社会满意度有了新提升。新的经验要认真总结，好的传统作风要进一步弘扬。

行业协会目前面临适应社会组织管理制度改革、进一步提升市场化发展水平和在经济社会新的转型发展中积极体现责任担当、更好发挥作用的双重形势和任务。要坚持代表性、自律性、服务性性质，进一步发挥服务企业、引领行业、协助政府、构建和谐社会作用；要按照尊重价值、契约平等、民主协同、需求驱动、效率为先、诚信法治市场化原则和精神，提升组织内涵、强化组织功能、完善组织治理，以适应管理制度改革为契机推动自身进一步市场化转型。按照市场化要求为会员企业创造更好的经营发展环境，为国有企业改革和创新发展提供更好的服务。

在构建现代社会组织体制，推进行业协会自治管理、实现自律发展的历史转变中，要切实提高对加强行业协会党的领导、提升行业协会党的建设的价值认知，端正态度，有效推进加强党的领导与完善行业协会法人治理的高度融合，真正发挥行业协会党的建设“引领方向，带好队伍，促进治理，保障发展”的应有作用。

要深入学习贯彻中共中央关于供给侧结构性改革的精神和要求，有效提升协会服务功能。以精准、有效、高质量和讲诚信、可持续为原则，辩证把握好行业建设和企业发展中自然刚性需求、权宜塑造需求和开发性潜在需求的现实关系，以服务创新实现行业新供给，以新供给开发新需求，提升新消费，引领行业新发展。要以此作为转型时期的工作指导，为企业、行业、政府提供更为精准、更加有效的行业基础服务；汇集全行业智慧、力量集中解决几个促转型的瓶颈问题，探索转型发展新路，鼓舞转型发展士气；要积极推进行业发展软实力的提升，在推动企业文化建设、行业诚信建设和企业社会责任履行方面多搭建有效平台，为可持续发展做出新的努力。

论坛是彰显意志、交流思想、沟通信息、碰撞智慧、探索真理、凝聚共识的特殊思想平台。围绕一个共同的目标持续开展下去，必将成为这个目标下增进协同、聚合力量、追求和实现共同发展的重要组织平台，引领各位同道、同仁在一条战线、一个起点、一个目标上共同开拓前进。

相信以此次论坛的成功举办为契机，行业发展的共识和力量会得到新的凝聚与加强，产权交易市场改革、产权交易市场服务国企改革创新会得到一个新的有效推动，协会供给服务的水平和能力会得到一个新的显著提升。

祝愿各位论者演讲精彩。

预祝论坛的举办在协会的智慧设计和西南联交所、四川国资委的有效支持以及业界精英们的“闪亮参与”下取得圆满成功。

发挥市场配置资源作用，提高产权交易机构服务能力和水平

——在协会二届四次理事会会议上的讲话

国务院国资委产权管理局副局长　郜志宇

（2015 年 4 月 10 日）

很高兴今天参加中国产权协会二届四次理事会会议。

协会换届以来，在会长的带领下，秘书处做了大量卓有成效的工作，特别是各个会员机构大力支持，通力协作，坚持服务大局，克服困难，为国企改革发展发挥了重要作用。在加强协会建设、沟通协调政府和机构、积极为会员服务等方面取得了较好的成效。

2014 年，全国共完成国有产股权转让 1888 宗，交易金额 2183 亿元，增值率 9.81%，竞价率 12.16%。从实物资产转让情况看，据不完全统计，共成交 1656 宗，金额 131 亿元，增值率 15.7%，取得了很大成果。

协会通过完善内部管理制度、开展理论研究、加强信息化建设等，工作体制机制进一步完善；通过加强与政府相关部门沟通，巩固了产权交易市场地位，维护了会员机构利益；通过开展培训、编印教材、进行课题研究、发布行业数据等，为行业发展提供了有力的支撑。对于协会一年来的工作，应当充分给予肯定。

2015 年是全面深化改革的关键之年，国企国资改革发展任务更加繁重、艰巨。

一是要大力推动结构调整。张毅主任讲，新常态下，经济发展方式正从规模速度型粗放增长转向质量效率型集约增长，经济结构正从增量扩能为主转向调整存量、做优增量并举的深度调整，经济发展动力正从传统增长点转向新的增长点。对国有企业来讲，关键是加快推进经济结构优化调整，做好加减乘除。要积极做加法，立足于关系国家安全和国民经济命脉的关键行业和重要领域，积极培育新的增长点；同时拓展新的市场，尤其是国际市场，进行全球布局。要主动做减法，支持企业兼并重组、优胜劣汰，加大亏损企业治理力度，盘活存量，稳妥化解产能过剩风险。要大力做乘法，实施创新驱动发展战略，全面推进创新。要努力做除法，打造高回报率、高附加值、

高技术含量的盈利业务和特色优势项目，提高劳动生产率和资本回报率。要坚定地走转方式、调结构这条正道，加快转换发展动力，形成发展的持久动能。

二是要稳妥推进混合所有制经济。发展混合所有制经济，是深化国有企业改革的重要举措，是坚持和完善基本经济制度的重要途径。要通过国有资本放大功能，实现各种所有制资本取长补短、相互促进、共同发展。目前，国资委已确定两家中央企业有序推进混合所有制试点。

三是要切实防止国有资产流失。当前国企改革发展中仍存在不少国有资产流失的出血点。中央领导在多个场合强调，要加强国有企业改制重组关键环节的监管，发挥市场配置资源作用，规范操作，防止国有资产流失。

当前，国企改革为产权市场提供了难得的发展机遇，希望协会带领会员机构围绕改革发展大局，下大力气加强行业自律、防范出现系统性风险、扩大行业影响力。

首先，加强行业自律。我们多次强调，规范是产权市场的生命线，特别是面临业务创新时，协会要同步跟踪，完善行业规范，推动行业自律，营造公开公平、有序竞争的市场环境，确保在产权市场中的规范操作。

其次，切实防范出现系统性风险。从前不久我们对部分机构的评审检查情况看，对经纪会员的管理是一个薄弱环节，甚至有可能产生重大风险的隐患，决不能掉以轻心。而对经纪会员的管理，不是单一机构能够做到的，协会要从防范行业系统性风险的角度高度重视，尽快研究制定出管理办法。

最后，提升产权市场的影响力。目前，产权市场在全国范围内应该说有一定影响力，但还远远不够，而且区域发展不平衡，根本原因是各家机构仍在各自为战，没有形成合力。协会要更多地利用媒体发布权威行业数据，展示行业的成果，让全社会更多地关注、了解产权市场；同时，推动机构相互间的合作和资源信息共享，进一步提升产权市场的社会影响。

各家交易机构也要从市场发展大局出发，从服务国企改革出发，思考机构未来发展。

一是把握自身定位，提高产权市场服务能力和水平。要主动围绕市场需求，完善市场功能，创新服务手段，特别是在提高“两率”上下功夫。不能停留和满足于程序上的操作规范，也不能仅仅被动地提供信息披露和交易的场所，要真正体现出市场在提高配置资源效率和效果两方面的重要作用。要进一步提高从业人员的整体素质，根据企业不同需求，聚拢各类中介机构，为企业提供全流程服务和综合性解决方案。

二是加强业务创新，尽快完善规则。创新是产权市场发展的源动力。当前不少机构都在探索增资扩股业务，但均未形成成熟的操作规则，各家机构要高度重视这一问题。不能当增资扩股业务需求大量出现时，我们还没有做好准备，更不能生搬硬套产权转让的做法。各机构要及时总结已有的案例经验，尽快建立符合企业操作实际的市场规则。

三是注意防范交易风险。目前，一些机构出现为了吸引转让方进场交易，迎合转让方不合理要求，放松交易项目信息披露内容审查的问题。有的项目对受让方资格条件的设定限制了竞争，甚至引起争议，各会员机构要有交易风险防范的意识，不断提高相关人员的风险识别能力。

四是要重视信息化建设。信息化是保证产权市场高效规范运作的有效手段和重要技术保障。目前，各家会员机构的信息化建设已不能满足产权市场日益发展的需要。应根据交易业务分类有效整合自身系统，要具有前瞻性和战略性，站在全行业未来发展的高度，以及未来与公共资源交易平台实现信息共享的角度来思考产权市场的信息化建设。各会员之间一定要实现互联互通和信息共享，共同创建覆盖全国的产权市场网络体系。

最后，感谢大家一年来的辛苦工作，祝愿协会的发展越来越好！预祝大会圆满成功！

在中国产权协会三届二次常务理事会暨学习32号令培训班上的讲话

国务院国资委产权管理局副局长　**郜志宇**

（2016年8月24日）

很高兴有机会和大家一起学习交流国资委新出台的《企业国有资产交易监督管理办法》（32号令）。2016年，第三届会员大会选举产生了新一届协会领导班子，这段时间协会秘书处按照新一届领导班子的要求，积极贯彻落实党中央、国务院“1+N”系列深化国有企业改革文件精神，加强市场调研，协调统一业内认识，制定行业发展规划，提出了一系列有利于行业发展的新举措，并逐项做了任务分工，落实落细，展现出新面貌，为今后的工作开展打下良好的基础。这些都是对产权局企业国有资产交易管理工作的有力支持。在此，我代表产权局对协会秘书处各位同志和行业每一个辛勤努力的同志，表示衷心的感谢。

据不完全统计，2007年以来各地产权交易机构公开挂牌转让企业国有产权9590亿元，比评估结果增值1626亿元，平均增值率20%。2016年，中央企业按照中央提出的供给侧结构性改革、“三去一降一补”和中央企业“瘦身健体”、提质增效，加快处置“僵尸企业”和低效、无效资产的要求，积极通过产权市场处置各类产股权和资产。2016年上半年，处置产股权和资产257亿元，其中属于低效、无效资产的为200亿元，占全部交易的77%。产权市场的阳光平台作用进一步显现。产权市场通过市场化方式配置资源、为国有资产保值增值、防止国有资产流失的重要作用得到了社会的广泛认可。2015年8月，中共中央、国务院发布《关于深化国有企业改革的指导意见》后，中央全面深化改革领导小组迅速部署修改完善企业国有产权交易流转制度，这是对我们产权交易行业十多年来辛勤工作取得的成绩的最大肯定。国资委在充分调研的基础上，历时1年完成文件的起草制定工作，2016年6月24日，经国务院同意，与财政部共同发布了32号令，它标志着我们产权交易行业再上新台阶，进入一个崭新的发展时期。

32号令发布后，各产权交易机构积极探索开展增资扩股业务，中央企业增资项目开始陆续通过产权市场公开征集投资人，如具有代表性的招商局华建公路投资有限公司计划融资170亿元，中国化工新材料公司计划融资107亿元，中石化川气东送天然气管道公司也计划向社会募集150亿元的资金，充分说明32号令的发布实施对产权市场带来的深刻变化和影响。

32号令的出台是对3号令提出的国有产权进场交易制度的充分肯定，也是对这项制度的进一步补充和完善，但两者却具有本质的区别。协会应会员单位的要求组织了这次培训班，听说报名参加的有230多人，并收到了40条希望解答的问题，这从一个侧面反映了产权行业的同志们对32号令的高度重视和学习热情。协会组织这次培训非常及时，也非常有必要，借今天这个机会，我对今后产权市场建设谈几点想法。

一是准确把握好交易机构自身的定位。中发〔2015〕22号文首次明确将产权市场定位于资本市场，这既是对产权市场建设发展成果的充分肯定，又对产权市场的进一步发展提出了更高要求。客观地说，目前我们产权交易机构的服务能力和水平离资本市场的要求还有一定的距离，可以说是任重道远。但当前国有企业改革发展，无论是供给侧结构性改革、混合所有制改革还是“三去一降一补”，“瘦身健体”、提质增效，都亟需要产权市场提供相应的服务。因此，产权市场的业务拓展必须把握好主攻方向，企业融资是今后一个时期重点中的重点。各地产权交易机构要更多考虑为企业的资本运作提供更加专业化、市场化的服务，在积极开展创新业务的同时，更要重视防止出现自身主业不精的问题。

二是资本市场要求我们尽快形成“统一的大市场”。产权市场区域分割的问题由来已久，受行政区域划分影响，各地交易机构主要是服务于本地区的国有资产交易，规模小，业务同化现象严重。机构之间虽然也有业务合作，但总体来看还处于单打独斗的状态，没有形成合力，非常不利于市场整体形象和资源配置效率的提高。资本的本质决定了资本必然是跨区域、跨行业、跨所有制流动，违反资本运动规律的市场必不长久，希望各产权交易机构通过联合、协作、重组，打破区域分割，形成全国统一的大市场。产权交易机构本身必须首先要市场化，这是建立统一大市场的先决条件。现在不少机构还是事业单位，要尽快从市场机制上着手解决一些根本性的问题，尽快改制为企业，建立市场化的运作机制。国资委鼓励各地交易机构以市场化的方式进行联合和重组，通过跨区域的股权合作，推动形成以一家交易机构为龙头，以众多交易机构为支撑的跨区域市场平台。不少交易机构希望能够从事中央企业增资业务，但企业增资是典型的资本市场业务，国资委对机构的选择要按照资本市场的标准和要求，结合国家经济区域发展现状，综合考虑未来的全国市场布局，以及产权交易机构的资本集聚能力、市场辐射力、服务水平等因素。各地交易机构要把工作重点放在自身建设上，在为地方国有企业改革和资产重组服务的同时，不断完善企业增资的业务模式，积累经验，逐步形成有资本聚集和市场辐射能力的跨区域市场平台。

三是亟待提高产权市场的资源整合和市场服务能力。长期以来，产权市场重点围绕规范企业国有产权转让开展业务，强调信息的公开和程序的规范，但企业增资是典型的资本市场业务范畴，相关业务对产权市场是一个全新的领域，对交易机构的服务能力有较高要求。包括引入相应的法律事务所、审计评估机构、投行等中介服务机构共同制定方案，还要引入金融机构、股权投资基金等提供融资方面的支持。交易机构在人才储备、案例经验积累以及操作规则的细化和完善等方面要做大量工作，尽快补足短板。企业融资涉及大量的法律咨询、投行业务，专业性要求高，交易机构要学会整合各类市场资源、集聚各类资本，要借助市场平台与其他中介服务机构进行有效的分工与合作，而不是自身包揽业务全过程。

四是加快推动产权市场的信息化建设。产权市场的发展离不开信息化建设，没有信息化手段的支撑，产权市场也就丧失了生存的基础。目前各家交易机构都在信息化建设上投入了大量的资金，但交易机构之间在信息披露、投资人异地参与、资金结算以及交易监管等方面离全面互联互通还有很大差距。各机构要以开放的心态，打破信息孤岛，一切以有利于提高产权市场影响力、有利于投资人参与、有利于资本流动、有利于提高交易效率和便利程度为目的重构信息化系统。

五是重视风险防范。从清理整顿各类交易场所情况看，产权市场经受住了检查，没有从事国务院通知中明令禁止的行为。从清理整顿办公室定期的舆情通报情况看，各地出现问题较多的是大宗商品现货和类期货交易、贵金属交易。另外，近期 P2P 互联网金融也相继出现问题。目前，各地交易机构尚未发现直接参与，希望大家引起足够的重视，绷紧风险防范这根弦。交易机构在业务拓展创新时要注意隔离市场风险，防止交易机构开展其他业务出现问题对国有资产交易产生不利影响。

因时间关系，仅提出以上观点请大家思考，最后预祝本次培训圆满成功。

在产权交易市场服务国企改革创新论坛上的讲话

国务院国资委产权管理局副局长　**郜志宇**

（2016 年 11 月 23 日）

很高兴有机会参加中国产权协会举办的“2016 年产权交易市场创新论坛”。本次论坛的主题是围绕“产权交易市场服务国企改革创新”，重点探讨产权交易市场如何在新形势下落实党中央、国务院“1 + N”系列文件精神，更好地为深化国有企业改革、规范发展混合所有制经济提供创新服务，这也是今后一段时期产权交易机构需要认真思考，并通过具体实践和成功案例来回答的问题。

国务院国资委成立后，推动建立了企业国有产权进场交易制度，充分发挥市场配置资源作用。据不完全统计，2007 年以来各地产权交易机构公开挂牌转让企业国有产权 9590 亿元，实现增值 1626 亿元，平均增值率 20%，充分展示了产权交易市场在实现国有资产保值增值、防止国有资产流失方面发挥的重要作用，得到社会各界的广泛认可。产权交易市场在服务企业国有产权市场化流转过程中，逐步走入健康快速发展的轨道。

党的十八届三中全会提出要深化国有企业改革，以管资本为主加强国有资产监管，发展混合所有制经济，要“使市场在资源配置中起决定作用”。《中共中央、国务院关于深化国有企业改革的指导意见》第一次将产权交易市场与证券交易市场并列为资本市场，提出“支持企业依法合规通过证券交易、产权交易等资本市场，以市场公允价格处置企业资产，实现国有资本形态转换”。这是对产权交易市场建设所取得成果的充分肯定，也对产权交易市场未来的发展提出了更高要求，同时赋予产权交易市场新的更加重要的历史使命和责任。当前供给侧结构性改革、“三去一降一补”、化解过剩产能、处置“僵尸企业”和低效、无效资产等工作的推进，需要产权交易市场发挥作用的地方越来越多。2016 年 1—10 月，中央企业按照中央提出的“瘦身健体”、提质增效要求，通过产权交易市场处置产股权和资产 398 亿元，其中属于低效、无效资产的为 312 亿元，占全部交易额的 78%。2016 年 6 月《企业国有资产交易监督管理办法》（国务院国资委、财政部令第 32 号）印发后，中央企业已经通过产权市场引入各类社会资本 107. 8 亿元，全国正在挂牌的项目意向募集资金超过 1000 亿元，产权市场的融资功能一经显现，就展现出巨大的发展潜力。各地产权交易机构积极贯彻落实党中央、国务院战略部署，通力协作，主动服务，勇于创新，攻坚克难，在推动企业国有资产规范交易、高效流转方面发挥了重要作用，取得了可喜成绩。

2016 年是“十三五”开局之年，深化国有企业改革系列文件陆续出台，对新形势下深化国有企业改革的根本原则、目标任务作出了全面部署，为国企改革发展指明了方向。一是坚持和完善基本经济制度，这是深化国有企业改革必须把握的根本要求；二是坚持做强做优做大国有企业不动摇，推动一批国有企业发展成为具有国际竞争力的世界一流企业；三是发挥市场配置资源的作用，遵循市场经济规律和企业发展规律，按照创新、协调、绿色、开放、共享的发展理念，不断完善现代企业制度，优化国有经济布局结构，提高国有资本配置效率；四是积极转变监管方式，以管资本为主加强国有资产监管，防止国有资产流失。产权交易市场也需要从新的角度和高度来重新思考我们的工作理念、工作思路、创新方向和功能定位。今天借此机会，对产权交易市场未来的创新发展谈几点看法。

·是要把握好资本市场定位，服务当前国有企业改革中心工作。服务国企改革是产权交易市场的发展之本，当前国有企业正在大力推进供给侧结构性改革，“三去一降一补”、“瘦身健体”、提质增效、压缩产权层级、发展混合所有制经济等，都亟须产权交易市场提供更加完善的服务。因此，产权交易市场的业务创新首先应该紧紧围绕和牢牢把握资本市场定位，特别是在发挥自己在产权转让、资产处置方面的优势和经验的基础上，迅速拓展市场融资功能，真正担负起为企业发展筹集资金、吸引更多社会资本参与国企改制重组的应尽职责，为规范发展混合所有制经济提供更多的市场化服务。

二是要打破传统思维方式，构建开放、合作、共享的大资本市场。目前，产权交易市场区域分割严重，机构之间虽有合作，但尚未形成合力，这在很大程度上制约了市场影响力和资源配置效率。资本流动是跨区域、跨行业、跨所有制的，其本质属性客观上要求有一个规则统一、功能健全、安全高效的大市场。希望各交易机构以开放、合作、共享的理念，探索开展机构联合、协作、重组，逐步形成以优势交易机构为龙头，众多交易机构为支撑的跨区域市场平台，尽快建立起一个全新的、具备良好形象的产权交易资本市场。

三是发挥自身优势提高服务能力。集聚和配置资源是资本市场的重要功能，产权市场在国有产权转让业务方面积累了丰富的经验和资源，但作为资本市场，其在服务能力和服务水平方面还有很大的改进余地。交易机构要加强专业化人才储备，在实践中不断完善操作规则，积累经验和案例，尽快补齐短板，积极与投行、审计、评估、律师等中介机构合作，为企业提供一揽子综合服务。

四是不断拓展创新业务领域。产权市场交易标的非标准化的特点，决定了这个市场具有业务创新的先天优势。我们全体同仁共同建立了产权转让、资产转让体系，正在全力以赴搭建和巩固企业增资新资本平台，殷切希望产权交易行业还能够根据企业需求提供个性化的创新服务，满足企业的多样需求，特别是在压“两金”、去产能、服务政府 PPP 项目等方面，提出创新解决方案，不断拓宽产权市场业务领域。

五是重视创新过程中的风险防范。这些年来，产权交易市场在规范开展国有产权交易业务方面，未出现重大违法违规行为，下一步的业务创新依然要坚持依法合规的原则，守住底线，处理好创新与规范的关系；特别是过去历史上形成子公司所开展的大宗商品现货、期货交易，必须严格遵守相关监管规定，决不允许踩红线，要防止发生系统性风险。

最后，再次对产权交易市场这些年来服务国企改革发展所做的工作表示感谢！也希望今天来到论坛的各界嘉宾更加关注、支持产权交易市场的建设和发展，大家共同努力，推动产权交易市场建设迈上新台阶、开创新辉煌。祝本次论坛圆满成功！

在中国产权协会三届二次理事扩大会议上的讲话要点

国务院国资委产权管理局副局长　**李晓梁**

（2017 年 11 月 14 日）

一年多来，在各会员机构的大力支持下，协会秘书处做了大量卓有成效的工作，包括完善行业制度体系、组建专业分会、加强党的建设和人才队伍建设等。另外，通过开展行业信用评价、加强信息化建设、加大行业宣传，特别是成功举办“产权交易市场服务国企改革创新论坛”，产权市场行业影响力和社会关注度明显提升；产权交易行业呈现新气象，业务取得新突破，队伍建设迈向新台阶。

首先，应当充分肯定产权市场紧紧围绕服务国有企业改革发展、服务国有资本优化布局结构、服务企业“三去一降一补”、发展混合所有制经济所取得的成绩。根据国资委监测系统统计，2017 年前三季度，全国国有企业通过产权市场完成国有资产交易金额是 2057 亿元，同比增长 82.6%。其中，94% 的转让项目实现了保值增值，增值额达 328 亿元，增值率超过 15%；通过转让亏损企业股权实现减亏 32.3 亿元；产权市场为国有企业盘活存量资产、提高国有资产配置效率、实现提质增效、防止国有资产流失做出了重要贡献。在发挥资本市场融资功能方面，截至 2017 年 10 月，对交易机构的不完全统计，国有企业通过产权市场融入各类社会资本 620 亿元，产权市场在为企业筹集资本提供服务方面已经崭露头角，为国有企业发展混合所有制经济、去杠杆、放大国有资本功能发挥了重要作用，在我国资本市场体系中占有一席之地。

在充分肯定产权市场建设这些年取得成就的同时，我们也应该清醒地认识到，产权市场仍然存在市场体系建设需要完善、市场整体影响力不高、聚集和整合资源能力有待增强、业务创新能力需进一步提高等问题，距离成熟资本市场仍有差距，我们应该树立信心，搞好产权市场建设，同时也要正视、不回避自身存在的问题。

党的十九大确立了习近平新时代中国特色社会主义思想为党的指导思想，提出了新时代坚持和发展中国特色社会主义的基本方略。产权市场作为我国资本市场的组成部分，是现代产权制度的重要一环，是要素市场化配置的重要平台。希望协会秘书处带领会员机构切实把思想和行动统一到党的十九大精神上来，紧紧围绕服务供给侧结构性改革，紧紧围绕国企改革发展大局和中心工作来部署工作，加强市场建设、打造全要素配置平台、提高服务能力、有效防范风险，在抓重点、破难题、补短板上下功夫。

一是牢牢把握服务国有企业改革、服务要素资源配置的市场定位进行市场创新。当前国有经济布局结构调整、资源优化配置和资源整合、“三去一降一补”，混合所有制改革等国企改革任务给产权交易机构带来巨大的市场机遇，产权市场作为新型资本市场不能满足现状，要在服务非上市企业盘活存量资产，筹集企业发展资金、降低资产负债率水平实现去杠杆等方面发挥应有的作用，按照聚焦资本市场的发展思路去进行业务创新，去挖掘潜在的市场需求。

二是要在发挥平台优势，提高要素资源配置效率和效果上下功夫。产权市场在服务国有资产交易流转方面取得了突出成效，作为市场化资源配置的平台，在不断拓展服务范围和创新业务领域的过程中，要重视提高市场集聚和配置各类资源的能力，为企业提供综合性解决方案。营造公平、有序、高效的市场环境，让各类投资者能够平等参与，为企业和社会投资者提供满意的服务，特别是企业增资业务进场后，要结合具体工作实际把握好关键工作环节，摸索完善业务操作规程，建议协会秘书处及时收集、总结、提炼机构的做法，逐步形成行业操作规范。

三是加强机构之间的业务合作与业务协同。产权市场具有鲜明的中国特色，要实现在更大范围内的资源优化配置，提高配置效率和效果，产权市场建设就必须符合市场发展的基本规律，交易机构要主动打破传统的行政、区域市场分割，不能各自单打独斗，通过机构之间的业务合作与业务协同，依托信息化手段形成覆盖全国的产权市场网络体系，这也是今后产权市场发展的必然方向。交易机构之间会有竞争，但更多应该是业务协同合作关系，要发挥各自优势和长处，通力协作把市场的蛋糕做大。

四是有效防范市场风险。一直以来，交易机构在国有产权转让业务规范性方面做得较好，未出现重大违法违规行为，这是确保产权市场能够健康持续发展的前提。从前一阶段清理整顿各类交易场所“回头看”情况看，产权市场没有发现直接从事国务院明令禁止的各类交易业务，但在入股其他交易机构时，要重视建立有效的风险隔离机制，处理好交易机构与服务会员机构的关系。要防止产权市场出现系统性风险影响到国有资产交易业务的开展，希望协会重视这一问题。

感谢大家一直以来对产权市场建设的辛勤付出和无私奉献，感谢大家对产权局工作的支持，预祝产权市场不断发展壮大，再创佳绩，迈上新的台阶。

推进产权市场提升发展，更好服务国企国资改革创新

——在产权交易市场服务国企改革创新论坛上的讲话

上海市国资委副主任　**林益彬**

（2016 年 11 月 23 日）

产权市场是伴随着国企国资改革诞生和发展起来的。以上海产权市场为例，经历了 1994—1996 年的初创期、1996—2003 年的探索期、2003 年以来的提升期。经过 20 多年的不懈努力，市场功能逐渐提升、交易品种进一步丰富、交易方式进一步完善、覆盖区域进一步扩大，逐渐发展成为集物权、债权、股权、知识产权等各类产权交易于一体的基础性、权益性、非标准化资本市场平台。产权市场发展到目前的水平，既是国企国资改革持续推进对市场的功能拉动和业务支撑，又是市场不断探索、谋求发展的结果，也离不开国务院国资委产权局的长期关心和正确指导。

目前，国内的资本市场自上而下分为主板、中小板、创业板、新三板、产权招拍挂市场、区域性股权交易市场诸多层次，产权市场作为非标型、不可拆细、不可连续交易的非标准化场外市场，位于资本市场金字塔的塔基。处在这样的市场框架之下，未来产权市场应该如何抓住发展契机，围绕目标定位提升市场功能、实现创新发展？

结合多年以来的工作实践，以上海产权市场为例，谈谈个人想法和体会。

一、产权市场站在一个新的历史发展起点

党的十八大以来，我国的社会经济发展步入新局面，各项改革进一步深化，经济体制改革、行政管理制度改革、国企国资改革等一系列改革举措逐步推出。产权市场既面临新的机遇，也要面对新的挑战；既存在诸多市场“蓝海”创新空间，也面临突破发展瓶颈、自我革新的转型要求。

（一）创新发展的战略机遇期

一是2015年国家出台《中共中央国务院关于深化国有企业改革的指导意见》（中发〔2015〕22号），第一次正式将产权交易市场明确为资本市场，赋予产权市场更大的发展空间。

二是中央关于推进供给侧结构性改革的决策部署，以及新一轮国企国资改革发展的目标和任务，对产权市场提出了更多的功能需求，也将带来更多的发展业务。

（二）功能提升的关键突破期

一是资本市场的顶层设计决定了各个资本市场之间的边界，产权市场作为非标型、不可拆细、不可连续交易的非标准化场外市场，必须在市场边界之内深挖内涵，规范发展。

二是产权市场多年来积累下来诸多问题，现有体制机制已制约了市场的发展，市场功能有待提升，能力短板亟待尽快弥补，市场必须直面自身问题，实现自我突破。

二、抓住机遇谋划未来，构筑统一开放大市场

十八大提出“使市场在资源配置中起决定性作用”，产权市场要适应新形势、新任务、新要求，抓住发展机遇，围绕目标，明确定位，实现突破发展。

（一）坚持三个面向，谋划未来发展

一是面向上海，服务改革创新。围绕上海“四个中心”和具有全球影响力的科技创新中心建设，谋划上海产权交易市场的功能定位和发展方向，服务上海国企国资改革，服务科技创新，推动科技成果的转化和产业化，集聚国内外科技创新资源；服务产业结构优化调整，加快供给侧结构性改革，为提升上海城市发展竞争力，继续当好改革开放排头兵、创新发展先行者做出更大贡献。

二是面向全国，提高服务辐射能力。围绕建设统一开放、竞争有序市场体系的目标要求，发挥上海产权市场起步早、影响大、辐射广的优势，主动在产权市场新品种交易、功能性平台新模式建设、跨市场融合发展、构建区域统一市场等方面先行先试。构建跨区域市场服务网络，实现资源共享，做大市场，成为上海服务长三角、服务长江流域、服务全国的重要平台，构筑统一开放、竞争有序的现代市场体系。

三是面向全球，接轨国际市场。树立开放发展的理念，进一步增强参与国际并购的意识，着力提升国际化发展的能力和水平，以开放促改革、促发展。

（二）围绕三个目标，深化功能定位

一是服务国企国资改革。中发〔2015〕22号文提出国企国资改革的总目标，到2020年，在国有企业改革重要领域和关键环节取得决定性成果。按照国企国资改革发展创新的总体要求，不断创新国有产权交易服务模式，提高综合服务能力，继续助力国企国资改革深入推进。

二是助推创新创业发展。围绕上海科技创新中心建设，发挥市场配置功能，更好地服务科技创新。优化科技创新资源配置，加强对中小科技企业融资服务，为风险创业投资的进入和退出提供便捷通道，为知识产权交易和科技成果转让提供服务。促进创新资源与产业、资本的对接，促进科技成果转移转化。

三是优化要素资源配置。打造专业化要素资源交易平台，构建完善的市场交易服务体系，拓展金融服务深度，为各类要素流通、资产流转、产权流动提供交易场所和服务平台。促进资源、资本高效结合，实现从基础性、权益性、非标准化资本市场平台向类标准化资本市场平台发展，加大与其他资本市场的互动，使产权市场成为资本市场不可或缺的组成部分。

（三）处理好三个关系，把准发展轨道

在推动产权市场不断创新探索的过程中，应把握好以下关系：

一是处理好“一业为主”与“多业发展”的关系。服务国企国资改革发展是产权市场的立身之本，长期以来国企国资改革发展给产权市场带来了业务支撑、功能要求，在新一轮国企国资改革中继续发挥好市场作用是我们对产权市场一以贯之的要求。同时，通过市场功能的提升，我们积极鼓励市场不断探索和创新业务领域，服务科技创新，拓展金融服务深度，实现多业发展。

二是处理好扩大市场规模与提升市场服务功能的关系。把市场的资源配置功能摆在更加重要的位置，以完善的市场功能增强实力，以完备的服务吸引集聚各类交易主体，塑造品牌，集聚更多市场资源，不断壮大市场的规模。

三是处理好创新发展与防范风险的关系。稳步拓展交易品种，确保产品创新与规则、监管保持同步，确保业务发展在产权市场边界之内，将规范理念和风险防控要求始终贯穿于市场创新发展全过程，牢牢守住不发生系统性、区域性金融风险的底线。

三、提升市场资源配置能力，实现产权市场改革转型创新发展

产权市场应以提升市场功能为核心，以规范市场运作为基础，以创新产权交易市场体制机制为动力，通过做强市场服务、创新交易方式、拓展交易品种，不断强化市场资源配置功能，实现市场创新发展。

（一）继续提升服务国企国资改革发展的能力

配合国企国资改革深入推进，不断提高服务国企国资改革创新发展的能力。

一是服务国有资本布局和结构调整。贯彻落实上海市政府《关于本市推进供给侧结构性改革的意见》要求，切实发挥市场在创新发展一批、重组整合一批、清理退出一批“三个一批”推进过程中的积极作用。

二是服务国有企业混合所有制改革。产权市场不仅是撮合交易的平台，更是为国企寻找和遴选投资者的平台，通过为国有企业转让存量股权、引入增量资源提供优质服务，助推混改工作推进。以绿地集团的增资扩股为例，通过产权市场规范、透明地引入增量资源，获得很好的溢价，完善了法人治理结构，为企业之后的上市奠定了基础。目前，我们正在通过市场推进上海市建筑科学研究院（集团）有限公司的增资扩股工作。

三是服务国资监管，防止国有次产流失。随着“管资本为主”国资管理体制的变化，产权市场“把关平台”的形式也将丰富和优化。要进一步研究如何将国资监管的要求通过市场的规则、程序和操作进行更为有效的体现，配合国资委形成联动监管机制。

四是服务国企国资科技创新措施的落实。根据上海市政府以制度创新带动科技创新的要求，上海市将在国有技术类无形资产交易、国有创投企业的国资管理等方面开展多项试点工作。我们拟将产权市场作为国有技术类无形资产交易、国有创投企业市场化运作项目试点工作中备案的归集统计和服务平台，形成促进创新成果的转移转化的各项工作机制。

（二）完善产权市场服务体系

一是优化市场各个环节的服务方式。不断探

索新的竞价方式，创新交易支付方式，探索建立第三方支付平台。

二是创新交易产品和平台。丰富产品种类，拓展权益类、金融类、资产类和新兴资产交易品种。近年来，上海产权市场进行了多项业务创新和模式探索，组建了金融资产交易平台，完善了融资租赁产权交易平台，上海市知识产权交易中心即将挂牌，探索了文化、体育、租赁经营、收益权等权益类交易品种，如市民运动会的冠名权通过平台竞卖、品牌传播提高企业效益，产生了一定的市场聚合效应。

三是集聚高水平服务机构。吸引银行、券商、公私募基金、投行、咨询机构、审计机构、资产评估机构、法律服务机构、财务顾问等各类专业服务机构，为交易主体提供全方位服务。

四是提升交易平台信息化水平。改造升级交易系统，建立电子化交易平台，实现线上线下融合发展、相互促进；完善产权交易 B2B 模式；进一步完善中国产权交易报价网的网络化动态报价交易功能，吸引更多创业投资、私募股权等投资类机构参与促进产权资源跨区域优化配置和异地并购交易的开展。

五是建立科学收费制度。由于国有产权资产交易必须进场交易，收费的合规性和标准的合理性自然被外界关注。今年上海开展了课题专项研究，并将推动市场收费制度调整优化。

六是形成与其他资本市场互动局面。产权市场提供的融资、并购、询价等服务，可以加快企业向创业板、新三板甚至主板挂牌和上市的进阶之路。绿地集团在借壳上市之前，通过产权市场进行最后一轮增资扩股，引入了外部优质资源，为之后的借壳上市和资本整体运作奠定了基础。天津泰达通过产权市场以较快的速度进行了融资，扩大了规模、改变了经营方向、完善了法人治理结构，顺利在新三板挂牌；银宝山新科技股份有限公司在产权市场增资时形成的价格为之后在中小板 IPO 提供了定价依据。

（三）改革市场体制机制

一是推动联交所转制改革。突破体制机制障碍，激活发展动力。

二是加快会员体制改革。会员制是目前产权市场体制中重要一环，随着市场发展，构建新型会员制度迫在眉睫。我认为，应该放开入会审批，或进行会员分类管理；吸收资本市场专业机构成为会员，由市场进行优胜劣汰。

三是健全市场监督管理功能。设立产权交易管理办公室是上海产权市场体制的特色，在交易主体日渐多元的当下，设立独立的监管主体有利于隔离市场与国资委之间的风险，有利于更加平等地保护各类产权，更加有效地对市场进行监管。

（四）提升市场对外开放水平

推动产权交易市场对外开放，并以开放促进产权交易市场完善发展。

一是加强区域间合作。积极开展产权交易机构合作，参与共同市场建设，组建区域性产权市场联合体，为境内外各类要素资源跨区域、跨行业、跨所有制市场化配置提供综合服务。上海愿意以业务合作或产权纽带合作的方式，率先进行该项工作的探索。

二是服务国家经济战略。抓住“一带一路”战略机遇，探索工程总承包（EPC）融资、基础设施资产交易、跨境基础设施资产证券化推进 PPP 模式发展，吸引国际金融机构、国际承包商、咨询机构、行业组织和相关企业，拓宽投资和退出渠道。

三是对接国际并购市场。加强与国际知名机构合作，研究建立国际并购交易联盟，优化跨国并购交易服务体系，完善跨国并购专业化服务。

（五）加强人才队伍建设

以产权市场的国际化、创新化、专业化需求为导向，优化人才结构，培养和引入创新性人才。

希望经过几年的努力，上海的产权市场能够成为市场制度完备、市场监管健全、服务优质高效、供给推动和需求拉动相结合、各类市场主体相融合、国内和国际资源相配合的综合性类标准化产权市场，更好地服务于国企国资改革，更好地服务于资源优化配置，并为上海建成“四个中心”和具有全球影响力的科创中心做出更大贡献。

在产权交易市场服务国企改革创新论坛（中国产权交易市场第八届创新论坛）上的致辞

中国产权协会会长、北京产权交易所党委书记、董事长　吴汝川

（2016 年 11 月 23 日）

小雪时节，天府之国风景秀美、气候宜人，在这美好的时节我们相聚蓉城，隆重举行产权交易市场服务国企改革创新论坛，共商中国产权市场发展大计，具有十分重要的意义！首先，我谨代表中国产权协会，向莅临今天会议的各位领导、各位嘉宾、各位同仁以及新闻界的各位朋友表示热烈的欢迎！向你们长期以来对产权交易行业发展、对协会工作的支持和关心表示由衷的感谢！同时，也向四川省国资委、省金融办以及西南联合产权交易所对这次会议的高度重视、倾力支持表示诚挚的谢意！

党的十八大以来，产权市场发展迎来又一个重要政策机遇期。这个政策机遇，可以分为三个层次。第一个层次是十八届三中全会做出全面深化改革的重大决定，为我国推进全面深化改革做出了顶层设计，特别是提出“使市场在资源配置中起决定性作用”的重大论断，在国企改革领域提出“发展混合所有制经济”“以管资本为主加强国有资产监管”等要求。第二个层次是中共中央、国务院于 2015 年 8 月发布《关于深化国有企业改革的指导意见》（中发〔2015〕22 号），也就是我们所说的中发 22 号文，这是本次国企改革的纲领性文件，指明了新形势下深化国企改革的思路、重点内容及工作举措，特别是明确提出“支持企业依法合规通过证券交易、产权交易等资本市场，以市场公允价格处置企业资产，实现国有资本形态转换”，这是中央文件首次明确产权市场是与证券市场并列的资本市场的重要组成部分，对产权市场发展意义重大。一方面，代表中央对产权市场多年来功能发挥、工作业绩给予充分认可；另一方面，也对产权市场更好地服务国企国资改革、服务中国经济转型升级给予更高期待，提出了更高要求。第三个层次是 22 号文发布后出台的《关于国有企业发展混合所有制经济的意见》《企业国有资产交易监督管理办法》等配套文件，基本确立了国企改革“1 + N”的政策体系。这些文件具体明确了产权市场在国企改革中的功能定位，特别是明确要求国有企业增资应当在产权交易机构中公开进行，进一步拓宽了产权市场的作业边界，为产权市场注入了资本市场的业务内容。

以上三个层次的政策文件，形成了完整的政策链条，应该说，中央和国资监管部门对产权市场的支持非常给力。接下来，就看我们行业如何贯彻好政策，如何通过提升资本市场功能服务好国企国资改革创新，这也是协会组织此次创新论坛的主要目的。

关于产权市场如何提升功能、做好服务，国务院国资委黄丹华副主任、沈莹总会计师、产权局谢军局长、郜志宇副局长等领导都做过指示。根据各位领导的要求，结合行业面临的形势，我想行业需要做好以下几件事情。

一是做好研究，认清自己。22号文明确产权市场是资本市场，目前学术界和资本市场包括我们业内，对这一提法的认识还比较模糊，还没有形成理论体系，首先需要行业自身做一些工作。2016年以来，协会牵头行业机构就这一问题开展专项课题研究，目前已基本完成。我的理解是，产权市场与传统概念中的资本市场一样，具有流转和融资两大业务类型，同样有着优化资源配置、促进价值发现的功能。产权市场已经形成了一套成熟稳定的定价机制和市场运行机制，无论从基础概念、特质属性、功能定位还是业务实践，产权市场都与资本市场高度契合。我们应当理直气壮地说：产权市场就是资本市场。我们要努力把它做大做强。要最终把产权市场建设成为规范、高效的资本市场。我们要持续扩大宣传，把这一新观点、新提法向各级政府部门、各类市场主体，特别是传统资本市场上的各类机构进行宣讲；要引导专家学者开展更为深入的理论研究，将产权市场属于资本市场的提法纳入主流经济理论对资本市场的范围界定，强化各界对产权市场的认知。

二是找准方向，服务大局。产权市场是资本市场，也是服务国有资产监管和国有企业改革创新的阳光化、市场化平台，国有资产交易始终是我们的基础业务，是立足之本。在这一轮国企改革过程中，我们行业应当认真研究监管部门和企业有哪些中心工作，围绕中心工作，循着市场需求寻找业务拓展方向，服务国企国资改革创新的大局。当前，推进供给侧结构性改革、推进“三去一降一补”是监管部门和国有企业的中心工作，我们要分析和了解企业有哪些落后和过剩产能、有哪些库存资产、如何打造处置渠道和模式；我们要研究如何做好企业增资、资产证券化产品创新，帮助企业提高直接融资比重、降低融资成本，实现去杠杆的目标。推进“瘦身健体”、提质增效是中心工作，我们要围绕国有企业压缩管理层级、处置“僵尸企业”等做好文章。推进混合所有制改革是中心工作，我们就要在组合民间资本参与国企改制重组方面多做努力。在这个过程中，我们还要不断提升国资交易的竞价率和增值率水平，确保国有资产价值得到深度挖掘。应该说，准确把握、全力服务监管部门和国有企业中心工作，是产权市场这么多年来形成的工作法宝。在这一轮的国企改革中，我们仍然要紧紧把握这一点，找准方向，服务好大局。

三是苦练内功，提升功能。强大、优质的服务能力是产权市场的核心竞争力，是确保我们不辜负中央和国资监管部门嘱托和厚望的关键。长期以来，产权市场长于流转服务，融资功能相对不足，这也是影响我们作为资本市场成色的地方。32号令明确国有企业增资进场交易，这是产权市场补强融资功能、实现流转和融资“双轮驱动”的重大契机。以企业增资为代表的融资业务，较我们传统的产权转让、资产转让业务，要复杂得多，在交易模式、业务流程、市场支撑体系等方面都存在很大不同。我们要完善交易制度规则、开发升级交易系统、强化交易机构内部人才队伍建设、推进内部组织架构调整、面向企业做好业务宣讲和推介、汇聚投资人资源、汇聚券商投行等中介服务资源等。最终的目的，是尽快形成成熟、高效的企业增资进场交易模式。除此之外，我们的产权转让、资产转让、顾问咨询等业务也要同步升级，全面提升服务质量，满足新形势下的市场需求。产权市场练好内功、提升功能是个长期、艰苦的过程，需要付出很多努力。扎扎实实、一点一滴去做，我们也必须做好。

四是加强交流，推进合作。多年以来，产权

市场同业机构间交流经验、互相学习借鉴、开展业务合作，已经成为我们行业的优良传统。在当前行业推进资本市场建设，服务国有企业改革创新，做好增资业务的过程中，这一优良传统必将发挥更重要的作用。我们需要更紧密地加强交流和学习，深入推进业务合作。首先，协会将搭建沟通交流的平台。一方面搭好平台，组织大家进行交流学习；另一方面，也会向各会员机构征集一些好的做法和案例，希望各机构能积极主动向协会提供相关材料，协会汇总好再提供给大家。其次，各会员机构间要加强交流合作。各地交易机构在业务发展过程中各有特色、各有所长，大家可以把好的做法、好的模式拿出来，互相学习借鉴。特别是在增资业务方面，做得好、有一定基础、形成一定经验的机构，要有开放心态，主动传经送宝，共同提升业务操作水平；要搭建业务合作模式，深入开展业务合作，实现互利共赢。最后，要推进制度规则和交易系统的统一。一个国家的同一类资本市场，可能有多个交易平台，但是在制度规则、交易系统方面肯定是统一的。产权市场建设资本市场，各机构间务必高度重视制度规则、交易系统等方面的统一性，避免出现各自为战、一盘散沙的问题。

以上是我代表协会，对于产权行业建设资本市场、服务国企改革创新、做好增资业务等内容提的几点想法。借此机会，我也将2016年以来协会做的几项重点工作，向各位会员单位做一个汇报。

2016年以来，作为国家一级、4A品牌协会，中国产权协会在国务院国资委等相关部委的领导和支持下，紧跟行业政策和市场趋势，团结带领全体会员单位，扎实推进行业基础建设、队伍建设、制度建设和信息化建设，着力为会员服务、为行业服务、为政府服务。一是组织开展各类培训和学习活动。包括组织增资扩股、PPP、资产证券化等投融资业务和金融服务培训，开展创新业务经验交流；中发22号文、32号令发布后，组织全体会员座谈学习，并组织开展创新业务典型案例征集、评选和推广。二是制定行业统一的制度规则。启动产权市场增资业务规范起草工作，发布了增资扩股信息披露格式文本，修订会员管理制度等。三是完善内部组织架构。对应国资委国有资本投资运营公司试点，积极筹建资本投资运营（央企资产管理）和市场服务专业分会；筹建中国产权协会研究中心。四是制定行业发展规划和开展行业研究。制定了行业“十三五”发展规划，围绕产权交易特质属性、功能定位及支撑体系，开展务实性研究。目前已经初步形成一套研究成果，将成为指导我们未来发展的行动指南。需要特别指出的是，在课题研究过程中，国资委产权局领导以及很多业内的老领导、老同志都参与进来，出谋划策，提出宝贵意见和建议，甚至承担部分内容撰写，非常辛苦，在这里要向大家表示衷心感谢。五是推进产权行业信息综合服务平台建设。六是开展行业信用评价工作等。以上工作，是协会适应形势变化、把握行业发展趋势开展的一些工作，应该说很好地满足了会员需求，这里也向协会秘书处的同志们表示感谢。

我们举办这次论坛的目的，就是在产权市场发展面临又一次难得机遇的大背景下，邀请各位领导、专家学者、行业领袖和企业界精英，全方位探讨产权市场创新转型之路，规划设计产权市场未来发展方向，同时促进行业同仁统一思想、统一行动。希望大家在今天的论坛上积极发言，贡献智慧，碰撞思想，让我们同心协力把产权市场建设成为真正的资本市场，促进产权市场更好地服务国企改革创新、服务中国经济改革发展！

最后，预祝论坛取得圆满成功！谢谢大家！

走进新时代，开启新征程，开创产权交易资本市场建设和发展的新局面

——在三届二次理事会扩大会议上的报告

中国产权协会会长、北京产权交易所党委书记、董事长　吴汝川

（2017 年 11 月 14 日）

大家下午好！根据中国产权协会三届二次理事会扩大会议安排，由我向大会作报告。报告分为三个部分：一是学习党的十九大精神体会；二是通报协会三届一次理事会以来，协会的工作情况；三是协会下一步的工作思路和重点工作。

一、新时代赋予产权交易资本市场的新任务和新使命

党的十九大，是在全面建成小康社会决胜阶段、中国特色社会主义进入新时代的关键时期，召开的一次具有划时代和里程碑意义的历史性盛会。习近平总书记在大会上做了题为《决胜全面建成小康社会，夺取新时代中国特色社会主义伟大胜利》的报告。在报告中，习近平总书记提出新时代中国特色社会主义思想，并写入党章，成为我们党迈向新时代、开启新征程、续写新篇章的政治宣言和行动纲领，成为当前和今后一个时期党和国家事业的总设计、总定向和总指引。报告还提出新时代坚持和发展中国特色社会主义的十四条基本方略，提出全面建设社会主义现代化国家的“两步走”目标，并从经济、政治、文化、社会、生态、党建等九大方面进行了战略部署。这其中，涉及产权交易资本市场建设和发展的内容就超过 20 项，这足以让我们感到振奋。

报告强调，要贯彻新发展理念，建设现代化经济体系，要以供给侧结构性改革为主线，推动经济发展质量变革、效率变革、动力变革，提高全要素生产率，着力加快建设实体经济、科技创新、现代金融、人力资源协同的产业体系，着力构建市场机制有效、微观主体有活力、宏观调控有度的经济体制。报告提出，“经济体制改革必须以完善产权制度和要素市场化配置为重点，实现产权有效激励、要素自由流动、价格反应灵活、竞争公平有序、企业优胜劣汰”。产权交易资本市场作为现代化经济体系的重要构成，是市场化配置各类要素资源的主战场，必将迎来高速发展的新时代。

在国企国资改革领域，报告提出“要完善各类国有资产管理体制，改革国有资本授权经营体制，加快国有经济布局优化、结构调整、战略性重组，促进国有资产保值增值，推动国有资本做强做优做大，有效防止国有资产流失”；要“深化国有企业改革，发展混合所有制经济，培育具有全球竞争力的世界一流企业”。可以预见，各类国有企业的产权流转、融资活动将越来越活跃，产权交易资本市场为这些流转和融资活动提供服务的机会也将越来越多。同时，报告对金融体制改革、科技体制改革、商事制度改革、生态文明体制改革、文化产业发展、乡村振兴、住房制度改革等做出明确部署，这背后蕴含着广阔、海量的要素资源流动需求，需要产权交易资本市场发挥重要作用。

经过近 30 年的发展，产权交易资本市场建立了完备的规则体系、科学的交易流程、强大的交易系统、广泛的信息披露渠道，监管体系逐步完善，市场在促进各类要素资源阳光流转、优化配

置、发现价格，拓宽投融资渠道、支持实体经济发展、助力经济增长动能转换、实现高质量发展等方面积累了丰富经验，具备了独特优势，具备了在更高层面、更高水平提供服务，推动我国由资本大国向资本强国转变的基础。

在新的历史背景下，全国产权交易行业必须明确新的任务目标，肩负起新的使命。这个新任务、新使命，就是建成规范、高效、统一的产权交易资本市场，全力服务新时代中国经济转型升级、结构调整、效率提升，为全面建成小康社会、全面建设社会主义现代化国家贡献全部力量。协会以及各会员机构未来几年的工作，都应该围绕这个新任务、新使命，确立发展思路、制订工作举措、深入贯彻施行。

二、协会三届一次理事会以来的工作

自2016年2月25日三届一次理事会召开以来，在国务院国资委等相关部委的指导和支持下，在全体会员单位的共同努力下，协会认真贯彻落实全国产权管理工作会和协会第三次会员大会精神，按照资本市场的定位和增强市场服务功能的要求，重点围绕理论体系、制度体系、诚信体系、信息网络体系、市场服务体系，以及提升服务会员能力、扩大市场宣传和强化党建基础八大方面开展工作，规范、高效、统一的产权交易资本市场建设取得新成绩。

（一）行业理论体系建设稳步推进

开展“中国产权交易市场的特质属性、功能定位与支撑体系实证研究”，40家会员机构和多位业内老同志参与课题研究。目前，十个子课题、两个分课题和一个总报告全部完成，将于年底前正式结题。研究结果表明，产权交易资本市场是与证券资本市场平行，以企业国有产权交易为主、以非标准产品和非连续交易方式为企业产权交易和增资扩股服务的新型资本市场。这些成果将编印成系列丛书，逐步构建产权交易资本市场理论体系。研究机构建设方面，协会成立了研究中心，注册了中产研公司，加强了与业内外相关研究机构的合作与沟通。

（二）行业制度体系逐步完善

一是推动行业业务规范化建设。为贯彻执行32号令，协会制定了《国有企业增资信息发布格式文本》，已印发实施；在充分调查分析基础上，研究制定协会关于企业增资业务行业规范和收费标准。二是推动行业自律制度建设。组织起草《协会行业信用承诺公约》，建立健全行业诚信自律机制，促进交易场所自觉履行守法、诚信的社会责任，维护交易各方的合法权益，自觉抵制失信、违规、违法行为，规范市场秩序。协会业务标准委员会和政策研究与自律委员会在这些工作中发挥了非常重要的作用。

（三）行业诚信体系建设初见成效

按照国家商务部、国资委部署，2016年协会启动了产权交易行业首批信用评价工作，经过第三方评价机构和协会信用评价专家委员会评定，15家机构获得3A资质，8家机构获得2A资质。在总结首次评价工作经验基础上，协会正在组织开展第二批信用评价工作。2017年9月26日，协会作为倡议单位与其他14家单位和组织，共同发起“中国商务信用推进联盟”，进一步扩大了产权交易行业诚信体系建设的影响力。

（四）统一信息体系建设迈出实质性步伐

一是加强行业信息化建设，启动“全国产权交易行业信息化综合服务平台”建设，完成系统开发，并完成了与绝大部分会员机构的数据对接，为全行业数据交换、信息互联互通打下了基础。二是组建平台公司，保证综合服务平台持续运行和健康发展，采用市场化、专业化方式，构建全行业统一的互联互通“互联网 + 产权交易”新生态，打造全国产权交易资本市场统一门户网站和信息共享服务枢纽，为行业持续健康发展提供技术、信息、数据和增值服务。目前，平台公司已完成业务设计、架构设计和股东选择，拟于2018

年上半年挂牌运营。

（五）产权交易市场服务体系建设稳步推进

一是成立资本投资运营分会。响应国资委资本投资和运营改革试点工作部署，协会于2017年4月25日挂牌成立资本投资运营专业分会，吸收了中央和地方资本投资公司、资本运营公司和资产管理公司等60多家企业加入。二是组建市场服务专业分会。贯彻落实国资委关于加强产权交易市场会员管理的要求，筹建市场服务分会。该分会将吸收从事产权经纪、评估、法律等与产权交易业务相关的服务主体加入。目前，分会筹备工作已就绪，今天上午已召开成立大会，将于今天下午正式揭牌。三是筹建董事专业分会。根据国资委老领导的建议筹建董事分会，目的是搭建中国特色法人治理理论和制度的研究平台，建立一支中国特色的职业化、国际化的董事队伍，适应国资监管机构以“管资本”为主的监管模式转变，通过引进和完善董事制度促进产权交易资本市场的规范、健康发展。目前，各项筹备工作有序进行，拟于2018年上半年揭牌运营。成立三个专业分会，聚拢了行业资源，完善了产权交易资本市场主体结构和服务体系；同时将各类市场主体纳入社会组织综合监管体系，为加强行业自律，落实风险防控举措，推动市场规范发展奠定了基础。

（六）会员队伍不断壮大，服务会员能力增强

近两年来，协会会员队伍不断壮大，新发展会员28家，协会会员总数近300家。其中，协会本部会员总数达到157家，资本投资运营专业分会会员60余家，市场服务分会会员近60家，董事分会发起人会员近20名。协会的公信力、影响力、向心力进一步增强。

在做好会员发展的基础上，协会大力加强会员服务工作。一是完善行业专家库。协会制订了专家库管理办法，特聘了109名行业专家，涉及产权理论、业务实操、信息化建设等多个方面，能够为产权交易资本市场的专业化发展提供强大智力支撑。二是2016年11月23日协会在成都举办“产权交易市场服务国企改革创新论坛”。政府领导、专家学者和业界精英集聚一堂，共谋发展。论坛主题紧贴国企改革形势，受到主流媒体关注，新华社为论坛播发通稿；《人民日报》头版对论坛进行了报道；国务院国家政府网站连续两天图文宣传，另有150多家媒体先后对此进行了转载。国务院国资委黄丹华副主任为此作批示：“祝贺论坛的成功举办，产权交易机构在推进产权市场建设方面发挥了积极作用，希望进一步促进产权交易市场完善和提升市场建设水平，更好地服务国企改革发展。”三是举办“为国有企业增资服务座谈会”。交流开展国有企业增资业务的情况、取得的成效和遇到的难题，加强了交易机构与中央企业和中介机构的联系，为国资委产权局提供了决策参考。四是举办学习32号令和资本市场专题培训班，围绕贯彻落实32号令、开展国企国资改革热点、金融服务产品创新、产权交易资本市场建设等开展学习交流培训，参训人员近千人次。同时，搭建远程培训系统，启动线上培训，完善了行业培训教育体系。五是组织召开“国资委监测系统对接技术协调会”，组织29家机构解析了监测系统接入原则和对接要求，有效推动了会员机构监测系统对接工作按时完成。

（七）产权交易行业宣传力度大幅加强

一是开发全国产权交易行业指数综合分析系统，共推出两大类共九个指数，已于今年6月正式上线运行，面向社会公开发布了中产协国有资产交易指数，能够及时、准确地反映产权交易资本市场发展动态。二是做好“一网一报一刊一年鉴”建设，加强网络、纸面媒体宣传，支持《产权导刊》出版发行，完成2013—2015年鉴编撰，加强与国资委新闻中心、国资管理杂志社的沟通合作，扩大宣传面，提高宣传层次。三是借助产权交易资本市场优秀案例加强宣传。创办《产权交易市场资讯》，陆续登载产权交易机构为国企国资改革提供服务的成功案例；制定实施《产权交易市场典型案例评审暂行办法》，开展第三次典型案例征集评选活动，19 家会员机构报送了 46 个企业增资案例，10 个案例获评“最具影响力增资案例”，20 个案例获评“典型增资案例”，今天将进行表彰宣传；同时，大力支持会员机构做好案例宣传，今年北交所、上海联交所等机构编印了服务国企国资改革、服务“三去一降一补”的案例汇编，充分展示了机构取得的阶段性成果，引起很好的市场反响。

（八）党建工作和基础建设扎实推进

协会党委始终把加强党建作为推进协会各项工作的基础保障。一是按照国资委机关党委的要求，积极开展“两学一做”主题教育和各项党员活动，启动共青团工作，夯实党建基础工作。二是加强秘书处员工队伍建设，通过公开招聘、提拔和交流调整，进一步充实员工队伍，通过加强政治和业务学习，提高服务能力和工作效率。三是认真落实党风廉政建设，接受党的纪律检查机关执纪监督，协会顺利通过国资委党委第一巡视组巡视，得到国资委党委的高度评价。国资委党委书记郝鹏同志指出，“在相当长一个时期，产权交易清晰化、透明化，公正公平，通过产权交易市场体现国有产权的价值是非常必要的，产权协会要在这方面进一步完善做好”。这也是国资委党委对全国产权交易行业工作的充分肯定。

当然，在取得成绩的同时，我们也必须清醒地看到，协会的工作还存在一些不足，也面临不少困难和挑战。主要是：协会基础还比较薄弱，研究能力相对不足，市场化服务能力还不够，各地产权交易市场发展参差不齐，融资服务功能还不够完善，风险防控还不够健全，全国产权交易市场还不够统一，与国内外标准化资本市场比较，仍有较大差距。行业内恶性竞争依然存在，行业外互联网资产处置平台冲击依然严峻，等等。这些问题，必须着力加以解决。

三、协会下一步的工作思路和重点工作

2018 年，是中国改革开放 40 周年，也是中国产权市场诞生 30 周年。中国产权协会要以习近平新时代中国特色社会主义思想为指引，深入学习党的十九大精神，不断加强产权交易资本市场体系建设，推动行业创新，提升行业服务，强化行业自律。重点要做好以下工作：

（一）深入学习贯彻党的十九大精神

学习贯彻党的十九大精神是一项重大的政治任务，是当前和今后一个时期产权交易资本市场建设的重要思想和行动指引。全国产权交易行业要认真学习、深刻领会十九大报告，特别是习近平新时代中国特色社会主义思想的精神实质和丰富内涵。要贯彻新发展理念，切实提高政治站位，紧紧围绕党和政府部门、国有企业的核心任务，全面把握产权交易资本市场发展的战略机遇，举旗定向、谋篇布局、开拓创新、真抓实干，努力开创产权交易行业的新局面。协会要将党建工作写入章程，不断强化党组织在协会建设和行业发展中的政治核心作用，推动党的核心思想、重大举措在全行业落地生根。

（二）持续加强行业基础理论研究

贯彻落实党的十九大和全国金融工作会议精神，加强行业内外研究合作，形成研究合力。启动产权交易行业立法博士后课题，推动行业立法建设；开展产权交易资本市场全面风险管理、产权交易行业信用体系建设、企业增资业务中产权交易机构的作用、产权交易法立法、产权交易资本市场体系建设框架下要素交易市场建设五项课题研究，为产权交易资本市场建设提供理论支撑。

（三）有序推进统一的信息平台建设

搭建好平台公司，运维好“全国产权交易行业信息化综合服务平台”，推动形成全国统一产权交易资本市场网络体系，在建设中要特别注重大数据、云计算、移动互联和人工智能技术的开发

和应用，高起点、高标准提升行业信息化水平，强化信息安全保障。

（四）全力建设运营好专业分会

运营好资本投资运营分会和市场服务分会，筹建好董事分会，以三个专业分会为抓手大力发展会员，聚拢市场主体，发挥分支机构作用，推动产权交易行业做优做强做大。

（五）不断加强诚信体系建设

组织开展好第二批信用评价工作，落实评价结果运用研究，建立社会评价、失信惩戒和“黑名单”等行业信用制度。制定实施《协会行业信用承诺公约》，强化行业自律，维护产权交易资本市场的市场秩序，维护交易各方权益，防止恶性竞争。

（六）切实强化会员培训考核

围绕企业国有资产交易业务涉及金融、法律和投行服务等热点难点问题开展业务培训。加强与人社部协调，推动建立行业水平评价类培训考评体系，提升行业队伍执业能力和水平，满足产权交易资本市场建设对人才的需要。以筹建董事分会为契机，开展国际合作培训交流，提升产权交易队伍国际化视野，加快产权交易国际化步伐。

（七）有效提升市场服务能力

协会要按5A品牌协会标准推进各项工作，要加强人才引进，加强与传统资本市场行业社团合作交流，提高办公信息化水平，提高服务质量和工作效率，争取并承担好政府转移、授权、委托和购买服务事项。

（八）全面提升行业市场影响力

2018年是产权市场诞生30周年，30年间，中国产权市场从无到有、从弱小到强大，实现了向资本市场的跨越。我们要以此为契机，开展一系列纪念和展示活动，包括组织“中国产权交易资本市场发展30周年成就展览”，推出行业理论研究和立法成果，出版产权交易资本市场典型案例汇编，举办“产权交易资本市场创新论坛”和服务“一带一路”论坛等，深入总结发展经验，统一行业思想，凝聚行业力量，谋划未来发展，在政府部门、各类市场主体以及全社会做好宣传推介，全面提升产权交易资本市场的知名度和影响力。

同志们，使命呼唤担当，使命引领未来。中国特色社会主义进入了新时代，产权交易资本市场也将迎来新机遇、开启新征程。让我们以习近平新时代中国特色社会主义思想为指引，撸起袖子加油干、一张蓝图绘到底，全力建设好规范、高效、统一的产权交易资本市场，为国企国资改革、为各类要素资源的市场化配置、为国民经济和社会发展做出新的、更大的贡献！

发挥作用，创新方式，助力国企改革

——在产权交易市场服务国企改革创新论坛上的讲话

中国产权协会副会长、中国诚通控股集团董事长　**马正武**

（2016年11月23日）

非常荣幸参加中国产权协会举办的产权交易市场服务国企改革创新论坛，并与各位交流。

党中央、国务院高度重视国企改革。国企改革“1+N”文件明确了国企改革的目标原则和方法路径，各项改革试点全面推进。产权交易市场是国企改革的重要交易平台，是国企改革的助推器。这次创新论坛，为学习落实“1+N”文件提供了一个很好的交流平台，探索更好地发挥产权市场和各参与主体作用，创新服务国企改革的方式方法。根据会议安排，今天我交流的主题是“发挥作用，创新方式，助力国企改革”。

一、发挥产权交易市场作用，服务国企改革

产权交易市场最初就是为推动国有企业改革而诞生的具有中国特色的资本市场，20多年来，为国有资产保值增值、防止国有资产流失发挥了重要作用。据不完全统计，2015年实现交易3.76万亿元，比2014年的1.55万亿元增长143%。这一轮国企改革中，在现有基础上，产权市场可以着重在以下几个方面发挥作用：

一是盘活存量，加快资本流动。目前，国有企业资产总额达129万亿元，所有者权益43万亿元；央企总资产68万亿元，所有者权益22万亿元，控股上市公司超过380家，持股市值超过14万亿元；部属企业和中央党政机关企事业单位所办培训疗养机构等经营性资产总额超过1万亿元。这些规模巨大的存量资产需要盘活，以市场化运营方式增强流动性，在流动中有序进退，保值增值。产权市场将成为国有资产盘活的重要平台，“在交易中实现流动”，实现国有资本在“资产、资本、资金”形态间转换。同时，产权市场也是实现国有资产保值增值、“在交易中实现价值”的重要平台。例如，诚通集团要求全部资产处置项目必须进场交易，过去5年成交价较评估值的平均溢价率达34%。

二是引入增量，发展混合所有制。混合所有制改革，既要引入非国有资本参与国有企业改革，也应鼓励国有资本以多种方式入股非国有企业。这些都可以也应该通过产权市场实现，通过公开透明的引资方式、明确统一的员工安置等责权约定，解决发展混合所有制中“怕流失、怕担责、怕失控”等顾虑，同时充分发挥产权交易市场在投资者和价格发现两方面的作用。根据中国产权协会2015年交易业务统计数据，若剔除金额较大的金融资产交易，融资业务占总交易额的比例为17.1%，仅次于产股权和文化产权两项交易，反映了产权市场在引资、融资等方面日益重要的作用。诚通集团在所出资企业中国物流的增资改制中，与重庆产权交易所合作引入外部投资者，共募集资金16亿元，并实现了资产溢价增值（溢价率约20%）。

三是做好减量，落实“三去一降一补”。国资委全面推进的特困“僵尸企业”退出、“压缩管理层级、减少法人单位”压减工作、债务重组和资产结构调整等，都是供给侧结构性改革的重要内容。最近，某媒体报道国资委已经全面梳理出中央企业需要专项处置和治理的“僵尸企业”和特困企业2041户，涉及资产3万亿元。另外，近年来，中央企业负债规模持续加大，负债总额从2008年的4.3万亿元上升到现在的46万亿元，资产负债率从2008年的58.4%上升到67.6%。这些都将成为产权市场发挥作用的重要“战场”。

四是阳光透明，助力完善现代企业制度。产权交易市场阳光、公开、透明的运作方式，在防止国有资产流失的同时，有助于明晰产权归属，有助于公开挂牌的条件设置，以契约、合资合同等方式，明确各股东的利益诉求和权责约束，有助于完善现代企业制度，规范公司治理。同时，规范运作的产权交易市场也将是落实董事会授权，尤其是资产处置、引资融资等方面授权的重要机制基础。

二、创新方式方法，助力资本运营

“1+N”文件正式确立了产权交易市场的资本市场定位，深化国企国资改革为产权交易

市场带来了巨大的业务发展空间，也带来了创新发展的挑战。产权交易市场作为资本市场已起航，它与证券交易市场的区别在于交易标的一般是非标准化的，交易模式是非连续性的，交易主体是单向的（也就是说，买的一般不卖，卖的一般不买）。两个市场需要取长补短，这也为产权市场提供了巨大的创新空间。应坚持需求和问题导向，创新交易对象和架构，坚持两个发现，即投资者和价格发现，助力资本运营，助推国企改革。

（一）拓展交易品种

产权交易市场应发挥非标准化交易标的的优势，针对国企改革、资本运营中的新需求、新问题，设计新的交易标的，实现“什么都能交易”。一是探索资产支持证券化产品（ABS）、上市公司股份大宗交易、交易所交易基金（ETF）产品、可交换公司债等新标的，解决既要盘活资产和股权又不能对市场和价格造成冲击的问题。二是探索打包交易、资产换股等产品，解决在国有企业间合并重组，上市公司与非上市公司间整合，以及非上市资产剥离重组等资产置换、集中处置问题。三是探索众筹、基金、资金集中委托等方式，为小资金参与大项目提供新工具、新产品。四是发挥“法定定价”机构作用，将海外资产收购兼并纳入交易服务对象，通过公开定价方式，解决海外收购定价难、定价方法不一致等难题。

（二）创新交易方式

发挥产权交易市场“个性化定制”优势，有针对性地设计交易架构，更好地实现服务国企改革的目标，实现“怎么都能实现交易”。一是对于被查封资产、在建工程等不满足交易条件的资产，探索设计“现状转让、风险定价”等做法，在充分披露现状和风险的前提下，设计交易结构、交易方式，实现挂牌交易。在中冶纸业重组工作中，在重庆产权交易所支持下，我们完成了中冶峡山纸业被查封的土地、厂房和设备的挂牌处置，处置资金由法院监控并顺利进行债务清偿。二是通过产权交易所公开征集投资者，在满足公开引资、充分竞价等一般要求的同时，解决员工安置、保持控制权等方面的特殊需要。2014 年，我们在所属一家三级企业的增资扩股工作中，就采用了在上海联交所公开征集、筛选投资者的方式，优选了 4 个投资者，实现了国有权益从 -593 万元增至 1900 万元，更重要的是明确了原投资者、新投资者的责任和义务，并通过交易条件公示约定、合资合同签署等方式明确了各方责任义务并确保履行。三是通过撮合交易等方式，实现“以时间换空间”或者“以空间换时间”。价格和时间是完成交易的两个重要维度。若能针对买卖双方不同的资金成本和期限结构，以公开进场方式实现交易，即使是降价成交，考虑到流动效率和机会成本等因素，也不能视为资产流失，而是一个价格发现的过程。

（三）提升交易技术

充分运用大数据和互联网技术，实现全时空交易，定向推送式服务，实现各交易机构互联互通、信息开放，注重交易项目信息披露，实现交易各方互动交流和交易效果评价，提高产权交易质量、交易效率和便利程度；建立国有产权交易指数，以历史交易信息为基础，选取具有代表性的产权类型建立交易价格趋势指数，为交易各方提供决策参考，有效降低同类资产集中贱卖，有效防止市场交易风险，同时形成可追溯、可评价的国有产权交易数据库；建立以区域、行业、资产规模、资本结构等维度为主的交易分析模型，分析国有产权供需关系、配置方向及价格，提升投资者参与活跃程度，提升资本流动性和价值。

三、加强产权（资本）市场建设，提升服务能力

中国产权协会自成立以来，在加强产权交易市场建设、提升产权交易机构和专业机构能力建

设等方面做了大量工作，在提高自律性、专业性、有效性等方面取得了显著的成果。面对新定位、新任务，在已有的改革创新措施基础上，可以从三个方面加强自身建设，提升服务能力：

（一）加快形成“线上大市场、线下近服务”

资本是跨区域、跨行业、跨所有制流动的，因此，从优化结构、提高资本配置效率出发，必然要形成全国统一的大市场，充分发挥各产权交易机构在信息、业务、产品设计等方面的协同效应和网络效应，这种“大市场”可先体现在“线上”，体现在数据和信息共享上，逐步实现资本的结合。另一方面，区域性、行业性的、有“线下”实体存在的产权交易机构和相关专业服务机构，更多的要在“近服务”、个性化服务上发挥作用，充分挖掘区域性、行业性客户的优势，满足其个性化需求。协会应推动尽快建立实施统一标准、统一内容的统一网络。

（二）跨市场对接，提高市场服务能力

应加强与各类交易市场的合作，打通多市场对接通道，形成多市场协同、资源与信息共享。建立联合国有资本投资运营公司、证券公司、基金管理公司等市场机构主体的业务对接机制和合作方式。加快完善投行、基金、律师、审计、评估等专业机构服务体系，建立数据库和评价机制，为产权交易机构和客户提供相应服务支持，加强跨市场的综合服务能力。

（三）加强研究，统筹指导，推动行业发展

一方面是研究行业的整体趋势和发展方向，例如协会开展的“中国产权交易市场的特质属性、功能定位与支撑体系实证研究”等研究，加强“面”上的战略统筹指导。另一方面是针对产品设计、方案研究、信息系统技术等具体问题的研究，交流完善解决方案，提出政策建议，提升“点”上的技术支撑力度。

在过去十年的资产经营工作中，诚通集团得到了协会、各产权交易机构和专业机构的大力支持与帮助。作为国有资本运营公司试点，诚通集团将围绕“形成资本、运营资本、管控资本”，积极探索国有资本市场化、专业化运营新模式。我们希望能继续得到在座各位的支持和指导，更紧密地深化合作，共同创新发展，更好地服务于国企国资改革，服务于国有资本运营。

创建品牌协会，打造阳光行业，推进产权交易资本市场建设

——在中国产权协会第三次会员大会上的工作报告

中国产权协会党委书记、秘书长 **夏忠仁**

（2016 年 2 月 25 日）

受协会二届理事会委托，我向大会作工作报告，请予审议。

一、三年工作回顾

第二次会员大会以来，中国产权协会在民政

部、国务院国资委的领导下，在国务院国资委相关部门的指导帮助下，在全体会员单位的共同努力下，认真贯彻党的十八大和十八届历次中央全会精神，贯彻落实全国国有产权管理工作会议和协会第二次会员大会精神，坚持市场化发展方向，坚持规范、创新、合作、自律的发展理念，扎实推进各项工作，协会建设迈上新的台阶，行业发展呈现新的局面。

（一）行业社会地位稳步提升，影响力显著扩大

一是会员队伍不断壮大。三年来，协会发展新会员 47 家，会员总数达 129 家，增加 49%。2013 年，北方产权交易共同市场从行业统一出发，终止活动，动员成员单位积极加入协会，为协会会员发展做出重要贡献。

二是主营业务规范发展。通过全国范围的清理整顿各类交易场所的工作，市场秩序明显好转，产权交易行业经营环境有了改善，风险控制能力与防范手段有所增强。2012—2014 年，交易机构 12 类主营业务交易额已达 6.41 万亿元。从事企业国有产股权和资产交易的会员机构市场地位、示范作用和对全国产权交易行业的影响力显著提升。

三是创新业务亮点纷呈。产权交易机构针对市场主体需求拓展业务品种、创新业务模式，增资扩股、企业采购、招投标等新业务在产权交易行业落地生根，产权交易市场流转功能不断扩大，融资服务功能不断完善，服务于国企国资改革和混合所有制经济发展能力不断提升。

四是行业交易统计数据公开发布。《产权交易行业统计工作实施办法》全面实施，启用了统计数据填报系统，实现了产权交易行业数据统计全口径、信息化、公开化。

五是行业合作不断深化。京津冀产权市场发展联盟成立，三地统一的要素市场体系已见雏形。厦门产权交易中心与新疆产权交易所签订合作协议，为“一带一路”建设服务。北京产权交易所、天津产权交易中心利用海外分支机构，积极推动中国企业走出去，实现海外并购，吸引海外投资，着力打造并购交易平台。上海联合产权交易所通过联合国南南全球技术产权交易所搭建市场化平台，获得年度南南合作杰出贡献奖。

六是行业的影响力得到提升。一大批产权交易机构荣获国家和地方政府的奖励。天津产权交易中心荣获中国市场学会授予的“全国文明诚信经营示范市场”荣誉称号，重庆联合产权交易所荣获重庆市人民政府授予的“金融贡献突出单位”奖，广州产权交易所荣获“信息化服务管理标兵单位”称号，浙江产权交易所荣获“2014 年度浙江金融投资明星企业”称号，内蒙古产权交易中心荣获自治区国资委授予的“业绩优秀企业”奖，南方联合产权交易中心连续 6 年荣获“广东省诚信示范企业”称号，中国技术交易所荣获第七届“中国技术市场协会金桥奖先进集体”奖。吴汝川会长受中办国办邀请参加在人民大会堂举办的 2015 年春节团拜会，体现了以产权交易协会为代表的全国产权交易行业的社会地位和公众形象。

（二）组织体制逐步健全，工作机制运行良好

一是协会“4 +4 +5”三位一体组织架构进一步健全，运转良好。组建了培训中心、资质认证中心、信息中心，补充调整了专业委员会成员。坚持了理事会、常务理事会、会长办公会、秘书处办公会等会议制度。聘请了技术顾问、法律顾问，补充了秘书处人员。协会本部迁入新址，改善了办公条件。

二是制定并实施了行业自律制度。出台了 11 项制度规定：《常务理事会、理事会议事规则》《协会秘书处“三定”（定编、定岗、定责）方案》《实物资产交易规则（试行）》《企业国有产权交易档案管理规定（试行）》《协会会员纠纷处理规则》《产权市场从业人员执业行为准则》《企业国有产权交易风险防范管理办法》《协会综合检查评价办法》《产权交易服务流程规范》《技术产权交易基础术语》《技术产权交易信息披露规范》。《产权交易市场企业增资业务规范》和《经纪会员管理办法》正在修改完善中。

三是协会党委、支部积极开展党的群众路线教育实践活动和“三严三实”专题教育，完成了国务院国资委机关党委布置的各项工作任务。组织活动、学习制度得以坚持，民主生活会效果好，中央政治局八项规定在协会得到严格落实，党组织的政治核心作用不断增强。

四是品牌协会建设取得阶段性成果。协会按照品牌协会的标准开展创建工作，从基础条件、内部治理、工作绩效和社会评价等方面进行自我完善和治理。2014 年 5 月，首次参加民政部组织的协会等级评估，被评为 4A 级，进入中国品牌协会行列。国务院国资委党委副书记、副主任黄淑和，副主任黄丹华，纪委书记强卫东，副主任王文斌，原副秘书长郭建新、副秘书长彭华岗都对协会工作做出了重要批示，对协会成立以来取得的成绩给予了充分肯定。

（三）培训工作持之以恒，资格认证有序开展

一是举办了统计、档案管理、政策法规、大宗物资采购、实物资产交易、投融资业务六类培训班，参训近千人次。其中，大宗物资采购及实物资产交易业务培训班推介了企业采购、实物资产交易业务的经验做法；投融资业务培训研讨班推介了产权交易机构投融资业务商业模式和创新经验，为混合所有制经济成分进场交易、缓解中小微企业融资难问题提供了服务。

二是开展了从业资格认证和职业资格考试评定工作。建立并实施了《全国产权交易行业从业资格认证与职业资格考试评定办法（试行）》以及 5 个配套制度，形成制度体系。首批 82 名高级产权交易师开始履职，103 家产权交易机构以及相关机构共 2207 人取得从业资格证书。

（四）沟通协调力度加强，会员服务得到提升

一是反映会员合理诉求，参与顶层政策设计。围绕国务院提出国有产权交易“四统一”方向，与国资委产权局联合召开推进产权交易市场“四统一”座谈会，发布《关于推进全国产权交易行业“四统一”的意见》。围绕国务院整合建立统一规范的公共资源交易平台的决策，及时研究文件精神，多次向中央纪委、国家发展改革委、国务院国资委报告有关推进国有产权交易市场化改革情况，反映会员诉求，提出 8 条建议，得到了高度重视。在国家发展改革委法规司的支持下，与中国招投标协会建立战略合作关系，为公共资源交易平台建设服务。跟踪了解各地产权交易机构在建立统一规范公共资源交易平台工作中的动态，一对一地为会员单位与地方政府部门提供沟通协调服务。帮助甘肃、安徽、青岛等地的会员机构解决在整合建立统一规范公共资源交易平台过程中遇到的困难，维护行业和机构的利益。

二是为资产进场交易提供服务。针对各地在中央企业资产进场交易过程中遇到的困难，从政策上、业务上予以指导。协会领导赴内蒙古产权交易中心、山西省产权交易市场、贵州阳光产权交易所参加中央驻地企业资产转让进场交易座谈会、培训会，指导开展中央企业资产转让进场交易工作，为这些机构落实国务院国资委指定进场交易业务提供了有力支持。

三是通过问卷调查、培训座谈、实地走访等形式开展沟通协调。2013 年，针对实物资产交易监测系统建设、公共资源交易平台建设，与 23 家会员单位进行沟通。2014 年底至 2015 年初，结合全国产权交易行业从业资格考试，在全国 27 个省市 46 家产权交易机构开展调研工作，面对面征求意见并形成第一手材料，报有关部门参考。

（五）坚持“四统一”目标，持续推进信息化建设

一是完成实物资产交易监测系统建设任务。

在启用了企业国有产权交易项目信息统一发布系统的基础上，2013 年，协会争取到国家发展改革委建设投资资金 260 万元，组织开发建设实物资产交易监测系统。该项目建设已于 2014 年底完成，并按国务院国资委产权局的要求，与会员单位对接联网。

二是有序推进“四统一”信息集成服务平台建设。2013 年，集中力量开展了“四统一”信息集成服务平台可行性研究，向国家发展改革委、工信部进行了项目申报，并入选工信部电子商务集成创新试点项目，相继两年争取到国家发展改革委建设投资资金 700 万元，列入中央财政预算内投资基本建设项目。连同实物资产交易监测系统，在建或建成 8 个信息系统：实物资产交易操作系统、行业交易业务统计分析系统、交易竞价再现系统、视频会商系统已建成投入使用；增资扩股交易系统、交易指数综合分析系统、电子档案管理系统目前正在建设中；行业“四统一”信息集成服务平台有了一定基础。

（六）宣传载体逐步健全，行业发声力度加大

一是中国产权网改版升级。在国务院国资委信息中心的支持下，持续做好信息发布内容等日常管理和维护工作。2015 年 1 月，完成中国产权网的改版升级。

二是定期做好报刊和年鉴的出版发行。《产权导刊》进行改版，扩大了刊物的读者群和影响力。《中国产权市场年鉴》的出版，为社会各界了解产权市场提供了参考。协会秘书处与重庆华融财讯进行合作，借助《企业家日报·产权交易资讯》平面纸媒体为行业宣传服务。此外，还参与了《中国产权市场蓝皮书》的编撰工作。

三是加强典型业务案例宣传。开展了产权市场创新案例征集评选活动，向会员单位征集了近年来业务创新和服务创新的 65 个典型案例，并评出十大经典案例和十大优秀案例编入培训教材。

（七）理论研究稳步推进，行业顶层设计提上日程

一是开展行业顶层设计课题研究。为适应行业协会改革新形势，开展中国产权交易市场顶层设计课题研究和理论教材编写工作。2014 年 4 月起，以项目合作方式委托北京大学经济学院承担，在北京产权交易所和天津产权交易中心支持下，已经完成理论教材的编写工作。

二是建立产权交易产学研合作平台。协会组织实施新疆财经大学与新疆产权交易所产学研基地及人才培养基地建设，开展产权交易专业研究生培养和课题研究。协会与黑龙江联合产权交易所共建博士后科研工作站，开展中俄产权交易研究。

总结过去的工作，在看到成绩的同时，我们也发现存在不足。

一是部分产权交易机构不适应整合公共资源交易平台新情况，未来发展存在不确定性。

二是对于产权交易行业“四统一”认识还不到位，实施难度大，明显影响到行业发展，致使在市场竞争中缺少优势、合力。

三是会员发展和会员管理思路不宽，办法不多，会员发展进展缓慢。

四是协会工作人员专业化、职业化水平与产权交易市场发展的要求有差距。

二、对行业面临形势的分析

当前，在我国经济社会生活中，稳增长、调结构、惠民生是总基调，“四个全面”是总布局，全面建成小康社会是总目标。我国产权交易行业和协会工作面临的形势发生了很大的变化。

（一）整合公共资源交易平台加快了产权交易市场阳光化进程

《关于整合建立统一的公共资源交易平台工作方案的通知》（国办发〔2015〕63 号）明确提出：“整合分散设立的工程建设项目招标投标、土地使用权和矿业权出让、国有产权交易、政府采购等交易平台，在统一的平台体系上实现信息和资源共享，依法推进公共资源交易高效规范运行。”“2016年6月底前，地方各级政府基本完成公共资源交易平台整合工作。2017年6月底前，在全国范围内形成规则统一、公开透明、服务高效、监督规范的公共资源交易平台体系。”整合公共资源交易平台是促进和规范公共资源交易活动、激发市场活力、创新体制机制、加强反腐倡廉建设的重要举措，是对产权交易市场的发展思路、发展方向、发展模式、发展机制、发展质量提出的新要求。

（二）深化国有企业改革拓展了产权交易业务空间

《关于深化国有企业改革的指导意见》（中发〔2015〕22号）提出：“以管资本为主推动国有资本合理流动优化配置。”“支持企业依法合规通过证券交易、产权交易等资本市场，以市场公允价格处置企业资产，实现国有资本形态转换，变现的国有资本用于更需要的领域和行业。”这是继中共十六大报告和十六届三中全会决定之后，党中央文件又一次重申产权交易业态的要素资本市场属性。这既是对产权交易市场配置生产要素、处置企业资产、转换资本形态功能的提升，也是对产权交易这种非标准化、非连续性、非拆分式交易模式的确认，更是对全国产权交易行业过往业绩的肯定。

（三）脱钩改革为产权协会品牌建设注入了动力和活力

《行业协会商会与行政机关脱钩总体方案》（中办发〔2015〕39号）指出：“积极稳妥推进行业协会商会与行政机关脱钩，理清政府、市场、社会关系，厘清行政机关与行业协会商会的职能边界，加强综合监管和党建工作，促进行业协会成为依法设立、自主办会、服务为本、治理规范、行为自律的社会组织。创新行业协会商会管理体制和运行机制，激发内在活力和发展动力，提升行业服务功能，充分发挥行业协会商会在经济发展新常态中的独特优势和应有作用。”脱钩改革将有力促进协会品牌建设。承接政府购买服务的任务增多，参与制定相关立法、政府规划、公共政策、行业标准和行业数据统计等事务机会增多。在对外经济交流、企业“走出去”等事务中的协调、指导、咨询作用更加突出。在建立信用体系、完善信息公开制度、健全法人治理结构等方面，承担的社会责任更加艰巨。

（四）国家“互联网＋”战略推动了产权交易行业“四统一”

《国务院关于积极推进“互联网＋”行动的指导意见》（国发〔2015〕40号）指出：“积极发挥我国互联网已经形成的比较优势，把握机遇，增强信心，加快推进‘互联网＋’发展，有利于重塑创新体系、激发创新活力、培育新兴业态和创新公共服务模式，对打造大众创业、万众创新和增加公共产品、公共服务双引擎，主动适应和引领经济发展新常态，形成经济发展新动能，实现中国经济提质增效升级具有重要意义。”“互联网＋”已经上升到国家战略行动，客观上要求产权交易行业就发展思路和经营模式进行调整，推动产权交易市场要素流动、资源配置方式创新发展。

（五）产权交易行业发展面临挑战

国民经济和社会发展“三期叠加”的形势，在产权交易行业已经显现。近年来，产权交易业务总规模原地踏步，主营业务在部分区域市场呈规模减少趋势，增值率和竞价率未能达到国资监管机构规定的指标。创新业务种类、经纪会员管理、机构内部治理等方面存有潜在风险，参与国家“互联网＋”行动的动力不足，共识积累不够，“四统一”的差距较大。高素质专业人才缺乏。规范自律依然是产权交易行业的现实课题。随着形势的变化，还会出现新的挑战和风险。

基于上述分析，我们认为，在全国产权交易行业以及代表者产权协会面前，机遇与挑战同在，责任与地位共生，担当与贡献互动。深化国有企业改革为产权交易市场带来了新的成长性业务，产权交易市场作为资本市场的定位预示产权交易机构的融资功能会有提升；公共资源平台整合中的业务板块变化，有利于促进产权交易业务的规范发展、差异发展，实现国有资产、公共资源安全保值；脱钩改革将使协会法人治理结构更趋市场化和社会化，代行业发声、为行业服务的功能作用进一步发挥，通过购买政府服务得到支持的项目会更多；国家“互联网+”战略的实施，有利于汇聚全国产权交易行业的智慧和力量，加快“四统一”的步伐。因此，我们有条件、有信心、有力量推动产权交易行业建设和产权协会工作再上新台阶。

三、2016年工作部署

（一）指导思想

全面贯彻落实党的十八大和十八届历次中央全会精神，以“创新、协调、绿色、开放、共享”五大发展理念为引领，树立“规范、创新、合作、自律”的行业发展理念，发扬求真务实、攻坚克难的工作作风，认真贯彻落实国务院国资委工作部署。主动适应经济发展新常态，坚持规范化、市场化、信息化发展方向，顺应改革形势，抓住发展机遇，服务政府、服务市场、服务会员。规范行业行为，深化行业合作，强化行业自律，改进行业服务，促进行业发展，全面完成年度工作任务。

（二）重点任务

1. 着力基础建设，提升协会能力水平

一是强化人才建设。协会秘书处继续实施“三定”方案，加强专业人才引进，加强产权交易业务学习，加强与相关协会学习交流，开展社团公共管理服务培训，强化纪律管理，实施考评机制。

二是强化组织建设。加强领导班子和干部队伍能力建设，提升协会工作能力水平；充分发挥理事会、常务理事会职能，提高决策能力，推进民主管理，充分发挥理事、常务理事的示范带头和辐射作用；充分发挥专业委员会职能，加强自身建设、专题研究和工作实效，与秘书处形成协同工作机制。

三是组建产权理论研究中心。创新委员会、政策研究与自律委员会和综合部牵头组织产权交易行业专家，依托会员单位、企业的支持，开展行业理论研究，形成理论研究成果，指导产权交易行业发展。

四是强化信息化建设，推动行业“四统一”建设，参与公共资源交易平台建设。加强行业“四统一”信息化系统建设，集中行业信息化力量，推进国有产权交易全国一张网，与公共资源交易平台实现对接。以此为基础，持续推进全国统一产权交易资本市场网络体系的互联互通。争取累计投资600万元，建成并启用增资扩股交易系统和行业指数系统，新建挂牌成交信息公示系统。

五是加强与民政部、国务院国资委、国家发展改革委、财政部等主管部门沟通协调机制，掌握产权领域政策和信息，完善产权交易行业的政策法规，把握产权交易市场发展方向，解决工作中的问题。

2. 推进信用体系建设，强化行业自律

一是加快制度建设。建立产权交易市场风险动态监督防范和预警机制，规范会员行为，打击内幕交易。参与产权交易立法进程。

二是加强制度实施。监督各地国有产权、实物资产、增资扩股进场情况，落实应进必进、进则规范的要求，协同政府做好市场监管。

三是加强监督检查。要完善实施产权交易市场规范执业的监督检查机制，加大对业务规范工作的监督检查力度，搞好业务规范工作指导，杜绝违规违法的交易行为。建立实施产权交易档案管理监督检查机制，实施档案管理检查工作，完整交易记载，严格交易行为。搞好产权交易行业统计，确保产权交易统计数据口径一致，采集真实，填报准确，发布规范。

四是加强行业自律，推进信用体系建设。认真贯彻执行《产权交易市场从业人员行为准则》等行规行约，强化从业人员执纪意识和自律意识，促进产权交易行业的反腐倡廉建设。建立社会评价、失信惩戒和“黑名单”等行业信用制度。推进协会信息公开制度，完善实施服务承诺制，重点围绕工作原则、服务内容、服务方式、服务责任及收费标准等，向社会公开承诺，增加透明度和公信力，提高服务质量，全面提升协会的社会形象。

3. 坚持规范创新，完善市场功能

一是完善创新机制。开展创新活动，加强创新经验交流，加强先进案例与机构宣传。年内举办 1 至 2 次中国产权市场创新论坛，进一步营造创新氛围，增强创新意识，交流创新成果，培育创新精神。完善制度创新，建立创新活动激励机制，对重大创新成果进行奖励。

二是推进市场创新。为深化国有企业改革、发展混合所有制经济、打造阳光国企提供服务，发挥产权交易平台在国企国资改革中的忠诚卫士作用。不断巩固行业现有 12 类业务，拓展交易品种和服务模式，强化融资服务功能，完善产权交易资本市场服务体系。大力推进并监督企业资产和增资扩股进场交易。

三是积极参与公共资源交易平台建设。引导产权交易行业在整合建立公共资源交易平台建设和运营过程中发挥积极作用，为公共资源交易提供更好的服务；加强同主管部门和中央企业沟通联系，推进企业招投标和采购业务进场，加强舆论引导、理论研究、案例推广和制度建设，发挥市场配置要素的决定性作用。

4. 开展培训服务，提升从业人员的整体素质

一是针对政策性进场业务，举办 4 至 5 期国有产权交易业务、实物资产交易业务、增资扩股业务和基础业务培训交流，重点解决政府有要求、会员有期待、业务有需求的培训工作。

二是要继续落实国务院国资委关于规范国有企业“走出去”发展战略，开展国际合作交流，积极推动国有产权交易业务走向国际资本市场，培养产权交易市场国际化人才队伍。

三是要根据产权交易市场人才的需求，继续推进协会与高等院校合作培养专业人才的机制，建立完善培训考核机制，使培训工作常态化。

5. 抓实会员工作，凝心聚力壮大队伍

一是实施新会员管理制度。根据新章程、修订后的会员管理办法，以及新施行的经纪会员管理办法，加强经纪会员发展和管理，加强会员分类管理工作，推进实施会员间的帮扶机制，促进会员之间的业务交流创新。加大与中国招投标协会的沟通合作，发展公共资源交易平台入会，并提供服务支持。

二是加强与相关行业之间的沟通。在现有会员的基础上，大力发展中央企业、经纪会员及其他专业中介服务机构，培育引导具备投行服务能力的投资机构、基金组织入会，探索发展个人会员、荣誉会员。年内争取发展新会员不少于 25 家。

三是启动行业信用评价工作。在协会取得商务部和国资委授予的开展信用评价工作资质的基础上，年内开展会员单位信用评价工作。建立会员单位信用档案，引入第三方机构，进行信用等级评定。协会积极引导会员单位做好参评资质条件准备，争取先期有 1/2 以上的会员单位进入行业信用等级，其中 1/3 以上的会员单位取得 AAA 等级资格。

四是建立会员监督管理机制。实行会员单位准入、退出和奖惩机制，按照协会《章程》，发展会员，管理会员，严防踩踏红线，严防越界开展业务，规避业务风险，奖励先进，提高会员单位的公信力、影响力和知名度。

五是服务会员。针对前期会员调研结果，尽快研究落实、协调解决、及时反馈，特别是围绕全行业关心、会员单位关心的一些重大问题，要深入研究分析，拿出破解困难问题、破解矛盾关键点的有效举措；继续加强会员调研，加强与各级政府部门、行业协会沟通协调，反映会员诉求，解决会员困难，凝聚行业力量。

6. 深化产权理论研究，把握行业发展方向

一是研究制定《全国产权交易行业“十三五”发展规划》的实施方案，保证行业“十三五”发展规划的落实。同国有企业加强联系，了解需求，开展业务研究，吸引更多企业增资扩股业务进场。

二是集中行业研究力量，加强行业理论研究，重点围绕产权交易资本市场的属性与定位进行务实研究，年内拿出研究成果。

三是持续开展产权交易市场理论研究和战略决策，研究产权交易市场在整合建立公共资源交易平台工作中如何更好地发挥作用。

7. 坚持市场化改革方向，创建品牌协会

一是抓好协会党建工作。加强党员干部政治思想学习，提高政治素养。发挥党组织在协会建设和行业发展中的政治核心作用。

二是推进协会脱钩改革。研究制定协会脱钩实施方案。强化协会内部治理，完善秘书处员工招聘、任用、日常管理和考核评价机制，提高业务素质和工作效率。走职业化、专业化、市场化发展之路，争取并承担好政府转移、授权、委托和购买服务事项。建立秘书处、专业委员会、业务中心工作对接机制，同研究、同策划、同布置、同检查、同落实。

三是加强品牌协会建设。坚持发展业务与规范治理并重，发挥好协会的社会管理功能，履行好社会管理义务，落实好社会管理责任，本年度要在创建AAAAA品牌协会上起好步。

东风洒雨露，会入天地春。全国产权交易行业在过去的3年里取得了显著成绩，赢得了蓬勃生机。而今，适逢“十三五”开局之年，让我们在“四个全面”战略布局中展开行动，继往开来、同心协力、攻坚克难、砥砺奋进，创建品牌协会，打造阳光行业，为深化国有企业改革、建设产权交易资本市场、促进国民经济和社会发展做出更大的贡献！

在“2017中国产权资本市场·国有资本投资运营业务研讨会”上的致辞

中国产权协会党委书记、秘书长 **夏忠仁**

（2017年11月22日）

感谢各位在百忙之中来到古丝绸之路南道重镇、现代丝绸之路经济带，甘肃黄金段上重要节点的甘肃省临夏州，参加甘肃省公路航空旅游投资集团和中国产权协会主办，中国产权协会资本投资运营专业分会、甘肃省金融资本管理有限公司、甘肃省产权交易所承办的“2017中国产权资本市场·国有资本投资运营业务研讨会”。深入学习贯彻党的十九大精神，在中国特色社会主义进入新时代这一具有重大历史意义的时刻，研讨国有资本投资运营和政府投融资平台转型发展的新方法、新思路，交流、分享国有资本投资运营经验，共同助力新时代下国有企业的改革和发展。这次会议对促进国有资本投资运营公司更好地利用产权交易资本市场、促进产权交易机构了解市场需求、提高服务国企国资改革发展的能力和水平、促进国有资产保值增值、有效防止国有资产流失具有重要意义。

十八大以来，以习近平总书记为核心的党

中央总揽“四个全面”战略布局，出台了完善国有资产管理体制的“1＋N”文件，为产权交易资本市场注入了发展动能。在过去的5年里，国有企业改革成为产权交易资本市场发展的主要引擎。国务院国资委企业国有产权交易监测系统显示，近5年来，全国国有企业通过产权交易资本市场转让国有资产8636亿元，平均增值率19.66%，其中94%的交易项目在评估结果基础上实现了增值。2017年前三季度，全国国有企业通过产权交易资本市场完成国有资产交易2057亿元，同比增长82.6%。其中，94%的转让项目实现了保值增值，增值额达328亿元，增值率超过15%；通过转让亏损企业股权，实现减亏32.3亿元。根据中国产权协会的统计，5年来产权交易行业累计完成交易额突破18万亿元，产权交易资本市场在完善产权保护制度、促进要素市场化配置、推动国有企业“三去一降一补”、加快国有经济布局优化、推动供给侧结构性改革方面贡献显著。产权交易资本市场作为服务国企国资改革的重要平台，经过近三十年的发展，建立了完备的规则体系、科学的交易流程、特有的交易系统、广泛的信息披露渠道，监管体系逐步完善；在促进各类要素资源优化配置、拓宽投融资渠道、支持实体经济发展、助力经济增长动能转换等方面积累了丰富经验。

党的十九大是在全面建成小康社会决胜阶段、中国特色社会主义进入新时代的关键时期召开的一次具有划时代和里程碑意义的历史性会议。习近平总书记在大会上做了题为《不忘初心，牢记使命，高举中国特色社会主义伟大旗帜，决胜全面建设小康社会，夺取新时代中国特色社会主义伟大胜利，为实现中华民族伟大复兴的中国梦不懈奋斗》的报告。报告中，习近平总书记就“贯彻新发展理念，建设现代化经济体系”提出了六项重大任务，其中有诸多内容与产权交易资本市场业务密切相关：一是以供给侧结构性改革为主线，推动经济发展质量变革、效率变革、动力变革，提高全要素生产率；二是坚持去产能、去库存、去杠杆、降成本、补短板，实现供需动态平衡；三是经济体制改革必须以完善产权制度和要素市场化配置为重点，实现产权有效激励、要素自由流动；四是完善各类国有资产管理体制，改革国有资本授权经营体制，加快国有经济布局优化、结构调整、战略性重组，促进国有资产保值增值，推动国有资本做强做优做大，有效防止国有资产流失，深化国有企业改革，发展混合所有制经济，培育具有全球竞争力的世界一流企业；五是全面实施市场准入负面清单制度，清理废除妨碍统一市场和公平竞争的各种规定和做法，激发各类市场主体活力；六是深化金融体制改革，增强金融服务实体经济能力，提高直接融资比重，促进多层次资本市场健康发展。我们要切实把思想和行动统一到党的十九大精神上来，紧紧围绕服务供给侧结构性改革，紧紧围绕国企改革发展大局和中心工作来部署工作，加强市场建设、打造全要素配置平台、提高服务能力、有效防范风险，在抓重点、破难题、补短板上下功夫。一是牢牢把握服务国有企业改革、服务要素资源配置的市场定位进行市场创新；二是要在发挥平台优势、提高要素资源配置效率和效果上下功夫；三是加强产权交易机构之间的业务合作与业务协同；四是有效防范市场风险。产权交易资本市场作为现代化经济体系建设中的重要环节，作为中国特色多层次资本市场的重要组成部分，必将迎来高速发展的新时代。

国务院国资委党委书记郝鹏同志指出，在相当长一个时期，产权交易清晰化、透明化，公正公平，通过交易市场体现国有产权的价值是非常必要的，中国产权协会要在这方面进一步完善做好。中国产权协会是中央纪委推动、国务院同意、民政部批准登记、国务院国资委组建并主管的AAAA级全国性协会，是国务院国资委成立以来组建的唯一一家直管协会。

2017年4月，中国产权协会资本投资运营专业分会挂牌成立，以协会分会这一社会组织形式组织活动，使产权交易机构与资本投资公司、资本运营公司相对接。在进一步提升产权市场资本市场主体功能的同时，参与和推动资本投资公司、资本运营公司的试点工作，助力国有企业的改革和发展，在建设现代化经济体系过程中，将发挥越来越重要的作用。

2016年以来，甘肃省国资委以推进供给侧结构性改革为主线，大力推动省属企业提质增效、结构调整和转型升级发展，甘肃省属监管企业的经济增长方式和运行质量明显提高，2016年全年累计实现利润总额35.25亿元，同比转亏为盈，取得了积极成效。甘肃省公航旅集团做出了重大贡献，资产规模已扩大到3200多亿元。甘肃省产权交易所作为甘肃省唯一一家开展国有资产转让及股权融资的综合性交易机构，是中国产权协会的常务理事单位，主要领导被评为行业专家，是区域内有实力、有影响力的资本市场投融资平台。从2004年开始，配合甘肃省委省政府、兰州市委市政府开展了国企改革攻坚计划，在甘肃省第一轮国有企业改革过程中较好地发挥了市场配置资源的功能，完成各类国有资产交易业务700多宗，累计成交额600多亿元，经营规模全国排名第九、西北地区排名第一。在中国产权协会最近组织的一次产权交易行业增资典型案例评选活动中，甘肃省产权交易所拔得头筹。全行业获奖案例共30例，甘肃省交易所获得3例，其中，他们操作的华龙证券增资项目募集资金96.22亿元，成为全行业最具影响力的案例。

未来几年，在建设现代化经济体系、推进国有企业、国资改革的进程中，产权交易资本市场必将进一步发挥国有资产转让、资源优化配置、企业直接融资的阳光平台作用，必将迎来更大的发展机遇。2018年，中国产权协会将积极推进产权交易资本市场理论体系、信用（文化）体系、信息（网络）体系、制度（法规）体系、自律与风险防控体系和市场服务体系六大体系建设。产权交易资本市场体系将更加统一、规范、高效，将更好地为国资监管、国资改革等，国民经济发展服务。今天我们聚在一起，深入学习党的十九大精神，研讨国有资本投资运营和政府投融资平台的转型发展，希望在座的各位能够充分交流、积极探讨、共享思想盛宴，也希望大家更多支持和参与甘肃省国资监管和国企改革的各项工作，参与和支持中国产权协会、中国产权协会资本投资运营分会的各项工作，让我们共同建设统一开放、竞争有序的产权交易资本市场体系，服务好国有企业在新时代的改革创新！预祝这次会议取得圆满成功！

在中国产权交易行业学习贯彻党的十九大精神暨理论研究课题结题会上的讲话

中国产权协会党委书记、秘书长　**夏忠仁**

（2017年12月14日）

今天，在全国上下深入学习贯彻党的十九大精神之际，全国关心产权交易行业、从事产权交易工作、热心产权交易研究的各界同仁齐聚广州，集中学习党的十九大精神，总结部署产权交易行业理论研究工作。这是产权交易行业的一次重要会议，也是我们产权人深入学习宣传贯彻党的十九大精神，以习近平新时代中国特色社会主义思想为指引，共商产权交易理论研究大计，促进产权交易事业创新发展的一次工作会议，对于推动产权交易资本市场理论体系建设具有十分重要的意义，对于行业的发展具有深远的影响。

下面，我讲几点意见，仅供大家参考。

一、认真学习宣传贯彻党的十九大精神，在学懂弄通做实上下功夫

国务院国资委党委书记郝鹏同志强调，要把学习宣传贯彻党的十九大精神作为当前和今后一个时期首要的政治任务，认真贯彻习近平总书记关于学懂弄通做实的重要指示，在学习领会习近平新时代中国特色社会主义思想上下功夫，在落实党的十九大提出的各项目标任务上下功夫，坚决维护以习近平总书记为核心的党中央集中统一领导，不忘初心，牢记使命，把十九大精神贯彻到国企国资改革发展党建各个方面。2017 年 11 月，协会根据国务院国资委党委书记郝鹏同志“在相当长一个时期，产权交易清晰化、透明化，公正公平，通过交易市场体现国有产权的价值是非常必要的，产权协会要在这方面进一步完善做好”的指示召开三届二次理事会扩大会议，推动全国产权交易行业深入学习贯彻党的十九大精神，推进产权交易资本市场体系建设。会上，国务院国资委协会党建局（协会工作局）领导指出，行业协会的首要任务是学习宣传贯彻党的十九大精神，以党的十九大精神为指引，按照依法设立、自主办会、服务为本、治理规范、行为自律的社会组织建设发展目标，做好协会各项工作。国务院国资委产权管理局领导指出，产权交易市场作为我国资本市场的组成部分，是现代产权制度的重要一环，是要素市场化配置的重要平台，协会要带领会员机构切实把思想和行动统一到党的十九大精神上来，紧紧围绕服务供给侧结构性改革，紧紧围绕国企改革发展大局和中心工作来部署工作。加强市场建设、打造全要素配置平台、提高服务能力、有效防范风险，在抓重点、破难题、补短板上下功夫。协会会长吴汝川同志强调，全国产权交易行业要认真学习、深刻领会十九大报告，特别是习近平新时代中国特色社会主义思想的精神实质和科学内涵，要贯彻新发展理念，切实提高政治站位，紧紧围绕党和政府部门、国有企业的核心任务，全面把握产权交易资本市场发展的战略机遇，举旗定向、谋篇布局、开拓创新、真抓实干，努力开创产权交易行业的新局面。会议之后，全国产权交易行业迅速掀起了学习宣传贯彻十九大精神的热潮。协会和广大会员组织理论学习会、宣讲会、在线学习等，开展了多种形式的学习宣传活动。

今天协会组织行业机构集中学习，各位领导嘉宾、行业专家的发言非常精彩、非常重要，我深受启发。党的十九大代表、广东省国资委李成书记的演讲，武汉大学叶永刚教授的解读，广东省产权交易集团刘闻书记、第一课题组组长北京产权交易所副总裁马德宇、第二课题组组长武汉光谷联合产权交易所陈志祥董事长、行业专家何亚斌同志的专题发言，分别从政府部门、专家学者和业界人士的角度为我们全面系统地解读了党的十九大精神，并结合国资国企改革、经济体制改革和产权交易资本市场建设及行业发展提出了创新工作思路和研究方向，深化了我们对党的十九大精神的理解和把握，拓宽了产权交易资本市场全面服务经济体制改革的认识和思路，强化了对新时代赋予产权交易资本市场的新机遇、新任务和新使命的认识。今天的会议对于帮助我们学懂弄通做实党的十九大精神，全面推动产权交易资本市场建设和行业发展具有十分重要的意义。

二、以十九大精神为统领，加强产权交易资本市场体系建设，为建设现代化经济体系助力

习近平总书记在党的十九大报告中明确指出：要贯彻新发展理念，建设现代化经济体系，

提出深化供给侧结构性改革、加快完善社会主义市场经济体制等六大任务。提出完善产权制度和要素市场化配置是建设现代化经济体系的重点任务。这一系列部署为产权交易资本市场赋予了新使命和新任务，也提出了新课题和新要求。产权交易资本市场诞生于产权制度改革，是产权保护的重要制度性举措，在完善产权制度，特别是服务国企国资改革、供给侧结构性改革和混合所有制经济发展过程中已经取得丰硕成果，在12类权益要素交易领域已经实践多年，成绩斐然。据协会统计，2012年至2016年，产权交易资本市场交易的产股权、实物资产、诉讼资产、金融资产、企业融资服务等12类产权交易项目累计成交额已突破18万亿元。据国务院国资委监测系统显示，十八大以来的五年，全国国有企业通过产权交易资本市场转让国有资产8636亿元，平均增值率19.66%，其中94%的交易项目在评估结果基础上实现了增值。事实证明，产权交易资本市场是市场化配置要素资源的主战场，是我国现代化经济体系的重要构成，应该而且能够为更多要素资源交易流转配置服务。产权交易资本市场要秉承舍我其谁的使命感和责任感，积极主动为深化经济体制改革做好服务，努力建设统一、规范、高效、服务功能强的产权交易资本市场，为建设现代化经济体系做出贡献。

协会自去年以来积极推进产权交易资本市场理论体系、制度（法规）体系、信息（网络）体系、信用（文化）体系、自律与风险防控体系和市场服务体系六大体系建设，推动产权交易资本市场加强平台建设，增强服务功能。今天的会议，很好地回答了如何更好地发挥产权交易资本市场优势，开拓创新，更好地为供给侧结构性改革服务，为要素市场化配置服务的重大课题。对于夯实产权交易资本市场基础、完善市场功能、巩固市场地位、拓展市场空间具有非常重要的意义。

三、以十九大精神为统领，扩大理论研究成果，推动新时代产权交易行业理论体系建设

协会自成立以来，非常重视理论研究，去年集中组织40多家机构和行业专家共80多人开展了“中国产权交易市场的特质属性、功能定位和支撑体系实证研究”。期间，协会秘书处整理了产权交易市场助力国企改革创新论坛的成果，形成了产权交易资本市场理论体系建设前瞻性论述；开展了产权交易资本市场统一性、规范性、高效性和服务性研究，编印了产权交易资本市场第三次典型案例评选活动案例汇编，形成了一套产权交易行业基础理论。在党中央和国务院将产权交易市场定位为资本市场，在全国产权交易行业转型发展的关键时期，组织开展理论课题研究，是关系到产权交易行业发展前途与命运的大事。必要性在于适应全面深化改革的新形势、新任务，进一步理清产权交易市场发展的基本问题，进一步明确产权交易市场发展的方向和功能定位，在全行业统一思想、统一意志、统一行动，同心协力把产权交易市场建设成为真正意义上的资本市场。

总体来看，本次课题研究成效显著，成果丰硕，明确了产权交易市场的特质属性和功能定位，明确了产权交易资本市场的支撑体系，提出了构建区域性产权交易市场是实现全国统一产权大市场的有益探索，统一了行业思想认识，厘清了问题，破解了困惑，总结了历史发展经验与规律，提出了未来发展目标与路径，扩大了市场影响力。课题研究得到了国务院国资委和协会领导的肯定，对产权交易资本市场建设和行业发展具有较强的理论指导和实践意义。这次课题研究是全行业首次开展的行业统一的基础理论研究，通过这次课题研究，我们也总结出几点经验：一是行业的潜力深厚，只要行业齐心协力、协同创新，是有能力有水平集中力量办大事的。二是开展理论研究是统一行业思想认识、提高行业理性思维、谋划

行业发展的有效举措。三是理论研究有助于在行业内形成研究氛围，增加行业厚度。各地产权交易机构相继建立了研究机构，更加重视研究工作。四是形成行业理论，有助于明确行业定位、增强行业自信，扩大行业的社会影响力，增强行业的凝聚力。

在这里，我代表协会再次向支持这项工作的各机构领导，参与本次课题研究的行业专家、报告执笔人及相关单位人士的重视、支持和辛勤付出，对产权交易事业的忠诚热爱，表示衷心感谢和崇高敬意！明年协会要将这些研究成果向国务院国资委申报软课题，编印成册，作为行业基础理论宣传和学习培训的教材。

行业的理论体系建设虽然开了个好头，但是我们也看到，行业整体研究能力亟待提高，工作体制机制有待完善。必须承认当前会员机构和行业的研究能力仍比较薄弱，重视程度和形成合力不够。目前，协会秘书处成立了研究中心，设立了市场化研究机构——中产研咨询服务公司。今后，协会将加大对行业内外资源整合利用和沟通合作交流，发挥行业专家作用，组建行业研究员队伍，构建行业智库，形成研究合力，增强研究实力。明年是产权交易市场诞生30周年，我们将开展一系列纪念活动，针对性地举办论坛，开展专项理论研究，并推出研究成果。今天下午，协会还将组织安排2018年理论课题研究工作。理论研究课题主要针对产权交易资本市场体系建设的重大专项问题，包括“《产权交易法》立法研究”“产权交易资本市场全面风险管理研究”“产权交易行业信用体系建设研究”“产权交易资本市场要素市场化交易研究”和“企业增资业务中产权交易机构作用研究”五个课题。希望行业机构一如既往，群策群力，支持做好理论研究工作，高质量、高水平完成课题研究，着力推动行业理论体系建设。

四、新时代产权交易资本市场要以服务区域经济发展为支撑，推进全国统一的大市场建设

党的十九大报告提出，要打破行政性垄断，清理废除妨碍统一市场和公平竞争的各种规定和做法。产权交易资本市场要发挥非标准资本市场功能作用，主动作为，为“一带一路”、京津冀协同发展、雄安新区、长江经济带、泛珠三角经济带、粤港澳大湾区等国家战略服务，夯实内功，为区域经济发展做好支撑，为全国产权交易资本市场统一贡献力量。以广东省产权交易集团、广东联合产权交易中心、南方联合产权交易中心、广州产权交易所、深圳联合产权交易所和珠海产权交易中心为代表的广东产权交易资本市场做出了表率，带了好头。在国务院国资委、广东省委省政府的整体部署和有力支持下，省国资委、省金融办牵头，广东省产权交易集团协助，实现了南方联合产权交易中心、广州产权交易所、深圳联合产权交易所和珠海产权交易中心四家交易机构的资源整合。广东联合产权交易中心是全省唯一从事企业国有资产交易的机构，自2017年12月1日起，省内四家交易机构将通过该平台开展国有资产交易业务。省内四家交易机构实现历史性有效整合，标志着全省国有资产交易系统、交易规则、信息发布、交易结算、交易鉴证和收费标准“六统一”实质性完成。广东产权交易资本市场统一性、规范性、高效性和服务性建设进入新的历史阶段，为服务粤港澳大湾区战略增添了新动力。广东省推动产权交易市场化改革，推动区域非标资本市场建设的经验和做法，倡导以股权为纽带，促进产权交易机构开放、合作、共享，为推动建成统一开放、竞争有序的产权交易资本市场体系提供了动力、模板和借鉴。在此，我代表协会向你们表示诚挚的祝贺！希望你们再接再厉，加强平台建设和功能完善，抓住粤港澳大湾区建设机遇，加强泛珠三角区域、香港和澳门的合作，实现自身更新更大的发展，为全行业发展

做出更新更大的贡献。

今天会议开得很成功，主题突出，内容丰富，达到了预期的目的。在这里，我谨代表协会，对本次会议的顺利召开表示祝贺！向出席会议的领导嘉宾、行业专家和业界同志们表示感谢！向广东省国资委对本次会议的重视和支持表示感谢！向承办单位广东省产权交易集团，协办单位广东联合产权交易中心、南方联合产权交易中心、广州产权交易所、深圳联合产权交易所和珠海产权交易中心对会议的大力支持表示由衷的感谢！

时代是思想之母，实践是理论之源。全体会员机构要深入学习贯彻落实党的十九大精神，把握新时代赋予产权交易资本市场的机遇，在自身实践的基础上加大研究工作力度，开展好基础理论研究和业务创新研究，及时总结好实践经验，深化理论认识，摸清发展规律，探索发展路径，用研究成果为业务拓展提供指导，为市场体系建设提供导向，为行业发展做好支撑。让我们不忘初心，牢记使命，全力建设好统一、规范、高效、服务功能强的产权交易资本市场体系，全力服务新时代国家经济建设，为全面建成小康社会、全面建设社会主义现代化强国贡献力量！

要素市场未来发展趋势与监管方向研究

北京产权交易所常务副总裁　**高佳卿**

要素又称生产要素，是人类在生产经营活动中利用的各种经济资源的统称，包括产权、土地、劳动力、资本、技术和信息等。要素要进行交易，就需要有为其服务的媒介和场所，市场经济要求生产要素商品化，以商品的形式在市场上通过市场交易实现流动和配置，从而形成了各种生产要素市场。近年来，我国要素市场在要素价格发现、资本集散、产业集聚以及促进区域转型发展方面的作用日益凸显，引起了各地政府的高度关注以及实业界的浓厚兴趣，各类要素市场纷纷设立，规模迅速壮大，交易品种日益丰富。

要素市场并非全要素，是指由各省级人民政府管理的交易场所，主要分为两大类：一是商品类交易场所，包括石油石化、铁矿石、煤炭等大宗商品，及邮票钱币、茶叶、书画等现货商品和艺术品；二是权益类交易场所，包括国有产权、知识产权、技术权益、碳排放权、林权、矿业权等。

人类社会经济从传统的商品现货市场发展到今天的金融资本市场，实际上就是一个不断创造要素组合集聚、不断促进要素交易流动、不断放大交易杠杆、不断出现交易风险、不断优化交易监管、完善交易制度的过程。在这个过程中投资人的贪婪与恐惧、市场的创新与调整、法律规制的滞后像既定的剧本一样不断上演，而市场与监管的关系更是在矛盾与相互促进间不断转换。

本文结合要素市场的发展、监管的历史沿革及国家方针政策等，对要素市场的未来发展趋势及监管方向进行探讨。

一、我国要素市场发展历程简述

我国要素市场是伴随我国社会主义市场经济体系的建立完善而产生的，伴随我国经济体制改革特别是国企改革持续深入推进而发展壮大的。

在此过程中，要素市场的交易品种、交易方式、制度规则、监管手段也在逐步发展完善。

下面笔者将结合要素市场交易品种和交易方式的发展演变过程来回顾近二十年我国要素市场的主要发展历程。

（一）技术产权交易市场初步形成（1999—2003 年）

1999 年 10 月，上海技术产权交易所成立，2003 年初，北京的中关村技术产权交易所挂牌成立，到 2003 年底，全国各地的技术产权交易所数量达到 40 家左右。技术产权交易业务旨在通过“抓股权、带产权、促成果”的工作方式，走“成果产权化、产权股权化、股权资本化”的技术产权交易发展道路。当时的技术产权交易市场，成为以技术转让和中小型科技企业股（产）权转让为主的非公开权益资本市场。这既是技术市场与资本市场相结合的场所，也是国家科技创新体系和资本市场发展到一定程度的必然结果。

自技术产权交易市场出现以来，交易业务规模迅猛增长，并显现出强烈的市场发展需求。据统计，截至 2002 年初，在全国各技术产权交易市场登记的高新技术项目和企业达到了近 10 万个，在技术产权交易市场上挂牌参与交易的项目和企业信息有近 2 万个；交易规模也出现快速增长势头，交易涉及资产额达到 2000 多亿元，充分体现了技术产权交易市场作为技术资源配置主要渠道的作用。技术产权交易市场的出现与发展，就像一场及时雨，给当时发展低迷的产权交易市场注入了新的发展动力。

主要交易方式：这一时期，正是我国产权交易市场的起始期和初步发展期，一些地方的产权交易机构已经逐渐开始采用项目招投标、现场拍卖转让等竞价交易方式，这为《企业国有产权转让管理暂行办法》（3 号令）关于交易方式及交易规则的具体制订提供了一定的实践经验支撑。

（二）产权交易业务快速发展，交易品种向各类要素领域多点开花（2003—2013 年）

2003 年底 3 号令的发布，使得产权交易市场自此进入快速、规范发展的新时期。2003 年至 2008 年，我国产权交易市场在企业国有产权股权转让领域的良好实践，得到了各类市场主体、各级政府部门的广泛认可。除传统的经营性企业国有产股权之外，金融企业国有产权、国有企业实物资产、行政事业单位资产、海关罚没资产、纪委抄没资产、法院涉民事执行资产等国有资产或者与公权力相关的资产，都陆续进入产权交易市场公开、阳光处置，并使得市场交易规模明显提升，产权交易市场的影响力进一步扩大。

2008—2013 年，国内各主要产权交易机构加快向各类市场要素领域全面拓展交易业务，以北京产权交易所、上海联合产权交易所、武汉光谷联合产权交易所等为代表的大型产权交易机构先后投资设立了技术产权交易所、林权交易所、环境交易所、金融资产交易所、矿业权交易所、石油交易所、贵金属交易所等。其目的就是通过市场化方式，提高各领域要素资产交易效率、降低交易服务成本，以实现全社会各类市场要素资源的最优化配置。在此期间，伴随着《国务院关于清理整顿各类交易场所切实防范金融风险的决定》（国发〔2011〕38 号）的出台，在全国范围内开展交易场所清理整顿工作，至 2013 年底，包括北京在内的多省通过清理整顿各类交易场所部际联席会议（以下简称部际联席会议）的检查验收。

这一阶段，我国要素交易市场的交易品种和服务内容及领域不断创新，各地交易市场业务类型不仅有交易型业务也有投融资型业务，其中交易型业务内容包括了实物资产、金融资产、涉诉资产、农村产权、技术产权、经营权、股权、债权、林权、矿权、文化产权、排污权和知识产权（专利、版权）等；投融资型业务内容则包括企业增资扩股、股权质押融资、私募融资、并购重组贷款、企业股改等。

主要交易方式：在3号令出台起初一两年里，交易市场的主要竞价方式仍是传统的拍卖和招投标，这些竞价方式固有的围标串标、交易成本高、不能异地参与等问题日益突出，不能满足交易市场发展的需要。与此同时，现代互联网通信技术在我国各领域及各层面得到快速发展和持续深入推广应用。在这种背景下，产权交易市场将解决的思路聚焦在了网络技术的应用上，我国交易市场的电子竞价交易方式发展之路可分为基于局域网技术应用的局域网竞价方式和基于互联网技术应用的网络竞价方式两个阶段。2009 年 12 月，北交所在全国率先创新研发出了动态报价电子竞价方式，动态报价方式不仅取得很好的交易效果，也从多个方面表现出这种竞价模式的优越性。

（三）要素市场发展鱼龙混杂，重点交易平台的行业影响力进一步显现，违规业务亦层出不穷（2014 年至今）

这一阶段，要素市场的发展呈现出好坏背离的趋势，一是原有重要平台的影响力越来越强，表现在交易品类广，重点交易场所支持实体经济发展作用显著，如北京金融资产交易所、北京产权交易所、北京铁矿石交易中心等交易场所在金融资产交易、国有产权交易、非金融企业债务融资、引导铁矿石合理定价等方面发挥了较好的市场化资源配置功能；全国七个试点城市的碳排放权交易场所积极服务绿色经济和新发展理念，用市场化手段推动节能减排和绿色金融产业发展成效较为显著。二是顺应全面深化改革等国家战略，原来由政府定价的石油、天然气、电力、医药等关系国计民生的垄断性资源，逐步放开由市场定价，中国水权交易所、上海石油天然气交易中心等国家级平台相继成立。三是在互联网 + 、金融自由化等背景下，部分交易场所过度创新，加上监管缺乏导致投资氛围浓厚，出现了一系列风险隐患和社会问题。

主要交易方式：合规交易场所的交易方式延续之前，进行金融创新的交易方式包括 OTC（类期货）、现货发售（类证券）、现货连续（延期）交易、融资融货交易、权益变相拆分交易、微盘交易等，但经实践证明，上述交易方式均存在违规问题。

二、我国要素市场的政策要求及发展过程中出现的问题

从我国要素交易市场发展历史来看，主要的发展动力之一在于政策的扶持和推动。要素交易市场曾因监管政策调整而出现市场发展停顿，也因政策支持而迎来重大历史性发展机遇并迅速发展壮大。在 3 号令出台之前，对于要素市场的发展并未有明确的政策规定，鉴此，以政策（包括监管和行业发展相关政策）为主线来分析近年来要素市场的发展进程，大体可分为以下三个阶段。

第一阶段：3 号令出台到十八届三中全会

3 号令的出台及配套的一系列文件，逐步形成了规范国有产权交易的政策体系，奠定了规范国有产权转让的政策基础。可以说 3 号令的出台对以产权行业为代表的要素交易市场影响重大。

然而，在要素交易市场体量不断增大，要素品种由国企产权、实物资产向文化、商品等领域不断发展的同时，各种因创新引发的问题也逐渐暴露。2011 年，天津文交所上市发售的《黄河咆哮》画作，以份额化拆细方式面向投资者开展交易，其单价从 3 月份最高峰 18.7 元，滑落至 10 月份的 2 元多，很多投资者财富缩水八成，导致投资者集体控告天津文交所。后续泰山文交所、郑州文交所、深圳文交所、北京汉唐风险也全面爆发。以天津文交所份额化事件为标志，全国要素市场行业进入了第一轮的清理整顿。

2011 年 11 月，国务院正式下发国发〔2011〕38 号文，建立由证监会牵头，有关部门参加的部际联席会议制度，拉开了全国范围内的交易场所的清理整顿大幕。国发〔2011〕38 号文重点是纠正违法证券期货交易活动，并在交易模式、金融产品类交易等方面做出了一系列禁止性规定。

2012年7月，为了贯彻落实国发〔2011〕38号文，国务院办公厅发布了《国务院办公厅关于清理整顿各类交易场所的实施意见》（国办发〔2012〕37号），对国发〔2011〕38号文的各项要求进行进一步细化。

在该阶段，相关的部门规章相继出台，如2013年8月商务部出台的《商品现货市场交易市场特别规定（试行）》（商务部2013年3号令），指出商品现货市场应当坚持实体经济服务的宗旨，鼓励商品现货市场创新流通方式，降低交易成本，建设节能环保、绿色低碳市场。值得注意的是，该规定对于交易模式和交易品种的创新给出了一定的空间，指出商品现货市场交易可以采用协议交易、单项竞价交易以及省级人民政府依法规定的其他方式交易。商品现货市场交易对象包括实物商品、以实物商品为标的的仓单、可转让提单等提货凭证以及其他省级人民政府依法规定的其他交易对象。

在该阶段，除了天津、云南等少数几个省份外，大部分省份均通过部际联席会议的检查验收。

第二阶段：从十八届三中全会到2016年底

2013年底党的十八届三中全会拉开了全面深化改革的大幕，我国经济发展整体步入新常态。国有企业积极推进供给侧结构性改革、产业结构战略布局调整、混合所有制经济发展，以及“互联网＋”行动计划的深入贯彻、国家“一带一路”建设和长江经济带等区域协同发展战略稳步实施，一系列国家战略部署都给要素交易市场带来难得的外部发展机遇。在此期间，中国水权交易所、北京电力交易中心、上海石油天然气交易中心等一批承担价格市场化改革的国家级平台相继成立，并初步发挥重要作用；北京产权交易所、北京金融资产交易所、全国棉花交易市场等原国家级平台继续发挥重要影响力，取得一系列重要成绩；在金融领域，在一行三会的统筹指导下，中证报价系统、信托资产流转平台等国家级平台也进行了全面部署。《中共中央、国务院关于进一步深化电力体制改革的若干意见》《中共中央、国务院关于推进价格机制改革的若干意见》等国家层面的政策文件出台，对要素市场行业的发展给予了重要指导。

在此阶段，传统交易场所在快速发展的同时也加大了创新的力度，以南京文交所为代表的邮币卡平台发售模式和以天津贵金属交易所为代表的OTC模式异常火爆，引得全国各交易场所竞相模仿，一时间全国要素市场形成了海水和火焰并存的局面。由于发售模式和OTC模式投机性质浓厚，存在操控价格、对赌等严重违规问题，背离了服务实体经济发展的本质要求，且均为涉众业务，部分交易场所及其会员单位发展了很多不具备相应风险承受能力的投资人，且普遍伴有虚假宣传、盈利承诺、代客理财等违规行为，致使部分投资人在短时间内亏损严重，并已形成群体上访事件，给整个要素市场的声誉和政府公信力带来不良影响。云南泛亚有色金属交易所爆发了兑付危机，造成了恶劣的社会影响。

在此期间，国家层面没有新的监管政策的出台，监管的滞后性是风险不断累积和爆发的主要原因之一。北京、深圳等地对于风险的防范和处置在全国范围内领先，但由于缺乏国家层面的统一指导和行政处罚等手段，监管有效性大打折扣，交易场所违规问题依然突出。

第三阶段：2017年初至今

2017年1月9日，由证监会主席刘士余主持召开的部际联席会议第三次会议是一个重要事件，标志着要素市场由全面创新转向违规处理与风险处置。本次会议全面部署了清理整顿各类交易场所“回头看”工作，并由清理整顿各类交易场所部际联席会议办公室（以下简称清整联办）相继下发了《清理整顿各类交易场所部级联席会议第三次会议纪要》（清整联办〔2017〕30号）、《关于做好清理整顿各类交易场所“回头看”前期阶段有关工作的通知》（清整联办〔2017〕31号）和《邮币卡类交易场所清理整顿工作专题会议纪要》（清整联办〔2017〕49 号）等系列文件，明确了违规交易场所的主要问题。清理整顿“回头看”工作的规范措施、长效措施、工作安排等内容，对规范要素市场行业有着重要意义。但由于上述文件的法律层级普遍较低，且对“T+5”等监管要求做了扩大性解释，对于验收标准、投资者损失赔偿等事宜未给出明确规定，导致各地方政府在政策执行时存在对政策理解不一致，监管尺度不统一等问题，要素市场行业的风险得以缓释，但远未最终化解，潜在风险依然较为突出。

2017 年 8 月 9 日，最高院出台了《关于进一步加强金融审判工作的若干意见》，规范整治地方交易场所的违法交易行为，防范和化解区域性金融风险。指出对地方交易场所未经许可或者超越经营许可范围开展的违法违规交易行为，要严格依照相关法律和行政法规的禁止性规定，否定其法律效力，明确交易场所的民事责任。切实加强涉地方交易场所案件的行政处置工作与司法审判工作的衔接，有效防范区域性金融风险。跟要素市场相关的民事诉讼案件将会逐步审判，审判结果将对要素市场的风险处置工作予以进一步的指导。

在该阶段，在对违规交易市场进行清理整顿的同时，要素市场在国家层面的改革持续推进，如全国碳排放权市场的统一建设，以及上海票据交易所和中国旅游资源交易中心相继筹建，相应的行业政策也陆续出台。伴随着国家供给侧改革的不断深入，铁矿石、石油石化、煤炭等交易平台的市场定价、资源优化配置功能将进一步显现。

三、制约我国要素市场发展的原因分析

近年来，我国要素交易市场不断在创新—违规—整顿中循环往复，究其原因，主要有以下几个方面：

（一）监管层面

一是缺乏顶层设计。中央（含派出机构）和地方金融监管部门存在重复监管、监管套利和监管空白并存的制约行业发展的问题；未能实现全国一盘棋，清整联办的政策在执行时各地方的尺度不统一，采取不同标准，寻租套利空间较大。

二是监管经验和监管能力不足。各省市金融办普遍存在专业人才缺乏、专业能力不足、监管经验缺乏等问题；同时鉴于地方政府需要平衡发展与金融风险的关系，使得地方金融部门陷入左右为难的境地，摇摆于发展和维稳之间。普遍存在重审批、轻监管的问题，且对要素市场的长期发展规划、行业指导目录、系统性防范风险体系建设等缺乏足够的能力。

三是监管制度不健全。目前，国家证监会监管的 7 家证券、期货交易场所，配套的法律、行政法规、司法解释 120 余件。而在国家层面，对于要素市场的配套政策仅有国发〔2011〕38 号文和国办发〔2012〕37 号文，监管制度不完善，尚未形成完善的监管体制，这与交易场所的快速发展形势不相适应。

四是行业管理和交易业务监管需进一步加强配合。国发〔2011〕38 号文要求“建立由证监会牵头，有关部门参加的清理整顿各类交易场所部际联席会议”，“商务部要在联席会议工作机制下，负责对大宗商品中远期交易市场清理整顿工作的监督、检查和指导”；《关于做好商品现货市场非法期货交易活动认定有关工作的通知》（证监办发〔2013〕111 号）及《商品现货市场交易特别规定（试行）》（商务部令〔2013〕3 号）规定“商品现货市场非法期货交易活动由证监部门认定”；《关于贯彻落实国务院决定加强文化产权交易和艺术品交易管理的意见》（中宣发〔2011〕49 号）要求“对从事违法证券期货交易活动的文化产权交易所，严禁以任何方式扩大业务范围，严禁新增交易品种，严禁新增投资者，并限期取消或结束交易活动。对逾期不取消、继续或变相违法从事证券期货交易的各类文化产权交易所，文化、广电、新闻出版部门要积极协助证监会做出认定，依照有关规定从严惩处”。而各地的交易场所管理办法通常规定金融办为交易场所的统筹管理部门。

从上述政策可以看出，由于证监、文化、商务、金融等部门多头监管，行业管理和交易业务监管部门对交易场所的监管衔接不够，难免出现监管漏洞。加之上位法监管授权不充分、行政处罚手段缺失、监管力量单薄、相关制度和机制不健全等问题，使得监管的有效性大打折扣。

（二）市场主体层面

一是经营压力和发展动力导致部分交易场所盲目进行业务创新，风险敞口较大。自2011年清理整顿工作开展以来，根据政策要求，大部分交易场所的业务处于停滞发展阶段。检查验收通过后，由于业务长期停滞，使得部分交易场所面临较大的经营压力和发展动力去“大踏步”式的创新发展，如前文已述的违规交易场所并未对创新业务的风险点进行充分研判，导致部分创新业务风险敞口较大。

二是违规交易场所漠视监管现象较为普遍。部分交易场所在经营理念上存在较大问题，对政策理解的不充分，认为取得交易场所的资质后，交易品种无须审批就可以随意上线，并且在未进行充分的风险研判的前提下盲目开展交易业务，使得违规问题不断，风险快速累积。同时漠视监管现象较为普遍，表现在在收到监管函后依然未进行实质性整改，甚至抱有“大而不倒”的侥幸心理迅速发展违规业务，风险意识淡薄，风控制度不健全，对会员单位缺乏有效监管，对会员单位存在的违规行为未能及时发现和制止。产品设计投机性强，价格泡沫明显，背离了服务实体经济发展的本质要求。

三是部分会员单位非法逐利。在国家现行法律法规下，交易场所的会员、代理商等机构不在直接监管范围之内；同时违规交易场所的交易机制设计普遍采取“交易场所—经纪会员—投资人”的三层架构，这就造成部分违规会员、代理商等机构通过虚假宣传、代客理财等方式诱导大量个人投资者在不了解风险的情况下参与交易，致使部分投资人损失严重。

（三）投资人层面

部分投资人不理性，逐利心切，主要表现在：一是被虚假宣传所蒙蔽，轻信在短时间内就能有高额收益，在不了解风险的情况下盲目参与；二是部分投资人热衷于追涨杀跌，炒买炒卖，如判断失误将会在短期内发生较大亏损。这种频繁交易的行为对于现货市场和实体经济的利益没有任何增进，当亏损的投资人累计到一定数量，将可能引发群体性事件。

四、目前存在的主要问题

（一）风险化解存在难题

以邮币卡类交易场所的清理整顿为例，在清理整顿“回头看”之前，国家层面对邮币卡类交易场所的发展问题一直未有明确定性。清整“回头看”工作开展以来，地方政府面临大量信访人投诉不作为的质问，及行政复议、行政诉讼的风险，给“回头看”工作带来难题，也给地方金融安全与社会稳定造成不良影响。

（二）分类撤并和“僵尸”类交易场所的处置标准不清晰

一是在对交易场所开展分类撤并的工作中，具体操作难度较大，依法决策依据不足。二是在对长期未开展交易业务的交易场所进行处置的过程中，面临着认定难、退出难等一系列问题。交易场所退出机制不完善，会导致市场良莠不齐，对交易场所行业结构优化、长期良性发展造成不利影响。

（三）已经进行风险处置的交易场所存在遗留问题

表现在虽然违规业务已全部下线，但仍有少部分索赔诉求未得到满足的投资人通过来信来访、政府信息公开、行政复议、到法院诉讼等方式进行维权，并已形成专业的维权组织，存在涉案投资人相互串联、集体上访的风险。风险由行政系统向司法体系不断传递，给国家的金融和司法秩序造成冲击。

五、我国要素市场未来发展趋势与发展模式探讨

（一）要素市场发展新趋势

综上所述，在新的监管要求和市场环境下，要素市场的发展进入新阶段，处在重大调整期和重要战略机遇期，这主要是指发展模式从原先的盲目追求交易量的粗放型增长转向质量效率型集约增长；发展结构从“跑马圈地”式的增量扩能为主转向整合存量、做优增量并存的深度调整；发展动力从低门槛的涉众型交易业务转向厚植产业优势，打造切实服务实体经济的综合服务平台。要素市场正向着形态更高级、结构更优化、布局更合理的方向演进。北京产权交易所、北京金融资产交易所、中国水权交易所、北京电力交易中心、上海票据交易所、上海石油天然气交易中心等一批国家级交易平台将发挥日益重要的影响力，引领整个行业向着形态更高级、结构更优化、服务更完善的方向不断迈进。

在新形势下，我们应以新的作为找准要素市场建设的新方位，在稳定中求发展、调整中谋突破，坚持强化监管和增强活力相结合的原则，这是深化要素市场体系结构必须把握的重要关系。具体来看：

1. 商品类交易场所的发展新趋势

近十年来，中国几乎成为所有大宗商品的最大进口国。此外，邮票钱币、红木、书画等现货商品也有着广大的群众基础和发展空间。如今我国经济增长面临着产业结构不合理、债务高压、人口老龄化等一系列挑战。从商品交易市场的发展来看，我国的期货市场商业套保参与太少，投机者众多，商品期货市场过度金融化，从而造成价格巨幅波动；而在前些年监管不严的背景下，打着商品现货市场旗号的伪创新项目更是投机色彩浓厚，给投资人造成严重损失。总之，目前我国的商品交易市场泥沙俱下，但这也为规范发展带来良机。

从整体上看，商品交易市场的参与者可以分为三层架构：第一层是生产商和消费者。他们是商品市场参与主体，是价格形成的基础。第二层是服务生产商和消费者的交易场所，或贸易、仓储、物流、金融等服务的提供商。他们一方面提供服务，另一方面通过对冲、套保等方式进行风险管理或套利。第三层是金融投资者或投机者，包括金融机构和散户投资人。他们参与交易的目的主要是获取价差，但他们是流动性的重要提供者。基于目前我国商品现货市场的发展现状，第一层和第二层是发展的重中之重，加强仓储认证环节、打造信用体系、着力破解流通领域融资难问题是要点。几乎所有行业，在价值创造的全过程，90%以上的环节都是不创造价值的。例如，储存在库房的原材料、待加工的半成品、未消费的成品、待促销的商品等。鉴于此，从交易端发力，构建“交易平台＋投融资平台＋产业平台”的全产业链业务模式，实现信息撮合、交易服务、产品设计、质量保证、检查认证、物流仓储、金融服务等功能，是破局点所在。

从长期来看，商品类交易场所的发展趋势是致力于实现价值的快速运转和品质升级，即对某类产品从原材料到最终递交客户的所有环节的优化与增值。发展目标是可以产生一系列真正具有全球影响力和代表性的“中国价格”基准，而这些基准也将为实体发展提供坚实的基础与持续的动力。

2. 权益类交易场所的发展新趋势

上文中，我们通过探讨商品类交易场所的价值实现来分析其发展趋势；对于权益类交易场所，我们换种思路，通过行业的本质要求来探讨其发展趋势。与商品相比，权益无形，更难把握和界定；然而无论是以公平公正、保值增值为要求的国有产权交易，以专利价值分析体系为基础的技术权益交易，还是以绿色金融产品、绿色发展理念为核心的碳排放权交易，“合规、定价公允性和与资本市场有机结合”都是其本质要求。如何在

上述三个方面做到更优化、更合理，即为权益类交易场所的发展新趋势。

在未来权益类交易场所的新盈利模式应为协议手续费逐步下降，竞价增值费逐步提高（通过拓宽平台入口和做大平台流量来实现），并加上融资服务费（依赖于平台场景和服务能力）、顾问服务费（享受单独和合作的投顾）以及参与项目投资的收益共享。

（二）要素市场发展新模式

结合在资本市场、互联网与IT技术、要素市场的多年工作经验，笔者认为在新形势下，商品类交易场所的发展模式为“以互联网技术为基石、以价值优化为根本途径、以期现对接实现升级发展”；权益类交易场所的发展模式为“以互联网技术为基石、以与金融市场充分对接为根本途径、以综合性（投行化）服务打造核心竞争力”。

1. 商品类交易场所发展模式探讨

具体来看，以互联网技术为基石是指通过互联网IT技术实现数据生产、数据库存与数据销售的全链条互通互联，从而加速价值的流动、变现。例如，商品类交易场所的物流系统应积极向产业链的上下游延伸，与制造业和贸易企业的信息系统融合，做到在业务环节上共享信息，从而减少重复录入、重复建系统的浪费，让现代化的信息系统贯穿生产加工、包装、仓储保管、物流配送、货运代理及质押融资等全流程，真正实现协同发展。

以价值优化为根本途径是指通过提供标准化的产品和服务，及建立快速响应的反馈机制来捕捉市场需求，实现由用户来定义需求的机制，即以用户的实际需求统筹生产方进行生产，通过多频次、小批量连续生产等方式，节约库存成本，满足个性化需求。同时，通过与第三方服务机构合作、与产业基金合作等方式，构建完善的质量认证与仓储物流体系，从而实现质量保真、去中间化、产业链协同、促进行业转型升级等发展目标。

值得注意的是，价值优化不是一蹴而就的，需要进行充分的考量与设计。以配套交易服务开展的供应链金融为例，从大类看，分为应收账款融资、库存融资、预付款融资和战略关系融资等。其中：应收账款融资又细分为保理、保理池、反向保理、票据池授信等；库存融资又细分为静态抵质押授信、动态抵质押授信、仓单质押授信等；预付款融资又细分为先票/款后授信、担保提货授信、未来货权质押授信、附保贴函的商业承兑汇票等。而每一种细化的融资方式又涉及多个环节，所以每个环节的法律关系如何明晰，环节与环节之间如何衔接到位，成本怎样控制，风控体系如何建立，各个银行和金融机构目前都开展了哪些业务，如何把这些资源有效统筹起来，都对商品类交易场所的发展提出了更高的要求。

以期现对接实现升级发展是指如何统筹商品所有权转移、价格发现、套期保值之间的关系。笔者认为，其实现路径是：基于现货（以有质量保证的商品所有权转移为目的）、服务现货（围绕现货交易业务构建集信息服务、信用评价、质量鉴定、质量溯源、仓储物流、金融服务于一体的综合服务平台，有效带动生产、销售、科研、推广、培训等各个环节的紧密协作）、提升现货（以现货交易为基础，逐步开展仓单交易、可转让提单交易、产品指数交易、期权交易、掉期交易、点价交易与基差交易等业务，实现中远期价格发现和风险管理）和对接期货（实现期现业务对接）。

2. 权益类交易场所发展模式探讨（以产权市场为例进行分析）

产权市场承载了股权和债权融资，与证券市场功能相近。当前的产权市场在信息披露、市场有效性、流动性、定价机制、价格发现等方面，离证券市场仍有较大距离。

未来的产权市场面临着收费标准不断变低、互联网金融市场竞争，以及未来国有产权交易政策可变化性等一系列挑战。对此，产权市场发展的重点是扩大参与群体、做大平台流量。而想做好这两点的重要基础是提供标准化的产品和服务，关键点在于谁提供产品和服务，以及相应的费用标准如何确定。具体来看：

以互联网为基石是指通过大数据、云计算、区块链、人工智能等技术的应用，提高产权市场的有效性、融合性和便利性。主要包括以下内容：一是将大数据、区块链等技术应用于产权市场，提升精细化管理水平。二是应用前景前置，即通过移动端完成相应服务。三是通过智能化服务提高人工审核、财务管理、用户行为分析等工作的效率和效用。四是通过数据分析来引导业务发展。

以与金融市场充分对接为根本途径是指产权市场进一步发展的必要条件是做大流量，没有足够的流量，就无法实现有效匹配和价格发现。具体的对接工作包括几个维度：一是与各大政府引导基金、投资平台、股权管理平台建立实质性对接关系，形成投资人的批量进驻；二是构建有效的、低成本的资金融通渠道，并考虑设计可以满足不同期限融资的基金；三是打破投资端与融资端的信息不对称性；四是以交易平台的场景为依托，通过持续性的服务（包括金融产品设计、费率灵活定价和风险监控等内容）提高投资人和融资人的用户黏性。

以综合性（投行化）服务打造核心竞争力是指基于交易平台的传统业务，开展与股权融资并购相关的投行服务。这主要体现在：一是要深度参与融资方的融资方案制订、股权架构设计、债权融资等环节。二是为投资人提供更多、更好的项目，帮助其设计更优化的投资方案（包括投资模式、资金融通、投后管理和退出机制等）。对于上述两点，其核心在于线下的充分沟通和交流，通过充分满足投资方或融资方的需求来取得信任，助其提升价值，这就对交易平台服务的前置化、专业化和精细化提出了更高的要求。三是与专业的投资机构建立合作关系，形成优势互补，借助传统投行与券商的力量综合开展行业研究、结构设计、项目估值等服务。四是通过专业化的投行服务扩展非国有交易业务，并配合投资人资源共享等优势进一步拓展非国有业务规模。五是利用国外部分项目的估值洼地，探索开展国际化业务，贯彻国家“一带一路”倡议，通过参股共建、标准输出等方式与“一带一路”沿线国家的产权机构进行合作，共谋发展。六是探索开展基金份额转让等其他增值服务。

因此，在新形势下，交易场所的发展要深深地根植于产业，在商业模式上实现创新，并通过区块链、大数据等技术实现平台的协同和聚合效应。交易场所的发展旨在对原来线性产业链中的不同环节进行重构，打造全新的、对比电子商务企业有着明显信用优势的消费和服务场景，进而实现产业升级和消费升级。

3. 综合模式研究，统筹设计好三层结构

上文我们从实现路径分别分析了商品类和权益类交易场所的发展模式。下面我们换一个角度，从结构设计方面来研究交易场所（商品与权益）的发展模式。在新形势下，笔者认为，交易场所核心竞争力的打造应重点考虑以下三方面的关系：一是平台对产业链企业的价值。二是产业链企业对消费群体（企业＋个人）的效用。三是平台对消费群体（企业＋个人）的作用。为了方便，我们假设参与交易平台业务的产业链企业注册成了平台的会员，所以以下产业链的企业统称为会员，消费群体（企业＋个人）统称为消费者。

（1）交易平台对会员的价值。

交易平台对会员的价值主要体现在以下几个方面：一是整合。交易平台通过整合产业链上的众多中小企业，使其不再是各自为战，从而发挥出聚合效用，产生交易平台与会员的协同效应，共同服务消费群体；同时，可以挤出行业非必要资源，节约行业运营成本。二是标准化产品和服务，即交易平台为会员提供标准化的产品和服务，并在此基础上，通过培训、咨询等方式培养会员进一步创造和优化服务的能力，突显交易平台与会员的合作价值，促使行业的整体服务质量得到飞跃和提升。三是渠道和资质等资源共享，即通过交易平台，使会员获得更多以前无法获得的资源，从而使会员的服务能力得到升级，以提高利润和影响力。以商品类交易场所为例，可以通过产品创意设计平台交流、共享产品设计理念；通过生产商联盟、专家团队指导以及交易平台对产品质量的严格要求提升生产工艺水平；通过交易平台共享经销商联盟体系，使得产品共同面对消费者的检验；通过融资平台和集中采购机制降低原材料采购成本，同时助力解决会员流动性资金不足问题；通过共享维保体系，解决维保后顾之忧；通过大数据分析和定制功能，为生产提供排查计划，有效节约生产资源。四是建立健全评估分析体系。交易平台对会员为消费者提供的产品和服务进行评估和评价，在消费者端保障平台的公信力，即一方面对最终的消费群而言，充分享受交易平台和会员的双重服务；另一方面对交易平台和会员而言，可以产生品牌叠加效应。五是大数据服务，会员对消费者的服务数据是可以沉淀并积累下来的，那么在数据积累的过程中，交易平台既可以为会员提供智能化分析和决策支持；也可以通过编制行业指数等方式，进一步发挥价格发现和引导功能。

（2）会员对消费者效用。

这里需要重点分析所处行业的集中度。如果行业松散，那么行业竞争严重，会员的品牌较弱，对消费者的议价能力较弱，此时交易平台的意义重大，标准化的服务和数据挖掘将对行业价值提升起到重要作用；如果行业集中度较高，如煤炭、石油石化等大宗商品行业，那么交易平台要想发挥出重要的影响力，就需要与掌握资源的各大央企建立良好的合作关系，加大资源导入和整合力度，并通过提升行业周转率、供应链金融等方式提供服务。

（3）平台对消费者的作用。

平台在通过会员服务消费者的基础上，对消费者的作用表现在：通过专业权威性对消费者进行引导；充当专业消费顾问，对消费场景进行设计和展示；建立专业服务体系，解决消费者的后顾之忧；建立定制服务平台，满足消费者的个性化需求；提供消费者互动平台，增加消费者对平台的依赖性和黏性，创造行业流动性，提供便捷的进入与退出机制等。

六、我国要素市场未来监管相关建议

在金融工作会议之后，金融安全被摆在更加突出的位置，在清理整顿各类交易场所“回头看”工作后，笔者建议从监管层面设计要素市场体系定位，统筹考虑发展和监管、国家级平台和地方交易场所的关系。对于要素市场的未来监管，建议如下：

（1）建议以清整“回头看”为契机，在全国范围内推动要素市场行业立法。

鉴于非法集资和融资性担保领域，国家层面已出台监管条例，我们建议以本次清整“回头看”为契机，在国家层面研究出台交易场所监管条例，统筹结合要素市场的监管政策与行业管理政策，进一步明确对交易场所的监管措施和处置手段。在立法推出前，建议证监会协调最高人民法院加强对清整“回头看”工作的司法指导，统筹协调涉及交易场所投资纠纷、专业维权类案件等工作，有序化解相关风险；同时，呼吁各地方参考山东地区的做法，加快地方金融立法工作，从源头上防范和处置风险。

（2）建议在要素市场违规处理和风险处置过程中，加大联合执法力度。

建议全国一盘棋，统筹开展交易场所风险化解工作；由证监会牵头汇总各省市有关问题和经验，拟定清整“回头看”工作的验收标准，指导各省市统一工作步调和监管尺度，避免因各地政策进度不统一而出现风险。

（3）建议赋予要素市场一定的创新空间。

在清整“回头看”之后，建议赋予地方交易场所一定的金融属性。可通过试点的方式，支持合规交易场所探索开展具有期权、掉期、中远期、衍生品等属性的相关业务。

各类要素交易市场的发展离不开市场的监管和规制。资本逐利的本性使其不断在寻找套利缺口和规则漏洞。这种情况下，我们更需要具有前瞻性和系统性设计的监管。很多市场交易的痼疾，从市场设计开始就留有隐患；而溯本求源，这些问题从根本上说是由于市场监管和市场运营体系缺乏良好的上位法顶层体系支撑，尤其缺乏一些跨领域、跨市场、跨监管的支撑。开放的交易市场与积极的政策监管是一枚硬币的两面。尽管当前越来越多的专家呼吁对创新业务的市场监管可以用沙盒测试，交易市场的信用不能建立在投资人前仆后继不断试错的基础上。客观上，交易市场的功能判别与参与者的行为监管需要分类覆盖，规制与监管趋势需要明晰、可持续。当前环境下，国内场内场外交易场所在市场创新、产品创新过程中，切切实实需要有一批熟悉法律监管、理解金融资本、懂互联网应用的专家，一起来策划和推动法律体系架构、交易市场监管、交易功能创新，形成市场共识与政策建议。未来的法律规制与市场监管，很大程度上应该把互联网、大数据以及人工智能作为重要手段，应该基于交易账户，通过交易功能数据与交易行为数据的监测分析，形成对法律条例与监管细则的不断迭代更新和完善。

以产权交易资本市场为主体，整合建立统一公共资源交易平台

重庆联合产权交易所　**周业军　高友富**

一、全国产权交易资本市场整合融入公共资源交易平台体系的主要形式

《企业国有资产转让管理暂行办法》（国务院国资委、财政部令第3号）发布实施后，全国产权交易资本市场进入规范发展、完善提高的新的历史阶段，全国产权交易机构行业协会的成立，进一步推动了行业自律发展。据不完全统计，截至2014年底，全国各级政府主导建立的产权交易机构有200多家。

十八大以来，国家围绕“发挥市场在资源配置中的决定性作用”推出了系列改革措施。2015年8月，国务院办公厅印发《整合建立统一的公共资源交易平台工作方案》（国办发〔2015〕63号），要求“整合工程建设项目招标投标、土地使用权和矿业权出让、国有产权交易、政府采购等交易市场，建立统一的公共资源交易平台”。按此部署，各地大力推进整合，公共资源交易市场建设进入全面规范发展的新时代。据国家发改委统计，截至2018年2月，全国公共资源交易市场数量从整合前的4103个缩减为1403个，缩减率近66%，并形成“全国—省级—市级”互联互通的公共资源交易平台体系。

在本次公共资源交易平台整合改革中，纳入整合范围的产权交易资本市场从大局出发，积极配合并融入改革，凭借资本要素市场的市场化特性和优势，基本保存了机构独立运行。产权交易资本市场整合融入公共资源交易平台体系的方式主要有三种：一是信息整合，独立运行。即产权交易机构独立运行，通过技术接入方式将相关信息纳入统一平台体系。北京、上海、天津、四川、广西等地采用这种方式。二是整体并入，相对独立。即产权交易机构由原主管部门整体划入公共

资源交易中心，成为其下属子平台，机构、业务等保持相对独立。甘肃、宁夏、广州等地采用这种方式。三是彻底整合，一体化运行。即产权资产交易业务纳入公共资源交易平台，实行一体化管理，无独立运行的产权交易机构。这种方式主要集中在原来未建立产权交易资本市场的市、县级层面。

二、重庆产权交易资本市场主导建立统一公共资源交易平台的基本做法与工作成效

与全国其他省市相比，重庆的整合独树一帜。将国家的改革要求与地方实际充分结合，以产权交易资本市场为主体整合建立统一公共资源交易平台，并创新采取“政府强监管、市场化运行、企业化管理”体制机制，特点突出，成效卓著。

（一）基本做法

一是以产权交易资本市场为主体实施整合。2016年5月，重庆市人民政府下达《关于组建重庆市公共资源交易中心的批复》，将原重庆市政府采购交易中心、重庆市机电设备招投标交易中心与重庆市国有资产产权交易中心整合，组建重庆市公共资源交易中心；剥离原重庆市工程建设招标投标交易中心、重庆市土地和矿业权交易中心的交易服务职能，纳入重庆市公共资源交易中心职能范围；在重庆联合产权交易所集团股份有限公司（简称重庆联交所）加挂“重庆市公共资源交易中心”牌子，实行一个机构两块牌子，承担重庆市公共资源交易中心的职能职责。2016年10月，平台机构、职能、人员整合完毕，各类交易平稳接续，成为全国唯一一家以产权交易资本市场为主体整合建立的区域统一公共资源交易平台。

二是实行企业化运行管理体制。根据重庆的整合实施方案，重庆市公共资源交易中心“在坚持公共服务职能定位下，实行企业化管理”，这在全国省级公共资源交易中心中，尚属首创。目前，全国32个省市自治区和新疆建设兵团（不含港奥台地区），除京津沪采取“一个平台体系、专业市场独立运行”和安徽采取“省市共建”方式外，28个省（自治区）建立了省级公共资源交易中心，其中27个为事业单位，仅重庆采取企业化方式运行管理。据了解，为进一步深化改革，陕西省、广州市等地正在筹划对公共资源交易机构实施企业化改制。

三是肩负全市公共资源交易服务标准和信息系统建设职责。根据重庆的整合实施方案，重庆联交所除承担自身的建设和运行管理外，还负责指导各区县公共资源交易平台工作；制定统一的公共资源交易平台服务清单和服务标准，规范市、区县两级公共资源交易平台服务流程；按照国家技术标准和数据规范，建立全市统一、终端覆盖区县的电子交易公共服务系统和分类统一的电子交易操作系统、电子交易监督系统。由此可见，重庆市政府赋予了重庆产权交易资本市场更多的使命和责任，对其寄予了更大的期望。产权交易资本市场多年形成的规范化、市场化成果，有助于带动市场整体发展，形成全市公共资源交易一体化，促进资源要素规范高效配置。

（二）工作成果

重庆公共资源交易平台整合起步虽晚，但由于依托产权交易资本市场并实行企业化运行管理，各项工作进展迅速，用两年时间基本赶上其他省市四五年的建设进度，并朝着全国一流交易平台迈进。

一是建立起完善的交易服务规范体系。整合后，重庆联交所对交易服务规范进行了全面梳理、修订和增补完善，共梳理政策法规393项，修订完善交易服务管理制度83项，规范交易流程24项、交易文书89项，制作服务目录及办事指南34项，推行首问负责制、一次性告知制、限时办结制等服务制度。服务规范的齐全性处于行业前列，并全部在“全国公共资源

交易平台（重庆市）”公示，做到一网尽览、便捷高效、公开透明。

二是建立起全套交易信息化系统。实施“互联网+公共资源交易”计划，推动平台从依托有形市场向以电子化市场为主转变。目前，系统开发全面完成并通过公安部门安全等级保护三级测评，形成了“一网一平台、五库十系统”（“一网”即重庆市公共资源交易网，“一平台”即公共资源交易云服务平台，“五库”即交易信息库、主体信息库、专家库、信用信息库和监管信息库，“十系统”即国有资产交易系统、电子招投标交易系统、土地及矿业权交易系统、政府采购交易系统、碳排放权交易系统、排污权交易系统、招投标交易监督系统、土地及矿业权交易监督系统、公共服务系统、大数据分析系统）和“云+网+端”运行模式，具备了为所有进场公共资源提供全程电子化交易的服务能力。

三是建立起严密的廉政风险防控体系。针对公共资源交易品种多、交易链条长、社会关注度高、廉政风险点多的特点，建立起整套严密的廉政风险防控体系。专设纪委办并配备了专职专业人员，建立起纪检、审计、监事、法务多位一体的内部风险防控机制，将合法合规性审查贯穿于交易各环节；开展全面廉政风险排查，列出风险控制清单，予以重点监督；完善廉政内控制度，建立起员工廉洁从业规定、员工行为规范、保密制度、信访举报案件管理办法、公共资源交易责任追究办法等制度规范。通过这些举措，营造阳光规范、公正清廉的交易环境，确保项目进场后的交易环节不出问题。

（三）改革成效

重庆公共资源交易平台整合，充分体现了产权交易资本市场的责任担当和规范与创新、公平与效率高度融合的服务理念，有力推动了平台建设发展，实现了多重改革目标。

一是“政”“市”边界更加清晰。重庆联交所主要负责为公共资源提供交易服务，与各行业监督部门不存在隶属和资本纽带关系，不行使任何行政管理职能，是真正独立的第三方交易平台。这种体制机制设计，管办分离更为彻底，政府与市场的职责边界更加清晰，政府对市场的监管更客观、更顺畅、更有力，在充分发挥“市场配置”这只手作用的同时，能更好发挥“政府监管”这只手的作用。

二是财政负担有效减轻。承担市级公共资源智能化交易平台建设任务，并按国家技术标准统一建设全市公共资源交易信息化系统，供各区县平台使用，建设费用由企业自行承担，未使用财政资金，也无需各区县重复投资，直接节约财政资金近8亿元。此外，通过整合削减了5个事业单位和107名财政供养人员（其中55名事业编制人员转为企业员工身份），有效减轻了财政负担，推动了事业单位改革进程。

三是交易成本大幅下降。整合后，对标国家降低制度性交易成本的总要求，缩小收费范围，降低费用标准，在2017年总体降幅70%基础上，2018年再降18%，每年降低市场主体交易成本近3亿元。此外，从完成整合当日起，即禁止软件开发商向招标投标市场主体收取软件使用费，每年再为市场主体节省成本3000多万元。市场主体交易成本显著下降，改革获得感明显增强。

四是平台建设经济高效。由于采取企业化管理体制，减少了机构设立审批、人员编制核定、财政预算审批等环节，由企业按内部程序决策实施，用3个月完成公共服务系统建设并提前1个月实现与国家平台对接，1年即形成“一网一平台、五库十系统”和“云+网+端”运行模式，达到国家要求的改革进度。在平台建设上，充分发挥体制机制优势，按照集约高效和成本控制原则，科学设计建设方案，合理安排建设时序，全套信息化软硬件建设成本在业内处于较低水平。

五是服务效能大幅提升。建立起满足各类公

共资源交易的服务规范体系，确保了交易依法合规；在业务窗口加装服务测评器，公共区域设置举报箱，网上开辟投诉专栏，公布24小时投诉电话，广泛接受社会监督；在交易场所添置复印机、打印机等设备，免费为市场主体服务，改善用户体验；建立起“人员能进能出、干部能上能下、薪酬能高能低”和“奖惩激励约束”机制，消除“庸懒散”，激发干事热情，提升服务品质；在保证阳光规范基础上，提供交易咨询、项目策划、市场推介、融资服务等市场化配套服务，促进市场功能作用发挥。

三、重庆产权交易资本市场跨越式发展的启示

公共资源交易平台整合推动了重庆产权交易资本市场的跨越式发展。2017年，重庆联交所完成各类交易2838亿元，同比增长33%（与整合前分散平台汇总数据对比）；实现交易增值和资金节约306亿元，同比增长71%。平台交易规模、交易质量和创造的经济社会效益均达到历史较高水平。2018年上半年，完成交易1649亿元，同比增长22%。从重庆产权交易资本市场发展和统一市场建设所取得的成果，可以得出三点启示。

（一）产权交易资本市场能够承载公共资源交易职能

尽管在交易流程、交易方式上，国有产权与其他公共资源有所不同，但这些不同只是形式上的差异；而产权交易资本市场长期秉承践行的“规范与创新”“公平与效率”兼顾并重的交易服务理念，与所有公共资源市场化配置的内在要求完全一致。只要因地制宜调整交易组织方式，便能满足其他领域的交易需求。这也是重庆产权交易资本市场承载和服务公共资源交易的坚实基础。

（二）国有企业体制能够保障公共服务的有效提供

对于公共资源交易平台应当是事业单位还是企业机构，一直存有争论。《关于深化国有企业改革的指导意见》（国发〔2015〕22号）充分肯定了国有企业为国家经济社会发展做出的重大贡献，指出公益类国有企业的主要功能是以保障民生、服务社会、提供公共产品和服务为主要目标。公共资源交易服务作为一种公共服务，由国有企业按照市场化机制提供，是国家倡导的一种方式。重庆的实践证明，国有企业平台完全能够保障公共服务的有效供给。在干部管理上，由政府统一管理考核，肩负“一岗双责”；在交易中，严格按照政策法规提供服务，接受监督部门全程监管和社会公众的广泛监督；在运行中，接受年度审计、任期审计、专项审计、定期巡视、日常纪检监察监督，为公开透明交易提供了有力保障。

（三）市场化机制是推动资源要素公平高效配置的根本保障

《关于创新政府配置资源方式的指导意见》（中办发〔2016〕75号）强调，要“充分发挥市场机制作用，拓展竞争性配置的公共资源范围，以资源配置方式创新推动实现公平配置基础上的效率提升”。市场机制作用有效发挥，体现在交易上，就是要建立市场公平交易机制，从制度和技术上充分保障交易各方合法财产权、信息知晓权、机会均等权，确保交易公平；建立市场化激励约束机制，消除“庸懒散”，增添服务举措，提高服务品质，提升配置效率；建立市场化监督机制，构建政府监管、社会监督、纪检监察、信用奖惩等多维监督体系，为实现资源配置效益最大化和效率最优化保驾护航。

建设产权交易资本市场体系是新时代产权交易机构的新使命

江西省产权交易所总裁　刘　超

一、我国产权市场发展进入了新时代

从1988年5月武汉诞生中国第一家产权交易机构开始，我国产权市场经历了15年的艰难探索阶段。2003年3月，国务院国资委成立以后，我国产权市场进入了规范发展阶段。2003年12月，国务院国资委和财政部联合印发《企业国有产权转让管理暂行办法》（3号令），第一次以政令形式要求企业国有产权进场交易。此后，国务院国资委相继印发了《关于做好产权交易机构选择确定工作的指导意见》等配套文件，努力健全产权交易规则和监管制度。在国务院国资委等有关部委推动下，2008年10月，全国人大常务委员会颁发了《企业国有资产法》，规定国有资产转让应当在依法设立的产权交易场所公开进行。2015年8月，中共中央、国务院出台《关于深化国有企业改革的指导意见》（中发〔2015〕22号），提出“支持企业依法合规通过证券交易、产权交易等资本市场，以市场公允价格处置企业资产，实现国有资本形态转换，变现的国有资本用于更需要的领域和行业”，首次将产权市场与证券市场平行并列为“资本市场”。2016年7月，国务院国资委会同财政部联合发布《企业国有资产交易监督管理办法》（32号令），明确将企业国有产权转让、增资扩股、资产转让行为一并纳入产权市场，在资产交易和变现的基础上，赋予了产权市场股权融资的资本市场功能。党的十九大报告提出，经济体制改革必须以完善产权制度和要素市场化配置为重点。在中共中央、国务院的政策引领下，在国务院国资委和有关部委的精心培育下，中国产权市场进入了资本市场定位发展的新时代。

二、建设产权交易资本市场体系是产权交易机构的新使命

中国产权市场进入了资本市场发展的新时代，机遇与挑战并存。当前，加强信用体系建设、制度体系建设、理论体系建设、信息体系建设、服务体系建设、风控体系建设，建立健全全国统一开放、竞争有序的产权交易资本市场，已经成为全国产权交易机构应当承担的新使命。

“新时代、新使命、新作为”。产权交易资本市场要遵循资本市场的定位精神，坚持“公开、公平、公正”的市场原则，以完善的信用制度保障促进国有资产保值增值，保护各类投资人的合法权益。要借鉴证券交易资本市场的做法，积极推动建立以《产权交易法》为引领的产权交易制度体系。要研究产权交易资本市场的本质特性和运行规律，为创新发展提供理论支撑。要以互联网新理念和新技术为引领，建设网上全流程和网下便捷服务的交易信息系统。要扩大市场覆盖面，联合各类中介机构为产权交易提供全流程服务。要总结产权市场多次陷入整顿的历史教训，坚持“非连续、非标准”的交易方式，严格防范各类市场风险。要特别重视研究中国证券交易资本市场曲折发展的正反历史经验，继承和发扬“产权市场中国创造”的开拓精神和科学态度，同心协力打造服务国企国资改革、服务实体经济振兴发展、交投活跃、规范有序的新型产权交易资本市场。

三、我国产权交易资本市场体系建设取得初步成就

中国产权协会成立以来，为中国产权市场规范和创新发展做了大量富有成效的工作。一是宣传贯彻党和国家企业国有产权交易法律法规，协助政府职能部门规范企业国有产权交易行为。二是研究产权交易领域的新情况、新问题，向政府有关部门及时反映产权交易市场发展的意见要求，提出完善政策和立法的建议。三是制定行业执业标准和自律规则，督促会员规范执行。四是组织行业的培训和交流，提升业务水平。五是宣传和表彰先进，推动全国产权交易机构团结协作、创新发展。

产权市场进入资本市场定位发展的新时代以来，中国产权协会勇于担当，积极作为，组织和引领全国产权交易机构按照“统一信息披露、统一交易规则、统一交易系统、统一过程监测”的“四统一”原则，建设产权交易资本市场体系，取得了初步成就。据专家总结分析，这些成就主要体现在六大方面：

一是诚信自律建设初见成效。自 2011 年 2 月中国产权协会成立以来，分别于 2017 年 4 月和 2017 年 7 月开展了两批信用评价工作，2018 年 7 月开始了第三批信用评价工作。协会建立行业信用评价工作制度、行业诚信自律机制，对提升产权市场诚信意识、规范产权行业信用秩序起到了重要作用。

二是制度体系建设逐步完善。在党中央、国务院相关政策指引下，国务院国资委等中央部委、地方政府部门、产权交易行业陆续出台了一系列较为完备的产权交易制度和规则体系，确保了产权市场的有序运行和规范操作。

三是理论体系建设成果显现。理论研究是建设产权交易资本市场的基础。近年来，产权市场通过开展基础理论研究、举办创新论坛、建设博士后科研工作站、专门成立咨询研究机构等措施，不断加强理论研究工作；同时积极促进研究成果在实践中的转化应用，推动产权行业规范化、专业化、系统化发展。

四是信息体系建设迈出实质性步伐。为适应大数据、云计算、移动互联网和人工智能技术的快速发展，产权市场已实现注册、登记、挂牌、竞价、结算等交易流程的线上运行，形成完整的、支撑交易全流程的信息技术系统；同时，在产权协会的推动下，启动“全国产权交易行业信息化综合服务平台”建设，并组建专门的运维综合服务公司，为全行业互联互通、数据交换、信息共享打下了基础。

五是市场服务体系建设全面推进。截至 2018 年 7 月底，全国具备企业国有产权交易资质的产权交易机构有 66 家，覆盖除台湾、香港和澳门以外的所有省、自治区和直辖市。在中介服务体系建设方面，产权市场积极吸收从事产权经纪、审计评估、律师事务所、会计师事务所、财务顾问公司、投资银行机构等各类专业服务主体成为会员，有效提升了交易活跃度，完善了产权市场的服务功能。同时，产权协会推动成立资本投资运营专业分会和董事分会，不断提升了产权市场的资本市场功能。

六是风险防控体系建设进一步加强。产权市场通过接受国资委牵头，财政部、发改委、中纪委、证监会、工商总局等部门参加的对交易行为的定期评审检查，推动国有产权交易信息纳入国务院国资委监测系统，进行实时、动态监测。认真落实各项监管要求，在做好国有产权交易风险防范的基础上，不断强化对创新业务的风险防控。

这六大方面的成果，充分展示了产权人探索有形的、非标准化的产权市场制度的执着、勇气和智慧，必将载入中国产权市场发展的史册！

四、江西省产权交易所建设产权交易资本市场体系的实践

面对产权市场发展的新机遇，江西省产权交

易所通过对北京、上海、天津、山东、重庆、湖北、安徽、深圳、陕西、甘肃、贵州等省市兄弟交易机构的学习调研，结合实际，提出了“二次创业”构想：通过五年努力，争取在做大做强国有产权交易、国有企业增资和股权登记托管业务基础上，大力拓展金融机构不良债权资产交易、环境能源产权交易、农村综合产权交易、文化体育产权交易等业务板块，按照“政府培育、市场运作、滚动发展”的原则，努力打造全国一流、具有影响力的区域产权交易集团，加快建设江西产权交易资本市场和要素市场化配置平台。近几年来，江西省产权交易所按照协会的统一部署，结合“二次创业”构想，努力推进建设产权交易资本市场体系。

一是不断推动完善监管制度体系建设。近两年来，推动省财政厅、国资委和公共资源交易管理办公室完善出台了《江西省省级行政事业单位国有资产配置使用处置管理暂行办法》《江西省国资委出资监管企业混合所有制改革操作指引（试行）》《江西省公共资源交易目录（2017 年版）》等政策文件，不断强化国有资产进场规范交易。

二是积极参与行业信用体系建设。2017 年 4 月 25 日，江西省产权交易所被评为全国 15 家 AAA 信用等级产权交易机构之一；2018 年 7 月 16 日，江西省产权交易所通过中产协 AAA 信用等级复审评价；2017 年 8 月 14 日，江西省产权交易所首批通过全省清理整顿各类交易场所“回头看”检查验收。

三是开展创新发展理论研究。2017 年，江西省产权交易所委托江西财经大学开展了《江西省产权资本市场创新发展》课题研究。课题报告提出了江西省产权市场创新发展的战略目标、实施路径和保障措施。课题经专家评审，于 2017 年 12 月结题。

四是加强信息化体系建设。2016 年以来，江西省产权交易所加快推进建设“1 + 3”产权交易系统，即基础综合平台 + 国有企业产权转让、企业增资、实物资产转让系统，并实现了与国务院国资委、财政部监测系统、协会信息发布系统和省公共资源交易系统的对接。

五是强化市场服务体系建设。江西省产权交易所学习借鉴湖北、广东经验，在全省推进“统一交易系统、统一交易规则、统一信息披露、统一过程监测、统一交易凭证、统一收费标准”产权市场建设，通过设区市办事处、会员单位、经纪人，为全省各类产权流转提供服务。同时，采用多种形式完善服务体系。具体为积极吸收审计评估、律师事务所、会计师事务所等各类专业服务机构成为会员，强化交易服务功能。免除会员年费，减轻会员负担，优化营商环境。实行竞价分佣制度，激励转让方及会员引进投资人参与竞买，提高交易活跃度。

六是加快风险防控体系建设。江西省产权交易所加快风险防控体系建设，打造“公信力、公益性”平台。严格遵守政策法规，规范交易流程；认真贯彻省国资委、省财政厅的政策规章，坚持落到实处不走样；成立了风险管理委员会，定时评估和解决重大项目和重要业务流程中的风险问题。15 年来，江西省产权交易所没有发生过违规违纪案例。

五、江西省产权交易所成立 15 年来的主要业绩

江西省产权交易所自 2003 年 4 月 1 日成立以来，在省委省政府的正确领导下，在中国产权协会的指导下，在省发改委（公管办）、国资委、财政厅、金融办、工商局和文资办等部门的关心支持下，在各省市兄弟交易机构的帮助下，认真履行职责，取得了一定的成绩。截至 2018 年 8 月底，累计完成交易额近 1000 亿元。2015 年，股权交易额在全国排在第 9 位，资产交易额在全国排在第 5 位。2017 年，交易总额在全国排在第 15 位，企业融资交易额和资产转让交易额双双排在第 9 位，为全国产权交易资本市场建设做出了一

份贡献。

一是保障国有产权公开交易和保值增值。截至2018年8月底，累计完成国有资产交易项目3975宗，成交金额480.51亿元，竞价成交率达53.33%，增值率达20.8%。2015年5月，挂牌价为18.29亿元的江西中江集团100%股权项目，经过82轮网络竞价，以41.49亿元成交，增值23.2亿元。

二是创造国企混改“江西样板”。截至2018年8月底，已为江西省国企混改募集资金40.1亿元。江西省盐业集团增资扩股案例，实现江西“四个第一次”创造了国企混改“江西样板”。2017年11月，该案例荣获中国产权协会“典型增资案例”殊荣。

三是在“三去一降一补”中提供供给侧结构性改革服务。2017年8月以来，成功转让煤炭产能减量置换指标2125万吨/年，成交总金额12.52亿元。

四是处置金融机构不良债权资产，助力化解金融风险。历年来累计成交各金融机构不良债权资产25.8亿元。2017年8月9日，挂牌价为11536万元的江西银行持有的某公司债权，经过19轮竞价，最终以22336万元成交，增值10800万元，增值率达93.62%。

五是开展行政事业单位国有资产交易，促进财政增收。截至2018年8月底，江西省产权交易所共完成行政事业单位产权交易项目572宗，成交金额60.90亿元。

六是拓展企业登记托管业务，促进企业融资发展。截至2018年8月底，累计登记托管企业157家，办理股权质押登记1061宗，质押融资510.47亿元。2018年6月26日和7月10日，江西省产权交易所登记托管的江西银行、九江银行在香港联合证券交易所主板市场挂牌上市，分别募集资金72.6亿港元和36.74亿港元。

七是开展环境产权交易，服务国家生态文明试验区建设。2017年6月12日，江西省碳排放权交易中心首单2.1万吨林业碳汇减排量项目签约成交，开了江西省碳自愿减排量交易先河。截至2018年8月，成交林业碳汇8宗，共计3.443万吨。

八是广泛披露信息，建设江西招商引资大平台。15年以来，江西省产权交易所建设江西招商引资大平台，通过广泛披露产权转让和招商信息，吸引400多亿元省外、国外资金通过受让产权、增资扩股投资江西。

中国产权市场的历史就是一部探索和创建市场制度的历史。探索有形的、非标准化的产权市场制度永无止境。中国产权人一定会把握今后几十年的发展机遇，抓住“规范发展”不动摇，咬住“依法依规”不放松，把握创新发展主旋律，恪守公平、公开、透明的市场交易规则，以满足市场交易主体需求为己任；中国产权市场一定能在要素市场配置资源上发挥重要作用，一定能在中国多层次资本市场体系中占据不可或缺的地位，一定能为中华民族伟大复兴做出应有的历史性贡献！

中国产权市场年鉴 2016—2018

China Property Rights Exchanging Capital Market Yearbook 2016–2018

业务研究

大数据为产权行业带来的机遇与挑战

——在大数据共享与应用研讨会上的讲话

中国产权协会党委书记、秘书长 **夏忠仁**

今天，同各位一起参加大数据共享与应用研讨会，我感到十分高兴。这是一个很重要的会议，关于这个议题，从今年年初协会秘书处就开始着手进行调研，得到了40多家机构的重视和支持。大家对形势的分析判断、对未来的重点工作提出了非常宝贵的意见和建议，对我们的工作有很大的帮助。大家工作都很繁忙，仍抽出宝贵时间齐聚北京，共商这一议题，这次会上发言的几位同志做了认真的准备，以高度的责任心、强烈的事业感做了精彩的演讲、经验介绍，充分体现了大家对促进产权交易资本市场建设和产权交易行业发展的信心和决心。

在这里，我谨代表中国产权协会，向大家表示热烈的欢迎和衷心的感谢!

去年12月，习近平总书记在主持政治局就实施国家大数据战略第二次集体学习时强调，大数据发展日新月异，我们应该审时度势、精心谋划、超前布局、力争主动，深入了解大数据发展现状和趋势及其对经济社会发展的影响，分析我国大数据发展取得的成绩和存在的问题，推动实施国家大数据战略，加快完善数字基础设施，推进数据源整合和开放共享，保障数据安全，加快建设数字中国，更好的服务我国经济社会发展和人民生活改善。大数据战略对经济发展、社会治理、国家管理、人民生活都产生了重大影响。产权交易市场作为我国资本市场的重要组成部分，应该充分抓住大数据战略带来的机遇与挑战。产权交易行业是个高度信息化的行业，应该借助于大数据使行业获得更快的发展，以更低的成本、更多的优势解决市场发展矛盾，实现行业变革和转型升级。在座各位都是来自产权交易行业中懂政策、懂技术、懂业务、有经验的专业性人才，既是决策的建议者，又是决策的执行者，还是实际操作者，足以代表行业的水准。我愿借此机会对大数据给产权行业带来的机遇与挑战谈一些粗浅的心得体会。

机遇，主要来自于三个方面。第一，党中央、国务院高度重视大数据在经济社会发展中的作用，从“实施国家大数据战略”到印发《促进大数据发展行动纲要》，再到大数据产业发展规划的制定，国家政策在全面推进大数据的发展，加快建设数字强国。现在正是我国信息化建设的新阶段，大数据产业的创新突破期，市场需求爆发期。第二，就产权交易行业而言，党的十九大报告就“建设现代化经济体系”提出了六项重大任务，其中诸多内容与产权制度改革、要素市场化配置和产权交易业务密切相关，产权交易资本市场的定位更加清晰，为产权交易行业赋予了新的使命和新的要求，带来了历史性发展机遇。第三，产权交易行业经过30年的发展，已经积累了大量的数据，大数据时代以数据的深度挖掘和数据的广泛应用为主要目的，给产权交易行业的发展注入了新的动能，带来了新的机遇。因此，我们要抢抓机遇，推动产权行业大数据的发展。

在抓住机遇的同时，我们也要看到大数据给我们带来的挑战。正如习近平总书记所说，“好吃的肉都吃掉了，剩下的都是难啃的硬骨头”。可以说，容易的、皆大欢喜的条块和局部的信息化系统建设已经初步完成了，下一步行业信息化建设已步入攻坚阶段，面临的问题或困难主要包括：

第一，没有办法预先确定投资回报。很多行业进行大数据项目的尝试是没有明确的商业回报预期的。当项目执行后，他们没有得到相应回报，往往不再向大数据建设持续投入，而转为观望。

第二，如何将大数据与产权交易行业自身的发展特点结合起来还需要进一步探索。大数据应用的基础是大数据的集成与汇集，这要求必须有强大而稳定的系统加以抓取和存储，只有当覆盖面足够广、类型足够多且数量足够大时，下一步的分析与研究才能得以实现。当前，全国产权交易行业综合服务系统建设还需要进一步加强，全国市场平台互联互通，数据共享机制还需要进一步建立完善。同时，单纯的数据存储价值不大，要想获得真正有用的数据，就需要对数据进行实时、弹性、高效的分析和研究。然而就像世界上不存在万能钥匙一样，目前也没有一个能够适应所有行业的大数据分析。不同行业具有不同的需求特点，需要不同的大数据行业应用解决方案。大数据对不同行业的应用场景的要求有明显的区别，做一个满足行业需求、打破数据孤岛的大数据平台并不容易。从目前的数据形态来看，非结构化数据逐渐增多，我们要摸着石头过河，把握产权交易非标特性，探索从数据的可视化分析和数据挖掘算法入手挖掘数据价值。

第三，行业数据如何进行整合还不清晰。目前存在的主要问题是，各类数据依据类别、行业、部门、地域被孤立和隔离，同一时空对象所属的各类数据之间天然的关联性和耦合性被割裂。另外，机构之间都可能重复掌握一部分同样的数据。我们有没有可能把数据放在全国产权交易行业信息化综合服务平台上进行集中统一、资源整合，让大家共享呢？

第四，大数据时代的深入变革尚未开始。目前，即使在大数据应用较好的互联网、电信企业中，大数据也主要用来支撑现行的组织架构、管理模式和制度，是 IT 系统的补充。数据和信息服务的便捷化、高效化、产业化、智能化水平不高。我们如何顺应现在发展的形势，还要有所创新。比如说，产权交易行业数据主要呈现形式为碎片化、孤岛化，如何打通这些孤立的数据库，数据汇集后如何针对产权交易机构、投资人的需求进行分析以及安全问题如何保障？未来的路还很长。

第五，安全问题一直制约着大数据的发展。社会对于数据安全问题关注度越来越高，大数据本身也是一种知识产权；但是，数据资源保护的相关法律法规和保障信息安全开放的标准规范仍然缺乏。

第六，数据的权属问题。数据的拥有者与采集人谁拥有对数据的所有权、使用权一定要界定清楚。

第七，既熟悉行业又熟悉大数据的人才匮乏。现在我们行业存在的一个普遍问题就是，经营管理者不一定知道能从数据中得到什么，而懂数据分析的人不一定知道怎么用基础数据支撑公司的运营。缺少能够将两者结合到一起的人才或者组织，这也是当前大数据应用少的重要原因。

同志们，我们不能因为前景光明就认为前面是一片坦途，也不能遇到问题就畏缩不前，正视问题不断尝试解决，才是发展之道。因为大数据的发展对我们产权交易行业的发展具有重要的现实意义。主要体现在五个方面：

一是推动大数据发展是国家战略，是大势所

趋。国家先后发布了《促进大数据发展行动纲要》《大数据产业发展规划》等，逐步使得大数据成为国家信息化深化发展的核心主题，发展大数据已成为构建数据强国、推动大数据治国的必然选择。

二是对加强政府监管，帮助政府做出决策，扩大产权交易行业的影响力，实现阳光交易、预防腐败，促进国有资产保值增值和防止国有资产流失具有重要作用。

三是对推动产权行业凝聚力，共同建设好产权交易资本市场具有重要作用，对交易机构之间形成业务互补、资源共享的共赢局面，助力产权交易市场细分市场，精准营销、服务推广、风险管控、优化和客户关系，促进市场的综合管理，规划未来发展具有重要作用。

四是对投资人高效、精确找出自己所需要的项目，进行价值判断和投资决策具有重要作用。

五是大数据应用从效率时代过渡到大数据变现的价值时代具有重要作用。

因此，对我们产权行业而言，要敢于抓住机遇，勇敢面对挑战，以大数据作为产权交易市场转型升级的重要支撑和抓手，推进大数据应用，以大数据应用带动大数据发展，以大数据发展促进行业的创新及转型升级，为产权交易行业赢得跨越发展的机会。

按照大家的呼声，对协会的要求和建议，协会义不容辞担当好全行业大数据建设的责任，积极推进这项工作，争取尽快取得成果。通过这次研讨会的召开，未来我们行业可以从四个方面开展大数据的工作：

一是顶层设计方面，要制定发布产权交易行业大数据相关的公约、制度。可以先制定出数据汇集、数据共享、大数据应用的三个方案，从顶层设计对大数据在产权交易行业的应用进行规划，做到有据可依。

二是组织机构方面，成立产权交易行业自己的数据管理中心，加快推进行业信息资源的整合、开放、共享和大数据的管理。

三是信息资源方面，可以在大家商定的共享范围内将数据脱敏后进行汇集，借助大数据共享实现产权交易行业信息化从条块分割走向协同合作，从封闭走向开放，逐步建立专业数据库，形成产权交易行业信息资源共享与开放目录体系。建立大数据安全支撑体系，强化网络和信息安全保障能力。引导大数据安全可控和有序发展。同时，加强与航天云网等行业相关数据库合作。

四是数据应用方面，成立自己的数据分析团队，通过有效的汇聚、利用和分析数据，提供完整的数据集成、清洗、比对、标准化、资产化、管理、开发、分析、挖掘、应用、共享、交换、开放、运营、安全、质量等端到端的解决方案。

同志们，如果奉行“你输我赢，赢者通吃”的老一套逻辑，结果必然是封上了别人的门，也堵上了自己的路，侵蚀的是自己的发展根基，损害的是产权交易整个行业的未来。我们应该坚持合作共享、互利共赢的理念，将大数据与产权交易行业自身特点相结合，推进统一、规范、高效、服务功能强的产权交易资本市场建设，建设基于“互联网＋产权交易”的开放融合、透明共享、公平竞争、规范交易、诚信自律的产权交易资本市场新生态，共同推进产权交易行业繁荣健康的发展。

衷心希望我们产权交易行业进一步统一思想团结一致，抓住机遇，应对挑战，在座的各位是行业信息化建设的中坚力量和支撑，让我们共同努力，贡献智慧和力量，开启行业信息化建设的新篇章，全力打造一个属于产权交易行业自己的一流的大数据体系，开创新时代产权交易资本市场发展新局面。

浅谈国有企业混合所有制改革

马正武

近年来，有关方面按照完善治理、强化激励、突出主业、提高效率的要求，稳步推进国有企业混合所有制改革，推动国有企业积极引入民营资本、外资等非公有资本，实现产权主体多元化，取得了显著成效。随着国企混改的推进，国有企业体制机制更加灵活，更加适应市场经济要求，更加有效配置资源。

一、国企混合所有制改革的重要性

（一）完善企业法人治理结构

目前，通过各种不同所有制资本的实质性混合，非公有资本在企业混合所有制改革中发挥的“催化剂”作用越来越显著，产生了体制机制融合互促的“化学反应”，实现了资本“形混”和制度“神混”的统一。随着国企混改的稳步推进，民营资本、外资等作为战略投资、产业投资进入国有企业，有效解决了过去国有股“一股独大”的问题。国有企业经过混合所有制改革，不同所有制主体之间进行制衡，政企有效分开，减少行政干预，企业法人治理结构进一步完善，实现资源科学合理配置，有利于经济社会协调发展。

（二）盘活国有企业资产存量

受各种因素的影响，不少国有企业缺乏活力，出现连续亏损的局面，不能持续健康发展。国有资本处于停滞的存量状态，影响资本的利用率和流动性。通过混合所有制改革，使非国有资本参与国企改革，国有企业与其他资产相融合，有利于盘活资本存量，形成新的混合所有制企业，激活企业活力，促进国有企业创新发展。混合所有制改革后，有机融合了国有资本的规模、技术优势以及民资、外资的创新能力和管理优势，实现了企业资产效益和劳动生产率的大幅提升，增强了企业的核心竞争力，形成跨行业、跨部门、跨地域的大型企业，增强了国有企业的市场竞争实力。

（三）促进国有企业顺利转制

国有企业在外部市场的约束较小、内部自负盈亏机制考核较弱的情况下，缺乏活力。混合所有制改革为国企改制提供契机。在混合所有制条件下，国有企业和其他市场主体进行公平竞争，国有资本只是企业内部的一个所有者，没有了政府的干预和庇护，必须面对内部不同所有制主体的投资回报压力。国有企业需要积极采取合理的手段，提高自身经济效益，避免盲目投资，激发活力，成为相对独立的市场经营主体；并且要遏制各种贪腐行为的发生，增加经营管理透明度，使企业在阳光下运营。

二、国企混合所有制改革的困境

（一）垄断地位尚未打破

20 世纪 90 年代，国有企业进行了大范围改制分流以及资产剥离，21 世纪初期组建了国资委后，对国有企业进行股份制改造，国有企业向集团化发展，不少国有企业上市融资。国有企业背靠政府，政府对国有企业的支持力度大，并且其融资渠道呈现多样化，这些因素促进了国有企业的发展壮大。但是，从当前的实际情况看，竞争性国有企业的垄断地位仍然十分突出，在其利润构成中，并没有将免费或者低价利用的融资和土地等扣除，实际上经济效益有待提高，市场秩序有待维护。垄断还控制了产品市场的定价权，以及上中下游的采购价格，垄断利益和公众利益形成冲突，社会矛盾有待缓解。有些虽然进行了混合所有制改革，募集到巨额资本，但是对行业发展和垄断的局面并没有改进，影响市场竞争。

（二）缺乏产权保护制度

产权是所有制的核心，在混合所有制企业中，存在多种经济主体，可以实现不同所有者的有效制衡以及相互监督，有利于防止权力滥用和腐败问题，提高管理运营效率。由于对不同所有制的产权保护强度不同，有的投资者不敢轻易参与国有企业改革，不能激发非公有资本参与改革的积极性。对于产权保护，我国的相关制度还不完善，进行混合所有制改革后，非公有资本很难取得控股地位，属于中小股东，缺乏话语权，也很难参与投资决策，影响混合所有制改革的效果。

（三）改革配套措施不健全

改革开放40年来，我国大力发展非公有制经济，非公有制经济在国民经济中占有重要地位，并且对增加社会就业、促进社会稳定有重要意义。非公有制经济的发展速度已经超过公有制经济。但是我国的市场经济还不完善，还没有建立起竞争有序、统一开放、完善的市场体系。如在资源使用中，国有企业是国家免费给其使用土地资源，在财务中属于无形资产，不计入成本。在许多领域中，国有企业享有一定的行业保护权，以及国家的政策红利、各种补贴等。完善相关的改革配套措施，降低民营企业的市场准入门槛，消除影响竞争的不公平因素，才能促进混合所有制改革的推进。

三、国有企业混合所有制改革的方式方法

（一）逐渐打破行业垄断

对于竞争性国有企业的混合所有制改革，要打破垄断，创建公平的市场竞争环境。政府要采用市场化手段推动改革，进行合理的干预，推进改革扎实有效开展。对大型竞争性国有企业，可以先在小型的子公司进行混合所有制改革实践，自下而上进行改革。对竞争性国有企业，尤其是垄断行业，要采取循序渐进的方式，进行混合所有制改革，综合考虑市场的需求、国家的发展战略等各方面因素，促进改革的顺利进行。

（二）对产权交易进行严格把关

在产权交易环节，要建立流转透明、健康有序的产权交易体系，包括价格的确定、资产的评估、产权流转等，以防止国有资产的流失。在资产审计和评估环节，要重视对企业无形资产的把控，明确企业的资产账目，独立进行审计和评估工作，将审计结果和评估结果相互验证。在价格的评估确定中，要建立市场化的定价模式。在实际操作上，可以以评估结果为基础，选择同类企业价值作为参考，进行合理评估。有的已经上市的竞争性国有企业，需要有更加市场化的定价方式。在产权流转环节，要及时披露公开信息，使交易公开透明。要建立完善的联网制度，在更广泛的层面进行信息的公开。国资监管部门和产权交易机构应参与受让条件的设置。

（三）完善相关措施，促进改革的推进

要适时放宽非公有制资本的投资领域，降低非公有资本的准入门槛，放开非公有资本投资的持股比例限制。完善市场配套措施，通过构建公平的市场竞争环境，促进混合所有制改革。如果是关系国家经济命脉、关系国家安全的领域和行业，要保持国有资本的控股地位。在改革中，要根据具体的行业领域和实际需要，适当引入其他战略投资资本。改善市场环境，建立公平市场机制，在允许非公有资本参与的领域，对非公有资本和公有资本给予相同的待遇和政策，设置非公有资本和公有资本平等的准入条件，促进竞争性国有企业和非公有资本企业的公平竞争。在竞争性国有企业的混合所有制改革中，可以设立专项

基金，降低融资成本，为非公有资本提供融资。

四、国企混合所有制体制机制

（一）建立产权保护制度

为创建公平的市场环境，全面确立市场经济体制，需要重视产权的尊重和保护，建立产权保护制度。混合所有制是产权的合作，不同所有制资本共同存在，需要达到合作共赢的效果。产权保护是不同所有制资本能够合作的基础，对非国有资本提供保障，有利于促进非国有资本参与改革，推进混合所有制改革。要建立健全产权保护制度，制定有效的政策，公平公正地保护各种所有制经济的产权。不管是哪一种所有制经济的财产，都不能非法侵犯。对于各种所有制经济，都要给予同样的使用生产要素等权利，促进市场的公平竞争。

（二）以管资本为主完善国有资本管理体制

竞争性国有企业在混合所有制改革中，可以完全按照资本市场的要求和规则进行运作，彻底资本化，与民营企业、外资企业等社会资本一起，公正公平地参与市场竞争，要以管资本为主，注重对国有资产的监督。党的十八届三中全会提出，要完善国有资产的管理体制，积极发展混合所有制经济，改革国有资本授权经营体制，对于有条件的国有企业，支持其进行国有资本投资公司的改组建设。在竞争性国有企业内部，董事会做出重大的决策，制定企业目标、发展战略等，由经理人进行经营管理，参与市场竞争，实现优胜劣汰。我国是发展中国家，国有经济在国民经济中发挥着日益重要的作用。国有资本可以对公益性项目加大投入，提供更多的公共服务。同时，要支持高新技术和管理创新，发展战略性产业、竞争性产业，增强企业在市场中的竞争力。

（三）企业激励约束机制进一步健全

通过“引资本”促进“转机制”，混合所有制企业在完善市场化激励约束机制方面进行了富有成效的多样化探索。例如，在选人用人和薪酬方面，随着市场化选人用人制度日趋完善，职业经理人制度、高级管理人员市场化选聘制度等为企业源源不断输送高质量人力资本，公开透明的员工晋升、流动和退出机制充分调动了员工的积极性和创造力，员工能进能出、管理人员能上能下、薪酬能高能低的目标将得以实现。

五、我国国企混合所有制改革成功实践

2017 年 7 月，中国联通集团下属 A 股上市公司中国联合网络通信股份有限公司发布了中国联通关于混合所有制改革有关情况的专项公告，正式披露了混合所有制改革试点总体方案和拟改革的内容要点。公告称，中国联通混改试点总体思路拟通过整体设计，积极引入境内投资者，降低国有股权比例，将部分公司股权释放给其他国有和非国有资本，实质性推进混合所有制改革。此次中国联通混改采用非公开发行和老股转让等方式，引入处于行业领先地位、与公司具有协同效应的战略投资者，包括大型互联网公司、行业领先公司、具备雄厚实力的产业集团和金融企业、国内领先的产业基金等。中国联通混改拟建立健全协调运转、有效制衡的混合所有制公司治理机制。本次混改前，公司总股本约 211.97 亿股。在本次混改过程中，公司拟向战略投资者非公开发行不超过约 90.37 亿股股份，募集资金不超过约 617.25 亿元；由联通集团向结构调整基金协议转让其持有的本公司约 19.00 亿股股份，转让价款约 129.75 亿元；向核心员工首期授予不超过约 8.48 亿股限制性股票，募集资金不超过约 32.13 亿元。上述交易对价合计不超过约 779.14 亿元。在以上交易全部完成后，按照发行上限计算，新引入战略投资者合计持有公司约 35.19% 股份，使联通集团持股比例由 62.7% 降至 36.67%，进一步形成混合所有制多元化股权结构。中国联通混改后引入 BATJ 等互联网企业，提出要打造新基因、新治理、新运营、新动能、新生态的“五新”

联通。

2017年9月，中国联通先从总部层面开始“瘦身健体”计划。其中，联通总部机构部门数量从27个减少到20个；处室数量从238个减少到127个；人员编制从1787人减少到891人。2017年，上海联通营收为97亿元，增长7%，利润19.4亿元，增长近30%，混改效果显著。

国有企业监管部门应支持民资、外资通过出资入股、收购股权、认购可转债、股权置换等多种形式，参与中央、地方各级国有企业改制重组或国有控股上市公司增资扩股以及企业经营管理，进一步健全规范各类资本的进退机制，完善改革配套政策，确保各类资本自由进入、无障碍退出，更大力度、更深层次推进混合所有制改革，实现各类所有制资本共赢发展。

产权交易市场的特质属性、功能及定位研究

马德宇

2015年8月，党中央、国务院发布的《关于深化国有企业改革的指导意见》（22号文）指出，“继续推进国有企业改革，以提高国有资本效率、增强国有企业活力为中心，完善产权清晰、权责明确、政企分开、管理科学的现代企业制度，完善国有资产监管体制，防止国有资产流失”。同时，明确将产权交易市场定位为资本市场，这对于产权交易市场发展有着划时代的重要历史意义。2016年7月《企业国有资产交易监督管理办法》（32号令）出台，明确提出企业产权转让、企业增资、企业资产转让等国有资产交易行为，须在依法设立的产权交易机构公开进行，国家法律法规另有规定的从其规定。这标志着我国产权行业正式步入一个重大历史性发展新时期，产权交易市场服务企业的资本市场融资功能在政策制度层面得到国家明确支持，未来产权行业将迎来新的历史性发展机遇。

在此背景下，围绕中央提出的供给侧结构性改革和国企国资深化改革等重大战略任务目标，同时更好贯彻落实22号文和32号令的指导精神，进一步统一各方观念认识，探索研究如何更好发挥产权交易市场服务国有经济战略布局和结构优化调整的作用，明确产权交易市场未来的发展方向和建设任务，中国产权协会特委托北交所等五家交易机构合作组织开展关于“产权交易市场的特质属性、功能及定位”的课题研究工作。这里，我谨代表本课题组将研究报告核心要点汇报如下：

一、产权交易市场的特质属性

产权交易市场伴随我国社会主义市场经济体系的建立而产生，伴随我国国有企业改革进程不断深入推进而发展壮大，伴随我国各类非上市企业并购融资需求不断增长而发展成为我国资本市场的重要组成部分。

回首过去28年的发展历程，产权交易市场的发展并非一帆风顺，而是经过行业各方不懈努力和艰难探索实践，几经曲折，最终促使国务院国资委和财政部共同选定为规范进行企业国有产权交易的平台，并通过2003年底出台的《企业国有产权转让管理暂行办法》（3号令）予以明确，并在实践中快速发展壮大。归结起来，主要有四个基本经验：一是产权交易市场的发展目标，始终紧紧围绕国家经济体制改革，不断运用市场机制

拓展各类业务内容和服务领域，进而为实体经济发展服务。二是产权交易市场始终坚持不断创新业务品种、交易方式和服务模式，努力提高各类资产交易效率，同时有效降低企业交易成本，逐步发展成为各类非上市企业并购融资提供综合服务的资本市场。三是产权交易市场的交易制度能够满足各类非标准化交易的要求，具有很强的包容性和适应性，同时也有效解决了我国资本市场结构不均衡的问题。四是产权交易市场的生存基础是规范运行，通过建立健全相关交易规则体系，不断完善市场运行制度体系建设，提高交易机构规范化运作水平，保障各类资产交易阳光、规范、高效进行。

具体到产权交易市场的特质属性，可以从以下几方面来看：

——从机构设立来看，产权交易机构通常是由各地政府批准设立的国有企业或事业单位属性的交易机构，其交易行为受国家及相应地方的国资管理、财政、金融及其他相关部门多重监管。产权交易机构，从某种意义上讲是“社会公器”，是组织各类资产交易的“中立方”，要承担相当多的社会职能，具有较强的社会公信力。

——从服务对象来看，有转让方和受让方。产权交易市场的转让方主要有各类非上市企业、政府机关及事业单位，这也是产权交易市场的业务边界；产权交易市场的受让方一般都不是普通的商品消费者，而主要是一些专业投资者或企业家。

——从交易标的来看，目前基本覆盖了除上市公司流通股以外的大多数在资本市场中可以交易的要素权益资源，核心业务内容主要包括非上市企业并购及融资业务。同时，行政事业性资产转让、金融国有资产转让、司法拍卖资产、公用事业资产等多个领域，都已经在产权交易市场进行相关交易。未来，区域股权市场和公共资源平台各项业务内容也都完全可以通过产权交易市场进行交易。

——从业务功能来看，主要围绕各类交易标的开展组织交易、投资、融资、顾问、增信、权属界定、定价、结算等服务。由于产权交易市场主要从事非标准化交易，项目交易转让方不同，要约条件也会不同（即使是同一个对象同一次交易，也会有不同的要约条件）。因此往往根据转让方的要约条件来寻找市场中相匹配的交易受让方，这需要通过产权交易机构积极有效组织相关中介服务机构为交易双方提供综合服务。

——从交易制度来看，产权交易市场的交易制度具有很强的包容性和适应性，可以通过提供产品设计、方案策划、顾问咨询、组织交易等灵活、高效的深度服务，帮助各个行业以及处于各种发展阶段的非上市企业开展产股权交易、并购及融资等服务，并且充分利用交易机构的第三方平台支付结算等功能，有效解决各类资产交易领域中的疑难杂症，分散投资风险，切实维护广大投资者的切身利益，进而更好地服务实体经济发展。

——从机构形态来看，主要有有形的物理场所和交易设施，无形的交易制度体系、交易操作系统、交易服务模式等。

——从发展定位来看，中央 22 号文已经明确将产权交易市场定位为资本市场的重要组成部分，未来产权交易市场在我国资本市场体系中的位置，是与证券市场并列的资本市场，是服务非上市企业并购交易和直接融资的主渠道。

综上，产权交易市场是为各类非上市企业并购融资活动提供综合服务的资本市场。

二、产权交易市场的主要功能

2003 年底，国务院国资委、财政部联合发布 3 号令，确立了全国性的国有产权交易制度，推动了大量的国有产权转让项目进入产权市场，客观上对产权交易市场的服务功能提出了新的要求。十多年来，各地产权交易机构大力开展制度创新、管理创新和技术创新，市场服务功能日益得到完善。主要体现在以下几个方面：

1. 非标准化交易的制度适应功能

产权交易市场绝大多数业务属于非标准化交易，交易附属条件复杂多样，并且交易品种专业技术性强、复杂性高。产权交易市场凭借自身交易制度的灵活性、包容性、适应性等优势，同时结合利用信息披露、网络竞价交易方式、价款结算等功能，通过提供量身定制的产品设计、方案策划、顾问咨询、组织交易等服务，可有效解决各类项目交易过程中遇到的疑难杂症。

2. 各类相关中介机构的组织服务功能

产权交易市场在交易过程中，逐渐聚拢起一大批专业化中介服务机构，包括审计机构、评估机构、律师事务所、产权经纪机构、拍卖机构、招投标机构等。产权交易机构通过提供项目策划、方案设计、审核登记、挂牌公告、合同签署、登记结算、档案管理等服务，积极组织协调各类中介服务机构为交易双方进行各类标的项目的资产评估、尽职调查、市场调研等必要服务，从而推动各类资产项目规范、高效成交。

3. 项目资源和市场投资人的资源集聚功能

企业国有资产交易必须进场交易的规定，使产权交易市场受到国内外社会广泛关注。产权交易市场通过充分发挥交易中间平台作用，逐步集聚了大量非上市企业的产股权并购融资项目资源。同时，通过发布项目交易信息吸引潜在投资人的关注、分析投资人的需求偏好以建立投资人信息库、不断完善服务手段，利用相关中介服务机构网络体系，越来越多的投资人逐渐聚集到产权交易市场周围。最终，产权交易市场在集聚众多项目资源和市场投资人资源的基础上，可以帮助各类社会资本轻松高效获得大量优质项目资源。

4. 市场价值发现功能

产权交易机构的交易方式，主要有协议转让、拍卖、招投标及网络竞价特别是动态报价模式。通过网络竞价，能够降低各类项目转受让方的交易成本，同时汇聚市场中更多的意向受让人，使得各类交易资产的价值在市场自由竞争机制作用下得到充分体现，形成了在交易当时市场最公允的价格，进而发挥产权交易平台的市场价值发现功能。

5. 信息披露功能

各类产权的转让或收购信息在产权交易市场这个法定交易平台公示，能够得到项目交易信息的充分积聚，通过各种信息发布渠道并以现代网络技术辐射到全国乃至全世界各个地方，使市场能够突破有形边界，大大提高交易配对的可能性和成功率。

三、产权交易市场未来发展展望

未来，产权交易市场应当紧紧把握22号文和32号令带来的重大历史性发展机遇，立足于打造服务国有企业持续深化改革的市场化平台、服务我国非公经济发展的并购融资平台、服务我国非标准化交易的新型资本市场的总体定位，紧紧围绕市场价值发现、项目资源和投资人资源集聚等核心功能，不断提高市场交易效率，有效降低市场交易成本，将产权交易市场着力建设成为规范、高效的新型资本市场。为此，行业各方需要做好以下几方面工作：

1. 大力推动产权交易市场规模化、集约化发展，加快形成若干个区域产权交易市场

大力推动各交易机构统一交易规则和信息发布规则，统一业务理念和业务标准流程，加快构建全国统一交易信息系统平台。着手推动形成若干个大型区域产权交易市场，加快实现行业整体规模化、集约化发展。不断完善区域间产权交易机构项目合作机制建设，逐步实现各交易机构业务有效对接，促进跨地区、跨行业、跨所有制的

资产重组和产权交易活动。加快推动产权交易市场跨地域的协作和联合，努力实现资源的优化配置，打破各种地域障碍，逐步构建起全国统一的产权交易市场体系。

2. 着手推进产权交易市场专项法律立法工作，明确政府主管部门

加快研究推动全国性产权交易市场立法，适时明确产权交易行业主管部门。在全国人大立法层面加快推动产权交易市场立法工作，明确产权交易市场的概念、限定条件、运行规范、主要功能及主管部门，从市场管理与市场体系建设、规则与程序、市场主体与主体行为、相关中介机构、资产评估、信息披露、会员管理、市场维护等方面系统地明确各方相关法律责任。同时，通过法律制度形式，将产权交易市场有益的探索和创新保存下来，进一步完善产权交易市场法律保障体系，推动产权交易市场的健康发展。

3. 加快提升产权交易市场融资功能，打造各类非上市企业直接融资主渠道

推动各交易机构的信息化交易管理系统升级改造，利用信息化建设提升产权交易机构的管理水平和服务功能。加快整合多年来围绕交易机构发展汇聚起来的产权交易市场中介服务机构网络资源，引入新型投行机构会员，推行“平台+投行”运作模式，不断完善常态化合作机制建设，打造产权资本市场生态圈。积极争取国务院国资委等政府主管部门支持，及早设立一批国资控股的股权专项投资发展基金，重点瞄准产权交易市场各类优质的非标准化交易股权并购融资项目，以便更好地推动国有企业做强做优做大、提升国有资本的运作能力和快速增强产权交易市场的资本市场融资功能。

4. 严守政策红线意识，强化风险防控机制建设

今后在拓展业务新领域、交易新产品和服务新模式时，要深入学习领会相关政府监管机构的法律法规和政策文件指导精神，牢固树立业务边界意识，聚焦产权交易市场服务各类非上市公司企业并购及融资等主营业务，永远不触碰政策红线。同时，充分发挥产权交易机构的党建和纪检监察工作优势，推动交易机构内的党建工作、纪检监察工作与交易业务深度融合，不断完善交易机构各交易环节中的风险防控机制建设。

5. 着力完善专业化人才队伍建设，推动产权交易市场的可持续发展

统筹用好各类专业人才资源，健全完善人才培养体系，加快打造一支适应行业投行化、金融化、互联网化、产品化发展战略所要求的专业化、职业化人才队伍。着力完善产权交易机构的内部组织结构，围绕企业增资扩股业务拓展和增强投行化业务能力的目标，增设相关部门或机构开展投行化业务。提高机构从业人员各项业务素质，使其具备企业行业标准衡量、市场价值评估、财务分析评价等投行化服务能力。加快建立业务创新与经验交流平台，搭建与同业、投资银行、信托、租赁公司等机构的交流渠道，广泛学习先进经验，促进业务创新。

6. 持续加强舆论宣传引导力度，不断提高产权交易市场的社会影响力

加强产权交易相关知识的社会宣传力度，努力打造产权交易机构服务实体经济健康发展的品牌形象，定期对外召开新闻发布会、项目推介会，定期举办媒体开放日活动。及时在全国各级各类主流媒体上发表反映产权交易机构综合实力、重大荣誉、典型案例等的新闻稿件等。积极扩大各产权交易机构网站平台的市场影响力，主动向社会开展舆论宣传引导工作。要将过去的政策宣讲变为网站平台优势介绍，将过去服务国企变为服务全社会各类企业单位，在产权交易机构网站平台上增开服务非公经济主体的栏目版块，同时增加互动交流功能。

发挥资本市场功能，服务国企改革创新

——“新3号令”与机构创新能力及对策研究

李 杰

2016年6月《企业国有资产交易监督管理办法》（国务院国资委、财政部令第32号）出台。该办法的出台是加强国有资产监管、深化国企国资改革的又一项重大举措。产权市场正处于大有可为的新一轮发展战略机遇期，当前，产权交易机构如何把握战略机遇，发挥市场资源配置的决定性作用，不断提升机构创新服务能力显得尤为重要。

一、产权市场面临的机遇和挑战

（一）机遇

党的十八届三中全会拉开了全面深化改革的大幕，我国经济发展进入新常态。从整体看，产权市场正处于大有可为的新一轮发展战略机遇期。

1. 资本市场定位加快提升服务混合所有制经济发展能力

《关于深化国有企业改革的指导意见》（中发〔2015〕22号）首次明确了产权市场在多层次资本市场中的地位。《关于国有企业发展混合所有制经济的意见》（国发〔2015〕54号）明确提出要充分依托产权市场推进国有企业混合所有制改革，深化国企改革“1+N”的政策体系已经基本形成。2016年3月，习近平总书记在全国政协十二届四次会议民建、工商联委员联组会上要求：着力引导民营企业利用产权市场组合民间资本，着力解决中小企业融资难问题。不难看出，产权市场为包括国有企业、中小企业在内的各类企业交易融资服务的需求巨大，为各类资本参与国企混合所有制改革服务的空间无限。

2. 企业国有资产交易监管体制完善促使各类资产进场交易

32号令首次明确企业产权转让、企业增资、企业资产转让都必须进场公开进行。《关于公布从事中央企业增资业务产权交易机构的通知（国资厅产权〔2016〕591号）》明确要求上海联合产权交易所和北京产权交易所从事中央企业增资业务。各地也明确由当地产权交易机构从事本地区国有企业增资业务。《关于中央企业资产转让进场交易有关事项的通知》（国资厅发产权〔2013〕78号）要求生产设备、房产、在建工程、土地使用权、债权、知识产权等各类资产进场交易。这就要求产权市场在做好产权交易的基础上，进一步创新拓展业务范围和品种，为各类资产处置、增资等做好服务。

3. 供给侧结构性改革加快国企“瘦身健体”、提质增效的进程

当前，以“三去一降一补”为重点的供给侧结构性改革要求加快调整经济结构和产业结构。《关于推动中央企业结构调整与重组的指导意见》（国办发〔2016〕56号）明确了下一阶段推进中央企业调整重组“四个一批”（巩固加强一批、创新发展一批、重组整合一批、清理退出一批）的重点工作。近期《关于积极稳妥降低企业杠杆率的意见》（国发〔2016〕54号）要求：充分发挥产权市场价格发现、价值实现功能，引导企业进入产权市场，采取多种方式盘活闲置资产。产权市场通过开放性市场化改革重组服务主辅分离、

淘汰落后产能、盘活存量资产、压缩管理层级，从而推动国资流动重组、优化调整结构布局、做强主业、保值增值、提质增效的力度进一步加大。

4. 现代市场体系建设加快了各类要素、资源进场优化配置

国家“十三五”规划纲要要求进一步健全要素市场体系，积极拓展农村、技术、文化、环境等要素市场，这为产权市场创新服务农村、技术、文化等要素流转提供了巨大空间。同时，我们要把握“推进公共资源配置市场化”机遇，按照国办63号文整合建立统一的公共资源交易平台的要求，利用产权市场市场化、规范化、功能强的优势，为涉诉资产、行政事业资产等各类公共资源进场处置提供服务，主动为政府职能转变服务。

5. 国家区域发展战略推进加快市场一体化进程

“十三五”规划纲要要求以“一带一路”建设、长江经济带等区域协同发展为引领，塑造要素有序自由流动的区域协调发展新格局。近期出台的《长江三角洲城市群发展规划》《关于深化泛珠三角区域合作的指导意见》《京津冀协同规划发展纲要》都明确提出了推动要素市场一体化建设的要求。产权市场要抓住机遇，加快打造区域性市场共同体，为各类要素、资源、资本等跨所有制、跨地区、跨行业自由流动、优化配置、并购重组服务。

6. “互联网+”行动加快产权市场与互联网的创新融合

《国务院关于积极推进“互联网+”行动的指导意见》（国发〔2015〕40号）提出了“鼓励传统产业树立互联网思维，积极与‘互联网+’相结合”的要求。这就为我们加快互联网与产权市场的融合进程，创新交易方式、降低交易成本、提升服务效率，加快形成以开放、合作、共享为特征的合作模式，加快打造线上与线下结合的互联网交易平台提供了难得的契机，为产权市场商业模式重构与战略转型指明了方向。

（二）挑战

中发〔2015〕22号文件首次明确将产权市场定位为资本市场，这既是对产权市场建设发展成果的充分肯定，又对产权市场的进一步发展提出了更高要求，产权市场发展面临不少挑战。

1. 市场流动性和融资功能不足

目前，产权交易机构在整合市场资源、资本集聚流动、投行运作等专业化、市场化服务能力和水平上与资本市场的要求还有不小的差距。一是流动性不足。相比证券市场，产权市场是非标资本市场，各类交易行为基本上是“一次性”的，流动性不足，导致其资本市场的功能并没有得到充分发挥。如何在严守“三不”规定的前提下，加强产权市场流动性建设，是需要研究和破解的重要课题。二是融资功能不足。长期以来，产权市场重点围绕规范企业国有产权转让开展业务，强调信息公开和程序规范，但企业增资是典型的资本市场业务范畴，涉及大量的法律咨询、投行业务，专业性要求高，对交易机构的服务能力也有较高要求：包括引入相应的法律事务所、审计评估机构、投行等中介服务机构共同制定方案；还要引入金融机构、股权投资基金等提供融资方面的支持。三是人才不足。资本市场建设要求产权交易机构在人才储备集聚、绩效考核体系和薪酬激励体系建设等方面尽快补齐短板。

2. 信息化服务能力相对滞后

从整体看，与其他资本市场相比，互联网+产权市场信息平台建设能力不强，信息化建设与商业模式运用还比较简单，主要体现在信息披露和网络竞价上，全链条、便利化的信息化服务能力不够。交易机构之间在信息披露、投资人异地参与、资金结算以及交易监管等方面离全面互联互通还有很大差距，信息孤岛问题突出。另一方面，现有信息化交易功能与互联网金融平台的发展要求还有差距，与“BAT”类互联网交易平台业务竞争加剧。

3. 产权市场跨区域合作机制有待完善

资本的本质决定了资本必然是跨区域、跨行

业、跨所有制流动。产权市场一体化发展是资本市场建设的内在要求。当前，受行政区域划分影响，各地交易机构主要是服务于本地区内的国有资产交易，“规模小、机构多、分布散”的特点突出、业务同化现象严重，互联互通、互利共赢跨区域合作机制还没有形成，总体来看还处于单打独斗的阶段，不利于市场整体形象和资源配置效率的提高。如何创新以市场化方式推进长三角等区域产权交易机构间的合作，逐步形成有资本聚集和市场辐射能力的跨区域市场平台是产权市场面临的挑战。

4. 规范化建设和风控建设还需加强

32号令拓宽了产权交易的领域，也提出了更高要求。与企业产权转让等传统业务相比，企业增资扩股业务涵盖面更广、政策性更强、法律环境更为复杂，对产权市场在制度建设、会员管理、业务创新、诚信自律、风控管理等方面的规范要求进一步提高。要严格按照关于清理整顿各类交易场所的国发〔2011〕38号和国办发〔2012〕37号文件“非标准、非拆细、非连续”的要求，高度重视、切实防范和有效隔离各类风险，包括业务创新中的延伸性风险。

对于这些问题，我们要高度重视，采取有效措施，切实解决，扎实做好各项工作。

二、产权市场服务国企改革创新的主要举措

2016年以来，上海联交所以贯彻落实32号令为抓手，按照资本市场建设的要求，优化完善业务制度、收费办法、会员制度三大制度体系，再造业务流程。通过协同推进制度建设、网络建设和服务能力建设，以科学、规范、高效的管理模式，推动上海产权市场转型升级、创新发展，不断提升创新服务的能力和水平。

（一）强化规范性，完善增资业务规则和交易制度体系

1. 推进制度“立、改、废”

加强业务制度顶层设计，加快推进制度“立、改、废”工作，以解决现有制度中存在的重叠与矛盾、操作性不足及创新业务板块制度缺失等问题。经过通盘考虑和系统梳理，我们将业务制度划分为三个层面：第一层面是交易运行的总规则，对交易业务做出制度性和原则性规定；第二层面是业务操作细则和管理规则，对交易业务做出程序性规定；第三层面是业务指南及格式文本，对业务操作做出统一解答和表式。目前，正加紧推进相关课题研究，年内将形成系列成果。2016年1—9月，上海产权市场各类存量转让竞价率42.44%，竞价增值率39.5%，分别较去年同期提高16.54%和1.46%。

2. 重点完善增资业务规则体系

2015年10月，上海联交所与深圳联交所联合发布《企业增资业务规则（试行）》。2016年7月，我们在国务院国资委产权局的指导下，制定发布了《企业增资业务择优确定投资人操作流程（试行）》《企业增资评审专家管理操作流程（试行）》《企业增资业务受托机构工作指引（试行）》《企业增资业务操作口径》4份配套细则及20多个文件模板，确保增资业务能够便利、有效的运行，努力为增资业务进场提供可复制、可推广的规则体系。

（二）强化专业性，提高市场投行化服务能力

1. 拓展专业机构服务资源

加强与金融、法律、审计、评估等专业机构的合作，在原先仅提供受理申请、发布信息和出具凭证等服务的基础上，建立起包括法律咨询、财务咨询、投资咨询等服务在内的一站式集成服务平台，聚集各类专业服务机构70余家。目前，上海联交所与国泰君安、东方花旗、毕马威、普华永道、锦天城、金杜等20多家知名券商、会计师事务所、律师事务所、专业投资机构结成战略合作伙伴关系。这些专业机构业已成为上海产权市场的专业力量，为今后更好地拓展业务、提升服务能级打下了良好基础。

2. 培育集聚投资人资源

为集聚新型优质的投资人资源，以项目推介会为纽带，主动联系和挖掘潜在投资人。与此同时，发挥会员及各类俱乐部投资人的作用，吸引民资、外资和其他社会资本参与投融资；采用价值分析报告（Teaser）、数据库（DataRoom）、组织协商谈判等投行化服务，提高专业工作水平；加大投资人信息库研发力度，加强数据分析和需求跟踪，实现投资人资源与增资项目的个性化匹配，提高项目融资成功率。例如，一家从事互联网支付业务的公司通过上海联交所公开增资，我们联合瑞信方正证券有限责任公司，甄选了天元、德勤等知名机构共同组成项目团队，通过撰写价值分析报告和投资建议书，吸引30多家优质投资人参与该项目，为标的估值和结构安排提供了精准支撑。经过多轮开放式谈判，意向投资人充分释放战略资源，提升了新增股权的价值空间。

3. 拓宽信息发布渠道

强化上海联交所的微信等新媒体平台建设，对上海联交所官网进行全新改版，通过移动互联网拓展信息发布渠道。强化项目营销理念，定期征询投资人意向，针对项目属性分类推送信息，提高项目推介的针对性和有效性。增加项目推介会举办频次，将原先每月举办一场推介会增加为每月举办两场，分行业、分专题集中推介金融、房地产、生物医药、新能源等领域的重点项目。依托长江流域产权交易市场61家成员单位联合发布信息、联合推介项目、联合组织竞价，扩大项目资源和投资人信息共享范围。

（三）强化流动性，推进信息系统建设

1. 加快信息系统升级改造

为更大范围、更加高效、更加便利地服务各类市场主体参与各类资源要素的跨区域有序流动和优化配置，我们改进和完善产权交易信息系统，不断提升中国产权交易报价网、OA协同办公系统、资产交易同步拍系统等多个信息子系统网络的运行能力。积极构建产权交易“O2O”模式，实现线上项目受理、信息发布、项目审核、在线报名、项目路演、网络竞价、价款结算、出具凭证等功能与线下项目咨询、方案设计、项目推介、交易撮合等全程环节“一站式”服务的有效联动。根据32号令的要求，进一步完善企业国有产权交易系统，加强增资业务信息系统配套建设。在交易系统升级改造的过程中，严格按照国资监管的要求，实现产权交易监测系统与企业国有产权交易系统、实物资产交易系统的无缝对接。

2. 积极筹建新一代信息系统平台

我们将通过重新开发系统基础构架、重新构建互联网交易门户、重新打造基于大数据分析的辅助决策支持系统，分步、分块实施与企业内部管理、交易业务管理、市场服务管理相对应的信息系统建设，力争用一到两年时间建成制度科学、系统先进、运作规范、市场融资能力强大的产权交易互联网服务平台。

（四）强化科学性，研究制定收费办法

1. 开展增资业务收费办法研究

为配合增资业务的开展，进一步规范产权交易机构的收费行为，确保增资业务收费合理合规，2016年以来，上海联交所会同上海市发展改革研究院价格研究所开展了增资业务收费定价课题研究。在深入分析、广泛征求意见建议、学习借鉴外省市好经验、好做法的基础上，形成了关于定价原则、收费对象、收费项目、收费方式、收费标准、收费管理的中期成果，现已进入论证阶段。

2. 推动收费管理制度改革

规范产权交易机构和会员单位收费行为，从项目、标准、流程等方面对收费内容进行全面梳理，探索实施“谁服务谁收费”模式，建立交易费用与服务费用相分离、收费内容与服务内容相匹配的收费管理制度。以增资业务收费研究为契机，我们还全面启动了收费制度体系研究，以进一步减轻企业负担，降低交易成本，实现服务内容与收费标准的合理匹配，建立一套科学的收费

体系。经过前期调研和准备，现已形成关于收费制度体系的基础框架：一是建立符合产权市场及相关业务特点的具体收费标准。二是建立公开的收费公示制度，规范合同签订行为。三是建立公平、灵活的收费议定机制，规范收费执行行为。四是建立收费报备制度，规范收费标准制定。

（五）强化多元性，构建新型会员制度

1. 创设融资类特别会员

在发挥好原有经纪类会员服务企业主体、开拓增资业务作用的同时，创新会员制度，设立融资类特别会员，引导证券市场知名券商和专业投资机构参与产权市场增资业务，引入证券市场规范的操作模式和成熟的运作经验，促进产权市场的繁荣和活跃。拓展和深化会员的服务内涵，设立《增资专项报告》制度，要求会员对增资企业进行全面的尽职调查并出具结论意见，增强产权市场的专业性和规范性。建立会员与企业主体双向选择、效果评价、协商收费的良性服务机制。

2. 建立会员分类管理制度

一是重新构建会员分类管理框架，研究制定会员分类管理细则，从制度体系建设上加强对会员机构的规范管理，引导产权市场有序竞争。二是加强会员机构行为监管。建立和完善优胜劣汰的市场进退机制，进一步放宽会员机构的市场准入条件，保证市场机会的公平性。完善黑名单制度，以会员评价系统为抓手，明确项目齐全性、合规性评价标准，引导会员规范执业。把好会员年检关，继续做好会员执业资格培训考核，对会员执业情况进行公开评审，暂停年检不合格会员的会员资格，督促其限期整改，对从业存在不正当竞争等违规行为的会员，视情中（终）止会员资格。推动上海产权市场诚信指标体系建设，引导会员诚信执业，防范暗箱操作、恶性竞争、利益输送等道德风险。

（六）强化高效性，再造交易业务流程

为推动产权市场深化改革，防范交易流程中潜在的道德和法律风险，我们对业务流程进行了优化再造，建立了一套项目引入、立项受理、项目审核、风控管理相互分离、相互制衡、相互促进的运行机制。按照业务分类和专业分工，我们制定了新的业务运行管理办法，强化了业务部门的市场拓展功能及管理支撑部门在市场推介、会员辅导、资金结算、法律咨询和风险防控等方面的服务保障功能，从而加强了前、中、后台精细化管理，为机构可持续发展注入新动能、增添新活力。

三、产权市场服务国企改革创新的主要内容与成效

32 号令发布以来，上海联交所在国务院国资委、上海市国资委的领导下，把握机遇，紧紧围绕供给侧结构性改革“三去一降一补”的重点任务，进一步发挥产权市场作为资本市场在服务国企国资深化改革、混合所有制经济发展、国家和上海战略实施中的积极作用，创新交易品种和方式，拓展服务领域和范围，提升服务能级和水平，推动国企“瘦身健体”、提质增效、创新发展。2016 年 1 月至 9 月，上海产权市场共完成各类产权交易项目 1357 宗，同比增长 21.59%；成交金额 1317.9 亿元，同比增长 29.26%，整体呈现交易规模稳中有进和运行质量同步提升的良好发展态势。

（一）服务央企“瘦身健体”，推动产业重组和结构调整

1. 助力重点行业去产能

2016 年以来，上海联交所重点在钢铁、煤炭等产能过剩行业，帮助企业清理产能，减少无效和低端供给。截至 2016 年 9 月底，为中央企业提供去产能服务涉及项目 37 宗，成交金额 93.34 亿元。某央企所属上海克虏伯不锈钢有限公司 40% 股权转让项目，我们针对标的公司在不锈钢行业居于领先地位且地处上海自贸区的亮点，通过多种形式在京、沪两地同步推介。在整体行业形势

低迷的情况下，征集到4家符合条件的意向投资人参与竞价，成交价格较挂牌价格增加15.15亿元，增值率达到78.6%。某电力集团3批资产在上海联交所挂牌转让，面对电力行业调整结构、钢材价格不断下滑的趋势，我们充分发挥产权市场发现买主、发现价格的功能，实现了低效无效资产的增值转让，最终溢价率分别为48.24%、61.01%和30.86%，不仅帮助企业完成了节能减排的目标，也促进了国有资产的保值增值。

2. 推动“僵尸企业”重组整合和市场出清

在“僵尸企业”清理整顿中，采取清理退出或“去存量+引增量”的方式，帮助企业改善经营状况、激发经营活力。例如，某医药集团通过上海联交所挂牌转让7宗常年不盈利的中小企业股权项目，经过我们的专业策划和定向推介，为企业找到合适的意向受让方，帮助企业压缩了经营规模，实现了资源的合理配置。某发电集团拟通过产权市场分批转让35宗总价为75亿元的股权项目，上海联交所在深入分析各项目经营情况及亏损原因后，针对确实存在产能过剩、政策背离等问题的亏损企业，建议通过专场推介会等形式公开转让、清理退出；对由于资源错配、业务结构调整而造成经营困扰的企业，建议实施“引战增资”，为转让方处置低效无效资产提供有价值的决策参考。2016年9月和11月，上海联交所在北京和上海分别组织部分中央企业举办了“僵尸和特困企业处置研讨会”，邀请有关专家从政策、法律、评估等角度分析了僵尸企业、特困企业的处置路径，受到与会者的高度认可。

3. 帮助企业解决去库存难题

根据不动产、设备资产、租赁资产等各类资产的特点，采取针对性服务举措帮助企业处置积压库存。2016年1—9月，共完成央企资产转让项目299宗，成交金额11.85亿元。例如，在某航空集团公司旗下闲置报废车辆转让项目中，我们经过慎重比选，确定了最有利于提升交易效率的拍卖方式，促成了67.2%的高竞价率和40%的平均增值率，使年久失修的几十辆汽车得到了重置。在某钢铁集团数百套存量住宅转让项目中，我们按照分批处置、网络竞价的方案，协同转让方在信息发布、现场看房、受让登记、贷款服务等方面做了大量细致的工作，最终该项目成交率97%、竞价率40%，有效解决了住宅房去库存难题。

4. 服务企业压缩层级做强主业

截至2016年9月底，服务国有企业压缩层级、实现主辅分离共涉及项目153宗，成交金额226.78亿元。某央企旗下鄂州康禾医院管理有限公司股权项目，经过53轮的“定时报价+连续报价”，最终以3.4亿元成交，较2亿元挂牌价格增值70%，既剥离企业办社会职能又解决历史遗留问题。某央企转让其地处云南、海南、西藏的三家子公司股权项目，其核心资产均为土地及在建酒店项目，涉及资产总额超过18亿元。针对项目特点，上海联交所为其设计了分别挂牌、捆绑转让的方案，最终由一家旅游文化投资公司成功受让，有效帮助企业减轻了债务负担，强化了主业经营。

（二）服务国企提质增效，优化资源配置和资金使用

1. 改善债务结构，控制“两金”占用规模

截至2016年9月底，通过“股+债”整体挂牌清理应收账款，共完成项目11宗，成交金额43.4亿元，回收债权25.64亿元；通过设备类资产转让清理存货，共完成项目99宗，回笼资金1.9亿元。2016年以来，我们与银行等金融机构建立合作，加强供应链核心企业与上下游企业在信息流、物流、资金流上的统一管理，帮助核心企业提高风险控制能力和资金使用效率，控制“两金”占用规模。以资产为载体，通过结构化安排设计，规范银行出表行为，对接制造型、贸易型中小企业的融资需求，帮助其实现去库存、降成本的目标。目前，已为国美电器、绿地能源、武汉钢铁、东方希望等200多家实体企业提供服务，融资规模超过100亿元。

2. 盘活沉淀资产，提升资本运营效率

深入研判市场趋势，帮助企业盘活存量，提高资本运营效率。在服务企业扭亏止损方面，共涉及项目 81 宗，成交金额 129.92 亿元。上海某股权转让项目的标的公司为一家房地产开发项目公司，其核心资产为 2011 年 7 月通过招拍挂方式竞得的位于青浦区朱家角镇某地块的土地使用权。根据土地出让合同，该地块应在 2015 年 6 月底之前开工，2018 年 6 月底之前竣工，但实际尚未动工，因此该项目存在逾期开发所产生的风险。在上海联交所的积极运作下，为转让方征集到几家具有同类土地开发项目经验的意向受让方，最终东北一房地产开发有限公司以高于挂牌价 16.13% 的价格竞标，使转让方的沉淀资产得到了有效利用。

3. 发挥协同效应，提高企业经济效益

发挥金融、文化、体育等创新业务的协同效应，积极拓展权益类交易品种，帮助企业通过产权市场实现经营性资产的提质增效，扩大经济效益和社会效益。例如，在国企集团超大型房地产开发项目中，我们设法整合金融服务商资源，为企业量身定制专项金融资管计划，以解决项目开发过程中战略合作伙伴征寻及融资等难题。我们还与上海市虹口区国资委建立合作，共同开拓国有经营性房产阳光租赁业务并搭建相关网络交易系统，交易各方可在网上完成登记、竞价、结算等全套流程，资产转让的效率、房产租赁的收益均得到显著提高。又如，针对上海百联集团、申通集团的商业和物业资源，上海联交所为其设计了广告媒体类交易品种，为企业去存量、引增量开辟了一条新的路径。

4. 助力国企做优做强、创新发展

围绕促进国有企业创新发展，上海联交所通过开放性市场化改革重组，创新服务国企产业升级，加速企业的自主创新和战略转型，推动国有资本向优势产业集中，向产业链关键环节和价值链高端领域集中，提升了集团的管控能力、活力和竞争力。例如，上汽集团下属销售公司斥资 1.4 亿元收购江西一家商务服务公司 100% 股权，拓宽了华东地区市场渠道。临港集团下属投资公司以 1.1 亿元价格收购一家国际物流公司 45% 股权，成为标的公司第一大股东，扩大了该集团在国际物流版块上的资产规模。

（三）服务经济转型升级，培育市场动能和创新活力

1. 发挥平台作用，推动混合所有制经济发展

发挥产权市场平台作用，吸引各类非公资本参与国有企业改制重组，实现引资本与转机制的有机结合，促进国有资本与非公资本融合发展。1 月至 9 月，在上海产权市场成交的有关混合所有制改革项目共 230 宗，成交金额 167.97 亿元。海际证券 66.67% 股权转让项目，涉及证券公司控股权转让，市场关注度非常高。为避免受让方在不符合资质的情况下受让，我们采取了“公告提醒、举牌承诺、专业审核”的方案，共有 12 家不符合挂牌条件的意向受让方未通过审核。最终，该项目共有涉及 14 个省市的 21 家意向受让方参与竞价，经过 90 分钟 332 轮报价，由一家上市公司夺得标的。项目成交价约 30 亿元，较挂牌价高出 26 亿元，创下 641.28% 的增值率。某生物工程有限公司是一家生产疫苗的国有高新技术企业，经由我所平台引进战略投资人。经择优选择，正大（中国）投资有限公司成为最终合格投资人，以 26000 万元取得 340.909 万元注册资本（对应 12% 股权），为增资方优化产品结构、开拓国际市场、提升行业地位提供了发展动能。天津一家科技公司通过在挂牌实施 43.3197% 股权增资，上海联交所发挥产权市场融资功能和投资人资源优势，成功征集到 9 个最终投资人，投募集资金 13.44 亿元，市盈率达 44.7，与同期创投公司挂牌新三板后市盈率水平相当，为其后续登陆证券市场奠定了基础，推动产权市场与证券市场相互联动。

2. 拓展增资业务，补齐创新企业融资短板

近年来，上海联交所不断总结中国电信、中

国诚通、上实集团、绿地集团、光明集团等多家中央和地方国有企业增资扩股、实现混改的经验，不断提升专业化、市场化、个性化的增资服务能力，努力形成可复制、可推广的增资业务模式和经验。在增资业务中，我们始终将确保企业主体地位、发挥企业主体作用放在首位，在投资人遴选方式和选择标准等方面赋予企业更多的自主权，允许企业提出个性化较强、符合增资目的、与企业需求相一致的择优方法，凸显业务开展的便利性和有效性。某集团下属公司为偿还借款并补充固定资产投资项目和日常营运资金，通过上海联交所挂牌增资，经过多轮竞争性谈判，某投资联合体成功竞出，以6130.3万元出资获得增资企业60%股权。上海张江创业投资有限公司是一家专注于科技创投的知名企业，上海联交所协助其以增资扩股方式成功引入一家具有科技投资运作经验的创投基金管理公司，为企业发展核心业务、扩大经营规模募集资金1.47亿元，既保留了国有企业的品牌影响力和资金优势，又引入了民营资本灵活高效的管理和投资决策机制，有效提升了公司的投资效率和竞争活力。

3. 服务非公经济，吸引民营企业进场交易与融资

以重点领域、热门行业为切入点，帮助民营企业通过产权市场改善经营、提升价值。1月至9月，共成交非国有产权转让项目305宗，同比增长26.03%；成交金额460.96亿元，同比增长111.88%。其中，挂牌项目44宗，成交金额18.06亿元。上海创业接力科技金融集团有限公司受投资决策机制、风险承担能力、薪酬激励制度等因素制约，发展遇到瓶颈，选择在我所挂牌增资。管理层设立的合伙企业在公平竞争中成为新股东，既达到了股权激励的目的，也维护了原股东的权益。民营企业上海汇银投资有限公司挂牌转让其持有的28.636%某券商股权。考虑到标的行业的特殊性以及该民营企业并无产权市场交易经验，为使该项目通过产权市场挂牌转让，上海联交所成立了项目运作团队，为其进行政策咨询、方案设计、投资人引荐和市场询价。项目转让底价12.6亿元（每股4元），公告期满共征集到7家合格意向受让方。经激烈竞价，杭州一家民营公司以14.3325亿元（每股4.55元，3.7倍PB）的报价成为待定受让人，而后另一家民营股东行使了同等条件下的优先购买权，产权市场服务非公经济的作用在该项目中得到显现。

综上所述，借助产权市场的力量，过剩产能可以得到释放，“僵尸企业”可以得到重生，债务风险可以得到控制，交易成本可以得到降低，实体经济可以得到支撑，市场活力可以得到激发。实践证明，发挥产权市场的功能和作用，是服务“三去一降一补”、解决国企国资改革难题的有效途径。

（四）服务国家战略和地方经济发展，创新业务平台建设

近年来，我所围绕国家和上海发展战略，坚持市场化、国际化、信息化、集团化、规范化发展方向，创新体制机制，为服务“一带一路”战略、国企国资深化改革、区域一体化发展、上海四个中心和科创中心建设及多层次资本市场建设，承担更多的责任，发挥更大的作用。

1. 建设金融资产交易平台，拓展金融延伸服务

近年来，上海联交所围绕上海国际金融中心的建设，坚持边筹建金融产权交易平台，边拓展各类金融延伸服务，主动服务企业“三去一降一补”，上海联交所在财政部PPP中心、中国人民银行征信中心和商务部有关职能部门的支持下，携手推动金融创新，重点开拓供应链金融、PPP项目、融资租赁等资产业务版块，积极发挥产权市场的要素集聚功能和资源配置作用，提高金融要素的有效供给，优化企业债务和股本融资结构，发挥金融发展对实体经济的支持作用，推进产融结合，在去产能、去库存的同时，发掘国有企业利润增长新亮点。

2. 建设知识产权交易平台，帮助实体经济创新发展

上海市委市政府明确要求建设全市统一的知识产权交易中心，积极打造专业化、市场化、国际化的知识产权交易中心。为上海建设具有全球影响力的科创中心发展战略服务，上海联交所整合上海联交所技术交易部、上海联合知识产权交易中心、南南全球技术产权交易所等机构资源，积极为科技创新项目（成果）应用交易、科技型企业产权交易、技术交购业务以及各类市场主体科技并购提供专业化平台服务，全力打造集科技信息集散、科技成果交易、科技金融服务于一体的知识产权交易平台，打通科技成果转化与技术转移路径。2016 年以来，知识产权交易日益活跃，业务交易发展迅猛。在我所挂牌的知识产权项目超过 600 宗，其中已成交项目 13 宗，成交金额超过 6000 万元，交易品种已覆盖专利、非专利技术、商标、著作权、植物新品种、仿制药临床批件等各个类别。在中国石油化工集团公司下属企业转让的山东胜利有限公司药品生产技术项目中，我们发挥专业服务优势，妥善解决了受让方在技术排他性、技术实用性及产业化等方面存在的顾虑。最终，该项目由一家医药企业以 2653 万元竞得，增值率 122%。复旦大学 15 项光通讯专利包挂牌交易，交易金额 880 万元；上海家化“白熊”商标挂牌转让，交易金额 1500 万元；上海荟邮科技邮轮管理软件著作权及其开发团队转让，交易金额 150 万元。

3. 建设文化体育产权交易平台，为各类公共资源优化配置服务

今年以来，我们围绕建设全球著名体育城市的目标，积极打造全国性一流体育产业交易平台，创新服务模式，助力体育产业转型升级。我们借助 2016 上海（国际）赛事文化及体育用品博览会等契机，加强与专业机构合作，对接体育产业上下游资源，为各类赛事及体育项目引资招商服务。例如，绿地集团通过我所平台竞得上海第二届市民运动会总冠名权，加强了品牌传播，提升了企业的公众形象和社会影响。同时，我所积极配合全市统一公共资源交易平台的建设，大力创新公务车、涉诉资产、行政事业资产、租赁权等政策性资源业务品种和服务模式。

4. 建设国际并购平台，服务“一带一路”发展战略

为更好地服务央企和上海国企“走出去、引进来”战略，我们与商务部投促局合作建立“国际投资促进与产权交易平台”，协力开展境外项目对接工作。今年以来，我们主办或协办了 2016 中欧先进制造业投资合作交流会（江门）、2016 中德企业投资与并购论坛（佛山）、“中国企业并购 2016”论坛（上海）等系列活动，拓宽了跨境并购项目的渠道和配套服务。2016 年，我们围绕央企需求，两次携手德国投资贸易推广署、中德并购联谊会、捷克工贸部、捷中友好协会等机构在德国、捷克进行了央企跨境并购项目的推介及对接，实地考察了意向标的企业，推动了国际并购与投资交流。

5. 建设长三角产权交易共同市场，为区域一体化发展服务

我们按照《长江三角洲城市群发展规划》（发改规划〔2016〕1176 号）“建设产权交易共同市场”的要求，依托三省一市产权交易市场，不断优化“一个协议、四个办法”互惠互利的跨区域合作机制，不断发挥中国产权交易报价网“联合信息发布，联合项目推介，联合组织竞价”的业务合作模式优势，加快长三角统一信息发布和披露、联网交易、交易凭证互认等一体化进程，为区域经济发展服务。

构建动态稳固的产权交易市场支撑体系

陈志祥

在当前国家政治新生态、经济新常态、社会新形态的宏观背景下，以及产权行业亟待转型、各类机构跨界竞争加剧的背景下，中央提出了“创新、协调、绿色、开放、共享”五大发展理念，给国家经济发展方式转变、新的增长动力形成带来了深刻影响。产权交易市场作为资本市场的重要组成部分和新兴构成要件，其发展将有别于传统模式，并将面临更多的机遇，必须有动态的稳固的支撑体系。武汉光谷联合产权交易所牵头承担中国产权协会委托的第二分课题“中国产权交易市场支撑体系研究”，在各兄弟机构的鼎力支持和通力合作下初步完成，我就课题相关内容报告如下：

一、产权交易市场支撑体系的基本内涵

产权交易市场支撑体系包括静态支撑和动态支撑。当前国企改革不断深入，全行业正面临业务转型和创新发展的机遇和挑战，产权交易市场支撑体系研究不能只基于当前的行业现状作静态的支撑研究。所以我们在研究中秉承了一个基本逻辑：产权交易市场将朝着哪个方向发展，支撑体系就应该朝着哪个方向去构建和布局。但产权交易市场应该朝着哪个方向发展，全行业应当形成高瞻远瞩的统一认识。

2015 年 8 月发布的中共中央和国务院《关于深化国有企业改革的指导意见》（中发〔2015〕22 号），正式将产权交易市场与证券市场一同纳入了“资本市场”范畴，这是一次重大的政策突破。但产权交易市场凭什么成为资本市场？产权交易市场被列为资本市场范畴前后有什么不同？产权交易市场是具备了资本市场的某些属性才被列入的，还是列入资本市场范畴是鼓励产权交易市场下一步更多地发挥资本市场属性？产权交易市场和早已约定俗成的资本市场（股票市场、债券市场、中长期信贷市场等）有什么共性？有哪些差别？在常说的多层次资本市场体系中，产权交易市场在哪个层次，哪个部分，哪个位置？产权交易市场和多层次资本市场体系的其他子市场是什么关系？

其实，说产权交易市场是资本市场，无非有两个思考的方向。一是从资本市场这一头来看，资本市场的定义和内涵，跟产权交易市场的现实特征比对一下，看能不能靠得上去。在理论上，资本市场是货币市场的对称，界限就是期限长短，主要是指一年期以上的中长期资金市场。北交所在第一分课题中将资本市场分成证券类载体、贷款类载体、衍生类载体和实物类载体的四大类市场，并认为产权交易市场是实物类载体的资本市场，包括企业产权交易类市场、资产交易类市场、股权交易类市场以及债权交易类市场等。这个定义很好，非常切合产权交易市场的实际。但我们要注意到，前三类资本市场的基础交易标的都是金融产品，而实物标的不是，这就需要我们以产权交易市场的实物交易为基础，将资本市场的四大功能（推进资本形成、评估资本价值、优化资本配置和实现资本价值）衍生出来，这才能符合资本市场服务于资本流动、资本交易等资本运动的特征。一言以蔽之，产权交易市场如果仅仅局限于实物交易，无论对资本市场的概念做怎样的外延式拓展，都无法体现资本市场范畴的真实

内涵。

另一个就是从产权交易市场这一头来看，把产权交易市场的特征归纳一下，再来和资本市场的定义进行比对。这就要求我们弄清楚：产权交易市场的特征到底是什么？我认为，可把“产权交易所”这个名称拆成两部分：“产权”和“交易所”，是这些年发展留给我们的两大特征或者叫核心资源，“产权”代表着政府支持强制进场的政策红利，“交易所”代表着对这种新型业态或交易模式的经营管理经验。两种历史积累形成的核心资源在属性上是有差异的。先看政策红利。产权交易市场源于上一轮国企改革，强制进场交易的政策红利是整个行业赖以生存的核心资源禀赋，没有政策红利就没有产权行业。但有了强制进场的政策红利，产权交易市场就可以说是资本市场了吗？显然不是。再来看交易所模式，其本质就是将原来行政处置存在灰色寻租地带的事情放到公开市场上来做，是市场化对行政化的替代，在大方向上完全符合资本市场的市场化趋向；而且，在国企国资进场交易取得成果后，很多产权交易机构，包括光谷联交所，都将传统进场业务拓展到了行政事业资产、国有金融资产、法院涉讼资产等，交易标的的范围大为拓宽，这恰恰说明交易所模式是产权交易市场的生命力之所在。交易所模式向其他公有资源处置领域的复制和延伸，自然也是符合市场化导向的；后来，我们产权交易机构或多或少都参与了近年交易场所的组建，有的参控股平台多的都已形成了集团化架构，这是交易所模式向更大范围的拓展和延伸，是市场化导向的更好体现。所以，产权交易市场要真正被纳入资本市场的范畴，就要跳出政策红利的局限，在交易所模式这一核心资源禀赋上做文章。当然，这也不等于说，产权交易市场不断以“铺摊子”的方式复制交易所模式就能成为真正的资本市场，而是说要落实中发〔2015〕22号文将产权交易市场纳入资本市场范畴的精神，立足点首先必须是交易所模式。

在新形势下，下一步产权交易市场的发展方向与支撑体系的建设方向主要体现在以下四个方面：

（一）深化国企改革服务

产权交易市场作为我国资本市场体系的基础性平台，产生之初主要功能就是服务于国有经济布局和结构的战略调整以及推动国有企业的改革。多年来，产权交易市场为国有企业改革和国有经济结构性调整提供了“公开、公平、公正”交易的阳光平台，并逐步扩展到各行业权益性要素资源的流转配置与创新交易。十八届三中全会提出积极发展混合所有制经济的要求，如今“混改”制度已经成为新一轮国企国资改革的主线和方向。中发〔2015〕22号文将产权交易市场与证券市场一同纳入了“资本市场”范畴，对产权交易市场发挥资源配置功能和服务国企国资改革提出了更高的要求。

作为国企改革衍生的产权交易市场，尽管过去极为分散，但伴随改革进程通过授权交易的简单手续费运营模式已经得到了长足发展，未来能否真正发挥资本市场的核心功能才是关键。产权交易市场能否发挥充分信息披露、广泛权益交易、快速价格发现、综合融资支撑、高效产权流转配置等功能，是整个产权交易市场行业必须面对的挑战。[①] 产权交易市场必须在国企混改和去产能中承担起当仁不让的服务平台作用，必须具备超越于一般投行的服务能力。因此，我们认为，在国家积极鼓励产权交易市场服务国企改革发展的背景下，产权交易机构一方面要积极对接国企改制上市、增资扩股、资产重组、股权并购、股权置换等市场化需求，全面承接国企混改业务进场的市场服务要求；另一方面要加快创新，深入研究资产证券化等多种融资创新领域，提升业务能力，为国企混改产股权顺利流转和运营提供各类中介

① 高佳卿．关于我国产权市场未来发展的思考［J］．产权导刊，2016（2）：27－30.

服务和增值服务。此外，产权交易市场还要建立与其他层次资本市场的协同衔接，通过开展基础业务和通道业务，积极与证券市场、债券市场开展合作，消除壁垒，进一步提升资本市场功能，助力国企国资改革顺利推进。

（二）深度对接“互联网 +”

互联网技术成为当前各种经济活动的基础元素，已经是不争的事实。尤其是随着移动互联网、大数据、云计算、物联网等新一代信息技术不断深入到经济生活中的各个领域，互联网已经不仅仅是一种技术工具，而且是现代经济生活的平台和载体。在对信息化支撑体系的研究中，西南联交所提出产权交易市场就是通过技术对原来拍卖机构的功能进行替代而产生的，拍卖竞价模式和产权交易模式在本质上是相近的。其实，我们很多产权交易业务就是一些依托局域网的线上拍卖竞价业务，跟现场拍卖相比无非是参与者的范围稍微广泛了些而已。同理，淘宝网对我们的涉讼业务进场的冲击，就是依托互联网携带更为广泛的参与者和我们产权交易机构进行竞争。前面提到的交易所要服务于所在行业，就是指要具有某个行业的垂直网站的属性，只是垂直门户网站注重信息，我们的专业平台则注重交易。经常有人说，最彻底的竞争是跨界竞争，很多企业都将死在他从不认为是对手的对手手里。但是，由于产权交易市场天然的平台化属性，天然的与互联网平台具有竞争性，只要失去政策壁垒的保护，互联网平台对我们的替代和覆盖将是大概率事件，涉讼业务只是一个开端而已。

所以，产权交易市场要向资本市场转变，一方面要积极利用互联网，在创新自身组织体系基础上重新构建业务运作的商业模式，改变目前分散基础上的低水平状态，实现各种资产的电子产权化和交易数据的信息化，大幅提高竞报价业务处理速度，大幅度优化交易流程，改善用户参与交易和投资的互联网体验；另一方面，要加强与互联网金融的创新融合，适应未来互联网常态下的交易新模式，以此来拓宽资本要素资源分配的渠道，实现产权交易市场向着资本要素市场运营管理效益化、精细化、科学化、网络化的转变。通过构建互联网金融平台，利用互联网强大的整合能力，将多层次资本市场的各方资源聚集、连接起来。

（三）交易模式外延扩张

交易模式外延扩张，是指将产权交易市场最具有市场化特征的交易所模式进行外延扩张。从产权交易市场自身出发，我们要纳入资本市场的范畴就必须在交易所模式的外延扩张上做文章。现实环境也给我们创造了这样去做的充分条件。近年来，产权交易市场不断承接行政审批权下放，服务行政审批制度改革。十八届三中全会《关于全面深化改革若干重大问题的决定》指出：“大幅度减少政府对资源的直接配置，推动资源配置依据市场规则、市场价格、市场竞争实现效益最大化和效率最优化；使市场在资源配置中起决定性作用和更好发挥政府作用。”以产权交易市场为基础发展起来的资本要素交易平台正好发挥市场优势，以市场的方式承接部分政府行政职能，在市场发展中挑选优胜者给予资本支持，发挥了政府在市场中的管理、分配、引导职能，形成了以资本要素市场为导向，产权交易产品多样化的新局面。

产权交易市场服务于经济社会发展的关键，不仅在于体系的完善，更在于功能的拓展。基于这一思路，产权交易机构需积极推动各交易市场从交易功能向融资功能的转型和拓展，并充分发挥交易场所相对集中的“扎堆”效应，不断提升场外市场的资源聚合能力和融资实现能力。产权交易市场要成为各类所有制资本投融资的重要市场平台。一方面，传统产权交易市场的政策优势不再明显，必须转型发展，才能适应市场竞争的需要；另一方面，传统产权交易市场侧重于交易功能，要素市场则要在交易上更加体现融资功能，服务于实体经济和中小微企业。由于产权交易市场交易品种不断丰富，交易模式不断创新，要素资源不断汇集，需要持续更新产权交易市场服务模式、提升产权交易所市场服务能力，包括利用大数据统计等分析行业发展前景和趋势预测，促进传统产权交易行业转型升级。

（四）金融功能日益凸显

随着资本市场的深入发展，需要重新认识产权交易市场的金融功能。目前中国传统行业相对饱和，对创新投融资方式提出了新要求。新经济的兴起、小微企业在经济中重要性的提升，意味着实体经济融资需求日益多元化，而这些多元化的需求更多需要通过银行信贷之外的多元化金融形式来满足。以交易所为代表的产权交易市场恰好可以有效弥补传统金融缺陷。

产权交易市场作为“场外市场”属于长尾市场的范畴，应主要服务于两个“非标”，即为“非标”企业和“非标”资产实现融资服务。这是差异化定位的思路。产权交易市场的金融属性必须区别于传统的直接融资和间接融资，要定位于主流金融体系的有益补充。在“新常态”下，尤其是当前融资难和融资贵的大背景下，产权交易市场要全面服务于非标准的企业和资产。标准的企业都上市了，标准的资产都被银行接受抵押融资了，而产权交易市场就是要为那些上不了市的企业、用那些银行不认的资产实现融资，真正拓宽企业尤其是中小微企业的多元化融资渠道。金融市场上资金属性和风险偏好是有差异的，传统金融体系的资金属性在本质上与中小企业“非标”的投融资需求是不相匹配的，如银行资金在风险控制上要求很高，不会无条件降低门槛与另类金融需求相对接。而产权交易市场的长尾属性则与普惠金融的要求正好匹配，以“融资成本低、融资管道丰富”的特点，充分发掘产权交易市场的金融属性和资本属性，使得本来具有投融资价值但“沉睡”的资源要素流动起来，完全可以为中小微企业提供优质的多元化融资服务。

二、产权交易市场支撑体系的基本构成

结合我国当前发展实际，产权交易市场要成为为各类企业进行产权交易、并购及融资等活动提供综合服务的资本市场，应该围绕前述行业发展动态进行构建和布局，主要包括政策制度支撑体系、信息化建设支撑体系、大数据统计制度支撑体系、自律监管支撑体系等内容。

（一）政策制度支撑体系

政策制度支撑体系是对产权交易市场规范健康发展的顶层设计，对整个产权交易市场行业发展起约束和激励作用，主要包括产权交易相关法律、行政法规、部门规章和政策性文件等。目前我国产权交易行业政策制度包括《企业国有资产法》《企业国有资产交易监督管理办法》（国务院国资委、财政部令第32号）等法律法规和规章，也包括中央和地方政府出台的产权交易管理相关文件。

我国产权交易市场肇端于国企改革并专注于国有资产保护，该定位已经难以适应目前产权交易市场的发展进程。因此，需要在两个层面完善立法体系：一是立足于国有产权交易，理顺现有国有产权交易的法律法规体系，以国家法律法规的形式明确产权交易所的定位、职能与职责。目前的法律法规仅是对国有产权交易应当纳入产权交易市场的原则性规定，而对产权交易机构的定位、职能与职责等并无规定；除此之外，细节如规则之类交由产权交易机构或者行业协会自行制定。二是赋予产权交易市场明确定位，通过立法确立产权交易市场的法律地位，不仅限于企业国有产权，还应包括金融资产以及非国有产权等，为目前日益扩展的交易范围寻求法律依据与定位。

（二）信息化建设支撑体系

信息化是产权交易市场发展的必然趋势，产权交易机构也是最有条件引领产权交易市场信息化建设的实施主体。信息网络的支撑使产权交易市场“发现买者、发现价格”的功能得到极大提升，而网络竞价系统的开发与运用，更是大大降低了交易成本，提高了交易效率。当前，产权交易市场已经初步建成了电子化交易系统，基本能

够实现交易过程网上操作、网上留痕、网上归档等功能，但这些只是满足了产权交易市场信息化建设的基本要求——交易电子化的“单机版”，互联网作为技术工具只是服务于单个交易机构的交易过程。信息化的本质是联网和数据流动，信息化的效能要释放出来，必须依靠网络让数据资源在更大范围内充分流动起来。

产权交易市场信息化建设需要着重解决信息化建设目标实现的可操作性、可持续性问题。可从以下三个方面推进产权交易市场信息化建设：一是整合现有系统资源，完善系统功能。按照统一流程与标准，整合、改造、升级现有系统，充分运用移动互联、云计算等技术，优化操作流程，改善用户参与交易的互联网体验。二是建设全行业互联互通的网络平台。用互联网技术将各个区域分立的产权交易平台联接起来，实现互联互通，形成全行业统一的网络平台。三是开放对接相关行业，产生协同效应。根据产权交易市场的功能定位，与互联网平台、金融服务平台等相关行业实现对接，贯通和建立产权行业的产权金融生态链，包含大数据征信、登记注册、支付结算、各种竞报价、融资创新、落地交割与服务、交易监管等在内的产权金融服务和新型产权资本市场；导入投资用户与金融服务产品，形成更多机构与个人参与、承接国有非国有转让、丰富的金融创新支撑、相对充分的价格发现、高效的落地交割服务、严格的信息披露与风险监管在内的非标产权资本市场，产生为市场主体服务的协同效应。

（三）大数据统计制度支撑体系

良好的数据统计有助于行业内部准确掌握交易业务运营状况，有助于政府加强对产权交易市场的监督指导，有助于产权交易市场的规范、创新、发展。大数据的核心是数据，而且这种数据不再是传统统计学角度的抽样数据，而是基于现代信息技术自动记录、储存和连续扩充的全体数据。就产权交易市场而言，包括了交易过程中产生的各类交易数据，以及来自交易主体、交易客体、中介组织等各方面在交易过程中留下的各类数据，它覆盖了全体数据。大数据的统计分析就是从全体数据中寻找有价值的信息，对其进行多维、多角度的分析，形成有价值的判断。

目前，各地产权交易机构所从事的产股权交易、实物资产交易、涉诉资产交易、金融资产交易、环境权益交易、技术产权交易、融资服务类交易和文化产权交易等业务每年所产生的数据量非常巨大，但交易机构的数据资源与产权行业所需要的信息数据严重不匹配。现有统计还存在指标设计不完善、不能有效表明产权交易市场新趋势、数据真实性缺乏权威认定、统计工作制度不健全等问题，产权交易市场要建立大数据统计体系，必须实现全行业数据的连接与共享。建立产权行业交易指数体系，能实时反映产权交易市场交易行情、趋势变化，为社会提供全面完整的行业数据，为我国经济发展提供有价值的行业数据，为决策者提供参考依据。同时，通过数据共享，能实现对产权交易市场投资者行为、各类需求的深度分析，使产权交易市场从单纯注重服务程序、服务质量的固有思维中解放出来，形成以市场为导向、以用户需求为中心、更加注重个性需求、更加注重服务品质和用户体验、为用户提供精准服务的模式。

（四）自律监管支撑体系

产权交易市场监管包括行政监管与自律监管。行政监管由行政管理机关通过行政执法或发布政策文件对产权交易市场进行管理；自律监管主要是产权交易机构自身内部监管和产权交易行业协会组织的内部监管。相对市场本身规模的不断突破，产权交易市场现有监管体制已难以适应市场本身的快速发展。从行政监管角度而言，目前产权交易市场的行政监管根据交易对象不同分别由国资委、财政部或者人民银行、银监会分别行使，金融资产也设置了专门的交易市场，有资源浪费之嫌。因此，在将金融资产交易纳入产权交易市场范畴的基础上，应相应改善产权交易市场的行政监管体系。

从自律监管角度而言，我国资本市场经过二十余年的发展，已经逐步完善，市场自律已经深入人心，单纯地依靠行政监管已经不能适应市场的发展，也不符合产权交易市场独立性的基本特征。目前，中国企业国有产权交易协会会员中的产权交易机构分布于全国各地，机构间有相对明确的区域划分，大多机构都是立足于为本地国企改革服务，具备鲜明的政策性和地域性特征。运营架构设计、运行模式、交易模式等基本保持一致，行业自律机制初步建立，但自律监管法律地位和实践效果尚不够。未来可从自律监管立法授权、自律管理规则、管理方式及建立执业人员诚信标准等方面完善产权交易市场自律监管机制。

用“互联网 + ”构建产权行业发展新生态

斯映红

2016 年 5 月 11 日，国务院总理李克强主持召开的国务院常务会议，原则通过《长江三角洲城市群发展规划》（以下简称《规划》），6 月 3 日，国家发改委全文公布《规划》。《规划》在“创新一体化体制机制”中明确提出“推动要素市场一体化建设，建设产权交易共同市场”。这是产权市场继 2015 年在中共中央、国务院《关于深化国有企业改革的指导意见》（以下简称《指导意见》）中被明确作为企业资产处置的资本市场后，再次在国家级文件中被提及。如果说《指导意见》明确了产权市场的定位，那么《规划》则勾勒了产权市场通过体制机制的创新走向共同发展的蓝图。产权市场的功能升级和统一发展一直以来都是行业关注的焦点。

一、“互联网 + ”的本质

互联网作为一种技术工具早已被广泛应用，各行各业利用互联网实现了信息的沟通和传播，运用互联网提高了效率、降低了成本、提升了利润空间。应该说，“ + 互联网”已经成为当前经济活动中的“基础元素”。但随着以移动互联网、云计算、大数据、物联网等为标志的新一代信息技术以前所未有的广度和深度渗透到经济生活的各个领域，互联网已经不再仅仅是作为一种技术工具存在，而是成为经济转型升级的引擎。李克强总理在 2015 年“两会”政府工作报告中首次正式提出“互联网 + ”行动计划；同年 7 月，国务院发布《关于积极推进“互联网 + ”行动的指导意见》指出，“互联网 + ”是把互联网的创新成果与经济社会各领域深度融合，推动技术进步、效率提升和组织变革，提升实体经济创新力和生产力，形成更广泛的以互联网为基础设施和创新要素的经济社会发展新形态。

“互联网 + ”代表着一种新的经济形态，其本质是信息的互联和信息能源的开发利用。传统行业通过与互联网的深度融合，促进生产要素优化、业务体系更新和商业模式重构，从而打造行业新的发展生态，培育新的增长点，实现转型升级。“互联网 + ”的过程就是创新驱动转型的过程。“互联网 + ”拥有开放、平等、包容、共享、协作、共赢的基本特征，通过对信息的获取、开发和利用，融合创新出新产品、新服务、新模式，构建新生态。

“互联网 + ”构建的新生态，是一种基于互联网平台的生态圈。在这个生态圈里，参与主体多元化，且都是利益相关者，参与各方遵循的不再是只有一方获益的“零和博弈”，而是分工协作，相互依存，共创价值，分享价值。成员间打破不同数据库壁垒，以开放的心态实现互联互通。生态圈的多元化和开放性使其具有极强的吸引力，其核心竞争力来自于所有参与成员核心竞争力的综合体。

二、用“互联网+”引领区域产权市场的转型升级

产权交易机构作为区域产权市场运行的重要载体，发展程度决定着区域市场发展水平。当前，各区域产权交易机构结合区域发展特点和资源禀赋，积极实施创新发展战略。但大多数产权交易机构与互联网的结合仍处于“+互联网”阶段，互联网作为一种技术工具，主要运用于产权交易过程，最突出的作用体现在信息披露和网络竞价上。交易机构作为中间桥梁，相对独立地为交易主体提供政策咨询和交易服务，通过收取咨询服务费、交易手续费获取收益。这种业务运作模式存在的突出问题是交易模式易复制，交易机构缺乏核心竞争力，盈利模式简单，没有形成与相关参与主体的互动机制和与交易联动的增值服务体系，一旦失去政策性庇护，交易机构就面临生存危机。因此，时代的快速发展需要交易机构充分认识自身存在的缺陷，用“互联网+”在创新自身组织体系基础上重新构建业务运作的商业模式，即依托丰富的资产端和已经建立起来的市场公信力优势，冲破行业壁垒，吸引和联合相关行业，通过优势互补形成利益共同体，按照合作共赢的原则构建区域产权市场平台生态圈。在这个生态圈内，利益相关者结合成利益共同体，以市场为导向，以客户需求为中心，按照市场机制和平台规则，分工合作，协同为用户创造价值，盈利模式也从单一收取服务费模式，转变成为参与者共创价值、分享价值模式，在实现生态圈整体价值最大化的同时，实现自身的转型升级。

产权交易机构所联合的利益相关者，主要包含四大类：

第一类是提供平台运营与各类基础服务的主体，包括产权交易机构本身、技术服务提供商、数据及数据分析服务商。产权交易机构是平台建设的发起者，也是保持平台正常运行和持续发展的守护者。通过开放自身的网络体系，与平台参与各方网络体系实现互联互通，形成平台生态圈完整的网络链条；技术服务提供商可以是产权交易机构本身，也可以是专业的互联网技术企业，是平台物理网络体系的建设者和维护者；数据及数据分析服务商，则是平台数据产品的生产者，是利用平台的聚合效应，对平台形成数据进行深入分析和提取，以满足生态圈内对数据智能的多样化需求。

第二类是拥有资源并有流转意愿的主体，俗称“转让方”，这类主体是平台资源的原始提供者，是平台具有生命力的源泉。当前，产权市场作为国有企业并购重组的重要资本市场，大量优质国有资产的流转为平台运转提供了原始动力，也是利益相关者能够参与平台生态圈建设的根本动力。因此，深入了解此类主体内在需求，为此类主体提供个性化的、具有巨大黏性的服务，是维持平台生产力的根本所在。

第三类是能够提供专业化服务的各类主体，包括产权交易机构本身、金融机构、互联网金融平台、区域性股权交易机构、资管公司、融资担保机构、投资咨询公司、财务公司、会计师事务所、律师事务所等，他们是生态圈里满足多样化需求的专业化服务提供者。他们在相互作用中利用和组合已有服务，融合自身智慧定义新的服务，他们的存在，将极大丰富平台服务内容，延展服务链条，是平台创造增值服务体系的核心主体，也是产权市场实现融资功能的关键。此类主体参与得越多，平台创新服务的能力就越强，平台的生命力就越旺盛。

第四类是各类投资主体，包括机构投资者、个体投资者、私募机构，这类主体在自身专业领

域具有丰富的投资经验，是投资资金的提供者，也是平台需求的主要创造者。他们通过平台建立的渠道与自身需求对接，实现资本的有效配置，他们的存在是平台价值的根本体现。

三、用“互联网+”驱动产权市场统一建设

区域产权市场的转型升级将会有力提升产权市场整体功能。互联网经济时代，产权市场的统一不仅是行业发展的客观需要，更是产权市场成为真正意义上的资本市场的必由之路。当前，建设全国统一的产权市场，首先要解决的就是市场分割封闭、机构自成体系、整体合力缺乏的问题。这个问题长期以来一直存在且未得到根本解决，虽然机构之间也有多种形式的联盟，但这种联盟基本属于松散型，并未形成有机的统一整体，机构之间更多的是经验交流和理论探讨，各机构主要还是依托自身区域优势和资源禀赋在本区域内开展业务，跨区域的竞争依然存在，全国性的产权市场尚未形成。正是这一问题的存在，使得产权市场在面对外部政策环境急剧变化时，表现出来的是话语权不强、对抗系统性风险能力较弱。如果这一问题得不到有效解决，中国创造的特色产权市场可能会在互联网经济时代被逐渐瓦解，产权市场成为真正意义上的资本市场也将无从谈起。

鉴于当前产权市场交易标的的非标性和地域性特点，产权市场的统一不太可能按照证券市场的模式，而通过区域市场的互联互通和深度合作的模式更符合我国产权市场发展现状。虽然各区域产权市场发展不均衡，但在所在区域均是发挥重要作用的市场。因此，应充分尊重各个区域市场的特色，发挥其所拥有的资源禀赋优势，加强各区域市场间合作的广度与深度，用“互联网+”共建促进行业健康发展的生态圈。

首先，各区域产权市场应从行业发展角度，形成“命运共同体”的合作共赢思想。“命运共同体”是在谋求自身发展的同时促进各方共同发展，包含差异性和相互依存性两层涵义。产权市场近三十年的发展所形成的正是区域市场的差异性和市场间的相互依存性，你死我活的“零和博弈”只会使市场走向分裂，损害行业的整体形象。因此，建设全国统一市场，需要各区域市场转变固有的思维方式，以开放、平等、包容、协作、共享、共赢的互联网思维在加强自身发展的同时，积极促进和融入行业发展。形成“命运共同体”的合作共赢思想，是实现全国统一产权市场的思想基础。

其次，构建互联互通的物理平台，用互联网技术将原来孤立的各个区域产权市场连接起来，形成全国统一的网络化平台，让每个区域市场都成为统一平台建设的参与者，将所有区域市场的信息连接起来统一发布，统一展现交易过程。这是实现我国产权市场统一的技术基础。

再次，加强各区域产权市场深层次合作，在统一网络平台的基础上，实现数据库联接。通过数据共享与分析，建立产权行业交易指数，实时反映产权市场交易行情、趋势变化，为社会提供全面完整的行业数据，为我国经济发展提供有价值的行业数据，为决策者提供参考依据。同时，通过数据共享，实现对产权市场投资者行为、各类需求的深度分析，使产权市场从单纯注重服务程序、服务质量的固有思维中解放出来，形成以市场为导向、以用户需求为中心、更加注重个性需求、更加注重服务品质和用户体验、为用户提供精准服务的模式，这是实现我国产权市场真正走向统一的关键之举。

最后，构建基于价值共享的全国性产权市场平台生态圈。区域产权市场构建的平台生态圈是形成整个行业平台生态圈的基础，也是行业生态圈的有机组成部分。在行业平台生态圈里，各类参与主体按照规则融入到全国性产权市场体系中

来，实现资本的高效快速流动。

互联网经济时代的来临已经不容置疑，用“互联网+”构建新的商业模式、创造适应行业发展的新生态、形成属于产权市场特有的核心优势，将会有效推动区域市场的转型升级和全国市场的统一。产权人必须牢牢抓住这一时代脉搏，团结一致，共同抵御各类风险，实现产权市场的可持续发展。

以产权交易市场供给侧改革新思路做好国企国资深化改革服务

耿　鹏

多年来，产权交易市场在我国经济结构调整、企业改制重组、产权流转、国有资产保值增值、中小企业融资等方面发挥了重要作用。2015 年以来，国企国资改革“1+N”文件相继出台，面对新一轮国企国资改革新形势、新需求，我们亟须认清产权交易市场发展的基本形势，苦练内功，补齐短板，以产权交易市场供给侧改革新思路，更好地服务国企国资深化改革。

一、产权交易市场发展面临的新机遇和新挑战

（一）产权交易市场发展面临的新机遇

一是《中共中央、国务院关于深化国有企业改革的指导意见》（中发〔2015〕22 号）明确提出“支持企业依法合规通过证券交易、产权交易等资本市场，以市场公允价格处置企业资产，实现国有资本形态转换，变现的国有资本用于更需要的领域和行业”；《国务院关于国有企业发展混合所有制经济的意见》（国发〔2015〕54 号）指出，完善多层次资本市场建设，利用好产权市场发展混合所有制经济。这两个重要文件将产权交易市场明确界定为资本市场，这为产权交易市场创新发展提供了行政法规依据并指明了方向。

二是 2016 年 6 月 24 日由国务院国资委、财政部联合发布的《企业国有资产交易监督管理办法》（32 号令）强制国有实际控制企业的资产转让交易行为进场，将最能体现产权市场的资本市场属性的国企增资扩股业务与国有股权转让、国有资产转让一并纳入产权交易市场。这对产权市场在资本市场中的发展格局将产生重要影响，标志着产权交易行业进入了新的发展阶段，同时为产权交易市场提供了新的政策支持。此外，32 号令融合了 3 号令、国办发〔2005〕60 号文、国资发产权〔2009〕120 号文、国资厅产权发〔2013〕78 号文的内容，并在交易行为审批决策权限、信息披露方式和期限、价格形成机制、交易结果公告等方面进行了完善，对 3 号令中操作困难的环节予以了明确，进一步增强了业务指导性。

三是国有企业供给侧结构性改革、产业结构调整、混合所有制经济发展，必然涉及大量股权的流转、资产的转让、资产的证券化及资本的优化组合，为产权交易市场提供了新的发展空间。习近平总书记提出要“理直气壮地做强做优做大国有企业”。国务院常务会议提出：“力争在 3 年内使多数央企管理层级由目前的 5~9 层减至 3~4 层以下、法人单位减少 20% 左右。”2016 年 7 月 26 日，国务院办公厅出台了《关于推动中央企业结构调整与重组的指导意见》（国办发〔2016〕56 号），提出了央企“巩固加强、创新发展、重组整合、清理退出”一批的调整重组要求。各省市国资委也出台了新一轮国企国资深化改革的新举措，如天津市提出了国企要“出清一批、出让

一批、混改一批、上市一批”。我国经济新常态转型期下，产权交易市场将在服务国企“四个一批”重组调整、“三去一降一补”，盘活存量资产，优化债务结构，助推国企国资深化改革方面发挥不可替代的作用。

（二）产权交易市场发展面临的新挑战

我们要充分认识到产权交易市场发展面临严峻的挑战：一是发挥市场在资源配置中的决定性作用，对产权交易市场在市场化竞争中加快培育核心竞争力提出了更高的要求。二是产权交易市场要实现从要素流转市场向资本市场转变，对提升产权交易市场的融资功能、定价功能、流动性功能、综合金融服务能力，提出了更高的要求。三是公共资源交易平台“化学式”整合、“互联网+”商业模式、各类金融资产、商品类交易所的快速发展，以及市场清理整顿背景下出台的国发〔2011〕38号文和国办发〔2012〕37号文，给产权交易市场发展带来的潜在冲击和挑战不能小觑，更不能忽视，需要产权界同仁砥砺奋进。

二、产权交易市场服务国企深化改革的几点思考

产权交易市场的本质属性决定了其潜在的最大服务能力，其潜在的最大服务能力通过其市场功能作用的发挥得以呈现，而市场功能作用的发挥却受到其产品、服务、信息化技术应用、交易机制以及法律法规等条件的制约。因此，为做好新一轮国企国资深化改革服务，产权交易市场同样需要以供给侧改革的思路，不断创新，不断突破短板制约。

（一）创新产权市场产品供给

产品是资本市场发挥功能作用的工具载体。目前，产权交易市场的产品有三类：第一类是资本市场的基础性市场交易产品，如国有企业产权、资产转让交易及国有企业增资扩股；第二类是碳排放权、农村土地经营权、公共资源、公务车、涉诉资产交易等；第三类是私募的非标产品，如非上市公司私募股权、私募债、金融资产收益权转让融资。产权市场做好国企改革服务，还需要在产品设计上不断创新。一方面，要做好国企产权、资产转让、增资扩股服务；另一方面，以32号令中的三类业务产品为基础，丰富交易品种类别，在做好风控的同时创新性设计产权市场金融衍生产品，如以国有企业房产租赁收益权、国有企业应收账款等资产为基础，通过结构化设计，探索发行资产证券化产品募资，降低企业杠杆率，盘活企业资产，高效组合各类社会资本；再如，加强与银行、新三板市场合作，探索债权转股权、股份制国企挂牌上市转让服务，为非上市国企提供直接融资渠道。

（二）创新产权市场服务供给

一是创新服务理念。以“行商”市场化服务理念，主动对接企业市场需求，主动上门提供专业服务，简化服务流程，降低企业交易成本。二是要创新服务内容。着力在提供增值服务上下功夫，如为企业改制重组、“瘦身健体”提供咨询服务；帮助企业解决去产能、去库存难题，降低企业“两金”占用率；帮助企业设计融资方案，提供融资服务；做好央企、市国企“四个一批”重组调整服务，充分发挥产权市场在国企股改辅导、挂牌上市、重组增发、国有资本进退及形态转变中的市场化专业化平台作用。

（三）创新产权市场交易方式

开发使用新的交易方式是提升市场功能的重要支撑和抓手。如增资扩股“簿记建档”交易方式可打破传统股权转让多次报价的竞价方式，在前期路演的基础上，按照“价格优先、时间优先”的原则，采用一次报价定价方式。一方面，该方式能够更好地满足产权市场增资扩股项目融资需求异质性强的特点；另一方面，该定价方式通过竞价前路演询价，能够将竞价、竞争性谈判、综合评议有效结合，市场化程度更高。天津产权交易所借鉴股票“簿记建档”定价方式，成功市场化运作了渤海证券增资52亿元扩股15亿股项目，

溢价2.2亿元，充分发挥了产权市场服务国企融资的功能。再如，运用项目挂牌期间24小时线上动态报价进行国有企业资产竞拍处置交易。该方式有效弥补了企业资产交易信息披露制度的不足，实现竞买人24小时、跨区域随时随地多轮次参与竞价，实现更大范围、更加阳光化披露项目信息，实现充分发现价值、发现买受人，大幅提升了增值率、竞价率，提高了市场活跃度。天津产权交易所运用该方式实现了公务车挂牌项目成交率100%，竞价率100%，平均增值率174.6%，最高增值率达370%。

（四）提升产权市场信息化水平

加快实现由线下交易向线上电子化交易转变，提高交易效率。面对同类市场的竞争，以“互联网+”思维、信息化手段提升产权市场服务水平、服务效率是必然的选择。目前天津产权交易所正以“互联网+”“大平台、大市场”为理念，根据32号令的有关规定以及建设产权交易资本市场的需求，全面改造升级交易系统。新系统利用PC端、移动客户端、互联网第三方合作平台等多种访问方式，基于共享数据仓库将主市场、各专业市场业务信息统一披露，并提供项目推介、产品信息发布等展示功能，同时集成在线开户、实名认证、保证金缴纳、参与交易及充值提现等综合业务功能。利用电子签章、电子化归档手段，实现全流程线上电子化交易；通过对各专业市场、项目、投资人、服务机构的信息进行有效整合，实现数据挖掘应用。另一方面，新系统充分借鉴国内外证券交易系统的设计经验，结合产权市场的发展特点，将登记、交易、撮合、结算四大功能中心融于一体，全面提升产权交易系统功能。例如，交易中心集股权、资产、增资及创新产品等各类产品的发行、交易功能为一体，能够动态化丰富交易品种，提供金融衍生服务；撮合中心集网络竞价、动态报价、发行认购、拍卖、招标等竞价方式为一体，实现用一个系统完成各类竞价交易。

供给侧结构性改革下的产权市场转型思考

周雪飞

一、供给侧结构性改革对产权市场提出新要求

（一）国有企业成为供给侧结构性改革的关键节点

所谓供给侧结构性改革，是用改革的办法推进结构调整，减少无效和低端供给，扩大有效和中高端供给，增强供给结构对需求变化的适应性和灵活性，提高全要素生产率。供给侧结构性改革更加注重“通过优化各类要素配置，来提升经济增长的质量和数量”。

在坚定不移推进供给侧结构性改革的当下，决策层发出“国有企业是壮大国家综合实力、保障人民共同利益的重要力量，必须理直气壮做强做优做大，不断增强活力、影响力、抗风险能力，实现国有资产保值增值”的“最强音”、动员令，无疑为国有企业诠释正名，也为加快推进新一轮国企改革增强信心、指明方向、确定路径。

如果把供给侧结构性改革这条主线比作“主动脉”的话，那么国有企业则是这条主动脉的重

要构成、关键节点。

（二）产权市场被赋予新使命

2015年8月24日审议通过的《关于深化国有企业改革的指导意见》明确提出：支持企业依法合规通过证券交易、产权交易等资本市场，以市场公允价格处置企业资产，实现国有资本形态转换，变现的国有资本用于更需要的领域和行业。

由此不难看出，在“优化公共资源配置、服务国企国资改革、促进混合所有制经济发展，为不同属性资本形态的转换、组合提供平台支撑”的进程中，产权市场、交易机构作为“资本市场的重要组成”，被赋予新的使命、担当历史重任。

2016年6月24日，国务院国资委、财政部联合发布《企业国有资产交易监督管理办法》（国务院国资委、财政部令第32号），不仅明确要求“国有企业的增资扩股和资产转让行为应当在产权交易机构中进行”，进一步拓宽了产权市场的作业边界，而且也向产权交易机构提出了“提供有效新服务、新供给”的更高要求。

毋庸置疑，供给侧结构性改革对产权市场提出了新要求，即如何加快产权市场自身转型，来为新一轮国企国资改革提供“有效新服务、新供给”。

二、产权市场自身存在“有效服务供给不足”现象

传统模式下的产权市场有效服务供给不足，致使国企国资改革中“有关各方难以形成无缝衔接”。

一是产权市场、交易机构过往单一的服务手段、传统的交易模式，已难以满足国企国资改革的现实需求。仅接受买卖双方委托组织交易，而非主动出击参与国企改革全过程，进行针对有关各方的系统化、全方位的“无缝衔接的服务供给”。

二是躺在政策的“襁褓里”守株待兔式地被动等待“交易需求自动产生”，客户自己送上门来。

三是产权行业的“地域壁垒”较为明显，“同界融合”亟待跟进。

三、产权市场转型应着力思考的几个问题

（一）如何从“单纯的交易场地”向“区域性资本市场”转型

作为资本市场的重要组成部分，产权市场的主要手段、工具是什么？能为市场参与者提供哪些金融产品和服务？收益怎样？

当前，市场参与主体具有多元化特征：国有、民营、外资；上市公司、拟上市公司、非上市公司；等等。

而在资本经济时代，市场参与者需要投行化的一揽子综合服务，以满足其相应的投融资需求。因此，产权交易机构“投顾团队”的培育和组建必不可少，未来还要朝“智能投顾”方向发展、迈步。

产权交易行业应推动设立国企混改基金、并购重组基金，成立股权投资基金，发挥产权市场的直接融资功能，吸引更多非公有制企业以“组团”形式参与到国企混改中来。

（二）如何由“政策性呵护”向“市场化拓展”转型

产权交易机构应主动“走出来”，整合资源：学会和政府及其相关部门打交道（PPP模式的业务对接、行政事业单位国有资产市场化处置：财政部、发改委等），学会和金融机构打交道（不良资产处置：资产管理公司、银行机构），学会和各类市场参与主体（国有、民营、外资等）打交道。

（三）如何打破“地域壁垒”、各自为政，向“平台化、共享化”模式转型

产权市场、交易机构自身要“认识不足，主动转型，创新服务，无缝衔接”。从过往单纯的交易场所、第三方平台，向构建基于“互联网+”的“资本资产电商大生态交易平台”（第四方平台）转型，为包括政府、各类所有制企业、社会

中介、金融部门在内的有关各方提供“国企改革全面信息、综合交易服务”的网络平台支撑，进而发展“共享经济”，通过良性互动打破“要素资源分布不均，产权流动梗阻不畅”的系统自锁定状态。

各地产权交易机构之间应加快“同界融合”，走出“同行是冤家”的误区，树立“大家好才是真的好”的“共享、共赢”新理念，通过“抱团发展”，形成行业优势、规模效应。

从这个意义上讲，目前中国企业国有产权交易机构协会力推的“产权市场信息化建设研究”“产权交易行业编制发布指数建设研究”等项工作，无论如何都是大有裨益的。

产权交易所发展风险思考

景　平

回顾产权交易所过去30年发展历程，作为构成产权交易市场的有形载体，产权交易所事实上是在一个不完备市场体系下发展形成的中介机构，其核心业务——国资转让和信息披露的市场基础不是市场选择的结果，而是行政调控指引的结果。这就导致一个可能发生的问题，一旦产权交易市场去除行政干预，施行完全的市场化，交易所赖以生存的市场基础将不复存在。不管是从近几年中央文件精神来看，还是从资本市场发展的客观规律和要求来看，甚至从司法拍卖“触电”的一系列政策调整来看，产权交易市场逐步施行完全市场化的可能性不仅存在，而且很高。

上述担忧如果成立，我们将直面两个主要竞争对手，一个是公共资源交易中心，一个是互联网电商。公共资源交易中心的性质和功能大家都很了解，在此不再赘述。我想强调的一点，就是公共资源交易中心是一个全国一张网的大平台，它一旦进入国资交易业务，将会意味着什么？另一个对手互联网电商不同，它已经成为现实的竞争对手。客观地说，各大电商平台在营销推广实效性、商业模式灵活性和集成功能多样性上，对我们多数产权交易所是有优势的，可以预见，这个正在发酵中的市场竞争将会是非常残酷的。

按照波特的市场分析观点，面对行业进入者的威胁而赢得市场竞争主要靠什么？靠差异化、靠规模效应、靠成本领先或者靠技术创新，但归根到底还是靠上述手段形成市场壁垒。过去，产权交易的市场壁垒来自于中央和地方的政策保护；未来，市场壁垒或许来自于我们自身经营市场的能力，这是一个严峻的挑战，但是符合市场经济发展的一般规律。

所以，交易所未来面临的主要发展风险是基于整个行业的市场竞争风险，风险的主要来源是以公共资源交易中心和互联网电商为代表的市场新进入者。更进一步概括，可以说，制约交易所未来发展的主要矛盾是不完备市场体制下薄弱的市场能力与未来市场经济环境下的高标准要求之间的矛盾。

那么，我们该如何共同应对？

在探讨这个问题之前，还有一个关键问题必须搞清楚，就是“真正市场化的产权交易所其基本发展逻辑是什么？”这个问题有两个内涵：一是要回答市场经济条件下产权交易所的市场性质；二是要回答这个市场性质的发展要求。只有回答了这两个问题，我们才能知道接下来我们该做什么。

关于产权交易所的市场性质，我的认识是：交易所是基于间接网络效应的双边平台机构。网络效应很好理解——用户越多，价值越大。为什么说是间接网络效应呢，因为我们做双边市场中的任何一边的工作，都需要另外一边的加入才能实现价值，如我们在卖方聚集了大量投资标的，必须要引起买方投资人的参与，才能形成双边市场的正向反馈路径，因此是间接网络效应。这当中最关键的一点是，间接网络效应的实现和催化需要通过交易所这样一个中心化的平台。

为什么强调交易所的平台属性而非中立属性呢？平台和中立第四方的最大区别在于，平台是介于企业和市场之间的一类组织，平台本身参与创造价值，而中立第四方不会。关于这个问题，我觉得我们交易所首先要搞清楚，对于客户而言，交易所的最根本价值在哪里？如果我们孤立地认为交易所就只是交易市场的承载者，不参与交易市场的价值创造，那么对交易所的客户而言，真正拥有价值的是交易市场本身，而不是交易所。一旦交易所作为交易市场指定承载者的身份界限被打破，对客户而言不具备核心价值的交易所将何去何从？我不去交易所，去其他地方完成交易行不行？所以，强调交易所的平台属性就是在强调交易所在交易市场中扮演的角色不仅仅是交易场所的提供者、交易规则的制定者，同时也应该是交易市场价值功能实现者。具体地说，交易所作为平台，必须制定一套规则和产品价值路线，使包含卖方以及其他中介服务机构在内的供应链在交易所平台上必须按照交易所的标准完成“卖方产品”的平台集成工作，确保提供的交易产品是平台的产品，双边市场通过平台进行交易从而为对方创造了价值，平台自己也为双方创造并提供了价值。

对产权交易所是“基于间接网络效应的双边平台”的认识，可以得出三个推论。一是间接网络效应导致交易市场存在马太效应，市场越大市场竞争力越强，市场越小市场竞争力越弱，现行的业务保护和地域保护等政策放开之后的结果，必定是大鱼吃小鱼的寡头局面，这就要求我们只有把市场做大做强，才有出路。二是双边市场导致交易所业务必然存在非对称性，买卖的一方通常作为“成本中心”，而另一方被看作“利润中心”，这决定了我们在处理买卖双方市场时必须采取不同的经营策略才能有效。三是平台属性导致交易所必须在交易市场中体现价值，而这个价值的评价标准，就是我们有没有真正为客户解决需求。

通过以上分析，我们再回到应对产权交易市场进入者的风险策略上来，思路就比较清晰了。

一是建立全国性的统一产权交易市场。在产权资本市场发展初期，为了防范风险、积累经验，我们通过建设区域性产权交易市场，控制一定的业务范围是非常必要的。但也应清醒地认识到，一个按地域和交易领域划分的碎片化市场格局不符合建立多层次资本市场的发展规律和内在要求。全国性的统一产权交易市场有两个“统一”：地理上的统一，就是打破地域局限，通过现代信息技术等手段把全国各地的交易市场连成一张网；内容上的统一，就是统一业务端口，在科学分类的基础上对产权交易业务建立一整套通行的行业标准。要建成全国性的统一交易市场，要始终围绕有利于全国各个交易所长远发展这个原则，既不能对各地区交易所业务存量产生负面影响；也要充分释放网络效应为各地交易所带来业务增量，“喂饱小家、成全大家”，这才符合全国大多数交易所的根本利益。只有在这个问题上达成共识，才能形成工作基础。因此，我们要建设的全国性的统一产权交易市场不是以某一个地区、某一个交易所为单一中心的全国市场，而是以各地区交易所为基础建立的多中心多层次分级授权赋能的网络体系。当然，这个市场怎么建、谁来建还有若干顶层设计问题和落地问题尚未解决。但我们要相信，办法总比困难多，这个工作一定要做，而且应当尽快地做。

二是以客户需求为中心嵌入价值服务。交易所作为一个微观市场主体，向市场要效益的首要工作，就是以客户为中心，拓展客户、留住客户，这两者同等重要。过去我们一直都很重视客户拓展，但对客户管理有所忽视，没有把客户留存作为一项重点工作来抓。自由市场的转换成本是很低的，客户对交易平台的选择可以是多重的，不好用的就不用，或者用一次就不用了；好用的就留下来反复使用，甚至推荐给利益相关者使用，所以客户留存是非常重要的。如果客户留存率很低，那么即使你市场拓展做得很好，总的用户群体增加了，也很难赢得市场。因为可能随着活跃用户流失，最后可能拥有海量的僵尸用户，但是市场不见了。我们怎样才能拓展并留住客户呢？主要是两方面工作：一方面，要为客户创造价值，就是切实解决客户的真实需求；另一方面，要提高客户转换成本，就是让客户对你的服务产生依赖。这两者，都需要交易所立足于交易业务，集成多种功能的价值服务，以至于客户在考虑更换平台时不得不付出大量的学习成本、时间成本和经济成本。所以交易所一定要做深度参与交易并提供价值服务的综合平台，要能够为客户解决实际问题。

三是探索创新平台化运作的商业模式。现代产业的市场竞争，早已不是企业间的点对点竞争，而是产业层面下的系统性竞争。平台化的发展思路虽已成为行业共识，但是坦率地说，提得比较多，做得好的比较少，原因既有认知层面的，也有市场支撑能力不足等多种因素。所谓交易平台，就是一类以交易业务为核心，集成多种功能的企业间开放式合约组织。按照“交易费用”理论，平台出现的动机是为了将市场内部化从而降低交易成本，因此平台的特征就是三个：开放、集成、效率。为了做到这三点，我们至少在三个方面需要加强创新工作。首先是思维创新，交易所从传统的交易中介向综合服务平台转变，是一种从“办企业”向“办集市”的思维转变的过程，平台有其特殊的架构关系和发展规律，我们不能拿办企业的思路生搬硬套到平台身上，必须要回归到平台本身，深入研究产业平台的组织发展战略，只有把这个基础工作做到位了，才能走出一条符合产权交易所实际的平台化发展之路。其次是能力创新。按照我们的共识，交易所最有效率的平台化框架，应该是“核心业务 + 重要功能”的组织架构，核心业务就是交易，重要功能就是与交易密切相关的功能，交易所最重要的能力，就是整合各方面资源，集成各种功能的能力。再具体一点，就是设计一套平台合约，既能够约束规范交易所与功能服务方的合作关系，又能够刺激各类功能服务方开展有序竞争。最后是业务创新，不管是我们的市场，还是我们的企业，都具有一定的动态性和不可预测性。对于一个可持续发展的企业来说，市场的需求永远是瞬息万变的，企业的发展也是在不断变化的，这就要求我们的业务也要能够“与时俱进”，与不断升级的市场规模和需求相适应。

最后，我想跟大家分享一句话，事有必至，理有固然。成功的道路从来不是笔直的，但是能够根据地形变化转辗腾挪的人，就一定能够到达顶峰。大家要有信心，资本市场最重要的就是要有信心，这个信心就是我们一直在砥砺前行。

建设产权市场统一信息化平台的思考

景　平

一、产权市场是各类交易机构共同参与的市场

产权市场的交易对象是“非标准化资产和权益”，交易方式采取的是“一对多、整体性、一次性交易”，业务模式是“第三方机构接受买卖双方的委托撮合成交或者买卖双方通过第三方平台直接交易”，凡是具有以上特征的市场都应是产权市场。因此，产权市场的“交易机构”并不只是产权交易机构，拍卖机构、公共资源交易机构、房地产及机动车中介服务机构等都属于产权市场的组成部分。

二、信息技术已成为影响各类交易机构发展的重要因素

2007 年，产权交易机构用“敲键盘”代替“敲槌”的技术创新，使用网络竞价代替现场拍卖，规避了传统拍卖的围标、串标等弊病，且具有远程竞价、操作便利等优势，能够更好地发现国有资产价值，使拍卖机构逐步退出企业国有资产交易服务领域。目前，产权交易机构的这种创新已经被公共资源交易机构、淘宝、京东以及垂直电商等电商平台模仿、复制。然而，不得不承认，互联网、移动互联网技术已充分发展的今天，产权行业整体对于新技术的创新使用和集成不足，面对其他各类互联网平台的“入侵”，技术落后已明显影响了各类交易机构的发展。

三、产权市场亟待统一的信息化平台

目前，产权市场中的交易机构大致分为产权交易机构、拍卖机构、公共资源交易机构、传统房地产和机动车中介、消费品和服务领域电商巨头、非标资产和权益领域的垂直电商等几大群体，各群体间有合作、有竞争。产权市场中各类机构都在信息化发展中各自努力，但尚没有机构跳出原有业务框架，站在整个产权市场角度进行思考和布局。随着市场需求的变化，产权市场整体不可避免地会走向“互联网化”“电商化”，并极有可能出现一个或几个“一统江湖”的网络巨头。因此，建设产权市场统一信息化平台，不能仅限于单个产权机构内部的“电子化”或者限于产权交易机构之间的简单“统一”，而应着眼于整个产权市场。

四、产权交易机构引领产权市场统一信息化建设具有先天优势

从产权市场统一平台构建主体角度来看，公共资源交易机构受制于体制机制，不具备市场主体条件；拍卖机构规模较小，实力较弱；传统房产中介和机动车中介，专注于自然人市场，公信力不足，口碑较差；电商类机构虽然具有资金、技术、客户资源等优势，但大多起源于消费品和服务基因，尚不完全适应非标准化资产和权益交易的要求。与以上机构相比，产权交易机构在政策红利、公信力、机构覆盖、交易经验等方面具有其他群体无法比拟的优势。如果产权交易机构真正能做到“抱团建设、抱

团发展”，这个优势完全能够弥补我们在信息化建设中技术、资本等短板。因此，以产权交易机构为主线来推动产权市场信息化并构建跨机构的统一市场平台，是最贴合当前产权市场实践的现实选择。

五、产权市场统一平台建设应紧紧把握信息化建设的实质

信息化实质上是解决“连接”的问题，利用IT实现数据的电子化，通过网络技术实现电子数据的高效传递；而连接的目的则是满足用户的“体验”和“效率”，信息化建设的最终目的是回归用户、回归业务，以用户为中心，从业务模式设计和实现方式角度考虑是否满足了用户的优质体验和更高效率。针对产权市场而言，产权市场信息化建设的过程，不是对现有业务流程的简单电子化，而是对各交易机构自身变革、业务模式再造甚至颠覆的过程。因此，产权市场统一信息化平台建设应摒弃原有“信息化仅是工具”的传统思维。作为信息化平台提供者更应紧紧把握业务模式再造，争取信息技术创新带来业务创新和迭代升级发展的主动权。

六、统一信息化平台建设应采取高起点、共参与、市场化的策略

产权交易机构要引领产权市场的信息化建设，必须把准趋势、着眼市场、认清本质，高起点系统规划，避免重复建设；各产权交易机构必须突破自我的藩篱，凝聚共识，通过贡献智慧、资本、资源等多种方式共同参与；产权市场信息化建设需搭建一个网络化、电商化的“第四方平台”，并依托这个平台兼顾各交易机构的个性化需求，满足其他参与方的需求并为之提供良好的交易体验。同时，这个平台应寻求不同于各交易机构的业务和盈利模式，以保持平台良好的自我运转，以现有已具有雏形的平台（如第四产权）为基础，采取市场化的方式建设和运营，采用互联网行业通行发展模式，通过资本运作实现倍增发展。

七、统一信息化平台建设应处理好各方关系

从产权市场的演进历史看，传统产权交易商业模式中，总体呈现“三角”利益模型，通过买卖代理佣金机制，交易服务机构在买卖代理中获得佣金收入，这种商业模式是符合当前市场发展规律的。产权市场统一信息化平台无论采取什么样的建设方式，都应在协会的指导协调下，处理好各方的关系，注重各方关切、兼顾各方利益。因此，产权市场统一信息化平台，应达到不仅不损害各方现有既得利益，还带来增量利益的目的。以各方共同参与贡献的交易项目和交易数据为基础，与各交易机构一起加强业务创新，在交易服务链的上下游，延伸出新的业务模式，如交易环节的金融服务、理财服务等，并与各机构一起面向全国推广，做原来单一交易机构“想做而不能做”的业务，获得创新业务收入，自行营造一种自求平衡和生存的商业模式。

八、产权市场信息化的终极目标

以产权交易机构为主体实现产权市场的信息化，其实质在于构建非标准化资产与权益（泛产权）领域的统一的“网络化”和“电商化”交易平台。产权交易机构仅是泛产权市场中交易机构的一类，且产权行业在产权市场总规模中占比依然较小，需要放眼产权市场，吸引其他交易机构参与进来，共同做大产权交易规模。建设“使市场在资源配置中起决定性作用”中的重要载体和实现手段，成为与阿里、京东等在消费品交易市场中相媲美的交易市场的另一级，促进包括企业国有资产在内的各类资源的更有效市场化流转，更好的助推国企改革。

坚持创新发展道路，完善产权市场制度

任胜利

中国产权市场诞生于20世纪80年代的经济体制改革和国有企业改制重组的大潮之中。1988年，“武汉市企业兼并市场事务所”成立，标志着中国有形产权交易场所的诞生。30年来，中国产权市场发展虽然跌宕起伏，但产权市场却非常幸运，因为它有一批“弃政下海”“在市为市”的市场创业人带领交易机构走上规范发展的道路，他们为企业兼并重组和产权转让的初心始终如一，他们的探索和奋斗始终如一，他们的理想和追求始终如一。正因为如此，在产权市场的不同发展阶段都有创业者们的非凡表现和卓越贡献，产权市场今天的辉煌有创业者们的辛勤、智慧和担当。

30年里，产权市场规模不断增大、经济实力不断增强、创新发展势头不减，这些得力于党和国家前所未有的支持。党中央十四届、十六届、十八届三中全会通过的三个《决定》，与地方政府出台的支持产权市场的政策，一同构成支撑产权市场的制度体系。特别是2003年国务院国资委和财政部出台的《企业国有产权转让管理暂行规定》（3号令），标志着国有产权进场交易制度已经运行；2009年国家颁布施行了《企业国有资产法》，标志着国有资产进场交易有法可依；2011年在国务院国资委推动下，产权交易机构有了属于自己的行业协会，标志着产权行业的社会地位已经确立；2015年党中央、国务院出台《关于深化国有企业改革的指导意见》（党中央22号文），标志着产权市场作为资本市场组成部分的地位已经明确；2016年国务院国资委和财政部发布《企业国有资产交易监督管理办法》（32号令），标志着产权市场的资本市场功能得到提升。从此，产权市场进入创新发展的新时代。

30年里，全国产权市场发展迅速，交易规模大幅度上升，取得骄人业绩。“据协会统计，十八大以来的6年里，产权交易资本市场交易业务累计交易额突破26万亿元，取得了历史上最高发展成果。其中，2016年、2017年两年总交易额近16万亿元。中央和地方国有企业通过产权市场盘活存量资产超5000亿元，平均增值率20%”。目前，产权市场不但成为我国资本市场组成部分，而且已经建立了较为完善的市场体系、交易规则、监管制度、运行模式等；同时，产权市场在服务国企供给侧改革、促进产权有序流转、拓宽投融资渠道、提高配置效率等方面发挥了不可替代作用，非标准资本市场功能日益彰显。

一、新发展理念是产权市场转型升级的法宝

习近平总书记在十九大报告中对十八大以来党和国家工作存在的困难和挑战做了精辟分析：“发展不平衡不充分的一些突出问题尚未解决，发展质量和效益还不高，创新能力不够强……”其实，发展30年的中国产权市场进入资本市场后依然面临着转型升级的新挑战。

（一）产权市场存在的主要问题

1. 市场格局不尽合理

正如十九大报告指出的那样，产权市场发展不平衡和不充分的问题日益突出。发展不平衡主要表现在市场格局不合理导致市场发展不均衡；发展不充分主要表现在市场体系不统一导致同质化较为突出。简而言之，产权市场存在的突出问

题集中在两个方面：一方面是市场规模集中度不高，规模化交易机构较少，并且集中在东部经济发达地区；另一方面，市场发展不充分，交易机构分布不合理，中部和西部实现交易规模化的产权交易机构“凤毛麟角”。

2. 发展质量亟待提高

主要表现在市场功能弱化，发展后劲不足。由于交易品种单一，产品创新不足，为企业增资扩股等融资类服务的业务总量较少，市场功能弱化、运营收入增长不快，运行质量不高，市场发展后劲不足。

3. 市场机制亟待创新

主要表现在市场发展动力不足，市场运行机制老化。当前，制约产权市场发展的重要因素是制度创新动力不足。产权市场的运行机制、业务范围、交易方式、交易产品等不适应市场新需求，交易机构的治理结构、激励和约束机制、创新型人才队伍建设等方面与市场需求也不适应，体制机制亟待改革创新。

（二）新发展理念是产权市场发展的总开关

1. 新发展理念是改革开放理论的继承和提升

新发展理念的核心仍然是发展，只有发展才能解决经济体制改革的所有问题。但新发展理念的“发展”不是“拍脑袋”的臆想，而是科学发展，是符合经济规律的发展。中国产权市场有了今天的发展，佐证了只有发展才是市场生存成长的“硬道理”。中国特色的产权市场从无到有、从小到大、从弱到强，从国有企业资产转让到资本市场业务，从不被人们熟知的小众市场到社会认可的资本市场，逐步走向更加成熟的非标准要素资本市场，所有这一切，都是产权市场在党和政府的指引下，经过30年不停顿发展得来的。在30年发展中，不断探索、不断纠错、不断调整、不断创新。所有这一切，都是以问题为导向、以科学发展为定力得来的。对于长期从事产权交易的人们来说，20世纪产权市场向标准化市场靠拢致使市场发展停滞的教训刻骨铭心。今天，产权行业的发展理念一定要与十九大报告提出的新发展理念相吻合。只有真正树立新发展理念，产权市场才能不断克服前进中的困难，才能在充满市场竞争的新挑战中从容不迫，才能确保科学发展永远在路上。

2. 新发展理念的内涵清晰且目标明确

“创新、协调、绿色、开放、共享”逻辑层次分明，进一步揭示了新发展理念的内涵。产权市场应融会贯通、全面理解新发展理念的精神实质，不断提升创新动力和市场融资功能。产权市场是资本市场的组成部分，应当让新发展理念在资本市场的实践中表现得淋漓尽致。产权市场又是非标准资本市场，贯彻新发展理念应当坚决地把创新作为发展的第一要务，坚决地把创新摆在非标准资本市场发展的引领地位。这是因为，非标准资本市场比标准化资本市场有较多的不确定性和较大的市场风险。所以，产权市场如何处理创新发展和风险防控的关系十分重要。产权市场应当建立正确的市场预期和高效的风控机制，在业务创新中不冲动不跟风，始终把创新的“底线”设定在恪守法律法规的前提之下。

必须看到，创新的合法性与实践性是矛盾的统一体。由于产权市场交易品种的非标准化，如果只强调创新的合法性而忽视创新的实践性，创新业务就会停滞不前；如果只强调创新的实践性而不顾创新的合法性，业务创新就会进入违法违规的运行轨道。总之，产权市场交易品种的非标准化，给业务创新带来了较高的难度系数。所以，产权市场的业务创新不能等待政策，而必须以创新为引领，将新发展理念元素有机融入市场创新实践中去，在政府有效监管之下，在非标准资本市场领域大胆探索大胆实践，找到创新的“自由王国”。

二、完善制度是产权市场科学发展的关键

十九大报告指出：“经济体制改革必须以完善

产权制度和要素市场化配置为重点，实现产权有效激励、要素自由流动、价格反应灵活、竞争公平有序、企业优胜劣汰。”

显然，国家经济体制改革的重点在两个方面，一个是完善产权制度，一个是要素市场化，从这两个方向推动经济体制改革，实现改革目标。毋庸置疑，产权市场的改革发展和体制创新也应当与国家经济体制改革的总方向保持一致，也应当从完善产权制度和实现要素市场化配置两个方面切入，加快与国际资本市场接轨速度，加快推进国家级非标准资本市场建设。

（一）完善产权制度和产权市场的关系

1. 完善产权制度的基本点是提升制度效力

完善产权制度在国家层面是较为宏观的，而完善产权市场制度则是比较微观的。十九大报告提出完善产权制度是从国家层面提出来的。对于产权市场来说，完善市场制度是深化体制改革的先行先试。虽然在国有产权转让和国有资产交易的重点领域，产权市场的制度体系已经基本建立，但产权市场的制度立法层面却亟待完善。同理，各省（区）和直辖市的有关产权市场的行政规章及相关规范性文件都需要依法进一步修订和完善。因为完善产权市场制度必须从产权保护等方面入手，所以，必须加快有关产权市场法律法规的完善工作。当前可以采取两种方法推进。一是完善并修订《企业国有资产法》。在该法中增加与国有资产交易有关的条款，特别是将党中央22号文中“支持企业依法合规通过证券交易、产权交易等资本市场”的相关要求上升为法律内容，增加与市场交易有关内容（如产权交易机构依法设立依据什么法？有权依法设立机构的政府在哪一个层次？等等），增加涉及市场主体和主要参与方的内容（如监管机构、行业协会、产权经纪机构和投融资机构等），使该法更加全面、更加可行。二是完善32号令。在国务院国资委和财政部支持下，由行业协会牵头，对32号令进行适当完善，经过国务院批准上升为《国有资产交易监督管理条例》。《条例》经国务院立法机构批准起草时，可以请国家发改委、银保监会、自然资源部等有关部委参加，将国家所有的国有资产（包括行政事业单位的国有资产和国有金融机构的国有资产、其他机构拥有的国有资产）、国有要素（国有资源）全部纳入《条例》的调整范围，统一实现对国有资产和国有要素的法律保护。产权市场要成为《条例》中规定的交易平台，有三个理由，一是产权市场为国有资本交易服务的规范性已经被国内外所认可，国有资本进场交易可以减少不当流失并维护其合法权益；二是国有资本进场交易制度具有复制性。因为将全部国有资本都交给产权市场配置，不再建立同质性的市场平台，是国家降低市场建设费用的制度安排；三是产权市场属于非标准资本市场，除了证券等标准资本市场以外，其他非标准国有资本都适宜进入产权市场进行配置。以上理由如果引起立法部门重视，提升产权市场制度效力立竿见影。

2. 完善产权制度的着力点是制度创新

产权市场进入资本市场、承担非标准国有资本流转的市场职能，是党中央、国务院赋予的重大改革任务。产权市场必须通过制度完善和制度创新，重新回归非标准资本的并购融资和要素配置等业务本原。产权交易机构必须认识到，进入资本市场不能偏离产权市场的科学定位，应当从企业重组、并购融资、增资扩股、要素配置等资本市场业务做起，从非标准资本市场运作制度方面不断完善。

当前，要防止将产权交易机构完全投行化的倾向。其实，产权市场生存价值是政府设立的、公平公正的非标准资本市场，最主要功能就是通过信息发布和撮合成交等市场规则保障交易的公平公正，正是这个最主要功能将产权市场与投资银行等其他投融资机构区别开来，对于这一点，32号令已经十分明确。产权交易机构进入资本市场开展资本业务，特别要注意“平台+投行”的提法。因为“投行”概念不能真实反映非标准交易的本质属性，提法的科学性需要进一步探讨。产权市场发展资本业务需要运用投行的手段和方法，并不意味着产权交易机构必须成为投行或完全投行化；相反，产权市场必须运用投行业务并不断创新投行业务为我所用，也可以在政府许可的前提下引入投行成为交易机构的会员，而不是自身成为投行。总之，产权市场进入资本市场应当重塑资本市场功能，但必须保持交易所市场特有的社会性和公益性。产权交易机构是提供交易场所的市场平台，执行“裁判”职责；进场交易的市场主体和产权交易机构的会员等组织是“运动员”，追求合法盈利为目的。如果产权交易机构成为利益最大化的投行而失去交易所市场的本质属性，可以设想，偏离规范发展轨道的产权交易机构将被市场边缘化或淘汰出局。对于这一点，产权市场在制度创新中应当时刻保持清晰认识，始终把握自身的属性和定位。

（二）把握要素市场化配置与制度创新的要领

1. 实现要素市场化配置的新理念

改革开放40年来，国家经济体制改革一直要求资本、资源、要素的市场化配置，特别是十八届三中全会提出市场配置资源要素是决定性因素后，随着供给侧改革的不断深入，要素市场配置总量不断增加；随着改革向深水区推进，阻碍要素配置的制度藩篱逐步减少，要素配置的效率不断提高。但是，对于全国产权市场来说，要素实现市场化配置的总规模占比不高，在大多数产权交易机构成交总规模中，传统的国有产权交易业务占比较高。产权市场是非标准资本市场，但是，从交易品种的供应和需求这个市场基本规律来看，交易品种的供给难以满足市场需求的现实将会长期存在。如果我们对要素进场交易的理念建立不起来，那么，产权交易机构可能面临两条路：一条是完成国有资本流转服务后，机构自行消失或并入其他机构（产权市场中的许多地市级交易机构被并入当地公共资源中心就是例证）；另一条是产权市场开拓要素市场，并成为产权要素融为一体的新型非标准资本市场。产权市场根本属性是非标准化交易特征。第一条道路是产权市场不愿意看到的，第二条道路才是产权市场创新发展的康庄大道。所以，产权市场完善市场制度初衷是建立适应非标准要素进场交易的制度，产权市场完善市场制度新理念是发展要素市场、实现要素市场化配置。

2. 完善区域非标准资本市场

由于要素流转比资本流转需要更广阔的市场，狭小的市场空间不利于要素实现高效配置，所以，按照国家要求建设长三角、珠三角、粤港澳大湾区、京津冀及雄安新区、中东西部的区域性产权市场是非标准资本市场制度的合理安排；按照国家要求，积极响应国家“一带一路”倡议，推进产权市场进入这些国家并建立非标准资本交易市场，为这些国家做好非标准资本流转和融资服务，推动产权市场区域的国际化，也为国有资本在境外的流转提供规范和优质的服务。推进国内外区域市场建设是产权市场与时俱进的制度创新。

3. 加快推进产权要素市场制度

产权市场属于非标准资本市场，与非标准要素市场具有天然联系。产权市场应当积极争取国家和地方政府的政策支持，通过创新产权市场制度，降低政府建设同类市场的成本，取得政府积极支持。例如，广东省产权交易集团在广东省政府支持下，建设第三方市场交易平台（广东省药品交易中心，简称药交中心），把全省的药品采购纳入产权市场就是制度创新的典型。药交中心成功案例揭示，广东省政府的前瞻性制度设计来自广东省产权交易集团提供的要素交易模式。在政府和市场主体之间建立第三方交易平台，通过要素的权益化和资本化，将要素从行政配置转为市场配置。在市场实践中，药交中心的成功运作实现的制度创新有几个方面：一是从根本上减少要素流转中的不当流失和低效配置，让社会满意和政府放心；二是制度创新能够实现服务对象和服务方式的多样化，可以对各类要素进场交易进行“量体裁衣，量身定做”；三是产权市场的第三方交易平台可以有效降低市场交易费用。据国外市场文献，大部分现代市场经济国家的交易费用占到GNP（净国民生产总值）的40%～60%。同样来自国外市场文献，发达国家生产企业的市场交易费用占到最终消费价格的40%左右。据此延伸到药交中心的案例进行推断，2017年药交中心实现总交易额逾2900亿元，通过平台集中采购降低药品价格约10%。如果按照国外文献资料进行计算，药品买卖双方产生的市场交易费用占到年度交易总额的40%，即市场交易费用约达到1160亿元（2900亿元×40%＝1160亿元）。进一步估计，如果没有药交中心的第三方要素交易平台功能，药品价格不能降低10%，市场交易费用还将相应增加10%。仅广东省产权交易集团成功案例可以看出，产权市场加快要素市场制度创新多么重要。

4. 要素市场化配置需要树立共享经济理念

从产权市场层面看，要素市场化需要加快市场制度的完善和创新，但树立现代市场经济的共享理念，实现产权交易机构之间的互惠互利下的包容发展也是必不可少的新思维。要素市场化配置要求产权行业建设利益共享的环境氛围和独具特色的文化情怀，在利益共享理念引导下实现协调合作、共同发展。

“在山言山。”我作为江西省产权市场的创业者之一，在《产权市场中国创造》中写了《井冈山的故事》一文，提到2001年长江流域产权共同市场在井冈山召开理事会的情景，何亚斌先生和我一同见证了产权市场同仁们学习井冈山精神，提出产权市场“星火燎原”的历史场景；2006年夏天，蔡敏勇先生和何亚斌先生同我共同见证了筹备“中国企业国有产权交易机构协会”的历史过程。井冈山与中国产权市场有缘。井冈山孕育了中国产权市场艰苦奋斗、勇于探索的奉献精神，正是这个精神培育了一大批善于学习、善于实践的领导团队和员工队伍，正是这个精神为中国产权市场奠定了敢于创新、敢于胜利的市场理念。有幸的是，中国产权市场的创业者都基本健在；更为高兴的是，一大批产权市场的精英进入产权市场，将在产权市场创新发展的新时代发挥新价值实现新理想。我作为产权市场创业者的一员，衷心祝愿与之结缘、与之奋斗、与之存荣的中国产权市场在党中央正确领导下，在国务院国资委及相关部门支持下，在行业协会的引领下，在产权行业全体产权人的共同努力下，在新时代新征程上谱写新辉煌。

浅探企业国有资产债权转让中需把握的要点

董传军　王　琲

国务院国资委、财政部令第32号《企业国有资产交易监督管理办法》（32号令）第48条规定：“企业一定金额以上的生产设备、房产、在建工程以及土地使用权、债权、知识产权等资产对外转让，应当按照企业内部管理制度履行相应决策程序后，在产权交易机构公开进行。”债权作为企业资产的一个重要组成部分，通过产权交易机构公开转让的行为越来越多。本文结合债权转让操作实务就国有企业债权进场转让的特点及需要把握的要点与产权交易界同仁分享。

一、企业债权的分类及转让依据

企业债权的种类很多，根据企业性质以及产权交易依据不同，一般分为金融企业债权和非金融企业债权。金融企业，一般指在中华人民共和国境内依法设立的国有及国有控股商业银行、政策性银行、信托投资公司、财务公司、城市信用社、农村信用社以及中国银行业监督管理委员会依法监督管理的其他国有及国有控股金融企业。金融企业债权转让主要依据《金融企业国有资产转让管理办法》（财政部令第 54 号，简称 54 号令）、财政部关于印发《金融企业非上市国有产权交易规则》的通知（财金〔2011〕118 号）等进行组织实施。对于金融资产管理公司债权转让则需要按照《金融资产管理公司资产处置管理办法》（财金〔2008〕85 号）等要求进行组织实施。在金融企业中对于金融资产管理公司和不良资产还有一些特殊规定。非金融企业债权转让主要依据 32 号令进行组织实施。

二、企业债权转让中的资产评估

无论金融企业债权转让还是非金融企业债权转让都需要对转让债权进行资产评估并按有关要求进行核准或备案。依据《国有资产评估管理办法》（国务院令第 91 号）有关规定，非金融企业债权转让需要进行资产评估。依据《金融企业国有资产评估监督管理暂行办法》第六条“金融企业有下列情形之一的，应当委托资产评估机构进行资产评估：……（五）产权转让的；（六）资产转让、置换、拍卖的；（七）债权转股权的；……”的规定，金融企业债权转让依然需要进行资产评估。金融企业债权评估结果出具后，应按有关要求办理备案手续。《金融企业国有资产评估监督管理暂行办法》第十七条规定，“除本办法第十一条第一款规定的经济行为以外的其他经济行为，应当进行资产评估的，资产评估项目实行备案”。对于金融不良债权评估，中评协印发的《金融不良资产评估指导意见》做了进一步明确。

三、金融企业债权转让之特殊规定

32 号令规范的企业国有资产交易行为包括国有及国有控股企业、国有实际控制企业的股权转让、增资扩股和重大资产转让行为。但其第 63 条规定：“金融、文化类国家出资企业的国有资产交易和上市公司的国有股权转让等行为，国家另有规定的，依照其规定。”那么金融企业资产转让有何特殊规定，金融企业债权转让与非金融企业债权转让有什么不同呢？

（一）选择交易机构的特殊规定

金融企业债权转让应在财政部门选定的承办金融企业国有资产交易业务的产权交易机构中进行。54 号令明确了财政部门具有“确定承办金融企业国有资产交易业务的产权交易机构备选名单”的监管职责。财政部关于贯彻落实《金融企业国有资产转让管理办法》有关事项的通知（财金〔2009〕178 号）进一步明确：“各省级财政部门要高度重视和扎实做好承办金融企业国有资产交易业务的产权交易机构的选择工作。根据《办法》，尽快确定本地区承办金融企业国有资产交易业务的省级产权交易机构名单，并推荐一家产权交易机构承担中央管理金融企业国有资产转让业务。”“各中央管理的国有及国有控股金融企业转让非上市企业国有产权，应当按照收益最大化和便利交易的原则，在北京产权交易所、天津产权交易中心、上海联合产权交易所、重庆联合产权交易所和各省级财政部门推荐确定的省级产权交易机构中进行，不受地区、行业、出资或者隶属关系的限制。”由此可以看出金融企业债权转让应在“北、天、上、重”四大所及各省级财政部门推荐确定的省级产权交易机构中进行。

（二）公告方式的特殊规定

54 号令第十七条规定：“转让方在确定进场

交易的产权交易机构后，应当委托该产权交易机构在省级以上公开发行的经济或者金融类报刊和产权交易机构的网站上刊登产权转让公告，公开披露有关非上市企业产权转让信息，征集意向受让方。产权转让公告期不得少于20个工作日。”对金融企业资产转让这一规定与已经废止的《企业国有产权转让管理暂行办法》（3号令）基本一致。32号令颁布后，并没有在省级以上公开发行的经济或者金融类报刊上刊登产权转让公告的硬性要求。因而，非金融企业债权转让可自由选择是否在省级以上公开发行的经济或者金融类报刊上刊登产权转让公告。而金融企业债权转让仍需按上述要求刊登产权转让公告。

（三）监管审批要求上的特殊规定

32号令第六条规定：“国有资产监督管理机构负责所监管企业的国有资产交易监督管理；国家出资企业负责其各级子企业国有资产交易的管理，定期向同级国资监管机构报告本企业的国有资产交易情况。”54号令第九条规定，“财政部门对金融企业国有资产转让履行下列监督管理职责：决定或者批准金融企业国有资产转让事项，审核重大资产转让事项并报本级人民政府批准”。从上述规定可以看出金融企业没有明确国家出资企业负责其各级子企业国有资产交易的管理权限。因此金融企业债权转让在没有授权的情况下应由财政部门审批，而非金融企业债权转让国家出资企业由国有资产监督管理机构审批，而其各级子企业由国家出资企业审批。

（四）评估及核准备案要求上的特殊规定

《国有资产评估项目备案管理办法》第四条规定，“国有资产评估项目备案工作实行分级管理”，并要求“中央管理的企业集团公司及其子公司，国务院有关部门直属企事业单位的资产评估项目备案工作由财政部负责；子公司或直属企事业单位以下企业的资产评估项目备案工作由集团公司或有关部门负责”。对于金融企业国有资产评估备案，《金融企业国有资产评估监督管理暂行办法》第十八条规定：“中央直接管理的金融企业资产评估项目报财政部备案。中央直接管理的金融企业子公司、省级分公司或分行、金融资产管理公司办事处账面资产总额大于或者等于5000万元人民币的资产评估项目，由中央直接管理的金融企业审核后报财政部备案。中央直接管理的金融企业子公司、省级分公司或分行、金融资产管理公司办事处账面资产总额小于5000万元人民币的资产评估项目，以及下属公司、银行地（市、县）级支行的资产评估项目，报中央直接管理的金融企业备案。”由此可以看出无论金融企业债权转让还是非金融企业债权转让都需要按有关要求进行资产评估，并对评估结果进行核准或备案，只是两者核准或备案要求有所不同。

四、金融资产管理公司不良债权转让的特殊要求

不良金融资产指银行业金融机构和金融资产管理公司经营中形成、通过购买或其他方式取得的不良信贷资产和非信贷资产。不良债权是不良金融资产的一种主要表现形式。54号令第六十条规定：“金融资产管理公司转让不良资产和债转股股权资产的，国家相关政策另有规定的，从其规定。”因此对于金融资产管理公司不良债权转让需要关注其特殊要求。

一是当只有一人竞价时需要履行补登公告程序。《金融资产管理公司资产处置管理办法》第十九条规定：“资产公司转让资产原则上应采取公开竞价方式，包括但不限于招投标、拍卖、要约邀请公开竞价、公开询价等方式。”“以要约邀请公开竞价、公开询价等方式处置时，至少要有两人以上参加竞价，当只有一人竞价时，需按照公告程序补登公告，公告7个工作日后，如确定没有新的竞价者参加竞价才能成交。”

二是金融资产管理公司债权转让对意向受让方的特殊要求。金融资产管理公司债权不得向国

家公务员、金融监管机构工作人员、政法干警、资产公司工作人员、国有企业债务人管理层以及参与资产处置工作的律师、会计师、评估师等中介机构人员等关联人转让。《金融资产管理公司资产处置管理办法》第二十六条对上述要求做了明确规定。金融资产管理公司在处置公告中有义务提示以上人员不得购买相关资产。

三是金融资产管理公司债权批量转让的特殊规定。按照财政部银监会关于印发《金融企业不良资产批量转让管理办法》的通知（财金〔2012〕6号）要求，金融企业对一定规模的不良资产进行组包转让，只能定向转让给具有一定资质和规模的资产管理公司，且资产管理公司只能参与本省（区、市）范围内不良资产的批量转让工作，其购入的不良资产应采取债务重组的方式进行处置，不得对外转让。

总之，在进行国有企业债权转让的具体实践中，除关注金融债权和非金融债权的区别以及金融债权中金融资产管理公司的特殊要求外，还需要关注与此相关的其他法律法规。应结合国有企业债权资产属性，根据其具体特点，准确把握政策要求，完善交易程序，防范交易风险，确保国有资产保值增值。

产权市场中的国有企业资产出租业务初探

黄如旺　赵伟健

《企业国有资产交易监督管理办法》（国务院国资委、财政部令第32号）为企业产权转让、企业增资、企业资产转让等三种企业国有资产交易活动进行了相关规定，未涉及企业资产出租活动。然而，国有企业资产出租活动频繁，推动国有企业资产出租业务进入产权交易机构挂牌交易对于发挥市场配置资源作用、保障国有资产保值增值意义重大。广西联合产权交易所（以下简称广西联交所）作为广西首家获批的国有产权交易机构，在广西壮族自治区国资委、南宁市国资委相关政策规范下，大力推进国有资产出租进场交易业务，取得明显成效。本文立足于广西联交所国有经营性资产出租进场交易业务实践，从立法背景、业务介绍、经验做法、启示与展望等方面初步探讨产权市场中的国有企业资产出租业务。

一、立法背景

目前而言，国家层面对国有资产出租业务进行明确规范的政策法规尚未正式出台，部分地区立足地方实际出台了相关地方性规定。广西壮族自治区国资委在2014年出台了《关于规范区直企业资产出租管理的通知》（桂国资发〔2014〕272号），就区直企业的资产出租管理事项进行了相关规定。随后南宁市国资委于2015年出台了《南宁市人民政府国有资产监督管理委员会监管企业资产出租管理办法》（南国资发〔2015〕5号），明确了南宁市国有企业资产出租进场交易等事项。经过一年的实践摸索，南宁市国资委针对资产出租运作问题，在2016年发布了《关于明确监管企业资产出租中有关特殊事项的管理的通知》（南国资发〔2016〕76号）。此外，南宁市公共资源交易中心从公共资源交易角度发布了《南宁市公共资源交易监管目录》，目录每年更新一次，将国有资产出租业务纳入了统一交易平台集中监管。在上述地方性政策法规的支持和引导下，广西联交所结合其他国有资产交易种类相关规定，从实操角度进一步建立健全国有企业资产出租业务规范和流程，为资产出租业务的顺利开展打下制度基础。

二、业务介绍

国有资产出租，是指企事业单位作为出租方，将自身依法拥有所有权或处置权的非流动性国有资产出租给自然人、法人或非法人组织（以下简称承租方）使用，并向承租方收取租金、承包费、管理费或其他收入的经营行为。国有资产出租不同于国有资产转让，前者让渡的是标的资产的使用权、收益权，后者则是让渡标的资产的所有权。在实践中，资产出租标的种类繁多，主要包括幼儿园场地、临街商铺和商场、旧厂房仓库、酒店综合楼、露天停车场、轨道路线的广告经营权等。出租方类型主要包括企业、学校、公园等国有企事业单位。承租方类型也呈现多样性，主要包括自然人、企业法人，偶尔有非法人组织参与。此外，出租品种的多样性，也促使资产出租活动形成多样化的交易方式，网络竞价、拍卖、综合评审、协议等方式均适用于资产出租业务。资产出租的业务流程与资产转让基本一致，需要遵循前期沟通、信息披露、宣传推介、组织交易、资金结算等程序。

三、业务实践

广西联交所在近几年的国有资产出租业务实践中积累了一定经验，主要做法包括：

（一）明确制度流程

依据资产出租相关政策法规，参照企业国有产权交易操作规则进行规范操作，制定了《国有资产出租业务规则》《资产出租业务操作指引》。项目进场前由项目负责人梳理材料，与出租方实地查看出租标的，协助编辑挂牌公告，草拟项目审批表，按照广西联交所业务审批流程逐一审查审批。项目进场后则由项目负责人继续跟进项目宣传推介、组织交易、资金结算、组织签约等，保障资产出租业务全流程有序运转。

（二）风险控制

针对项目中的重点风险事项，如标的租赁年限、经营业态、瑕疵披露、有无原租户、保证金设定等，尤其是对竞租人条件的设定和资格确认环节，需要与出租方不断沟通进行书面确认。对各项内容是否符合政策法规要求认真审核把关，将风险点控制到最低，确保资产出租业务风险得到有效控制。

（三）渠道拓宽

经过近年的业务推广和实际操作，目前以南宁市为例，市级企事业单位的国有资产出租进场交易已经基本实现“应进必进”，县区的正在逐步普及。随着各地公共资源交易中心及分支机构的设立，广西联交所作为公共资源交易中心国有产权交易版块的实施机构，根据交易监管目录要求，与公共资源交易中心共同到县区进行政策宣讲，推动县区国有资产出租项目进场。

（四）多样竞价

针对标的资产所在区域的不同，有针对性地采用不同的竞价方式。例如，对于城市街道临街商铺的出租项目，由于城区民众已能够接受网上操作，因此一般采用网络竞价方式，项目的组织效率和便利性较高，如南宁产业投资集团有限责任公司及其子公司下的南棉街、鲁班路、新阳路、北湖北路、衡阳西路、鲤湾路共 55 间铺面公开招租，溢价率高达 194%；而对于处在偏远县区的标的资产，由于县区民众不熟悉网络或不愿意接受网络竞价，初始则采用现场拍卖方式，现场氛围较活跃，促使项目成交及溢价。此外，对于一些对承租人要求较高的酒店商场，则采用综合评审或综合评审+竞价的方式，在评审竞租人的竞租方案时，综合考虑竞租人的实力，是否满足出租项目或者出租方的实际需要。

四、启示

广西联交所自2015年底开展国有资产出租业务以来，已累计受托公开挂牌招租近600宗项目，成交金额约16亿元，平均增值率达30%。在探索开展项目和实践经验缺乏的情况下，成效来之不易。面对国有资产出租业务中出现的各种复杂情况与疑难问题，广西联交所认真总结经验，并把实践中得到的启示反馈给国资监管部门，促成了应对实践中操作性难题的相应政策的出台，使资产出租中的一些特殊事项有了解决措施。

（一）采取协议出租方式的特殊事项

在实践中，一些如农贸市场、专业市场商场、租期不满三个月的短期租赁行为、经三次公开招租仍未征集到意向承租方的，经直管企业董事会等集体决策并审议同意后采取直接协议出租方式，避免了出租方在资产招租工作上的精力消耗。

（二）原租户阻挠和不愿进场公开竞价的特殊事项

在国有资产出租政策初期，部分国有资产的原租户出于各种考虑，对政策不理解甚至产生抵触心理，在原资产重新出租时不愿意接受公开竞价，严重时甚至聚众阻挠。面对这种情况，广西联交所一方面协助出租方向原租户做好政策宣讲解读工作，根据项目涉及面和特点，协助出租方做好必要的分类、过渡性解决方案；另一方面优化报名手续积极引导原租户参与报名竞价，消除原租户因对新交易方式不熟悉而产生的戒备心理。

（三）资产评估有关事项

一般来说，对在同一地段的同类资产出租行为，其中一项资产已经做了租金评估且在有效期内，该地段同类资产出租可以直接以该评估结果作为参考依据确定其出租挂牌价格。此外，零星资产的评估可以通过市场调查和询价，综合考虑各因素确定出租挂牌价格。这些方法解决了出租方在实际资产评估中的疑虑，简化了手续，实效提高。

（四）信息化建设有关事项

从提高资产出租效率和用户体验角度出发，积极响应政府“互联网+”和高效便民政策，加快推进交易环节的信息化建设。一是实现异地管控资源项目上线交易，将区域内各方资源在线上优化整合，提高异地项目隔空操作便利性。二是引导客户线上完成报名、交纳保证金、参与竞价，做到让客户“最多跑一次”的高效服务。

五、展望

国有资产出租是国有企业盘活经营性资产和闲置资产的一种重要方式，利用产权市场开展国有资产出租业务，一方面有利于充分利用产权市场价值发现作用，完善产权市场交易功能，推动产权市场建设；另一方面有利于增强国有资产社会影响力，提高国有资产运营效益，确保国有资产保值增值。从这个角度而言，应当积极利用产权市场开展资产出租业务，进一步推动国有资产进场进行挂牌招租。

现阶段，国有资产出租活动数量多、任务重，各地在探索国有资产出租进场交易方面积累了不少有益经验，为地方资产出租业务开展提供了参考。但是也应该看到，地方制定的政策依据往往过于笼统，一般实操性不强，有些重要内容也未明确规定，给地方产权交易机构的实践带来不少困扰。为更好地推动产权市场建设，希望国家层面能够针对国有资产出租业务做出规定或提出指导性意见，在参考各地已有实践经验的基础上尽快出台统一适用的交易规则，进一步规范此类业务。

押品前置委托交易业务创新情况介绍

北京金融资产交易所

一、业务概况

北京金融资产交易所（以下简称北金所）是中国人民银行批准的债券发行、交易平台，是中国人民银行批准的中国银行间市场交易商协会指定交易平台，是财政部指定的金融类国有资产交易平台和积极稳妥降低企业杠杆率工作部际联席会议办公室授权的“市场化债转股信息报送平台”技术支持及运营维护机构，为市场提供债券发行与交易、债权融资计划、委托债权投资、企业股权、债权与抵债资产交易等服务。其中，为金融机构提供不良资产交易服务，一直是北金所主要开展的业务之一。

在实践基础上，北金所从金融机构的实际需求出发，经过不断探索完善、创新推出“押品前置委托交易”业务，即“借款人向金融机构提出贷款申请，并以自身或者第三人（以下简称财产所有权人）合法所有的财产提供担保的，考虑到将来可能需要提前实现担保物价值或者借款人/担保人可能发生违约风险，由财产所有权人、金融机构与北金所事先共同约定，在发生约定情形时，由财产所有权人作为交易委托人，委托北金所作为交易服务受托人，委托该金融机构作为交易代理人将财产（法律对财产转让另有规定的从其规定）通过北金所进行公开转让的行为。”

押品前置委托业务分为贷前交易委托和贷后约定交易两个阶段。在贷前交易委托阶段，财产所有权人、金融机构和北金所通过三方协议的形式，确定了担保类资产未来可能交易的委托关系。在贷后约定交易阶段，当协议约定的事件出现时，金融机构通过北金所交易平台处置押品即担保类资产变现回收资金。

经过近三年的不断探索和试点后，北金所于2015年先后举行了押品前置委托交易专家研讨会和法律专题研讨会。一批来自金融监管部门以及国家开发银行、中国农业银行、中国建设银行、中国民生银行等多家商业银行和中诚信托、中融信托、中国投资担保有限公司、北京德恒律师事务所等多家非银行机构的专家参加了研讨。与会专家一致认可押品前置委托交易业务，在化解金融机构资产处置难题、促进企业融资有效流转等方面的创新性作用。

通过与国家开发银行、农业银行、建设银行、民生银行、中信银行、浦发银行、江苏银行、南京银行、中诚信托等不同类型的金融机构的合作，北金所已受理过房产、土地、股权等不同类型担保资产的前置委托交易业务，服务正被越来越多的商业银行、信托、担保公司等机构所认可和应用，市场反响良好。实践表明，押品前置委托交易利用市场化手段，以商业合约的方式解决担保类资产处置问题，可减少采取诉讼或者办理强制执行等传统信贷风险解决手段时，债务人、被执行人不配合，甚至采取极端手段对抗司法处置现象的发生，有效缓解了金融机构因不良资产形成所带来的压力，有利于难题的解决。

二、业务流程

（一）贷前交易委托阶段

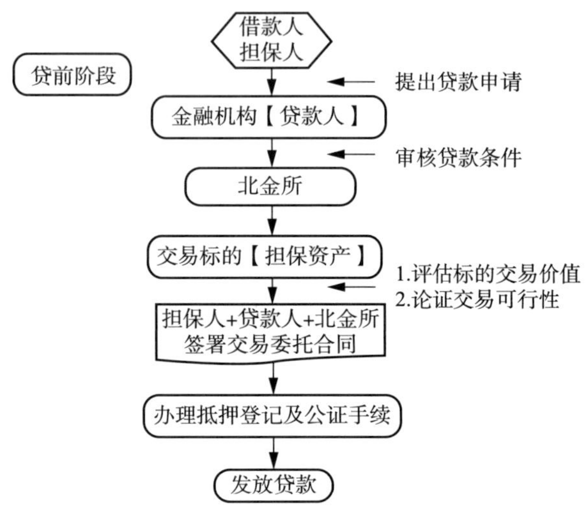

图1　贷前阶段交易流程

（1）金融机构审查借款人贷款申请资质。

（2）经金融机构审核具备发放贷款/给予授信条件的，由金融机构填写《前置委托交易业务申请书》和准备委托交易资料文件。

（3）北金所对担保资产的价值和未来可交易性进行内部审核。

（4）对符合办理前置委托交易的项目，金融机构与北金所确定《产权交易委托协议》委托内容。

（5）金融机构在办理贷款的借款合同、担保合同等手续的同时，担保人应出具《股东会决议》《授权委托书》等必要文件，金融机构、担保人与北金所签署《产权交易委托协议》。

（6）金融机构对上述签署文件办理鉴证公证手续。

（7）金融机构对担保物办理抵质押登记手续。

（8）北金所正式受理交易委托，完成《产权交易委托协议》和资料清单全部文件的存档备案。

（9）借款人向北金所支付交易顾问服务费。

（10）金融机构发放贷款或者给予授信。

（二）违约交易阶段

根据借款合同或者担保合同的约定，出现违约情形时，金融机构应独立自行判断借款人是否出现实质性违约，以及是否需要触发交易以便及时处置担保资产回收资金。北金所按照金融机构提交的交易申请启动受托资产交易。

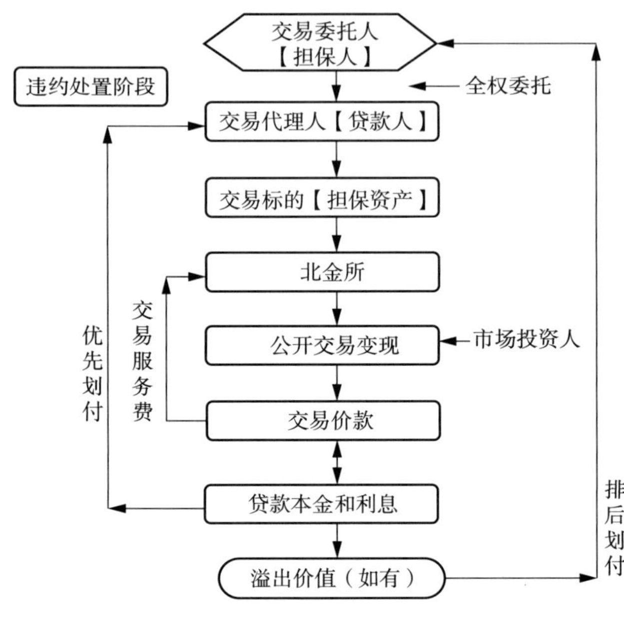

图2　违约处置交易流程

（1）金融机构向北金所出具《产权交易信息发布申请书》，启动交易。

（2）北金所受理并审核交易申请材料。

（3）在受理后1个工作日，北金所发布交易信息。

（4）交易期间征集受让方：

交易期间（通常不少于5个工作日），交易所公开征集受让方。期满未征集到受让方，可以再次发布交易信息，直至征集到受让方。

（5）意向受让方在交易期间提交受让申请并缴纳交易保证金。

（6）交易期满，确定符合交易条件的受让方。

（7）交易双方在交易条件约定时间内签约。如只产生一家符合条件的意向受让方的，进行协议转让，北金所组织交易双方签订《资产交易合同》；如产生两家及以上符合条件的意向受让方的，按照转让方交易前选择的竞价方式组织竞价并确定受让方，并由北金所组织交易双方签订《资产交易合同》。

（8）受让方在交易合同约定时间内支付全部剩余价款和交易服务费到北金所。

（9）北金所按照《产权交易委托协议》的约定，从全部交易价款中收取转让方应支付的交易服务费。

（10）北金所向交易双方出具产权交易凭证。

（11）交易双方办理权属移交手续。

（12）北金所划转交易价款。

划转方式一：北金所收到全部交易价款后，立即划付给金融机构，金融机构立刻冲抵欠款本息。然后办理解除抵押/质押手续，再办理交易过户手续。在该方式下，资产转移的风险由买受人承担，会降低市场投资者的参加意愿。

划转方式二：北金所收到全部交易价款后，金融机构解除交易标的的抵押/质押手续，再办理交易过户手续。过户完毕当日，由北金所将全部交易价款划付给金融机构，金融机构立刻偿还欠款本息。此种方式更有利于稳妥完成交易，避免纠纷，不利因素是金融机构回收资金的时间会推迟。

（13）交易环节详细流程图。

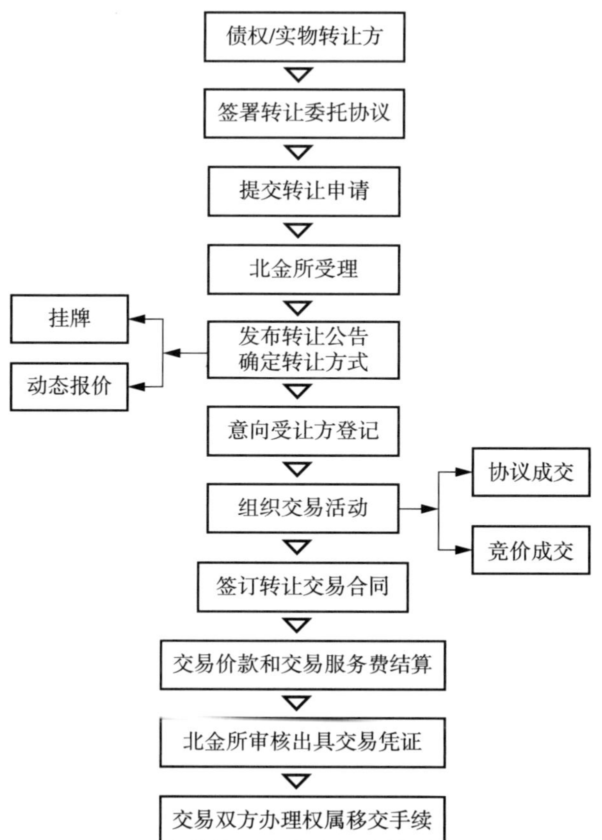

图3　交易环节详细流程

三、交易周期

从目前已经办理的前置委托交易来看，担保人提供的担保物多为实物资产和具有一定现金流收益的企业股权。在交易底价合理的前提下，根据北金所现有的交易实践情况，交易处置周期通常为1～3个月。担保物的处置周期受多种因素影响，其中交易底价通常是最重要的影响因素之一。从北金所开展押品前置委托交易业务的经验来看，市场投资者对转让项目的关注时间周期一般为3个月。若在3个月内项目仍没有成交，则说明该项目的交易底价可能偏离了当时的市场估值水平。另外，有部分股权交易，若需要相关监管部门进行审批的，亦会影响股权变更过程，并且该时间不在交易所可控的范围之内。

四、多层次服务

1. 债务重组服务

若借款人具有还款能力，但偿债期限与贷款约定的还本付息期限不完全匹配，有一定程度的滞后。在这种情形下，北金所主要是为借款人寻找与借款人资金使用周期相匹配的投资人，通过债务重组的方式接续借款人的资金使用。当然，在债务重组情形下，投资人通常会要求在原有贷款收益水平的基础上，增加一定的收益比例（债务重组资金成本由借款人与投资人商定），整个过程是由借款人完全参与的市场化交易。

2. 资产交易服务

若借款人无法按期偿还贷款，也无法在贷款到期之前找到适合的债务承接人，需要出售担保资产，保障贷款的安全收回，维护借款人和担保人的商业信誉。在这种情形下，北金所主要是为担保人寻找适合的资产承接人，通过出售资产，实现资产短期内及时、快速变现。在资产交易情形下，通常意味着借款人资产价值不能按照自身计划实现商业价值最大化，但通过公开市场交易，有利于资产商业价值的提升和发现，并通过快速、广泛征集投资人在交易市场实现资产变现，有利于最大限度地保护和实现担保资产价值。

五、与强制执行效力公证的区别

1. 法律依据不同

前置委托交易依据于《物权法》和《合同法》，是物权所有权人委托他人合法行使财产的处分权；强制执行效力公证依据于《公证法》第三十七条的规定。

2. 实施主体不同

前置委托交易是由交易所进行受托交易；强制执行效力公证是由人民法院进行强制执行。

3. 实施手段不同

前置委托交易通过市场化、商业化、灵活多样的资本流转交易实现债权权益，包含过桥融资、债务重组、投资人引进、资产整合、并购贷款等多元化手段；强制执行效力公证通过司法化、制度化的执行行为严格遵循法律程序实现债权权益。

4. 实施次序不同

前置委托交易实施于债权出现风险时，至债务人彻底放弃还款意愿、双方关系决裂之前；强制执行效力公证实施于债权、债务人双方关系彻底决裂之后。

5. 实施标的不同

前置委托交易中的标的在交易前就已经确定，一般是抵押人或出质人提供的抵押或质押财产；强制执行效力公证的执行标的在强制执行发生前并不确定，一般是在人民法院查封、扣押、冻结之后才确定。

6. 功能不同

前置委托交易聚焦于担保资产价值的最大化实现和借款人还款能力的提升；交易所具有市场交易功能，不具备强制交易功能；强制执行效力公证聚焦于可被执行资产的来源和有效司法处置，以及在司法关系下债权人与债务人之间的角力。法院具有司法权威裁判效力，市场交易功能有局限性。

7. 效力不同

前置委托交易不具有强制效力，买受人通过交易合同取得资产权利（根据委托人的授权书，资产过户具有合法依据，但在某些交易的过户中不排除委托人不配合而影响进程的风险）。强制执行效力公证具有强制效力，通过司法强制执行，债权人或者买受人可以直接取得资产权利（在某些执行过程中存在无可执行物或者无法有效执行的风险）；资产价值不足以覆盖贷款本金及利息，由此形成的损失，司法裁定可以作为银行内部核销的依据。

8. 期限不同

前置委托交易可分为：提交交易申请、发布交易信息、征集交易对象、组织交易成交、结算交易价款、收取交易费用、出具交易凭证、办理交易过户共8个步骤，一般交易周期在1－3个月（具体根据资产的类型、所在地、规模、交易底价等因素决定）。强制执行效力公证可分为：提交执行申请，立案，发出执行通知书，提供执行线索，查证举证线索，查封、扣押、冻结执行财产，确定评估及拍卖机构，发布拍卖公告，拍卖被执行人财产（暂缓执行、中止执行），法院裁决拍卖成交/流拍财产抵债等10个主要步骤，期限视标的资产及相关权利人具体情况而定。

9. 费用不同

前置委托交易费用分为前期的交易顾问服务费和后期的交易服务费；前期的交易顾问服务费由北金所与委托人协商确定；后期的交易服务费可由买受人承担，不增加担保资产委托人、受托金融机构的交易成本。强制执行效力公证费用由前期的公证费，以及后期的案件受理费、申请费组成，收费标准见2006年由国务院发布的《诉讼费用交纳办法》。

国有企业不良资产整合处置发展策略研究

邢倩倩

当前，我国经济已步入增长速度换挡期、结构调整阵痛期、前期刺激政策消化期的三期叠加新时期。在供给侧结构性改革大浪潮下，传统行业去产能、去杠杆、转型升级以及创新型企业探索新模式，势必都将伴随着不良资产规模的扩张，这在一定程度上促进了处置不良资产的机构发展壮大，其市场也被看作一片“蓝海”。此外，随着国企国资改革的不断推进，以及国有企业主辅分离，做强主业要求的不断深入，国有企业债务问题、剥离非主业、低效资产等问题也会愈加突出。如何处置好国有企业不良资产，在很大程度上将直接影响国有企业的改革进度。

不良资产问题属于国有资产管理领域研究的重点，有着重要的现实意义。整合处置国有企业不良资产是强化国有企业经营管理的重要内容，是防止国有资产流失的有效手段，是确保国资委有效履行出资人监管职责的重要任务，更是搞好国有企业的客观要求。但现有理论研究，大多是针对金融企业不良资产进行的，而对于国有企业不良资产的处置方式、防范对策研究较少，理论体系还不成熟；从数量上来看，近年对于国有企业和国有资产管理改革的探索从未间断，在“问题—改革—新问题—改革”的进程轨迹中，国有企业的不良资产问题愈发突出和严峻，迫切需要建立一套比较完善的规范操作体系。

在此背景下，本文在总结研究各地国企国资改革经验的基础上，以地方国资不良资产生态圈为切入点，提出设立地方国有企业不良资产整合处置平台，并研究分析其战略定位、发展思路、主要任务、建设路径等，力求打通资产管理、资产处置、资本运作等产业链的多个环节，实现企业转型、重组优化产业，借助资本市场盘活存量不良资产，加速不同产业及产业内部的整合。

一、国有不良资产整合处置平台的功能定位与发展思路

作为服务新一轮国企国资改革的重要角色之一，国有不良资产整合处置平台立足于服务“大国资、大配置”的布局调整战略，主要承接国有企业剥离的各类资产，打造国有资产集中处置、集聚盘活、优化提升的统一平台，专业化、规范化、高效化开展资产整合处置工作。通过破产清算、整体出让等多种方式，市场化运作，加快国有资产处置步伐。通过整合培育、资产注入等方式，促进健康可用要素剥离，为企业实施混改创造条件。按照“一企一策”原则，支持国企通过兼并重组、清算注销、依法破产等市场化方式处置不良资产；通过招商引资，盘活整合出清企业的厂房、土地、机器设备等存量资源；通过整合培育，将符合条件的资产注入优势企业或上市公司。从中长期发展任务看，在做强资产整合处置业务的基础上，逐步开展产业孵化和培育，积极拓展资本运营业务，与地方国有产业集团或上市公司业务版块互动、融合发展。

以功能定位为指导，国有不良资产整合处置平台的发展思路可概括为：以服务国企改革、提高国资质量为根本使命，以贯彻国有资产整合处

置功能性要求和市场化运作为基本方向，进一步优化体制机制，强化平台能力建设，对接各类优质资源，深入实施“333 发展战略”，即承担国企混改上市“助推器”、不良资产“消化器”、产业升级“孵化器”三重功能定位，坚持功能性、市场化、合规性三项经营原则，打通资产承接、资产处置、资本运营三大产业链环节，积极打造资产管理综合解决方案提供商。

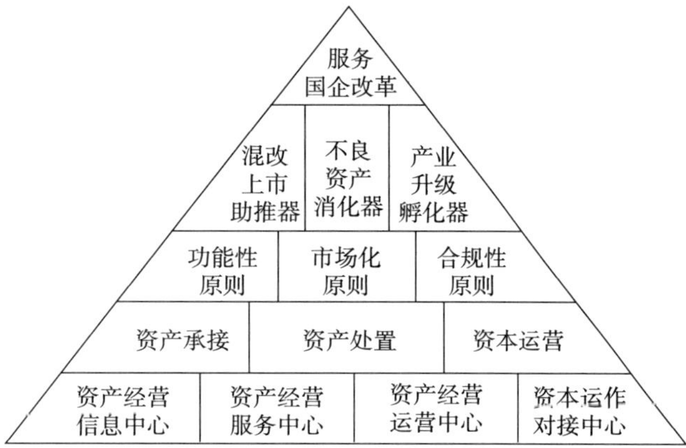

图 1　国有不良资产整合处置平台“333 发展战略”示意

二、国有不良资产整合处置平台的经营原则

（一）统筹兼顾、一体联动

国有企业不良资产整合处置平台在兼顾经营收益最大化、优化国资产业布局目标的同时，也承担着化解国有企业多年来积聚的社会风险的艰巨任务。因此，资产经营要统筹兼顾、系统安排、把握节奏，实现经济社会稳定、协调、可持续发展。此外，作为资产整合处置平台，在服务地方国企国资改革过程中，要与地方政府保持目标一致、行动一致，贯彻落实上级决策部署，优化国有经济布局。

（二）市场运作、集中整合

坚持发挥市场配置资源的决定性作用，以企业为主体，以产（股）权为纽带，积极对接各类专业市场和投资主体，通过市场化、专业化的手段和方式整合处置国有不良资产；同时，发挥平台功能，打造资产集中处置和集中盘活的统一平台，发挥规模和协同效应，促进国有资产保值增值。

（三）依法处置、防范风险

不良资产是国有资产的重要组成部分，也是易发生国有资产流失的部分。国有企业不良资产整合处置往往涉及银行借贷、担保、土地使用权、劳动关系等多种法律关系，因此在实际操作中必须坚持红线意识、底线意识，以《公司法》《企业国有资产法》等相关法律法规为依据，依法依规审慎开展资产接收处置，严格履行国资监管手续，有效防范资产接收与处置过程中的资产流失、债务纠纷、人员安置等风险，确保平台合规运作与可持续发展。

（四）审慎运营、资产保全

资产保全原则即回收收益最大化原则，资产保全是不良资产整合处置的核心目标。在操作过程中，应坚持审慎运营的原则，持续完善内控体系，在各专业机构优势互补、良性互动的基础上，科学对比处置成本和效益，优选处置模式和工具，保证不良资产经济收益。

三、国有不良资产整合处置平台的运营模式

充分发挥国有不良资产整合处置平台的承接、分类、整合、处置、经营功能，重点承接国有企业剥离的各类资产，发挥扶优汰劣功能，为国有企业改革发展服务，盘活做优存量资产，发展做大增量资产。按照国资运营战略的整体战略部署，国有不良资产整合处置平台在处置方式上要坚持功能性要求与市场化运作相结合；在机制构建上要完善前端资金融通、中端资产管理、后端资本运作三个端口的有机衔接；在风险防范上要保持资产负债、现金流、投资收益三个平衡，在促进国有资本有效流动中实现资本质量和价值的不断提升。

从优化工作流程、提升工作效率出发，对资

产接收与整合处置相关工作进行合理划分，整合力量打造资产经营信息中心、资产经营服务中心、资产经营运营中心、资本运作对接中心四大中心。

（一）提升服务能力，建立资产经营信息中心

作为专门从事国有资产整合处置的平台企业，必须在地方国有企业改革的顶层方案设计和整体部署下，通过信息化手段构建剥离要素类“信息库”，深入分析把握经济趋势和产业动态，动态整理和剖析企业资产状况、业务板块、发展模式等，为国资系统提供切实有效的资产经营工作思路及操作方案，实现结构调整与产业发展的良性互动，为地方国有企业瘦身健体、提质增效提供智力支持。

（二）强化专业运作，建立资产经营服务中心

发挥平台公司组织者和连接者的功能作用，依托各类社会专业机构的力量融智、融资、融源，在项目调研、资产评估、风险把控等各方面加强与投资管理公司、律师事务所、会计师事务所、产权交易所、清算所和相关中介机构等的合作，建立一整套规范化的不良资产分类、整理、识别、评估等操作制度和流程，打造专业化的资产经营服务中心。对接收的资产进行详细全面的尽职调查和分析梳理，从财务指标、体制机制、盈利能力、市场前景等诸多因素综合判断和评估资产真实价值，有针对性地制定资产经营整体方案，为资产的整合处置提供客观依据，提高资产经营效率和效益。

（三）坚持专业运作，建立资产经营运营中心

在摸清家底的基础上，依托资产经营运营中心，按照“分类管理、分类指导、一企一策”的原则，坚持资产退出、重组与发展并重，负责具体实施资产整合、退出、产业孵化等业务操作，努力做到“精准识别、精准分类、精准发力、精准处置”，实现资产集中化处置，资产价值最大化。

1. 清算退出

对劣势企业划清资产处置红线，确认为经营无效益、产品无市场、扭亏无希望的空壳公司、僵尸企业等无效资产，加强与工商、司法、产权、清算所等部门的协调沟通，拓展股权退出与流转渠道，支持国有企业通过吸收合并、股权划转、解散清算、破产注销等多种途径实现退出，去除无效供给，淘汰过剩产能、减轻企业负担，止住“出血点”，为优质国有资产证券化铺路、为国有资本优化布局奠基。

2. 整体出让

甄别劣势企业中的有效资产，对无培育价值、缺乏竞争优势的企业，积极运用市场化方式进行处置，实现整体退出，促进国有企业降债减负。

3. 整合重组

按照资产经营的长远思路，对划入资产当中确有发展前景和发展潜力的企业，运用收购兼并、股权转让、资产剥离、资产置换等多种方式进行内外部整合重组和优化组合，借助各方资源实现精准匹配，进行培育和孵化，延伸和完善企业价值链条。并通过担保贷款、过桥融资、债转股、短期借款等多种方式为企业“输血”，清除资产瑕疵，寻找经济增长点，变现盘活低效资产。同时，积极开展招商引资，引入战略资本，带入资金、项目、管理理念等，实现企业产业优化和转型升级，使之重新具备较强的盈利能力，变劣质资产为满足资本市场、金融资本和实业资本等要求的优质资产，最后通过并购、上市等多种途径实现价值回收和增值。

在资产经营过程中，将充分利用“互联网+”特有的快速“价值发现”和“市场发现”功能，与政府、金融机构合作，打造新型的不良资产交易平台，高效便捷地实现平台海量数据的存储、分析能力，精确匹配资产资源，全流程监管不良

资产动态变化等。

（四）强化资本运营，建立资本运作对接中心

以不良资产生态圈为切入点，通过不良资产功能性处置手段打开债务“死结”，发挥金融资本和产业资本各自优势，在传统处置模式基础上寻求创新，多措并举消化处置不良资产。主动对接券商、投行、基金、信托等金融机构，综合运用基金、保险、租赁等资本市场平台工具，创新收购处置、托管经营、债转股等“组合拳”，联通资产管理与资本运作，延伸综合服务，帮助企业转型、重组优化产业，借助资本市场盘活存量不良资产。同时，将资产整合与创新业务投资相结合，在符合发展创新需求、具有良好投资前景的一些新兴业态中发现投资价值，实现资产整合和业务协同的良性互动局面，形成自身特色，助力地方政府下好国企改革这盘整棋。

四、国有不良资产整合处置平台的保障措施

（一）优化组织架构，完善决策链条

作为国有资产整合处置平台，应通过专业化运作和集中化管理，逐步打造专业化服务团队、建立优质服务品牌。按照精干高效和扁平化原则，优化总部组织架构，按照职能分工，对部门进行前台、中台、后台的区块划分，为公司运营提供坚实保障。同时，建议成立市/地级国有资本投资运营决策委员会，在其统筹安排下研究决策地方国有资产经营总体方案、重大资产处置项目方案等。国有资产整合处置平台作为执行机构，对决策委员会的相关决策进行操作实施。

（二）完善联动工作机制，加强风险防范能力

针对资产经营业务模式，形成资产管理、财务、法律、人力资源等各部门协调联动工作机制，建立资产经营专业化工作规范，完善业务操作的制度体系、具体流程和操作细则，从不同维度为企业规范化整合处置资产、防范经营风险和实现国有资产保值增值提供制度保障。健全综合监督和风险管控机制，在风险价值计量、风险识别、分析技术和方法等方面建立一套系统的风险指标体系，防范法律风险，降低资产处置成本，切实提升资产经营效率和效益。

（三）建立现代管理机制，完善企业绩效考评机制

通过建立项目管理制度，开展资产经营工作，节点把控、逐级审核，确保企业整合处置全过程依法依规、高效有序。结合资产经营目标，建立符合市场规律、高效灵活、合理授权的扁平化投资决策机制，提升决策效率；着力培养、引进一批懂管理、精业务的人才队伍，加强差异化薪酬考核，合理拉大业务骨干与一般员工、业务部门与保障部门的收入差距，逐步建立考核激励措施，引导和激发员工工作活力。

（四）坚持合作共赢，强化资源对接

坚持“一手抓两头”的原则，一方面建立与银行、资产管理公司等金融机构的联系；另一方面进一步加强与国有企业的合作，搭建互通桥梁，通过商业化、市场化运作，为企业提供涵盖并购重组、担保、投资等全方位服务和综合性解决方案，发挥平台作用、有效把控风险、实现企业转型发展，发现和提升不良资产价值。同时，积极寻求政策支持及外部合作，力争与四大资产管理公司及地方 AMC、产业集团等实现交叉持股，建立长期战略合作关系，优化自身业务操作流程，实现良性互动发展，以创新思维和创新精神开创资产处置新模式，推动地方资产经营生态体系的构建。

总之，在新一轮国企改革中，国有资产经营工作的改革无疑是重中之重。通过设立专业资产整合处置平台，全面实现国资运营的功能性要求与市场化运作的有机融合，以整合盘活存量、以

创新培育增量，实现“资源—资产—资本—资金”的良性循环。这有利于推动地方混合所有制改革和供给侧改革任务顺利实施，有利于助推地方产业升级和结构调整，有利于促进国有企业集团良性健康发展，从整体上实现国有资本的有序进退、混合多元、优化配置、布局调整和流转增值，为地方国有企业提质增效、为经济与社会发展提供有力支撑。

浅探企业国有资产转让之租赁权转让

董传军

2016 年 6 月，《企业国有资产交易监督管理办法》（国务院国资委、财政部令第 32 号）颁布实施以来，国有企业资产转让正式纳入到进场交易的范围，各交易机构承接资产转让的品种和数量不断增多。租赁权作为企业资产的一个组成部分，已成为许多交易机构的重要交易品种之一。本文结合国有资产转让操作实务，就租赁权资产属性、交易底价的确定等问题加以探讨。

一、租赁权的资产属性

关于租赁权的权属性质，业界存在不同的认识，一般认为租赁权是指承租人对他人所有之物，进行排他性的占有、使用、收益的权利。《法学大辞典》对租赁权的定义是：租赁权又称使用收益权，即承租人依租赁合同，在租赁物交付后对租赁物享有的为使用收益目的所必要的占有权的总称。从租赁权的定义来看，无论权属如何均应属于产权范畴。产权是经济所有制关系的法律表现形式，它包括财产的所有权、占有权、支配权、使用权、收益权和处置权。从会计学角度来看，租赁权属于企业资产中的无形资产。《企业会计准则第 6 号——无形资产》对无形资产的定义是：企业拥有或控制的没有实物形态的可辨认非货币性资产。按《企业会计准则第 6 号——无形资产》分类，无形资产主要包括专利权、非专利技术、商标权、著作权、土地使用权、特许权等。《资产评估执业准则——无形资产》将无形资产划分为可辨认无形资产和不可辨认无形资产。可辨认无形资产包括专利权、商标权、著作权、专有技术、销售网络、客户关系、特许经营权、合同权益、域名等。不可辨认无形资产是指商誉。从租赁权特点来看，应属于可辨认无形资产。

租赁权转让即排他性的占有、使用、收益权的转让。企业国有资产的对外出租行为是企业将其资产的占有、使用、收益权转让给承租人。承租人通过产权交易市场，按照竞价或其他法定形式获得国有资产承租权，其本质属于租赁权转让行为。按照 32 号令中“企业一定金额以上的生产设备、房产、在建工程以及土地使用权、债权、知识产权等资产对外转让，应当按照企业内部管理制度履行相应决策程序后，在产权交易机构公开进行”的规定，国有企业资产一定金额以上的资产出租应按照产权交易程序进场交易。

二、租赁权转让中的资产评估

32 号令第五十条规定“转让方应当根据转让标的情况合理确定转让底价和转让信息公告期”，但就如何合理确定转让底价、是否需要资产评估没有明确规定。那么，在资产转让过程中是否需要通过资产评估确定标的转让底价呢?

《国有资产评估管理办法》（国务院令第 91 号）第三条规定：“国有资产占有单位有下列情形之一的，应当进行资产评估：（一）资产拍卖、转让；（二）企业兼并、出售、联营、股份经营；……（五）依照国家有关规定需要进行资产评估的其他情形。”《企业国有资产评估管理暂行办法》（国务院国资委令第 12 号）第六条规定：“企业有下列行为之一的，应当对相关资产进行评估：（一）整体或者部分改建为有限责任公司或者股份有限公司；……（四）非上市公司国有股东股权比例变动；（五）产权转让；（六）资产转让、置换；（七）整体资产或者部分资产租赁给非国有单位；……（十三）法律、行政法规规定的其他需要进行资产评估的事项。”从上述有关规定可以看出，国有资产转让行为是需要进行资产评估的，租赁权既然属于产权的范畴，具有资产属性，在其进场交易的过程中，应该进行资产评估。对租赁权的评估对象为资产租赁的市场价值，而不是租赁资产的市场价值，评估方法应以市场法或收益法为宜。对于一些市场价格清晰的资产租赁，是否可通过市场调查直接确定转让底价呢？相关法律法规没有明确规定，对于有关部门或领域有相关具体要求的，可参照执行。建议有关部门对资产转让中的资产评估问题进一步明确，以利于操作过程中能准确把握。

三、资产评估项目核准、备案

租赁权转让项目评估报告出具后，应按照有关要求对评估结果办理相应的核准、备案手续，转让方应当根据转让标的核准或备案评估结果合理确定转让底价。《企业国有资产评估管理暂行办法》（国务院国资委令第 12 号）第四条规定：“企业国有资产评估项目实行核准制和备案制。”并对核准、备案的具体要求做了相关规定，其中地方国有资产监督管理机构及其所出资企业的资产评估项目备案管理工作的职责分工，由地方国有资产监督管理机构根据各地实际情况自行规定。财政部印发的《国有资产评估项目备案管理办法》（财企〔2001〕802 号）规定：“国有资产评估项目备案工作实行分级管理。”按照上述规定各级国有资产监督管理机构也出台了相关政策。有些机构根据行业、部门实际情况，对评估结果的核准、备案进行下放授权。建议对于资产转让中评估项目的核准、备案工作应根据项目实际情况，结合项目特点准确把握。

四、资产租赁合同的有关要求

按照产权交易程序，确定承租人后，承租人与出租人应签订相应的资产租赁合同。租赁合同是出租人将租赁物交付承租人使用、收益，承租人支付租金的合同。租赁合同的内容包括租赁物的名称、数量、用途、租赁期限、租金及其支付期限和方式、租赁物维修等条款。

关于租赁期限，《合同法》规定租赁期限不得超过二十年，超过二十年的，超过部分无效。租赁期间届满，当事人可以续订租赁合同，但约定的租赁期限自续订之日起不得超过二十年。

关于转租行为，《合同法》规定承租人经出租人同意，可以将租赁物转租给第三人。承租人转租的，承租人与出租人之间的租赁合同继续有效，第三人对租赁物造成损失的，承租人应当赔偿损失。

关于租赁权转让中的付款方式，32 号令规定资产转让价款原则上一次性付清。《合同法》规定承租人应当按照约定的期限支付租金。对支付期限没有约定或者约定不明确，租赁期间不满一年的，应当在租赁期间届满时支付；租赁期间一年以上的，应当在每届满一年时支付，剩余期间不满一年的，应当在租赁期间届满时支付。实际操作中采用每年一次性付清较为稳妥。

关于资产租赁中的优先承租权问题，资产租赁合同期满时，如果没有约定，原租户是否有租赁优先权，相关法律法规也无明确规定。操作实践中，对于租赁权转让不再考虑原租赁方承租优先权问题。

总之，签订资产租赁合同，应兼顾《合同法》、产权转让相关规定及资产出租公告中的有关要求。对于具体问题应根据实际情况妥善处理。企业资产出租是否属于租赁权转让仍存在不同认识，但企业资产出租属于资产转让行为应无异议。企业国有资产出租，应通过产权市场公开挂牌转让，转让前应按有关要求进行资产评估并办理相应的核准或备案手续，以此确定出租挂牌底价。具体实践中还应结合其资产属性和项目特点，具体情况具体分析，完善交易程序，确保国有资产保值增值。

我国碳排放权交易市场存在的问题与建议

刘 诚

一、引言

从20世纪90年代开始，世界各国努力应对气候变化的挑战，确立了共同但有区别的责任原则，作为全球应对气候变化的指导思想；通过了《京都议定书》，具体落实发达国家的减排责任，全面鼓励发展中国家通过自身努力控制温室气体排放。我国作为负责任的大国，积极应对气候变化，先后发表了《中国应对气候变化国家方案》《中国应对气候变化科技专项行动》《中国应对气候变化的政策与行动》。2009年11月，我国对世界正式承诺，到2020年我国单位GDP的碳排放将在2005年基础上下降40%～45%。2012年1月，国家发改委正式下发了《关于开展碳排放权交易试点工作的通知》，同意北京市、天津市、上海市、重庆市、广东省、湖北省及深圳市开展碳排放权交易试点，这标志着我国强制碳排放权交易市场建设的启动。在2015年9月25日发布的《中美元首气候变化联合声明》中，习近平主席正式对外宣布于2017年启动全国碳排放交易体系，覆盖钢铁、电力、化工、建材、造纸和有色金属等六个重点工业行业。2017年12月19日，全国碳排放权交易市场正式启动，明确全国碳排放权注册登记系统牵头省市为湖北省，交易系统牵头省市为上海市，其他七个省市作为联合方参与两系统建设。

二、我国碳排放权交易市场现状

目前，全国各试点省市的市场设计及交易情况不尽相同，表现出不同的特点。总体看来，各试点省市都出台了不同的碳排放权交易市场举措，都有各自的特点。大致有以下几个方面：一是深圳、湖北、广东都对市场参与主体设置较低的门槛以吸引更多的个人投资者，从而活跃交易；二是上海、深圳、广东、湖北都以不同形式开展了配额拍卖，向市场传递价格信号；三是北京、深圳、湖北都启动了市场调节机制，以拍卖回购或成立专门机构参与交易的方式调节市场；四是其他试点地区对企业的未履约行为出台了严厉的处罚措施。具体情况如表1、表2所示：

表 1　各试点省市配额分配对比

试点省市	方法	拍卖	免费
深圳	制造业：竞争性博弈法 建筑业：排放标准	已拍卖 1 次，累计成交 7.50 万吨	逐年分配
上海	历史法和基准线法	已拍卖 4 次，累计成交 54.82 万吨	一次性发放三年配额
北京	历史法和基准线法	暂无	逐年分配
广东	历史法和基准线法	已拍卖 19 次，累计成交 1716.19 万吨	逐年分配
天津	历史法和基准线法	暂无	逐年分配
湖北	历史法和标杆法	已拍卖 1 次，累计成交拍卖 200 万吨	逐年分配
重庆	政府总量控制与企业竞争博弈相结合	暂无	逐年分配

表 2　各试点省市处罚规定对比

试点省市	直接处罚	其他约束机制
深圳	强制扣除，不足部分从下一年度扣除，并履约当月之前连续 6 个月配额平均价格 3 倍的罚款	纳入信用记录并曝光，通知金融系统征信信息管理机构；取消财政资助；通报国资监管机构，纳入国有企业绩效考核评价体系
上海	责令履行配额清缴义务，并可处以 5 万元以上 10 万元以下罚款	计入信用信息记录，并向社会公布；取消两年节能减排专项资金支持资格，以及 3 年内参与市节能减排先进集体和个人评比的资格；不予受理下一年度新建固定资产投资项目节能评估报告表或者节能评估报告书
北京	按照市场均价的 3 至 5 倍予以处罚	暂无
广东	在下一年度配额中扣除未足额清缴部分 2 倍配额，并处 5 万元罚款	计入该企业（单位）的信用信息记录
天津	暂未公布	3 年内不得享受企业的融资支持和财政支持优惠政策
湖北	对差额部分按照当年度碳排放配额市场均价予以 1 倍以上 3 倍以下但最高不超过 15 万元的罚款，并在下一年度分配的配额中予以双倍扣除	建立碳排放权履约黑名单制度，将未履约企业纳入相关信用信息记录；通报国资监管机构；不得受理未履约企业的国家和省节能减排的项目申报，不得通过该企业新建项目的技能审查
重庆	按照清缴期届满前一个月配额平均交易价格的 3 倍予以处罚	3 年内不得享受节能环保及应对气候变化等方面的财政补助资金；将违规行为纳入国有企业领导班子绩效考核评价体系；3 年内不得参与各级政府及有关部门组织的节能环保及应对气候变化等方面的评先评优活动
福建	在下一年度配额中扣除未足额清缴部分 2 倍配额，并处以清缴截止日前一年配额市场均价 1 至 3 倍的罚款，但罚款金额不超过 3 万元	计入碳排放权交易市场信用，并向社会公布；限制新增项目审批、核准；在日常监管中，增加检查频次；在政府招标采购时，置后考虑或不予考虑；减少投资、财政扶持力度或取消申请资格；纳入税收、银行等征信系统管理；限制或取消发改委等部门组织的各类认定认证和荣誉评选资格

截至 2017 年 12 月 31 日，我国九个碳排放权交易市场共成交 2.10 亿吨，交易额 47.14 亿元，其中线上交易共计 0.98 亿吨，交易额 22.34 亿元。各试点省市的交易情况具体见表 3（根据各交易所网站发布信息整理）：

表3 全国九个碳排放权交易试点配额交易情况

（2013 年 6 月 18 日—2017 年 12 月 31 日）

试点省市	交易量（万吨）		交易额（万元）		总交易量（万吨）	总交易额（万元）	各试点交易量所占比例	各试点交易额所占比例
	线上交易	线下交易	线上交易	线下交易				
深圳	974.20	1946.45	37514.88	52331.37	29206534	89846.25	13.90%	19.06%
上海	936.63	1812.33	20984.24	22392.93	27489581	43377.17	13.08%	9.20%
北京	726.63	1302.03	36639.50	34440.52	20286599	71080.02	9.65%	15.08%
广东	1651.63	4889.28	28515.30	120741.00	65409089	149256.30	31.13%	31.66%
天津	40.45	322.15	1002.20	4065.16	3626017	5067.36	1.73%	1.07%
湖北	4397.69	870.52	88796.89	11750.80	52682，089	100547.69	25.07%	21.33%
重庆	817.36	—	2721.15	—	8173599	2721.15	3.89%	0.58%
四川	—	—	—	—	—	—	—	—
重庆	246.36	80.75	7257.45	2250	3271089	9507.04	1.56%	2.02%
累计	9790.93	11223.53	223431.62	247971.36	210144597	471402.98	100.00%	100.00%

三、我国碳排放权交易市场存在的主要问题

（一）获取配额的方式不统一

各试点省市获取配额的方式各不相同，有的地方“免费”获取，有的地方“拍卖+免费”获取，不同省市拍卖的规则也不相同。如拍卖方式，广东率先开展拍卖，《广东省碳排放权配额首次分配及工作方案》指出纳入企业3%的配额需有偿获得，逐年提升有偿比例，拍卖收入也成了广东创收的主要来源之一。与广东不同的是，湖北拍卖不仅限于纳入企业，对投资机构同样开放，使得有兴趣的投资者获得直接入场的机会，社会资金能够在一级市场直接进入。目前，全国碳排放权交易市场已经启动，配额分配不论是“免费”还是“拍卖+免费”，获取配额的方式需要统一，规则也需要统一。

（二）部分地方法律层级有待升级

从各试点省市的碳排放权交易管理办法来看，北京、深圳、重庆的碳排放权交易管理办法是地方人大立法，未履约企业将会面临市场价格3~5倍的罚款；上海、广东、湖北、福建的管理办法是政府规章，未履约企业将面临双倍扣除下一年配额以及1万—15万元的罚款，并计入企业信用记录；天津的管理办法是政府转发的部门规章，法律层级相比其他试点最低，对未履约企业的处罚仅是限期整改和三年不享受优惠政策，管理办法有待进一步升级。

（三）碳排放权交易财务问题尚无解决方案

企业参与碳排放权交易、购买碳配额产生的费用入账和发票问题，目前国家还没有具体规定。由于税目税率无法确定，导致买方付款、卖方收款在财务记账上均存在不确定性。目前完成的协议交易一般采取由买卖双方自行协商发票问题，部分企业开票难度较大。

四、对我国碳排放权交易市场建设的建议

（一）获取配额的方式问题

广东、湖北、深圳、上海已将拍卖机制成功引入碳排放权交易市场中，一级市场拍卖可以实现价格发现，向市场传递价格信号，形成价格预期，同时也对价格稳定机制提供基准价格。建议全国碳排放权交易市场吸取成功经验，采取“拍卖+免费”相结合的方式发放配额，避免实报实销。

（二）部分地方法律层级问题

碳排放权交易市场是个强制市场，必须要有一个强有力的法律基础，有比较高法律地位的法律性文件才能实施，不然工作很难推动。由于《天津市碳排放权交易管理暂行办法》仅为规范性文件，不具有法律约束力而难以设定行政处罚措施，因此天津没有像其他试点省市制定明确的罚则。建议提高《天津市碳排放权交易管理暂行办法》的法律层级，增加对未履约企业的罚则，建立企业信用体系，将企业履约情况与信用体系挂钩。

（三）碳排放权交易财务问题

交易系统提供每个交易日的《客户结算单》，建议在国家税务和财政部门尚未出台相关政策前，使用《客户结算单》作为交易及会计处理依据，即将《客户结算单》作为买卖双方的发票入账，卖方交易额计算应纳税额。

在会计处理方面，建议在期初配额分配时，同时确认“碳排放权资产”和“碳排放权负债”；拍卖获得时，同时确认“碳排放权资产”和“碳排放权负债”，购买成本计入管理费用“碳排放权损益”；配额交易买卖时，“碳排放权资产”向货币资金转移，不确认损益；年末履约交付配额时，“碳排放权资产”和“碳排放权负债”相互抵消，两者的差额计入管理费用“碳排放权损益”，资产和负债清零；在持有配额结转时及下一年配额分配时重新确认“碳排放权资产”和“碳排放权负债”。

关于公共资源交易平台信息共享问题的建议

张　楠

近日，某省一则政府采购项目招标公告中的供应商资格条件引起了笔者的注意。其关于供应商资质要求中的第五条规定，供应商必须符合以下情形之一：①开标日前两年内未被A市及其所辖县（市）公共资源交易监督管理局记不良行为记录或记不良行为记录累计未满10分的；②最近一次被A市及其所辖县（市）公共资源交易监督管理局记不良行为记录累计记分达10分（含10分）到15分且公布日距开标日超过6个月的；③最近一次被A市及其所辖县（市）公共资源交易监督管理局记不良行为记录累计记分达15分（含15分）到20分且公布日距开标日超过12个月的；④最近一次被A市及其所辖县（市）公共资源交易监督管理局记不良行为记录累计记分达20分（含20分）及以上且公布日距开标日超过24个月的。

之所以要设置上述资格条件的限制，主要是对《A市公共资源交易市场竞争主体不良行为处理办法》（2016年8月由A市公共资源交易监督管理局制定发布）的响应。因为它不仅定义了竞争主体不良行为的范围和处罚方法，而且还要求“市、县（市）公共资源交易监督管理局（以下简称监管机构）按照职责权限负责建立本层级竞争主体信用信息档案，并对不良行为信息记录与披露进行监督和管理”。与此同时，该办法的第十一条还特别强调“不良行为记录是竞争主体信用评定的重要内容。各级公共资源交易中心应在公共资源交易活动中加强信用评定结果的运用。招标人在发布招标公告、制定资格预审文件和招标文件中，可以将竞争主体信用评定情况列为资格条件”。

尽管在各类招投标活动中将竞争主体的不良行为记录当作信用评定依据的做法较为常见，但只要我们仔细审阅上述资质条件所要求的四种情形就不难发现：最终能够纳入供应商资格判断的不良记录只是来自于A市及其所辖县（市）的公共资源交易监督管理局。很显然，如此单一的不良记录来源必将带来信息不对称及差别对待的问题。

首先，市场竞争主体的不良记录可能众多。而A市及其所辖县（市）公共资源交易监督管理局的职责只是负责对本层级的市场竞争主体进行监管，必然难以囊括参与投标竞争主体的全部不良记录。其次，公共资源交易监督管理局只能监督和记录某些竞争主体在公共资源交易市场上的行为表现，所获得的信息是不全面的，由此来判断并不可靠，必然会带来信息不对称的问题。如此一来，那些早已被其他省市公共资源交易监督管理局或公共资源交易平台记录不良行为的供应商仍有可能成功地参与招标，其结果只能是那些已进入“黑名单”的企业可轻易通过“转移阵地”的方式来规避惩罚。

从另一方面来看，上述条款规定实际上差别对待了历史业务领域不同的供应商。根据《中华人民共和国政府采购法实施条例》的规定，“对供应商采取不同的资格审查或者评审标准”属于“以不合理的条件对供应商实行差别待遇或者歧视待遇”。尽管上述的资质条件并没有明显地差别对待来自不同地域的竞争主体，但在实质上却是放宽了对未曾参加过A市及其所辖市（县）公共资源交易供应商的信用要求，属于“事实上”的差别待遇。

一、原因分析

那么，A市为何要设定如此明显的地域限制资质要求呢？从实际来看，在现阶段全国公共资源交易平台的信息尚未完全实现共享的情况下，这也实属无奈之举。一方面，A市公共资源交易中心与本省及全国公共资源交易平台尚未实现信息共享；另一方面，由于各省市对不良记录的认定及处罚方法也不尽相同，即便获取了其他省市的相关信息，也难以有效实现信息的对接与利用。

通过与某省公共资源交易平台网站的记录相比较，我们可以清晰地发现：不仅A市公共资源监督管理局的不良行为记录数量明显较多，而且一些竞争主体仍处于A市公共资源监督管理局的处罚期限内。而与此相对应的是，由于某省与全国公共资源交易平台尚未实现信息共享与对接，全国公共资源交易平台所涵盖的某省企业信息量反而数量偏少，因而难以对A市竞争主体做出更为有效的筛选。如此看来，对于A市来说，采用A市公共资源监督管理局的不良行为记录作为政府采购资格审查的信用依据属情理之中。

二、全国概况

自2011年“建立统一规范的公共资源交易平台”决策提上日程以来，我国公共资源交易平台的整合工作取得了很大的进展。全国及各省市公共资源交易平台的架构已经基本完成，各省市也基本实现了公共资源交易的电子化。但各层级平台的信息共享还没有得到完全实现。现阶段，制约信息共享的主要问题体现在以下三个方面：

首先，全国各省市信息资源的纵向整合进度仍存在着较大的差别。部分省份不但没有与全国公共资源交易平台共享信息，而且就连其省内各层级交易平台的信息共享也未能实现。例如上述某省的公共资源交易平台就没有整合A市平台的不良记录。而另一些省份（或直辖市）的公共资源交易平台，例如河北省公共资源交易平台，不但已实现了与全国和河北省下属市县公共资源交易平台的对接，而且还与河北省财政厅完成了数据对接和信息共享。

其次，一些省份的横向信息整合尚在进程之中。据2016年发布的《公共资源交易平台管理暂行办法》第八条之规定，“依法必须招标的工程建设项目招标投标、国有土地使用权和矿业权出让、国有产权交易、政府采购等应当纳入公共资源交易平台”。但并不是所有省份的公共资源交易平台都横向整合了这些交易平台。例如B省就明确表示，目前该省产权交易业务尚不具备整合条件，但交易信息纳入省交易中心发布。

最后，最亟待解决的一点就是全国各省市对供应商资信信息的记录方法并不相同。以不良记录为例，尽管全国多个省市都出台了不良行为的认定标准及其处罚方法，但其认定的范围不仅各有不同，而且处罚方法与结果披露时间也存在差异。这样一来，即使全国各省市的不良记录信息能够共享，但对信息的及时对接与有效利用也会变得颇为不易。同理，即便各省自己的供应商库能够以数据形式组合，但因其记录的内容以及存储格式的差异，加之信息的覆盖冗余等也会导致相关工作人员查阅和获取信息的效率大为降低。

全国公共资源交易平台“交易诚信”一栏所公布的信息只来自于为数不多的几个公共资源交易平台。其中，“黑名单”与“违法违规”栏目的记录则来自于总共不到十个公共资源交易平台。“奖励信息”一栏的全部信息则只来自一个公共资源交易平台。究其根本原因，不仅是因为各省市平台信息共享的工作进度不同，也有记录方法不同与标准设置各异阻碍了信息整合的因素。

三、对策建议

综上所述，要彻底解决我国公共资源交易平台的信息共享问题还需进一步加快速度和加大力度。

首先，应当清晰公共资源交易平台的定位，以便规范平台的运行。全国各省市公共资源交易平台的名称和设置方法各有不同。有些省份设置一个全省统一的公共资源交易平台，而有些省或直辖市下属的每个市、县或区都单独设立了公共资源交易平台。与此同时，公共资源交易平台的名称也是不尽相同，如公共资源交易信息网、公共资源交易中心、公共资源交易服务系统，名称的不同可能意味着功能的差别。这样不仅造成了公共交易平台定位的含糊不清，而且还容易引起公众的误解。此外，在全国公共资源交易平台上列示的一些省市交易平台网站出现过其网站未备案、无法访问等现象。清晰明确的定位和稳定规范的运行是实施信息共享的前提与基础。如果使用者不能便捷高效地获取平台信息，那么建立统一规范平台的初衷必将无从实现。

其次，各省市应当统一对市场主体的信息记录方法以及对市场行为的奖惩标准，以促进信息的有效对接。另外，要想形成全国范围内的市场主体库，就要对参与过我国公共资源交易的市场主体给予相同的奖励或惩罚。只有坚持统一的标准，招标人才能获取投标人全面而客观的信息，从而有效地避免信息不对称的问题。此外，统一标准的实施还有利于降低纠纷与冲突的发生。

最后，应尽快完善全国各地交易平台信息资源的横向与纵向整合。各省市交易平台必须实现全省“一张网”，全国公共资源交易平台应该最大限度地汇集全国公共资源交易主体、专家、信用、监管等信息。在横向上，各地方应当严格按照《公共资源交易平台管理暂行办法》的规定，将依法必须招标的工程建设项目招标投标、国有土地使用权和矿业权出让、国有产权交易、政府采购等纳入公共资源交易平台。与此同时，各省市还应当联系实际，广集民智，有选择地推进其他各类公共资源交易纳入统一平台。在纵向上，各省或直辖市应当积极将平台打造为数据枢纽，向下对接各市、县或区平台，向上对接全国公共资源交易平台，最大限度实现全国公共资源交易平台信息的共享。

总之，我国各地公共资源交易平台的发展尚不平衡，信息资源的整合进度也快慢不一。这不仅需要全国各级公共资源交易平台的工作人员积极主动地加强沟通与联系，广泛地交流信息，共同应对复杂棘手的问题，而且还须认真请教专家，广集民智民意，在多方共同努力下创新突破，力争尽快实现全国公共资源交易平台信息的共享。

参考文献

[1] 公共资源交易信息共享备忘录［Z］. 北京：国家发改办法规〔2017〕655号.

[2] 孙吉帅，田志龙. 整合建立统一公共资源交易平台面临的问题及对策［J］. 机构与行政，2017（07）.

[3] 周朝晖. 推进公共资源交易平台整合发展初探［J］. 中国政府采购，2014（09）.

[4] 范雪华. 加快构建统一规范公共资源交易平台对策建议［J］. 中国政府采购，2016（08）.

[5] 梅得华. 推进公共资源交易平台整合要重点把握的几个问题［J］. 招标采购管理，2016（04）.

股东在国有股权交易中行使优先购买权的实务操作探讨

——《公司法》司法解释四施行后的新情形

尹眉　张茜　将琦　姬艺

我国《公司法》规定，有限责任公司的股权转让，股东具有优先购买权。但国有股权作为国有资产，依据国有资产管理的法律法规，其交易一般应在依法设立的产权交易机构中公开进行。然而有限责任公司股东如何对进场公开交易的国有股权行使优先购买权？《公司法》及国有资产管理的相关法律法规均无明确规定。因而，在国有股权交易实务中，就股东行使优先购买权所产生的纠纷大量存在。

《公司法》司法解释四于2017年9月1日起施行后，就进场交易的国有股权项目规定了涉及股东行使优先购买权的部分事宜，可参照产权交易场所的交易规则。这就赋予了交易规则对该问题具有一定的"裁量权"。

本文在对规范股东优先购买权、国有股权交易中规范股东优先购买权的法律法规进行梳理的基础上，结合贵州阳光产权交易所有限公司（简称阳光产权交易所）在该领域中的实务经验，从实务操作层面探讨上述问题。以寻求对国有资产和股东基本权益保护两大价值目标的契合点。

一、有限责任公司股东优先购买权与国有股权交易中股东优先购买权的现行法律规定

（一）规范有限责任公司股东优先购买权的法律法规

《公司法》第七十一条规定有限责任公司股东向股东以外的人转让股权如何行使优先购买权：首先，应当征得其他股东过半数同意。股东就其股权转让事项书面通知其他股东，其他股东自接到通知之日起满三十日未答复的，视为同意转让。若不同意转让的，不同意的股东应当购买该转让的股权；不购买的，视为同意转让。经股东同意转让的股权，在同等条件下，其他股东有优先购买权。对于两个以上股东都要求行使优先购买权的情形，该条还规定：由股东协商确定各自的购买比例；协商不成的，按照转让时各自的出资比例行使优先购买权。但若公司章程对股权转让另有规定的，从其规定。

关于有限责任公司股东主张优先购买权的行

使时间，《公司法》司法解释四第十九条作出了规定：股东主张优先购买转让股权的，应当在收到通知后，在公司章程规定的行使期间内提出购买请求。公司章程没有规定行使期间或者规定不明确的，以通知确定的期间为准，通知确定的期间短于三十日或者未明确行使期间的，行使期间为三十日。

（二）国有股权交易中涉及股东优先购买权的行政规章及司法解释

《企业国有资产交易监督管理办法》（32号令）第十五条规定，转让方披露的国有股权转让信息应当包括，有限责任公司原股东是否放弃优先受让权。

《企业国有产权交易操作规则》（120号文）第十三条规定，转让方应当在产权转让公告中充分披露对产权交易有重大影响的相关信息，包括：有限责任公司的其他股东或者中外合资企业的合营他方是否放弃优先购买权。第三十二条规定，涉及转让标的企业其他股东依法在同等条件下享有优先购买权的情形，按照有关法律规定执行。

《公司法》司法解释四第二十二条规定，在依法设立的产权交易场所转让有限责任公司国有股权的，适用公司法第七十一条第二款、第三款或者第七十二条规定的“书面通知”“通知”“同等条件”时，可以参照产权交易场所的交易规则。

（三）配套法律法规不完善导致实务操作缺乏明确指引

在规范国有股权交易的法律法规中，《企业国有资产法》《企业国有资产监督管理暂行条例》（国务院令第378号）等法律法规，均未涉及国有股权交易中股东优先购买权问题。32号令仅要求，应在转让公告中对原股东是否放弃优先购买权进行披露。120号文也只是规定，国有股权交易中股东优先购买权的问题，应适用《公司法》。按照特别法优于一般法的法律原则，有限责任公司国有股权转让，是有限责任公司股权转让的特殊形式。在无特别法规定的情况下，应适用一般法，即《公司法》的相关规定。

但《公司法》中，对有限责任公司股东优先购买权问题仅作出了一般性规定，并未区分国有股权与非国有股权的转让程序。且相关规定尚有不明确之处。例如，对优先购买权行使条件仅以“同等条件”概而述之，而具体行使期限、程序、救济机制等均未作出具体规定。《公司法》司法解释四的施行，明确了股东行使优先购买权的期限。并规定，进场交易的国有股权项目，涉及股东行使优先购买权的部分事宜，可参照产权交易场所的交易规则。但实践中，股东如何在国有股权交易中保证优先购买权的行使，仍留有法律空白。

综上，无论是规范国有股权交易的法律法规，还是《公司法》及其司法解释，均未能从具体的操作层面上，对国有股权转让中股东行使优先购买权问题作出明确规定。导致实务操作中缺乏明确指引，易使国有股权转让程序与股东行使优先购买权间产生冲突；而实践中，个人权益的实现往往需要让位于对国有资产的保护，则对股东权益和国有资产的共同保护目的难以实现真正的统一。

二、股东如何在国有股权交易中行使优先购买权实务探讨

阳光产权交易所是贵州省内唯一有权进行国有产权交易的专业机构，成立10余年来，完成了大量的国有股权交易项目。现结合阳光产权交易所历年操作的股东在国有股权交易项目中主张行使优先购买权的五类典型情况进行实务探讨。

（一）在国有股权转让中，股东行使优先购买权是否必须进场交易

根据国有资产监督管理的相关法律法规，国有股权交易除符合法定的、可采用非公开协议方式转让外，应当在依法设立的产权交易机构中公开进行。若其他股东明确表示不放弃优先购买权，

但未在交易所挂牌公告要求的时间内参与报名是否仍享有优先购买权？

阳光产权交易所认为，在国有股权转让中，股东主张行使优先购买权必须进场交易，否则不具备公开性。在标的企业股东（大）会会议或转让方的书面通知中，应把进场交易和其他转让条件一并通知其他股东，确保其明知“优先购买权”行使的全部条件。且交易所发布的股权转让公告具有公信力。若其他股东未在公告确定的截止时间内报名参与受让，则视为其放弃优先购买权。

根据《公司法》司法解释四的规定，国有股权转让中的“同等条件”，可参照产权交易场所的交易规则。根据该条规定，交易所可通过制定国有股权交易规则，设定其他股东报名参与进场交易，是行使优先购买权的同等条件之一。不进场则意味着不符合“同等条件”，不得行使优先购买权。

（二）国有股权交易中，行使优先购买权的股东是否应受“受让方资格条件”的限制

根据32号令的规定，股权转让不得对受让方设置资格条件，确需设置的，不得有明确指向性或违反公平竞争原则，并应当在信息披露前报同级国资监管机构备案。在符合32号令的规定下，转让方若对受让方设置了“资格条件”，但其他股东不具备该条件，则其他股东行使优先购买权是否受到“资格条件”的约束？有观点认为，优先购买权属于股东的法定权利，是立法制度上对有限责任公司股东对外转让股权的限制，未经股东同意，不得限制或剥夺。即使设定“资格条件”，也应当优先保障股东优先购买权的行使。

在阳光产权交易所的操作实务中，根据《公司法》的相关规定，股东优先购买权的行使是附有条件的，是在“同等条件”下的优先购买权。在符合国有股权交易的规定下设置的“资格条件”，若股东不能满足，则不符合《公司法》对于“同等条件下的优先购买权”的界定，不能继续行使优先购买权。

（三）国有股权交易中，是否允许两个或以上股东主张优先购买权

根据《公司法》第七十一条规定：两个以上股东主张行使优先购买权的，协商确定各自的购买比例；协商不成的，按照转让时各自的出资比例行使优先购买权。公司章程对股权转让另有规定的，从其规定。但国有股权不得拆细交易，在同等条件下，是否允许两个或两个以上股东行使优先购买权？

阳光产权交易所认为，国有股权交易中，若两个或两个以上股东在同等条件下，均主张优先购买权的，应区分两类情形。若股东间需按比例购买股权的，应组成联合体参与进场报名，并在联合体协议中确定各自的出资额及受让比例；若其他股东以各自名义报名参与受让的，为避免将国有股权拆细交易，则各股东不得再按比例受让，只能就挂牌的股权比例全部受让，并通过竞价、综合评议等方式择优确定最终的受让方。

（四）转让方捆绑转让所持有的多家标的企业国有股权，股东能否主张行使优先购买权

国有股权捆绑转让是指，转让方将其所持有的多家标的企业股权捆绑，作为一个整体对外转让，受让方得对该部分股权整体进行受让的行为。在该种情形下，其他股东能否就捆绑转让的整体股权主张优先购买权？

阳光产权交易所在操作实务中认为，若转让方拟捆绑转让其所持有的多家标的企业国有股权，其先决条件在于，所有标的企业的其他各股东均放弃优先购买权。否则转让方不得对上述股权进行捆绑转让。

（五）国有股权加债权捆绑转让，股东能否主张行使优先购买权

国有股权加债权捆绑转让是指，转让方将国有股权与其享有的债权作为同一整体捆绑转让，受让方应一并受让的行为。该种情形下，标的企业其他股东是否能够主张行使优先购买权，一并受让债权或其他资产？

对此阳光产权交易所认为，根据《公司法》，标的企业股东仅对股权享有优先购买权，但债权或其他资产无法定优先购买权的规定。此时，股东将股权及债权或其他资产捆绑转让，标的企业其他股东主张一并行使优先购买权，不仅欠缺法律依据，还可能导致纠纷的产生。

根据《公司法》司法解释四的规定，国有股权转让中，股东行使优先购买权的同等条件，可以参照产权交易所的交易规则。则产权交易所可以通过制定交易规则确定，在国有股权加债权捆绑转让的情形下，标的企业其他股东是否能够主张行使优先购买权，一并受让债权或其他资产，及一并受让的条件。若交易所未制定相关交易规则的，则股东能够将股权加债权捆绑转让的先决条件是，标的企业其他股东一致表示放弃优先购买权。否则，股东不能将国有股权加债权或其他资产捆绑转让。

三、结论

股东在国有股权交易中主张优先购买权，需首先满足规范国有股权交易的法律法规，否则其优先购买权可能难以实现。这也是导致在国有股权转让中，股东难以行使优先购买权的原因。

对股东在国有股权交易中行使优先购买权的问题，各地产权交易机构的操作规则不尽相同。虽然《公司法》司法解释四规定，国有股权交易中涉及股东优先购买权的部分条件，可参照产权交易场所的交易规则，但产权交易机构设定的交易规则并不能与法律规定相冲突。且交易机构是否具备判定其他股东是否享有优先购买权的资格尚值得探讨。

国有股权进场交易制度旨在保护国有资产，防止国有资产流失，保证其保值增值。但要解决由此产生的，国有股权交易制度与股东优先购买权制度的冲突，实现同时保护国有资产与股东优先购买权的价值目标，则应完善相关法律法规，建立专门规范国有股权转让中股东优先购买权的制度。

产权交易所推进农村产权交易市场建设路径探究

甘立东

一、农村产权交易市场建设的必要性

（一）是深化农村产权制度改革、推进现代农业发展的重要措施

2013年11月，《中共中央关于全面深化改革若干重大问题的决定》提出“赋予农民对承包地占有、使用、收益、流转及承包经营权抵押、担保权能”。2015年1月，国务院办公厅印发了《关于引导农村产权流转交易市场健康发展的意见》（国办发〔2014〕71号），对农村产权交易市场设立、运行和监管等提出了具体指导意见，并指出农村产权流转交易市场必须坚持为农服务宗旨，突出公益性，是以政府主导、服务“三农”的非盈利性机构。建设农村产权交易流转市场，是深化农村产权制度改革的重要内容，有利于农村资源配置，实现农村资源资本化；有利于加快农业劳动生产率，优化农业产业结构，提升农业竞争力。

（二）是主动适应经济发展新常态，创新农村集体经济运行的新机制

我国农村产权流转的市场化程度尚弱，法律法规、制度流程、交易模式等方面都尚未健全，需要不断的探索、完善和创新。农村产权交易市场的建立有利于实现农村产权交易阳光操作，通过交易规则统一、公开透明、监督规范的农村产权交易“一站式”服务平台，加强农村产权交易信息收集，规范农村产权交易品种、数量、价格等信息发布，在最大程度上减少信息不对称现象的产生。有利于通过市场交易发现价格、发现投资者，实现农村产权资源要素合理、高效、顺畅流转，改变目前农村资本向城市净输出的困局，吸引更多的城市资本参与农村建设，实现农民收入倍增，进一步推动农村党风廉政建设，切实维护农民群众的合法权益。

二、产权交易所的功能

广义的产权交易所是指人们从事产权交易活动的具体场所，包括证券交易所、产权交易所、国有资产经营机构等以企业所有权与经营权的买卖或有偿转让为内容的交易场所。本文所指产权交易所也称产权交易市场，是指政府为规范国有产权交易而成立的阳光平台，例如北部湾产权交易所、西南联合产权交易所等。

（一）为国有资产存量提供了进退通道

产权交易市场，使存量资产自由流动，可实现国有资产“进”和“退”的双向功效：一方面，那些经营管理好、创新能力强、有发展前途的企业，通过购买经营差的企业，实现生产规模的发展；另一方面，那些经营差、长期亏损的企业则通过转让产权收回资金，使闲置的生产资料得以有效利用，而且收回的货币资金还可用于搞活其他更有效的企业。因此，存量资产的一“进”一“退”带动了两类企业，从而在总体上提高了国有资产的经营效率。

（二）为民营资本和外资参与国有资产重组架起了桥梁

国有资产的战略性重组迫切需要多元化的投资主体，需要用非公有制形式来改造公有制。产权交易市场为非公经济参与国有资产的改制、重组架起了桥梁，使国有企业的投资主体实现了多元化。通过产权交易市场，民营资本可以涉猎更多的发展领域，参与重点项目建设，进一步做大做强。

（三）提高产权交易的透明度，防止国有资产流失

产权交易市场实行集中交易，引进竞价机制，在公开、公平、公正的前提下，由市场供求关系自主决定成交价格。这种做法不仅增加了交易的透明度，而且由于成交价格是买卖双方都满意的价格，所以一般能比较真实地反映资产的价值，减少了行政手段干预所造成的价格扭曲，有助于防止国有资产流失。

三、产权交易所与农村产权交易市场的共同点

产权交易所与农村产权交易市场实际上是共通的，两者都是政府职能延伸的载体。产权交易所是国家为防止国有资产流失，促进国有资产阳光规范交易的产物，而农村产权交易市场则是国家为农村体制改革，优化农村资源配置，实现农村资源资本化而生。农村要素市场同知识产权、文化产权等要素市场一样，是产权交易所要素资源市场的重要组成部分，具有产权交易的共性特征，与产权交易所现有的要素交易之间具有诸多共同之处。从职能方面来看，两者均是依托互联网技术，在公开的前提下，通过引进竞价机制，由市场供求关系自主决定成交价格、发现投资者，实现资源要素阳光、规范、高效流转。从交易特点来看，两者都是非标准化、非连续性交易。从操作层面来看，两者的制度规则、组织体系及风险机制等方面大体相同，交易品种的研发路径也

大体相同。

鉴于以上共同点，加之产权交易所相对其他交易服务机构，在平台、技术、经验和人才等方面更具优势，由产权交易所主导无疑是建设农村产权交易市场的最优路径。

四、北部湾产权交易所农村产权交易市场探索经验

北部湾产权交易所是经广西壮族自治区人民政府授权特许经营各类要素资源交易并承担各类要素交易市场建设的主体机构。2012 年以来，为践行自治区政府赋予的“以全资、控股、参股等方式参与广西各类要素资源交易市场的建设和集约化经营，为各类专业要素资源交易提供服务”职责，北部湾产权交易所主动作为，深耕农村产权交易市场，探索了一条具有广西特色的农村产权交易市场建设路径。

（一）多形式探索县、市、自治区级平台建设

北部湾产权交易所先后参与了百色田东县、玉林市、百色田阳县、贵港覃塘区农村产权交易中心建设，其中“玉林”“田东”模式成为国内农村产权交易流转市场建设标杆。在县级平台建设中，北部湾产权交易所以业务合作形式，为田东、田阳等县（区）级农村产权交易中心搭建信息发布及交易平台，提供平台建设方案和流转流程设计规范。2014 年，田东县瑶族摩天岭村集体经济股份制改造项目在田东农村产权交易中心挂牌并成功交易，是广西首个贫困村集体经济股份制改造项目。在市级平台建设中，北部湾产权交易所以资本为纽带与玉林市政府开展深度合作，为玉林市农村产权交易中心提供互联网交易系统应用、交易规则制定、交易流程梳理、交易鉴证规范等支持。在自治区级平台建设中，北部湾产权交易所牵头组建成立广西林权交易中心股份有限公司，按照统一平台建设、统一交易规则、统一信息系统、统一产品研发、统一监督管理、统一培训机制“六统一”建设模式，开展自治区、市、县三级林权交易服务网点建设，搭建覆盖全区的林业产权综合流转服务网络，开创了全区“以林带农”具有广西特色的农村产权交易市场建设模式。

（二）建立农村产权交易规则流程标准化体系

根据《广西农村产权流转交易市场建设方案》要求，农村产权流转交易市场实行“六统一”的运行机制，除统一信息服务平台外，统一流转交易规则和流程也是其中的重要内容。由于农村产权交易流转属新生产物，且涉及农户承包土地经营权、林权、“四荒”使用权、农村集体经营性资产、农业生产设施设备等多种交易品种，研究制定与之相配套的交易规则和业务流程是一项开拓性的具体工作。北部湾产权交易所依托多年从事国有产权交易、林权交易积累的实践经验，主动对接有关主管部门，结合国家法律和相关指导文件，开展了土地承包经营权、林权等交易规则流程表单的研发攻坚工作。目前已完成全区农村产权流转交易市场体系建设规则、32 个流程标准化制度文件及 98 个业务模块的编制工作，并在现有平台正式运营。北部湾产权交易所建立的规则流程“广西标准”给出了农村产权交易市场建设的规则流程的解决方案，为各市、县农村产权流转交易的公开、公正、规范运行提供制度体系支撑。

（三）推动“1 + N”模式的落地实施

“1 + N”模式是北部湾产权交易所经过多年实践摸索总结出来的符合广西实际的农村产权流转交易市场建设模式。“1”即一个主体，建设和运营管理覆盖全区，安全、统一的农村产权交易信息系统，运用规范的农村产权交易制度流程，提供专业的培训服务；“N”即以县（市、区）级农村产权流转交易市场为主的地方交易平台主体，使用全区统一的农村产权交易信息系统具体组织交易，接受自治区级农村产权交易中心的业务指

导，为本区域交易主体提供服务。今年5月份，广西首家按照“1+N”标准模式建立的覃塘区农村产权交易中心正式挂牌运营，该中心的运作模式、交易成效获得了社会各界的广泛关注。在其示范作用带动下，北部湾产权交易所与百色市田阳县初步达成合作意向，与桂林市全州县签订了合作协议，广西农村产权交易市场“1+N”模式初步形成。

五、产权交易所建设农村产权交易市场路径

产权交易所作为政府职能的延伸，应践行政府赋予的职责，充分利用其广阔的信息发布渠道、专业规范的制度流程及网络竞价功能，以市场化手段促进农村资本进退有序、合理流动与优化配置，助力乡村振兴战略。笔者认为产权交易所建设农村产权交易市场路径如下：

（一）取得政府认可和支持是前提条件

产权交易所由地方国有资产监督管理机构发起设立，而农村产权交易市场一般由农业厅等部门主导推动。由于行业指导关系不对等，多数省份更倾向于由农口部门或企业主导农村产权交易市场建设。公益性平台的建设不能单纯依靠市场，产权交易所要占据农村市场建设的主动权，需要加强与政府的沟通交流，争取获得政府的政策和资金支持：一是争取政府出台政策，明确产权交易所为省级农村产权平台主体，由省平台统一指导各级建设与运营，促进市场规范化运行；二是争取政府安排专项资金，对各级平台给予补助。

（二）持续提升软实力是必经之路

产权交易所虽在技术、经验和人才等方面占有优势，但农村产权和国有产权交易在交易品种和流程上仍有一定的区别。打铁仍需自身硬，产权交易所需要借助多种形式修炼内功、提升自己的软实力，建立进军农村产权交易市场的优势：一是组织体系的完善，在原有组织架构中根据农村产权交易市场的特性，增加相应的研发部门，引进三农领域相关专业人才，整合内部资源，建构“农村+产权交易”组织体系，必要时可设立独立平台机构系统开展工作；二是交易制度、流程标准化体系及风险控制体系建设，农村产权涉及领域较新、涉及面广，标的较复杂、市场基础亦薄弱，产权交易所应在原有较成熟的制度体系基础上，整合提炼出适合农村产权交易的一整套制度体系，并进行标准化应用输出，以高效有序推进农村产权交易市场建设，降低总建设成本；三是信息系统建设，即结合农村产权交易市场和地方实际情况，研发适用的农村产权交易信息系统；四是重点提升农村产权交易市场的运营服务能力和农村要素金融产品的研发能力，这也是实现可持续发展的重要软实力。

（三）完善社会化服务体系是健康运营保障

根据《关于引导农村产权流转交易市场健康发展的意见》（国办发〔2014〕71号），“农村产权交易市场必须坚持为农服务宗旨，突出公益性，不以盈利为目的，引导、规范和扶持农村产权流转交易市场发展，充分发挥其服务农村改革发展的重要作用”。产权交易所要实现农村产权业务的持续健康运营，需要延伸产品链条，为客户提供基于交易的更为便捷可靠的一站式社会化服务，以进一步吸引客户入场交易，提高市场活跃程度。同时，增值服务可为平台提供收入来源，一定程度上解决平台持续经营难题。

产权交易有形市场考

刘晓鸿

在中国改革开放40周年之际，新一轮深化改革开放从更加全方位的市场开放到国家治理体系和治理能力建设等方面的安排令人振奋、让人期待。习近平总书记在博鳌亚洲论坛2018年年会开幕式上发表重要主旨演讲，把改革开放定位为中国的第二次革命，可见党和国家坚定不移地深化改革开放的决心、勇气和力度。纵观改革开放40年，中国逐步由计划经济向市场经济迈进，从计划经济时期完全否认市场，到改革开放后部分承认市场，到1992年邓小平南方谈话后完全承认市场[1]，到十九大报告明确经济体制改革目标是构建“市场机制有效、微观主体有活力、宏观调控有度”的经济体制。进一步的改革开放一定会把中国带向更大的繁荣。

从中国第一家产权交易机构“武汉市企业兼并市场事务所”起，产权交易市场至今已曲折发展30年。[2]产权交易市场是我国从计划经济向市场经济转进过程中重要的市场创新，破解了企业国有产权该不该卖、该由谁卖、该以何种方式卖和该卖个什么价等一系列难题，解除了长期以来国有企业改革和国资体制改革中极易引发争议和混乱的产权困扰。[3]

对产权交易市场的理解一定要放在中国改革开放的大背景下来思考，对产权交易有形市场（产权交易的场内市场）的功能、作用和意义，很多行业专家、学者从政策、制度演进到机构定位与功能进行了大量的研究，进行了系统、清晰和深入的阐述，形成了丰富的理论成果。本文从其他视角对国有产权交易再做些解读和思考。

一、产权基本概念

（一）产权的概念

产权是由社会所强制实施的选择一种经济品的使用的权利，是经济所有制关系的法律表现形式，它是由一束权利组成的。经济学家对产权的研究大多以私人产权为研究对象，对共有产权、政府产权等虽有研究但均不是很深入。科斯定理关于产权和所有权的论述，使我们从国有产权交易的角度来看，可以用一系列法律法规和程序体系设计完成产权所有权的国有、私有理论的替代，从而运用经济理论来解释产权交易的时候就不再区分产权所有权的性质问题。

（二）产权的权利组成

从产权的概念来看，产权是由一束权力组成的，在一般意义上主要指财产权（产权权利主要依附于有形资产的财产权，当然也包括无形资产如知识产权等），包括财产的所有权、占有权、支配权、使用权、收益权和处置权。既然选择即权利，那么选择就意味着交易（本文中产权交易限定在产权的让渡行为范畴，不涉及在交易理论下产权功能性实现而发生的交易），产权的交易内涵就是组成产权的一束权利中的全部或是一部分权利的让渡以获取收益，或是通过产权交易而完成资源市场化配置。

（三）国有企业产权交易

在中国特色社会主义市经济体制下，国有企业的产权自然就要进行资源配置，资源配置也就是交易，就算是以行政方式进行资源配置，按经济学家的观点也是交易，起码是利益交换。我国的国有企业改革核心问题之一是产权的配置问题，而通过产权交易有形市场进行市场化产权资源配置，则是在产权所有权残缺局限下有中国特色的解决方案。

从1988年开始的有形产权交易市场探索，其发展历程的艰辛，产权人都有着深刻的体会和记忆。产权交易行业在各方面努力下，在困惑与探索中不断理清和解决产权交易所面对的各种困难。发展到今天，产权交易市场终于被定位为我国多层次资本市场的重要组成部分。

二、国有产权交易的困境与解决方案

（一）国有企业产权交易的困境

本文所述国有企业产权困境主要从产权交易的角度来看，不涉及产权的其他功能性安排。科斯第三定理指产权的清晰界定是市场交易的前提，当然，科斯所说的交易是非常宽泛的概念。根据法律定义国有资产属全民所有，那么国有企业的产权自然也就是全民所有，从法律意义上产权的归属很清晰。但是，从国有企业产权转让的角度来看产权的时候，产权的界定就变得模糊了。产权交易不可能由全民这个抽象的所有人进行决策、执行、监督，包括产权定价。2004年前后围绕地方国企改制的争议声音不断，一些学者指责企业改制和重组兼并是“侵吞国资”“国有股权的稀释和转移”以及“瓜分国有财产的盛宴”。

虽然国有企业产权在法律意义上有清晰的产权所有人，即全民委托政府管理、占有和使用国有资产，承担经营损益，国资产权是清晰的。但是产权一旦转让模糊就随之而来，国资转让引起如此大的争议，说明产权的界定无论在理论界还是实际操作层面上都还存在大量的模糊地带。如果完全借用西方经济学的委托—代理体制来看待国有企业产权，确实也真是雾里看花进退两难。

如何界定好政府和市场的关系，实际上是从中国改革开放政策实施以来，一直在不断进行认识、实践、再认识、再实践的一个理论和实践相伴相生的过程。

（二）国有企业产权交易的解决方案

解决国有企业产权所有者和代理人关系不清晰而无法进行产权交易的问题，中国是经过一系列的法律法规和程序设计来规范国有产权交易行为，在产权界定不清晰的条件下通过替代方案实现产权转让（当然，这种替代方案在解决产权转让的困难方面起到了缓解作用，但是产权一系列功能的实现还有待于进一步研究和探索），从而实现国有产权的形态转换。

一是逐步完善法律法规体系。从1993年开始，我国相继颁布了一系列法律法规及部门规章，从产权转让的决策程序、产权价格评估形成挂牌价格的方式、产权交易的组织方式、产权交易的监督等方面进行规范，由制度确立到程序规范来解决产权不清晰的问题。二是设立专门的产权交易机构用公开市场的方式进行产权转让，从而解决了内部人控制的忧虑和产权定价的难题。三是国资部门对产权交易的监督，强制交易行为依法依规进行，用程序的合法性监督落实交易结果公正性的要求。

三、有形产权交易市场的功能和作用

对于有形产权交易市场的功能和作用，行业专家和学者进行了深入的研究，笔者认为基本上形成了较为全面的认识和一致的意见，在产权定价、价格发现、信息公开、防止腐败等方面都产生了巨大的积极和正向作用，对此不再展开论述。但有一方面的问题有必要进行一些探讨，即国有产权在产权交易机构公开市场交易中的增值率平均超过20%，有的产权项目增值率更高甚至超挂牌价格几倍，很多研究者认为是公开竞争使然。

当然，市场的竞争就是在一系列法律法规、风俗习惯等有形无形的机制下，达到交易双方均认为均衡获利的预期，而这种机制设计的背后，有防止国有资产流失的约束性要求。除了因为腐败导致国有资产流失外，租值消散亦是造成国有资产或是任何资产流失的不可回避的问题。产权交易有形市场建设，重大意义或功能之一就是可以防止租值消散来避免国有资产流失，从而实现国有资产的保值增值。

（一）产权交易有形市场是国有产权市场化配置的最优选择，是明显降低交易费用的制度性安排

交易费用按经济学的共识是指在一人世界不存在为达成交易而发生的费用（张五常，1969）。国有企业产权的特性，使国有企业产权转让需通过一系列制度性安排来实现，相对于行政强制性安排产权的制度性成本，通常意义上的市场化交易成本也非常高昂。而且监督政策执行也是需要成本的，尤其是在分散交易的情况下监督成本将会更加高昂。那么相比较而言，从交易成本的角度来考虑，在有形产权交易市场内完成国有产权交易，制度执行成本和监督成本是最低的。

对产权交易机构的监督、在产权交易机构内完成的交易监督主要是采用行政方式，尤其是规则明确且信息技术的应用，使监督行为的边际成本近乎趋零。交易成本经济学家的基本共识是对各种组织安排的选择始于对每笔交易的成本的比较，用最少费用供给定量服务的制度安排，将是合乎理想的制度安排[4]，国有企业产权交易有形市场的制度安排自然就水到渠成。

在产权交易有形市场，产权交易双方的议价过程在标准化、规范化、公开化的程序约束下进行，议价规则统一规范且具有较长期稳定性，使参与议价者不再需要每一产权项目再行制定议价规则。产权交易合约规范化、标准化的形成程序，降低了交易过程的不确定性，潜在产权买受人用参与或不参与的方式既表达了对产权的期望，亦表达了是否接受合约并达成共识与否的态度，这些都是有效降低交易成本的机制性安排。

目前，通过产权交易有形市场进行国有企业股权转让、增资扩股和实物资产处置等已成为国资配置的最重要市场，是中国特色社会主义市场经济体制下市场化资源配置的最优选择。

（二）形成产权价格的公允平台

在市场机制下价格不是由形成产权的成本决定的，形成产权的成本其实是沉没成本，产权的成本是你放弃的未来可选择的成本，所以成本是向未来看的，是未来收益的折现。所以价格决定于供需关系，决定于资源的稀缺性，决定于产权所有人对未来收益的期望，这就是产权的定价和出价。

市场机制是价高者或是效用（也可以说是功用）最高者得，传统经济学是理性人假设（当然随着学界研究的深入和扩展，对经济人、理性人等假设出现了重大的挑战），所以我们假定投资人对产权价值一定有理性的预期，每个人对产权未来收益的判断是不同的，所以在市场上会形成不同的报价，通过潜在买受人之间的竞争寻找预期最高者。就算是单一买受人，因为对潜在买受人来讲机会均等，亦存在竞争，也会形成与产权未来收益预期等价的交易价格。按市场原则，出价最高者一定是资源使用效率的最优者，这也是市场化配置资源的核心目标和要义。

在产权交易有形市场，形成交易的关键因素是通过制度安排和一系列生产过程，形成了国有产权的挂牌价格，而这个价格仅是市场博弈的价格“锚”。在此基础上通过市场博弈形成了产权的交易价格，买卖双方的收益都为正，都会感到满意。市场的逻辑是人都是追求幸福的、通过让别人幸福而达到自己的幸福。[5]同时，虽然形成挂牌价格的评估价从经济学的角度来讲是有瑕疵的，但因此价格仅起到了锚定的作用，亦不影响在市场中形成公允价格。此锚定价格，也就成了判断是否国有资产贱卖或流失的判断标准，也可以是判断资产租值的依据。

（三）产权交易有形市场是交易信息获取机会均等的平台

产权交易有形市场产权信息发布有严格的制

度要求，从而确保交易机构发布的产权信息公开透明，真实完整，对所有潜在买受方获取产权标的信息机会均等、信息内容真实可靠、信息要素组成完整，从而潜在交易方在信息公开、规则公平、结果公正的阳光市场中进行交易，避免因故意或无意造成的信息不对称而对潜在投资人的不公平选择。

相互之间保持信任，这对所有人都是有好处的。如果缺乏信任，那么安排可选择的制裁和保障措施的费用非常高昂，这会使得一些相互有利的合作机会不得不被丧失掉。所以，产权交易机构有内在动力，或者说产权交易机构在利益外部性与内部性趋向统一的制度安排下，一定会对自己发布的产品质量负责，以期在多次博弈下形成交易机构与产权转让人、产权潜在买受人间形成信任机制，当然行业主管部门对于产权交易机构的失信行为有严格的惩处措施和刚性的约束机制。

总之，在产权交易机构内生动力驱动下，在行政主管部门刚性管理机制约束下，在产权交易双方自由选择交易机构的约束下，产权交易有形市场供应的信息的高质量是可期的，并在信息技术的支持下形成了信息获取机会均等化、消除了信息壁垒和信息不对称的公平交易市场。

（四）防止国有企业产权资产的租值消散

在产权交易机构进行的产权交易项目，经常会有较高的增值率或是溢价率，尤其是一些固定资产不管是转让还是出租，一般情况下增值率都较高，在广州产权交易所进行的一些国有房产物业出租，租金与未进场交易前平均有50%左右的增值率。用经济学租值消散理论来看待这一现象，似乎有一些解释力。

租的概念是有一种资产，不以收费的变化而变化，这种资产带来的收入就是租，租就是对资产的付费，这个资产的范围很广泛，包括土地、矿山、人的才能甚至是特权，只要能带来收入的就是资产，对资产的付费就叫租。那么很明显，国有企业产权是有租的，而且从产权交易机构处置国有企业产权的经验来看，国有企业产权的租值经市场的检验还是很高的。

张五常先生就租值消散问题有精彩的论述，资源稀缺，竞争无可避免，决定胜负要有准则，在无数可以采用的准则中，只有市价不会导致租值消散。[6]这里的市价就是指在市场规则下形成的价格，而此处形成市价的准则就是指市场规则。前述文字已对国有产权的特征进行了描述，很明显，国有企业产权的处置，只有在产权交易机构进行公开市场交易，才会实现减少租值消散的功能，才会实现国有资产增值的目标。

（五）防止国有资产配置腐败行为的治本路径

张五常先生在《中国的前途》里指出，就竞争稀缺资源而言，人类社会形成了两种基本经济制度。一种以等级制特权来规范和约束人们行为、防止稀缺资源被彻底滥用。另一种就是产权制度，即以财产权利的界定来划分人们从事经济活动的自由空间，以刺激生产、交换、分工和合作。当第一种经济制度转向第二种制度即市场经济的时候，腐败将大量发生，因为原来的等级特权无可避免地要争取最高的“权力租金”，甚至形成一种体制性腐败。

可观察到的大量的腐败现象，应该可以用该理论进行一定程度上的阐释，除加大反腐败和惩戒腐败的力度外，用市场配置资源尤其是国有资源，应该不失为从根本上解决问题的诸多路径之一；而用市场配置国有资源则是产权交易机构的核心功能，也是产权交易机构当仁不让的职责和使命担当。

党纪国法和国家对腐败的零容忍，形成对腐败的高度震慑，从产权有形市场的机制上来看，所有与交易有关的信息都是公开的，那就不仅有市场这只无形的手来实现资源的有效配置，市场那只无形的眼睛[7]的监督功能亦即社会监督功能，也会对遏止国资交易腐败产生强大的约束功效。

四、产权交易资本市场的展望和期待

（一）国有企业产权配置的市场平台

混合所有制的推进，势必会形成国有资本大量进入其他所有制形式的企业，而民营资本和其他资本一定会大量进入国有企业，有产权进入就一定有产权退出，那么产权平台的退出功能从资本的属性来讲意义更加重要。只有建立起了进入和退出均等化机会，才会是一个健康而有活力的产权资本市场平台。所以，产权交易资本市场的产权交易一定是双向的，产权的进入、退出通畅是产权交易资本市场核心功能的重要表征。

这可类比于股票市场，流动性高意味着投资人对企业的预期可以用买卖股票的方式来表达股东的意愿。产权交易资本市场也应该从制度设计上保障不同形态的资本可以自由进入和退出，至少能做到不同属性的资本有均等的进入和退出机会。

（二）多种所有制形式产权交易的平台

产权交易资本市场是直接融资市场，不仅是国有企业有直接融资需求，其他性质的企业也有着巨大的用产权交易资本市场进行直接融资的需求。产权交易机构应该不问出身均应提供服务，这也是服务实体经济的需要，服务供给侧结构性改革的需要，产权交易资本市场成长的需要，形成有中国特色的产权交易资本市场的需要，为直接融资提供了中国模式。

产权交易资本市场应该是资本市场的基础设施，其不同于投行等专业的重组兼并中介机构。各类机构和产权交易机构的合作，共同打造产权资本市场，产权交易机构厘清功能定位，才会形成产权交易资本市场的生态体系，只有用海纳百川的气度去接纳任何为产权资本市场提供服务的行业，才会共同发展，才会把产权交易资本市场的影响力逐步扩展出去，才会真正确立产权交易资本市场直接融资的行业地位。

（三）产权交易机构功能定位

产权交易市场是非标准化的资本市场，不同于标准化的资本市场，非标准化资本市场的特点是信誉机制，因为其买卖行为大部分属于一次性交易，所以信用或是信誉的建立机制不同于标准化的股票或是债券市场，通过高频交易来形成价格机制。而且标准化的资本市场上的产品是经过复杂的生产过程形成的标准化产品，具有高流动性。而产权资本市场的产品的非标一次性交易特性，需要产权交易机构进行大量的工作，或是说从经济学的角度来讲，非标市场是属于劳动和知识密集型的行业，规模是受边际成本约束的，产权交易有形市场单一机构规模经济或者不经济是受诸多方面因素影响的。另外，产权交易机构实行的是市场准入制，行业主管部门设立了较高的进入门槛，业务范围是属于行政授权制的，整个市场基础设施的供应不是完全由市场供需机制决定的，这也符合本行业特点。所以，以单一或几个机构的规模来提升产权资本市场的影响力似乎有缘木求鱼之嫌，企业规模的变化一定受边际成本和收益约束。

在产权交易机构所属的产权资本市场里，产权的属地性非常重要，不管是中央企业、省市属企业及至区县属企业，甚至是其他体制的企业，不同于标准化产品的资本市场，在非标的产权交易资本市场其权益的让渡实现一定是具有空间地域属性的。如企业的股权附属于企业，任何人不可能把企业搬走，购买企业股权目标也不是要把企业搬走，即使投资人不属于本地。如果是固定资产如房产，则受诸多因素影响，更不可能把房产搬走。而且越来越多的地方政府对于本地产权交易机构的功能有越来越多的期望，综合能力的提升使交易机构的业务类别扩张越来越明显。所以，产权交易机构的服务一定是属地化的，如强要实行异地服务，那可能至少会有很高的社会成本，似乎是不经济的。这同时也和不同地区经济发展水平有关，经济欠发达或经济体量不是很高的地区，因产品的供应有限，为了覆盖成本，形成区域合作或是整合的局面，那也是一种市场力量的自然表达。而对于经济体量比较大经济发达的地区，保持交易机构的合理布局并在规则约束下进行服务质量的提升，应该更有利于产权交易资本市场的健康发展。

（四）清晰界定产权交易机构的业务范围

产权交易机构在各地区或是所属城市承担了大量的公共资源类业务工作，随着用市场配置资源的理念逐步被政府部门接受，政府型资源的市场化配置要求越来越高，尤其是我国政府肃清腐败的空前力度和决心，保障改革开放的成果不因腐败和既得利益集团的控制而流失，越来越多的政府性资源不再用传统的行政方式或是小规模市场（或是准市场化，或叫有约束控制的市场，或叫挂着市场的招牌而实际上是权力分配）来配置。而产权交易机构服务于此的经验一直以来非常丰富，打破一些设租、寻租现象可以说是具有极大的成效，这也应该是产权行业进一步发挥功能的重要方面。中国产权协会可在此方面发挥更大的作用，使各交易机构在地方政府的公共资源配置中有法定的市场地位。

（五）为交易行为赋能给交易增信

交易机构的增信功能主要体现在作为交易第三方的功能定位上。各机构有完备的交易规则和制度，有严格的风控措施，第三方机构的定位天然具有保护交易双方利益的功能。在我国现实社会条件下，诚信体系建设仍然处在不完善的阶段，更应该发挥产权交易机构在产权交易中保护产权的功能作用。

中国产权协会于2016年启动了产权交易机构的信用评级工作，对于市场建设具有强大的积极作用。大家的基本共识是信誉对产权交易机构非常重要，是构成产权交易机构核心竞争力的重要组成要素。所以产权交易机构有动力对产权产品的质量进行把关审核，从而形成有效的市场供应，同时降低产权交易的不确定性风险，进而降低交易成本，在促成交易方面起到催化作用，提高交易成功的可能性。

五、结语

本文之所以取题“产权交易有形市场考”，一是产权市场从来都是资本市场。二是产权市场是个外延非常宽泛的概念，如果从资本的本质来理解，产权市场几乎可以涵盖资本市场绝大部分内容。三是产权交易机构所在的产权市场，是个有形的市场。为了严格约束行文，不超出行业对产权交易的限定，故本文取产权交易有形市场。另外，对于新加入的行业，总想加深对它的了解，知其然并知其所以然，也是对自己和工作的负责吧。毕竟深受行业前辈的影响，总想要把事情做得更好些，“考”没有考究历史的用意，仅想着尽量能从其他角度来看我们的市场，对未来做些狭隘的展望，所以本文以产权交易有形市场考为题。

参考文献

［1］张维迎．市场的逻辑［M］．上海：上海人民出版社，2010.

［2］何亚斌．中国国有产权转让的市场化经验及其国际意义［J］．产权导刊，2018（03）.

［3］邓志雄．中国产权交易市场的回顾与思考［J］．产权导刊，2007（07）.

［4］林毅夫．关于制度变迁的经济学理论：诱致性变迁与强制性变迁．

［5］张维迎．市场的逻辑［M］．上海：上海人民出版社，2010.

［6］张五常．中国的经济制度［M］．北京：中信出版社，2012.

［7］张维迎．市场的逻辑［M］．上海：上海人民出版社，2010.

从付林案看产权市场在我国科技成果转化中的积极作用

刘　倩

付林案不仅涉及科研经费的使用，而且涉及科研人员能否在取得成果后获得相应的经济回报的问题，还涉及一个重要的科研体制问题，即高校老师科研成果转化的理论依据或法律依据，具体落实的相关机构、实施流程等。

过去，老师的知识产权理论上归国家所有，知识成果转化相关的国家政策也不清晰，付林涉足成果转化的时间较早，他做的工作虽然对国家、对社会非常有利，包括节能减排、减少雾霾等，但涉及成果转化时的确会有一定风险。可如果高校老师不对科研成果进行转化，那科研成果就很难体现或贡献价值，这对于有很高转化价值的成果就非常可惜。而且科研成果也是有保质期的，如果长久搁置不被转化，很可能就会失去价值，如可能被更新的技术替代了。

付林案的争议还没有散去，社会对科研环境、科技成果转化环境表示了更大的关注，对案件的定性我们不予置评，仅从案件分析产权交易在我国科技成果转化过程中的积极作用。

一、发挥产权交易市场在我国科技成果转化中的积极作用

这让我想到国有企业改革中遇到的“国有资产流失”问题。为了从制度上防止国有资产流失，早在20世纪80年代，我国就开始培育和发展产权交易市场，经历30年的发展，国企转让产权或资产，都必须在产权交易市场上公开、公平、公正地进行。产权市场已成为混合所有制企业并购重组的重要市场平台，在完善产权保护制度、促进要素市场化配置、推动国有企业“三去一降一补”方面发挥了市场在资源配置中的决定性作用。

经历30年的发展，中国产权交易市场已逐步法制化、规范化、体系化、网络化。产权交易市场在技术成果交易过程中也将发挥积极作用。

（一）产权清晰

付林在承担课题任务时，共有三个身份。

首先，付林是清华大学教师。清华大学是北京市科委“利用电厂循环水余热的供热技术研究与应用示范”课题的牵头单位，并代管经费，付林是该项课题的总负责人。付林作为清华大学教师，在学校有一个科研账户，用于接收国家或地方财政拨付的纵向科研经费。

其次，付林时任规划院下属能源所所长。规划院是清华大学校办企业，清华大学建筑学院的教师可在此公司名下设立研究所或工作室。当时，付林的科研团队除他本人有清华大学的编制，其余成员均从社会招聘而来，能源所可以解决部分科研人员的安置问题。能源所自负盈亏，所有营业收入统一划入规划院账户，并由规划院收取一定比例的管理费后由能源所自由支配，主要用于人员工资。

最后，付林是北京环能瑞通科技发展有限公司（下称环能瑞通）的实际控制人，该公司是2006年付林以其岳父岳母名义注册的企业。付林刚开始其项目构想时，并无企业与之合作，而能源所也不具备设计和制造设备的资质，因此只好自己成立公司。能源所主要安置从事城市能源规划研究的人员，但不能聘用从事设备生产、调试、销售等工种的员工，所以环能瑞通也要解决团队中部分成员的安置问题。

承担北京市科委课题的单位中包括上述3家单位，其实际负责人均为付林。付林的三重身份——科学家、工程师、企业家集于一身所面临的

重重困难，是国内科技成果转移的真实写照；这三重身份的背后折射出“技术产权不清晰”的问题。

技术成果要成功转移，技术产权必须清晰。这中间需要我国产权交易市场发挥积极作用，让科学家潜心科研，让工程师安心工程化，让企业家奋力产业化。

（二）交易透明

与国有产权类似，技术产权也应该在一个公开、公平、公正的地方进行交易。严格的制度保障，完善的交易流程，方能实现交易透明化。

借助互联网平台的技术优势，可以让产权交易在公开透明化体系中运行，不仅提升了产权交易服务的效率和便利性，同时也进一步培育了交易平台廉洁环境。

（三）规范化

从产权交易发展的长远趋势来看，产权交易市场将进一步走向规范化，具体表现在：

1. 产权交易进一步法制化

市场经济的正常运行需要法律加以保证，包括承认各经济主体的利益、各经济主体的产权界定等都需要在法律上得到认可，明确。肯定哪些利益、行为是合法的，哪些利益、行为是非法的，而且在执法方面要依据法律来保证市场经济的运行。在西方发达国家，产权交易的政策法规已经相当完备。如英国，1965 年就制定了强化兼并管理的反垄断与兼并条例。美国也通过了反托拉斯法和司法部制定的兼并准则。欧共体也颁布了有关兼并控制的条例，发达国家的经验对我国产权交易立法是一个借鉴。在中国，《产权交易法》是规范化的、权威性的、适应市场经济发展需要的，用立法形式来引导和控制产权交易，产权交易市场就必将走向法制化。

2. 产权交易的制度化

产权交易市场的法制化可以维护交易行为以及交易主体利益的合法性。但产权交易市场的具体运作则需要一套完整、严格的制度来保证。这套制度表现为产权交易市场中实行的以自愿登记、资产评估、公开竞价、公证等为内容的严格程序。随着市场经济的发展，在产权交易方式、交易内容、交易程序、交易中介等方面将逐步形成一套适合规范化要求的制度，并严格按照制度规定来操作，从长远的观点看问题，产权交易市场制度创新也将不断出现。

3. 产权交易市场的网络化

随着产权交易的推进，产权市场的需求量和供给量增多，信息传递加快，产权交易市场将逐步形成一个多层次、立体型的市场网络协作系统，目前全国已形成以区域性产权交易市场为骨干的全国产权交易市场网络体系。在这一网络化的产权交易市场体系中，将实行计算机联网操作，为企业和产权投资者提供各种交易信息，把社会上分散的投资和需求聚合在一个大系统里，这就可以为跨地区、跨行业的产权交易活动提供有利的条件。

二、产权交易市场在技术成果转化领域需要创新发展

国内产权交易市场大多下设技术交易中心，设立初衷主要有三点：一是创新并积极推广科技成果市场化定价机制；二是建设技术交易网络平台；三是积极宣传推广《中华人民共和国促进科技成果转化法》。而实际情况是在产权交易原有思路上，以技术合同登记为主要收入来源，更倾向技术交易理论研究。这与实际中需要产权交易市场在技术成果转移过程中发挥的积极作用相去甚远。因此，产权交易市场必须创新。

西南联交所在技术成果转移服务领域大胆创新，技术经纪人平台——“第一生产力”应运而生。该平台以技术交易市场为切入点，重新整合资源，树立行业公信力，建立并完善符合中国国情的高效技术转移转化生态体系，并力图以“技术经纪人”为核心，通过构建全新的技术交易参与方，创新交易模式，探索和实践中国特色技术

交易、军民融合发展的新途径。

现在高校的科研环境正变得越来越好。近年来，国家政策已经有了很大进步，国家允许高校对知识产权的处理有完全自主权，不会因为转让的知识产权将来升值了，被追究“国有资产流失”的责任，一些高校已开展试点。现在国家应该尽快出台政策细则、管理部门、具体措施流程等，充分发挥我国产权交易市场在我国技术成果转移过程中的积极作用，保证并鼓励科研工作者从自己创新性的科研成果中真正获利。

如果高校老师和科研人员进行科研成果转化的积极性充分被调动起来了，对国家发展的巨大推动力量将会得到进一步强化，国家走创新性发展道路也可以更好的落到实处。

参考文献

[1] 郑曙光. 产权交易法 [M]. 北京：中国检察出版社，2005.

中国产权市场年鉴 2016—2018

China Property Rights Exchanging Capital Market Yearbook 2016-2018

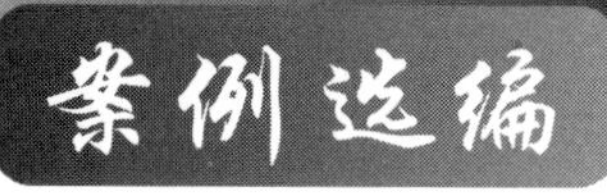

中石化川气东送天然气管道有限公司增资项目

2016年12月12日，中国石油化工股份有限公司（以下简称中石化）旗下子企业中石化川气东送天然气管道有限公司（以下简称川气东送管道公司）与其投资方——中国人寿保险股份有限公司（以下简称中国人寿）、国投交通控股有限公司（以下简称国投交通）签订增资协议，融资总金额达228亿元。至此，32号令发布以来中央企业进场单笔融资金额最大的项目通过北京产权交易所（以下简称北交所）圆满完成。

一、项目背景

我国是能源消耗大国，能源种类主要为石油和煤炭。面对日益严重的环境污染等问题，近年来，我国越来越重视天然气等清洁能源的利用。川气东送管道是继西气东输管线之后又一条贯穿我国东西部地区的管道大动脉。该工程西起四川达州普光气田，东至上海，于2007年8月底正式开工，2009年全线贯通投产运行，管道全长2229公里。该管道包括一条干线、一条专线及五条支线，途经四川、重庆、湖北、江西、安徽、江苏、浙江、上海6省2个直辖市，设计年输气能力120亿立方米。川气东送工程是我国继三峡工程、南水北调、西气东输、青藏铁路之后又一重大工程，作为天然气管道运输的标杆性项目，其市场前景十分广阔。2013年、2014年和2015年，川气东送管道分别实现输气量75亿立方米、79亿立方米和83亿立方米。同时，川气东送管道的一期及二期增压工程正在建设规划中，全部达产后预计可为中石化增加销售收入200亿元。

2016年8月，为更好地激发企业活力，补充发展资金，中石化决定对川气东送管道公司实施增资扩股。川气东送管道公司注册资本金10000万元，根据增资方案，川气东送管道公司共释放50%股权，募集资金总规模不少于200亿元人民币，单个投资方的投资金额不得少于10亿元，并且全部为现金增资。该项目募集的资金，将全部投入到川气东送管道项目的管线建设等相关固定资产投资。

该项目是中石化继2014年在油品销售终端推行混合所有制改革后，在油气管网领域的又一大动作，是国家油气行业改革的重大突破；对改变油气行业的产业结构、投资结构，盘活国有资产、提升国有资产效率具有非常积极的作用。

二、项目操作

1. 运用“点面结合”推介手段，充分发挥产权交易市场投资人发现功能

2016年8月初，川气东送管道公司增资项目在北交所挂牌。该项目因广阔的市场前景和较强的连续盈利能力，受到不少投资者的青睐。但要在更大范围内寻找到合适的战略合作伙伴也并非易事。

为最大限度地发现投资人，北交所采取“点面结合”的推介手段对项目进行全面推广：一是通过报刊、门户网站、电视传媒等多种途径，为项目广泛征集投资人；二是结合项目特点，北交

所在整合和分析多年交易数据和投资人数据库后，有针对性地对市场上资产量较大的险资、券商等金融机构和大型民营企业实行点对点的推介。经过广泛推介，北交所共收到近30份意向投资人提交的《投资意向书》和《保密承诺函》。通过融资方审核，最终确认10家意向投资人的资格。

2. 采用竞争性谈判的遴选方式，充分发挥产权交易市场的撮合功能

在项目操作过程中，北交所不仅进行政策和规则解读，还充当了交易各方的沟通纽带，同时是各方谈判的组织者和撮合者。在前期方案设计上，针对此次增资面对的大多是财务投资人、许多商务条款还有待磋商等问题，北交所建议融资方采用竞争性谈判的遴选方式，这也成为北交所开展增资业务以来第一单采用竞争性谈判方式并顺利实施的成功案例。选择竞争性谈判的方式，一方面有利于交易双方在谈判过程中对商务条款进行灵活调整；另一方面，对于谈判过程中可能遇到的问题和阻碍，北交所可以居中撮合，并对谈判过程进行监督和规范。

3. 增设公布报价结果交易环节，充分发挥产权交易市场规范交易功能

为保证项目顺利推进，北交所在合法合规的前提下，根据项目特点和难点，协助融资方对交易方案进行修改和完善。北交所意识到，此次增资面对的意向投资人主要集中在金融领域的大型机构，存在一定串标风险。为此，北交所特意增设公布报价结果的交易环节，通过科学的流程设计，有效避免串标的可能性，保证交易规范进行。

三、项目结果

通过增资公示、投资人遴选等交易流程，2016年12月12日，川气东送管道公司与中国人寿和国投交通签订增资协议。其中：中国人寿投资金额为200亿元，持股比例为43.86%；国投交通投资金额为28亿元，持股比例为6.14%。

这些实力企业的加入，不仅为川气东送管道公司注入了大额发展资金，还组成强大的股东阵容：中国人寿是国有特大型金融保险公司，业务范围涵盖寿险、财产险、养老保险（企业年金）、资产管理、另类投资、海外业务、电子商务等多个领域，并通过资本运作参股了多家银行、证券公司等其他金融和非金融机构，是我国资本市场最大的机构投资者之一；除了石油公司之外，中国人寿是唯一一家持有长输管道股权比例超过40%的投资者。国投交通则是国家开发投资公司的全资子公司，是一家专门对港口、铁路、路桥等交通基础设施项目公司进行控股参股经营的投资控股型公司，入股该项目标志着国投交通首次进入石油天然气管道领域。

中石化网站披露的信息显示，川气东送管道公司2017年的主营业务收入为56.4288亿元，资产总额为362.4345亿元，天然气管输商品量为119.1244亿立方米。增资后，生产经营各项指标较增资前均实现较大幅度增长，混改成效明显，为其他央企推进混合所有制改革提供了一个绝好的样本。

四、项目启示

1. 产权交易市场的平台资源是增资业务顺利推进的重要助力

产权交易市场及其平台资源，是增资业务顺利推进的重要推动力。例如，北交所多年积累的投资人资源中有可能存在意向投资方，两百多家会员单位也能让北交所挖掘潜在投资人的能力呈倍数放大。川气东送管道公司增资项目便是通过北交所发现了诸如杭州锦江、平安系等多支有实力的民营财团，合计报价300多亿元，约占全部报价的1/3。

2. 产权交易市场的信息发布功能是增资业务顺利推进的有力保障

在以往的场外交易中，由于信息不对称，最合适的战略合作伙伴往往失之交臂：融资方采取

传统的信息发布方式，信息发布范围较窄；而一些符合条件的意向投资人经常因信息不对称而失去投资机会。同时，在场外交易中，投融资双方通过谈判来博弈，在谈判中确定增资条件、增资价格等要素，处于资金需求端的融资方因缺少广泛的信息发布空间，往往处于劣势。企业通过产权交易市场增资，项目信息能够得到更有效、更广泛、更充分的扩散，有利于为项目寻找到最优质的投资方，有利于推动投融资双方的顺利合作。

3. 产权交易市场规范高效的服务特质是增资业务顺利推进的关键因素

产权交易市场作为资本市场的重要组成部分，正成为银行信贷和证券市场之外企业融资的又一优质平台。川气东送管道公司增资项目的圆满完成，就是产权交易市场实现多方共赢、促进多方价值最大化的充分体现。

对融资方而言，该项目在投资报价公布会上拟认购资金总额超过1200亿元，最终融资金额高达228亿元，实现大幅度增值；大大充实了融资方的资金实力，增强了中国石化天然气管网的建设能力，改善了融资方的资本结构和治理结构，提高了管理运营能力，为今后的持续快速发展奠定了基础；而且为电力、铁路等其他垄断行业开放竞争性业务提供了可借鉴、可复制的案例。

对投资方来说，中国人寿作为国内具有代表性的险资龙头企业，通过此项目创造了单一保险机构直接股权投资规模和持股比例之最，充分发挥了保险资金周期长、量大、稳定的优势，为保险资金支持实体经济发展、助推供给侧结构性改革提供了新范例；而国投交通则实现了对石油天然气管道领域的首次投资。

对监管机构而言，该项目是32号令发布后的最大单笔增资项目。该项目的成功，是中央和国资监管部门结合国有经济发展形势，通过顶层制度设计，科学管理和引导国有资产监管的重要成果，是国企改革思路正确性的一次有效验证。

对产权交易市场而言，在项目操作过程中，北交所积极发挥桥梁纽带作用，在方案设计、市场推介、交易撮合方面深度参与，最终促成项目顺利成交，既体现了服务能力，也为产权交易市场操作融资规模如此之大的增资项目积累了经验。这说明，在“一带一路”等国家和区域发展倡议之中，产权交易市场扮演的角色必将越来越重要，发挥的功能必将越来越强大。

（北京产权交易所供稿）

招商局华建公路投资有限公司增资项目

2016年9月19日，在严格遵照《企业国有资产交易监督管理办法》（以下简称32号令）等有关规定的基础上，北京产权交易所（以下简称北交所）精心组织、周密部署，圆满完成了招商局华建公路投资有限公司（以下简称招商公路）增资项目。项目挂牌期间，北交所共为招商公路征集到8家合格投资者，经过竞价，该项目最终确定5家投资方，共募集资金105亿元人民币。该项目的成功操作，不仅保证了首个在产权市场亮相的央企增资项目顺利完成，同时说明产权市场是企业资产重组和资本进退的重要枢纽，是服务国企混改、提质增效的优质平台。

一、项目背景

招商公路成立于1993年12月18日，注册资本金150000万元，是招商局集团有限公司（以下简称招商局集团）的全资子公司。该企业有职工2677人，主要从事公路、桥梁、码头、港口、航道基础设施的投资、开发、建设和经营管理。2016年6月底，为了更好地深入推进国有经济布局和产业结构调整，推进公路板块业务的发展，招商局集团决定启动对招商公路的增资工作，所募集资金主要用于支持与公路板块相关的产业投资项目、产业升级及转型项目，同时偿还债务和补充流动资金。

几乎与之同时，2016年7月1日，国务院国资委与财政部联合公布32号令，对企业国有资产交易行为，包括企业产权转让、企业增资和企业资产转让等行为做出明确规定。尤为重要的是，32号令要求国有企业的增资扩股和资产转让行为应当在产权交易机构中公开进行，进一步拓宽了产权市场的业务范围和作业边际。

2016年7月11日，招商公路增资项目在北交所正式挂牌，拟募集资金约100亿元，对应持股比例不超过35%，首个央企增资项目正式亮相产权市场。

二、项目操作

（一）主动请缨，增资项目进场交易

在获悉招商局集团的增资意向后，北交所主动出击，利用32号令发布带来的有利机遇，第一时间拜访招商局集团的相关部门并向对方详细介绍了32号令中关于增资扩股的有关规定、产权市场的平台优势、北交所的服务能力，最终得到招商局集团的认可，决定通过北交所完成本次增资项目。

（二）量体裁衣，增资方案独具匠心

该项目为32号令发布后进入产权市场操作的首单增资项目，操作成功与否对于北交所乃至整个产权市场将产生重大影响。鉴于该项目的重要性，北交所迅速成立由主管领导、业务骨干、律师、注册会计师、协调员等人员组成的项目组，结合融资方的融资意图进行了多轮次和全面的访谈，细致梳理了对方的融资需求，及时协助融资方确定了增资方案设计的基本原则：

对于拟披露信息的内容，北交所建议融资方对募集资金额度、非公开协议方式增资、出资方式、股权设置、股份制改制等客观情况，以及其他可能对投资人决策产生影响的主要事项进行详细披露。

对于投资方资格条件的设置，为广泛征集投资方，响应32号令等政策精神，体现“公开、公平、公正”的原则，北交所建议融资方不设置特殊的投资方资格条件。

对于如何开展尽职调查，因本项目相关方包含上市公司，为保护融资方的商业机密，北交所建议融资方就该项目设置尽职调查的前提条件，即提供主体证明文件并签署《保密承诺函》方可查阅相关资料。

对于如何最终择优确定投资方，因该项目拟征集的投资方多为财务投资者，且未设置特殊的投资方资格条件，北交所建议融资方按照“价格优先、金额优先”的原则，选择以竞价方式择优确定投资方。

对于定价的依据，鉴于本次增资行为分为招商局集团内部增资和对外公开募集增资两部分，且涉及货币增资和非货币增资，北交所建议融资方将定价依据设定为：内部增资及非货币增资的每股单价均以在交易机构公开征集到的意向投资人的竞价结果为准，同时内部增资涉及的股权价值以评估备案结果为准，非货币增资涉及的资产价值须评估且以融资方股东会和董事会最终认可金额为准。

经过项目组多次的耐心讲解和充分沟通，招商局集团对北交所协助设计的增资方案给予高度赞扬和充分认可，并于2016年7月11日在北交所正式发布增资公告。

（三）精耕细作，增资服务全面周到

考虑到该项目为32号令出台后首个增资挂牌项目，为保证项目有条不紊地推进，北交所与融资方就挂牌流程、信息补充披露、受理投资申请、

组织实施竞价及后续成交流程进行了充分的沟通，并结合融资方的需求与客观情况制定了切实可行的时间表。同时，北交所根据业务流程设计了交易过程中涉及的申请书、表格、往来函件的模板，并与融资方就上述文件进行了多轮次的讨论和修改，最终形成一整套双方认可的、全面的、规范的流程文件。北交所还梳理了各个流程点可能发生的突发情况并进行了多轮次情景模拟和交易系统测试，在各个流程点形成应急预案，从而确保整个项目的顺利进行。

增资公告发布后，引起市场高度关注。北交所在做好意向投资方登记工作的同时，还为意向投资方提供了全程“管家式服务”：一是为意向投资方详细讲解增资项目的政策法规和交易流程；二是协助其编制投资申请及相关材料、提供交易环节中的流程点提醒等服务；三是在融资方和意向投资方之间充分发挥了“桥梁”作用，积极协调融资方与意向投资方进行前期谈判、积极配合所有意向投资方的尽职调查，期间共计约见意向投资方 90 余家，其中约有 40 家意向投资方开展了不同形式的尽职调查。

公告期满，共产生 11 家符合条件的意向投资方。北交所严格按照相关要求，并协同融资方对意向投资方的投资资格予以确认。最终确认民信（天津）投资有限公司等 8 家企业为合格的意向投资方。北交所结合意向投资方报名情况，设计了本项目的《竞价实施方案》。

（四）遵规履程，增资过程透明规范

2016 年 9 月 5 日，北交所向合格的意向投资方发出《竞价活动通知书》及《竞价实施方案》等相关文件。

截至 2016 年 9 月 6 日 10 时 30 分，各意向投资方均按照《竞价实施方案》的规定将载有认购价格及金额的《报价函》等文件装入密封信函后递交至北交所。

2016 年 9 月 6 日 11 时，在相关人员的共同见证下，由北交所工作人员拆封了各意向投资方递交的密封信函，并经融资方代表确认《报价函》的真实准确性后，由北交所按照“价格优先、金额优先”的原则当场统计报价结果，并于当日下午向融资方发出《报价情况通知书》。

在本次竞价中，8 家合格的意向投资方全部参与报价，认购总额高达 145 亿元人民币。竞价过程采取全程摄像，最大程度保证了报价活动的公开、公平、公正。融资方与北交所就报价情况及时向国务院国资委进行了汇报。

按照《竞价实施方案》的相关规定，2016 年 9 月 8 日，融资方根据投资者参与报价的情况，向全体参与竞价的意向投资方发出第一轮《追加认购意见征询函》；2016 年 9 月 9 日，基于第一轮征询的情况，融资方向全体参与竞价的意向投资方发出第二轮《追加认购意见征询函》。

2016 年 9 月 13 日，结合竞价结果和两轮征询的情况，融资方召开了董事会及股东大会，就本次增资的投资方、融资规模、增资价格以及非货币资产出资的作价进行审议。招商局集团于 2016 年 9 月 13 日出具批复文件，批准了本次增资。最终确定的投资方为 5 家，认购价格为 7.62 元/股，融资规模为 105 亿元。

三、项目结果

本次增资不仅为招商公路募集了战略发展所需的资金，还为招商公路引入 5 家与未来发展具有较强协同作用的战略合作伙伴。

泰康保险集团股份有限公司在基础设施投资方面有丰富的经验；四川交投产融控股有限公司有助于提升招商公路的行业地位和影响力，增强主业竞争优势，双方合作有利于招商公路在全国综合交通网络进行战略布局、做大做强做优主业、形成行业壁垒；重庆中新壹号股权投资中心（有限合伙）可以辅助招商公路完成高速公路行业的战略布局，可在高速公路存量收购、新建高速公路、沿高速公路周边土地商业开发、高速公路服务站升级和改造四个方面加强招商公路与招商局集团的力量；民信

（天津）投资有限公司可以在优质公路资源推介、公路产业基金运营、全方面金融服务等方面为招商公路提供支持。

四、项目启示

（一）规范和创新是产权市场做好增资业务的重要基石

近年来，北交所一直在积极探索企业增资进场服务，并取得了积极的成果。早在32号令公布之前，北交所就已正式发布《北京产权交易所企业增资操作规则》，并在业内首先推出“企业增资板”，为企业增资活动提供集信息披露、项目路演、顾问服务等多种功能于一体的专业化综合服务。这些建立在法律法规基础上的行之有效的创新和探索，为企业增资业务全面进入产权市场打下了坚实基础。32号令公布之后，北交所及时组织人员对《北京产权交易所企业增资操作规则》进行了修改和完善，进一步健全了增资业务的规章制度，为招商公路增资项目的顺利推进提供了有力的制度支撑。

（二）产权市场良好的价格发现机制是国企混改顺利开展的重要保障

通过竞价，招商公路增资项目以每股7.62元成交，估值对应2016年招商公路管理层预测的净利润26亿元的PE（市盈率）约为16.39倍，已远高于大多数在A股上市的同行业公司的估值水平。同时，通过产权市场融资，招商公路还避免了上市后再融资时沟通成本高、审批难度大、审批周期长等诸多问题。通过这一项目可以看出，国有企业通过产权市场推进混合所有制改革，借助产权市场高度的自由度、完全的市场化和充分的灵活性，能在更大程度上发现资产价格，能更加便捷地实现融资目的。

（三）急客户之所需、想客户之所想是产权市场做好增资工作的根本宗旨

在为企业引入外部股东时，除了考虑为企业引进先进的技术和管理理念，拓展新的市场空间等因素外，更为重要的是，要设身处地、充分把握融资方和投资方的深层次需求和长远目标，要充分考虑融资方和投资方的战略协同效应，力保融资方和投资方在战略协作中实现最大的共赢。在招商公路增资项目中，引入的投资方均为战略合作伙伴，与融资方的战略发展方向具有一致性且在合作过程中具有较强的业务协同效应，彼此能取长补短，有助于共同增强市场竞争优势，提升行业地位和影响力。

（北京产权交易所供稿）

东方航空物流有限公司增资项目

2017年6月，上海联合产权交易所（以下简称上海联交所）在国务院国资委产权局的指导下，协助中国东方航空集团公司下属东方航空物流有限公司（以下简称东航物流）顺利完成其增资扩股项目，标志着在电力、石油、天然气、铁路、民航、电信、军工七大领域的混合所有制改革试点中，民航领域混改工作率先取得突破性进展，首家民航混改企业在东航落地生根。

一、项目背景

作为东航物流混合所有制改革“三步走”总体方案中的核心阶段，东航物流增资项目的顺利完成是关系到东航物流混合所有制改革成败的关键环节。为保证增资挂牌交易的顺利进行，上海联交所在国务院国资委的领导下，在严格遵守企业国有资产交易相关法律法规和规则制度的基础

上，设计制定了一套可执行的增资方案，成功使东航物流的注册资本由11.5亿元人民币增加至14.288亿元人民币，并顺利实现为东航物流带来更多社会资源及产业联动的混改需求。该方案有利于东方物流自身市场化机制的建立，助力其转型成为符合物流行业产业链整合趋势的现代航空物流服务集成商。

二、项目操作

1. 针对性策划，制定合理方案

上海联交所与标的企业进行了多次深入接触，结合其增资需求，从国家政策要求、法规适用、交易规则、成本控制、时间效率及企业中长期发展目标等方面全面考量，利用平台功能和专业优势，制定了个性化增资方案和操作时间表。

通过对东航物流企业经营发展战略及资金后续用途的分析梳理，上海联交所有针对性地为东航物流设置了战略投资人与财务投资人同时引入的模式。根据物流行业现状及未来发展趋势，上海联交所设计了三类契合东航物流发展战略的投资人类型，即第三方物流业（3PL）投资人、物流地产业投资人和快递快运业投资人。这三类战略投资人将有助于东航物流在现有货运业务的基础上，依靠第三方物流、物流地产、跨境电商及传统快递等功能配套，走出了一条引领全球航空物流的转型发展之路。

根据上海联交所设计的增资方案，增资完成后，东航物流将与投资方实现优势互补、股权结构均衡有序，具有健全的法人治理结构和完善的现代企业制度。

在项目进场的推进中，上海联交所为东航物流量身订制了增资扩股方案，在公开、公平、公正的前提下，引导非公有资本向优质国有企业流入，完善了标的企业股权的多元化混合。方案策划的缜密和依法合规，赢得了增资方、投资方及社会各界的赞誉。

2. 创新模式，增资扩股附带股权转让同步实施

东航物流增资项目与此前增资项目的不同之处在于，需要通过一次性增资扩股实现多种形式的混合所有制改革：引进外部投资人，改善公司治理结构，激发公司市场竞争力；开展员工持股计划，使员工与公司共享发展成果，实现企业内部市场化改革目标；通过股权转让，满足原股东资金回笼等需求。

上海联交所经过审慎、细致的全方面考虑，为增资企业设计了“增资扩股附带股权转让”的创新方案。“增资扩股附带股权转让”，可以帮助原股东回笼资金，助力东航集团整体战略部署；以增资扩股引进战略投资者，形成资源优势互补和协调发展；开展核心员工持股计划，有助于增强企业内部活力。

3. 开展市场化精准推介，充分发掘潜在投资人

为广泛寻找潜在投资人，上海联交所积极发挥平台功能，以路演、定向邀请等多种形式开展市场推介。根据投资人分类，分别组织意向投资人同增资企业开展场外谈判。先后有数十家投资人与东航物流就项目展开接触。上海联交所协助投融资双方开展尽职调查，尤其是配合东航物流完成意向投资人资质评估工作。

4. 统筹协调、有效推进、并轨运行

为实现本次增资的特殊要求，在依法合规、有序推进的前提下，上海联交所以央企总部为主导，统筹协调受理、审核、市场服务、资金结算、风险管理、网络信息等部门进行了多轮专题研究，并与增资人进行数次沟通，最终确定了同步挂牌、互相披露、合并报名、统一操作的流程。

为确保增资与转让无缝衔接、同步运作，上海联交所打破业务部门条线体制，抽调各部门骨干组成项目组，专项负责东航物流项目的并轨实施；确保增资扩股及附带股权转让项目在实际操作中同步审核、同时公告、统一登记、一并出具交易凭证。

5. 规范处理员工持股，同股同价防范国有资产流失

根据《关于国有控股混合所有制企业开展员工持股试点的意见》相关规定，上海联交所提出，员

工持股平台根据公开增资确定的增资价格，场外认购新增注册资本，并且严格按照增资方案的约定及时、足额缴付增资价款。最终，符合持股条件的147名员工中，125人接受条件参与持股。依据市场定价确定员工持股价格，有效解决了员工持股的定价问题。为确保增资企业股权结构的完整性及后续工商变更等工作的需要，上海联交所主动将员工持股的信息及持股比例录入增资系统，客观、完整地记录项目实施过程并出具了增资凭证。

三、项目启示

此次增资完成后，东航物流将实现股权结构的多元化，新增投资人联想控股股份有限公司、珠海普东物流发展有限公司、德邦物流股份有限公司、绿地金融投资控股集团有限公司、东航物流的核心员工分别持有东航物流25%、10%、5%、5%、10%的股份。此次增资附带股权转让有效引入了22.55亿元非国有资本，切实放大了国有资本的带动力和影响力。东航物流资产负债率也从2016年12月底的87.86%降低到75%，达到全球一流航空物流企业的平均负债率水平。

上海联交所创新交易模式，圆满地解决了项目实施过程中的重点、难点问题，为企业混合所有制改革探索出有效的路径，形成可复制、可推广的经验。

（上海联合产权交易所供稿）

航天科工火箭技术有限公司增资项目

航天科工火箭技术有限公司（以下简称火箭公司）增资项目是一个典型的军民融合项目，是中国航天领域具有里程碑意义的“混改”项目，标志着我国航天骨干企业向社会化和市场化发展迈出重要一步，对我国商业航天事业的发展将产生积极而深远的影响。在整个项目的操作过程中，上海联合产权交易所（以下简称上海联交所）与增资方火箭公司密切沟通，积极提供专业的意见和建议；同时在市场价值发现方面，充分发挥资本市场的平台优势，保障了军工领域混合所有制改革重大项目的顺利推进。

一、项目背景

航天科工火箭技术有限公司成立于2016年2月16日，原有注册资本50000万元人民币，主营业务包括：运载火箭的设计、研发、生产、销售，航天器的研制、生产、试验与发射，面向国际和国内承揽商业发射服务等。本次增资前，火箭公司共有三名出资股东，即三江集团、湖北航天技术研究院总体设计所和湖北三江航天江河化工科技有限公司，分别持有公司97%、1.5%、1.5%的股权。

本次增资，火箭公司拟以不低于6元/每一元注册资本的价格引入新增注册资本10000万至20000万元人民币。2017年初，火箭公司启动了A轮股权融资工作，先后与100余家投资机构进行了接洽和沟通。9月底，火箭公司A轮增资项目在上海联交所挂牌公告，经与投资者竞争性谈判，最终引入了8家社会投资机构（其中包括部分民营社会资本），募集资金总额12亿元。

2017年12月18日，火箭公司在上海联交所举办了A轮增资签约仪式。项目于2017年12月29日出具交易凭证，至此该项目增资服务工作全部圆满完成。

二、项目操作

1. 前期介入，定制化服务

早在项目挂牌前，上海联交所便积极参与项目的筹备，针对项目和增资方的特点，提供定制化服务。上海联交所领导对项目高度重视，多次前往火箭公司参加项目筹备会，对增资资料的准备、流程节点的设置及风险控制等均提出了点对点建议，真正实现了项目的全周期参与。

2. 多渠道宣传，助力吸引优质资本投资

为了扩大项目影响力，吸引更多优质投资人，上海联交所自 2017 年上半年起，针对本项目进行了多形式、全方位的市场宣传推介。2017 年 5 月 18 日，中国航天科工集团公司重点项目专场推介会在上海联交所召开，火箭公司领导对项目进行了充分全面的讲解，项目良好的发展前景、优质的投资价值吸引了在场投资人的高度关注。推介会结束后，项目从最初的“寻找投资人”变成“选择投资人”，多家投资人向增资方和交易所表达了强烈的投资意愿。

3. 意向投资人信息及时反馈

由于本项目意向投资人众多，为降低增资方决策难度，上海联交所调整策略。在公告期间，及时收集有强烈投资意愿的意向投资人信息并向增资方进行反馈，为增资方遴选决策争取更多时间。

三、项目启示

1. 开创军民融合新起点

长期以来，我国军民融合产业融资模式和渠道相对于其他产业而言比较狭窄，投资主体单一，融资工具较少。而本项目的圆满完成，无疑开创了央企在军民融合方向的新途径，为资本市场助力军民融合产业发展提供了可复制、可推广的宝贵经验。

2. 助推军工领域混合所有制改革

通过本次增资，引入社会资本特别是社会民营资本，对推进军工领域国企混合所有制改革有着重要的示范意义。项目的成功，一方面从资金投入上大力支持了火箭公司快舟系列运载火箭产品研制，为加快商业航天上下游产业布局与快舟总装能力建设募集了资金；另一方面有助于完善火箭公司治理结构，激发企业内生增长动能，对火箭公司今后经营发展起到了有力的推动作用。

（上海联合产权交易所供稿）

渤海证券增资 52 亿元扩股 15 亿股项目

2017 年，该项目荣获中国产权交易资本市场最具影响力案例奖，并得到评委和行业的高度评价：天津产权交易中心（以下简称天津产权）成功运作渤海证券增资 52 亿元扩股 15 亿股项目的重大影响力，并不仅在于项目本身属于金融行业，融资额度大、市场关注度高、操作风险大、溢价率高；更重要的是，在项目受到市场青睐的情况下，天津产权以专业化、市场化的服务，创新地对项目科学合规拆细、合理定价，率先把簿记建档、荷兰式招标定价方式引入产权交易市场增资项目，并开发了专门的线上竞价交易系统。这些探索必将在产权行业产生示范效应和深远影响。该项目的成功运作，充分体现了天津产权在企业增资、业务创新方面的专业服务能力和水平，充分发挥了天津产权的资本市场平台作用。

一、项目背景

为了进一步扩大资本实力，引入新的战略合作伙伴，尽快实现上市目标，渤海证券按照市政府、市国资委对上市工作的部署，拟在上市前分两轮增资40亿股。在2015年底完成原股东和市属国资首轮增资24.33亿股后，第二轮增资拟通过在产权交易市场具有较大影响力的天津产权募集社会资本15.67亿股，折合资金约50亿元人民币，占增资后总股本的19.5%。

二、项目难点及方案策划亮点

此次增资项目与以往不同：①渤海证券属于金融行业，而且是天津市重要的投行类金融机构，社会关注度高；②增资额度大，时间紧，需在金融监管机构批复文件时限要求内完成增资；③既要引入多家投资人，又要满足同股同价要求，需要对股本进行合理的拆分并探索新的定价方式；④由于增资方的金融机构属性，对股权设置方案和投资人资格提出更高的要求，项目操作风险大。对此，天津产权、天津实物转让调剂市场项目团队主动服务、精心设计、大胆创新，成功以“簿记建档”定价方式运作了渤海证券增资扩股项目，取得很好的效果。此举充分发挥了产权交易市场“投行+平台”的服务功能，得到两级国资委和企业的充分肯定和好评。

一是借鉴“簿记建档”，创新投资方遴选方式。为满足渤海证券对公司制法人最低认购1亿股、最高认购8.037亿股、有限合伙制基金最低认购1.5亿股、最高认购8.037亿股的要求，按照渤海证券增资扩股19.5%（1566844816股）的投资者资格和股权设置要求，天津产权打破传统多次报价的竞价方式，借鉴股票“簿记建档”定价方式，按照“价格优先、时间优先”的原则，采用一次性报价方式定价。

二是大胆打破不合理业务规则条框，市场化、专业化运作。按照增资扩股业务的特点，修改完善天津产权的增资扩股业务规则。适应企业增资扩股行为决策规则，满足增资扩股业务的专业化、市场化需求，帮助企业引入战略投资者，最大限度地为企业提供高效、便捷服务。

三是开发专门增资扩股交易系统，做好项目路演推介。根据项目竞价方式的特点和要求，天津产权认真组织有关部室研究开发了专门的增资扩股竞价交易系统，将荷兰式招标的定价思路引入产权交易市场增资项目；同时多渠道、多方式对项目进行推介，提供专业化的竞价服务，确保交易规范、公开、公平、公正。

四是成功溢价引入6家投资人，实现超募和国有资产保值增值。项目公示期为2016年6月16日至7月13日，公示结束后共有6家意向投资方符合要求并确认进入竞价环节。项目挂牌价格为3.16元/股,通过竞价，最终成交价格为3.3元/股。

五是两步出具增资凭证，有效防范交易风险。渤海证券分别与6家最终投资者签订增资协议并完成相关程序后，天津产权先为其出具了金融监管部门审核用的增资扩股证明；待审核通过并收到渤海证券关于该项目的验资报告后，天津产权于2016年9月出具了最终的增资扩股证明。

表1　项目基本融资信息

计划认购量（股）	1566844816
有效认购量（股）	1632000000
最终认购量（股）	1566844816
超募（股）	65155184
计划增资额（元）	4951229618.56
最终增资额（元）	5170587892.8
超募额（元）	219358274.4

三、项目启示

做好增资扩股业务是提升产权交易市场融资功能的重要抓手。中发〔2015〕22号文和国发〔2015〕54号文将产权交易市场纳入我国多层次资本市场的重要组成部分，32号令将增资扩股业务与国有股权交易、国有资产交易一同纳入产权交易市场进行交易，并将增资扩股业务作为打造产权交易资本市场的新开端。渤海证券增资扩股前期的运作虽然在32号令出台之前，但完全吻合32号令精神，这充分说明天津产权完全具备做好增资扩股业务、帮助企业融资、引入社会资本、引进战略投资者的能力。下一步，天津产权将认真贯彻有关文件精神，不断提升市场融资功能，把自身打造成市场化、专业化的资本市场，为国企国资改革、混合所有制经济发展做出新的贡献。

（天津产权交易中心供稿）

天津产权成功运作津融资产项目，助力国企混改引战融资23.2亿

天津产权交易中心（以下简称天津产权）根据天津津融资产管理有限公司（以下简称津融资产）对外增资引战和原股东增资的双重需求，积极将服务向前端延伸，发挥专业融资咨询服务功能；帮助企业设计“场内增资”与“场外增资”同步进行交易模式，合理设置资格预审条件，增资业务信息披露期间采用保证金报名，科学合理拆分增资份额，分别组织择优遴选。最终，天津产权帮助津融资产募集资金23.23亿元，股东由国有独资1家增至行业龙头央企、市属国企、上市公司、民营企业等5家，注册资本金由10亿元增至30亿元，规范又高效地满足了企业增资混改、优化股权结构、引入战略投资人、提升平台功能等综合诉求，得到政府、原股东、增资企业、投资人多方的高度认可。

一、项目背景

津融资产成立于2016年4月25日，注册资本10亿元人民币，是经天津市人民政府授权、中国银监会备案，具备开展天津市范围内金融企业不良资产批量收购处置业务资质的地方资产管理公司。公司成立以来，结合自身资产管理业务，主动对接政府、企业、金融机构等各类组织，以不良资产经营为核心，延伸开展投资投行业务与其他金融服务；确立了“大资管+投行”的发展模式，以“构筑产融结合、特色鲜明的国有资产管理”为主业，打造资金融通、资产管理、资本运作“三位一体”的资产管理运营体系。

为贯彻落实天津市委、市政府关于推进国有企业改革的总体部署，落实《中共天津市委、天津市人民政府关于进一步深化国有企业改革的实施意见》等文件关于深化国有企业改革的精神，充分发挥地方资产管理公司平台作用，打造优质高效的不良金融资产处置平台，津融资产拟通过天津产权增资扩股引入战略投资者，实施混合所有制改革，进一步完善公司治理结构和股权结构，提升公司处置不良资产的能力，强化资源整合优化功能，提高专业化经营水平和风险防范能力。

二、项目运作亮点

1. 高效开展项目前期对接，把服务向前端延伸

天津产权项目团队于2017年11月与津融资产进行对接，积极了解企业诉求，与企业深入探讨交易细节，研究项目交易方案及择优方案的拟定工作。该项目于2017年12月15日经天津市深化国企改革工作领导小组会议审议通过，并于2017年12月22日在天津产权正式信息披露。从项目对接到拟订方案，再到挂牌，

历时不到两个月，充分体现了天津产权的高效服务。

2. 发挥专业化服务功能，设计“场内场外同时增资”方案

增资企业本次增资扩股要引入四家外部战略投资者，同时原股东津融集团也将对增资企业进行场外增资。项目组根据项目特点，建议采取“场内增资+场外增资”同时进行的方案。这样既可以提高效率，也便于融资定价。

3. 合理设置资格预审条件，采取增资业务保证金报名

设置资格预审，可使增资企业及意向投资者互相进行充分的尽职调查。资格预审环节通过后，由增资企业向符合投资资格条件的意向投资者出具《资格审核结果通知书》，并由意向投资者向天津产权提供相关资料，进行投资登记，并在方案中约定，在挂牌公示期内支付增资保证金。这样，在项目到期后即可确认合格意向投资者，有效缩短了项目周期，也减少了确认合格意向投资者的不确定性。

4. 以企业需求为导向，科学拆分增资份额比例，合理设置投资人门槛

在方案制定中，天津产权根据增资方对企业战略布局及投资者的要求，在保证合规的前提下，灵活地将本次增资拆分为四个层次，分类设置战略投资人条件，全方位、多角度引进最佳战略投资者。增资扩股完成后，增资企业股东结构见表1。

表1 增资企业股东结构

股东	注册资本（亿元）	股权占比
天津津融投资服务集团有限公司	10.80	36%
战略投资者一	6.00	20%
战略投资者二	5.85	19.5%
战略投资者三	5.85	19.5%
战略投资者四	1.50	5%
合计	30.00	100%

同时，设定意向投资者仅可对其中一个增资份额进行投资，且意向投资者关联方不得投资此项目，有效保证了国有大股东地位，确保原股东在增资后企业的话语权。本项目在实际操作中体现了高效、专业、贴合企业实际发展需要等特点。

在投资人资格条件方面，根据出资份额和引战需求，分别设置了四个不同层次的战略投资者要求，对总资产、所有者权益、盈利情况等做出了层次清晰、定位明确的详细规定，便于本次增资选择最合适的战略投资者，以满足津融资产的长期发展需要。此举既满足了增资方对战略投资人的基本条件要求，又强调降低投资者准入“门槛”，广泛征集投资者，最大限度发现优质投资人。

三、项目成效

2018年2月22日本项目信息披露期满，成功征集到了资管行业龙头邦信资产管理有限公司、天津骏泰企业管理有限公司、天津市星河投资发展有限公司和天津东疆投资控股有限公司4家与其有较强协同性的战略合作伙伴。本次混改完成后，津融资产的股东由1家增至5家，股权结构由国有独资调整优化为36%、20%、19.5%、19.5%、5%，注册资本金由10亿元增至30亿元。通过“场内”增资引入外部战略投资者为企业募集资金23.23亿元，场内增资增加注册资本金19.2亿元。

此次增资扩股混改为津融资产引入了大量发展资金，优化了股权结构，有利于进一步增强企业活力和资源优化整合能力，顺利实现了预期的混改目标。邦信资产管理有限公司依靠其丰厚的不良资产批量收购业务资源在一定程度上对津融资产今后的业务开展提供强大的推进力；境外上市公司远东宏信旗下天津骏泰企业管理有限公司在租赁业务方面具有较大优势，以战略投资人身份入股津融资产，对于津融资

产以后开展租赁相关业务大有裨益；天津市星河投资发展有限公司在金融、地产等领域具有较强竞争力，可以为津融资产提供先进的管理理念和宝贵经验；天津东疆投资控股有限公司在资产管理、融资租赁、基金管理等领域具有丰富的资源和经验，能够为其丰富交易品种、拓展服务领域提供重要支持，真正为国企混改引入了“真家伙、硬家伙”。

四、项目启示

天津产权在现行法律法规的框架下，积极进行行之有效的创新与探索，特别是32号令实施以来，天津产权成功运作了多项企业增资混改项目，全力为国企混改提供专业化服务。该项目中，天津产权在为企业引入外部股东时，除了考虑为企业引进先进的技术和管理理念，拓展新的市场空间等外，还设身处地、充分把握融资方和投资方的深层次需求和长远目标，充分考虑两者的战略协同效应，以最大限度地实现双方共赢。

（天津产权交易中心供稿）

中新大东方人寿股权转让项目增值23.36亿元创下历史新高

2015年9月18日，中新大东方人寿保险有限公司（以下简称中新大东方）50%股权在重庆联合产权交易所（以下简称重庆联交所）历经近5个小时721次网络报价，最终以39.39亿元成交，增值23.36亿元，创下了重庆市国有企业股权转让增值额新高，成为中国产权行业国有企业股权转让增值额较高的项目之一。

一、项目简况

中新大东方是中外合资企业，2006年在重庆注册成立，注册资本10亿元人民币，由重庆市城市建设投资（集团）有限公司、重庆市地产集团、大东方人寿保险有限公司（外资企业）及重庆财信企业集团（民营企业）分别持股25%。

随着保险行业竞争日趋激烈，中新大东方逐渐陷入发展瓶颈。2014年9月，中新大东方为扩大经营规模拟通过重庆联交所进行增资。在正式挂牌前，重庆联交所主动开展推介服务，为中新大东方对接了大量的投资方。虽然中新大东方最终没有进行增资，但前期的推介服务为此次股权转让的大幅增资创造了重要条件。

二、交易概况

重庆联交所在接到项目资料后，建立了项目经理每周与转让方电话、上门拜访的常态化联系机制，及时了解项目的最新进展，详细记录重点事项。重庆联交所高度重视中新大东方股权转让项目，组织精干的工作团队，从公告挂牌、市场推介、组织报名到网络竞价做了大量工作，做到了市场发动精准高效、交易流程严谨合规、交易环节真实留痕、投资人信息严格保密。在一个多月的交易过程中，项目组在对企业情况及行业发展趋势进行深入分析的基础上，形成了上万字的推介资料；通过中国证券报、和讯网、环球财经等10多家有影响力的专业媒体，以及集团门户网站、微信平台等互联网渠道联合发布资讯；对北、上、广、深等发达地区的上百家央企及大型民营企业进行了定向推介，最终创下了39.39亿元的成交价，实现了23.36亿元的增值。

三、服务创新

本次股权转让中，重庆联交所化被动为主动，开展了积极主动的推介，不再局限于旧有的推介方式，而是以“互联网+”的新推介模式结合定向推介，力求做到推介精准有力，吸引有效投资人。针对2015年互联网金融异军突起，各种金融牌照获取难度增大，相应的价格也水涨船高，特别是对于部分传统行业企业，金融牌照更是价值千金这一情况，重庆联交所主动开展精准推介，向多家传统行业企业推介该项目，重点推介保险牌照的前景和价值。

挂牌期间，重庆联交所接收全国各地电话咨询及现场咨询高达50余次。30多家央企和大型企业反馈投资意愿，重庆联交所各级人员持续与其中20多家投资方积极对接，征集到中信国安集团有限公司、恒大地产（南昌）有限公司、四川大地实业集团有限公司和龙光基业集团有限公司参与最终竞价。中新大东方项目网络竞价会于2015年9月18日15点开始，一直持续到19点45分，历时4小时45分钟，累计报价721次，竞价激烈程度在大额股权交易项目中非常罕见。最终，恒大地产集团（南昌）有限公司以39.39亿元竞得中新大东方50%股权，比挂牌价16.03亿元增值23.36亿元，比股权对应净资产2.99亿元增值36.4亿元，溢价13.2倍。

四、项目启示

重庆联交所作为重庆市国有产权阳光交易平台，在重庆市委、市政府的坚强领导和重庆市国资委的正确指导下，开展积极主动的推介服务，创新推介模式，通过专业的市场推介、规范的交易组织和高效的网络竞价，坚持“立足重庆、辐射中西部、服务全国”的发展理念，打破地域限制，为探索国有产权公开、公平、公正交易，实现国有资产保值增值，助推国有经济结构调整、转型升级做出了应有的贡献。

（重庆联合产权交易所供稿）

服务长电联合增资，助力电力企业混改推进

2017年9月26日，重庆长电联合能源有限责任公司（以下简称长电联合）增资项目在重庆联合产权交易所（以下简称重庆联交所）正式挂牌。至此，三峡集团在重庆地区电力整合平台公司混改工作正式启动。

一、项目概况

1. 增资企业概况

长电联合成立于2017年2月16日，是三峡集团联合地方国资公司在重庆推进混改的平台公司，注册资本金1亿元，股东结构为：中国长江电力股份有限公司出资2500万元，占总股本比例为25%；重庆新禹投资（集团）有限公司出资2500万元，占总股本比例为25%；重庆两江新区开发投资集团有限公司出资1500万元，占总股本比例为15%；重庆涪陵能源实业集团有限公司出资2500万元，占总股本比例为25%；重庆渝富资产经营管理集团有限公司出资1000万元，占总股本比例为10%。其主要业务经营范围为：配售电系统开发、建设、设计及运营管理；电力供应、销售及服务；电力技术开发、咨询、转让、服务；承装、承修、承试电力设备设施。

2. 混改相关背景

根据《中共中央关于全面深化改革若干重大问题的决定》和国务院国资委积极发展国企混合所有制改革的相关要求，三峡集团拟积极推进混合所有制改革步伐，积极参与重庆地区配售电业务混改，抢占新一轮电力体制改革的先机。由三峡集团牵头设立的长电联合被纳入国家第二批混合所有制改革试点，着力打造重庆地区规模效应大、发展能力强、具有较强竞争力的配售电公司。通过混合所有制改革，引入国有企业、民营资本股东，整合其持有的输配电业务及相关资产，提升企业盈利能力和经营规模，努力实现企业资本化运作的目标。

重庆作为全国配售电改革的标杆，2016 年底获批成为全国首批配售电改革试点。以往重庆区域内的供电市场由国家电网公司占主导地位，随着重庆市力推“四网融合”，改革重心落脚在增量配网建设上，旨在打破电网配售电垄断，探索配售电新商业模式，提升配售电领域服务水平，降低重庆本地用电成本。两江新区是重庆增量配网的示范区，三峡集团自 2016 年底开始深度参与重庆电改，以长兴电力作为平台，开拓两江新区增量配网市场，同时参股重庆地方电网渝新通达、聚龙电力、乌江电力，并通过资本市场举牌上市公司三峡水利。长电联合作为三峡集团携手重庆市政府深入推进重庆电力体制改革新平台，拟整合重庆区域内两江新区、涪陵地区、黔江地区、秀山地区等分散的优质配售电资源，大力拓展增量配售电业务。以资本市场运作方式，进一步扩大并巩固重庆电改成果，打造改革标杆，实现国家电力体制改革的重大突破。

二、具体服务措施

1. 精品服务，为项目策划合理方案

2017 年中旬，重庆联交所接到长电联合增资项目启动通知，立即筹备项目前期工作。积极协助增资方开展方案拟定、增资资料筹备、增资政策法规讲解等工作，并聚集了华泰证券、天元律师事务所、信永中和会计师事务所、重庆华康资产评估公司等专业服务机构，为企业提供前期论证、增资对价测算、投资方市场摸底、合规性保障、路演推介、障碍排除等一系列对标资本市场的全流程服务，为项目顺利推进打好基础。

在与增资方进行前期对接过程中重庆联交所了解到，本次增资企业长电联合是在央企与地方国企合作推动重庆辖区内电力体制改革的背景下成立的，旨在整合重庆区域内零散的局部输配电资源；但它并不具备相关电网资源，存在流动资金少、注册资本金尚未实缴到位的问题。在方案拟定过程中，重庆联交所打破传统会议研讨定方案的模式，通过专业服务团队广泛收集投资市场信息，协同专业机构对重庆及周边区域的配售电行业进行充分摸底调研，深入了解各地方输配电业务情况及资源配置情况，结合资料收集情况对增资企业的现状加以分析论证，为增资方量身打造增资方案。重庆联交所通过对所收集资料的充分研究分析，提示增资方传统的货币增资虽然能使增资企业有充足的资金去针对性地收购整合电力行业优质资源，但达到整合目标耗时周期长，且增资企业为新设立平台公司，没有稳定的业务资源及较高的收益预期，可能导致投资方对此项目前景产生怀疑。建议通过非货币增资方式，即投资人以其持有的公司（以下简称标的公司）股权评估后的价值来参与增资，增资完成后，投资人成为增资企业的股东；同时，增资企业也成为标的公司股东，并实际控制标的公司，掌握标的公司资源，实现长电联合对分散区域配售电业务板块及行业优质资源的有效整合。

2. 专业辅导，合理进行项目设计

根据前期确定的增资思路及增资方式，重庆联交所从规范增资扩股资料筹备、信息披露、增资资格条件、增资遴选条件、交易流程等方面出发，充分发挥产权交易机构专业优势，为增资企业把好关、服好务，保证项目合法合规地稳步推进。在增资资格条件设定及增资遴选条件设定方面，增资方期望通过资格条件的设置，引入区域配售电业务板块优质资源。此次增资方式为非货币增资，增资方考虑到增资完成后注册资本金由1亿元增加至20亿元，以及增资方将成为标的公司股东，故提出针对标的公司的总资产规模及净利润设置资格条件。重庆联交所秉承合规合法、公开公平的交易原则，一方面严格把控资格条件设置的针对性和指向性，避免量身打造的风险；另一方面充分发挥资本市场定位功能，协助增资方吸纳更多的优质资源，从而实现企业更加良好的发展。为实现增资方的增资目标，并基于对前期收集的各片区输配电企业相关财务数据、资产状况等方面信息梳理，重庆联交所建议增资方将标的企业资产规模设置为不低于6亿元，上年度净利润不低于3500万元。

3. 交易撮合

在服务潜在意向投资方过程中，重庆联交所通过路演、行业精准推荐、上门宣讲等方式，一方面让投资方对增资企业运营预期及核心价值有了充分了解，提高输配电行业关注度及投资欲望，使增资项目顺利推进；另一方面为投资方提供非货币出资标的企业分立、评估咨询等服务，使投资方参与增资的标的公司优质输配电资产有效聚集。针对聚龙电力、乌江实业两家标的公司股权结构相对分散，自然人及民营企业股东持股比例较小，且业务板块受区域限制影响，很难培育企业新增长点，标的企业股东急需通过资源配置调整带动企业经营的全面改善。重庆联交所通过上门对各股东方讲解本次增资方案及长电联合后期拟通过上市实现资本化运作的预期，使各股东方同意采用非货币出资的方式参与本次增资，对长电联合整合黔江区、涪陵区输配电资产起到了关键性作用。

三、增资成效

在重庆联交所的全程护航下，本次增资伴随原股东非公开协议增资和新股东公开募集在2018年2月圆满完成。增资完成后，长电联合成为央企、市属国企、区属国企、民营企业、自然人等股东多元化、持股比例相对分散的混合所有制企业。通过整合分立后存续的两江新区、涪陵区、黔江区等区域的优质电力资源，引进战略投资者，丰富长电联合的股东背景，发挥股东优势，集合股东资源，增强配售电业务竞争力，打造全国独树一帜的大型配售电企业。

四、项目启示

1. 坚持主动响应，提高精品服务意识

在此次增资项目中，重庆联交所始终贯彻高质高效的服务宗旨，主动出击，在项目前端积极与增资方沟通协调；为增资方谋划方案、市场调研、数据分析、专业辅导，保障项目有效运转，并对标投行化服务模式，聚集券商、会所、律所等一批专业服务机构，为企业上市预期做好铺垫，这一系列举措助推混改工作高质高效进行。重庆联交所充分认识到，只有主动响应，提高精品服务意识，大力提升“投行化”专业水平，才能在服务国企混改、供给侧结构性改革等中心工作中迈上新的台阶。

2. 产权交易机构在资本市场中的新挑战

此次增资项目的顺利完成，使我们深刻认识到，我们现在正处在以“深化国有企业改革”为方向，以“发展混合所有制经济”为途径，以“培育具有全球竞争力的世界一流企业”为目标的国企改革道路上。传统的“甩包袱”式的产权转让方式实现国资退出的项目逐渐减少，以混合所有制改革为途径，增大资本规模、实现股权结构多元化的增资扩股项目逐渐增多。在新的国企改革格局中，如何在固有业务形态中有所创新，如何在现有政策环境下提升产权交易机构的资本市场服务功能，如何与资本市场专业机构达成有效的合作模式，成为产权交易机构面临的新挑战。

（重庆联合产权交易所供稿）

方正东亚信托有限责任公司57.51%股权转让项目

一、项目简介

2016年，武汉光谷联合产权交易所（以下简称光谷联交所）成功操作了一宗金融企业股权转让项目——方正东亚信托有限责任公司（以下简称方正东亚信托）57.51%股权转让项目，成交金额500000万元，为武汉本地金融企业争取到一块宝贵的金融牌照，为其做优做大做强做出了贡献。

方正东亚信托是中国银监会于2010年1月23日批准重组成立的非银行金融机构，前身为武汉国际信托投资公司，2010年11月26日正式开业营运，其股东为北大方正集团有限公司（持股70.1%）、东亚银行有限公司（持股19.99%）、武汉金融控股（集团）有限公司（持股10%）。本次转让方北大方正集团有限公司拟转让其持有的方正东亚信托57.51%的股权，评估值为499180.19万元，评估报告已经中华人民共和国教育部备案。该项目于2016年3月8日至2016年4月5日挂牌，挂牌价为500000万元，出让方为北大方正集团有限公司，受让方为武汉金融控股（集团）有限公司。

二、操作亮点

1. 投行思维深挖项目卖点

随着金融市场的不断完善及发展，目前已有越来越多具有地方政府背景的信托公司纳入地方金控平台的旗下，不断整合地方金融资源、打造金控平台为己所用，比如湖南财信，旗下拥有湖南信托、吉祥人寿、财富证券等多家金融机构。

在众多金融牌照中，信托牌照有独特的优势，是稀缺资源。自2007年以后，银监会没有发放过新的信托牌照，供应有限凸显牌照价值。此外，信托被称为“实业投行”，拥有最为宽松广泛的投资范围，能够整合运用几乎所有的金融工具，行业机制灵活。

2. 专业化服务赢得客户信赖

转让标的为金融企业股权，其持有者北大方正集团公司隶属于北京大学，交易行为除须报经教育部审批外，整个交易流程还须接受银监会、商务部监管。从光谷联交所获悉市属项目信息到争取转让方项目进场挂牌交易共跨越两年历时四个月，期间反复谈判，过程跌宕起伏。起初，转让方对光谷联交所的规模、交易品种、金融资质和从业能力等多个方面提出质疑并拒绝将项目纳入光谷联交所交易。光谷联交所为确保项目进场交易，克服各种困难，多措并举。一方面，向省金融办、省财政厅做书面汇报；另一方面，组成专班应对，归纳整理光谷联交所历年金融项目交易案例，并报省金融办及财政厅加以核实，制作交易方案供转让方审核。最终，光谷联交所成功打消转让方疑虑，赢得转让方信赖，项目成功进场并完成挂牌交易。

3. 光谷联交所金融属性得到验证

该项目的成功交易创光谷联交所成立至今单宗项目多个纪录：①单宗项目成交金额之大前所未有；②信托与银行、保险、证券一起构成了现代金融体系，信托股权进场交易前所未有；③金融属性的行政事业资产进场交易前所未有。光谷联交所多层次的资本市场的服务能力得到验证，对今后业务转型具有重要意义。

4. 为地方国企服务能力得到进一步提升

在该项目中，为了寻找合格的意向受让方，光谷联交所定点精准地开展定向推荐，最终武汉金控集团成为本次股权转让的受让方。方正东亚信托57.51%股权花落武汉，为武汉本地金融企业争取到一块宝贵的金融牌照，为其做优做大做强做出了贡献。

三、项目启示

武汉金融控股（集团）有限公司作为武汉市地方政府的金控平台，本次受让方正东亚信托57.51%股权后，共持有方正东亚信托67.51%股权，已居绝对控股地位。在武汉金控平台发展的背景下，信托公司灵活的投融资能力有很大的施展空间。方正东亚信托的大股东变更，成为难得的一次由央企转至地方金控平台的案例。该项目的成功运作，彰显了光谷联交所的综合实力和市场竞争力，锻炼了队伍，提升了服务能力和业务素质，使光谷联交所向多元化业务模式转型迈出了重要一步。

（武汉光谷联合产权交易所供稿）

陕南地产安康有限公司100%股权及债权项目成功处置

2017年3月17日，西部产权交易所竞价大厅异常热闹，电子屏上不断刷新着报价纪录，而这个画面持续了近1个小时！这是陕南地产安康有限公司100%股权在交易所公开竞价当日的情况。该项目以13484.83万元起拍，累计报价47次，竞价激烈程度在大额股权交易项目中非常少见。最终，恒大地产集团西安有限公司以24484.83万元成功摘牌，增值11000万元，增值率高达81.57%，创下了交易所单项国有产权项目增值额新高。至此，倍受关注的陕南地产安康有限公司100%股权转让项目以各方均满意的结果落下帷幕。

一、交易背景

陕西煤业化工集团陕南投资开发有限公司（以下简称陕南投资开发公司）是陕西煤业化工集团有限责任公司下属子公司，该公司于2009年11月20日投资设立了陕西煤业化工集团陕南地产有限公司（以下简称陕南地产），注册资本为11.2亿元人民币，总部设在安康市，主要承担商洛市、安康市的市政建设投资和房地产开发任务。

标的企业——陕南地产安康有限公司（以下简称安康公司）是陕南地产公司出资设立的全资子公司，2013年1月注册成立，注册资本为15000万元，主要从事陕西省安康市的房地产开发业务。根据集团置换土地、盘活资产的统一部署，考虑到安康公司后续土地开发能力，保障安康公司的长远发展，陕南地产公司决定对外转让其持有的安康公司100%股权及债权。

二、策划重点

1. 精心设计转让方案

陕南地产既是标的企业股东，又是其债权人，持有安康公司20943.69万债权。交易所敏锐地洞察到，债权能否顺利收回且清偿是项目交易能否取得成功的核心问题。为避免出现退出标的企业后债权难以追回的风险，交易所建议陕南地产在转让所持安康公司全部股权的同时，将债权捆绑一并转让，以确保一次转让收回对标的企业的全部权益。

为了最大范围征集意向受让方，实现国有资产保值增值，转让方陕南地产在挂牌时未对意向受让方提出限制性资格条件，这为下一步广泛征集投资人打下了良好的基础。

2. 合理选择竞价标的

公告结束后，有两家意向受让方被确认了受让资格。因该项目涉及金额巨大，挂牌公告时约定采用网络竞价方式确定最终受让方。针对本次标的股权加债权的特殊性，为了保障交易公平且合理，交易所建议竞价标的设置为安康公司 100% 股权。这样既能保证权益增值的合理性，又能保障价款的有效收回，转让方也认可此建议。

3. 积极发挥协调作用

因交易金额巨大、一次性支付比较困难，挂牌公告时，本次股权转让价款支付方式设定为分期付款，但对于剩余价款的担保形式并未明确。为了体现公开、公平、公正的交易原则，保障交易资金的到位，转让方采纳了交易所的建议，在网络竞价文件中就剩余价款的具体担保形式做了补充说明。文件发出后，其中一家安康当地的意向受让方书面致函交易所，针对担保形式提出质疑。交易所立即启动调解机制，一方面与转让方座谈会商，一方面向该意向受让方解释沟通，积极协调使双方意见趋于一致。为推进项目网络竞价活动顺利实施，交易所牵头联系了省内大型且信誉良好的担保公司就此项目为该意向受让方进行担保及再担保，增加信任，打消了双方的顾虑，网络竞价活动得以顺利举行。虽然该意向受让方最终未竞得标的，但对交易过程的公正和规范给予了充分肯定。

三、项目总结与启示

安康公司 100% 股权及 20943.69 万债权项目的成功处置，充分彰显了产权交易市场在国有资产有效退出、发现企业资产价值方面发挥着举足轻重的作用。对集团化国有企业来讲，非主业退出加速了企业资金周转，实现了变现收益，成为企业实施“提质增效”“瘦身健体”战略的重要举措。一是通过剥离集团下属企业非主业资产，深入推进企业内部资源整合，实现资产、资源向核心业务和龙头企业集中；二是通过清理整合集团内部企业，缩短管理链条，减少企业级次，理顺企业治理结构，加快建设完善现代企业制度，全面提升企业核心竞争力。

（西部产权交易所供稿）

中外合资企业南华气体公司整体股权转让

一、项目概况

广州钢铁控股有限公司（中方）、林德港氧有限公司（外方）联合委托广州产权交易所转让深圳南华气体工业有限公司（标的公司）100% 股权。该项目以网络多次报价的方式进行竞价，吸引了包括宝能、华润、鸿荣源、大族、碧桂园、正中、金地、中航里程、中科创与海王联合体、华网通讯、珠海恒隆投资、佳兆业、前海乾坤投资、天格等在内的十余家房企参与竞拍，最终以人民币 15.42 亿元成交，增值了 11.74 亿元人民币，增值率为 319.02%。

二、标的公司背景

标的公司位于深圳市中心南山区高新科技园内，成立于 1988 年，由中、外方各持有 50% 股权，经营范围为主营高纯度工业用特殊气体。

适逢深圳市南山区高新科技园进行产业升级

改造规划。该区域以统一规划、分步实施、立体布局、复合更新为原则，以实现产业升级、空间倍增和产城融合为总体目标，打造世界一流高科技园区。由于主营危险化学品业务已不符合科技园的产业要求，标的公司已将业务相应转移至转让方关联公司。目前，标的公司实为一家仅有土地及地上附属物的空壳公司。

标的公司核心资产为南山区第五工业区内地块，性质为工业仓储用地，使用权面积达15000平方米。地块纳入三旧改造范围，改造需要三旧改造办和科创委的审批方可实施。

根据深圳市2015年8月出台的《深圳高新区北区产业升级改造实施方案》，标的公司不属于高新企业，不具备城市高新改造主体资格。为此，标的公司只能寻求合作开发或者股权转让实现增值收益。

三、调研筹划

1. 分析项目特点

广州产权交易所深入了解项目后，结合相关行业政策法规，发现项目有以下特点与难点：

一是中方为广州市大型国有企业，外方为“世界五百强”全资子公司，标的公司经营管理上较为规范，账务清晰。

二是由于标的公司无法继续经营，预判社会资本看中的应为企业的土地资产。土地开发受企业行业限制，但标的公司股东变更应不受上述限制。

三是标的公司为中外合资企业，其股东变更需由商务部门进行审批。

四是外方股东没有在中国境内设立离岸账户。为此，受让方有50%的股权对价须出境至外方账户，受国家外汇管理部门及相关制度监管。

五是中外股东均有快速回笼资金的需求。

2. 制定实施方案

在充分分析上述特点与难点后，广州产权交易所与转让方共同制定了切实可行的实施方案。

（1）采用“分开挂牌，捆绑受让”的方式对项目进行正式挂牌。

根据中外两股东确定的“同股应同价”的要求，通过产权交易机构整体转让标的公司100%股权势在必行。然而按“100%股权”模式录入国资监管系统进行挂牌，需对中外方的100%股权交易资金进行“场内结算”监管。对于外币资金出境环节，需面对广东省外管局、深圳市外管局两重审批，审批时间和环节难以预计。考虑到转让方快速回笼资金的需求，广州产权交易所最终确定对外方股权的资金不进行监管。为满足上述操作需求，将中外方各自持有的标的公司50%股权分开录入系统，并对项目进行挂牌；但两项目均设置了“受让一方50%股权的同时，必须受让另外一方持有的50%股权”的互为交易条件。

（2）设立资金共管账户，保障交易双方权益。

由于不对外方股权资金进行监管，如何保障交易双方在资金交割中的权益就显得尤为重要。为此，广州产权交易所建议项目成交后外方股东与受让方共同设立资金共管账户，受让方资金划入该账户，在标的公司工商变更、所得税申报手续、外汇登记变更等完成后款项审批出境。该方式得到外方认可并作为交易条件公布。

（3）合理制定股权转让协议。

双方股东委托广州产权交易所协助制定《股权转让协议》，由于分两个版本签订，合同内对股权交割和资金交割的约定尤为重要。经与中外股东多次研究，定下了“交易双方协助、标的公司负责办理工商变更手续”“100%股权变更须同时办理”“一方股权无法变更，另一方合同终止”“交易价款支付至转让方账户次日为权益交割日”等原则，并制定了《股权转让协议》。

四、总结分析

1. 充分征集买家，使买卖双方达到共赢

该项目运用了“预披露+正式挂牌”的模式，

通过省级纸媒、网站、公众微信号等多种渠道，尽可能详细地披露项目信息，使本项目获得众多大型企业的关注。同时，本项目是典型的“嫁闺女”而非“招女婿”，买家身份不受限制，更能让项目充分竞价。最终历经五个小时的竞价鏖战，买家以15.42亿元的总价竞得，卖家也实现了国有资产大幅增值，交易双方达到共赢。

2. 为同类型项目处理积累经验

本项目交易，适逢国务院国资委、财政部32号令颁布。与3号令相比，32号令在国有资产的公开交易范围、信息披露、条件设置、资格确认、期间损益及价格结算等方面都有一定变化。同时，国家商务部于2016年10月初发布了《外商投资企业设立及变更备案管理暂行办法》，股权转让由原来的“审批制”变更为“备案制”，也使本项目的操作与过往有所区别。为此，广州产权交易所积极学习新文件、新规定，整个项目交易环节均严格按照32号令进行运作，遵从外经部门、国家外汇管理制度等政策规定。

同时，本项目是股东权益转让而非企业财产（土地使用权）转让，受让方在受让了公司的股权后，取得了对公司财产的支配参与权与收益分配权，而非财产的拥有权。由于股权转让与土地使用权转让在转让条件、登记部门、发生税费、适用法律等方面不同，如本项目采取土地使用权转让的方式进行，买方的受让资格将大大受到广东省三旧改造政策、《深圳高新区北区产业升级改造实施方案》的限制，且成交后将需要交纳大额的土地增值税；而股权转让则避免了该等问题，既能广泛征集买家，又能降低交易成本。该项目的成功交易在业界引起较大反响，获得了转让方的充分肯定，也为日后处理同类型项目积累了经验。

五、体会与思考

争取项目进场、促成项目交易、充分增值、经得起时间推敲，这是一个成功产权交易项目的主线。随着32号令的颁布，企业股权、增资扩股、资产转让将全面进场交易，广州产权交易所将不断提高自身服务质量、员工专业素质和服务能力，进一步创新产权交易服务理念，力争朝专业化、差异化、精益化方向不断前进。

（广州产权交易所供稿）

山东省交通运输集团有限公司混改项目

山东省交通运输集团有限公司（以下简称山东交运）是山东省首家启动集团层面混改，实现集团整体改制、职工持股试点及引进社会资本三大效应的省管企业。混改完成后，原本是国有资本100%持股的山东交运实现国有资本持股37%（保留第一大股东地位）、战略投资者社会资本持股33%、职工持股30%的混合所有的格局。山东交运也成功引入包括普洛斯、建信投资、长城资本、尚信资本、山东国赢等具有产业协同效应和行业领先优势的社会资本。山东交运混改的实施和落地成为山东省国企改革的试金石，也成为国企混改的“山东模式”。

一、“双试点”催生改革机遇，山东交运寻求涅槃重生

山东交运虽然在山东的交通运输行业地位显著，但在充分竞争的市场环境下，国有企业的决策慢、效率低、资产利用率不高、机制不灵活等

弊端凸显，已经直接影响到企业的生存和发展。近年来，山东交运面临着前所未有的发展压力，集团资产情况复杂、权属企业众多、人员众多等问题阻碍了企业前进的步伐。截至2015年末，山东交运拥有分公司37家，二级子公司16家，三级子公司14家，参股公司8家，员工达5000多人。虽然形成了客运为主体，集物流、旅游、汽车后服务、三产、港航等关联产业于一体的业务格局，但是在激烈的市场竞争环境下，受高铁、航空等客运影响，山东交运客运主业业务持续下滑。而且山东交运在省管企业中的地位也在逐年下降。山东交运曾经是山东省国资委全资的国有独资公司、省属一级企业，在2016年，其30%股权被划转到山东省社保基金理事会，其70%股权被划转到山东国惠投资有限公司（以下简称国惠投资），由此成为国惠投资的二级公司，之前省属一级企业的光环彻底消失。山东交运的管理层深刻认识到问题的严重性，认为亟须注入新鲜血液、引进先进管理理念和优质的产业配套资源，解决企业内外的发展问题，加快企业转型升级。由于山东交运谋生存、图发展必须从机制、体制、市场等多方面全方位地进行改革，因此混改是其突围的重大契机。经过多方的努力，山东交运最终被确定为山东省首个“双试点”（混改试点和职工持股试点）企业。山东交运混改启动，各方力量汇集，全力助推山东交运焕发生机。由山东产权交易中心（以下简称山东产权）旗下山东国赢资产管理公司（以下简称山东国赢）与山东福道投资有限公司（以下简称福道投资）共同组建的产权顾问专业团队，为山东交运混改提供全流程服务。

二、难点重重不破不立，山东交运混改破旧立新

企业的改革改制“牵一发而动全身”，山东交运混改也不例外。清产核资、划拨土地、职工持股、职工安置分流、战略投资者遴选等诸多问题同时摆在改革者的面前。要解决问题，就需要变通、变革和创新。在项目推进实施过程中，山东交运的混改并没有墨守成规，而是在各方的大力支持下，大胆尝试寻求突破。混改的“山东模式”，不破不立。

1.“存量+增量”混改方案设计，不断破旧立新探索“山东模式”

以山东产权为代表的产权顾问团队经过调研分析，针对山东交运和潜在战投的实际情况，突破现有模式，设计了“存量+增量+职工持股”的混改方案，全力推动混改进程。“存量+增量”模式也成为山东交运混改的一大亮点。“存量+增量”方式就是公开进场转让存量资本与引入增量社会资本同步进行，一方面通过增资扩股引进战投与核心骨干持股，一方面出售部分存量给二者。这样既控制了引入资金规模，也解决了员工入股资金压力大的问题。存量方面，山东省社保基金理事会完全退出，其享有的标的企业股东权益1.62亿元由战略投资人认购，国惠投资享有的1.26亿元股东权益由员工持股平台认购。增量方面，新增1.39亿元增资额度。其中，6237.57万元的份额，将允许不少于两家战略投资者认购；其余7754.34万元的份额，则面向员工持股平台，由职工认购。最终，国有股权在保值增值基础上，出让股权获取转让收益，补偿改制成本；增资为企业后续发展带来新的资本，存量与增量被新进投资者认购，实现股权多元化和科学股权比例。

2.顶格设计职工持股，与战投市场价格同股同价

山东交运职工持股是按照《关于国有控股混合所有制企业开展员工持股试点的意见》（133号文），以及《山东省属国有企业员工持股试点工作实施细则》等的规定顶格设计，职工持股比例30%、单一个人不超过1%，持股范围为管理层核心骨干员工。通过合伙企业方式设立持股平台，科学制定平台股权流转机制，确保能进能退、岗变股变，保证股权激励作用的持续、有效。内部

员工股权比例标准为岗位，职级高、责任大的岗位，对应职工可持股比例较高，同时对关键技术岗位骨干员工也设置持股权利。员工持股与战略投资者市场形成的投资价格同价同股。山东交运核心团队和骨干180多人组成了四个职工持股平台，入股山东交运。员工持股平台按照与战略投资者同股同价的原则出资2.04亿元（包括原国惠投资享有的1.26亿元和新增的7754.34万元的份额），占混改后集团注册资本的30%。山东交运的职工持股方案顺利实施，极大地推动了混改的进程。

3. 双向清产核资，展现“真实”的山东交运

企业的核心价值之一就是资产，梳理核实企业资产，给投资者展现一个“实实在在”的交运，使其投有所值，是改制企业必须要面对的问题。一方面，审计中介机构按照委托对山东交运进行全面的清产核资，梳理企业的资产情况。另一方面，山东国赢和福道投资产权顾问团队相关人员按照审计中介机构出具的清产核资的意见草稿，根据山东交运下属企业的实际情况，充分运用会计准则等相关规定，对山东交运产业的资产情况等进行了大量梳理、核实、校对工作，并将梳理结果提交山东交运和中介机构，作为出具审计报告的参考。另外，对山东交运非主业的部分资产进行改制或者剥离。提前剥离改制了一批产业关联度不高的企业和资产，提高了交运资产的“实度”和“净度”。剥离资产由国惠投资继续持有，改制资产通过山东产权市场化转让，回笼了部分资金。

4. 划拨土地政策省市联动，混改团队创出改制新路径

山东交运作为老牌的国有企业，拥有大量的土地资产。但是由于历史原因，划拨土地遗留问题很多，权属不明、四邻不清等情况比较严重，特别是各级政府的划拨土地政策不统一，土地无法正常纳入改制资产，导致无法确定资产价值，混改进程一度停滞。混改团队的专业人员充分调研省级和济南市的改制企业的土地政策，积极协调省、市两级国资监管机构函商，由山东交运共享市属国有企业改制政策，一篮子解决划拨土地政策问题。山东交运划拨土地通过边改制边出让的方式，彻底解决了划拨土地四邻不清、权属不明的历史难题，划拨土地全部纳入改制范围。土地出让问题的解决，直接提升了山东交运混改的底气，大批土地都在济南市的核心位置，成为山东交运引进战略投资者的一大筹码。

5. 合理分流人员，员工安置和费用支付探索新方式

根据山东交运员工自愿，对离退休5年的职工全部进行内部退养分流，减轻企业后续发展人员老龄化和机构臃肿的问题，得到了广大员工的支持。为了落实分流人员安置费用和审批程序问题，混改团队进行政策研究、案例调研，组织协调公关，人员分流安置及费用支取取得突破，并得到相关部门的认可。最后，根据相关政策规定，山东交运将离休干部费用、内退人员费用、工伤人员费用等1.3亿元劳动保障费用从净资产中计提，并负责支付。为保证按期、及时、足额地支付或缴纳各项职工安置费用，山东交运专门设置银行专户对计提的安置费用进行管理，计提的费用分期划入专户，专户内资金专款专用，由混改后企业按时支付。

三、产业协同、商业提升、共赢发展，山东交运与战略投资者建立发展共同体

战略投资者引进是企业混改成功的关键。混改方案设计时就确定了山东交运引战的原则，侧重引入产业协同、商业提升、产业开发等投资者和资本运作投资者。对产权顾问团队来说，要吸引适合的战投就得挖出山东交运的真东西和真实力，既要有即期利益，又要有远期发展前景。即期利益就是山东交运拥有的土地资源，其部分土地紧邻济南大型CBD等核心位置，主客运站都有搬迁土地置换的预期，升值潜力很大，成为战投

眼中的“香饽饽”，是引战成功的重大保障；远期发展前景就是山东交运客运、高中低端的汽车租赁服务，兔兔快运、散单物流等在山东依然处于霸主地位，机制改变后会有较长足的发展。对投资者来说，需要看到山东交运的发展前景和内在动力。山东交运行业地位明显，资产扎实，管理团队团结稳定，股权多元化将带来体制机制转变，产业升级发展与资本市场助力相结合，未来具有经济效益提升和上市的良好预期。对山东交运来说，为充分发挥新进投资者资源优势，促进改制后企业实现持续、稳定发展，山东交运混改引入了战投对于山东交运反向对赌的机制，并进行了有益的探索性尝试，取得较好效果。虽然战投都是以基金平台入股，但是每家战投都穿透到基金的实体企业，对交运的物流、旅游、网约车和汽车后服务产业发展进行了相应的业绩承诺，将战投的利益和国有股东、职工的利益完全捆绑，形成优势互补、系统发展的局面。

2016 年 6 月 15 日，山东交运混合所有制改革项目在山东产权公开征集战投。经过公开遴选，最终引进的三家社会资本都是以私募基金的形式投资山东交运，分别是济南国惠兴鲁股权投资基金合伙企业（有限合伙）出资 3400 万元，占比 5%；济南福道长瑞股权投资基金合伙企业（有限合伙）出资 7480 万元，占比 11%；新余国寿尚信健隆投资中心（有限合伙）出资 11560 万元，占比 17%。山东交运混改完成后，注册资本变更为 6.8 亿元。其中：国惠投资出资 2.516 亿元，持股 37%；四个员工持股平台出资 2.04 亿元，持股 30%；三家战投基金平台出资 2.244 亿元，持股 33%。战投基金内的社会资本包括物流国际巨头普洛斯、首汽约车（团队）、建信投资、长城资本、尚信资本、山东国赢等多家战略投资者。普洛斯作为一家国际知名的新加坡外资企业，是全球领先的物流基础设施和服务提供商，对交运在营的传统客运、城市出租车及物流产业的结构优化调整、经营模式创新升级等方面起到了积极的促进作用。普洛斯将在物流、土地开发、商业模式创新等方面与山东交运开展业务合作，推动山东交运物流业务成为重要利润源；建信投资、长城资本等战投将在投资融资、上市等方面为山东交运提供增值服务；国惠投资作为山东省改革发展基金，通过子基金济南国惠兴鲁股权投资基金入股山东交运，为山东交运提供资本运作、资产证券化等方面的增值服务。

四、产权顾问 + 投行，产权交易市场服务国企混改的“山东模式”

山东产权统筹旗下山东国赢，与福道投资组建的以产权顾问为核心的交运混改团队一起，从混改方案的优化、实施方案的推进、部分资产剥离、职工安置方案落地、划拨土地的处理、“存量 + 增量 + 职工持股”交易方案的设计、战投基金组建、战略投资者遴选等多方面为山东交运混改提供全过程、全方位、体系化的专业服务。山东产权和旗下山东国赢在混改过程中扮演了交易平台、产权顾问、基金战投三个重要的角色。在战略投资引进方面，山东国赢与福道投资一起发起设立了专项混改基金济南福道长瑞股权投资基金，引进长城资本、国赢资本、济南国投等投资山东交运，为山东交运引入基金战投。山东产权“平台 + 投行”的战略得以快速实施，并逐步向山东省国企复制，形成了相对成熟的产权交易市场服务国企混改的“山东模式”。

2017 年 9 月 22 日，山东交运在济南召开年度第三次股东大会，确认混改产权交易结果，通过新公司章程，表决 100% 通过新一届董事会、监事会成员，标志着山东首单省级国企混合所有制改革项目圆满收官。山东交运混改的成功，对国内国企改革改制产生重大影响，成为国企混改的“山东模式”；山东产权服务国企混改的“山东模式”成为行业典范。

（山东产权交易中心供稿）

兖矿科澳铝业有限公司资产转让项目

随着供给侧结构性改革深化，如何用改革的办法推进结构调整，矫正要素配置扭曲，扩大有效供给的问题逐渐凸显。山东产权交易中心（以下简称交易中心）将拓展产权交易领域与供给侧结构性改革主线相结合，积极推进中国特色的资源要素融资市场建设，为国有企业“去产能，去杠杆”以及国企深化改革提供定制化、专业化、全流程的投融资和投行服务。国有产权流转、国有资产处置、国资混改服务等几大业务板块服务能力不断提升，成为山东省经济“三去一降一补”和推动产业新旧动能转换的重要市场化支撑平台。

交易中心自成立以来，不忘初心、牢记使命，扛起供给侧结构性改革的大旗，充分发挥产权交易市场作用；帮助国有企业淘汰落后产能，提升资本效率，实现要素最优配置的同时，有效解决国有企业员工的安置问题，促进国有企业的持续健康发展。在过去的半年中，交易中心助力兖矿科澳铝业有限公司成交14万吨电解铝产能指标转让和三宗实物资产包转让项目，总共溢价12.16亿元。该项目优化了投融资结构，促进资源整合，实现资源优化配置与优化再生。

一、背景：生存难以为继，破局面临考验

兖矿科澳铝业有限公司（以下简称兖矿科澳）作为兖矿集团下属的全资电解铝生产企业，自2002年投产以来，已累计亏损16.18亿元。截至2017年8月，企业资产负债率已经达到200%以上，净资产-17亿元，企业难以摆脱成本倒挂、持续亏损的境地，长期资不抵债。2016年，兖矿科澳被列入省管企业“僵尸”企业处置名单。另外，根据2013年《国务院关于化解产能严重过剩矛盾的指导意见》《国务院关于印发大气污染防治行动计划的通知》，以及2015年《工业和信息化部关于印发部分产能严重过剩行业产能置换实施办法的通知》，为化解产能过剩矛盾，引导产业有序转移和布局优化，兖矿科澳作为过剩产能的企业被关停。该企业在新老矛盾问题交织、内外挑战叠加的情况下，主要面临三个困难：一是巨额的国有负债导致无人接盘，国有资产难以收回；二是企业收益根本不足以支付职工安置费用；三是企业巨额亏损，无法实现资金往来。在这种情况下，仅仅走破产程序，会造成国有资产流失、员工失业下岗等诸多问题。如何脱困？如何发展？这些成为兖矿科澳面临的棘手问题。

二、对策：精准设计方案，创新交易路径

为解决困难，交易中心与兖矿科澳深入探讨，凝聚共识，制定将资产单独进行转让的方案。除可以继续使用的外，剩余有效资产拆分成两部分进行挂牌处置：①14万吨电解铝产能指标转让；②电解系统、组装系统、动力系统实物资产分包转让。通过交易中心市场化、规范化处置，有效化解了交易风险，实现国有资产保值增值。

1. 深挖价值，“隐形资产”创造溢价神话

相对于设备、厂房等有形资产，国资委对产能指标进场交易并无明确要求。但鉴于以往企业场外自行转让产能指标案例经验总结，通过产权交易市场公开转让产能指标优势明显。交易中心业务团队充分研究电解铝去产能形势和指标交易的政策规定，调研市场上停产铝企的产能指标需求十分迫切的现实情况和交易均价等，敏锐地预

判电解铝产能指标的溢价空间。在铝价迅速攀升阶段，2017年8月29日，交易中心成功挂牌14万吨电解铝产能指标转让项目，成为山东省过剩产能进场交易第一单。挂牌期内，交易中心线上依托“山东产权云系统”，在内蒙古、山西、贵州、四川等产业资源集中的地区实现信息全覆盖；线下借助专业团队和会员力量，对电解铝产业排名前二十的企业上门推介，一时间电解铝产能指标成为炙手可热的“香饽饽”。2017年9月25日，网络竞价活动在交易中心公开进行，包括东方希望、信发集团、魏桥集团等电解铝龙头企业在内的14家铝行业巨头经过3个多小时539轮激烈角逐，最终内蒙古创源金属有限公司以14.02亿元成功竞得，高出挂牌底价11.92亿元，溢价率达496.67%，创造了国内电解铝产能指标交易新纪录。

2. 分包处置，复杂资产妥善出清

兖矿科澳实物资产类型较多，明细复杂。为方便高效地完成处置，更有针对性地寻找市场上的意向受让方，交易中心为兖矿科澳设计了将资产按照不同用途分包成电解系统、组装系统、动力系统进行挂牌的方案。同时，为了有力把控资产处置中安全、质量、环保、运输各环节，交易中心建议兖矿科澳针对每个资产包制定《资产挂牌处置拆除有关标准要求》，并以附件形式在挂牌公告中披露，在遴选意向受让方时作为承诺条件，严格把关。该做法在济钢、鲁抗医药搬迁资产处置项目中得到借鉴。在项目推介过程中，交易中心将每个资产包针对不同类型的客户群进行宣传，顿时成为市场主体关注的热点。最终三宗资产包项目均成功受让，其中电解包资产吸引了18家意向受让方报名，经过188轮激烈的网络竞价，实现溢价2300万元，溢价率达15.71%。在《资产交易合同》签订时，交易中心创新思路，建议将资产交割时间节点由运输出厂提前至清点完毕，达到转让方尽快回笼资金、受让方提前拿到资产的共赢效果。

三、成效：集聚资源配置，服务新型经济

1. 实现国有资产保值增值

交易中心在兖矿科澳资产市场化处置过程中，不仅是简单地发挥交易功能，而是通过发挥第三方市场平台的作用，立足产能过剩行业需求及企业经营现状，深挖资产价值，分类打包挂牌，精心组织竞价，利用市场发现价格。该项目中，交易中心为企业收回国有资本16亿元，充足了现金流，有效弥补了14万吨电解铝主体项目投产后累计产生的亏损，最大限度地实现了国有资产的保值增值。

2. 激活“僵尸”企业转型升级

兖矿电解铝产业是兖矿集团延伸煤基产业链、构建循环经济发展模式的主导产业之一，是兖矿集团全面推动资源向高端制造新兴战略产业集聚的重要支点。多宗资产的成功转让，帮助兖矿科澳一举还清了债务，盘活了资产，大量资金的注入为企业转型升级提供了契机；部分交易价款用来支付职工安置费用，充分保障了职工的利益，避免了“僵尸”企业处置过程中职工不稳定的现象，解决了兖矿科澳的痛点。交易中心通过优化产权结构，帮助企业坚持打赢“去产能、去杠杆、除‘僵尸’”的攻坚仗，坚定不移推动和保障国有资本从劣势企业退出，实现国进民进、政府宏观调控与民间活力相互促进的良性循环。

3. 助力全省新旧动能转换

供给侧结构性改革就是用增量改革促存量调整，优化投资结构、产业结构，在经济可持续高速增长的基础上实现经济可持续发展与人民生活水平的不断提高。交易中心在处置“僵尸企业”兖矿科澳资产转让项目中，将电解铝指标及配套设备进行市场的再分配，实现了产能指标向“新技术、新产品”企业流转，使已停产的机械设备再次运转。受让方有了这些资源的支持，可以满负荷运转，降低了成本，增加了收入；通过资源优化配置与优化再生，优化了产业结构、提高了产业质量，优化了产品结构、提升了产品质量。

交易中心切实落实中央及省国资委要求，积极承担起供给侧结构性改革的重任，在推进资源要素优化配置的同时，为企业引入丰厚的行业资金，为加快山东省供给侧结构性调整及新旧动能转换开辟了重要路径。

（山东产权交易中心供稿）

哈尔滨600台纯电动公交客车采购项目

哈尔滨产权交易中心（以下简称中心）接受委托，圆满完成了哈尔滨交通集团公共交通有限公司600台10.5米纯电动空调公交客车采购项目。采购预算3.66亿元（不包含国家补贴和地方补贴），成交金额2.997亿元，节约资金6630万元，节约率达18.11%，单车采购预算从61万元降到49.95万元，是哈尔滨市历史上采购公交客车节约资金最多的一次。

我国从2009年开始明确扶持新能源汽车发展，确定插电式混动、纯电动、燃料电池三大技术路线，并制定了“十城千辆工程”新能源汽车补贴政策。九年来，国内新能源汽车产业呈爆发式增长，新能源汽车已成为公交客车的主流。本次哈尔滨公交公司采购600台10.5米纯电动空调公交客车，标志着我国在新能源汽车应用方面进入纯电动汽车为主流的阶段。本项目也是哈尔滨交通集团继2013年委托我中心采购500台插电式混动公交客车后，第三次进入产权交易平台集中采购。

一、专业敬业职业，策划加精算巧降融资成本

2018年4月初，中心刚接受本项目时就被告知，现行的2017年度新能源汽车补贴政策将于6月11日结束，原有车型在新年度的补贴政策下补贴退坡，本项目必须要在6月11日前完成交车、上牌等所有工作。在时间紧、任务重、难度大的情况下，中心积极抽调业务骨干与招标代理机构成立项目组，倒排时间，积极对项目进行整体策划。连续两周加班加点，全力以赴研讨招标文件，就项目的难点和关键点逐一落实，力保采购项目按期顺利完成。

本项目最大的难点在于公交公司本身是非营利性公益企业，由于支付金额巨大，招标人存在资金困难。无奈之下，招标人提出“零首付，按季分期付款”的方式。在“零首付，八年按季分期付款”的付款条件下，600台纯电动客车的采购预算高达4.9亿元（不包含国家补贴和地方补贴），其中包括1.24亿元的巨额融资成本，融资成本占采购预算的25.31%。

为了降低融资成本，招标人曾提出两阶段采购方式。第一阶段采用公开招标方式确定成交供应商和相应的融资机构以及中标价格，第二阶段采用公开竞价方式对中标价格进行竞价，确定融资机构。经过项目组多次研讨，对照分析《招标投标法》第四十三条规定“在确定中标人前，招标人不得与投标人就投标价格、投标方案等实质性内容进行谈判”。也就是说，投标截止后，投标人的投标方案和投标价格是一次性的，是不能改变的。两阶段采购方式违背这条原则，经过中心项目组的政策讲解，招标人最后同意放弃两阶段采购方式。

为了解决资金支付的难题，中心项目组配合招标人做了大量的工作，分别按“零首付，八年按季分期付款”“零首付，五年按季分期付款”、

"零首付，三年按季分期付款"等多个付款条件测算融资成本。中心副主任与招标人共同向市政府主管副市长汇报，经多次积极争取，市政府主管领导最终拍板，本项目采购资金由市财政支付。扣除融资成本后的采购预算为3.66亿元（不包含国家补贴和地方补贴），付款方式确定为"零首付，三年分期付款"。资金支付难题的解决，缓解了企业的支付压力。公交公司把财政补贴用在了添置新公交客车上，极大地降低了采购成本，最终也节约了市财政支出，为本项目的顺利推进奠定了坚实的基础。

二、合法合规合理，抓住关键点保证公交客车质量

当前，新能源汽车处于快速发展期，厂家多、产品多、选择多。如何制订评标细则，从众多厂家的诸多产品中评选出适宜北方高寒地区的新能源公交客车，是摆在我们面前的又一个难题。

好的产品价格太高，价格低的产品质量不行，选择性价比最高的产品是招标人的最好选择。纯电动汽车的最核心组件是动力电池，选择质量好的电动车电池是重中之重。经项目组建议，招标人向主要的电动车电池生产厂家调研，比较分析不同品牌的电动车电池在北方高寒地区使用情况。招标人经多方调研论证，认为动力电池领域的独角兽企业——宁德时代（CATL）在行业内处于领先地位，其产品质量过关，适宜在北方高寒地区使用，最后建议整车生产厂家选用宁德时代（CATL）生产的磷酸铁锂动力电池。经项目组研讨，根据《招标投标法实施条例》第三十二条"招标人不得以不合理的条件限制、排斥潜在投标人或者投标人""限定或者指定特定的专利、商标、品牌、原产地或者供应商"的规定，不能对整车制造商要求指定品牌，而对关键零部件没有明确的限定要求。项目组最后在招标文件评标细则中对选用宁德时代（CATL）磷酸铁锂动力电池的制造厂商给予适当加分，并在系统级电池密度等方面择优加分，以引导供应商提供性价比最高的产品。此外，项目组还结合项目特点，在供应商资质、车辆安全保障、供应商售后服务等方面提出诸多专业化建议，确保了采购项目的顺利完成。

三、宣传推介公告，利用多种渠道进行项目推广

多年来，产权交易平台一直作为国有企业、行政事业单位产股权、资产转让的一个"单向的卖方平台"。而资本平台本身的信息积聚功能，以及产权人不断攻坚克难的精神，让产权交易市场开展大宗物资采购业务成为可能，填补了业务短板，证明产权交易市场完全有能力搭建一个"能买能卖的双向综合性服务平台"。

在本项目信息发布环节，中心不仅通过中国招标投标公共服务平台、哈尔滨公共资源网——产权交易网站进行"规定动作"发布公告，还通过公开发行的纸质媒体、微信自媒体、公交客车供应商资源库等各种渠道进行"自选动作"发布公告，最大限度地发布采购信息，让潜在供应商能够与采购项目进行对接。本项目招标公告一经发布，宇通、中通、金龙、安凯、亚星等国内众多知名客车生产厂家积极报名参与，反响热烈。

四、公开公平公正，阳光采购全过程规范操作

中心已连续多年实现物资采购业务"零投诉"，但供应商的利益之争决定了采购业务时刻隐藏着被质疑投诉的风险。规避风险的最好方法是规范操作，保证采购工作的公正性与缜密性，这是减少投诉的根本途径。一是严把规范关。招标代理机构严格按照中心操作规则和流程进行操作。开标场地、开标流程、供应商资格审验、专家评审等环节，完全按照中心规定流程进行，实现评标专家随机抽取、专家通道与招标人隔离、招标

人和监督人现场视频和音频进行监控、招标人代表隔离评审，严格纪律，规范操作，避免了评标环节的风险。二是严把招标文件审核关。产权交易中心和招标代理机构共同会审招标文件，从供应商资质、供货进度、付款方式到结算时间，逐项审核把关。三是采购全过程公开。招标公告、中标结果全部网上公开。四是采购全过程监督。中心对项目开标、评标全过程进行视频、音频监控，纪检监督人员全程现场监督。

哈尔滨600台纯电动公交客车采购项目过程是曲折的，结果是圆满的。产权交易平台进行国有企业大宗物资采购，有利于国资监管部门实现由事后监管延伸到事前、事中监管，有利于企业建立大宗物资采购的反腐防火墙，保护了干部，节约了采购成本；有利于有实力的供应商拓展市场，有利于产权交易市场搭建“能买能卖”的双向综合性资本平台，最终取得了政府、企业、供应商、产权交易市场的多赢局面。

（哈尔滨产权交易中心供稿）

江阴天江药业有限公司5.5%股权转让项目

2015年5月，江阴科技新城投资管理有限公司所持江阴天江药业有限公司5.5%股权转让项目通过江苏省产权交易所（以下简称江苏产交所）竞价成交，成交价5.665亿元，比评估值溢价1.265亿元，溢价率29%。

该项目虽然属于参股权转让，但标的金额较大，情况复杂，涉及多名股东优先受让权等问题。江苏产交所在保证转让方、股东和外部投资者多方权益的基础上，结合项目特点制定出相应的转让方案，顺利促成项目竞价成交。

一、项目背景

标的企业江阴天江药业有限公司成立于1998年，注册资本9455.5556万元，拥有10名股东，其中转让方持有标的企业5.5%股权。

标的企业总部坐落于江苏省江阴国家高新技术产业开发区，是国内第一家也是生产规模最大的中药配方颗粒生产研制企业。标的企业年总生产能力达25000吨以上，连续多年年销售量以30%以上速度递增，市场占有率在同行业中名列第一，是国家中医药管理局批准的“首家中药饮片改革试点单位”，是国家食品药品监督管理局批准的首批“中药配方颗粒试点生产企业”之一。标的企业技术研发力量雄厚，曾先后完成多项国家级科研课题，对中药配方颗粒的质量标准研究与生产制作工艺研究均处于国际领先水平。

二、项目特点

一是本次转让股权份额虽小，但具有一定的投资价值。标的企业研发生产中药配方颗粒顺应中医药现代化发展方向，属于国家重点扶持产业，市场需求较大。标的企业具有较高的产能和利润率，拥有市场垄断优势，具有良好的发展前景。

二是标的企业股东数量较多，对本次股权公开转让态度分化。在公告挂牌前，3名股东明确放弃优先受让权；4名股东明确不放弃且承诺通过公开交易程序在江苏产交所竞价场内确认是否行使优先受让权；另有2名股东未明确且未承诺通过公开交易程序在江苏产交所竞价场内确认是否行使优先受让权。在这种情况下，可能产生多种征集结果，且不适用江苏产交所制定的股东场内行权程序。一旦交易程序设置不当，股东优先受让权未充分考虑，将会产生很大的风险。

三是个别股东专门提出转让方须遵守标的企业内部对股东优先受让权的特别约定。根据此约定，转让方对外转让股权将面临更多程序上的要求，另外约定的30个工作日的股东行权时间跨度更长，对转让方案的制订有较大影响。江苏产交所向转让方了解到，此约定在转让方持有标的企业股权之前达成，已间隔多年，转让方对此并不知情。故亟须在制订交易程序前明确此约定对本次股权转让是否有约束力。

三、转让方案

（一）不设置受让方资格条件

在转让方提出对意向受让方设置资格条件后，江苏产交所与其深入沟通，了解到转让方本次交易旨在收回投资收益，实现价值最大化；同时，江苏产交所考虑到本次小比例股权转让不会对标的企业未来经营和股东间合作产生影响，按照国资转让公开、公平的原则，建议其不设置条件。转让方最终接受了江苏产交所的建议，为后续竞价转让、溢价成交打下基础。

（二）灵活设置交易程序，充分保证股东优先受让权

江苏产交所通过查证，其他股东所述内部约定的协议并未在工商局备案，相关股东优先受让权内容也未在公司章程中体现，但由于间隔时间较长，转让方已难核实在出资时有无签署遵守该约定的相关承诺文件。后经与转让方沟通，为防范风险、避免日后出现纠纷，保证国有资产安全转让，江苏产交所确定将结合内部约定的要求来设置交易程序。

由于该项目同时涉及多名股东不放弃优先受让权，且并非所有不放弃优先受让权的股东都承诺通过公开交易程序在江苏产交所竞价场内行权，江苏产交所在多次与律师及转让方研讨沟通后，在遵照国有资产转让程序的前提下，结合公司法规定以及标的企业内部约定，根据不同征集情况设置以下交易程序：

1. 未征集到外部投资者的情况

根据公司法，向股东以外的人转让股权时才涉及股东优先受让权。所以，在此种情况下，将根据正式提交报名申请的股东数量确定交易方式，只有1名股东报名且交纳保证金的以协议成交；2名或2名以上股东报名且交纳保证金的，股东之间通过竞价方式确定受让方。

2. 征集到外部投资者的情况

为充分保证股东优先受让权利，江苏产交所根据本项目上述实际情况决定采用非网络的竞价（一次报价）方式确定受让方。

首先由确定资格并交纳保证金、签署收购承诺函的外部投资者书面提交一次报价，其中最高有效报价作为标的企业股东行使优先受让权的同等价格。江苏产交所书面通知所有未明确放弃优先受让权的股东，股东自收到书面通知之日起30个工作日内（遵照标的企业内部约定期限）书面确认是否在同等条件下行使优先受让权，该同等条件包括但不限于交纳保证金、签署收购承诺函且以不低于外部投资者的最高有效报价进行收购，未按规定确认的视为放弃优先受让权。同等条件下只有1名股东主张行使优先受让权的，该股东成为受让方；同等条件下不止1名股东主张行使优先受让权的，由各股东协商确定各自的购买比例，协商不成的，按照转让时各自的出资比例行使优先受让权。股东均不行使优先受让权的，报最高有效报价的外部投资者成为受让方。

3. 充分进行信息披露

在符合国资规定的基础上，结合标的企业内部约定，制订公告中有关交易标的的基本情况、交易条件、重要事项、保证金设置等内容，并在公告中披露上述交易方式。公告内容确定后，在正式挂牌前函告所有未明确放弃优先受让权的股东有关交易程序以及行使优先受让权的同等条件（包括程序上的同等，即按规定时间交纳交易保证金、签署收购承诺函，以及实质上的同等，即转

让价格、转让数量、交付转让价款的时间及方式、违约责任等），并将公告内容作为附件。为充分保证股东权利，消除日后纠纷隐患，在函件送达股东10个工作日后再发布公告。

4. 加强风险防控

分别在外部投资者与股东需签署的收购承诺函中明确其应遵守的交易程序。

公告挂牌后，该项目吸引了投资者的广泛关注，并通过产权交易市场征集到1名符合公告要求的外部投资者。江苏产交所按照事先设置的交易程序组织交易，最终标的企业1名股东在同等条件下主张行使优先受让权，该股东成为受让方，成交金额为5.665亿元，项目顺利成交。

四、总结分析

回顾该项目，虽然交易时间较长，但是最终顺利解决了所有的疑点和难点，不仅使转让方实现了资产保值增值，也充分维护了标的企业其他股东应享有的权利，同时体现了产权交易平台规范制度、价格发现、中介服务的价值。每一宗项目都是经验的积累，江苏产交所通过该项目总结了不少心得体会。

一是防范风险是根本，实现共赢是目标。应在保证国有资产安全有序流转前提下遵循有关法律法规要求，保护各方利益。

二是为保证项目顺利进行，应提前考虑所有可能出现的风险并制订解决方案。

三是应与转让方充分沟通，尽量不留信息盲点。根据项目特点设计多套可行性方案，并注重转让方需求，与其共同选择相对优的方案。同时，在转让过程中根据实际情况及时调整转让方案。

四是提高效率与防范风险兼顾。根据实际情况精简程序，但在重要节点上应充分考虑风险。

（江苏省产权交易所供稿）

城投7家公司股权及债权转让项目

2016年12月12日，青岛慧博置业有限公司90%股权、青岛慧成置业有限公司90%股权、青岛慧典置业有限公司90%股权、青岛慧鼎置业有限公司90%股权、青岛慧杰置业有限公司90%股权、青岛慧联置业有限公司90%股权、青岛慧泰置业有限公司90%股权及债权转让项目在青岛产权交易所（以下简称青交所）圆满完成。项目最终以41.84亿元高溢价成交，其中股权增值8.4亿元，增值率高达130.41%。

一、项目背景

7家公司成立于2013年，均为青岛城市建设投资（集团）有限责任公司（以下简称城投集团）下属全资子公司，营业范围均为地产开发经营，旅游项目及旅游资源的开发、建设，酒店管理，房屋租赁和销售。7家公司的主要资产为土地，位于青岛市红岛经济开发区，土地面积74.76万平方米。城投集团拟转让7家公司各90%股权，并要求收回债权27亿元。

二、项目操作

1. 科学制订转让方案，保障交易合规开展

鉴于该项目金额较大、情况较为复杂，在项目挂牌前，青交所严格按照相关业务制度，积极与转让方沟通，协助转让方制定产权转让方案及公告披露内容事项，解决本项目面临的难点问题。

首先，因7家公司处于同一地块，必须将7个标的捆绑转让；而7个公司在交易系统里面又不能简单合并，必须作为独立的项目分别出现。为解决这个问题，在制定转让方案时，青交所建议转让方对7个标的提出同一交易条件，即“意向受让方申请受让本标的同时，需申请另外6个标的的股权”，从而解决标的打包转让的问题。

其次，转让方希望在转让股权的同时，收回转让方对标的企业的借款。青交所建议转让方在转让方案中对借款、抵押、土地闲置情况及其他不确定因素进行充分披露；为保证在股权转让的同时完成偿债，建议将债权价值合并到每个项目的转让底价中，股权和债权都通过产权交易所结算。

2. 精准推介，全力挖掘优质受让方

近年来，各级国有企业积极响应中央调控房地产市场的政策，对地方项目整合重组的步伐明显加快。青交所的此类交易项目逐渐增多，受到全国大型房地产企业的广泛关注。青交所通过完善业务规则、提升信息化水平等方式，主动提升服务能力，完善平台服务功能，建立了丰富的投资人资源库。

7家公司所处地块地处青岛市高新技术开发区，升值潜力巨大。从预披露开始，青交所便利用网站、微信公众号等多种渠道对项目进行重点推介，全力挖掘优质受让方，为项目高溢价成交奠定基础。

3. 精心组织，持续提升交易效能

项目挂牌期间，先后有10多家意向受让方到青交所查阅项目资料、咨询相关问题，青交所均予以悉心解答。公告期满，项目征集到多家具备雄厚实力的意向受让方。挂牌结束，万科、融创、保利、新城按时交纳保证金，进入竞价环节。2016年12月12日，在青交所的精心组织下，7家公司项目网络竞价激烈进行。最终，经过1.5小时100多次的报价，新城成功竞得7家公司的股权，成交价格41.84亿元，股权增值8.4亿元，增值率高达130.41%。

三、项目效果

从整体上看，7家公司90%股权最终以41.84亿元高溢价成交，为青交所近年来增值额最高、成交价最高的转入项目。这一结果大大超出转让方的预期，为转让方超额收回了投资。

在该项目中，青交所通过完善的交易制度对业务进行全流程规范，对投资人进行精准推介，利用合理的交易模式推动项目取得良好的交易效果，充分体现了交易市场强大的市场功能。

（青岛产权交易所供稿）

辽宁益康生物股份有限公司增资扩股及股权转让项目

一、项目背景

辽宁益康生物股份有限公司（以下简称益康公司）成立于2005年，注册资本7500万元，生产销售细胞毒活疫苗、胚毒活疫苗、胚毒灭活疫苗、禽流感灭活疫苗等，是国内生产、经营动物生物制品的骨干企业，农业部批准的禽流感灭活疫苗、猪瘟活疫苗定点生产企业，有关部门认定的“国家火炬计划重点高新技术企业”、“辽宁省高新技术企业”、全国兽用生物制品生产10强企业。经辽宁省国资委核准，益康公司净资产4.056亿元，每股净资产5.4元。

在企业高速发展的同时，亦面临着生产经营方面的困难。一是资金链紧张，存在债务风险。益康公司借款总额2.21亿元，资产负债率已达52.29%（其中：银行贷款1.50亿元，将于2017年4月至6月陆续到期），企业自身已无力偿还，面临资金链断裂风险。二是生产工艺技术相对落后，市场竞争力不强。目前，益康公司仍在利用传统的工艺生产，产品成本高、产量低、质量不稳定，缺乏市场竞争力和发展后劲，市场占有率大幅下降。三是研发投入不足，生产工艺亟待升级改造。益康公司缺少拔尖的生物疫苗领域的研发人员，研发投入占销售收入比重不足3%；同时，按照国家要求，亟须对活病毒操作的生产区域、质检室等进行改造升级，达到生物安全三级防护要求，鉴于企业财务状况，无力筹集资金进行改造建设。四是体制机制有待完善，内部发展活力不足。通过引进战略投资者，进行体制机制创新，改变益康公司的管理模式，提升管理水平，积极引入生物疫苗领域高端研发和管理人才，深化用人、用工、分配制度改革，建立健全激励约束机制，充分调动广大干部职工积极性，弥补益康公司在技术研发和市场开拓方面短板。由于新股上市暂停，加之2013年动物疫苗市场大幅度收窄，企业效益大幅度下降，导致益康公司最终没有实现上市。

为此，从2016年开始，辽宁省国资委、大股东辽宁省投资集团公司和融资方益康公司分析企业在发展过程中存在的诸多问题，拟通过改制重组改变目前的被动局面，实现企业健康可持续发展。为确保企业做强做优做大，增强国有资本的流动性，保证国有资本按市场化方式有序进退，实现益康公司上市目的，沈阳联合产权交易所（以下简称沈交所）与转让方及融资方密切配合，按照国务院国资委、财政部32号令的规定，坚持公开、公平、公正、规范原则，严格把握交易过程重点环节，广泛征集意向受让方，努力实现国有资产价值最大化，确保项目操作规范有序进行。

二、项目亮点

1. 增资扩股与国有股权转让同步操作

为实现国有股权有序退出，实现益康公司上市目标，沈交所与辽宁省投资集团和融资方密切配合，分析项目特点，提出益康公司4000万股增资扩股及辽宁省投资集团在益康公司持有的1400万股股权同时退出，二者互为条件；每股价格相同，每股价格确定为6元，投资方必须收购5400万股股权，并保证收购部分自然人股权后，实现收购方一次性持有标的企业不少于50%的股份，即实现绝对控股。募集资金主要用于偿还借款、生产工艺升级改造和补充企业流动资金。转让信息一经公布，立即引起较强反应，期间吸引国内三家实力雄厚的同行业和投资企业参与竞价，取得了较好效果。

2. 增资与股权转让信息同步发布

根据32号令的规定，增资信息披露时限不少于40个工作日，转让信息不少于20个工作日。考虑到投资方可能为民营企业或股份公司，成为大股东，企业实际控制权发生变化，在1400万股国有股权转让项目中增加了20个工作日的信息预披露环节。预披露结束后马上进入正式披露环节，实行无缝对接；与增资项目同时发布、同时结束，与下一步审核、交纳保证金和竞价环节操作相呼应。

3. 网络竞价大幅增值，实现多方共赢

2017年7月6日，历时7小时50轮次竞价，益康公司4000万股增资扩股及1400万股股权转让项目取得圆满成功，最终金宇生物技术股份有限公司以40300万元竞得标的，该项目实现增值额为7900万元，增值率达24.38%。该项目既为益康公司成功引入产业投资者，一次性解决企业资金短缺、技术研发、设备改造升级等问题，促进企业做强做优做大；投资方金宇生物技术股份有限公司也成为国内为数不多的同时拥有口蹄疫和高致病性禽流感两大强制免疫品种的动保企业，继续保持其在国内动保市场的领军地位；同时，增强了国有资本的流动性，保证国有资本按市场化方式有序进退，实现国有资产保值增值，为放大国有资本功能、发展混合所有制经济发挥了典型示范作用。

三、项目启示

国有企业通过产权交易机构引入战略投资者，充分体现了产权交易机构发现投资者、发现价格的功能优势。事实证明，产权交易市场可以充分利用自身的企业国有产权交易平台的信用优势和技术优势，在国企改革中发挥重要作用。一方面，产权交易市场以其广泛性、集中性及公信力高等特点，为各类战略投资者提供了大量真实可靠的企业融资信息和可供比较的项目；另一方面，产权交易市场通过发现、甄别和选择战略投资者，可以增加改制的透明度，严格把握交易过程中的重点环节，公平维护各方平等权益，确保项目操作规范有序进行，提高国企改制成功率，为国企发展创造条件。

（沈阳联合产权交易所供稿）

广东国投破产财产处置项目

2017 年 6 月 29 日，受广东国际信托投资公司（以下简称广东国投）破产清算组（以下简称清算组）委托，广东国投破产财产进入广东省产权交易集团（以下简称省产权集团）下属南方联合产权交易中心（以下简称南方产权）公开处置。标的起拍价 446. 772 亿元，经过 22 轮激烈竞价，最终以 551 亿元成交，实现增值金额 104. 228 亿元，增值率 23. 34%。本次拍卖开了重大破产财产进入产权交易市场公开处置的先例，实现了司法委托拍卖和破产财产清算处置的创新和突破，被多家媒体称为“史诗级交易”。

一、项目背景

广东国投破产案是中国金融史上第一宗非银行金融机构破产案例。本次广东国投破产财产处置项目于 2017 年 6 月 5 日正式公开挂牌，历时 24 个工作日，标的包括“广东国际信托投资公司持有的对广东省信托房产开发公司 100% 投资者权益及债权、广东国际信托投资公司持有的对广东国际信托投资公司广州房地产分公司 100% 投资权益，以及破产清算组受广东国际租赁公司破产清算组、广信企业发展公司破产清算组和广东国际信托投资公司深圳分公司破产清算组委托一并在本次拍卖中出让的其各自持有的对广东省信托房产开发公司的债权”。

其中，本次拍卖的主要标的是广东省信托房产开发公司（以下简称广信房产）100% 投资者权益及债权。广信房产原是广东国投的全资子公司，主要经营开发房地产项目，是 20 世纪 80 年代广州最早的房地产开发商，成功开发过羊城八景、牡丹阁、红棉苑、春兰花园等著名地产项目。1999 年 1 月，广东国投进入破产还债程序以来，考虑到广信房产情况的复杂性及涉及社会稳定等问题，广东省高院未将广信房产列入破产范围，而是要求清算组以大股东及最大债权人身份对广信房产进行监管。广信房产历史遗留问题较多：一是对外负债数额巨大，债权人众多，当时广信房产的债权人包括小业主在内有上万人；二是大量闲置土地面临被收回的风险；三是与大量小业主、拆迁户存在各种矛盾纠纷，如不及时化解，可能会激化矛盾，影响社会稳定。

在本项目中，南方产权充分发挥平台的社会公信力及发现价值、发现买家的功能，积极发动市场，共征集到11家意向竞买人，其中8家竞买人参与最后的竞买；项目最终以551亿元的价格成交，增值104.228亿元，实现了国有资产保值增值和债权人利益的最大化。

二、项目操作

1. 贯彻法规文件精神，实现破产财产进场处置

2013年，在获悉广东省高院拟处置广东国投破产财产事宜后，南方产权主动出击，第一时间拜访广东省高院和广东国投清算组等相关单位。以2011年最高人民法院和2012年广东省高院的司法解释、法律文件为指导，贯彻“涉及国有资产的司法委托拍卖应当进入省级以上国有产权交易平台处置”的精神，详细介绍南方产权作为省级产权交易机构的专业优势和服务能力；同时，积极与广东省高院沟通项目处置的具体事宜，并征求广东省财政厅、法制办、金融办等单位的意见，形成的处置方案获得广东省人民政府批准同意。

2. 依法合规，实施方案独具匠心

广东国投破产财产整体处置项目，不仅交易金额巨大，而且历史情况复杂，涉及公司改制、股东变更、纳税申报、土地规划调整等诸多问题。因此，项目实施方案的设计，首先必须保证依法合规，每一个步骤和环节都要有充分的法律依据。对此，南方产权成立专项工作小组，严格按照有关法规政策的要求，全力协助清算组做好前期准备工作；联合清算组指定的毕马威会计师事务所、广东君信律师事务所，共同清点全部项目档案；积极与清算组沟通讨论、研究落实项目的具体操作细节，包括拍卖机构的选定、竞买人的条件设置、保证金的设置和处置、信息披露内容、拍卖公告期限、意向买家尽调注意事项等，确保项目依法合规开展。

经过多轮反复讨论修改，南方产权与清算组就项目的整体实施路径方案达成一致，最终编制完成一系列交易流程文件。鉴于本项目的特殊情况，项目小组在与清算组沟通后，独具匠心地设置了若干特别条款。如设置“按现状整体拍卖”的条款，提高了对竞买人资金实力的要求，同时避免了分别处置可能会发生的竞买人之间的利益冲突；设置缴纳“尽调保证金”（5亿元，后期可转为竞买保证金）的条款，确保尽调资料查阅人的诚意，保障尽调资料的信息安全；由于项目涉及的历史遗留问题较多，存在大量的小业主利益诉求，项目小组设定了签署“解决小业主历史问题承诺书”的条款，落实受让方的后续义务等。多种方式相结合，有助于解决项目开展过程中可能遇到的各种问题，切实保护交易各方的合法权益，保障项目全流程的顺利推进。

3. 聚集资源，充分发挥平台信息和资源汇聚功能

为充分发挥产权交易机构发现价值、发现买家的优势，南方产权通过网站公告、纸质媒体公告、微信公众号、投资者数据库等多种宣传途径发动市场，向各大房地产商、房地产投资机构、各大投行和有实力的企业进行推介。项目公告期间，市场反应热度远超预期，工作组接听咨询电话近2000人次，最终有8家机构进入最后的竞拍环节，为项目的高溢价成交奠定了基础。

4. 精心服务，严控风险，保障项目顺利推进

由于项目标的涉及的文件资料繁多，为全力配合意向竞买人开展尽调工作、满足竞买人的调研需求，南方产权在有限的公告期内，尽可能延长竞买人的资料查阅时间：意向竞买人在历时24天的公告期内，每天8：30至21：00均可申请查阅尽调材料（含周六、周日）。项目公告期间，南方产权共收到12家意向竞买人的尽调申请，服务意向竞买人查阅资料895人次。同时，南方产权高度重视信息安全，采取资料室安装视频监控、特殊时期值班

制度、签署《保密承诺函》、指定场所查看资料等措施，确保期间项目资料的信息安全。

由于项目的具体情况复杂、历史问题较多，南方产权在项目公告中对所有重要事项及潜在风险做了全面、详细的披露，确保交易过程的公开、公平、公正；同时，对各个交易环节进行重点监控，细化风险防范措施，严格按照相关规定为交易双方提供平台服务，确保项目的顺利推进。

三、项目启示

广东国投破产财产的成功处置，作为国内非标准化权益交易资本市场创下的经典案例，标志着我国历时近20年的首宗非银行金融机构破产案圆满结束。通过对本项目的回顾，可以得到如下启示：

1. 实现司法委托拍卖和破产财产处置的创新和突破

本项目与一般产权交易项目相比，涉及的国有资产金额巨大、历史情况复杂、牵涉面广、政策性强，海内外关注度高，对工作人员的专业素质有着很高的要求。南方产权依法依规推进项目的实施，坚持处置工作的规范化、阳光化和效益最优化，有效保证了广东国投破产财产处置的廉洁高效。项目的开展以合规为基石，最大限度地保护了破产债权人的合法利益，妥善解决了大量小业主纠纷、离退休职工安置等疑难问题，为广东国投的破产清算工作画上了圆满句号，是对司法破产资产处置工作行之有效的创新和探索。多家新闻媒体将本项目称为“史诗级交易”，“实现了国有资产保值增值和创造社会效益的双赢”。

2. 切实促进国企国资提质增效和国有经济结构调整，有效化解金融风险

党的十八大和十八届三中全会对国企改革专门做出重大部署。习近平总书记多次强调，国有企业是中国特色社会主义的重要物质基础和政治基础，是我们党执政兴国的重要支柱和依靠力量；要按照新发展理念的要求，推进结构调整、布局优化，使国有企业在供给侧结构性改革中发挥带动作用。

就本项目来说，广东国投是20世纪80年代的国有企业，是国有企业政策性破产清算的首宗案例，也是迄今为止最大的国有企业破产案例。本次广东国投破产财产在广东省高级人民法院的指导下，在清算组的认可和委托下，进入南方产权公开成功处置，是产权交易市场服务国有企业破产财产处置的创新实践，是南方产权运用市场化、法治化手段推动“三去一降一补”工作取得实质性进展的重要举措。对国有企业遵循市场规律瘦身健体提质增效、淘汰过剩落后产能、推动供给侧结构性改革具有重要借鉴意义。

实践证明，产权交易市场是国有企业实现产业结构调整和资本结构优化的主渠道和重要平台。通过产权交易市场处理国有企业破产财产，对于实现企业优胜劣汰机制、促进市场主体的自我完善和国有经济整体素质的提高具有重要意义，对化解金融风险、维护国家经济安全、经济秩序和社会稳定发挥了重要作用。

3. 积极构建防控有效、规范有序的非标资本市场体系

我国非标资本市场影响面广、敏感度高，是多元利益诉求的交汇体。推进非标资本市场建设发展，要坚持稳中求进工作总基调。非标资本市场基础性制度改革需要综合平衡，统筹兼顾，稳妥推进。为此，南方产权始终坚持市场化、法治化方向，强调全面风险控制机制建设；始终坚持公开、公平、公正和规范严谨的基本原则，具有严格的风险防范体系。

在广东国投项目的组织实施中，南方产权深刻认识到项目进场处置的重要性和复杂性，成立专项工作小组；严格按照国家法律法规政策和广东国投清算组的要求，组织项目的公开挂牌、意向竞买人征集和拍卖工作；提高信息披露质量和范围，保证项目实施规范严谨和有序推进，公平保护各方当事人的合法权益。

近年来，南方产权凭借规范高效的服务，吸引了越来越多的企业进场开展产权转让、增资扩股、资产处置等交易，交易规模稳居全国前列，价值发现作用愈发显著。作为华南地区产权资源优化配置和产业转型升级的重要枢纽，南方产权将紧紧围绕“构建服务粤港澳大湾区战略的产权交易资本市场，成为国家‘北上广’产权交易资本市场战略的重要一极”的战略目标，继续坚定不移、攻坚克难，推动各类生产要素有序自由流动和优化配置，全力以赴完成产权交易资本市场体系的建设任务，继续为国内非标准化权益交易资本市场的发展奉献经典案例。

（广东省产权交易集团供稿）

广物地产公司股权债权转让项目

2018年3月，广东省物资产业（集团）有限公司（以下简称物产公司或转让方）所持广东广物房地产（集团）有限公司（以下简称广物地产）45%股权及相关债权项目，经南方联合产权交易中心（以下简称南方产权）组织，在广东联合产权交易中心（以下简称联合产权）公开挂牌转让。项目的网络竞价环节历经15小时497轮报价，最后由标的企业原股东行使优先购买权成为最终受让方，成交价格达510248万元，这场备受地产行业关注的广物地产股权之战随之尘埃落定。本次转让成为南方产权近年来国资产权交易竞拍次数最多、历时最长的项目。

一、项目背景

广物地产是广东省国资委监管企业广东省广物控股集团有限公司（以下简称广物控股）的三级子企业，是一家专注房地产开发的大型企业，主要经营住宅房地产、商业及办公写字楼物业开发。广物地产业务植根广州、深耕海南、辐射泛珠三角区域，土地储备面积超过1000万平方米。经过多年努力，广物地产已成长为一家成熟且专业化程度较高的房地产企业，被业界誉为“起步最短、发展最快、功能最齐、潜力最大”。

受近年房地产政策调控、地产市场急剧变动、行业资金监管进一步趋紧等宏观环境因素影响，广物地产的经营业绩出现下滑，整体融资环境不容乐观，企业后续发展需要更强有力的支持。同时，广物控股为广物地产约37亿元债务提供了融资担保，承担了较大的金融风险，国有资产保值增值压力较大。根据《中共广东省委、广东省人民政府关于进一步深化国有企业改革的意见》《广东省人民政府办公厅关于深化省属国有企业改革的实施方案》《省属国有企业结构调整优化方案》等系列文件的精神，调整国有资本布局结构、做强做优国有企业、增强企业活力成为国企改革的重中之重。为响应广东省委省政府、省国资委关于国企主业结构调整的战略部署，实现混合所有制下国有资本在充分竞争领域的长远发展，广物控股研究决定有序退出传统住宅类房地产领域，启动广物地产股权转让工作。

二、项目操作

（一）“严”守细节，细致专业服务

1. 全面梳理，风险防控不留死角

早在项目接洽初期，南方产权就成立专项工作小组与转让方对接，小组成员覆盖交易、法务风控、信息技术等方向，务求在每个交易细节全方位思考，给予转让方更多专业意见。同时，专

项工作小组对项目的重点和难点进行了梳理，针对原股东部分股权被查封、标的转让形式、广物控股担保责任解除、原股东优先购买权行权方式、重大瑕疵披露等关键风险点，逐一分析、细化，抓住工作重点，有效提高工作效率。

2. 精心安排，尽调服务细致入微

广物地产成立至今，拥有全资或控股子公司共60多家，涉及的尽调资料繁多，这增加了项目尽职调查工作的难度。南方产权协助转让方对提供的尽调资料进行分类整理，并建议转让方同时提供纸质及电子文档材料，以便意向受让方进行查阅。此外，南方产权还专门为意向受让方提供尽调场地、办理尽调保密手续，并派专职人员留守现场为意向受让方答疑，发现不清晰的地方及时向转让方反馈，落实具体情况。

（二）“巧”设方案，实现各方共赢

1. 有效提高优先购买权行权效率，保障项目充分竞价

一是原股东优先购买权是法律赋予原股东的权利，优先购买权行权时间对整个交易能否顺利完成有重大影响。鉴于广物地产原股东不放弃优先购买权，南方产权在与转让方沟通讨论并综合考虑各方因素后，建议转让方与各原股东提前充分沟通，就优先购买权的行权时间进行共同决策，形成一致意见；尽可能缩短通知、传递、回复等后续行权环节，加快推进交易进程。广物地产于2018年2月9日召开了股东会，并经决议通过，约定本次交易优先购买权行权时间为：①如形成竞价，应在竞价活动结束次日起5个工作日内，以书面方式确认是否行使同等条件下的优先购买权；②如采用协议转让方式，应在出具通知书次日起5个工作日内，以书面方式确认是否行使同等条件下的优先购买权。如未在约定时间内行使同等条件下的优先购买权，则视为放弃优先购买权。

二是根据《最高人民法院关于适用〈中华人民共和国公司法〉若干问题的规定（四）》的规定，适用《公司法》第七十一条第二款、第三款或者第七十二条规定的“书面通知”“通知”“同等条件”时，可以参照产权交易场所的交易规则。为此，南方产权协助转让方根据广物地产股东会决议设定优先购买权行权方式，并在转让信息披露中做详细公告：“转让方将合格意向受让方在网络竞价系统当中的最高受让报价书面告知原股东，征询原股东是否行使优先购买权。根据有关约定，原股东应在转让方出具征询函次日起5个工作日内以书面方式确认是否行使同等条件下的优先购买权，否则视为放弃优先购买权”。在受让报名环节，要求意向受让方对信息披露内容、相关交易制度等进行书面确认，确保交易各方清楚知晓整套交易流程及相关规则，降低后续纠纷风险。

三是为最大限度发现市场价值、实现国有资产保值增值，本次交易采用“自由竞价+限时竞价”的网络竞价方式。同时，鉴于给予非原股东竞买人充分报价的机会，竞价中特别设置了“追加报价”环节，具体操作方式如下：限时竞价阶段结束、产生非原股东最高报价竞买人后，竞价系统立即进入追加报价环节；非原股东最高报价竞买人在该环节拥有一次提高报价机会，加价幅度不受限制，报价时限为5分钟；非原股东最高报价竞买人在追加报价环节中的最终报价视为本次网络竞价的最高受让报价。经非原股东最高报价方确认后，转让方将该报价书面告知原股东，征询原股东是否行使优先购买权。

2. 梳理债权债务关系，解除融资担保责任

鉴于广物地产所处房地产行业的特殊性，企业债权债务关系较复杂，既涉及担保类型的或有负债，也涉及以资管计划为通道的债权债务投资。同时，广物控股为标的企业及其对外投资公司的银行贷款和其他融资行为提供了约37亿元的担保，房地产融资担保风险较高。南方产权协助转让方厘清债权债务关系，并在转让方案中设置了对相关金融债权债务及担保的承接义务。具体包括：受让方须以承诺保本保息的方式，承接相关

资管计划的劣后级份额（原为广物控股持有，属于间接担保的资金）；受让方须在签订《产权交易合同》后受让相关资管计划的优先级份额（原为第一创业公司持有，属于标的企业的债务），并提供三份无条件不可撤销银行履约保函（合计金额不低于65亿元），同时解除广物控股的相关债务；广物地产涉及的韶关“三旧”改造项目的未分配利润作为债权，一并转让给受让方。

3. 多渠道重点推荐，实现国有资产大幅度溢价

项目推进期间，南方产权通过预披露、网站平台、广告横幅、会员渠道、微信平台、投资者信息平台等方式对项目进行线上线下重点推介，吸引了众多房地产业投资者的关注。通过广泛的市场发动，最终征集到碧桂园、保利、阳光城、卓越集团等国内多家龙头房企参与竞价。

该项目竞价活动于2018年3月16日上午10时开始，转让底价为357548万元，历经15小时，最终报价为510248万元，项目溢价率达42.7%。

三、项目启示

广物地产股权债权的顺利转让，为新时代国有资本深入推进改革、退出非主营业务、实现结构布局调整提供又一成功案例。从项目引进、准备、挂牌到最终的竞价成交，我们得到以下启示：

一是依法合规保障原股东优先购买权，充分披露行权方式，尊重非优先购买权竞买人报价权。在本次交易中，优先购买权的行权时间、方式由各股东自行决策并完整全面予以公告。在符合法律规定前提下，操作更加灵活，大幅提高行权效率，为项目顺利推进奠定了良好基础。通过网络竞价中特设“追加报价”，保障项目充分竞价，有效提高竞价增值率。兼顾各方利益诉求，实现国资最大化增值，进一步发挥市场的资源配置作用。

二是产权交易机构是国企国资优化资债结构、提升企业竞争力的主要平台。交易前，转让方的股东（广物控股）为广物地产及其对外投资公司的银行贷款和其他融资行为提供了约37亿元的担保，承担着较大金融风险。通过本项目的挂牌转让，广物控股及物产公司成功剥离原有担保责任、转移或有金融风险，大大降低了企业杠杆率，企业资债结构得到进一步优化。通过“瘦身健体”获得更健康的“体魄”，进一步提升国有企业竞争力，实现“降杠杆、保增长、促发展”的战略目标，为企业调整产业结构、实现转型升级提供“催化剂”，为企业可持续健康发展提供“助推器”。

三是作为中国资本市场的重要组成部分，产权交易机构是推进国企国资改革的重要渠道。物产公司在2007年以450万元的价格投资广物地产，通过本次公开交易，回收资金510248万元，股权投资回报率达到1100多倍；广物控股及物产公司的现金流得到极大提升，成功实现了国有资产的最大化增值。

根据《关于深化国有企业改革的指导意见》（中发〔2015〕22号）的精神，产权交易市场的资本市场属性正式在国家顶层设计层面得以确立，这为产权交易市场指明了发展方向。在国家大力推动供给侧结构性改革的时代背景下，随着国企国资改革的深入推进，产权交易资本市场作为与证券市场并列的资本市场重要组成部分，其交易内容日益多元化，投融资服务能力不断提升；将充分发挥产权流转、市场融资、资产配置三大功能，持续为国有资本布局的优化调整、做优做强国有企业提供全方位和强有力的支撑，为国企国资高质量发展、创新驱动发展保驾护航。

（广东省产权交易集团供稿）

北京融新创达投资开发有限公司100%股权转让项目

在湖南省联合产权交易所（简称湖南联交所）和山西省产权交易市场有限责任公司（简称山西产权）的精诚合作和精心策划下，北京融新创达投资开发有限公司（简称融新创达）100%股权转让项目于2016年12月顺利成交。该项目转让底价19亿元，成交价为25.2亿元，增值6.2亿元。

一、项目背景

融新创达成立于2011年6月9日，股权结构为：上海潞安投资有限公司（简称上海潞安投资）持有51%股权、湘电集团置业投资有限公司（简称湘电置业）持有49%股权。主要资产为位于北京市朝阳区望京广顺北大街与来广营路交汇处东北角的融新科技中心在建工程项目。该项目主体已封顶，主体包括六栋甲级写字楼、两栋商业楼，用地性质为商业综合用地、占地面积23578.3平方米、建筑高度≤100米、总建筑面积为181402.16平方米，地上建筑面积117888.09平方米、容积率≤5、建筑密度≤50%、绿化率28.98%。项目地块是中关村科技园区内一块商业金融用地，建成后可为园区提供商务配套服务和展示场所，为高科技企业总部提供办公场所。

二、打破区域限制，创新联动模式

融新创达的股东有两个：湘电置业（49%）和上海潞安投资（51%）。其中，湘电置业是湖南省国资委监管，上海潞安投资是山西省国资委监管。按照惯例，49%股权和51%股权将分别在湖南联交所和山西产权市场挂牌交易。

湖南联交所与湘电置业就挂牌事项进行了多次沟通。双方共同的顾虑是：如果49%股权与51%股权分别在两个交易机构挂牌，49%股权极有可能因没有控股权而卖不上价，甚至无人问津。而且，即便成交，最终49%股权的成交价也很有可能远远低于51%股权的成交价，有国有资产流失的嫌疑。最终，湖南联交所提出：将两个股东持有的股权一并转让，即转让100%股权，实现标的价值的最大化。得到湘电置业认可后，双方立即将此想法共同向湖南省国资委进行汇报，得到了湖南省国资委的高度赞同。

在此思路下，湖南联交所与湘电置业立即奔赴山西，与山西产权市场及上海潞安投资进行沟通交流，经过初步沟通，了解他们也正有此意。两个产权交易机构和两个股东一拍即合，四方达成一致——由湘电置业与上海潞安投资共同委托湖南联交所和山西产权市场联合挂牌转让融新创达100%股权；同时，在湖南联交所和山西产权市场网站发布公告。

三、精心策划，共同制定合理转让方案

1. 设置交易条件

截至2016年5月31日，湘电置业对融新创达享有的债权为借款本金人民币23336.65万元及利息15091.778611万元；上海潞安投资对融新创达享有的债权为借款本金人民币44824.665万元及利息7851.787152万元；潞安集团财务有限公司为融新创达发放的委托贷款本金为人民币25000万元。截至2016年9月30日，中信银行总行营业部对融新创达享有的债权为其向融新创达发放的固定资产贷款，贷款本金为人民币99980万元。中信银行贷款由湘电置业和上海潞安投资提供担保。

根据转让方的要求，为解决股权转让后债权及时收回的问题，两个交易机构决定在交易条件中设置债权收回的要求。在公告中，要求受让方在支付股权转让款的同时代融新创达偿还上述债务，并解除原股东在中信银行对融新创达提供的担保。

2. 设置尽调保证金

融新创达的主要资产为融新科技城在建工程项目。在建工程项目所涉内容复杂，投资方做决策前进行尽调，必然会进入企业查看项目所有相关材料，详细了解工程现状、项目立项、规划、用地指标、土地使用证等情况，并进入工地现场勘查。但对融新创达而言，在项目挂牌期间，在建工程仍在施工，投资者进行尽调必然会影响正常的施工秩序。因此提出，只接受有受让诚意的投资者进行尽调，以避免受到不必要的附加影响。

为解决这一问题，两个交易机构应转让方的要求，在公告中设置了相应条款：在公告期内，需要进行尽调的意向受让方需提交尽调保证金，如尽调后意向受让方对该项目没有受让意愿，意向受让方可以来函要求全额退还尽调保证金；如有受让意愿，则尽调保证金转为交易保证金。

四、精诚合作，共同招商，充分发挥产权交易市场的价值发现功能

两个交易机构相隔千里，分属不同的国资监管机构监管，不同的项目运作习惯，不同的格式文本……这些都是需要面对的现实问题。但本次是联合挂牌，必须将所有的流程、格式等标准统一。为此，在项目挂牌前，两个交易机构多次沟通交流，本着“求大同，存小异”的原则，制作了联合运作备忘录。备忘录内容包括：项目挂牌前资料的准备和提交，项目运作过程中的流程节点，合同的签订、接受咨询、接受意向报名事项、保证金支付、受让方资格的审核、竞价的安排、人员安排、价款的结算及相关格式文本的统一等。

项目预公告后，两个产权交易机构便着手推广工作，各自通过自己的微信平台及朋友圈发布预公告信息。从投资人信息库中筛选意向客户，进行一对一短信以及电话推广，与其他兄弟产权交易机构接洽合作招商事宜，并引入了合作招商机制，最终征集到了来自上海和北京的三家国内知名企业。

2016 年 11 月 30 日，融新创达 100% 股权项目网络竞价会在湖南联交所和山西产权市场的共同组织下顺利举行。竞价异常激烈，经过 62 轮轮番竞价，最终由上海久甄实业有限公司以人民币 25. 2 亿元成功竞得，高出转让底价人民币 6. 2 亿元，增值率为 32. 63% 。

五、项目启示

该项目属于备受关注的房地产行业，标的公司位于北京四环，而且 2016 年下半年正值房地产行业出现一波小高峰。在两个交易机构的大力推广下，万科、恒基、金地集团、珠海金控、东旭集团等十几家知名企业高度关注，最终有三家资金雄厚的知名企业参与竞价。

该项目的顺利交易，得益于当时房地产行业的回暖，得益于两个交易机构和转让方选择了正确的交易方案和时机，也得益于两个交易机构的市场资源和人才优势的充分利用。

项目的成功运作，最终实现了共赢：转让方实现了较高的投资回报率，国有资产得到大幅度增值；受让方通过合法合规的方式受让了自己心仪地段的房地产项目，扩张了自身规模，提升了自身在行业内的品牌形象；两个交易机构通过这次合作也凸显了产权交易平台发现价格和发现投资者的功能。

（湖南省联合产权交易所供稿）

大连产权交易所试水 PPP 项目进场交易

一、市场分析

自 2014 年起，我国开始在政策和实操层面规范和推广 PPP 模式。如何在 PPP 项目大面积铺开的大势下寻找自身的切入点，是大交所一直在思考的问题。为了在种类繁多的 PPP 模式中找到适合产权交易机构的切入点，大交所积极走访大连各级财政部门，基本掌握了大连地区 PPP 项目数量、性质和分布情况，并进行了认真的梳理和研究。

经过比较分析，我们认为 PPP 业务与产权交易市场的深度融合还需要一段时间，产权交易市场应当分阶段、分层次地开拓 PPP 业务市场。众所周知，PPP 项目运作方式主要包括委托运营（O&M）、管理合同（MC）、租赁—运营—移交（LOT）、建设—运营—移交（BOT）、建设—拥有—运营（BOO）、购买—建设—运营（BBO）、移交—运营—移交（TOT）、改建—运营—移交（ROT）、区域特许经营，以及这些方式的组合等。具体运作方式的选择主要由 PPP 项目类型、融资需求、改扩建需求、收费定价机制、投资收益水平、风险分配基本框架和期满处置等因素决定。

在 TOT 模式下，由于涉及存量国有资产移交至社会资本或 SPV（特殊目的机构）这一环节，其实质为国有资产的转让行为。按照《企业国有资产法》和 32 号令等有关规定，TOT 的第一个“T”即第一次移交，原则上应进入产权交易机构进行。因此，以 TOT 方式将存量资产转化为 PPP 模式的运作方式，在现阶段与大交所现行业务体系契合度最高，是大交所当前可重点挖掘的 PPP 业务领域。

二、业务实践

在这一思想指导下，大交所开始重点关注 TOT 模式的 PPP 项目，并为 PPP 项目定制全流程的咨询和交易服务。

一是加强咨询服务功能。大交所充分发挥律师事务所、会计师事务所、咨询公司等服务机构的专业优势和资源优势，提升整个市场的专业服务水平，在项目酝酿期就提前介入，为委托方提供咨询服务。目前，已入库各类机构和专家 200 余家（位），涵盖法律、投融资、财务、评估、技术等领域。

二是信息定向投放。大交所利用多年来积累的丰富的投资人资源，根据 PPP 项目所处行业及建设需求进行定向投放，促进信息对称，推动项目成交。

三是规范项目交易。大交所对 PPP 项目进行全程的规范性审核，确保整个交易行为在交易程序、材料内容、成交手续等各方面合规有效，得到了交易各方的好评，也为进一步深入 PPP 市场奠定了基础。

三、项目实施

为响应国家大力发展政府与社会资本合作模式的号召，盘活大连市政府存量资产，缓解财政当期支出压力，大连市建设投资集团有限公司按照市财政的指示，会同市交通局，拟通过 PPP 模式改造基础设施存量项目，以基金等社会资本投入置换财力资金，并解决后续建设资金来源。结合大连市公用事业和基础设施建设情况，按照存量优先、先试点后推广的原则，选定“202 路轨道线路延伸工程”和“快轨3号线工程”资产，开展PPP模式试点工作。

根据市政府的批准意见，建投集团作为PPP项目实施机构，组建两个项目公司：大连市和顺轻轨管理有限公司，承接“202路轨道线路延伸工程”资产；大连市金石快轨管理有限公司，承接“快轨3号线工程”资产，并负责整体方案的具体实施及履约管理。建投集团通过分别转让其持有的和顺轻轨、金石快轨的41%股权和部分债权的形式，引入社会资本。

2015年12月22日至2016年1月19日，该项目在大交所挂牌公告，挂牌金额41.77亿元，最终由大连市建投基础设施投资中心（有限合伙）摘牌。该项目也是大交所成交金额较高的项目之一。2016年9月，另一宗TOT模式的PPP项目大连松木岛污水处理厂资产转让项目通过大交所挂牌成交，进一步丰富了大交所开展PPP业务的实操经验。

目前，全国PPP综合信息平台项目库共收录PPP项目7600余宗，项目金额11.7万亿元，其中辽宁地区达到了100余宗、近2000亿元，市场容量巨大。通过不断深入开展PPP业务，产权交易市场将进一步发挥资本市场的功能，实现资产流转与融资服务的双轮驱动。

（大连产权交易所供稿）

江西中江集团100%股权增值23.2亿元成功转让

2015年5月15日，包含51%国有股权的江西中江集团有限责任公司100%股权转让项目，经过江西省产权交易所产权网上交易系统82轮激烈竞价，最终由北京同创九鼎投资管理股份有限公司以41.49592亿元竞得。成交价与评估值相比增值23.2亿元，其中国有资产增值11.832亿元。

一、项目概况

江西中江集团有限责任公司（以下简称中江集团）是一家股权多元化国有控股企业，持有上市公司中江地产72.37%的股份。中江集团股权结构中国有股权占比51%，其中江西中江控股有限责任公司（以下简称中江控股）持股48.81%，江西中医药大学持股2.19%；其余49%股权由民营企业大连一方集团和24位自然人持有。

2013年4月23日，为做大主业，提高国有企业核心竞争力，中江控股联合江西中医药大学以9.156827亿元的挂牌价，在江西省产权交易所（以下简称省产交所）首次公开挂牌转让中江集团51%国有股权（含中江控股48.81%和江西中医药大学2.19%国有股权）。在省国资委审核同意的转让方案中，规定该项目采用省产交所产权网上交易系统竞价交易。该项目在第一次挂牌期间没有征集到足额的意向受让人。2013年12月30日，中江集团51%股权第二次在省产交所公开挂牌。期间，曾因上市公司中江地产“紫金城”地产纠纷等有关事项申请中止挂牌，并于2014年2月17日恢复挂牌。截至挂牌期满，共征集到两位意向受让人，但由于意向受让人未按要求交纳交易保证金而不具备竞买资格，无法组织网上竞价。

2015年1月21日，经过重新评估，中江集团100%股权以25.47423亿元（评估值为18.29592亿元）在省产交所第三次公开挂牌转让，挂牌期间同样没有征集到意向受让人。2015年3月27日，中江集团100%股权以评估值18.29592亿元作为挂牌价第四次在省产交所公开挂牌转让，至挂牌期截止，省产交所共收到八位意向受让人的书面申请，有四位意向受让人交纳了交易保证金，取得竞买资格。2015年5月15日，北京同创九鼎投资管理股份有限公司通过网络竞价以41.49592亿元成功竞得该项目。在报请江西省人民政府和国务院国资委批准后，2015年9月22日，省产交所为交易双方签发了交易凭证，交易双方随后完成了股权转让工商变更登记手续。至此，中江集团100%股权转让完成了所有法定程序，最终项目增值了23.2亿元，国有资产增值了11.832亿元。

二、主要做法

中江集团股权转让为江西省重大国企改革项目，主要目的是引进外部资本。在转让过程中，既要考虑国有资产的保值增值，又要考虑有利于吸引省外战略投资者，利用其优势产业资源解决企业历史遗留问题，做大做强本省企业。针对前几次公开挂牌未能成交的情况，江西省国资委、中江控股及省产交所多次召开协调会，决定根据前期挂牌所掌握的有关情况，调整转让方案，最终促成项目顺利成交。

1. 对标的企业重新评估

经历前几次公开挂牌，中江集团的资产评估报告已于2013年12月30日到期，原评估报告已无法反映企业真实的价值。为规范中江集团股权转让工作，转让方中江控股于2014年委托专业评估机构重新对中江集团资产进行评估，为中江集团100%股权转让重新确定了定价依据。根据评估结果，中江集团资产总额为29.129433亿元，负债总额为10.833513亿元，净资产为18.29592亿元。所以，第四次公开挂牌转让价格确定为18.29592亿元。

2. 调整股权转让比例

根据前两次公开挂牌接触的意向受让人的反馈意见，中江集团51%股权转让最大的问题在于如何解决好“紫金城”项目的历史遗留问题。据了解，要解决好“紫金城”项目的历史遗留问题，需要的资金量非常大。省产交所认为，调整股权转让比例，将中江集团100%股权进行转让有利于征集到更多有实力的意向受让人；同时，股权的高度集中更有利于股东提高决策效率，高效地筹措资金解决“紫金城”项目的历史遗留问题。

3. 广泛地披露项目信息

鉴于中江集团100%股权转让项目涉及金额巨大，对受让人的资格条件及资信状况要求较高，为更广泛地征集意向受让人，实现国有资产转让价值最大化，省产交所决定扩大宣传，增加信息覆盖面。除了在省产交所网站、公共微信平台、省级经济类报刊进行宣传外，还通过中国证券报、长江流域产权交易共同市场网站和上海产权交易所、北京产权交易所、重庆联合产权交易所、江苏产权交易所、浙江产权交易所、福建产权交易所、四川联合环境交易所、安徽产权交易中心、内蒙古产权交易所等兄弟机构网站发布转让信息。通过上述做法，在项目挂牌截止日前终于征集到八位意向受让人，为项目的最终成交发挥了至关重要的作用。

4. 周密组织安排网上竞价

项目挂牌截止后，为了防止信息泄露，省产交所要求意向受让人将交易保证金汇入不同的指定银行账户，最终共有四位意向受让人缴纳了交易保证金。在竞价准备工作上，省产交所交易部门派专人为四位意向受让人发送竞价密码，并分别对合格的意向受让人进行了网上交易培训，签订了竞价协议书。在竞价组织工作上，一是将合格的意向受让人安排在不同的房间，有效隔离围标、串标风险；二是在每个房间安排了两台电脑，一台备用，同时上线，并安排了一名工作人员现场指导；三是竞价现场配备了备用电源，防止突发停电而中断交易；四是竞价现场还安排了公安人员和省产交所工作人员维持秩序，防止围标、串标，确保竞价顺利完成。

三、项目启示

1. 进场是企业国有产权阳光交易的前提

《企业国有资产法》规定，“除按照国家规定可以直接协议转让的以外，国有资产转让应当在依法设立的产权交易场所公开进行。”《企业国有产权转让管理暂行办法》和《金融企业国有资产转让管理办法》规定，企业国有产权转让应当在依法设立的产权交易机构公开进行。《江西省产权交易管理办法》规定：“本省所属国有、集体产权的交易，必须在江西省产权交易所进行。”中江集团100%股权转让项目说明，在企业国有产权转让过程中，进场是关键环节。进场交易可以使国有产权转让项目通过省级以上国资监管机构选择确定的交易机构，发布产权转让信息，广泛征集受让人，在更大范围发现买主、发现价格，防止暗箱操作和寻租行为；同时，可以从源头上预防和治理产权交易领域腐败问题，实现企业国有产权阳光交易和资源优化配置，促进经济健康发展及社会和谐稳定。

2. 程序规范是国有产权阳光交易的制度保障

国务院国资委《企业国有资产评估管理暂行办法》规定，经核准或备案的资产评估结果使用有效期为自评估基准日起1年。中江集团股权转让项目在第一次资产评估报告到期后，进行了第二次资产评估。翻阅中江集团股权转让卷宗，我们了解到在项目进场前，转让方严格履行了可行性研究、制定了产权转让方案、内部审议决策、转让行为审批、资产评估和评估报告备案程序。项目进入省产交所后，严格履行了挂牌审核、信息披露、征集意向受让人、网上竞价、签订交易合同和价款结算等程序。该项目已获省政府批准和国务院国资委批准，省产交所已签发交易凭证，最终交易双方完成了股权工商变更登记手续。事实说明，规范的程序是中江集团100%股权实现阳光交易的制度保障。

3. 广泛征集意向受让人是竞价交易的基础

实行产权网上竞价，有利于防止围标、串标行为，可以充分挑起竞价，最大限度地促进国有资产保值增值。在江西省国资委审核同意的转让方案中，规定本项目采用省产交所产权网上交易系统进行竞价交易。在中江集团100%股权转让项目操作中，前三次公开挂牌转让期间都未征集到转让方案规定的足额意向受让人。为此，省产交所加强了信息发布工作，在中国证券报、长江流域共同市场和兄弟省市产权交易机构网站广泛发布中江集团100%股权转让信息，最终征集到八位意向受让人。实践说明，广泛征集意向受让人为项目的竞价成交奠定了坚实基础。

4. 合理的加价幅度是国有资产大幅增值的关键

为做好中江集团100%股权网上竞价工作，省产交所与中江控股商定，将加价幅度定为1000万元或1000万元的整数倍。对于挂牌价为18.3亿元的项目来说，这种加价幅度只是挂牌价的0.55%左右，显然较小。但考虑到四家合格竞买人资金实力各有差异，双方认为这种加价幅度有利于充分调动竞买人的竞买热情。实践证明，这种估计符合四家竞买人的心理预期。在网上竞价过程中，北京同创九鼎投资管理股份有限公司作为资金实力最强的一家，一开始就以志在必得的姿态，在报价中加价2000万元、3000万元，到了40多轮报价后，屡屡加价5000万元，试图以大幅加价逼退竞争对手；但是另一家竞买人紧跟其后，以1000万元的最小加价幅度咬住不放，最终竞价达到82轮。实践说明，合理的加价幅度，在中江集团100%股权增值23.2亿元成交过程中起到了关键作用。

（江西省产权交易所供稿）

湖南省湘交院置业发展有限公司房产包销与土地合作开发联动项目

2015 年 12 月 24 日上午，长沙市金湘苑小区一期未销售房产包销项目（以下简称房产包销项目）和交通勘察设计大楼建设及长沙市望城区月亮岛街道中华岭村一宗商住用地开发征集战略合作伙伴项目（以下简称土地开发合作项目）签约仪式，在湖南省联合产权交易所（以下简称湖南联交所）交易大厅隆重举行。委托方湖南省湘交院置业发展有限公司（国有独资企业，以下简称湘交院置业）和合作方长沙金德置业发展有限责任公司的签约代表与嘉宾们脸上洋溢着笑容，大家共同见证了房产包销项目和土地开发合作项目顺利成交这一喜庆时刻。

一、项目概况

房产包销项目和土地合作开发项目的委托方均为湘交院置业。委托方的需求主要有两个：一是为了顺应业务发展的实际需要，须尽快通过市场化的办法筹集资金建设交通勘察设计大楼；二是鉴于房地产持续低迷的市场行情，为降低经营风险，委托方希望引入真正有实力的专业化房产企业，以迅速回笼在金湘苑小区一期未销售房产上的投入资金。作为交易对价，合作方能获得一宗商住用地的全部开发收益和超出房产包销底价的房产销售收益（合作方承担全部税费）。

房产包销项目的基本内容是：一期未销售房产共包含未销售住宅 101 套（建筑面积为 19830.14 平方米）、商铺（建筑面积为 3560 平方米）和车位 380 个。包销底价为人民币 13850 万元（不含一期未销售房产的营业税及企业所得税等一切税费，该税费由包销方承担）。也就是说，委托方全权授权委托包销方负责销售一期未销售房产，包销方应当按照公告的约定期限支付相应的包销价款（若只有一个意向包销方，则包销价款为 13500 万元；如果有两个或两个以上的意向包销方参与竞价，则包销价款为最高出价），包销方由此取得包销权，包销方支付全部包销价款和税费后，其余销售款由包销方依法支取。该项目本质上是一种整体打包委托销售房产行为。

土地合作开发项目的基本内容是：合作方代委托方建设交通勘察设计大楼，采用包资金投入、包工包料、保质量、包进度、包安全事故、包现场文明施工、包资料的大包干承包方式。设计大楼建成后，委托方向合作方返还不超过 3000 万元的建设费用。在此前提下，合作方取得委托方名下一宗面积为 67021.1 平方米的商住用地的开发权，合作方在承担土地开发全部税费的基础上，获得该土地开发的全部收益。该项目本质上是一种融资交换行为。

二、运作亮点

（一）重视国资交易法规宣传，全力促成项目进场实施

房产包销与土地开发合作项目之所以能进场交易，离不开湖南联交所对国资交易法规宣传的高度重视。起初，由于委托方并非省国资委监管企业，且对国有资产交易的相关法规了解不多，因此并不确知通过何种方式可以依法依规运作该项目，一度认为可以直接通过招投标、直接委托拍卖公司或者自行登报等方式征集合作方。湖南联交所获悉项目信息后，积极与委托方进行了充分沟通，详细而深入地阐明了上述项目实质上是一种国有资产交易活动，应当按照《企业国有资产法》《企业国有产权转让管理暂行办法》等法律、法规的规定，进入产权交易机构公开进行。委托方为国有企业，其主要领导对项目的规范运作也十分重视。经过湖南联交所系统的法规宣讲，委托方完全同意项目按照国有资产交易的相关规定组织实施，由此项目得以顺利进入湖南联交所

挂牌公开征集合作方。

事实上，项目成交后，委托方对湖南联交所优质、高效、专业的服务给予了高度肯定。合作双方均深有感触地表示，通过湖南联交所公开交易，整个操作程序公开透明、过程公正、资金安全，让人感到放心，没有后顾之忧。

（二）合规与创新并重，集思广益设计最优挂牌方案

房产包销和土地开发合作项目并不是常规性的产权转让（买卖）行为，而是要征集房产包销合作方和土地开发合作方（假如房产包销项目不采取包销模式而采用资产转让的形式，则必定会产生较大的税费负担），在业务操作方式上，这两个项目与普通的产权转让明显不同。为确保项目合法、合规进行，湖南联交所及时召开公司层面的风险控制专题会议，认真研究项目运作模式，优化交易流程，在合法、合规的前提下，提出了满足委托方实际需求的项目挂牌交易方案。

1. 合理分解项目，相对独立运作

起初，委托方拟将房产包销项目和土地开发合作项目作为一个项目进行挂牌交易。湖南联交所经过认真分析后认为，两个项目相对独立，属于两种不同的经济行为，并且各自确定合作方的标准难以融合（房产包销项目是选取包销报价最高者，而土地开发合作项目是选取返还大楼建设费用报价最低者）。因此，应分成不同的项目挂牌，这样法律关系更为清晰，更有利于吸引有不同需求的投资者参与其中，提升项目的成交率。最终，委托方欣然采纳了湖南联交所的合理建议。

2. 两个项目相对联动，最大限度满足委托方需求

虽然分成了两个相对独立的项目，但土地合作开发项目成交可能性远大于房产包销项目，而委托方又迫切希望能回笼房产包销项目资金。在确认不存在法律障碍的前提下，考虑委托方合理的需求，在土地开发合作项目公告中明确："如房产包销项目在公告期内未征集到包销方，则本项目合作方必须按房产包销项目公告的要求包销一期未销售房产，并在签订本项目《合作开发协议》的同时签订《包销协议》，包销价款为人民币13850万元。"同时，有针对性地做出安排：房产包销项目与土地开发合作项目的挂牌公告截止时间错开1个工作日。也就是说，房产包销项目公告截止期先到期一日，以便在土地开发合作项目公告期截止时，能确定房产包销项目是否有意向包销方报名。

对土地开发合作项目的合作保证金的交纳数额也做了合理区分：①意向合作方已报名参加房产包销项目并交纳了包销保证金4000万元的，则交纳土地开发合作项目合作保证金数额为人民币2000万元；②意向合作方未报名参加房产包销项目的，则交纳土地开发合作项目合作保证金数额为人民币6000万元。

由于房产包销项目与土地开发合作项目进行了相对的联动挂牌，因此，针对不同报名情况的意向合作方设置不同的合作保证金，在数额上看似存在"差别对待"，但实质上是公平的。因为两种类型的意向合作方最终缴纳的保证金数额均为6000万元，并不存在"照顾"一方、"歧视"另一方的问题。

3. 参照产权转让模式，确保项目顺利成交

委托方因为行业特性，对招投标方式非常熟悉，因此在项目接洽前期，曾建议采用招投标方式运作项目。湖南联交所经过充分论证，认为参照产权转让挂牌的方式更为合适，原因在于：一是采取挂牌转让的方式，程序清晰明确，更易操作；而采取招投标方式，存在把简单问题复杂化的倾向。譬如，房产包销项目，实际上委托方最为关心的是谁能出价更高，就把销售代理权交给他，没有其他选择合作方的维度。二是按照现行法律规定，"通过资格预审的申请人少于3个的，应当重新招标；投标人少于3个的，不得开标，招标人应当重新招标"。实际上，项目能否征集到3个有诚意的意向合作方是完全没有把握的，这明

显不利于项目的顺利成交；而委托方建设交通勘察设计大楼的时间非常紧迫，不能再往后拖延。三是即便采取招投标方式，对招标文件中选择合作方的资格条件及评判标准也难以确定，且难以保证评判标准的公正性。

4. 针对项目特点，审慎实行反向报价

土地开发合作项目公告明确约定，由委托方向合作方返还建设费用；返还建设费用起始价（挂牌价）为人民币3000万元，报价最低的意向合作方将被确定为合作方。

如在公告期内只公开征集到一个意向合作方，则该意向合作方被确定为合作方，返还费用起始价（挂牌价）即为湘交院置业最终需返还合作方的建设费用。

如在本公告期限内征集到两个及以上符合条件的意向合作方，则按照网络竞价（反向报价，即从3000万元往下报价，最低可报到10万元；每次报价减少的幅度为10万元的整数倍，一次最多可报10万元的50倍）的交易方式最终确定合作方。以人民币3000万元为返还费用起始价（挂牌价），所报湘交院置业需返还建设费用金额最低的意向合作方被确定为合作方，其所报金额为湘交院置业最终需向合作方返还的建设费用金额。

为避免产生误解和发生不必要的争议，公告中特别提示：报价系统可接受的最低报价为10万元整（即：如有意向合作方先报出10万元报价，则其他意向合作方将不能再报出低于10万元的报价，该最先报出10万元的意向合作方成为合作方）。

由于是第一次采取反向报价方式，为确保反向报价顺利进行，湖南联交所还对报价系统进行了反复测试，对各种可能出现的情况进行了模拟，做到“未雨绸缪”，提前发现、解决问题，为正式报价打下坚实基础，确保报价活动顺利进行，万无一失。

三、成效及启示

房产包销与土地开发合作项目是湖南联交所首宗进场征集房产包销和土地开发合作方的创新性项目。该项目的顺利成交，再次彰显了湖南联交所作为国有产权交易平台的强大公信力和招商力，为湖南省国有企业深化改革、国有资产处置和市场融资探索了新的模式；同时，为湖南联交所开展创新性业务积累了宝贵经验，坚定了湖南联交所拓展创新性业务的决心。

（湖南省联合产权交易所供稿）

甘交所跨市场运作，助力华龙证券成就年度新三板最高融资记录

2016年12月27日，由甘肃省产权交易所（以下简称甘交所）担任咨询顾问的华龙证券股份有限公司（以下简称华龙证券）增资扩股项目（以下简称华龙增资项目）顺利完成，以2.61元/股价格于新三板市场成功增发股份36.87亿股，募集资金96.22亿元。增资完成后，华龙证券注册资本从26.4亿元增至63.27亿元，实现跨越式增长。华龙增资项目是产权交易机构首次以咨询顾问身份参与、以证券公司为融资主体、在新三板市场上进行、融资金额创年度最高纪录的重大增资扩股项目。该项目的成功运作，标志着我国产权行业金融化、投行化发展趋势的不断深化，为产权行业通过发挥资本市场功能履行国有资产保值增值职能的探索创新写下了浓墨重彩的一笔。

一、兼具三重属性，华龙证券增资难度系数高

本项目融资方华龙证券成立于2001年，是由甘肃省人民政府组织筹建，经中国证监会批准的综合类证券经营机构，主要业务涵盖证券经纪、投资银行、证券投资咨询、咨询顾问及中国证监会批准的其他业务。华龙证券作为甘肃省唯一省属券商，在甘肃金融市场具有重要地位，在全国资本市场也具有一定影响力。2016年，随着证券公司业务创新不断深化，市场竞争日趋激烈，证券市场创新业务开展所需资本金准入条件不断提高，华龙证券日益感到扩充资本与招募战略投资人的必要性与紧迫性。经测算，公司需要扩充注册资本38亿元，募集资金100亿元左右，方可满足自身发展需求。

作为在新三板挂牌的国资证券公司，华龙证券同时具备“国资”“省属重点企业”“新三板挂牌企业”“金融机构—证券公司”等多重属性。其增资扩股行为受到来自甘肃省委省政府、中国证监会、全国中小企业股份转让系统有限责任公司等主管部门从国资监管、证券市场监管到挂牌交易机构监管三方面的监督管理。增资扩股业务流程必须同时符合《企业国有资产法》《证券法》《企业国有资产交易监督管理办法》等法律法规以及新三板关于增资业务的相关规定，必须同时满足国资监管部门、证券市场监管部门的监管要求，还必须同时实现甘肃省委省政府对本省金融企业的发展规划。由于上述特点，华龙增资项目于启动阶段即面临较大困难。与此同时，由于我国资本市场体系尚待健全，相关法律法规的协调性、系统化尚待完善，华龙增资项目即使成功启动，其运作过程仍存在较大的合规风险，可谓“红线密布”，稍有不慎，项目即有流产可能。华龙增资项目作为华龙证券重大企业经营举措，关乎甘肃省社会经济发展全局。如何在合法合规前提下充分发挥市场作用，实现国有资产保值增值，切实提高企业市场竞争力，成为摆在甘肃省各界人士面前的重大课题。何时、何地以何种方式启动并运行华龙增资项目，牵动着甘肃省各有关方面的心。

华龙证券充分意识到该项目的严肃性、复杂性与操作难度。2016年6月，华龙证券向甘交所明确表示意向，邀请甘交所担任本次增资扩股项目的咨询顾问，负责项目咨询及竞价支持服务工作。

二、跨市场运作，甘交所面临严峻挑战

甘交所接到华龙证券邀请后，立即组织专业团队进行项目分析，得出以下结论：

一是华龙增资项目具有金额巨大、社会关注度高、参与方众多、竞价过程复杂等突出特点，且涉及证券市场与产权交易市场的跨市场运作。华龙证券作为在新三板挂牌的国有企业，其增资扩股行为涉及产权和新三板两个市场，跨场运作并完成无缝对接难度较大。

二是华龙定增项目需考虑因素较多。根据甘肃省政府甘政函〔2016〕164号、甘国资发改组〔2016〕365号文件，以及“新三板”规定和融资方的要求，本次竞价必须满足以下条件：①增资完成后，甘肃省人民政府国有资产监督管理委员会及其下属企业或其他省属企业总持股比例不低于增发完成后总股本的35%；②募集总资金不高于100亿元；③增资股数不多于380000万股；④发行价格不低于2.61元/股；⑤新进单一股东及一致行动人持股比例不超过60000万股；⑥新进投资者不超过35家；⑦充分保证原股东的优先认购权。

在本次增资扩股项目运作过程中，甘交所既要满足“新三板”市场对于定向增发事项的种种限制性规定，又要在满足上述规定的前提下，通过市场化手段保证融资方关于甘肃省国资持股比例的底线要求。市场化竞价、国资持股底线与发行价格下限构成了本次增资的突出矛盾和难点。而上述难点在加入原股东是否放弃优先认购权的不确定性后，使项目变得异常复杂，需要进行多种可能性测算并根据多种情况准备多套方案同时

进行可行性论证。时间紧迫、项目复杂、工作量巨大、沟通交流工作繁重等不利因素使甘交所面临着巨大的压力与严峻的挑战。

三、“投行+平台”服务方式，以市场化手段创新地开展投资方遴选工作，实现成功融资

1. 方案制作

甘交所组织华龙增资项目团队（以下简称项目团队）以驻场工作方式为华龙证券提供咨询顾问服务。项目团队与华龙证券增资负责人及参与本项目的中信证券新三板投行团队、甘肃正天合律师事务所、瑞华会计师事务所等中介机构进行了深入细致的沟通与探讨，以期找到在多重机构监管与多方面法律法规规定下达成华龙证券增资扩股战略目标的最优路径；形成了“先竞价再综合评议”“先综合评议再竞价”“综合评议”“一次性密封报价方式竞价”“竞争性谈判”等多套方案，同时制定了多样化的原股东优先权行使办法、竞价办法等一系列配套措施，供华龙证券结合自身需求进行选择。从2016年8月24日到11月7日，甘交所共为华龙证券提供咨询和竞价方案50余次，并根据实际情况修订方案数十次。

2. 系统定制

通过与甘交所及各中介机构的深入沟通，华龙证券最终选定以“先综合评议再竞价”的方案推进增资扩股工作。为保障项目顺利完成，同时满足“新三板”市场定向增发的规定与产权交易市场公开交易的要求，实现华龙证券增资目标，甘交所经过充分论证，邀请兄弟机构常州创业投资集团（以下简称常创集团）共同参与针对华龙增资项目的增资扩股系统开发。经过甘交所与常创集团的深入沟通和共同努力，增资扩股系统初版于2016年10月初开发完成。根据融资方需求变化，甘交所与常创集团分别于2016年10月中旬、下旬完成了增资扩股系统第二版及最终版的开发。新开发的系统具有以下特点：①投资方报价全程透明，竞价过程全程显示，竞价结果即时产生；②实现了一次密封报价的网络化，为类似项目的实施开创了可行路径；③操作简单，界面友好，即使无操作经验的竞价方，也可迅速掌握系统操作方法并投入使用。

3. 组织交易

在做好充分的前期准备工作后，甘交所于2017年11月8日在甘肃国际会议中心举办了华龙证券股份有限公司定向增发竞价会暨签约仪式。会议现场使用针对该项目定制研发的增资扩股系统，在融资方选定的投资人范围内，通过公开竞价的方式来确定最终增发价格。通过现场的系统录入及演算，只有在2.61元/股这一价位可满足本项目所设定的全部前置条件，确定本次定向增发的最终价格为2.61元/股。兰州市公证处对此次竞价过程进行了全程公证，保证了本次定向增发竞价工作的合法合规。

4. 成功融资

众所周知，2016年新三板融资难度较上年明显提高。在挂牌企业数量破万、同比增加超过一半的情况下，截至2016年12月29日，新三板共2581家公司完成股票发行，发行次数2914次，募资总额为1374亿元，略高于2015年融资规模（1216亿元）。事实上，自2015年末PE等机构“圈钱”被监管层叫停之后，2016年以来，百亿级别的融资已销声匿迹，偶尔有个别公司甩出这样的超级大单，也是要么终止，要么一波三折。即便是独角兽神州优车，百亿定增也数次延迟认购。

与此对比鲜明的是，在如此“资本寒冬”下，本次华龙证券定向增资逆势而上，最终以2.61元/股的价格成功发行了38亿股，共募得资金96.22亿元。这是2016年新三板挂牌企业最大规模定增。此次定增，除了公司在册的20名股东认购外，还有33名外部投资者蜂拥认购（包括读者传媒、陇神戎发和盛达矿业三家上市公司，山东国投、甘肃国投、兰投控股和甘肃公航旅、甘肃金控等八家各地国企，以及金石资本等众多知名的专业投资机构）。

此次股票发行之后，控股股东甘肃金控集团的持股比例降至16.18%，但仍为华龙证券第一大股东。甘肃省国资委间接持有华龙证券35.69%的股份，仍为华龙证券实际控制人。可以说，本项目圆满完成了甘肃省政府下达的各项融资目标。

本次增资扩股交易的成功组织获得了相关中介机构与华龙证券领导的高度评价。中信证券某高级副总裁评价："本次增资项目的成功运作，堪称资本市场定增项目的典范。"融资方高度评价："华龙证券的成功增资，是华龙证券发展历程中的重大里程碑，甘肃省产权交易所通过方案设计与竞价组织，很好地履行了咨询顾问职责，实现了产权交易市场与新三板市场的跨市场对接，这在资本市场尚属首例!"

四、项目启示

1. 产权交易机构应认真分析，找准定位，利用自身优势开拓市场

产权交易机构在国有产权交易领域经过多年耕耘，对国有产权交易过程中涉及的法律、法规、政策具有较高的研究水平，对国有产权交易流程具有深厚的实际操作经验积累。同时，产权交易机构具备资本市场独有的非标网络竞价系统与业务开展流程。上述二者构成产权交易机构的"比较优势"，帮助产权交易机构增加"提供咨询及竞价支持的咨询顾问"的资本市场新角色定位，并以此为抓手助力自身业务创新与市场开拓。

2. "产权交易市场 + 新三板"国有资产交易模式值得产权行业共同探索

产权交易市场作为与证券市场平行的资本市场，拥有国有资产交易的丰富经验，熟稔国有股权转让和增资扩股等国资交易的相关法律法规；具备先进的交易系统、完善的交易规则体系和多种交易方法，拥有全国产权交易市场投融资联动网络的优势，已经成为具有强大公信力的国资交易公开市场，具备为新三板企业国资交易服务的充分条件。新三板作为非常重要的场外资本市场之一，拥有高效、安全、快捷的股份交割和资金结算系统。通过"产权交易市场 + 新三板"模式有序对接两大市场操作规则和交易流程，共同操作挂牌企业国有资产交易，有利于扬长避短，同时让交易更合法、更安全、更符合"三公原则"。

（甘肃省产权交易所供稿）

浙江省建设投资集团股份有限公司债转股项目

一、项目背景

浙江省建设投资集团股份有限公司（以下简称浙建投）是浙江省国资委监管的企业之一，是一家以建筑施工和基建投资为主业，包含房建施工、基建投资、工业制造、海外发展和现代服务业五大板块格局的现代大型企业集团。浙建投持续多年扩大经营规模与资产规模的同时，也导致企业资产负债率始终处于高位，2016年底合并报表资产负债率达到了92%以上；而同期可比上市公司平均资产负债率仅为80%左右，这无疑成为浙建投成功登陆证券市场的一大壁垒。

为贯彻落实中央、国务院关于推进供给侧结构性改革、重点做好"三去一降一补"工作的决策部署，贯彻落实有关领导对浙建投做出"转型升级减负担、降杠杆、增强竞争力"批示精神，浙建投拟通过债转股的方式，有效减少负债，增加净资产，降低企业资产负债率。这不仅能够降低浙建投的融资成本，提升其融资能力，还能增强其企业实力、提升其盈利空间，为浙建投 IPO 扫清障碍。

二、操作难点和重点

1. 企业债转股，属增资范畴

债转股业务是指金融资产管理公司、国有资本投资运营公司等实施机构以市场化方式募集资金，受让银行持有的企业债权，以市场化方式确认的价格将债权转换为股权，依法享有股东权益。从对“债转股业务”的解释上不难看出，债转股业务的实质就是增资。

2. 国企债转股，要进场交易

本次债转股的主要特点是市场化、法治化、去明股实债化。市场化就是转股对象企业市场化选择，转股资产市场化定价，资金市场化筹集，股权市场化管理和退出。法治化就是强调债转股的所有市场主体，债转股的各个环节，涉及债转股的所有行为都要在法治的框架内依法进行。去明股实债化就是本次债转股所转股权无其他固定利息约定，不搞假股真债。

无论是“市场化”，还是“法治化”，都要求浙建投这个浙江省省属国企，在实施本次债转股过程中要按照《企业国有资产交易监督管理办法》（32 号令）的要求，进场交易。

3. 国企债转股，应企业决策

债转股的实质是增资，而 32 号令也明确了增资与转让进场的最大不同就是：增资是由企业具有权限的会议决议以资产评估结果为基础，结合意向投资人的条件和报价等因素审议选定投资方。

4. 浙建投债转股，重方案设计

项目确定进场交易后，于 2017 年 8 月 22 日在浙江省国资委会议室召集多方会议，商讨项目的进场方案。浙江产权交易所（以下简称浙交所）在本次会议上提出两点建议：①实施机构对拟债转股价格进行竞价，即将债权受让与对企业增资分离，严格按照《国务院关于积极稳妥降低企业杠杆率的意见》（国发〔2016〕54 号）的要求进行债转股；②通过竞争性谈判的方式征集意向方，根据企业自身特点选取合适投资人。

浙交所的两点建议有效推动了项目方案的最终确定：本次债转股的总股份合计 2.6 亿股，占增资扩股后的总股本的 27.08%，分隔为 1.3 亿股两个标的在浙交所挂牌，以竞争性谈判的方式公开征集两家债转股实施机构作为浙建投债转股的合作方。本次债转股采取实施机构承接浙建投债权人所持债权和现金增资的方式，以竞争性谈判确定的最终成交价格将实施机构所持股的浙建投债权转为浙建投普通股股权。

债转股实施机构作为浙建投新股东，与公司原股东享有同等权利和义务。本次债转股实施完成后，第一大股东省国资公司对浙建投的持股比例不低于 50%。

本次债转股增资完成后，浙建投股权结构如图 1 所示。

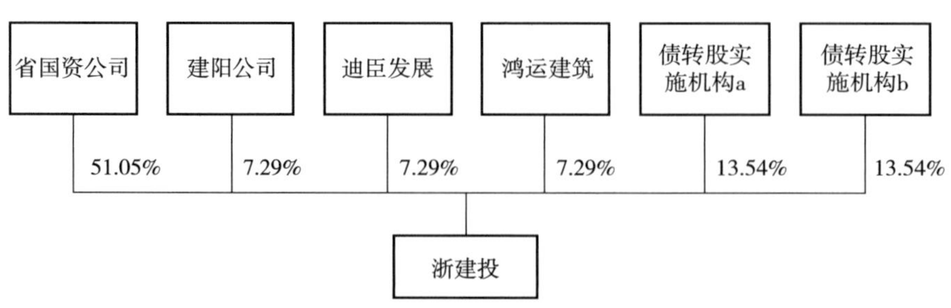

图 1　债转股增资完成后浙建投股权结构

三、项目进场始末

浙建投债转股项目（以下简称项目）于2017年9月15日挂牌，总计挂牌56个工作日，于2017年12月7日到期。项目公开信息披露（挂牌）期间，浙交所为3家企业办理了登记手续，并于2017年12月20日下午3时组织项目的竞争性谈判。2017年12月25日收到《浙建投集团债转股项目竞争性谈判情况报告》《关于浙建投集团债转股实施机构择优结果确认的函》，经浙建投董事会及股东会审核通过，确定投资人为中国信达资产管理股份有限公司及工银金融资产投资有限公司。2017年12月26日，项目债转股协议签署完毕。其中，中国信达资产管理股份有限公司以90870万元受让对应银行债权，将受让债权转为浙建投股权；工银金融资产投资有限公司以现金90870万元增资，增资款用于偿还指定银行贷款。

本次债转股不仅成功实现了浙建投资产负债率的降低，拓宽了其融资渠道，还与大型资产管理公司建立了牢固的伙伴关系，有利于浙建投整体上市工作，对通过证监会发审委会议审核有积极影响。

四、项目启示

1. 产权交易平台有助于融资企业找到更多、更优质的投资人

项目一挂牌，浙交所就依托自身的投资人库进行精准营销。项目征集的3家意向投资人中有一家为平台发现。竞争性谈判后，该名意向投资人成功入围，谈判小组专家审议确定意向投资人名单，且优先接纳顺序排名位列第一。

2. 合理选择支点，助力融资企业在商务洽谈中拿到主动权

本次债转股与传统增资的最大不同在于：投资人的目标群体范围明确，投资人总数有限。特别是实施机构往往就是原有债权银行的关联公司，在进行商务谈判时，作为传统国企的浙建投往往并不能取得与之平等的地位。因此，本次债转股的切入点选在实施机构对拟债转股价格进行竞价。浙交所在项目进场之初的这一设计，配合项目宣传中找到的优质投资人，得到的最佳结果就是：浙建投在与债权人（银行）所选取的实施机构的商务谈判中拿到了主动权。

3. 权责清晰明确有利于融资企业最佳投资人的选择

竞争性谈判的关键之一就是专家的选择。浙交所一开始就明确将谈判专家的选择权交给融资企业。产权交易机构选择专家的传统做法是通过摇号方式在专家库中选择，专家的选取随机性太强，往往选中的专家对融资企业所在行业并不了解，缺少公信度。将专家选取决定权交给融资企业，有力地保障了专家对项目的适配性。本次债转股竞争性谈判的专家不仅来自浙建投及其股东，还有来自券商、律所和评估公司的代表。谈判专家小组最后用翔实的谈判报告，有据的数字分析，充分展示了最佳投资人的选取过程，让融资企业股东会在选择最终最佳投资人时得到了支撑。

（浙江产权交易所供稿）

巴彦淖尔市金晟源给排水有限公司70%国有股权转让项目

2017年4月28日，巴彦淖尔市金晟源给排水有限公司（以下简称金晟源公司）70%国有

股权转让（巴彦淖尔市污水处理再生水回用及供水一体化 PPP 项目）通过内蒙古产权交易中心有限责任公司（以下简称中心）正式挂牌。通过多渠道推介，共征集到 6 家意向受让方，其中包括首创股份、碧水源、天津创业环保等上市公司。经过正式招标、评审、谈判，最终确定天津创业环保以 77695.66 万元中标，中标价较招标底价增值 2963.66 万元。这充分体现了产权交易市场发现投资人、发现价格的功能；同时，对化解巴彦淖尔市政府性债务、摆脱融资难的问题，以及提高巴彦淖尔市供排水运营管理水平起到了积极作用。

一、项目背景

为解决巴彦淖尔市投资建设供排水设施方面的资金压力，以及引进先进的经营和管理理念，促进供排水市场的可持续发展，巴彦淖尔市政府决定对内蒙古巴彦淖尔市污水处理再生水回用及供水一体化项目实行 PPP 运作。由市水务局作为项目实施机构、特许经营协议签约和监管主体，签订本项目的特许经营协议，履行协议监管职能；由巴彦淖尔市河套水务集团有限公司（以下简称河套水务）作为项目业主，代表政府与社会资本签订合资经营协议和股权转让协议。

二、方案策划

经过前期沟通和尽职调查，中心了解到该 PPP 项目采取 TOT 模式，不仅涉及国有存量资产转让需履行进场交易程序，还涉及职工安置、融资租赁、资产和负债、待建工程、土地使用权等诸多问题，但项目业主单位河套水务对政策并不了解。为规范项目操作，中心主动进行了进场引导和前期策划，经过多次沟通和对接，最终得到河套水务的认可。中心提前派工作组进入，与咨询机构一起进行方案设计和挂牌准备，为项目顺利实施奠定了基础。

1. 转让模式

考虑到项目的特殊性，满足 PPP 公开招标和国有资产转让公开进场的要求，做方案的时候就依法合规、考虑周全；操作上环环相扣，程序紧凑无缝衔接。经与巴彦淖尔市国资局和转让方沟通，本次转让采取“股权转让 + 公开招标”方式进行，难点是需要兼顾企业国有资产和招标两套程序。由于转让股权比例为 70%，项目最终需通过股权转让信息预披露、股权转让正式披露、资格预审、正式招标、专家评审、谈判等程序最终确定受让方。

2. 职工安置问题

本次需要安置的职工为河套水务 5 个子公司职工共计 96 人，其中事业身份 32 人，劳动合同 64 人。经过与职工充分沟通，根据国家、省、市法律、法规和政策，按照市政府专题会议纪要的意见，按照“老人老办法、新人新机制”的原则进行妥善解决，对事业身份职工、劳动合同制职工予以分类解决。

3. 资产问题

本次涉及的存量资产分布在 6 家子分公司名下，同时分布在不同地区，评估后资产价值为 106757.79 万元。前期中心建议成立标的公司，将上述资产以作价出资方式装入标的公司再进行股权转让，但是部分资产存在融资租赁情况，目前无法解除融资租赁协议将资产装入标的公司。最终设计方案为先注册成立一家标的公司，进行股权转让信息预披露，待最终确定受让方正式签订交易合同时再将上述资产装入标的公司。为保护受让方的权益，中心在收到受让方出具的股权变更证明后再将交易价款转付至转让方。

4. 负债问题

河套水务之前为建设项目而形成的债务仍留在河套水务，由河套水务承担与项目有关的全部债务，不转移到标的公司。对于债务处理方案，由河套水务与债务主体进行沟通，获得债务主体的同意。

5. 融资租赁问题

本项目的部分资产采用了售后回租的融资租

赁方式，涉及的融资租赁总金额为4.9607亿元。对于融资租赁余额，受让方必须在支付股权转让价款的同时，按融资租赁余额的70%支付给转让方，由转让方负责偿还融资租赁余额，后续融资租赁协议解除后再对标的企业进行增资。

6. 待建工程问题

本PPP项目包中尚有部分工程未完工，暂时不能进行资产审计和评估，因而未纳入标的公司。该部分待建工程资产采用增资扩股的方式解决，转让方以完成的待建工程资产进行实物出资，对标的企业进行增资后进行股权转让，以保持转让方和受让方30%：70%的股权比例。

7. 土地使用权问题

根据《巴彦淖尔市人民政府转发自治区人民政府关于进一步推进城镇污水处理设施建设的意见的通知》中“对城镇污水处理设施建设用地采取行政划拨方式，允许投资建设、运营污水处理设施的企业在合同期限内拥有划拨土地规定用途的使用权”的规定，PPP项目包内的资产划转至标的公司后，标的公司的资产中包含原有的土地使用权，已确权并以划拨方式或出让方式取得的土地，项目公司继续保持原有划拨用地性质。项目公司承担特许经营期内的土地使用税（费）和房产税（费）。项目公司不得将土地使用权用于特许经营之外的其他任何目的和用途。

三、项目实施

为了保证项目的顺利实施，中心组织转让方及市国资局、财政局、水务局等有关部门共同研究讨论信息预披露、正式披露、资格预审、正式招标等有关细节和时间节点，并最终确定责任人和时间表，实施时完全按照时间表操作。

（一）信息预披露

2017年3月20日，中心发布了金晟源公司70%国有股权转让信息预披露。信息预披露期间，中心通过多种渠道进行广泛推介，期间有十多家意向受让方进行了咨询。

（二）正式披露和资格预审

为了征集到实力较强的受让方，最终确定的受让方资格条件如下：

1. 主体要求

具有独立法人或由独立法人实体组成的联合体（联合体内的成员数量不得超过2名），独立法人（联合体）的注册资本不低于人民币5亿元（或等值外币）；若独立法人（联合体）的营业执照或所在国家政府机构出具的商业登记证明未注明注册资本，则以独立法人（联合体）净资产的50%作为注册资本的计算基础。联合体每一成员的注册资本乘以其在联合体内所占股份比例之和应满足以上的注册资本要求。（汇率为中国银行在资格预审公告之日公布的汇率中间价）

2. 业绩经验

一是在国内给排水行业拥有较强的投资经营能力和较好的经营业绩，在过去五年内（2012年1月1日至递交申请文件截止时间前），独立法人（联合体）在国内应具有单个项目供水能力不低于20万吨/日的城市供水厂网一体化投资和运营经验，或单个项目规模不低于10万吨/日的城市生活污水处理厂投资和运营经验。二是独立法人（联合体）在国内给排水业内有较强影响力，截至公告日在国内合计拥有不少于10个给排水投资运营业绩。

3. 财务实力

独立法人（联合体）具有雄厚的投融资能力，最近一期经有资质机构审计的净资产在10亿元人民币（或等值外币）及以上。联合体每一成员的净资产情况乘以其在联合体内所占股份比例之和应满足以上净资产要求。（汇率为中国银行在资格预审公告之日公布的汇率中间价）

4. 企业信誉

独立法人（联合体）具有良好的商业信誉，具有良好的银行资信记录。近三年财务会计资料无虚假记载、银行和税务信用评价系统或企业信用系统无不良记录。同时，应具有合法的法律地位，在过去三年内没有严重违约或不良行为（以检察院出具的行贿犯罪档案查询结果告知函为准；若为联合体，每个成员均需提供）。

5. 技术能力

独立法人（联合体）应具备专业的技术人才与管理人才队伍，专业知识与技术力量雄厚。

2017 年 4 月 28 日，中心发布金晟源公司70% 国有股权转让正式披露，5 月 15 日发布资格预审公告。正式披露期间，中心通过多渠道推介，共征集到 6 家意向受让方，其中包括首创股份、碧水源、天津创业环保等上市公司和外资企业。经过专家评审，6 家意向受让方全部通过资格预审，并被确定意向受让方资格。

（三）正式招标

确定意向受让方后，中心协助转让方制定了招标文件和交易合同。2017 年 6 月 9 日，正式发布招标公告，招标底价为 74732 万元。6 月 16 日至 6 月 19 日，中心组织意向受让方进行了现场踏勘和标前答疑会，最终 3 家意向受让方进行了投标。2017 年 7 月 6 日，经过专家对意向受让方的项目业绩、公司实力、财务状况、技术能力、公司管理能力、供水管理运营能力、污水处理厂运维能力、投标报价各方面评审，确定了 3 家社会资本候选人，其中天津创业环保以 77695.6600 万元的报价成为第一候选人。按照程序，2017 年 7 月 20 日招标人与第一候选人进行谈判，并确定天津创业环保为预中标人。经过中标结果公示，2017 年 7 月 31 日招标人向天津创业环保发布了中标通知书，确定天津创业环保为股权转让项目的最终受让方。相关合同文本经过市政府审核和批准，最终中心组织交易相关方签订了《产权交易合同》《特许经营协议》《合资经营合同》。

四、项目成效和启示

1. 项目成效

本项目是内蒙古第一宗存量资产转让 PPP 项目。通过中心主动引导和争取，规范地进场操作，产权交易市场发现投资人和发现价格的功能得到充分体现，实现了国有资产的保值增值，最终成交价较招标底价增值 2963.66 万元，化解了巴彦淖尔市在供排水领域的政府性债务，使其摆脱了融资难的问题。社会资本进入后，将有力提高巴彦淖尔市供排水运营管理水平，对全国的城市污水处理、再生水回用及工业园区供排水 PPP 项目起到示范作用。

2. 项目启示

中心按照《中华人民共和国企业国有资产法》《中华人民共和国政府采购法》《企业国有资产交易监督管理办法》《政府和社会资本合作项目政府采购管理办法》等有关法律、法规和规定，通过提供贴身服务，引导进场，并积极主动进行项目挂牌前的方案设计，为项目规范运作奠定了基础。中心将国有资产交易规定的时间节点和政府采购规定的时间节点巧妙结合，利用产权交易平台和政府采购平台进行多渠道推介征集意向受让方，为后续的存量 PPP 项目交易奠定了基础。中心的专业工作得到了项目业主、实施机构和巴彦淖尔市政府的一致认可，为后续 PPP 项目进场起到了示范作用。

（内蒙古产权交易中心供稿）

四川沱牌舍得集团有限公司38.78%股权转让及增资扩股项目

一、项目概况

2015年11月2日，经过网络竞价会后近3个月的尽职调查和多方谈判，四川沱牌舍得集团有限公司（以下简称沱牌舍得集团）、四川省射洪县人民政府（以下简称射洪县政府）和天洋控股集团有限公司（以下简称天洋集团）在西南联合产权交易所（以下简称西南联交所）正式签署《股权转让及增资扩股协议》。历时12年的沱牌舍得集团战略重组工作尘埃落定：民营企业天洋集团以人民币38.22亿元获得沱牌舍得集团70%的股权，其中10.375亿元受让沱牌舍得集团38.78%存量股权，27.845亿元参与沱牌舍得集团增资扩股，从而成为沱牌舍得集团和四川沱牌舍得酒业股份有限公司（A股上市公司，以下简称沱牌舍得酒业）的实际控制人。

签约后，射洪县政府按照规定，将战略重组事项逐级上报至国务院国资委等部门审批。2016年4月，沱牌舍得项目获得国务院国资委批复同意。同年5月，沱牌舍得集团职工代表大会以96%的赞成率高票通过职工安置实施方案后，沱牌舍得集团将全部交易款项支付完毕，并推动职工安置工作顺利完成。同年6月30日，沱牌舍得集团38.78%股权转让及增资扩股项目股权交割仪式在西南联交所举行。随着工商变更、资产清算移交，新的三会一层组建完毕，沱牌舍得集团的重组战略终于圆满完成。

沱牌舍得项目是四川省国有企业混合所有制改革的经典案例，也是西南联交所“国有企业发展混合所有制经济项目发布平台”上线以来单宗成交金额最大的项目。该项目成交价较评估金额增值约26.03亿元，溢价率达213.46%，创下目前四川省国企混改的最高增值额纪录。

二、项目亮点

在沱牌舍得集团实现“从封闭走向开放、从西部走向世界、从商品买卖走向文化消费、从国有独资走向混合所有、从资产沉淀走向资本裂变、从行政管控走向市场运作”的跨越过程中，西南联交所采用市场化运作方式，充分发挥服务功能，优化要素资源配置，助力社会资本与白酒产业实现有效对接，起到了“跳板与平台”的关键支撑作用，得到了相关各方的高度认同。

1. 创新提供投行化服务

一是结合资本规律优化交易架构。引入投资者对沱牌舍得集团进行战略重组，要增强沱牌舍得集团的资金实力，更要推动其完成体制变革。西南联交所与射洪县政府等相关方进行多次论证、研究后，将原定“沱牌舍得集团100%股权转让”方案调整为“射洪县政府向投资者转让所持沱牌舍得集团38.78%股权，同时由受让股权的投资者对沱牌舍得集团进行增资扩股”的战略重组方案。一方面，转让价款专项用作在册职工的安置费用，增资扩股资金专项用于企业生产经营和品牌运营，有效解决了公司资产重组困境。另一方面，民营资本取得实际控制权后大刀阔斧地解决体制僵化、机制落后等顽疾，释放企业内在活力，实现长期可持续发展。而地方政府在出让实际控制权的同时保留了一定的持股比例，通过交易后的运营改善实现了国有资本的二次增值。

二是增设特别条款，为企业发展护航。为确

保国有资产保值增值及企业的稳定、健康与可持续发展，西南联交所等相关方积极建议，促成射洪县政府在与投资方签订的《股权转让及增资扩股协议》（以下简称《协议》）中创新性地增设两个特别条款：首先，为确保企业混改后持续稳定发展，《协议》要求投资方十年内未经射洪县政府书面同意，不得通过沱牌舍得集团减持沱牌舍得酒业股权，不得以任何方式转让所持有的沱牌舍得集团股权，否则射洪县政府有权解除《协议》。其次，为加强国有资产监管、防范企业经营风险，射洪县政府在《协议》中约定“股东会做出特别决议，必须经全体股东一致通过”；同时，将沱牌舍得集团及其下属子公司对外提供担保和借款纳入特别决议，保证地方政府对相关事项拥有一票否决权。该条款是对《中共中央关于全面深化改革若干重大问题的决定》中“探索实行特殊管理股制度”精神的具体落实，意在有效防范控股股东掏空企业，确保企业未来持续、健康发展。

2. 深耕细作，充分发挥资本市场功能

一是精细化完成项目包装策划工作。西南联交所历时两年，全程参与该项目的决策流程，在交易结构等重大方案设计过程中发挥建设性作用；深入挖掘项目价值，多渠道广泛推介并通过公司投资人资源库进行精准营销，吸引到大量潜在受让方的关注，其专业素质和服务能力受到了各界肯定。

二是充分发挥公开市场功能。西南联交所在项目推进过程中充分尊重意向买受人的需求，尽力协调地方政府和沱牌舍得集团配合。一方面，西南联交所在两次挂牌公告期间暂停挂牌4个月，让潜在投资者在充分了解项目信息的同时，认真分析，审时度势，形成成熟的竞价计划。另一方面，西南联交所在此期间全面、深入把握客户需求、市场状况等信息，有针对性地建议地方政府适当调整受让方条件、降低受让方参与门槛，最终实现市场化地充分定价。

三、项目成效及启示

1. 产权交易市场是资本市场的一部分，具有发现投资人、发现价格的双重功能

传统的产权交易项目中，项目方往往已在场外自行联系到意向受让方并完成具体谈判，仅仅借助产权交易机构完成公开处置流程，既谈不上公平、公正，也没有充分发挥市场应有的功能和属性。在沱牌舍得集团的股权转让项目中，西南联交所通过多元化宣传推介渠道，吸引多家意向受让方报名，大大节约了场外“一对一”寻找交易对手的成本，避免了监督缺位下的国有资产流失风险。天洋集团联系西南联交所登记报名前，与地方政府、标的企业、西南联交所等相关主体并无接触，但在公开竞价中经历203轮挂牌，以高额溢价中标，充分体现了产权交易市场发现投资人、发现价格的资本市场功能。

2. 促进要素资源流转，优化企业战略布局

自2003年沱牌舍得集团启动战略重组工作后，射洪县政府多次拟将其持有的沱牌舍得集团100%股权转让给不同的投资者，但最后均不得而终。西南联交所跟进项目2年后即推动项目实现成交，利用沱牌舍得集团的品牌、技术、现有产能优势，与天洋集团的资金、营销渠道、体制管理优势充分匹配，优化企业战略布局，激发出“1+1>2”的合作效益。

3. 混改效果良好，推动当地经济社会发展

按照沱牌舍得集团的战略重组方案，射洪县政府所得交易价款在支付解除职工劳动合同的经济补偿金和职工社会保险费等费用后，将主要用于交通基础设施、城市基础设施及配套项目建设和民生改善等方面，有利于带动射洪县相关产业和地方经济的发展。另外，射洪县政府借助混改出让实际控制权，完成了从“管资产”到“管资本”的转变，有利于政企分开，使其从微观经济活动中转移出来，强化宏观调控、经济调节、市场监管等职能，进一步加强社会公共管理和公共

服务职能。

2016年，沱牌舍得酒业营业收入较上年同期增长近三成；营业利润较上年同期增长5.6倍；净利润较上年同期增长10余倍。2017年一季度，沱牌舍得酒业归属于上市公司股东的净利润4085万元，同比增长约2.4倍。实践证明，改革取得了超预期的良好效果，为沱牌舍得酒业的可持续和谐发展奠定了坚实基础，向天洋集团及射洪县政府交出了一份满意的答卷。

（西南联合产权交易所供稿）

贵州盘江投资控股公司持有的5家海螺盘江水泥股权打包转让项目

2017年2月15日，贵州阳光产权交易所有限公司（以下简称交易所）接受贵州盘江投资控股（集团）有限公司（以下简称盘江控股）咨询，就其持有的5家海螺盘江水泥股打包挂牌转让等事宜进行协商。以此推动盘江控股加快产业结构调整，盘活存量资产，提高资产的流动性与变现力，增强企业抗风险能力。

一、项目简介

此次5家海螺盘江水泥股权打包转让，由贵州盘江投资控股（集团）有限公司呈报贵州盘江国有资本运营有限公司，经批准同意进场挂牌公告。为保障国有资本保值增值，切实保障企业权益，盘江控股和交易所对本次股权转让工作高度重视，明确要求在整个股权转让项目过程中做到合理合规。

盘江控股委托交易所将其持有的5家海螺盘江水泥股权打包进行公开挂牌转让，最终以180137.4632万元的交易额顺利签订转让合同。这一高额的交易金额，使得该项目成为国务院国资委、财政部令第32号《企业国有资产交易监督管理办法》（以下简称32号令）发布以来，进入交易所交易金额最高的股权打包转让项目。

二、项目主体介绍

盘江控股是全国520家国有重点企业、中国煤炭工业百强企业和贵州省十大企业之一，系省属国有大型企业。截至2016年12月31日，其持有的标的公司贵阳海螺盘江水泥有限责任公司实现营业总收入77780.5709万元，实现利润总额13265.4922万元。标的公司遵义海螺盘江水泥有限责任公司实现营业总收入92756.3847万元，实现利润总额30036.1675万元。标的公司贵定海螺盘江水泥有限责任公司实现营业总收入53935.5858万元，实现利润总额2603.2303万元。标的公司铜仁海螺盘江水泥有限责任公司实现营业总收入53147.4792万元，实现利润总额3371.3618万元。标的公司黔西南州发展资源开发有限公司实现营业总收入26431.0196万元，实现利润总额2980.7193万元。

三、项目实操亮点

（一）充分发挥投行作用

挂牌之前，由交易所牵头，邀请贵州盘江投资控股（集团）有限公司、贵阳海螺盘江水泥有限责任公司、遵义海螺盘江水泥有限责任公司、贵定海螺盘江水泥有限责任公司、铜仁海螺盘江水泥有限责任公司、黔西南州发展资源开发有限公司相关领导参与会议，就本次5家标的公司股权打包挂牌转让相关工作进行了数次项目规范性操作的沟通，会议为后续项目的具体实施指明了方向，保证项目高效稳定有序进行。

盘江控股委托交易所就其各标的公司股权转让事项进行前期对接、咨询等。在着手准备盘江控股 5 个标的公司股权打包转让咨询工作时，32 号令顺利出台并施行。32 号令对企业产股权转让做出了更加严格细致的要求，且就交易所本身而言，此次股权打包转让体量较大，且金额与以往股权项目相比较高。为了稳定有序地进行股权转让工作，交易所联动相关部门成立专项小组，依靠相关法律法规和领导的指导意见，凭借出色的业务能力以及优质服务最终顺利完成本次股权转让。本项目涉及 5 个标的公司股权打包转让，在工作量大且时间紧的情况下，交易所各部门及小组成员之间通力合作，最终拿出了令人满意的成果。

（二）充分发挥平台功能

交易所严格按照 32 号令精神，遵守信息预披露和正式披露制度相结合的原则，通过多种推介方式对本项目进行全面推广。信息披露期间，交易所通过交易所官方网站、投资人会员库、微信公众号、省级媒体报刊等方式广泛推介项目。采用信息预披露和正式披露相结合的原则，强化了资产交易信息透明、公开，使得国有企业产权交易在阳光透明的背景下进一步规范，对于加强国有资产监督、防止国有资产流失都具有重要意义。

交易所在本次股权打包转让项目中严格遵循公开、公平、公正的原则。在项目挂牌阶段，公开披露信息，广泛征集意向受让方；监管方、转让方实时参与、了解、监督项目的每个环节，确保全流程透明公开，最大限度地维护了转让方、标的公司、受让方各方的合法权益，杜绝了暗箱操作，保证了国有资产得以保值增值。

（三）项目转让流程

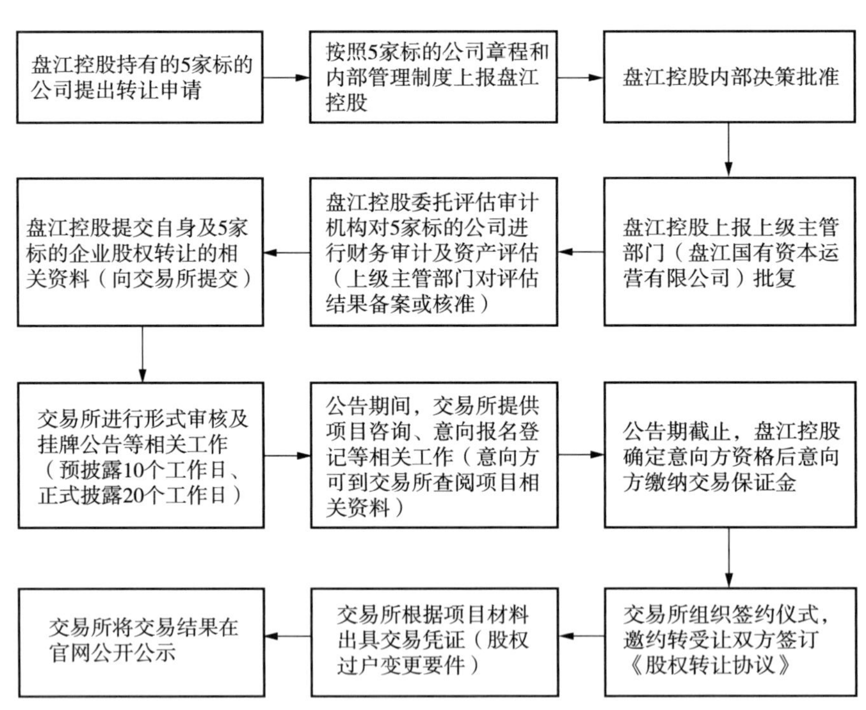

图 1　项目转让流程

（四）整合市场资源，提升综合优势

贵州盘江控股通过在交易所专业平台上公开股权打包转让公告，为此次股权打包项目寻找到了最优意向受让方，即安徽海螺水泥股份有限公司。安徽海螺水泥股份有限公司成立于 1997 年 9 月 1 日，1997 年 10 月 21 日在香港挂牌上市，开了中国水泥行业境外上市的先河。安徽海螺水泥股份有限公司主要从事水泥及商品熟料的生产和销售，经过多年快速发展，产能持续增长，工艺技术装备水平不断提升，发展区域不断扩大。公司产销量已连续11年位居全国第一，是目前亚洲最大的水泥、熟料供应商。海螺水泥产品质量卓越，享誉全国，并远销海外；下属100多家子公司，分布在省内基地和十二个区域，横跨华东、华南和西部18个省、市、自治区和印度尼西亚等国，形成了集团化管理和国际化、区域化运作的经营管理新格局，成就了“世界水泥看中国，中国水泥看海螺”的美誉。

其上级主管单位安徽海螺集团有限责任公司是我国最大的建材企业集团之一，组建于1996年9月，是国务院120家大型试点企业集团，拥有国家级技术研发中心，总部设在安徽省芜湖市。集团控股经营海螺水泥（股票代码：00914.HK，600585.SH）和海螺型材（股票代码：000619.SZ）两家上市公司，参股西部水泥、新力金融，是水泥行业首家A+H股上市公司；下属160多家子公司，分布境内23个省市自治区、香港特别行政区，以及印尼、缅甸、老挝、柬埔寨、俄罗斯等国家和地区，产业涉及水泥、化学建材、节能环保、国际贸易、酒店餐饮等领域，现有员工5万余人。到2017年末，集团总资产已达1280亿元，资产负债率为27.5%。集团连续13年入围中国企业500强，荣列2017中国企业500强第158位、中国制造业企业500强第63位，跻身中国跨国公司100大榜单。

此次股权打包项目成功转让有效促进了市场优质资源整合及再升级，确保安徽海螺成为行业标杆企业、领头羊单位，带动了中国水泥产业的进一步发展。

四、项目启示

（一）交易结果简述

本次股权打包转让项目的成功完成，安徽海螺水泥股份有限公司顺利取得5家标的公司的100%股权，使5家标的公司在未来市场拓展中便于决策、统一发展。国有企业股权转让属于市场交易行为，而市场交易行为就需要依靠市场机制。因此，为了确保国有企业股权转让资产保值增值，需要构建一个具有较强竞争性的股权公开交易市场，让国有企业股权进入公平的市场交易，竞争性的股权公开交易市场是确保国有企业股权转让资产保值增值的根本性保障。股权交易市场就是充分应用市场化的手段，采用经济手段来处置国有企业资产，为国有企业股权转让创造一个良好的平台，确保国有企业股权转让具有合法性、规范性和真实性。

（二）交易机构优势

1. 客户群体的发现功能

依托交易所这个专业交易平台公开发布项目信息，受众群体大，便于项目宣传和推介，便于征集更多优质的客户群体。

2. 产权价值的挖掘功能

此次项目标的较多、体量较大、金额较高，最终以挂牌价格成交，归功于产权交易所的价值挖掘及放大功能。意向方可以通过交易平台充分了解项目信息、项目背景，充分研究和分析项目情况，发现项目价值，使项目有一个令人满意的转让价格。

3. 专业团队的运作功能

交易所针对项目成立专项小组，在项目挂牌前期、挂牌公告期间运用专业市场化运作手段，通过多种宣传模式及渠道积极推介项目、征集受让方，使项目价值得以充分体现。

4. 国有资产的有序流动功能

项目通过交易所公开挂牌、公开转让，交易各环节衔接紧密、公正透明，既规范了交易流程，又防止了转让过程中的暗箱操作和利益输送等不正当行为。交易所对交易项目的合法性和合规性进行了有效监督，为各类国有资产有序流动奠定了基础。

项目严格按照国有产权交易规则进行操作，是企业国有产权交易全流程的精彩诠释与绽放。依托日臻成熟的产权交易平台，坚持规范化、专业化、市场化的操作原则，国有产权进场交易将成为挖掘资产价值、提高资产流动性、发挥资产功效及国有资产保值增值的重要手段。实践证明，严格按照国家有关产权转让的规定进行国有产权交易是完全可行和必要的。交易所将进一步贯彻落实32号令，积极建立和完善中介机构选聘体，将转让方、意向方、中介机构、监管机构等各个市场主体纳入一个完整的市场体系中有序运转，构建绿色产权生态圈；并通过设立投资基金公司，引领市场投资资本进入产权交易市场，为新一轮国资混合所有制改革提供专业化市场通道；继续推进“投行+平台”的商业模式创新，为国企改革创新添砖加瓦，成为集“国资服务平台、要素市场主体、非标准化权益资本市场、阳光公共资源服务”于一体的综合性市场平台。

交易所根据新政策、新形势下国有企业改革发展的实际需求，深入挖掘产权交易市场的服务功能，充分发挥产权交易市场的优势；通过公开透明的市场化运作平台、规范有效的产权交易规则、专业的产权交易项目运作经验，创新开展产权交易全方位服务。

（贵州阳光产权交易所供稿）

强强联合，增资助推茅台物流产业升级项目

2017年1月，贵州阳光产权交易所有限公司（以下简称交易所）受贵州茅台酒厂（集团）物流有限责任公司（以下简称茅台物流）委托，就其增资项目提供全流程咨询及进场交易服务。2017年7月27日，茅台物流、中国贵州茅台酒厂（集团）有限责任公司（以下简称茅台集团）与中国物流股份有限公司（以下简称中国物流）、贵州省仁怀市酱香型白酒产业发展投资有限责任公司（以下简称仁怀酱香白酒公司），举行了茅台物流增资协议签约仪式。至此，市场等待已久的茅台集团“混改”出现了实质性进展。在增资交易过程中，交易所秉承“主动服务、精心设计、大胆创新”的精神，探索采用“产权平台+咨询服务”模式，成功运作了本次增资项目，为茅台物流募集资金5.4亿元，引入了两家实力雄厚的股东。

一、项目背景

为整合茅台集团内物流资源、强化物流服务保障功能、培育物流产业成为新的经济增长点，茅台集团经贵州省国有资产管理委员会批准后，于2014年3月出资成立全资子公司茅台物流，注册资金3亿元。茅台物流成立后，主营成品酒、包装材料、造酒原料等的物流运输工作。截至2016年10月31日，茅台物流实现主营业务收入9538万元，实现利润1046万元。茅台物流作为目前国内白酒行业最大的物流服务商，市场前景广阔。

为整合盘活茅台集团各项物流资源，进一步满足物流供应链需求，茅台集团批准茅台物流通过增资引入战略投资者。茅台物流拟释放59%股权，对外募集资金约5.9亿元，要求投资方全部以现金出资。该项目募集的资金，将用于成品酒库房建设、粮食库房建设、全国物流节点体系建设及物流信息平台建设。

茅台物流增资引进战略投资者，是茅台集团继贵州茅台酒厂（集团）习酒有限责任公司引资后的又一动作，是茅台集团为实现千亿企业集团战略所做的又一重大举措，对推动国内国有上市

型白酒企业混改起到了积极的示范效应。

这一高额的增资金额，是32号令发布以来，进入贵州省产权交易市场的最大单笔增资项目。

二、主要做法

1. 拓展平台服务功能，为委托方提供专业的咨询服务

对交易所而言，本次增资与以往的项目相比，融资需求较大。拟募集的资金量达5.9亿元，对投资方的资本实力要求较高。茅台物流基于充分利用战略投资者优势资源开拓物流板块的考虑，需要对投资方设定针对性资格条件；同时，要保证增资后茅台集团仍占有主导地位。

交易所接受委托后，重点考虑如何既能满足委托方的引资需求，又能尽量降低门槛吸引优质资本积极参与；同时，兼顾同业竞争和业务整合问题。经过多次法律论证、反复推敲制度设计，交易所不断建议委托方优化完善增资方案，并在交易环节严格操作执行，克服重重困难，以确保本次增资高效完成。

2. 帮助增资方在符合法律规定的条件下，设定切合的投资者资格条件

在本次增资项目中，交易所提出采用分类引进投资者的方法。结合委托方的发展战略及发展目标，在符合32号令规定的基础上设定上游投资者、下游投资者和专业投资者条件。根据其不同的功能定位，分别设定选择条件。关键条款如下：

一是上游投资方（拟投资金额不低于3.4亿元，拟持股比例不高于41%）：具有两家以上国内高端白酒客户物流服务经验，服务年限为3年或3年以上；近三年主营业务收入需达到10亿元人民币以上；下属企业服务网点（全资或者控股）达40家以上；所服务的客户类型需达到5种以上，服务客户的规模在100亿元（人民币）以上的需达到5家。

二是下游投资方（拟投资金额不低于1.5亿元，拟持股比例不高于34%）：有5年以上危险品（2类、3类、4类、5类、8类、9类）运输经验及资质；具有公路、铁路、海运等多式联运的危险品运营经验，并具备相关资质；公司成立不得少于5年；有为5家或5家以上国有企业长期服务的经验；注册资金不得低于1000万元。

三是专业投资方（拟投资金额不低于1亿元，拟持股比例不高于10%）：拥有专业酱香酒类评估专家团队；具有全国性酱香酒交易电子商务平台；管理超过40亿元人民币以上的资产；注册资金不得低于1亿元；经营范围需包含白酒生产销售、金融服务及供应链服务。

分类引资有利于在分散条件的基础上，达到委托方的全部战略需求，实现门槛降低，引入优质战略投资者的目的。这样，既充分理解并尊重了委托方的意愿，又最大限度地体现了交易所主动作为、服务前沿的专业性优势。

3. 推介方式多样化，充分发挥交易所的发现投资者功能

为在最大范围内发现投资者，交易所打出“组合拳”，采用多种推介方式对本项目进行全面推广。信息披露期间，通过交易所官方网站、投资人会员库、微信公众号、省级媒体报刊等方式广泛推介项目。基于委托方在全国范围内具有较大影响力的考量，交易所主动联合北京产权交易所共同发布增资信息，力争在最大范围内寻求最优质的投资人。

通过种种努力，先后有来自省内外的50多家意向投资者向交易所咨询项目情况。交易所对意向投资者的相关问题进行了详细解答，并进行跟踪服务。截至2017年3月17日，共有两家不同类型的意向投资者向交易所提交了意向投资申请、相关资料并缴纳了交易保证金，分别为上游投资方中国物流、专业投资方仁怀酱香白酒公司。

交易所充分利用产权交易平台的信息聚集功能，借助信息平台和投资人会员库，对潜在投资者进行有效征集与甄别，从而帮助委托方择优选择了符合增资需求的意向投资者。

4. 交易所组织开展协商的遴选方式，充分发挥产权交易市场的撮合功能

由于未征集到合适的下游投资方，专业投资方仁怀酱香白酒公司拟增加投资额至2亿元，扩

大持股比例至20%。在交易所的组织下，茅台物流与两家意向投资方就增资协议内容进行了多轮深入谈判，并最终就增资金额、持股比例等核心内容达成一致意见。

采用协商方式遴选投资人，有利于增资各方对增资条款进行灵活调整。交易所作为专业机构，除对谈判过程进行有效监督外，还可调和各方争议，给予专业性建议，撮合交易达成。在本项目中，交易所不仅提供专业咨询和交易服务，还是各方谈判的组织者、交易的撮合者，充分发挥了产权交易市场“发现投资者、发现价格”的作用。使得委托方得以择优引入不同类型战略投资者，丰富了股东资源配置，进一步壮大了企业资本实力和市场竞争力。

5. 依托产权平台实现全流程“三公”交易

交易所在本次增资项目中严格遵循公开、公平、公正的原则。在项目挂牌阶段，公开披露信息，广泛征集意向投资方；监管方、委托方实时参与、了解、监督增资过程的每个环节，确保全流程透明公开；最大限度地维护了增资各方的合法权益，杜绝了暗箱操作，保证了国有资产得以保值增值。

三、项目结果

本次增资完成后，茅台物流的股权比例为：中国物流出资3.4亿元，持股34%；仁怀酱香白酒公司出资2亿元，持股20%；老股东茅台集团持股46%。增资完成后，茅台物流的股权比例变为“1+3”的结构，但茅台集团仍占据主导地位。

两家实力企业的加入，不仅为茅台物流注入了大额的发展资金，还组成了强大的股东阵容。

中国物流作为汇聚公铁运输、多式联运、国际货代、仓储配送、生产销售、供应链金融等服务于一体的物流产业集团，增资入股成为茅台物流的新股东后，可以充分发挥其完善的网络布局和成熟的商业运营模式优势，加快推动茅台物流网络布局的建设和运营效率的提升。仁怀酱香白酒公司旗下酱香酒交易中心为贵州省商务厅批准设立的全国唯一酱香白酒交易中心，为白酒的产、销、供等节点提供金融服务。茅台物流借助其物流产业群，可实现集商贸流、物流、资金流、信息流于一体。

本次增资完成后，茅台集团将与中国物流、仁怀酱香白酒公司一起，构建三方合作的新平台、新机制，大力发展智慧物流新模式，扩展冷链物流等新业态，促进创新驱动与转型升级。

四、项目成效

一是茅台物流借力交易所平台增资引入战略投资者，有利于高效推进产业升级。三方合作为推动茅台物流由企业物流向物流企业的快速转型、由基础物流服务向供应链服务的转型升级提供了重要支撑；5.4亿元的高额资金投入也给仁怀市地方经济注入了资本活力；同时，也为实现贵州省委、省政府“黔货出山、白酒先行”的战略部署提供了良好助力。

二是实行混合所有制有利于国有企业的发展更趋于市场化。国有大型白酒企业中，已经有多家白酒企业在探索混改，包括舍得酒业股份有限公司、山西杏花村汾酒集团有限责任公司和宜宾五粮液股份有限公司等。茅台物流增资项目的成功实施，促进了多赢局面的形成，也为国有白酒企业推行混合所有制改革提供了可借鉴的成功案例。

三是在新形势下，交易所全面打造了新型要素交易与金融服务平台，以市场化发展为统领，以交易市场建设和金融业务功能匹配为抓手，加大创新力度、提升服务水平、强化责任落实，充分发挥产权交易市场规范高效市场化运作、信息推介和发现投资人资源优势，紧跟全国优势交易机构的步伐；使得交易所在本次增资项目中，既充分履行了国有资产要素交易过程中的平台规范与监督功能，又合法合规地延伸了服务领域，为增资方提供了更具价值的专业咨询服务。

（贵州阳光产权交易所供稿）

南洋商业银行680亿港元股权交易项目

近年来，伴随改革开放不断深入，中国企业“走出去”步伐不断加快。一方面，一批中国企业通过国际化，参与全球市场竞争，拓展市场空间，提升市场份额；另一方面，通过国际合作和海外收购并购业务，中国企业获得了部分先进技术和管理经验，弥补了与国际先进水平的差距，并在此基础上进行创新完善，迅速进入相关行业国际领先水平，在与国际企业竞争的过程中不断提升自身实力。同时，这些“领头羊”企业还将国际化过程中获得的先进技术和管理经验反哺国内，带动了国内相关行业整体水平的提升。

尽管“走出去”的队伍日益多元化，但国有企业仍然是中国企业国际化的主力军。国际化提升了国企的综合素质和业务能力，通过国企国际化，国家战略的执行得到了有力的支持，国企海外子公司成为国家“一带一路”倡议的重要抓手，在项目所在地发挥着重要的桥梁和纽带作用。但同时，国际化也对国企管理提出了更高的要求。如何在国企国际化过程中，尤其是在收购并购过程中确保依法合规，维护国家利益，切实实现国有资本的保值增值，为监管机构、国有企业提出了新的课题。2010年，财政部金融司下发《财政部关于加强国有及国有控股金融企业境外资产和财务管理有关问题的通知》(财金〔2010〕81号，以下简称《通知》)，对金融企业境外资产和财务管理各项事务进行了指导，并特别对境外收购转让事项提出了相关合规要求。《通知》下发后，金融企业跨境收购转让业务得到了规范，各企业在《通知》基础上结合本单位业务实践，对自身业务流程进行不断完善，企业内控和管理水平得到了进一步提升。在此基础上，涌现出了一批金融企业跨境资本业务的典型案例，对后续同类业务起到了良好的示范作用。其中，2015年中银香港有限公司通过北京金融资产交易所转让南洋商业银行有限公司100%股权项目具有很强的代表性。

一、项目交易背景

中国银行（香港）有限公司（以下简称中银香港）是一家在香港注册的持牌银行，于2001年9月12日在香港设立。中银香港合并了中国银行在香港地区持有的包括中国银行香港分行在内的十家银行的业务，持有在香港注册的南洋商业银行和集友银行的股份权益，并承担香港地区发钞行职能。2002年7月25日，中银香港完成在香港联交所主板上市，成为香港地区重要的金融上市公司。

南洋商业银行原为中银香港的全资子公司。中银香港成立之初，在中国内地有中银香港、南洋商业银行和集友银行三个品牌，相互之间在业务上存在一定重叠，在开展业务过程中存在民众将中银香港和中国银行混淆的情况。在此背景下，2006年中银香港对内地业务进行了梳理，进行了二次改制：将原有的中银香港内地业务并入南洋商业银行，南洋商业银行成为中银香港在内地的主要平台及主打品牌，在内地开展全面的银行业务。

作为国有商业银行对外的最主要窗口，中国银行在国家“一带一路”倡议实施过程中承担着重要的金融职能。2014年，中国银行开始对海外业务进行梳理和整合，决定将中银香港作为中国银行在东盟地区开展业务的桥头堡。对中银香港的业务进行深度梳理后，中国银行剥离中银香港内地业务，将其并入东盟地区业务资源，增强区域业务优势，使之能够更好支持人民币国际化和“21世纪海上丝绸之路”建设实施。在此背景下，中银香港决定采用市场化方式，对其所持有的南洋商业银行股份进行整体转让。

二、项目实施情况

中银香港本次转让南洋商业银行股权项目情况十分特殊，相比其他一般收购项目，具有显著特点，主要表现在以下几方面：

一是中银香港是香港当地的货币发行银行，在当地金融市场具有举足轻重的地位。中银香港是香港当地主要的金融上市公司之一，属于重要的红筹股，还是中国银行执行国家“一带一路”倡议在东南亚的桥头堡。本次交易对转让方意义重大，稍有闪失，将对香港当地金融市场的稳定产生巨大影响。

二是交易涉及内地与香港的金融监管，法律合规性要求非常高。本次交易涉及香港上市公司主体，要满足香港当地金管局对标的企业平稳过渡、维护当地金融市场稳定的要求，而且要符合香港联合交易所对上市公司的管理规定。此外，最终受让方还要符合境内监管审批机构的收购主体资格并取得审批。交易涉及财政部、银监会、外管局、人民银行跨境工作室、香港金管局、中国银行总部及境外交易执行公司、各投资人集团总部及境外收购执行公司等多个方面，需要兼顾各监管机构意见，平衡各交易参与方商业利益，实现难度巨大。

三是转让方需要满足国有资产转让相关程序要求。因为转让方中银香港是中国银行境外子公司，属于国有资产出资范畴，所以相关资产转让必须符合《财政部关于加强国有及国有控股金融企业境外资产和财务管理有关问题的通知》的规定，确保交易过程真实合规。

四是转让方为上市企业，需要保护公司小股东利益，注意舆论影响；同时，由于转让标的为商业银行金融机构，网点、员工众多，服务客户广泛，转让过程需要确保南洋商业银行经营、客户、员工的平稳、有序过渡，业务经营不受影响，切实维护金融行业秩序稳定。

在此情况下，中银香港抽调骨干业务人员组成专门项目组，专门负责转让相关事项；同时，为确保交易过程符合内地、香港两地不同监管体系相关监管要求，中银香港组建了强大的顾问团队。由中银国际和高盛亚洲有限公司出任财务顾问，并由金杜律师事务所和高伟绅律师事务所分别提供内地和香港的法务顾问。为确保交易符合财政部金融企业国有资产转让的相关规定，根据《金融企业国有资产转让管理办法》（财政部令54号）、《财政部关于贯彻落实〈金融企业国有资产转让管理办法〉有关事项的通知》（财金〔2009〕178号），经慎重选择，中银香港选择北京金融资产交易所（以下简称北金所）作为中介机构进场交易挂牌转让，并由北金所提供相关服务。

事实证明，中银香港的这一转让安排不仅确保了交易过程依法合规，还对提升交易效率起到了切实有效的作用。北金所是中国人民银行批准的债券发行、交易平台，财政部指定的金融类国有资产交易平台及中国银行间市场交易商协会的指定交易平台。北金所业务范围涵盖债券发行与交易、金融企业股权、债权、抵债资产交易、委托债权投资交易、债权融资计划等，为各类金融资产提供从信息披露、登记、交易到结算的一站直通式服务。在金融企业股权转让方面，北金所具有丰富的经验，先后承接完成了中信建投证券有限公司53%股权、华夏基金管理有限公司51%股权、中国华闻投资控股有限公司55%股权、中华联合保险控股股份有限公司60亿股股份等项目在内的多项在国内具有重大影响力和示范效应的交易项目。在产权交易行业，北金所一枝独秀，其完善的信息化系统建设和良好的风控能力，以及通过大型项目累积的丰富经验，为本次项目的成功实施提供了保障。

北金所加入项目团队后，公司方面高度重视，由董事长牵头抽调精干人员组成团队，开展项目团队内部沟通协调，介绍国内产权交易制度流程，共同完成了交易条件和受让资格的确定及相关方案的报送，并承担了投资人尽职调查和交易前询价服务；在提供相关服务的同时，北金所还切实履行了独立第四方职责，确保整个交易流程依法合规。此外，因为本次转让是首单国有企业整体转让所持境外金融企业股权项目，北金所结合自身经验开展了必要的交易机制创新，如创设《股权交易流程告知函》告知各方权利义务，设立尽职调查保证金确保屏蔽无关交易方，设立项目代号进行前期保密等。经实践检验，这些创新在项目推进过程中均起到了积极有效的作用。

在各方的积极努力下，南洋商业银行100%股权项目最终在北金所顺利完成，中国信达资产管理股份有限公司旗下信达金控与中银香港签订南洋商业银行100%股权转让协议，信达金控以680亿港元现金收购南洋商业银行全部股份。该项目是中国产权交易史上首个国有金融企业持有的境外银行整体股权在国内官方指定交易平台公开挂牌转让的项目，并以680亿港币一举刷新了中国并购市场金融企业资产交易项目的交易规模纪录。

三、项目总结及启示

在上级主管部门及相关监管机构的指导下，经转受让双方、中介机构及产权交易平台多方共同努力，南洋商业银行股权交易项目顺利完成。2015年5月30日，转受让双方完成交割，标志着项目取得圆满成功。本项目在国内外金融市场造成了轰动性效应，具有重大意义。同时，作为首个国有金融企业持有的境外银行整体股权在国内官方指定交易平台公开挂牌转让的项目，具有较强的示范作用。

一是转受让双方达到了双赢的效果。转让方中银香港通过本次交易剥离了部分境内业务，从而能够将公司发展重点集中到东盟区域，对落实公司战略决策，配合国家“一带一路”倡议起到了积极的推动作用；受让方信达集团通过本次交易拓展了集团金融业务领域，有助于完善业务模式，巩固核心业务领先优势，打造特色资产管理和综合金融服务品牌，不断提升服务实体经济能力和市场竞争实力。

二是本次交易是中国金融行业尤其是国有金融企业在国际金融市场上的一次集体展示。转受让双方集合相关专业中介机构团队，迅速、高效、圆满地完成了各项工作，转让过程符合内地、香港各项法律法规；交易过程对价格实现充分发现，符合转受让双方的利益。交割过程平稳有序，有力地维护了香港地区的金融稳定，并保护了上市公司中小股东及交易标的企业职工及服务客户的利益；未对两地金融秩序造成不良影响，媒体反映良好，取得了较好的社会效应。

三是本次交易严格依照财政部对于金融企业国有资产转让的相关规定，作为首单达成的境外国企通过产权交易平台转让持有非上市境外银行股权项目，示范效应显著。本项目的成功达成，充分表明境外国有企业通过产权交易平台进行股权转让的可行性，证明国内部分金融产权交易机构完全有能力承接类似项目进场交易。同时，交易机构在本次转让项目具体操作过程中为确保交易顺利达成而进行的部分交易机制创新，经总结后可在类似项目中进行推广。

（北京金融资产交易所供稿）

晋湘联合挂牌，放大价值发现

——山西产权做出大文章再创新佳绩

一、项目简介和交易回放

融新创达公司股权结构为上海潞安投资有限公司（以下简称潞安投资）持有51%股权、湘电集团置业投资有限公司（以下简称湘电置业）持有49%股权。该公司核心资产为“融新科技中心”在建房地产项目，该项目主体已封顶，项目主体包括六栋甲级写字楼、两栋商业楼，占地面积23578.3平方米，总建筑面积为181402.16平方米。项目地块是中关村科技园区内一块商业金融用地，建成后将为园区提供商务配套服务和展示场所，为高科技企业总部提供办公场所。该项目于2016年9月6日至10月9日预挂牌，11月1日至28日正式挂牌。

历时36分34秒，经62轮激烈角逐，2016年11月30日10时36分，融新创达公司100%股权项目通过山西省产权交易市场（以下简称山西产权）以25.2亿元成交，比挂牌价增值6.2亿元，创山西产权成立以来单个项目最高溢价。该项目通过网络竞价平台由上海一企业法人成功受让。

二、主要做法和工作体会

回顾3个多月、100多天的工作，我们的主要做法和体会有以下几点：

一是两地股权捆绑，放大价值发现。标的公司的股权分属山西、湖南两地的省属企业，如果各自分别转让，不仅程序多、费用高，其整体价值也不能较好地发现。对此，经与标的公司两股东及湖南联交所磋商，采取两股东捆绑转让、两交易机构联合挂牌的形式，转让融新创达公司100%股权。此方案较好地考虑了标的公司高达23亿元的巨额债务处置和职工安置工作，有利于维护国有资产权益和有效实现产权交易市场的价值发现功能。

二是广开推介门路，引入实力强的投资人。项目挂牌后，晋湘两地产权交易机构充分利用既有资源，启动各种推介渠道。通过与北交所、深圳联交所、山东产权交易中心等同业产权交易战略合作机构及其重点会员单位签订《产权交易招商合作协议》，以业务合作的方式，发挥各自优势，广泛征集意向受让方，在实现产权交易市场的价值发现功能上形成了合力。在项目挂牌期间，先后有30余家投资人进行了电话咨询，有近20家投资人进行了现场咨询，有八九家投资人到省产权交易市场进行了多次交流咨询，最后，经审核，有两家全国知名房地产企业和一家投资基金成为合格意向受让方，取得了竞买资格。

三是增强法治思维，提供周延服务。2016年7月1日，《企业国有资产交易监督管理办法》（32号令）正式施行。面对32号令带来的交易种类、交易规则、机构职能的新要求和两地交易机构的差异性，许多工作都需要探索和完善。为此，晋湘两地交易机构派出各自精兵强将，组成联合工作小组，严格落实32号令的实质要求。本着“于法周延、于事简便”的原则，历时2个多月、近百次的沟通、修订，最终，经双方律师审核，在项目正式挂牌前确定了项目专属交易文本15份，为项目顺利进行打下了坚实的基础。在报名审核阶段，创新方式，增加电子预审环节，减少现场审核；在正式竞价前，提前指导意向受让方进行注册并模拟操作。这些服务创新，既提高了工作效率，又保证了项目的顺利完成。在遇到疑难问题时，两地交易机构及时向各自上级主管请示汇报，均及时得到了指导和帮助。

三、思考和探索

32 号令的出台，对国资监管提出了新要求，为国企改革提供了新舞台，对交易机构赋予了新使命。新形势下，产权交易机构如何主动地服从国资监管“放管服”的整体要求，如何更好地服务国有企业的优化重组和布局调整，如何在推动混合所有制改革和减少企业层级、出清僵尸企业中发挥应有作用，等等，都需要不断思考、探索和改进。结合融新创达公司股权转让项目，对照 32 号令的新精神，我们认为，以下三方面值得思考和探索：

一是合理设置交易保证金。产权交易保证金是指在交易过程中，产权交易主体承诺遵守市场规则和交易约定，在发生违规违约行为时作为赔偿相关主体的经济保证，由转让方设定，一般不超过转让标的挂牌价的 30%。保证金的设置不宜过高，否则有变相设置资格条件的嫌疑；但也不宜过低，否则对违约行为缺乏有力的约束。要根据项目特征按比例设置合理的保证金上下限，在控制项目风险的同时，节省投资者的资金，提高投资者资金的使用率。在本次融新创达项目中，转让方初步提出的保证金为 5.8 亿元，几经协商，下调为 3.8 亿元。从实际报名情况看，3.8 亿元的保证金确实限制了一部分投资人。如果能降低本项目交易保证金至 1 亿元，合格的意向受让方估计会超过 10 个。这样，本项目的溢价空间也许将再次打开。

二是合理创新信息披露告知方式。本次项目较为复杂，涉及法律、财务、工程进度、人员安置、债权债务处置等方方面面，不同意向投资人有不同的关注点。鉴于这种情况，我们认为可以合理扩大信息披露范围，积极摸索信息披露方式，对于未在转让公告中披露的信息，通过一对一告知、现场告知等方式，确保满足意向受让方需求。比如，在本项目中，我们先后接到有关方面的正式书面函件 12 份，有的明确提出要求信息披露。对此，我们聘请律师对 32 号令相关条款进行专门研究，采取不同方式予以处理：有的直接转给转让方，建议其与有关方面沟通解释；有的直接回函有关方面，提出明确意见。从目前看，均起到了较好效果。

三是合理延展调解职能。32 号令第五十八条规定，企业国有资产交易过程中交易双方发生争议时，当事方可以向产权交易机构申请调解。结合实际工作，我们认为产权交易机构的调解职能可以适当地向前、向后延展。向前应该调解信息公告发布内容、交易程序、意向受让方确定、交易方式选择、交易条件设置等可能存在争议的事项；向后可以向转受双方提供交接过渡期等环节的见证推动等。这就要求产权交易机构以居中人的身份，合理解释，居中调解，避免争议扩大后再行调解，确保交易行为尽快完成。

（山西省产权交易市场有限责任公司供稿）

大连产权交易所利用反向竞价采购平台解盐化集团燃“煤”之急

日前，大连盐化集团有限公司（以下简称盐化集团）借助大连产权交易所（以下简称大交所）反向竞价平台，仅用 95 分钟就圆满完成生产用煤采购任务。此次项目经过 19 次激烈的反向竞价，比照客户设定的底价降幅达3.47%，比照客户近期（竞价前7天）同标的采购价格降幅达2.95%。

一、反向竞价全过程

2017年3月27日，大交所开始做组织竞价准备。首先，在众多意向供应方中，遴选出三家。其次，在竞价大厅中建立虚拟竞价项目，组织已签署网络竞价须知并足额缴纳保证金的意向供应方进行网络竞价预演，确保各意向供应方熟悉网络竞价操作流程。

2017年3月30日，开始正式竞价。竞价过程由自由竞价期和限时竞价期组成，全程无人为因素干扰。各意向供应方只能看见最高报价和减价情况，报价人信息始终保密。

同日上午，盐化集团领导一行三人来到大交所，通过竞价监控台观看整个竞价过程。在自由报价期间，各意向供应方处于观望状态，经过两次自由出价，最低价比照底价只降低了2元。这时，竞价现场的气氛稍显凝重，盐化集团领导对竞价效果表示担忧。

然而，在限时竞价开始前的2分钟，平静被突如其来的出价提醒打破，最低价格被轮番刷新。在经过3次短暂停顿和19次紧张出价后，再无人降价。3分钟倒计时结束，系统自动公布中标供应方，并且向中标供应方发送了竞价结果通知单，整个过程耗时95分钟。

盐化集团领导脸上泛起了笑容，竟然比7天前的招标结果降低了近3%，为盐化集团再次节省成本13万元，成果喜人。

竞价结束后，大交所全员并没有放松，次日即整理保证金退还名单，督促供应方签订合同，跟踪履约。

二、尽责的竞价前准备

喜人的成绩源于盐化集团与大交所在竞价前的充分沟通与尽责准备。

2017年3月16日下午，盐化集团高层领导一行参观大交所办公环境、受理窗口，采购项目中使用的开标室、评标室、交易大厅等软、硬配套设施，交流指导采购项目进程。参观交流中，盐化集团感受到大交所与客户零距离交流的工作状态，肯定了大交所的智慧服务，以及全面优化提升客户体验的工作态度，对此次煤炭采购项目充满信心。

三、尝试进行商务合作

2017年3月16日下午，盐化集团领导与大交所董事长会面，探讨商务合作细节，并达成协定。旋即，与大交所招标代理部拟订企业采购委托代理合同。由于此次采购项目时间紧任务急，盐化集团只给三天时间准备。招标代理部在协调各方后，通过两天时间准备完成网络竞价须知、意向供应方承诺书等材料，继而通知各意向供应方注册报名、签署网络竞价须知、缴纳竞价保证金，并培训意向供应方如何报名。

大交所与盐化集团合作开展的国有企业采购大宗物资业务，突破了产权交易平台的常规业务范围，使产权交易所由过去单方向为企业“卖”东西转变为现在既“卖”又“买”，实现了产权交易市场功能的根本性转变；利用网络反向竞价平台，多维度比较参与报价的公司，既能采购到好的产品，还可获得高质量的售后服务。优中选优，充分发挥了规模采购的优势，降低了采购成本，节省了采购时间。

（大连产权交易所供稿）

吉林长春产权交易中心运用“互联网+”使央企异地资产一次性成功转让

2015年11月12日，吉林长春产权交易中心（以下简称中心）受一汽资产经营管理有限公司委托，公开处置位于天津市南开区华苑小区18套房产。最终，为期半年多的该宗交易项目完美落幕，18套房产一次性成功转让。18套房产挂牌标的额共2302万元，共实现增值183万元，平均增值率7.9%。

一、项目背景

自2011年中心与一汽资产经营管理有限公司合作以来，项目业务量逐年递增，而本次处置房产系中心开展业务以来省外业务中数量最多、数额最大的一宗项目。

二、具体操作

1. 把握方向，做好本职服务

自该项交易资产四月份进场后，中心业务部门工作人员积极与委托方进行沟通协调。采用“互联网+”模式进行市场化运作，主动做好线上线下服务，深入标的所在地走访和进行市场询价；在项目正式挂牌及交易过程中，搞好项目的推介与宣传、信息咨询、专业指导。吉林长春产权交易中心热情周到的服务，赢得了委托方和竞买参与者的信赖，为项目成功转让奠定了基础。

2. 实地走访，为房产挂牌做好前期充足准备

房地产行业时值阶段性低潮时期，工作难度可想而知。面对一系列困难，中心领导高度重视，几次召开业务讨论会，安排部署相关工作，指定专人负责该项目的具体工作。自2015年4月份开始，中心派员前后7次奔赴天津开展具体工作，与一汽集团及资产占有方多次沟通需求，解决问题；同时，冒着酷暑实地走访现场，以及当地房产交易机构、银行、公积金中心、房产中介等，掌握了房屋过户的流程和费用、贷款情况、市场价格等第一手资料，并就房屋评估价格、具体交易方式、市场推介等方面撰写了具体翔实的建议和方案。由于天津市房地产中心不承认中心出具的鉴证书，中心又多次联系吉林省相关部门、天津一汽公司等，解释中心的鉴证手续，最终使得天津市房地产中心同意承认中心出具的鉴证手续。专业的服务、热情的态度、满意的效率使中心赢得了一汽集团的信任，项目标的在10月末进入中心实行公开挂牌交易。

3. 实地驻扎，积极走访，精心制定方案

项目公开挂牌后，中心成立专人登记小组赶赴天津，在地华里1号楼设立办公室，进行现场办公及宣传。到达天津之后，小组人员仔细查看了地华里18套房产，并认真地对每一套户型朝向、适合的人群加以匹配。同时，小组人员将公告内容、户型图、登记流程等相关材料贴在了地华里小区的公告牌上，引来许多竞买人的关注。因为许多意向方是第一次通过网络竞价的方式来购买房屋，所以对竞买保证金、网络竞价流程、瑕疵声明等信息产生了疑虑。小组人员专业的操作规范、耐心的讲解，慢慢地打消了竞买人的疑虑。小组成员周末轮流到办公室值班，对每一位前来咨询的意向人，都进行热心周到的服务，得到了意向人的好评。他们还设立了24小时工作电话，随时为竞买人答疑解惑。在11月9日至11日三天的现场展示标的期间，共有百余位意向者查看房产，现场极其火爆。

转让18套房产项目在进入网络平台期间（2015年10月29日9：00—2015年11月11日15：00），共有32人报名并缴纳保证金参与竞买，最终地华里1号楼18套房产一次性拍卖成功，成交率达到了100%。其中，17套房产得到了增值，共增值183.4万元，平均溢价率达7.38%。18套房产中：标的1号楼8门703室，挂牌价为138.55万元，经过101次报价竞争，最终以171.15万元成交，溢价率达到23.53%，是本次标的中溢价率之最；标的1号楼8门803室，挂牌价为139.92万元，经过157次激烈报价竞争，最终以160.32万元成交，限时报价时间长达40分钟，成为本批转让房产项目中报价次数最多的标的。

三、项目启示

在本次转让房产过程中，产权交易市场以信息化系统为支撑，在较短时间内发现投资人，发现价格，为一汽交出满意的答卷。同时，公开处置房产使得更多百姓参与进来，彰显了产权交易市场的公信力，打消了百姓对房产拍卖“暗箱操作”的疑虑。

该资产转让项目的完美落幕，为中心处置异地资产提供了宝贵的经验，也为中心与一汽集团的合作奠定了坚实的基础。一汽集团表示，后续将有更多的资产进入中心，以实现国有资产的保值增值。中心将以专业、高效的服务助力央企资产保值增值。

（吉林长春产权交易中心供稿）

皖新传媒资产证券化股权资产包转让项目

一、项目背景

安徽新华传媒股份有限公司（以下简称皖新传媒）是安徽省规模最大的文化企业，安徽省新华发行（集团）控股有限公司（以下简称发行集团）的控股子公司，是我国中部地区最大的出版物发行企业。皖新传媒资产证券化股权资产包项目是国务院国资委、财政部32号令颁布后首单涉及国有资产转让的REITs（房地产信托投资基金）项目、国内信息文化传媒行业首单REITs项目、国内首单以书店作为物业资产的REITs项目、首单以国有文化资产作为标的运作的REITs项目、安徽省内首单REITs项目，以及营改增36号文件实施后首单涉及实物出资的REITs项目。

二、精心设计，充分实现企业资产增值

皖新传媒实施资产证券化的16处书店物业资产原值约2亿元，均处于各市黄金地段。随着房地产价格不断走高，其市场价值远高于账面价值。

皖新传媒资产证券化股权资产包项目总计三期，其中一、二期已于2016年、2017年成功运作。该系列项目的整体设计理念分为两部分，以一期项目为例：

1. 设立项目公司

皖新传媒所属各市书店（均为皖新传媒全资子公司）对其名下物业资产进行评估，后各市书店以物业资产实物出资总计设立13家对应项目公司，并完成不动产变更登记工作，物业资产房地产权均过户至各项目公司名下。由各市书店与这13家项目公司签订租赁协议，实现了资产的重估增值，做大了资产总额，把不具备资产证券化的资产变成了具有现金流支撑的资产。

2. 设立资产管理公司（SPV）收购项目公司股权

皖新传媒以现金出资方式出资设立SPV公司13家，与项目公司一一对应；再将13家项目公司股权转让给13家对应SPV，以达到皖新传媒持有SPV、SPV持有项目公司的股权结构。

3. SPV 股权挂牌转让

SPV 收购项目公司股权后，将 13 家 SPV 股权分成两个资产包，通过在安徽省产权交易中心（以下简称中心）公开挂牌，把股权资产包转让给皖新传媒直接出资设立的两支私募基金。SPV 股权持有人为私募基金，完成重资产的出表。

4. 资产证券化

通过在上海证券交易所以及银行间债券市场发行资产支持证券并上市，实现融资。

2017 年 1 月 6 日，“中信皖新阅嘉一期资产支持专项计划”挂牌仪式在上海证券交易所举行，标志着该项目按照既定运作方案顺利完成。皖新传媒将 2 亿元左右的书店房地产等重资产变成了 11 亿元左右货币资金，实现了其轻资产运营的目标。

三、创新服务，助力企业实现战略意图

皖新传媒资产证券化股权资产包项目整体运作过程包含企业内部的物业资产重组、股权转让、委贷、物业运营、回购等多个事项。将多家房地产投资公司 100% 股权作为股权资产包转让给其直接出资设立的私募基金，通过中心挂牌交易完成。

一期项目将皖新传媒所属 13 家全资子公司 100% 股权分为两个股权资产包分别转让，股权资产包一由中信皖新阅嘉一期私募投资基金成功受让，股权资产包二由兴业皖新阅嘉私募基金第一期成功受让，两个资产包成交金额合计 3.75 亿元；二期项目将皖新传媒所属 8 家全资子公司 100% 股权作为一个股权资产包转让，由中建投信托有限责任公司成功受让，成交金额 2.3 亿元。

中心结合 32 号令等有关政策法规规定，充分考虑整体项目中的委贷发放、物业资产的控制、项目回购的保障措施、回购成本控制等环节，辅导皖新传媒开展股权资产包转让项目立项、报批、资产评估等工作，合理优化流程为其节省时间，精心设计转让方案和交易方式。项目公司的管理方为发行集团全资子公司皖新租赁，项目组创造性地在交易结构设计中引入皖新租赁的优先购买权理念，在保有国有资产实际控制权的同时，发挥专业化金融子公司与集团主业的协同效用。一、二期股权资产包转让项目均如期完成，保障了后期发行如期完成，实现了企业释放存量资产活力，将存量资产转化为现金流，实现轻资产运营转型发展的战略意图。

四、项目启示

皖新传媒创新型资产管理项目是安徽省全面推进文化“八个强”，着力提升安徽文化影响力、竞争力和整体实力背景下，文化和金融合作，实现产融结合、助力文化产业发展的一次有益尝试。该项目对推动皖新传媒转型发展、实现国有资产的保值增值、树立勇于创新的资本市场形象具有重要意义：

一是盘活了皖新传媒的存量资产，挖掘出门店的资产价值，将存量门店资源转化为货币，实现了轻资产运营目的。通过融资获得的低成本资金，将对皖新传媒转型发展起到重要作用。

二是通过 REITs 方式将书店资产分批作交易安排，通过产权交易环节体现物业的增值，从而使国有资产回归实际价值，达到国有资产保值增值的效果。

三是通过创新型资产管理产品的设计，探索盘活存量国有资产的路径，将实业物业资产转化为长期限、低成本的现金流；开全国文化传媒领域国有资产创新管理之先河，落实以金融资本融合驱动产业成长，成为助力安徽省国有企业转型发展的重要支撑和里程碑。

（安徽省产权交易中心供稿）

江西江中食疗增资扩股项目

2017年6月7日，江西江中食疗科技有限公司（以下简称江中食疗）增资项目在江西省产权交易所公开挂牌征集战略投资方，拟募集资金不低于4.9亿元，对应持股比例为70%～75%。项目挂牌前，企业一直处于亏损状态，江西省产权交易所在项目操作过程中，充分挖掘企业潜在价值，全面推介企业投资亮点。至2017年10月26日，为增资企业征集到浙江、安徽、江西三地四家战略投资方，募集资金5.75亿元，开了江西省亏损企业通过产权交易市场成功增资的先河。

一、项目概况

1. 项目背景

江西江中（制药）集团有限责任公司（以下简称江中集团）成立于1998年，由江西省国有资产监督管理委员会监管，为中国药品行业OTC领先企业，是集医药制造、保健食品、房地产于一体的现代化综合型企业。江中食疗是江中集团的全资子公司，于2011年5月13日注册成立，注册资本2.1亿元，是江中集团旗下的国内首家专业食疗公司，主要负责江中集团食疗业务的生产经营。江中食疗以“最好的食品，除了要美味还要对人的健康起到积极作用”为理念进行大胆创新，长远布局食疗产业。2013年10月，江中食疗正式推出创新食疗产品，坚持每年上市1至2个食疗新产品，先后推出“猴姑”饼干、“猴姑”饮料、“蓝枸”饮料、“猴姑”早餐米稀等系列新品。食疗产品作为全新领域的创新产品，除需要大量的前期研发资金投入外，还要在市场培育期和导入期投入大量资金进行市场推广。从2013年到2017年4月30日，江中食疗累计实现销售收入近20亿元，但同时发生了较大幅度的累计亏损。

虽然江中食疗目前处于亏损状态，但江中集团坚信食疗领域的巨大发展潜力，继续注入资金，期望在“十三五”期间为集团打造出一个新兴产业。为了引进社会资本支持公司食疗产业快速发展，经江中集团批准同意，2017年6月7日，江中食疗委托江西省产权交易所以公开挂牌的方式实施增资扩股。

2. 增资主要内容

增资前，江中食疗注册资本为2.1亿元，本次增资挂牌价格为每1元人民币对应1元注册资本，拟募集资金总额为4.9亿～7.5亿元。考虑到江中食疗未来几年在食疗产品生产、市场推广等方面的高额资金投入需求，该项目只接受现金投资，不接受股权等非货币资产投资，且单个意向投资方的投资金额不低于1亿元，可接受同一实际控制人和一致行动人投资。原股东江中集团视合格意向投资方情况选择相应增资额度。本次增资后，新股东拟占增资后企业股权比例为70%～75%。

3. 增资结果

江西省产权交易所经过与增资企业反复沟通和实地考察，充分挖掘项目投资价值，广泛且精准推介，最终吸引浙江、安徽、江西三地四家看好食疗产业和江中食疗品牌知名度的企业分别向江中食疗投资。2017年10月26日，江中食疗增资项目正式签约，成功募集资金5.75亿元。此次增资扩股后，江中食疗注册资本增加至7.85亿元。江中食疗此次成功增资，为企业顺利改制、做大做强食疗产业提供了充足的资本支持。

二、项目主要做法

1. 充分挖掘亮点，增强运作信心

江中食疗自2015年开始连续亏损，销售毛利率逐年下降，公司每年总费用中广告销售费用占比非常高，公司合并报表账面无形资产价值较高。以 2017 年 4 月 30 日为评估基准日，经江中集团核准备案的净资产评估值远低于注册资本，每股净资产不足 0.1 元。此次增资的难点是如何挖掘公司的投资价值，科学地设置挂牌底价、增资条件、遴选方案，帮助亏损企业找到合适的战略投资方。

为做好该项目，江西省产权交易所先后走访了江中食疗和江中集团，充分了解增资企业、股东及出资监管企业的利益诉求；反复研读材料，透彻理解增资企业的经营现状和发展规划；多次参加项目分析会，集思广益解决难题。

经研究发现，导致江中食疗亏损的主要原因有五点：一是公司对新产品研发的投入较大，注重研发消费者青睐的产品；二是公司在产品推广方面的投入较大，现阶段的销售收入与广告推广的投入不匹配；三是行业存在不正当竞争，食疗保健行业往往会出现相互损害、攻击、打价格战等情况；四是市场上出现了一些山寨产品，损害了公司利益；五是消费者对公司产品的认知存在偏差，对食疗的效果表示怀疑，客户信任度不够。面对连年亏损的现状和严峻的市场形势，江中食疗已做出相应部署：一是充分发挥公司现有优势，进一步加强产品研发实力，并向外界宣传产品疗效的科学依据；二是加强对公司及产品的声誉维护，利用法律手段回击对公司及产品不正当的言论及诽谤，在消费者中树立起更为良好的形象；三是不断拓宽产品销售渠道，继续优化产品口感，提升服务水平，以此提升公司的销售收入。

通过深入研究讨论，江西省产权交易所归纳总结出江中食疗项目的四大投资亮点：一是公司最大的投资亮点——品牌价值，市场调查结果显示，江中食疗“猴菇”产品的知名度已经高达 84%，具有较大盈利空间。二是公司具有良好的商业基础。一方面，政府高度重视江西省食疗产品的开发并给予了大力支持；另一方面，现代生活导致的慢性病越来越多，消费者越来越重视饮食健康问题，食疗产品的发展空间巨大。三是饮食养胃是一个长期过程，消费者对这一过程还没有完全认识，随着公司的不断推广宣传，这种意识将逐渐形成。四是江中集团作为强大的股东后盾，将助力江中食疗不断发展壮大。据此，江西省产权交易所认为江中食疗投资价值远高于其评估价值，具有广阔的成长空间，从而增强了运作信心。确定结合江中食疗的潜在投资亮点对外推介项目，吸引投资方。

2. 精心谋划，确立引资方案

江中食疗在前期新品上市期间投入较大，在获得较高市场知名度和市场占有率的同时，产生了较大的亏损，引资难度较大。而江中食疗增资是江中集团企业改制的重要工作之一，关系到江中在激烈市场竞争中能否及时获得发展资金，抓住机遇做大做强食疗产业。面对此现状，江西省产权交易所集思广益、主动作为，与增资企业及其原股东积极配合、多措并举，向增资企业提供了建设性方案实施意见，为引进外部投资者做足准备。其一，原股东江中集团让渡控股权及第一大股东地位，并视合格意向投资方投资总额情况参与增资；其二，增资企业管理层尽可能地参与本次增资，对外宣示管理层充分肯定江中食疗的发展前景，对扭亏为盈充满信心；其三，为对增资企业产品更好地进行营销，原股东同意将旗下一家电子商务平台转让给增资企业，以促进企业增资后的健康发展。

3. 广而告之，精准营销

江西省产权交易所充分发挥发现投资人功能，从企业背景、经营规模、行业地位、客户资源、营销渠道、创新能力、人才储备及发展前景等方面对外推介江中食疗增资项目。项目实施过程中，江西省产权交易所凝聚全所之力多渠道多方式推介项目，通过江西省产权交易所官网和深圳、湖北、广州等地兄弟机构网站进行联合推广；通过江西省产权交易所官方微信、全所员工微信转发宣传；通过江南都市报连续专栏专项刊登推介；通过向投资人信息库及检索的各类相关投资基金公司进行邮箱推送。江西省产权交易所始终坚持公开、公平、公正的市场原则，通过产权交易市场公开、透明的环境和规范的交易模式，获得了增资企业、意向投资方的充分信任。在接受意向投资方电话咨询时，认真解答有关增资企业亏损的原因、管理层扭亏为盈的计划、增资项目的亮点和投资价值等问题，不遗余力地帮助增资企业成功引入外部投资者，完善公司法人治理结构，提高企业活力和竞争力，做大做强食疗产业。

三、项目启示

1. 做好企业增资业务，信心比黄金更重要

要做好企业增资业务，信心比黄金更重要。在项目挂牌前，江中食疗一直处于亏损状态。对于亏损企业的增资项目，江西省产权交易所此前并未做过，行业内也鲜有成功个案。在项目推进过程中，江西省产权交易所以坚定的信心，主动作为，认真研究相关材料，综合分析增资企业财务状况和行业态势；深入挖掘企业内在价值，努力推介项目投资亮点，成功帮助亏损企业吸引战略投资方，推动亏损国企顺利完成混合所有制改革。本次江中食疗增资项目是江西省产权交易所服务国企国资改革的又一次创新和探索，不仅为亏损企业增资业务的开展积累了有益的实践经验，而且坚定了江西省产权交易所做好企业增资业务的信心。

2. 结合实际提供贴心服务是成功增资的基础

江西省产权交易所在增资项目进场前，多次前往江中食疗进行情况沟通，高质高效地帮助江中食疗解决增资条件设定、择优遴选规则的设置、原股东参与增资的条件设定等专业而具体的问题，给予客户良好的体验。在为本次项目服务过程中，江西省产权交易所有效对接增资企业的需求，进行充分的调研和沟通，协助增资企业制定有针对性的增资方案。江西省产权交易所在给予增资企业专业指导和贴心服务时，不仅准确掌握政策规定，还综合考量企业的增资目标及对战略投资方的要求，从而在具体的方案设置上少走弯路，在具体的实施过程中有效运作，为整个项目的顺利实施奠定了基础。

3. 产权交易资本市场融资功能是促进亏损企业成功增资的保障

2015 年以来，江西省产权交易所坚持振兴实体经济的服务宗旨，认真贯彻落实中央关于推进混合所有制改革的要求，坚持服务国企国资改革，聚焦聚力建设江西省产权交易资本市场，积极发挥产权交易市场的投融资功能，加大实践探索力度。特别是《企业国有资产交易监督管理办法》（国务院国资委、财政部令第 32 号）在 2016 年 6 月 24 日施行以来，江西省产权交易所运用投行思维，加大了国企增资业务服务力度，通过市场化运作为改制企业择优选择战略投资方；在充分挖掘企业内在价值、保障国有资产保值增值的同时，规范企业改制行为，助力国企国资深化改革。通过该项目的成功运作，江中食疗较好地实现了其增资目标，产权交易资本市场融资功能日益凸显。

（江西省产权交易所供稿）

深圳南山热电保壳成功、资产溢价转让

2016 年 10 月，深圳南山热电股份有限公司（深南电 A000037，以下简称南山热电）将其所有

的中山市深中房地产投资置业有限公司75%股权（以下简称深中置业）及中山市深中房地产开发有限公司75%股权（以下简称深中开发）委托深圳联合产权交易所（以下简称联交所）挂牌整体转让。挂牌价格合计人民币7828.4001万元。挂牌项目吸引万科集团、阳光城地产等多家房地产企业参加拍卖。经过254次不断举牌，最终以10.3亿元的价格成交，溢价率达1216%，加上承接的债务部分，实际成交价格达25亿元。

一、项目难点与特点

一是南山热电为上市公司，需要在年底前保住上市公司资格，而上市企业资产转让需经过一系列上会审批过程，审批时间长，但面临“保壳”要求必须在挂牌3个月内完成交易，时间压力大。

二是项目挂牌价格合计是7000多万元，但是受让方还要承担两个企业对原股东的债务和利息，总计约为134187万元，项目的溢价压力大。

三是交易的保证金设定压力大，一旦意向方违约，南山热电将无法完成“保壳”任务，过高的保证金又会提高意向方门槛，降低交易的参与度。

二、项目亮点与创新点

整个项目难度大，复杂程度高。面对南山热电的“保壳”要求和时间限制，联交所精心设计交易方案：

一是转让标的的设置。在转让股权的同时，设置债务承接受让条件，避免南山热电提出的股权+债权一并作为标的转让的不合理性。

二是基于“保壳”前提，依据股权对应转让价格及债务总额设置交易保证金，排除受让方违约以致无法“保壳”的风险。

三是选择现场拍卖，通过对现场竞价氛围的调动，使转让标的形成充分竞价。

基于上述各方面条件的设定，联交所通过广泛征集意向客户，吸引到万科、阳光城等多家企业参与竞价。2016年10月17日，在联交所拍卖厅举行拍卖，经过254次不断举牌，最终以10.3亿元成交，溢价率达1216%，加上承接的债务部分，实际成交价格达25亿元。本次交易使南山热电成功保壳，实现了资产价值最大化；同时，另一方股东中山兴中集团有限公司（国有企业）的积压资产得以盘活，实现双赢。

（深圳联合产权交易所供稿）

桂林市冠信房地产有限公司100%股权转让项目

一、项目概况

2017年12月4日，广西铁路投资集团有限公司（以下简称铁投集团）下属广西铁投冠信贸易有限公司（以下简称铁投冠信）转让桂林市冠信房地产有限公司（以下简称桂林冠信）100%股权在北部湾产权交易所成功挂牌转让。项目以2.4亿元挂牌，经过182次激烈报价，最终被民营企业桂林联翔置业有限公司以7.4亿元竞得，比挂牌价增值5亿元，溢价率达208.33%。该项目先后三次挂牌，历时三年，终于获得了圆满成功，创造了广西单宗国有产权交易项目增值额的历史新高。

二、项目背景

北部湾产权交易所作为广西国有资产交易指定机构，一直致力于国有资产保值增值的平台功能建设。铁投集团是广西壮族自治区直属大型国有独资公司，主要职责是为广西铁路建设项目筹集地方配套资金和作为广西方的出资人代表负责国有资产的经营管理和实现保值增值。铁投冠信是广西铁投二级子公司，主要依托铁路建设运营优势，发展相关商贸物流服务，主业为大宗商品贸易和仓储物流。根据自治区国资委下发的《关于进一步做好企业主业确定及调整工作的通知》有关精神，铁投集团为集中资源聚焦主业，加快广西铁路建设，特授权其旗下铁投冠信转让桂林冠信100%股权。

桂林冠信主要开发项目为位于桂林市临桂新区的“幸福美地”房地产项目。该项目占地面积458亩，规划总建筑面积约80万平方米，容积率为2.91，绿化率为39.25%，建筑密度为21.79%，总居住户数近7000户；规划有大型超市、小学、幼儿园等学校及生活教育配套设施。项目计划分十期开发，目前已开发至第六期，已开发面积297050.7平方米，未开发面积498357.1平方米。已开发面积全部交付使用，可交房户数2604户，已交房户数2406户，入住率为40%。项目已开发土地面积175284平方米（约263亩），未开发土地面积130050平方米（约195亩）。以2017年6月30日为基准日，经评估，桂林冠信100%股权价值1.82亿元，转让方为收回账面投资，将挂牌价定为2.4亿元。

铁投冠信曾于2014年11月17日第一次公告转让桂林冠信80%股权，挂牌价33907.384万元，未征集到合格的意向受让方；于2015年4月7日再次公开挂牌，并将挂牌价下降10%（降至30516.6万元），但因市场低迷及交易条件较严苛，挂牌期满仍未征集到合格的意向受让方。

2017年下半年，北部湾产权交易所在承接区内其他国有企业产权处置“僵尸企业”项目的同时，对历年累积不成交的项目进行清理，对曾经在交易所挂牌但是无法成交的项目进行案例分析。至此，桂林冠信80%股权转让项目被重新提上日程。经登门拜访与转让方沟通，就现在市场环境及项目本身优势，鼓励其祛瑕疵、解决历史遗留问题，建议转让方重新启动该项目转让事项。经转让方充分考虑，并结合铁投集团年度经营战略规划调整，决定退出非主业房地产，转让桂林冠信100%股权，收回资金支持铁路建设。

三、具体措施

1. 总结前两次挂牌经验，调整转让方案

桂林冠信80%股权转让项目两次挂牌未成交，固然有市场低迷的因素，但转让方转让80%股权保留20%股权的转让方案中，转让方提出保留三分之一董事席位重大事项需全体董事同意、标的公司财务资金由转让方控制等交易条件，部分咨询的意向受让方对此有所顾虑。北部湾产权交易所在总结经验之后，将本次转让调整为一次性转让桂林冠信100%股权，交易条件主要为对转让方债权收回提供担保措施，同时完全放开资格条件，对意向受让方的资格不做任何限制。这对意向受让方产生了巨大的吸引力，有利于征集到更多实力强劲、资金雄厚的意向受让方参与竞买。

2. 用好32号令信息预披露制度，充分发挥产权交易机构发现投资人、发现价格的功能

2016年6月24日公布施行的《企业国有资产交易监督管理办法》（国务院国资委、财政部令第32号，简称32号令）第十三条规定，“因产权转让导致转让标的企业的实际控制权发生转移的，转让方应当在转让行为获批后10个工作日内，通过产权交易机构进行信息预披露，时间不得少于20个工作日”。早在本项目信息公告前，其实已经有部分意向受让方主动找转让方接洽表达受让项目的意向。交易所了解情况后及时给出建议：①转让方在与意向受让方接洽谈判时必须保持“意向受让方必须参与竞价，而转让方对最终项目

转让给谁不做承诺”的思路；否则，项目挂牌后转让方将陷入被动。②项目应尽快进行信息预披露，通过产权交易机构广泛征集意向受让方。转让方听从了交易所的专业分析。在项目信息预披露后，交易所积极扩大宣传，增加信息覆盖面，通过交易所官网、微信平台、报刊、交易所会员渠道、同行机构等渠道发布信息，果然冒出了多家实力更为强劲的意向受让方。项目转让公告正式发布后，共征集到7家全国知名的房地产开发商，为本项目高额增值奠定了基础。

国务院国资委高瞻远瞩在32号令中新增的信息预披露制度，使得信息公告期提前并且延长了，这样更有利于征集到更多的意向受让方；也方便意向受让方评估项目价值做出投资决策，促使产权交易机构更好地发挥发现投资人、发现价格的市场功能。

3. 创新竞价方式

32号令不再对交易方式进行严格界定，只需要按照交易所披露的竞价方式组织竞价即可，提高了项目竞价组织实操的灵活性。为实现国有资产保值增值，充分发挥北部湾产权交易所平台价值发现功能，本项目使用了网络动态报价的竞价方式。所谓网络动态报价，是指由产权交易所在项目挂牌的同时同步启动网络报价程序，竞买人在整个挂牌公告期间可自行报名即时参与报价。全程采用互联网竞价方式，竞买人在世界的任何一个角落均可随时参与竞价。动态报价分两个报价时段：自由报价期和限时报价期。自由报价期根据项目金额不低于10个工作日或20个工作日，自由报价期结束后进入限时报价期。自由报价期结束前一工作日17时为竞买登记截止时间，在此期间，竞买人随时可以办理竞买登记手续。通过网络竞价系统在自由报价时段内充分自由报价（递增报价），自由报价时段截止，任一最高报价经历一个完整的限时报价期不被更高报价取代即成为成交价，报价最高者成为买受人。竞价结果显示，我们使用这个竞价方式是正确的选择。在挂牌期满（也即动态报价期满）前2个工作日，已有意向买家强势出价，其他意向买家见势随即跟上。之前还在犹豫没有交保证金的意向受让方也迅速支付保证金拿到竞价账号跟随出价。截至挂牌期满，动态报价期结束前17个小时，动态报价显示的价格已从开始的2.4亿元底价涨达5亿元，溢价率已是100%。限时竞价开始后，经过34分钟182轮紧张角逐，最终以7.4亿元高溢价成交。

四、项目启示

本项目的成交，不仅以巨额增值实现了国有股权转让的高增值率，而且有效维护了交易各方的合法权益，促进了产权的规范转让和顺畅流转，引起各大媒体的高度关注与评论；极大地提升了产权交易市场在中国经济中的重要作用和影响力，为广西壮族自治区产权交易市场的发展与创新起到了良好的示范作用。本项目带来的启示有以下几点：

1. 进场交易是国资阳光交易的前提

32号令规定：“企业国有资产交易应当遵守国家法律法规和政策规定，有利于国有经济布局和结构调整优化，充分发挥市场配置资源作用，遵循等价有偿和公开公平公正的原则，在依法设立的产权交易机构中公开进行，国家法律法规另有规定的从其规定。”桂林冠信100%股权增值5亿元成功转让说明，在国有资产转让过程中，进场是关键环节。进场交易项目应通过省级以上国资监管机构选择确定的产权交易机构发布转让信息，广泛征集意向受让方；在市场上发现投资人、发现价格，防止暗箱操作和寻租行为，从源头上预防和治理国有资产交易领域腐败问题，实现国有资产阳光交易和资源优化配置。

2. 规范操作是国资阳光交易的制度保障

国有资产交易操作程序是否合法合规很关键，必须遵循32号令提出的“等价有偿和公开公平公正的原则”。首先，本项目进场交易，转让信息公开发布；其次，本项目交易条件的设置也是公开的，要求所有意向受让方同等接受，同时本项目不设置资格条件，享有完全民事权利的自然人或在中国境内合法成立的企业法人都可以参与竞买，充分体现了“公平”；再次，本项目由交易所组织竞价，价高者得，意向受让方全程交易系统自助注册、报名交纳保证金，保障了交易的“公正”。

3. 广泛征集意向受让方是高溢价的关键

本项目按32号令要求，及时在交易所进行信息预披露，交易所在发布信息的同时积极广泛通过微信平台、报刊、交易所会员渠道、全国同行机构宣传项目信息，最终共征集到7家全国知名的房地产开发商意向参与项目竞买。实践说明，广泛征集意向受让方是项目竞价交易成功并实现高溢价的关键。

近年来，北部湾产权交易所国资交易大幅增值成交项目频现。我们有充分的理由相信，产权交易市场在政府各级领导的支持和培育下，通过企业国有产权进场交易的引导与示范，通过交易方式和技术手段的创新，必将吸引其他非公有产权进场交易，有力促进广西多层次资本市场的发展与繁荣。

（北部湾产权交易所供稿）

丽江市玉龙县集体林权流转项目

随着云南省集体林权制度改革的不断深入，近年来在云南省凸显了一些新情况、新问题。2016年6月，《焦点访谈》连续报道云南省部分地区存在林权流转不规范、管理服务不到位等问题；同年7月，国家林业局针对流转市场乱象问题及时出台了《关于规范集体林权流转市场运行的意见》（林改发〔2016〕100号），明确了集体林权流转程序，细化了行政监管内容，同时对家庭承包的林权转让做出了限定。集体林权制度改革是盘活农村存量资源、调动农民发展林业积极性的根本手段，是加快农村资源向资本转变、发展壮大农村集体组织经济、促进农民增收致富的有效途径。完成明晰产权、承包到户的主体改革任务，只是集体林权制度改革的第一步，要真正实现生态受保护，农民得增收，没有工商的资本、生产技术及管理经验的进入，是很难完成的。在此过程中，云南产权交易所有限公司云南林权交易中心（以下简称林权交易中心）致力于通过有效市场化手段，推动云南省森林资源资产的有序流转和优化配置；同时规范流转交易市场运行，协助林业主管部门有效推动集体林权流转工作有序开展，促进林权流转市场健康发展，在深化云南省集体林权制度改革中发挥了积极作用。

一、项目背景

2016年11月，丽江市玉龙县林业局按照县人民政府的要求，在调查过民意以后，计划将玉龙县鲁甸乡新主村3.8万亩林权进行流转。通过此次流转盘活林业资源，带动农民脱贫，同时把此次流转作为玉龙县开展集体林权改革的试点工作。根据流转的效果，及时总结经验，继续扩大本县集体林权改革成果，使更多的农户从林权上获益。但县林业局从未开展过集体林权流转工作，对规范流转交易程序不清楚，同时受到“大理、临沧”事件的影响，工作推动出现障碍。经过与云南省林业厅对接，及时联系上了林权交易中心，并对项目相关情况进行了介绍。玉龙县鲁甸乡本次拟流转的3.8万亩林权共涉及新主村4个村民小组151户农户，权属属性为家庭承包，林地性质为天然商品林地。按照农民的意愿，决定将所持有的林地使用权、林木所有权及使用权进行转让。

林权交易中心经过研究分析认为，项目存在三个方面的难点：①《关于规范集体林权流转市场运行的意见》（林改发〔2016〕100号）指出，“家庭承包林地，以转让方式流转的，流入方必须是从事农业生产经营的农户，原则上应在本集体经济组织成员之间进行，且需经发包方同意”，这在政策上限制了家庭承包的林权受让范围。换言之，要把受让范围缩小到农村，甚至本经济组织内，可以预料此项目是无法完成交易的。②受到天然林禁伐政策的影响，项目林地的用途只能定位为林下经济开发，林地上森林资源在流转后不能直接产生价值，只会成为一种附加价值。因此，受让方必须具备种植、养殖等林下生产经营能力。③项目涉及农民户数多，在流转方式、流转价格、流转期限等方面存在差异，工作协调难点大，项目复杂程度高。

二、项目运作

（一）交易前期准备

1. 加强信息化建设，构建“管理、交易、服务”一体化高效服务平台

林权交易中心以“服务林农、便民惠民”为原则，以建设“云南林权社会化服务体系”为目标，不断建立和完善林权流转运行机制，创新业务拓展模式。以当地林权管理服务中心为核心，建立省、市、县三级林权流转信息共享平台，完成林权流转规范化、林权管理信息化建设工作，构建了一套完整、规范、简便的林权流转“一站式”服务体系。形成与当地林权管理服务中心的高效协作，将林权交易业务进行联动，实现林权流转信息查询、审核与受理、林地勘察、信息发布、交易、鉴证、权属变更等一站式服务。

2. 承包林权回归集体统管

根据《中华人民共和国农村土地承包法》第二十九条“承包期内，承包方可以自愿将承包地交回发包方”的规定，经充分论证，最终认为通过自愿放弃承包权回归集体统管的做法是目前符合法律规定的最有效的方法，能有效解决家庭承包不能对外转让的限制。同时，回归后由集体经济组织来进行流转，很大程度上可以降低流转交易工作的复杂程度。要进行林权回归必须遵循两个原则：一是本小组内部成员必须全部同意将承包林权回归集体统管；二是流转所得价款必须平均分配。为统一思想，4个小组在乡人民政府、村委会的指导下分别召开了村小组会议，针对林权回归、价款分配进行了讨论，全票通过。会议决议完成后，151户农户向县林业局提出了林权回归申请，并委托第三方林业调查规划设计机构对林权权属、林地现状进行核查。对核查结果审核无误后，县林业局将登记申请提交县人民政府进行批准，并在村小组进行了公示。林权交易中心为保障此项工作的顺利完成，实地走访并召开座谈会听取农户意见，为林农做了大量的政策宣传、解答工作。最终，林地的使用权、林木的所有权及使用权顺利回归到本集体经济组织名下。

3. 制定流转方案

林权交易中心配合县林业局为村小组制定了流转方案。方案包括：①明确流转宗地的基本情况；②通过林权交易中心公开挂牌以转让方式流转；③流转价格不低于评估值且为挂牌底价；④流转期限为30年；⑤价款一次性支付。同时，为维护森林资源安全和林区社会的和谐稳定，有效利用资源发展产业，避免单纯以采伐林木、炒买炒卖林地、闲置林地、囤积林地等投资目的的流入方进入，在方案中对流入方制定了准入条件：①流入方必须是在玉龙县内注册、具备林业生产经营能力、有一定的实体经济和技术力量的公司；②流入方在流转时需提供符合当地林业产业发展规划的生产经营方案，方案必须由县集体林权制度改革领导小组审核通过；③流入方用于经济开发的林地不少于流转林地总面积的20%，并且5年内不得再次流转。针对农户最关心的补偿问题，也进行了设定：一方面，制定林地在流转期间国家建设征收占用林地、林木及附属物补偿费的归属原则；另一方面，明确了流入方可享受国家、省、市对开发林业的扶持资金和

优惠政策,但国家安排的政策性补偿资金由原权属集体经济组织享受。

4. 流转行为批准

流转方案由乡人民政府审核后,在村委会、村小组进行了公示,并由村小组委托云南省森林资源评估协会的会员单位对拟流转森林资源资产进行了评估,评估结果由协会专家审核通过提交县林业局;评估工作完成后,县林业局及时召集村委会组织召开了集体林权流转村民会议,会议全票通过了流转方案,并选举产生了村民小组代表,负责林权流转相关工作;会议同时表决通过了资金分配方案。林权交易中心受邀见证了会议全过程;按照流转行为批准程序,乡人民政府根据小组会议决议材料,核准了本项目的流转行为。至此,该项目进场交易准备工作全部完成,历时4个月。

(二)进场交易阶段

林权交易中心考虑到项目受让条件的苛刻,在制定流转方案的同时,拟定了项目招商计划,在正式挂牌前一个月进行了全国范围内的招商。通过产权信息平台与合作渠道相结合的方式,主要针对北、上、广三地进行,有效征集到了意向投资方。意向投资方是上海的一家从事实业投资的集团公司,投资领域涉及林业、环保、能源,并一直关注云南的林业项目。但意向投资方未真正进入云南进行项目投资,原因有两个:一是地方林业产业政策不明晰,投资风险大;二是林权流转市场混乱,流转风险大。投资方认为,通过林权交易中心进行此项目受让,一是林权的流转是农民的真实意愿反映,权属清晰、价格透明、流转批准程序规范到位;二是交易条件、受让条件明确,避免后续纠纷产生;三是交易流程规范高效,交易成本有效降低。同时,投资方在县林业局的配合下,对现地进行了踏勘。根据玉龙县林业产业发展规划,结合当地环境气候、自然条件,拟定了林业生产经营方案,并按要求在玉龙县注册成立了玉龙瑞景林业有限公司(以下简称瑞景林业),作为集团在云南投资林业的平台。

2017年5月2日,玉龙县鲁甸乡新主村3.8万亩林权项目正式挂牌;瑞景林业于5月17日正式向林权交易中心提出受让申请,并且林业生产经营方案已获得玉龙县集体林权制度改革领导小组批准;5月27日挂牌截止,瑞景林业以988万元成功受让此项目;6月5日与转让方签订了集体林权流转合同,按照约定一次性付清了交易价款。在林权交易中心的精心策划和组织实施下,历经6个月,顺利完成了项目流转。该项目的成功对玉龙县扩大集体林权制度改革的成果起到了积极的推动作用,瑞景林业严格按照经营计划及流转合同,利用先进的生产技术及管理模式,带领村小组成员开展林下重楼种植,同时利用农村剩余劳动力组建了一支15人的管护队伍,对森林资源进行有效管护。经过近一年的生产经营,得到了政府和民众的高度认可。为扩大生产经营,瑞景林业在2018年上半年通过林权交易中心完成了新主村另外11个村小组、3.3万亩的林权流转。瑞景林业表示,林权交易中心的参与使他们有效降低了流转风险,高效流转;并对林权交易中心的工作给予了高度评价,对云南林业投资充满信心;下一步将会继续进行投入,利用森林资源、区位优势进行森林旅游、森林康养等项目的开发。

三、项目启示

集体林权流转因其复杂程度高,需要林权交易中心对进场交易前置工作进行有效的把控。从项目不难看出,正因为有林权交易中心的介入,节约了投资的时间成本,控制了流转风险。一方面,在项目进场交易前,林权交易中心已经完成了大量的沟通协调工作,配合推进项目顺利进场挂牌;另一方面,流转程序规范到位、行政监管有效,避免了流转事中、事后风险以及纠纷的产生。林权交易中心认为,要规范有序推进集体林权流转,完善流转行为审批程序是十分重要的。在此过程中,林权交易中心充分发挥服务功能,积极参与过程协调,通过有效的沟通,消除了政策上的障碍,确立了准入条件,使项目流转具备可操作性。

按照云南省完善集体林权制度改革实施意见的目标要求，到2020年，全省集体林业良性发展机制基本形成，实现森林资源持续增长、森林生态安全得到保障、林产业健康发展、林农持续稳定受益的总目标。瑞景林业的进入既增加了林农的收入，又充分调动了林农发展林下经济的积极性；既保护了森林资源，又带动了当地经济发展，为当地林业扶贫树立了典范。实现当地政府、企业、农民三方共赢，有效维护了农村社会和谐稳定，符合云南省集体林权制度改革的目标要求。

林权交易中心认为，集体林权制度改革与国企改革一样，要经历一段艰辛历程，需要我们通过大量的实践来推动改革。正因为目前法律顶层设计的不完善，政策、法律滞后，行政管理部门无法有效制定行业政策，导致流转工作不能顺畅推动。因此，需要林权交易中心充分发挥其服务功能，规范市场交易行为，促进行政监管高效有力，切实保障流转各方合法权益；为实现森林资源持续增长、森林生态安全得到保障、林产业健康发展、林农持续稳定受益而不懈努力。

（云南产权交易所供稿）

石嘴山市属国企改制项目首次进场交易取得可喜成效

2014年11月24日，宁夏石嘴山市环境保护研究所（以下简称石嘴山环保所）整体产权转让项目在宁夏科技资源与产权交易所（以下简称宁夏科源产交所）公开挂牌。作为石嘴山市深化企业改革重点推进项目，通过进场交易以网络竞价的方式成交，实现增值109.82%，标志着石嘴山市国企改制首次进场交易取得圆满成功。这对于当地产业结构调整，提升市属国有企业活力和竞争力，以及实现国有资产保值增值具有重大意义。

一、项目背景

石嘴山环保所是由石嘴山环境监测站出资设立的企业，具备乙级环境影响评价资质，并取得环境影响评价咨询服务资格。党的十八大和十八届三中全会后，石嘴山市以中央和地方的会议精神为指导，以国家环保部和石嘴山市委、市政府有关文件精神为方针，为认真落实中央及地方关于深化混合所有制改革的部署和要求，对市属环保所进行政企分开、脱钩改制。经资产评估、研究并制定改制方案，报主管部门批复同意后，石嘴山环保所整体产权转让项目在宁夏科源产交所公开挂牌，转让底价为人民币448万元。

二、主要做法

石嘴山环保所整体产权转让项目在进场前已将固定资产全部划转给原出资单位，石嘴山环保所主要技术人员也已离职，此次产权转让仅剩企业的股权和资质，评估价值偏高。石嘴山市政府、国资委对首次挂牌成交并未报太大信心，并做好了降价再次挂牌的准备。为此，宁夏科源产交所业务骨干牵头成立了专项工作小组，针对这一项目的特性制定了一套行之有效的实施方案。

1. 突出项目亮点，多种渠道推介项目，广泛征集意向受让方

据了解，石嘴山环保所具备的环境影响评价资质仅剩一年有效期，产权转让周期长及后续变更存在不确定性必然会影响资质的有效期限。另据环保部制定的《建设项目环境影响评价资质管理办法》要求，环评机构资质取得、延续具备较多苛刻条件，不少意向投资人因此顾虑颇多。

针对以上问题，宁夏科源产交所专项小组认真研究了相关行业情况，对政策法规做了详细解读，深入挖掘项目亮点，为投资人答疑解难，打消其顾虑，树立投资信心。宁夏科源产交所与兄弟机构合作，面向全国发布项目公告，并在全国环保行业网站推送项目信息，利用线上、线下多种媒体广泛征集意向受让方。经积极推介，在项目公告期间内，共有宁夏、北京、内蒙古等地的10余家意向投资人致电咨询项目信息。

2. 制定保密措施，确保交易活动公平、公正

为了维护产权交易的公开、公平、公正，宁夏科源产交所于项目进场前在原有的保密制度基础上，增加了针对此项目的保密规定。

宁夏科源产交所专项小组对小组成员就咨询电话接听、意向受让方报名登记、系统信息录入等工作进行明确责任分工。针对可能存在的多个意向受让方同时来交易所现场报名的情况，宁夏科源产交所分别设置了三个互不相连的报名室。

通过“专人专办”和“屏蔽式管理”等措施，有效避免了业务人员泄露报名信息的情况，从而让真正有意向参与项目的意向受让方能够在不受干扰的情况下参与交易活动。

3. 组织竞价测试，科学制定竞价规则，实现超额增值

2014年12月19日该项目挂牌期满，共征集到6家符合条件的意向受让方。为保障网络竞价活动顺利举行，各项工作有序顺畅开展，宁夏科源产交所以专项小组牵头，制定了详细的竞价方案，充分预估竞价活动中存在的各种问题，并组织产权业务及技术部门员工对竞价系统进行测试，确保竞价活动万无一失。宁夏科源产交所还就竞价规则与转让方及其主管部门反复确定，建议以延长竞价时间、降低加价幅度的方式促进充分竞价。

2014年12月23日下午2点30分，石嘴山环保所项目的网络竞价活动在宁夏科源产交所网络竞价平台上按期开始。竞价开始后的短短8分钟里，最高报价就已达到500万元，在限时报价结束时，最高报价已超出转让底价近200万元。

下午4点，限时报价结束，进入自由报价时段，竞价更为激烈。各意向受让方出价不相上下，在短暂的180秒延时不断加价，短短20分钟时间里，报价次数竟多达64次。4点18分，项目报价达到890万元，比挂牌价格翻了一番，几秒后，报价便突破900万元大关。4点22分，石嘴山环保所项目最终以940万元成交，涨幅109.82%，累计报价次数达99次。

三、取得成效

宁夏科源产交所严格依法依规服务石嘴山市属企业深化混合所有制改革，在项目进场前挖掘项目亮点，进场中维护交易秩序，竞价前预估各种风险。通过充分研究、精心准备，成功实现石嘴山环保所股权增值转让，收益远超过预期，得到石嘴山市政府、国资委、环保局等各方面领导的充分肯定。《石嘴山日报》在要闻头条上重点报道了此次产权进场成功交易的情况，聚焦国有资产进场交易取得的成效。该项目的成功运作，充分展示了国有产权交易资本市场在企业混改中所起到的重要作用，极大提振了地方政府对企业进场混改的信心。

实践证明，国有产权通过公开、透明、规范的国有产权交易平台有序流转，不仅可以促使资源优化配置，实现国有资产保值增值，更有利于构建现代企业制度，提升企业实力和竞争力，对形成良好的信用基础和市场秩序、完善社会主义市场经济体制具有重大意义。

（宁夏科技资源与产权交易所供稿）

黑龙江金健天正粮食有限公司66%股权转让项目

2016年是国企改革的推进年，在黑龙江省委省政府的领导下，黑龙江省国资委积极贯彻落实习总书记两次对龙江建设与发展的指示精神，加快推进国企改革工作。要求出资企业下大功夫做好“老字号”“原字号”“新字号”三篇文章，奋力走出国企发展的新路子。

作为黑龙江省国资委出资企业，省外贸集团不等不靠，率先主动发力，重点在“老字号”和“原字号”上做文章，围绕黑龙江省粮食由种得好向卖得好创新发展，拟利用其所属二级子公司黑龙江省天正粮油食品进出口股份有限公司（简称转让方）在国内引进有实力的粮食企业进行战略合作，并确定了以尚志分公司的相关资产进行出资设立黑龙江金健粮食有限公司（简称标的公司），公开挂牌转让标的公司66%股权的操作方案。方案明确了目标：一是力争在秋收前完成挂牌交易，引入战略投资方，以确保标的公司年内实现正常运营；二是筹集资金将尚志分公司的资产过户并注入到标的公司，加快推进企业改制。

由于交易工作需要在黑龙江联交所完成，黑龙江联交所秉承“精准服务”理念，创新交易模式，采取交易与融资相结合的方式，主动为转让方解决融资难问题，最终顺利完成企业改制并实现交易。9月27日，转让方和上市公司金健米业股份有限公司所属的全资子公司金健粮食有限公司（简称金健公司）正式签订股权转让合同，转让标的公司66%股权，成交价格为4300万元。回顾交易过程，黑龙江联交所主要做了两件事。

一、主动服务，做好交易

为加快推进交易，黑龙江联交所充分调研、精心策划，为省外贸集团提供精准方案。一是提供咨询。转让方为多家国有股东共同持股的企业，应由持股比例最大的国有股东即上海牛奶（集团）有限公司负责履行相关批准程序。为避免企业走弯路，黑龙江联交所多次与转让方召开协调会，梳理决策和交易程序，保证交易工作有序进行。二是理清状况。由于转让方资金紧张，未能及时将尚志分公司的资产过户并注入标的公司，导致评估、审计、律师等机构无法及时出具书面意见。了解到这一状况后，黑龙江联交所主动与转让方、中介机构沟通，梳理资产状况，确保了交易全程每个环节无缝对接。三是确保公平。由于有潜在投资方表达了受让意愿，为了确保交易公平，交易行为经得住推敲，黑龙江联交所不仅没有量体裁衣，还降低门槛挂牌、最大范围披露信息、保证交易的公平与公正。四是打消疑虑。公告期内，金健公司第一个提出受让申请，但没有响应产权转让公告中受让条件的全部要求，同时提出带有附加条件的受让要求。由于临近挂牌截止时间，且仅有金健公司一家意向投资方提出受让申请，为促进成交，黑龙江联交所多次就交易程序和交易规则进行规范性解答，最终对方放弃设置附加条件。

二、提供融资，雪中送炭

由于转让方缺少改制资金，致使改制工作延后，进而影响到交易工作。为解决企业的资金紧张问题，黑龙江联交所依托下设的金融资产交易平台，探索开展金融创新。一是创新设计融资渠道。转让方以标的公司股权进行质押、以标的公司资产处置收益权进行融资；均信担保公司提供合法担保手续；黑龙江省农信社以购买标的公司资产处置收益权的方式提供融资；黑龙江联交所配合进行资金监管，保证交易价款优先用于偿还融资款。二是保证融资顺利。该融资服务属创新业务，参与各方都没有操作经验。首先，黑龙江联交所提前与金融机构和担保机构沟通，充分论证了操作的可行性。其次，黑龙江联交所充分介绍项目情况，合理设计程序规避风险，打消了参与各方的顾虑。最后，黑龙江省农信社既有均信担保公司进行担保，又有黑龙江联交所进行资金监管，具有参与的积极性；均信担保公司可得到足额的国有资产作为抵押物，降低了担保风险；转让方积极推进交易，确保了及时还款。最终，转让方成功获得短期融资。

在项目操作过程中，黑龙江联交所充分发挥“交易+融资”的市场优势，深入挖掘产权交易市场潜能，坚持不懈地在交易各阶段为企业提供精准服务，发挥了产权交易市场的并购融资平台作用，获得了参与各方的一致好评。

（黑龙江联合产权交易所供稿）

北新国际木业有限公司增资扩股项目

一、项目概况

2018 年 3 月，北京产权交易所（以下简称北交所）组织实施了北新国际木业有限公司（以下简称北新木业）增资项目。通过公开遴选的方式，为北新木业引进战略投资者，优化股权结构，推进公司快速发展。

1. 融资方情况介绍

北新木业成立于1993 年1 月，是央企中国建材集团有限公司的旗下企业，主营进口木材、高档进口人造板材、实木家具及进口地板等业务。其中，进口木材业务在业内名列前茅；高档进口人造板材中的欧松板（OSB）进口量全国第一，且拥有北京市著名商标品牌“欧松”及专利产品“欧松地板”；实木家具拥有自有品牌“木上 MORETHAN”，致力于为消费者提供性价比最优的环保实木家具；进口地板品牌“欧之上 EUROSONG”意在通过筛选优质欧洲进口地板品牌，让国人用上品质一流、时尚健康、价格亲民的放心环保产品。北新木业秉承“善用资源、服务建设”的经营理念，持续稳定地在全球范围内采购优质原木、锯材、高端人造板材以及木制产品，致力于为国家林产工业可持续发展贡献力量。北新木业以全产业链的商业模式，依托专业化的业务平台、完善的营销体系和高效的经营团队，全面提升产品质量和服务水平，着力打造综合性贸易服务平台，全力推进中国木材和木制品行业的技术创新和产业升级。

本次增资扩股前，北新木业注册资金为6504.76 万元，其中北新建材集团有限公司占总股本 76.87%，北京新澳美家投资中心（有限合伙）占总股本 19.85%，北京新欧美松投资中心（有限合伙）占总股本 3.28%。北新木业拟募集资金金额不低于15000 万元，募集资金主要用于补充运营资金，降低公司资产负债率，增强公司资本实力，推动公司的资产证券化，通过资本运作助力公司转型升级，实现跨越式发展。

2. 投资方情况介绍

2016 年，经国务院同意、国资委批准，中国国新作为主发起人和控股股东，联合中国邮政储蓄银行股份有限公司、中国建设银行股份有限公司、深圳市投资控股有限公司等机构共同发起设立中国国有资本风险投资基金股份有限公司（以下简称国风投基金），首期规模 1020 亿元，未来总规模将达到 2000 亿元。

国风投基金未来将重点服务央企技术创新、产业升级，致力于支持国家重大科技创新产业化、创新型企业和小微企业发展。进一步发挥国有资本辐射和带动作用，放大国有资本功能，带动社会投资，打造资本与产业技术高度融合、运转高效、专业敬业、风控严密、回报良好的基金群。

国风投基金以贯彻落实国家创新驱动发展战略、支持企业创新为宗旨，始终坚持服务国家战略、服务央企发展的基本定位，根据国有企业功能定位和国有资本保值增值要求，开展市场化、专业化基金运作；以国有资本为基石投资，吸引中央企业存量资金和社会资金投入，充分运用多层次资本市场的资产配置方式，改善和提升国有资本配置和运营效率，促进经济发展和科技创新。

二、项目流程

融资方北新木业在北京产权交易所规定时间内先后提供《企业增资扩股信息发布申请书》、相关权属证明、资产评估报告、企业增资扩股方案、核准备案资料、法律意见书等资料。北交所对所提交资料进行审核，在其资料符合合规性、齐全性要求后，正式受理。

融资方经纪人在北交互联平台录入融资方融资信息，通过北交互联系统向广大投资方发布信息，征集各方投资机构。

信息披露后，国风投基金委托国新资本有限公司作为其经纪人向北交所提出意向受让申请，提交申请资料清单及补充说明文件。在收到投资资格确认通知书之后，投资方在规定时间内缴纳了保证金，确保投资人资格。确定最终投资方后，双方签订《增资扩股协议》。

三、项目结果

1. 本次增资结果

融资方北新木业的注册资本由6504.76万元增加到9756.655万元，投资方国风投基金总投资金额为1.5亿元，其中，32518931.19元作为注册资本，其余117481068.81元计入资本公积。

2. 增资后持股比例

北新建材集团有限公司持股比例为51.25%。

北京新澳美家投资中心（有限合伙）持股比例为13.23%。

北京新欧美松投资中心（有限合伙）持股比例为2.19%。

新进股东国风投基金的持股比例为33.33%。

3. 合理保障原国有股东控制权

本次增资保证了原股东方北新建材集团有限公司的控股地位，引入新的战略投资人，优化了股权结构，提升了企业管理水平。北新木业将召开新的股东会，选举新的董事会、监事会，并修改公司章程。新的董事会、监事会将召开会议，选举公司董事长、监事会主席，确定新的经营班子。公司董事会由七名董事组成，由股东会选举产生，其中，北新建材集团有限公司提名四名董事候选人，北京新澳美家投资中心（有限合伙）和北京新欧美松投资中心（有限合伙）共同提名一名董事候选人，投资方国风投基金提名一名董事候选人，另设职工董事一名。

四、项目难点

1. 金额较大

本次计划募集资金不低于1.5亿元，拟引进新进股东1家，新增投资方认购总规模为增资后公司注册资本总额的33.33%。

2. 战略投资者身份

融资方希望意向投资方对其今后的企业发展能形成产业协同效应，为未来的业务发展提供相应的资源和战略支持。投资方国风投基金具有央企背景且有良好的社会形象、行业地位、影响力、财务状况、资本运作能力，能为融资方提供融资支持和增值服务，符合融资方择优遴选条件。

五、项目意义

融资方北新木业通过增资扩股引入战略投资人国风投基金。在管理能力方面，投资方有很大优势，战略投资者在一定程度上介入融资企业的管理，为企业带来先进的管理模式和经验，提高融资企业的管理水平，增强企业可持续发展能力。

同时投资方为中国国新控股有限责任公司下属公司，该公司主要从事国有资产经营与管理，在资本运营方面可以与融资方优势互补，有利于优化和延伸产业链条。

本次增资扩股在北交所成功完成，体现了产权交易市场具有很强的影响力和公信力，融资方吸纳了资本雄厚、行业投资经验和资源丰富的投资方，为增资后公司快速发展、扩大规模奠定了基础。同时，公开招募投资者，阳光操作，体现出我国产权交易市场经过几十年的发展已经形成规范化、专业化的市场平台，能有效防止国有资产流失，提高市场化资源配置效率。

产权交易市场不仅为企业融得资金，而且可以使融资方北新木业的价值充分被发现；而引入合适的战略投资人，真正体现出产权交易市场作为多层次资本市场的重要作用和价值。

（国新资本有限公司供稿）

无锡广成地铁上盖置业有限公司90%股权及1026852203.73元债权转让项目

2016年12月14日下午14时，无锡广成地铁上盖置业有限公司90%股权及1026852203.73元债权项目电子竞价会在无锡产权交易所竞价大厅举行。经过1个小时115轮次报价，最终由香港绿地旗下子公司苏州润建置业有限公司竞得，成交价227419.63万元，较挂牌底价增值118000万元，增值率107.84%。此次竞价创造了无锡产权交易所2016年单笔竞价项目标的最大、增值额最大、增值率最高几项纪录。

一、项目背景

2016年下半年，无锡房地产市场持续升温，产权交易市场地产项目受到热捧。本项目转让底价109419.63万元，是无锡地铁集团有限公司转让的位于太湖新城雪浪坪的集地铁停车场、住宅、商业、办公、公寓于一体的大型综合地铁上盖物业。本项目毗邻太湖生态带，坐落于太湖新城与山水城之间，周边是无锡市太湖新城中心商务区、华莱坞、万达追梦城、长广溪湿地公园和雪浪山等，区位优越，交通便捷。

项目总用地面积为16.5公顷，总建筑面积约为56万平方米，目前已完成消防、交评、环评、能评预审查，地铁停车场盖板及上盖住宅停车场完成施工。

转让方此次转让90%股权及债权，旨在调整产业机构，集中精力做强做优主业，通过控股权的转让引进有实力的房地产商，打造“品质新城”，推动地方经济发展。

二、项目运作

鉴于此次转让标的较大，且为地铁上盖物业，对意向受让方的要求较高。为了征集到优质受让方且不违背公平竞争的原则，无锡产交所配合转让方制定了房地产资质、地铁上盖开发经验及实收资本三项资格条件，并按32号令的规定向无锡市国资委报备。

公告期间，中海、万科、华润、保利、绿地、龙湖等知名房地产商纷纷咨询了解相关情况，开展尽职调查。无锡产交所与地铁集团专门组建项目小组，负责解答与专题推介。挂牌期满后，无锡产交所配合转让方召集法务、财务及工程相关人员召开资格审查会，严格把关，最终确定了4

家符合条件的意向受让方。随后，交易所与转让方之间密切配合，紧锣密鼓地制定了竞价方案，并于2016年12月14日组织了专场竞价，最终经过激烈角逐花落香港绿地。

三、项目意义

此次通过产权交易市场以股权转让方式实现土地使用权转让，一方面为转让方提供了便捷的操作方式且通过竞价方式实现国有资产大幅增值；另一方面为广大意向方提供了寻找合适投资项目的平台，实现多方共赢。

在该项目运作过程中，无锡产交所全过程参与转让方案设计、意向受让方资格审核、竞价方案制定、意向谈判等重要环节，规范高效完成各项工作，得到地铁集团的高度认可，产交所的影响力也得到提升。未来，产权交易机构应重视通过重大项目积累客户资源，不断吸引、聚集更多的资源、要素到产交所的平台上来。

提高资源配置能力、发挥融资功能是产权交易机构的首要任务。只有做到真正的市场化，才能更好地助力国企优化资源配置及结构调整，为区域性经济发展做出更大的贡献。

（无锡产权交易所供稿）

合肥市污泥资源化利用BOO项目

2014年2月10日，合肥市污泥资源化利用BOO项目在合肥市产权交易中心圆满完成。该项目是合肥市产权交易中心近年来积极发挥产权交易平台在“PPP”（政府与社会资本合作）项目中重要作用的又一次成功尝试，再一次证明产权交易市场作为投融资、要素资源聚集平台，完全能够为PPP模式提供更多的融资管道和途径。

一、项目背景

为解决日益扩大的污泥处理处置问题，实现污泥“稳定化、减量化、无害化和资源化”的处理处置目标，合肥市政府决定采用BOO（建设—拥有—运营）模式来建设污泥资源化利用工程，即政府负责提供市政建设用地（使用权期限同特许经营期限）及行业监管，并按照特许经营协议支付污泥处理处置费；由社会投资人支付征地等前期费用，并负责项目投资、建设和运营管理工作。

合肥市污泥资源化利用BOO项目特许经营期26年（含建设期），采用“热水解＋厌氧消化＋脱水干化”处理工艺，建设规模为日处理污泥200吨（含水率80%）。投资人拥有干化后污泥、沼气等副产物的所有权、处置权和收益权；对于预处理达标的废水项目公司，无须额外支付污水处理费。该项目融合了政府出建设用地、社会投资人投资＋建设＋特许经营和政府支付等诸多环节，既不同于一般的工程项目，又不是政府采购项目，更不是土地使用权出让项目，为产权交易平台介入提供了可能。

二、项目操作

2013年12月3日，合肥市产权交易中心争取到该项目后，立即组建了项目小组，倒排时间计划表，全速推进项目。按照上级要求，结合该项目特点，采用公开招标＋资格审查＋综合评分＋一次性报价方式，遴选并确定最终的社会投资人。

项目小组首先确定招标方案，拟定招标时间计划表，定岗、定人、定时，责任到人。2013年

12月3日至25日，合肥市产权交易中心先后组织了三次沟通协调会，召集委托方、咨询公司和部分专家详细对接项目需求，厘清招标文件主要条款，并按照时间节点倒排计划安排表，层层落实，责任到人；组织专家讨论拟定项目技术参数、资格条件和评分细则；根据项目需求和项目实施目标，制定招标文件，力求招标文件更科学、更合理；提前做好邀请国内一些知名污泥处置处理方面的资深专家参与后期评审的准备工作。

项目小组争分夺秒，在招标文件相关条款初步拟定后，于2013年12月27日进行了标前公示（预公告），以征求潜在社会投资人对招标文件的资格条件设置、评分细则和有关技术参数的意见和建议。预公告后，项目小组共收到意见和建议三条并及时与委托方沟通，在对招标文件进行完善和补充后，于2014年1月9日发布了正式招标公告。截止答疑期前，项目小组收到7条有关招标文件的疑问和建议等，并及时按要求发布了答疑和澄清公告。

三、项目结果

2014年2月10日上午九点，合肥市污泥资源化利用BOO项目开标。上海同济普兰德生物质能股份有限公司等三家单位递交了投标文件。评审中，三个投标人均通过资格审查，大连东泰产业废弃物处理有限公司技术标得分最高，湖北国新天汇能源有限公司商务标得分最高，各家报价均低于招标控制价270元/吨（按含水率80%计，下同）。经过评委会6个多小时认真不间断评审，湖北国新天汇能源有限公司综合得分最高，被确定为预成交人，成交单价为208.88元/吨，总成交价为3.9645亿元。

2014年2月18日下午14时30分，由合肥市产权交易中心组织的预成交人、委托方、交易监管部门和咨询机构项目约谈会如期召开。作为本项目的业主方，合肥市排水办公室代表介绍项目的有关情况和相关疑问，预成交人湖北国新天汇能源有限公司给予了有关解释，并表达了实施“合肥污泥资源化利用工程BOO项目”的信心和决心。合肥市公共资源交易监督管理局代表要求双方尽快签订合同，并要求委托方积极配合预成交人尽快落实该项目的征地、规划、报建等报批工作，尽快使项目落地生根。

四、项目启示

本项目采用BOO形式是根据其准经营性或非经营性项目特点来确定的，BOO项目也是PPP项目的一种存在形式。新形势下，产权交易平台是完全可以介入的。

一是产权交易市场是国有产权流转的平台，而PPP模式最终形成的大部分都是国有产权（国有资产、国有股权）。产权交易平台提前介入PPP项目，符合国有资产交易相关法律法规的精神。因此，产权交易市场能够为PPP模式下的国有产权提供流转平台服务。

二是产权交易市场是实现混合所有制经济的重要途径，而PPP模式就是通过“公私合作伙伴”方式实现混合所有制经济的。这正是《企业国有资产交易监督管理办法》（国务院国资委、财政部令第32号）提出来的新形势下国有资产交易新动向。因此，PPP模式完全可以借助产权交易市场来征集“合作伙伴”即社会资本，从而实现混合所有制经济发展。

三是产权交易市场是要素资源市场化配置的场所、投融资平台，而PPP模式内含了投融资需求、要素资源的聚集。因此，在PPP模式退出机制形成的过程中，各类产权、股权交易市场能够为社会资本提供多元化、规范化、市场化的退出通道，进而拓宽社会资本投融资渠道。

（合肥市产权交易中心供稿）

中国物流有限公司增资 39.178%股权项目

北京中招国际拍卖有限公司（以下简称中招拍卖）接受中国诚通控股集团有限公司（以下简称诚通集团）委托，负责与诚通集团、中国物流有限公司（以下简称中国物流）及产权交易所进行沟通，对中国物流增资扩股中存在的问题、难点以及挂牌后可能会出现认购不足等情况逐一进行研究讨论，并制定了《中国物流有限公司第二次增资扩股改制挂牌交易操作方案》。为了能够制定出切实可行的操作方案，中招拍卖充分与诚通集团、中国物流沟通，了解标的企业及增资方的要求，并对标的企业所属行业的发展概况、行业政策、行业投资人的投资方向和意愿进行了详尽调查。

一、项目背景

1. 现场调研

首先，中招拍卖工作人员到诚通集团和中国物流进行沟通和了解，取得集团拟定的《中国物流有限公司第二次增资扩股改制实施方案（讨论稿）》，中国物流撰写的《中国物流有限公司第二次增资扩股定向募集股金说明书》，以及其他相关程序性文件，如集团批复、法律意见书、评估报告、职工代表大会决议等。

2. 市场调研

除上述在诚通集团及中国物流取得的文件外，中招拍卖还通过网络搜集物流行业的政策（如《物流业发展中长期规划（2014—2020 年）》《促进物流业发展三年行动计划（2014—2016 年）》）、研究发展报告、行业新闻、中国物流基本情况等。

根据上述调研情况，中招拍卖草拟出工作方案并提出问题，又带着问题走访行业专家。根据专家的建议及自身对项目的研究分析，中招拍卖认为中国物流增资符合政策规定及行业规划，同时融资企业发展状况健康，增资成功的可能性很高。中招拍卖对此充满信心。

二、拟定《操作方案》

通过沟通了解，中招拍卖获得以下信息：

股东方：原股东共计 8 个，其中参与此次增资的共计 4 个，拟超过原持股比例增资的共计 1 个。

融资企业：拟参与增资的企业数量多，行业背景及公司性质不同。针对此种情况，经过多轮次讨论，确定了如下方案。

1. 投资人种类设定

为了中国物流今后的战略发展，结合目前老股东的实际情况，最终决定将投资人分为三类，即老股东、战略投资人、财务投资人。

老股东，指截止挂牌日前中国物流已有股东。《中华人民共和国公司法》第三十四条规定：公司新增资本时，股东有权优先按照实缴的出资比例认缴出资。依据此条款，老股东在此次增资扩股中，有权优先按照实缴出资比例认缴出资，超过部分参与竞价。

战略投资人，指已经与中国物流建立业务合作关系的大客户，或未来公司战略布局中的战略合作方，或具备优质物流行业管理经验和技术能力的企业。战略投资人能为将中国物流打造成为“以铁路集装箱和公路干线运输为主，以供应链管理为方向，面向烟酒类快消品、装备制造业物流服务的领军品牌，以及集团、其他央企和重点行业中大客户的主要物流供应商”提供管理、资金、渠道、技术等资源支持。此类投资人的加入将对中国物流今后的战略发展起到非常积极的作用。

财务投资人，指中华人民共和国境内依法设立并有效存续的企业组织。

2. 标的设定

本轮增资扩股原则上应保持控股股东的实际

控制人地位。中国物流大股东诚通集团拟参与增资扩股的金额合计5.31亿元，其中：诚通集团对中国物流借款2.60亿元，第一次增资扩股期间应归属诚通集团的损益0.56亿元，2013年中国物流应分配给诚通集团利润0.15亿元，现金增资2亿元。诚通集团参与第二次增资扩股后，仍将保持第一大股东和实际控制人地位，持股比例拟定为40%。本轮增资完成后，第二大股东和第三大股东合计持股比例不得超过诚通集团30%的持股比例。

结合上述要求，最终将需要挂牌征集的39.178%股权分割为不等额的10个标的，并根据标的种类设定了投资人准入条件。

（1）报名B类标的（战略投资人）应具备的基本条件：

一是中华人民共和国境内依法设立并有效存续的企业组织（以营业执照、组织机构代码证、税务登记证为准）。

二是资信证明：投资人提交不低于认购标的对应股本金额的银行存款证明。

三是至少满足以下条件之一：①与中国物流建立长期业务合作关系（以与中国物流签订的1年以上的业务合同为准）；②能为中国物流提供所需业务资源（如烟酒、纺织、化工产品、五金交电等生产、销售企业，以营业执照中的经营范围为准）；③以中国物流为主要物流供应商（以2013—2014年中国物流业绩排名为准）；④具备优质物流行业管理经验和技术能力（企业管理人员中拥有取得物流师资质5年以上或高级物流师资格的优先），能与中国物流分享物流行业的管理与技术经验。

（2）报名C类投资人（财务投资人）应具备的基本条件：

一是中华人民共和国境内依法设立并有效存续的企业组织（以营业执照、组织机构代码证、税务登记证为准）。

二是资信证明：投资人提交不低于认购标的对应股本金额的银行存款证明。

三、确定《操作方案》

对于诚通集团提出的挂牌后可能会出现认购不足等情况，经过讨论，形成了“关于《中国物流有限公司第二次增资扩股改制挂牌交易操作方案》补充说明”。具体如下：

一是如果出现认购不足情况，以最终实际认缴出资额进行工商变更登记，各股东股权比例相应提高，诚通集团所占股权比例不低于40%。（具体数额体现在《增资协议》和新《公司章程》中）

二是如果出现某个B类标的无人认购的情况，将对该标的进行分割后转为C类标的（分割后的标的最大不超过5%），供B类、C类意向投资人认购，并按照5个工作日为一个周期延长一个周期，以接受新意向投资人报名。（依据：《企业国有产权交易操作规则》第二十条）

综上，经过多方共同努力，最终制定出完整的《中国物流有限公司第二次增资扩股改制挂牌交易操作方案》，并依照执行。

四、挂牌流程

1. 产交所实施挂牌

中招拍卖于2015年4月16日将全部增资扩股所需资料提交交易所。交易所于2015年4月17日在平台进行挂牌，挂牌期限为：2015年4月17日至2015年5月18日。

2. 推介

挂牌后，联系人应保持手机24小时开机，要能耐心、详细解答咨询者的问题。

五、挂牌结果

截至2015年5月15日17：30报名截止时间，共有12家企业法人报名。中招拍卖及时向委托方提交了“关于《中国物流有限公司第二次增资扩股改制挂牌征集投资人》情况汇报”及投资人提交的资格证明文件，得到委托方批准后，交易所开始组织竞价。

2015 年 5 月 18 日，经过竞价，最终共有 11 个企业法人（含三个联合体）成为本项目最终投资人。

增资后，中国物流新增注册资本 117552 万多元，募集资金 160694 万多元（含集团公司等原股东参与增资），圆满实现《中国物流有限公司第二次增资扩股改制实施方案》确定的目标。

六、经验总结

通过本次中国物流增资项目的成功运行，中招拍卖总结出以下经验：

1. 业务创新与传统经验相结合

在中国物流本次增资扩股项目运作过程中，中招拍卖指定有着丰富国企改制工作经验的公司副总及项目总监牵头，熟练掌握国家相关法律法规和政策的工作人员参与，凭借多年拍卖工作经验，结合本项目具体情况，制定了一系列可行性工作方案。

根据投资人认购意愿及中国物流实际情况，将挂牌标的划分为多个标的，是增资扩股项目操作实践中的一项创新举措。从竞价情况看，此举是成功的、可行的。

2. 沟通及时，合作各方通力合作

中招拍卖积极、主动地与相关方联系，及时、完整地转达各方要求。在制定《操作方案》的过程中，召开多次讨论会，设定多种方案供中国物流选择，《操作方案》更是数易其稿。最终，将四种增资扩股方案优化成一种。

本项目最终的成功离不开多方的积极配合。诚通集团深入研究领会国家有关法律法规及国资委关于国企改制的政策，制定《中国物流有限公司第二次增资扩股改制实施方案》，并对中招拍卖制定的《中国物流有限公司第二次增资扩股改制挂牌交易操作方案》提出建设性意见。集团公司工作人员对于需要回复、批复的文件，在第一时间给予答复和批准，为本项目顺利完成打下坚实基础。

中国物流管理层和工作人员在挂牌前做了大量扎实有效的工作：根据要求及时提供挂牌交易所需要的各种文件，前往外地股东处沟通、签署文件；向潜在投资人介绍增资项目情况，并及时通报中招拍卖。本次增资目标的超额完成，他们功不可没。

交易所作为本次增资项目的交易机构，充分发挥自身融资功能，整个交易过程体现了“公开、公平、公正”的原则，以及交易系统的便捷性。交易所审核部将审核“前置”，加班加点对提交的文件随到随审，加快了项目进程，保证了项目保质保量按时完成。

（北京中招国际拍卖有限公司供稿）

产权交易助力上海自贸区战略，区内首个国有地块高溢价成交

2013 年 10 月 16 日上午，中国航空器材集团公司（以下简称中航材集团）所属上海浦东航空实业发展公司整体产权及中航材集团对其 1072. 35 万元债权项目，在北京产权交易所（以下简称北交所）竞价交易大厅高溢价竞价成功，这是中国（上海）自由贸易试验区（以下简称上海自贸区）自 2013 年 9 月 29 日成立以来的第一宗区内地块成交项目。

一、项目背景

中航材集团是国务院国资委管理的中央企业之一，是中国民航六大航空运输及保障集团之一，是专门从事飞机采购及航空器材保障业务的专业公司。近30年来，公司为国内各大航空公司购买和租赁飞机共计2000余架；进口了数量众多的各种机场配套设施、专用车辆及大型的空中交通管制系统和校验设备等。

作为该产权项目的管理部门以及转让操作部门，中航材集团规划发展部根据2012年集团工作会议精神，在全面考虑中国航空器材上海有限公司及标的企业上海浦东航空实业发展公司的实际运营情况后，组织集团各相关职能部门进行了科学论证，最终决定公开挂牌转让航空实业整体产权及集团对其全部债权，以便迅速回笼资金，推动中航材集团在其他业务领域的发展。

该项目拟转让的标的企业主要资产为位于上海市外高桥保税区美盛路55号的15亩工业仓储地，占地面积为10005平方米，地上建筑共有5栋，总建筑面积为14395.49平方米，主要用于仓储、展示、办公等。项目地块距离6号线地铁站步行只需5分钟，距离上海自贸区管委会2.8公里。标的企业全部净资产评估值为6309.29万元。适逢2013年8月22日国务院正式批准设立上海自贸区，该项目所在的外高桥保税区正位于国务院划定的自贸区范围内。

二、项目运作历史沿革

早在2012年上半年，中航材集团就在北交所组织下进行了该项目的预挂牌招商推荐活动。作为北交所首批“中央企业全要素综合服务特邀服务机构”、连续多年拥有“十佳会员”荣誉称号的北京九汇华纳产权经纪有限公司（以下简称九汇华纳）嗅觉敏锐，认为该项目是个好项目，主动出击，为中航材集团提供有关国有企业改制政策、国资产权转让法规、国资产权交易操作流程等咨询服务，并组织旗下房地产研发部精兵强将赴现场进行实地考察，编写了该项目的《投资价值分析报告》。中航材集团规划发展部领导极为关注该项目的招商情况，多次参与项目招商方案策划。2012年11月与12月，九汇华纳北京总部携上海办事处共同为中航材集团在上海市组织了两场投资人专项推荐会。

2013年3月，九汇华纳拜会中航材上海公司领导，就项目推荐情况做详细汇报。中航材集团经过研究，决定正式委托九汇华纳作为该项目的产权经纪委托会员单位。在该项目进行挂牌资料准备期间，九江华纳借助北交所平台第二次进行预挂牌招商推荐，并择时正式挂牌。

经过中航材集团领导的周密策划，以及九汇华纳的认真准备，该项目终于在2013年8月29日以超出评估值近一倍的1.2亿元的价格在北交所正式挂牌。

挂牌期间，九汇华纳充分利用上海自贸区的概念，进一步修正《投资价值分析报告》并加大推介力度，向不下上千家企业和个人进行了各种方式的推介，前后组织几十拨投资人前往现场调研。

截至2013年9月28日挂牌期满，九汇华纳共征集到6家符合受让资格条件的意向受让方，其中有4家意向受让方法人交纳了交易保证金。按照网络竞价实施方案的约定，该项目于2013年10月16日在北交所网络竞价大厅进行公开竞价。经过总计81轮次的激烈角逐，该项目最终以2.3亿元成交，溢价1.1亿元，溢价比例91.67%，与中航材集团备案的资产评估值相比，溢价率高达211.58%，与最初的账面资产相比，更是溢价23倍。中航材集团规划发展部领导也来到北交所竞价交易大厅，观摩了网络竞价全过程，并现场指导网络竞价工作。

竞价现场全体到场嘉宾、工作人员以及旁观者都为该项目的精彩竞价投以热烈的掌声，一者工业用地竟然拍出了1500万元/亩的价格，为国有资产大幅度增值而高兴；二者为受让方慧眼识珠而喝彩；三者为作为中国国有要素市场建设的排头兵产权交易所及产权经纪会员，发挥“通过公开竞价修正资产评估价格”这一独有功能而欢欣鼓舞。

2013年10月23日，由北交所主办、九汇华纳协办的该项目签约及资料交接仪式在上海自贸区隆重举行。

鉴于该项目是上海自贸区设立以来的首宗产权交易项目，也是首个土地流转项目，又是少有的高溢价项目，中航材集团及北交所、九汇华纳的领导都高度重视。中航材集团孙博副总经理、规划发展部冯春燕总经理，北交所吴汝川董事长、朱戈总裁，九汇华纳徐世湘董事长等都亲临签约仪式。部分中央企业领导、私募基金等机构亲临现场证签。中央电视台、上海东方卫视、时代周报、中国证券报、上海证券报等国内知名媒体进行了现场报道。CCTV13、CCTV2迅速以“上海自贸区首个地块高溢价成交”为题做了报道，东方电视台、国内大量媒体纷纷转载或做了深入连续报告。一时间，上海自贸区首个地块项目成交的消息传遍大江南北。

该项目的高溢价成交，不仅整体提升了上海自贸区的土地价值，更向自贸区现有土地和房产持有者（大部分是国有企业）传达了积极乐观的信号。

为确保该项目完满收官，作为北交所自2012年以来一直主推的“中央企业全要素综合服务”的践行先锋，九汇华纳在签约仪式结束当天即与上海自贸区相关职能部门积极沟通，全面调研上海自贸区后续土地变性等配套扶持政策的落实；同时向上海自贸区相关领导全面介绍了该项目成交的全过程。为此，上海自贸区管委会有关领导对产权交易平台及产权经纪机构所起的作用给予高度认可，表示会积极配合做好后续各项工作。

三、项目的现实意义

上海自贸区建设是国家战略，是先行先试、深化改革、扩大开放的重大举措，意义深远。这项重大改革以制度创新为着力点，重在提升软实力，各项工作影响大、难度高。

上海自贸区建设不仅仅是完善自由贸易功能，更重要的是试点投资和金融的自由化，无疑将吸引国内外大量的企业进驻。但是，据业内专家估计，区域内大部分土地已经被开发完毕，可供开发的土地仅有10%左右，而且大部分是工业用地，升值潜力最大的商业用地不多。

上海自贸区原有土地规划按功能区块划分，但上海自贸区挂牌后，欲在区内开设业务的国内外企业蜂拥而来，因而土地供求矛盾极大。以外高桥为例，基于保税区的性质，区内土地多以仓储、物流等工业用地为主，区内办公项目不足。由于区内新增土地有限，现存土地又以工业用地为主，通过改变土地性质“盘活”既有土地解决“地荒”的问题，显得迫在眉睫。

该项目正面临上海自贸区成立以来的招商土地奇缺之际，极可能为政府解决上海自贸区内商业地块地荒破题，即积极创新区内土地政策，将工业地产直接转为商业地块。该项目的顺利成交，客观地说，推动了上海自贸区地荒问题的解决；也可以说，这是中央企业国有资产产权交易助推国家战略实施的又一例证。

九汇华纳作为致力于为国有企业提供服务的专业机构，在中航材领导、交易所领导的支持下，通过认真细致的筹划和艰苦的推介工作，让原本很难盘活的闲置资产高溢价成交，让国有资产大幅度增值。经过九汇华纳不断地创新服务，协同组织签约仪式及媒体报道、与管委会领导沟通、协助受让方利用土地与自贸区管委会谈判，一件简单的产权流转项目，不仅成为利用产权交易平台盘活国有资产的典范，同时成为国家自由贸易区战略实施的一个重要里程碑。

（北京九汇华纳产权经纪有限公司供稿）

贵州中电振华精密机械有限公司80%股权及14952万元债权转让“僵尸企业”处置项目

清理处置“僵尸企业”和解决历史遗留问题，是推进央企国企供给侧结构性改革的一项重要任务，是央企国企去杠杆的重要抓手，是瘦身健体提质增效的重大举措，是深化国有企业改革的重要内容组成。2016年国务院国资委摸底梳理出，中央企业需要专项处置和治理的“僵尸企业”及特困企业2041户，涉及资产3万亿元，涉及中央企业81家。本次北京华诺信诚财务顾问有限公司（以下简称华诺信诚）受托完成的贵州中电振华精密机械有限公司80%股权及14952万元债权转让项目即是“僵尸企业”处置的一宗典型案例。

一、项目背景

贵州中电振华精密机械有限公司（以下简称振华精机）是中国电子信息产业集团有限公司所属从事单螺杆压缩机的研制与生产控股子公司，致力于打破美国和日本对单螺杆压缩机技术的垄断，突破国际上对我国实施的中高压单螺杆压缩机产品和技术的禁运和封锁，推动我国压缩机行业重大技术进步。遗憾的是，振华精机及其控股子企业因为在生产运营过程中成本过高导致持续亏损，停产之后被国务院国资委列入企业自行组织处理的“僵尸企业”，中国振华电子集团有限公司（以下简称振华集团）亦被要求在2017年度完成清理退出振华精机及其控股子企业两户僵尸企业。

二、预期目标

中央高度重视“僵尸企业”处置问题，提出了处置“僵尸企业”的路径与目标，明确了处置“僵尸企业”的基本原则。资产重组、产权转让、关闭破产是清理处置“僵尸企业”的主要路径，“重组救活为主、破产退出为辅”是处置“僵尸企业”的基本原则。所以，处置振华精机不仅仅是要为振华集团去腐立新，还要为剥离之后进行盘活做好对策，保证国有企业的保值增值。

本次振华精机的清理退出工作目标，是在有限的时间内统筹安排各交易前置环节，通过产权转让方式最大限度回收国有资产并完成振华集团的退出；最终实现振华集团深化国有企业改革，提高效率、增强活力，发展壮大国有经济的根本要求。

三、项目难点分析

华诺信诚于2016年8月成立项目组介入该项目，经过多次调研考察，总结梳理出该项目处置存在以下难点：

一是振华精机属于传统制造业，经营亏损原因主要在于企业前期研发投入成本过大、投资结构不合理。振华精机及其控股子公司深圳振华亚普精密机械有限公司（以下简称振华亚普）的两层股权结构分别设立在贵阳和深圳两地，造成日常产品生产、运输成本偏高，致使营业收入难以覆盖当期财务成本。振华集团作为大股东提供的财务援助不仅没能扭转局面，还进一步增加了负债金额，致使企业经营陷入恶性循环。

二是振华精机的负债主要由股东借款及银行贷款构成，其中振华集团提供的股东借款本息合计约1.78亿元，银行贷款约7200万元。因涉及金融债权，若没有提前取得该金融机构的同意，后续处置方向无论是采用哪种方式退出，都将遇到实质性障碍。

三是振华亚普在运营过程中涉及多项诉讼，诉讼金额1000多万元，该未决诉讼不仅会影响意向受让方的价值判断，还会导致振华精机项目无法采用破产清算方式完成退出。

四是项目总计可操作时间仅有16个月，在有限时间内不仅要并行解决上述多项难题，还要充分挖掘、展示振华精机自身的优势、亮点，征集到意向受让方并设定符合市场预期的交易底价，以保证处置计划的顺利完成。

五是振华集团与民营企业深圳市永利华创系统工程有限公司（以下简称永利华创）合资成立振华精机，其中振华集团持股80%，永利华创持股20%。本次振华集团已确定将所持全部股权对外转让，但永利华创虽表态同意此转让事项，却未明确是否愿意一并转让其所持振华精机20%股权。站在意向受让方角度考虑，在不具备掌控振华精机100%股权的前提下，无疑难以做出收购的决断，更遑论投后重新管理运营企业。

四、突破项目难题，实现成功交易

在项目处置过程中，华诺信诚项目组成员严格把握和坚持国资委关于“僵尸企业”处置的“市场化、法治化”原则、“一企一策”原则和“多措并举”原则，充分利用自身在执业经验、团队组织协调能力、项目投资价值分析、操作风险预警和对法规政策掌握等方面的优势，担负起振华集团赋予的艰巨任务和光荣使命，克服重重难关保质保量地按时完成了任务。

1. 五套方案助力确定最优处置路径

华诺信诚介入项目之初，振华精机虽背负大量负债导致净资产为负值，但其资产项下仍拥有土地、厂房、机械设备等固定资产，上千万的应收账款，以及压缩机生产资质、专利等无形资产。面对此种情况，华诺信诚并未直接开展招商工作，而是在全面了解企业信息后将资产划分为以“房产土地”为核心的固定资产及以“生产资质、专利技术”为代表的经营性资产，有针对性地为振华集团设计了五套整体处置方案，为振华集团的相关领导提供了充足的操作思路。

通过对五个方案的反复斟酌，从价值发现、成本节约和时间周期三个主要指标项上对方案进行横向可行性对比后，华诺信诚协助振华集团最终确定方案，着手评估土地、厂房、机械设备等固定资产的现金价值，以便实现国有资产价值最大化。

2. 深入调研挖掘企业价值

华诺信诚在确定操作方案后，立即对振华精机所属资产进行深度价值分析。围绕经营性资产交易这一点，研判同行业并购、跨行业并购下的企业价值，并通过对接压缩机行业协会、各压缩机生产企业、振华精机相关债权人、债务人等展示项目价值、求证价值区间。

经过测算，意向受让方在完成并购振华精机后如恢复生产，则需要额外筹集400万元左右资金。此外，振华亚普未结诉讼涉及1000多万元应付账款。而对于受让成功的振华精机而言，停产前的单螺杆压缩机产品尽管投入较大，但并未完成研发工作，无法按照既定目标投入军用生产用途。如以现有技术改投民用压缩机生产，从生产成本上无法对抗市场主流的双螺杆压缩机，且停产之后，振华精机所拥有的专利技术已不再具有领先地位。

通过对振华精机现有资产的盘点和未来生产潜力的预测，华诺信诚最终基于继续生产经营的需求判断意向受让方，估算振华精机股权及债权的重组后交易价值约为300万元。

3. 投行思维规划盘活思路

处置“僵尸企业”的一个重要手段就是推进优势企业或相对优势企业对其进行兼并重组。由于受到多种因素的影响，兼并主体往往对“僵尸企业”实施并购重组的动力不足，导致“僵尸企业”处置时很难从市场上寻觅意向受让方。

在征得作为转让方的振华集团同意后，华诺信诚不仅通过线下渠道采用对接压缩机行业协会、逐一联系全压缩机行业生产企业、行业杂志《压缩机》刊登项目挂牌交易预告信息等方式广泛征集意向受让方，同时利用华诺信诚自主运营的自媒体招商体系，将招商推介信息通过“找项目网”项目电商传播平台等渠道广为传播。其中，发行量达2万份的行业杂志《压缩机》是国内唯一一本定位比较高的压缩机专业读本。该杂志注重发行目标客户群，专注业内，读者覆盖行业90%以上人群，其中40%为使用压缩机的终端用户，20%为压缩机生产制造、组装厂，20%为各个品牌的代理商，10%为配件商，10%为其他。

经过持续一年的招商工作，华诺信诚累计与267家意向受让方进行了深入探讨，并多次陪同带看项目现场、反复验证此前得出的300万元投资价值这一判断。华诺信诚认识到由于压缩机的生产销售普遍存在应收账款催收难、原材料等成本不断高涨问题，压缩机全行业处于不景气阶段，同行业并购基本被排除在外，而与振华精机相关的经销商、下游客户由于经营状况不理想，也无富余资金并购。在排除了本项目同行业并购或债务人并购的可能性后，华诺信诚将招商重点放在与压缩机相关的领域上，以重新运营振华精机为方向重新考虑经营性资产运营价值，最终成功征集到一家机械设备贸易企业作为本项目重点意向受让方，开展后续谈判。

对接该意向投资方后，基于对意向投资方业务特性的了解，华诺信成设计了一整套企业后续运营方案。该方案体系中合理设计了实施并购后的现金流管理解决方案，即短期内通过催收应收账款筹集整改期间所需资金；长期经营中进一步精简业务规模，从生产压缩机整机改为仅生产核心部件，剔除冗余资产，实现轻装上阵。贸易型企业与生产型企业结合，两者业务上的搭配可以很好地实现互补，意向投资方可充分利用振华精机的负资产现状实现合理避税。

该方案因充分、合理地考虑了意向受让方的特点和需求，得到了肯定并进一步坚定了意向受让方实施并购的决心。

4. *巧用大数据紧凑交易流程*

经过前期的债务重组，振华精机将所持房产、土地和机械设备采用协议转让、公开转让等途径变现，所得现金用于清偿债务。待债务重组结束，振华精机摆脱了金融债权问题，负债项下仅剩欠振华集团的债务14952万元。

经过评估，振华精机股权及债权评估值合计为827万元，高于市场所能接受的投资价值水平，项目的首次披露到期日为2017年10月28日。如按此前设想的以10%为降价阶梯逐步降价，则将面临不能如期完成清理退出任务的绝境。在此种境况下，华诺信诚提出突破降价阶梯的想法，项目首次挂牌后按照32号令规定上报降价方案，经集团审批通过后以300万元为新的挂牌底价挂牌，通过产权交易市场公开验证该价格合理性。

在降价设想得到振华集团首肯后，华诺信诚一方面运用产权交易大数据库汇集整理过往项目降幅超过10%的案例，作为降价请示附件上报集团决策；另一方面将项目时间规划反复与北交所沟通确认，最终在北交所的全力支持下用最短的时间衔接了前后两次披露公告，避免了因多次打折挂牌耽误时间。经过前后两次披露，合计40个工作日的正式公示，向市场充分披露了项目的情况及交易底价。项目最终征集到一家意向受让方，由北交所在2017年12月5日出具交易凭证，如期在2017年度完成工商变更。

五、项目启示

回首振华精机项目的处置过程，华诺信诚项目组成员并非简单汇集项目披露信息，通过北交所及自有招商渠道进行投放，而是首先从企业基本面入手，运用投行思维层层深入地了解项目情况、研判资产价值、探索交易障碍，规划解决路径和方案。在充分提炼价值点后科学选择招商方向，运用大数据库有针对性地遴选意向受让方。根据意向受让方需求的不同，结合项目特点设计不同投后运营方案，确保项目在依法合规前提下按时交付成交结果。

振华精机项目的顺利完成，标志着华诺信诚在为国企客户提供全要素综合服务方面再上一层楼，是华诺信诚“全程专注客户需求，统筹提升资产价值”的服务管理理念的完美诠释。

（北京华诺信诚财务顾问有限公司供稿）

常州产权交易所助力房地产续建项目成功征集合作方

一、项目背景

近年来，城市建设过程中，“烂尾地”“烂尾楼”不断出现，严重影响城市形象，损害购房者利益，成为地方政府的一块“心病”。妥善处理这些“城市伤疤”，转废为宝迫在眉睫。

“泰和之春苑”工程总占地面积 18 万平方米，总建筑面积 58 万平方米，是高端精装项目。2010 年，该楼盘均价高达 13000 元每平方米，是当时常州的“明星楼盘”。到 2014 年，常州房地产市场以刚需刚改为主力，高端住宅的定位让该楼盘出现滞销并引发原房地产开发商资金链断裂，留下 2 处烂尾楼和 8 块待开发空地。2015 年 8 月，该公司宣告破产，进入司法拍卖程序。作为国有企业的常州东南经济开发有限公司（以下简称东南经济）于 2016 年 9 月成功拍得“泰和之春苑”资产并计划于 2017 年启动续建。应东南经济委托，常州产权交易所（以下简称产交所）为其续建“泰和之春苑”房地产项目出谋划策。

二、项目难点

（一）烂尾项目涉及面复杂

“泰和之春苑”工程因资金短缺被迫停工之后，建筑材料供应商和民工收不到应得款项，业主更是“钱房两空”，造成了一定的社会影响。该房地产的续建是一项民生工程，只要充分挖掘土地价值、有效保障原购房者的权益，就能降低社会损失，维护社会稳定，展现政府的公信力。产交所接受委托后，不仅通盘考虑项目风险，审慎处理相关问题，保障项目的公开、公平、公正，还尽可能保证国有资产保值增值，协助东南经济寻找合适的开发商将房地产尽快盘活。

（二）续建方式的选择难把握

“泰和之春苑”续建项目有较强的社会意义，且情况复杂，开发要求高，资金需求较大，选择合适的方式使房地产续建顺利完成是重中之重。产交所根据项目特点及东南经济的需求，初步规划了三种方案：一是直接转让项目所涉及的土地使用权和在建工程等资产；二是转让东南经济的全部股权；三是找一家开发商共同开发，东南经济保持“冠名权”，合作方独立完成房地产的开发、建设、销售和管理。产交所和东南经济针对三种方案进行探讨后发现：第一种方案由于土地使用权转让存在政策限制，而且税费相对较高，实施难度较大；第二种方案东南经济承担相关职责较多，不能因为一个项目而失去公司控股权，因此也没有实施可能性。综合考虑项目背景，优先选取第三种方式，原因之一是东南经济作为国企，公信力强，以东南经济的名义来续建无疑能让社会大众放心；其二，共同开发时东南经济作为合作方对房地产续建有一定程度的参与，能够实时了解续建的进度，保障原购房者的利益，履行国有企业的社会责任。

三、项目亮点

（一）产交所全流程的专业服务

1. 详尽研究，把握项目情况

“泰和之春苑”项目先后经历了原开发商破产、司法拍卖、东南经济成功竞得及合作方征集等多个阶段，项目情况复杂，遗留问题较多。对此，产交所仔细查阅了当时的司法拍卖材料，咨询了规划局、建设局等多个相关部门，对项目的特点、难点、风险点一一进行排查。同时，深入学习、把握相关法律法规和政策文件，结合东南经济实际情况进行全方位解读，为规避项目风险、促进项目顺利成交打下良好基础。

2. 全面尽调，挖掘项目价值

标的包括8处共11万平方米的国有土地使用权，会所、样板房、辅房等多处临时建筑，2幢在建工程及多个地下车位。为了提升项目品质，深入挖掘项目价值，项目组人员直接在现场办公、实地勘察，进行周密分析调研。

之前，“泰和之春苑”附近尚未大规模开发；2017年，周边出现多个住宅小区，成为较成熟的居住社区。小区紧邻一所实验小学，随着附近区域的进一步规划，配套设施逐渐完善。同时，2幢烂尾楼已有部分完工，只要注入一定资金，经过短暂的工期，即可包装上市销售，投资风险较低。2017年初，常州房地产行业上行，商品房价格不断上涨。“泰和之春苑”作为高档精品小区，开发价值大，升值空间不容小觑。

3. 深化需求，优化交易方案

共同开发的合作方式定下之后，产交所与东南经济多次沟通，立足项目特点，并结合多年交易经验，协助东南经济拟定了双方合作协议；在合作条件、财务处理、运营管理等多个方面做了详细而合理的规定。

东南经济考虑保证开发进度及质量等因素，拟采用竞争性磋商来确定合作方。产交所结合房地产行业竞争“白热化”和产业已十分成熟的实际情况，建议将进度及质量等相关要求以条款的形式写入合作协议约定成文，采用网络竞价方式，最大限度地体现项目的商业价值。东南经济最终认同并采纳了上述建议。

4. 完善细节，注重交易保障

“泰和之春苑”项目历时四个多月，产交所密切关注交易进程，对每一个细节精益求精，以专业素质保障项目的顺利推进。项目挂牌后，产交所安排专人陪同踏勘，错开每家意向方的踏勘时间以防止串标；报名后，仔细审核意向方的报名资料，确保其满足竞价资格要求；成交后与交易双方定时联系，了解项目进度，及时协调配合。此外，产交所还特别联合常创集团下属小额贷款公司，提供了针对融资需求的“产权贷”和“交e融”两种金融产品；实现“交贷联动”，为部分存在资金压力的意向方解除“后顾之忧”，从而扩大合格意向方的范围。

（二）产交所市场化的营销推广

1. 充分利用平台资源库

产交所与国内多家产权交易机构联合打造的全国性互联网交易平台——E交易从2015年上线至今，已有8000多个产权项目在平台上正式挂牌，积累了35000多家入驻会员，拥有庞大的投资人资源库。“泰和之春苑”项目在E交易挂牌并放入平台首页全国重点推荐位置；同时，平台向关注房地产领域的投资人及时精准推送相关信息，广泛吸收潜在合作者。公告发布当天，即有碧桂园、万科等意向房企纷纷来电咨询。

2. 多渠道营销推广

产交所突破传统产权交易机构单一的信息发

布模式，利用微信公众号、H5页面及各类专业频道等新媒体组合方式进行全方位推广，扩大招商信息的传播范围，助力项目快速成交。在“泰和之春苑”项目正式挂牌以后，有多家网络媒体跟进，发布相关报道共10余篇，引起了社会广泛关注。

3. 有效对接知名房企

产交所广泛搜集国内房地产商信息，向多家具有成熟经验的大型房地产开发企业进行定向宣传和推荐。产交所对接龙湖、新城等10余家意向房企，邀请其前来查看项目资料，并对项目价值进行专业分析，促成项目合作。

2017年5月，“泰和之春苑”房地产续建项目顺利成交，被知名上市房企常州新城房产开发有限公司揽入怀中，成交金额达7.97亿元。相比东南经济在2016年6月以5.37亿元的价格拍得该资产，不到一年时间资产增值2.6亿元。简单的数字背后蕴含着东南经济准确把握形势、产交所市场化成功运作等诸多努力。

四、项目启示

在本次交易过程中，产交所主动服务、精心运作、打破常规，为东南经济提供了交易方案优化、项目包装、合作方招募与甄选等全流程专业服务。在产权行业市场化转型的大趋势下，此次房地产续建项目的成功实施是产交所从产权流转深入到产权运营的一个生动写照。在竞争日益激烈、区域垄断不断被打破的今天，市场化程度的高低已成为检验产权交易机构能否做大做强的标准。产权交易机构唯有主动强化市场功能，提升综合服务能力，创新服务方式和理念，适应新形势下资本市场的角色定位，为客户提供一体化全过程解决方案，才能真正发挥自身在资源配置中的积极作用。

（常州产权交易所供稿）

河南永锦能源有限公司机修厂进场招租项目

河南永锦能源有限公司机修厂公开招租项目，是《企业国有资产交易监督管理办法》（国务院国资委、财政部令第32号，以下简称32号令）颁布实施以来河南省产权交易中心（以下简称产权中心）承接的首个租赁权转让项目。2017年8月7日，河南永锦能源有限公司机修厂租赁权转让项目在产权中心公开挂牌，挂牌底价为120万元，40万元/年，租赁期3年。同年8月24日，该项目以219万元（73万元/年）的租赁价格成交，增值率高达82.5%。该项目虽然标的不大，却为河南国有资产通过产权交易市场公开招租带来示范效应，充分体现了产权交易市场作为资本市场的服务功能。

一、项目概况

河南永锦能源有限公司出资人为永城煤电控股集团有限公司，该公司位于河南省禹州市，注册资本2亿元，为一家大型国有企业。机修厂为该公司一家分厂，经营范围为机械修理加工，占地面积6667平方米，其中单层钢结构厂房三栋面积2847平方米，砖混结构办公楼建筑面积1188平方米；机械设备主要包括行车、平缝机、乳化液泵、液压支柱式压架、校直机、拆柱机、变压器、电焊机、车床等64台（套），设备适用于矿山设备维修和矿山材料加工。出让使用权的土地主要为河南永锦能源有限公司厂区用地，位于禹州市远航路西段，土地性质为出让，用途为工业用地。本次拟出租的资产包括以上所涉及的相关房屋、设备以及土地等。

河南永锦能源有限公司于2017年8月7日正式委托产权中心对其机修厂公开挂牌招租，招租公告期限为2017年8月7日到2017年8月21日十五个工作日，通过产权中心网站发布转让信息，广泛征集意向承租方。根据项目特点，设置承租方资格条件为：①具有良好的财务状况和支付能力；②具有良好的商业信用；③具备法人资格；④国家法律、行政法规规定的其他条件。租赁条件为：①承租方需向出租方缴纳押金25万元；②厂区土地使用税和房产税由承租方承担并按时缴纳；③承租方的经营范围为机械修理加工，承租方增加经营范围需征得出租方同意。设定报名保证金缴纳金额为20万元。

二、交易情况

按照产权中心交易规则，公告期满后，如征集到一家符合条件的意向承租方，采用场内协议方式成交；如征集到两家或两家以上符合条件的意向承租方，则采用网络竞价方式确定承租方。该租赁权转让项目一经挂牌，就引起了市场关注，多家企业来电咨询。经过与各家意向承租方沟通，永城煤电集团光大实业有限公司和禹州市银海矿山机械有限公司两家企业向中心提交了报名申请材料，并支付了承租保证金，确认报名成功。

2017年8月24日15时，该项目网络竞价活动在网络竞价平台组织进行，经过32分钟13轮报价，最终永城煤电集团光大实业有限公司以总价219万元（73万元/年）租金的最高报价竞价成功，比挂牌底价增值99万元，增值率达82.5%。

三、该项目进场交易的几点启示

一是对国有资产招租属性加深了认识，形成了资产招租属于资产转让行为的共识。按照32号令中“企业一定金额以上的生产设备、房产、在建工程以及土地使用权、债权、知识产权等资产对外转让，应当按照企业内部管理制度履行相应决策程序后，在产权交易机构公开进行”的规定，对企业资产招租是否属于资产转让，是否按照32号令组织实施在挂牌前存在不同认识。在该项目实施过程中，通过讨论分析、查阅相关文件，大家一致认为企业国有资产的对外出租行为是企业将其资产的占有、使用、收益权转让给承租人的行为，应属于一种无形资产转让，因此应该适用32号令有关企业资产转让的相关规定。基于这一共识，产权中心指导企业完善了审批、资产评估及备案等相关工作，为公开挂牌做好了前期准备。

二是产权交易市场为企业资产招租提供了又一个理想的服务平台，充分体现了其“价格发现”功能。该项目的溢价成交，是“市场定价”模式的典范，是市场在资源配置中起决定性作用的重要体现。产权中心在交易过程中充分发挥平台“信息集聚”和“价值发现”功能。利用互联网的信息扩散优势，为出租方找到了合适的承租方，收益大幅度超过预期。承租方通过合法合规的方式租到了自己满意的资产项目，优化了自己的资源配置，扩大了自己的经营规模。交易机构扩大了交易品种，丰富了交易实践，取得了应有的收益，最终实现了多方共赢。

三是为国有资产招租进场交易提供了标杆，起到了示范作用。河南永锦能源有限公司机修厂租赁权转让是产权中心承接的第一个租赁权转让项目。该项目顺利组织实施，不但为企业带来了超预期的出租收益，也起到了很好的示范效应。该项目成交以来，引导了其他资产租赁项目陆续进场。仅永城煤电控股集团有限公司就先后挂牌了永煤控股大学生公寓1~11层房屋招租、永城煤电集团聚龙物流贸易有限公司土地及房屋建筑物招租、永城煤电控股集团有限公司芒山路办公楼第2层招租、永城煤电控股集团有限公司月季区门面房招租、永城煤电控股集团有限公司牡丹区门面房招租等一系列项目，这些项目有的已经成交，有的正在挂牌中。目前，产权中心租赁权转让项目呈上升趋势，产权交易市场服务企业的功能得到充分体现。

四是进一步理清了资产租赁合同中需要关注的问题。按照产权交易程序确定承租人后，承租人与出租人应签订相应的资产租赁合同。租赁合同是出租人将租赁物交付承租人使用、收益，承租人支付租金的合同。租赁合同的内容包括租赁物的名称、数量、用途、租赁期限、租金及支付期限和方式、租赁物维修等条款。

关于租赁期限，《合同法》规定，租赁期限不得超过20年，超过20年的，超过部分无效。租赁期间届满，当事人可以续订租赁合同，但约定的租赁期限自续订之日起不得超过20年。

关于转租行为，《合同法》规定，承租人经出租人同意，可以将租赁物转租给第三人。承租人转租的，承租人与出租人之间的租赁合同继续有效，第三人对租赁物造成损失的，承租人应当赔偿损失。

关于租赁权转让的付款方式，32号令规定，资产转让价款原则上一次性付清。《合同法》规定，承租人应当按照约定的期限支付租金。对支付期限没有约定或者约定不明确，租赁期间不满一年的，应当在租赁期间届满时支付；租赁期间一年以上的，应当在每届满一年时支付，剩余期间不满一年的，应当在租赁期届满时支付。实际操作中，采用每年一次性付清较为稳妥。

资产租赁合同期满时，如果没有约定，原租户是否有租赁优先权，相关法律法规也无明确规定。操作实践中，对于租赁权转让，不再考虑原租赁方承租优先权问题。

签订资产租赁合同，应兼顾《合同法》、产权转让相关规定及资产出租公告中的有关要求。具体问题应根据实际情况妥善处理。

产权交易市场是资本市场的重要组成部分，通过产权交易市场进行租赁权项目转让，不仅有利于盘活资产、发现资产价值，且有利于提高企业资产流动性，实现国有资产收益最大化。河南永锦能源有限公司机修厂租赁权项目是产权交易市场化配置的一个经典案例，也是交易中心强化服务意识，不断为不同市场主体提供服务的成功探索。

（河南省产权交易中心供稿）

烟台卓能电池材料股份有限公司增资扩股项目

烟台联合产权交易中心有限公司（以下简称联合产权）根据烟台卓能电池材料股份有限公司（以下简称卓能材料）的战略要求，为增资方量身定制了增资扩股方案，并利用信息发布平台和专业服务优势，吸引了4家合格投资人参与认购。在公开、公平、公正的前提下，引导各类资本向优质国有企业流入，帮助卓能材料顺利完成多元化混改工作。

一、项目背景

卓能材料是专业从事锂离子电池正极材料生产的企业，于2015年11月18日成功登陆新三板，股票简称：卓能材料，股票代码：834314。拥有多项自主知识产权，成功解决了电池材料产业化工程中的一系列技术难题，是国内优秀的动力电池正极材料制造商。承担国家、省、市科技项目14项，申请专利12余项，其中2项发明专利和6项实用新型专利已授权，并获得多项科技奖励和荣誉。多项研发项目得到国家科技部中小企业技术创新基金、山东省创新基金、山东省科技发展计划、山东省经信委技术创新项目、烟台市科技发展计划等项目基金的资助。

卓能材料新注册资本3600万元，增资前股东为三家。2016年资产总额24723.10万元，净资产6314万元，净利润达到2118.04万元。卓能材料希望在本次股票发行后，可以引入更多的外部投资者，优化公司治理结构，促进公司长远发展；使公司的资产负债结构更趋稳健，公司偿债能力和抵御财务风险能力进一步提升。2017年8月，根据股东结构资金现状，公司决定通过产权交易市场进行增资扩股，拟发行股票不超过600万股（含），募集资金金额不超过7000万元（含）。

二、项目亮点

1. 确保交易条件满足新三板及公司发展要求

联合产权充分考虑到卓能材料作为新三板挂牌企业的实际情况，严格按照相关法律法规及增资方案要求为增资方量体裁衣设定交易条件：①投资者资金限制条件。意向投资方须为实缴出资不低于1000万元人民币的企业法人或其他经济组织。②符合投资者适当性管理要求。意向投资方须符合《非上市公众公司监督管理办法》及《全国中小企业股份转让系统投资者适当性管理细则（试行）》规定的合格投资者条件。根据《非上市公众公司监管问答——定向发行（二）》有关要求，单纯以认购股份为目的而设立的公司法人、合伙企业等持股平台，不具有实际经营业务的，不符合投资者适当性管理要求，不得参与本次增资。③保证国有控股地位。本次股票发行新增投资者不超过35名，发行后公司股东人数累计不超过200人；发行后公司的总股本不超过3600万股（含），即使国有股不参与本地增资，国有控股地位保持不变，实际控制人仍为烟台市国资委。④募集资金用途。本次定向发行股票募集资金主要用于开发区项目建设，同时补充流动资金，改善公司资金流转状况。

2. 精耕细作发现潜在投资人

一是挂牌前定向推介为主，确保多家投资人参与。考虑增资企业的区域条件、投资机构实力等因素，对北京、深圳、济南等区域内的投资人进行重点推介，吸引并组织了多家意向方赴增资企业实地考察并尽调。

二是挂牌期间加大宣传力度，吸引投资者关注。项目挂牌后，联合产权积极挖掘项目投资亮点，利用网站、纸媒、微信等多种方式进行信息推广，向意向投资人揭示投资价值；利用联合产权投资人信息库及合作机构的信息发布渠道，有针对性、点对点地向重点投资人推介。经过前期精心策划和后续有力推广，最终为增资方吸引三家外部投资人。

3. 一次性密封报价优选投资人

根据增资方资本运作及新三板相关要求，结合前期市场运作掌握的潜在投资人投资意向以及报价的灵活性原则，联合产权设计了一次性密封报价的交易方式。要求所有合格意向投资方拟认购股份数合计超过600万股（不含600万股）的，采用一次性密封报价方式对投资方进行遴选。交易中心和标的企业根据《全国中小企业股份转让系统股票发行业务细则（试行）》规定，在扣除在册股东行使优先认购权合计认购股份数量后，按照价格优先、时间优先的原则，将意向投资方申报价格从高到低、同等价格以交易保证金进入指定交易保证金交款专用账户的进账时间先后进行汇总和排序，确定最终认购价格及投资方。

4. 合理协调老股东优先购买权情形

针对老股东不放弃优先购买权的问题，联合产权对增资方案进行论证，严格按照《公司法》的规定，借鉴股权转让中老股东优先受让权的行使方式，首先在公告中明确披露老股东在同等条件下享有优先认购权，其次要求老股东在挂牌期间以投资人身份报名参与竞买。这种做法既确保了老股东的优先购买权利顺利实施，又保证了整个交易过程的公开、公平、公正。

三、交易过程

截至2017年9月28日挂牌期满，联合产权共征集到四家意向受让方，并于次日联合标的企业组织评审会，现场收集已通过资格审核的意向投资方密封的《认购报价单》。联合产权和标的企业当场公布《认购报价单》报价结果，并对交易保证金交款账户进账流水进行公示，意向投资方授权代表当场签字确认报价结果及进账流水。最终依据现场报价结果，确定三家外部投资者及一家原股东成为项目投资方，合计增资600万股，增资金额6000万元。

四、项目总结

一是产权交易市场对国企改革有积极推动作用。卓能材料作为国有控股新三板企业，为适应市场发展，迫切希望通过资本运作解决企业发展的资金需求。通过产权交易市场，既能满足股转系统股票发行要求，又能利用交易机构的价值发现功能找到合适的投资者。自32号令颁布以来，产权交易市场在国企混改中发挥着越来越重要的作用，仅2017年，联合产权就为国企混改引入外部资金12.53亿元。

二是加快接轨资本市场步伐。产权交易市场作为资本市场的重要组成部分，在服务企业尤其是服务新三板甚至主板市场企业方面逐渐发挥出越来越重要的作用。这要求产权交易机构不仅做到在产股权交易相关规则下合规运营，更要加快同高层次的资本市场接轨，熟练掌握股转系统、证监会对股票发行、投资者适当性等方面政策要求。产权交易机构只有提高自身的业务能力和加强知识储备，才能更好地在资本市场中发挥作用。

（烟台联合产权交易中心供稿）

天津滨海中储物流有限公司增资项目

一、基本情况

天津滨海中储物流有限公司（以下简称滨海中储）成立于2007年，注册资本4.5亿元，其中天津食品集团有限公司（以下简称食品集团）占股比66%；中储发展股份有限公司（以下简称中储股份）占股比34%。滨海中储经营范围：仓储服务（限分支机构经营；危险化学品及易制毒品除外）；仓储设施经营及相关咨询服务；物业服务。（依法须经批准的项目，经相关部门批准后方可开展经营活动）

二、增资背景

1. 政策背景

党的十八届三中全会提出积极发展混合所有制经济。国有资本、集体资本、非公有资本等交叉持股、相互融合的混合所有制经济，是基本经济制度的重要实现形式。国有企业发展混合所有制经济，可以促进国有企业转换经营机制，推动完善现代企业制度，健全企业法人治理结构；提高国有资本配置和运行效率，优化国有经济布局，增强国有经济活力、控制力、影响力和抗风险能力。

发展混合所有制经济是深化国有企业改革的

重要内容，是完善产权制度和要素市场化配置、建立现代化经济体系的重要举措，也是培育具有国际竞争力的世界一流企业的重要途径。

滨海中储增资扩股正是用实际行动响应党中央的号召、落实天津市国资委混改工作部署。

2. 增资企业情况

2011 年，滨海中储拟打造华北地区最大的物流产业园区，摘得土地 1579 亩仓储用地，并完成投资 1.21 亿元。近几年，受国际贸易储运市场需求走低的影响，加之自身资金投入不足，项目最终陷入停滞。随着时间的推移，滨海中储的资金占用成本与日俱增，且项目地块存在政府有偿收回风险。

三、增资实践

1. 引入非国有资本，推动企业发展

为盘活滨海中储物流园项目，保证国有资产保值增值，滨海中储确立了通过引入具备专业物流产业背景、优秀经营业绩、雄厚资金实力的合作方共同参与建设、运营滨海中储物流园项目的思路。对投资人综合实力，主要从以下几个方面考虑：①专业领域方面，即现代工业、物流基础设施提供商和运营商；②经营状况方面，即财务状况优良；③产业布局方面，即业务布局广泛；④行业经验方面，即物流仓储行业经验丰富。

滨海中储通过在产权交易中心挂牌增资扩股的方式引入全球领先的外资战略投资者，由一家国有控股企业改制为一家中外合资混合所有制企业，提升了企业的核心竞争力。

2. 学习先进管理经验，提升企业运营效率

滨海中储学习吸收先进管理经验，以高效为原则，简化公司层级，扁平化公司组织结构。迎合市场的需要，压缩部门数量，调整部门职能划分。梳理完善公司管理制度、工作标准及业务流程等，促进公司业务高效有序进行。改善薪酬及绩效体系，设定多个职位薪酬等级，每个薪酬等级设定多档次薪酬标准，与绩效体系联动，确定职位薪酬标准。绩效考核兼顾内部互评与外部业绩，从多个维度公开进行，实行末位淘汰制。用合理的分配制度充分激发员工积极性。

3. 加强国际合作，做大做强物流主业

滨海中储在发挥自身本土优势的基础上，充分整合全球领先战略投资者的国际业务资源及经验，打造国际领先的集智能物流、假日货仓、高端冷链、集装箱物流功能于一体的物流园区，拟引入与战略投资者有长期合作关系的国内外 30 多家大中型企业进驻。项目将投资 20 亿元人民币建设近 60 万平方米高端物流园区，规模居近五年天津乃至全国第一。

四、工作综述

1. 全流程服务

自接到委托至增资、投资双方签约，我方完成增资项目调研、价值分析、意向方谈判、批复程序、评估备案、交易文件起草等大量工作。项目团队反复研讨、起草、修改各交易文件，并积极协调审计、评估、律所等服务机构全力配合，细致、全面地准备了全部交易文件，不仅满足了增资时间进度要求，而且为后续项目成功签约做了良好的铺垫。

2. 选用适当交易策略，顺利完成交易

为实现国有资产的保值增值，满足增资方对后续物流园项目顺利推进的要求，通过对网络竞价、综合评议、竞争性谈判等交易方式的比较分析，我公司经与天津产权交易中心协商，建议增资方考虑选用竞争性谈判交易方式，最大限度保证增资目的的实现。

3. 项目难点

一是时间紧迫。为了保证项目能够按照食品集团的要求如期挂牌，我方积极配合增资企业，多次召开现场工作协调会，并多次前往产权交易机构与相关领导沟通交易事项。在我方努力协调下，项目如期挂牌。

二是境外投资主体的资金结算安排。结算货

币的选择、保证金支付及退回路径、增资价款支付时点等相关问题是本次增资的关键环节。选择最便捷的结算方式有利于提高投资人参与的积极性，减少投资方的资金占用时间，同时有效保证交易程序的合规。

三是相关审批。鉴于项目引进的战略投资者为国际知名的物流企业，我方提示外资战略投资者依据《反垄断法》及《国务院关于经营者集中申报标准的规定》提前到反垄断审批机构了解申报流程及资料。外资入股涉及商委备案、外币账户开立等事项，我方也一并提示增资企业提前了解相关程序，事先做好准备工作，保证了项目后续工作的顺利进行。

五、增资成效

经过广泛征集意向方，某国际知名仓储物流运营商成为最终投资人，与增资方签订了增资协议。股东方将共同投资 20 亿元，建设近 60 万平方米的高端物流园区；依托其紧邻天津港、空港、北塘铁路编组站的区位优势，构建海运、空运、铁路运输、公路运输联动的多式联运物流体系，打造集智能物流、假日货仓、高端冷链、集装箱物流功能于一体的中国物流改革示范园区。

该项目作为承接京津冀一体化、承接疏解北京非首都核心功能的重要现代工业基础设施、物流服务设施，将极大地支撑天津市食品、汽车、电子商务、第三方物流四大产业发展，并辐射京津冀和“三北”地区。园区全面投入运营后，年营业额预计可达 48 亿元，吸引国内外 30 多家大中型企业进驻，带动投资 40 亿元，解决近万人的就业问题。

六、项目启示

1. 发展混合所有制改革是国企改革的重要方式

国有企业股权多元化、发展混合所有制经济是深化国有企业管理体制改革、完善现代企业制度的重要方式。混合所有制通过各种所有制资本取长补短、相互促进、共同发展，使国有经济与民营经济有机融合为一体；把国有企业和民营企业的优势很好地结合起来，有利于激发国有企业活力，推动其更好更快发展。

2. 提供全要素综合服务，提升服务保障能力

在国资混合所有制改革的大背景下，国企引进战略投资者和优化资源配置，盘活存量资产需求加大。作为国资改革的服务商，应从提供单纯的产权交易挂牌服务转型，为国企提供专业化、投行化服务，包括产权转让、并购撮合、估值分析、风险控制、股权融资、资源整合等全要素服务；同时为国企、民企资源整合提供高效、全面、规范的服务。

3. 专业团队是项目成功的保证

作为国资改革的服务商，在增资方案的策划、交易方式的设定、交易文件的审核、标的估值的分析等方面，都应熟练把握产权交易规则以及相关政策、法规、专业知识，在各个交易环节上都应做到精益求精，以确保项目的顺利完成，而这些都离不开职业化、专业化、富有高度责任心的作业团队。

（北京中诚天下投资顾问有限公司供稿）

中国产权市场年鉴 2016—2018

China Property Rights Exchanging Capital Market Yearbook 2016–2018

宏观政策汇编

金融企业国有资产转让管理办法

财政部令第54号

（2015年5月1日）

第一章　总　则

第一条　为了规范金融企业国有资产转让行为，加强国有资产交易的监督管理，维护国有资产出资人的合法权益，防止国有资产流失，根据有关法律、行政法规，制定本办法。

第二条　本办法所称金融企业国有资产，是指各级人民政府及其授权投资主体对金融企业各种形式的出资所形成的权益。

本办法所称金融企业，包括所有获得金融业务许可证的企业和金融控股（集团）公司。

第三条　县级以上人民政府财政部门（以下简称财政部门）和县级以上人民政府或者财政部门授权投资主体转让所持金融企业国有资产，国有及国有控股金融企业（以下统称转让方）转让所持国有资产给境内外法人、自然人或者其他组织（以下统称受让方），适用本办法。

第四条　金融企业国有资产转让应当遵守法律、行政法规和产业政策规定。

第五条　金融企业国有资产转让包括非上市企业国有产权转让和上市公司国有股份转让。

金融企业国有资产转让以通过产权交易机构、证券交易系统交易为主要方式。符合本办法规定条件的，可以采取直接协议方式转让金融企业国有资产。

第六条　拟转让的金融企业国有资产权属关系应当明晰。权属关系不明确或者存在权属纠纷以及法律、行政法规和国家有关政策规定禁止转让的金融企业国有资产不得转让。

转让已经设立担保物权的金融企业国有资产，应当符合《中华人民共和国物权法》《中华人民共和国担保法》等有关法律、行政法规的规定。

第七条　金融企业国有资产转让按照统一政策、分级管理的原则，由财政部门负责监督管理。财政部门转让金融企业国有资产，应当报本级人民政府批准。政府授权投资主体转让金融企业国有资产，应当报本级财政部门批准。

金融企业国有资产转让过程中，涉及政府社会公共管理和金融行业监督管理事项的，应当根据国家规定，报经政府有关部门批准。

以境外投资人为受让方的，应当符合国家有关外商投资的监督管理规定，由转让方按照有关规定报经政府有关部门批准。

第八条　财政部门是金融企业国有资产转让的监督管理部门。

财政部负责制定金融企业国有资产转让监督管理制度，并对中央管理的金融企业及其子公司的国有资产转让工作实施监督管理。

地方县级以上财政部门对本级管理的金融企业及其子公司国有资产转让实施监督管理。

上级财政部门指导和监督下级财政部门的金融企业国有资产转让监督管理工作。

第九条 财政部门对金融企业国有资产转让履行下列监督管理职责：

（一）决定或者批准金融企业国有资产转让事项，审核重大资产转让事项并报本级人民政府批准；

（二）确定承办金融企业国有资产交易业务的产权交易机构备选名单；

（三）负责金融企业国有资产转让情况的监督检查工作；

（四）负责金融企业国有资产转让信息的收集、汇总、分析和上报工作；

（五）本级人民政府授权的其他职责。

第十条 国有及国有控股金融企业在境内外依法设立子公司或者向企业投资的，由该国有及国有控股金融企业按本办法规定负责所设立子公司和投资企业的国有资产的转让工作，并履行下列职责：

（一）按照本办法及国家有关规定，制定企业所属分支机构、子公司的国有资产转让管理办法和工作程序，并报本级财政部门备案；

（二）研究资产转让行为是否有利于促进企业的持续发展；

（三）审议所属一级子公司的资产转让事项，监督一级子公司以下的资产转让事项；

（四）向财政部门、相关金融监督管理部门和其他有关部门报告有关资产转让情况。

第二章 非上市企业国有产权转让

第十一条 非上市企业国有产权的转让应当在依法设立的省级以上（含省级，下同）产权交易机构公开进行，不受地区、行业、出资或者隶属关系的限制。

第十二条 国有及国有控股金融企业转让一级子公司的产权，应当报财政部门审批。除国家明确规定需要报国务院批准外，中央管理的国有及国有控股金融企业转让一级子公司的产权应当报财政部审批；地方管理的金融企业国有资产转让的审批权限，由省级财政部门确定。

国有及国有控股金融企业一级子公司（省级分公司或者分行、金融资产管理公司办事处）转让所持子公司产权，由控股（集团）公司审批。其中，涉及重要行业、重点子公司的重大国有产权转让，或者导致转让标的企业所持金融企业或者其他重点子公司控股权转移的，应当报财政部门审批。

第十三条 转让方应当制定转让方案，并按照内部决策程序交股东会或者股东大会、董事会或者其他决策部门审议，形成书面决议。

转让方案包括转让标的企业产权的基本情况、转让行为的论证情况、产权转让公告以及其他主要内容。

转让标的企业涉及职工安置问题的，应当按照国家有关规定办理职工安置工作。

第十四条 转让方应当依照国家有关规定，委托资产评估机构对转让标的企业的整体价值进行评估。

第十五条 非上市企业国有产权转让需要报财政部门审批的，转让方应当在进场交易前报送以下材料：

（一）产权转让的申请书，包括转让原因，是否进场交易等内容；

（二）产权转让方案及内部决策文件；

（三）转让方基本情况及上一年度经会计师事务所审计的财务会计报告；

（四）转让标的企业基本情况、当期财务会计报告和最近一期经会计师事务所审计的财务会计报告；

（五）转让方和转让标的企业国有资产产权证明文件；

（六）转让标的企业资产评估核准或者备案文件；

（七）拟选择的产权交易机构；

（八）意向受让方应当具备的基本条件、支付方式；

（九）律师事务所出具的法律意见书；

（十）财政部门认为必要的其他文件。

转让金融企业产权的，应当对是否符合相关金融监督管理部门的规定进行说明。

第十六条 从事金融企业国有产权交易活动的产权交易机构，应当符合下列基本条件：

（一）遵守有关法律、法规、规章；

（二）具备相应的交易场所、信息发布渠道和专业人员，能够满足金融企业国有产权交易活动的需要；

（三）具有健全的内部管理制度，产权交易操作规范；

（四）能够履行产权交易机构的职责，依法审查产权交易主体的资格和条件；

（五）连续 3 年没有违法、违规记录；

（六）按照国家有关规定公开披露产权交易信息，并能够按要求及时向省级以上财政部门报告场内金融企业国有产权交易情况。

第十七条 转让方在确定进场交易的产权交易机构后，应当委托该产权交易机构在省级以上公开发行的经济或者金融类报刊和产权交易机构的网站上刊登产权转让公告，公开披露有关非上市企业产权转让信息，征集意向受让方。

产权转让公告期不得少于 20 个工作日。

第十八条 转让方披露的非上市企业产权转让信息应当包括下列内容：

（一）转让标的企业的基本情况；

（二）转让标的企业的产权构成情况；

（三）产权转让行为的内部决策情况；

（四）转让标的企业最近一期经会计师事务所审计的主要财务指标数据；

（五）转让标的企业资产评估核准或者备案情况；

（六）受让方应当具备的基本条件；

（七）其他需要披露的事项。

需要按本办法办理审批手续的，还应当披露产权转让行为的批准情况。

第十九条 意向受让方一般应当具备下列条件：

（一）具有良好的财务状况和支付能力；

（二）具有良好的商业信用；

（三）受让方为自然人的，应当具有完全民事行为能力；

（四）国家规定的其他条件。

在不违反相关监督管理要求和公平竞争原则下，转让方可以对意向受让方的资质、商业信誉、行业准入、资产规模、经营情况、财务状况、管理能力等提出具体要求。

第二十条 在产权交易过程中，首次挂牌价格不得低于经核准或者备案的资产评估结果。

首次挂牌未能征集到意向受让方的，转让方可以根据转让标的企业情况确定新的挂牌价格并重新公告。如新的挂牌价格低于资产评估结果的 90%，应当重新报批。

第二十一条 经公开征集，产生 2 个以上（含 2 个）意向受让方时，转让方应当会同产权交易机构共同对意向受让方进行资格审核，根据转让标的企业的具体情况采取拍卖、招投标或者国家规定的其他公开竞价方式实施产权交易。

采取拍卖方式转让非上市企业产权的，应当按照《中华人民共和国拍卖法》及其他有关规定组织实施。

采取招投标方式转让非上市企业产权的，应当按照《中华人民共和国招标投标法》及其他有关规定组织实施。

第二十二条 经产权交易机构公开征集只产生 1 个符合条件的意向受让方时，产权转让可以采取场内协议转让方式进行，但转让价格不得低于挂牌价格。

采取场内协议转让方式的，转让方应当与受让方进行充分协商，依法妥善处理转让中所涉及的相关事项后，签订产权转让协议（合同，下同）。

第二十三条 确定受让方后，转让方应当与受让方签订产权转让协议。

转让协议应当包括下列内容：

（一）转让与受让双方的名称与住所；

（二）转让标的企业产权的基本情况；

（三）转让方式、转让价格、价款支付时间和方式及付款条件；

（四）产权交割事项；

（五）转让涉及的有关税费负担；

（六）协议争议的解决方式；

（七）协议各方的违约责任；

（八）协议变更和解除的条件；

（九）转让和受让双方认为必要的其他条款。

第二十四条 转让方应当按照产权转让协议的约定及时收取产权转让的全部价款，转让价款原则上应当采取货币性资产一次性收取。如金额较大、一次付清确有困难的，可以约定分期付款方式，但分期付款期限不得超过1年。

采用分期付款方式的，受让方首期付款不得低于总价款的30%，并在协议生效之日起5个工作日内支付；其余款项应当办理合法的价款支付保全手续，并按同期金融机构基准贷款利率向转让方支付分期付款期间利息。在全部转让价款支付完毕前或者未办理价款支付保全手续前，转让方不得申请办理国有产权登记和工商变更登记手续。

受让方以非货币性资产支付产权转让价款的，转让方应当按照有关规定委托资产评估机构进行资产评估，确定非货币性资产的价值。

第二十五条 财政部门应当对转让方报送的材料进行认真审核，确定是否批准相关产权转让事项。

转让事项经批准后，如转让和受让双方调整产权转让比例或者产权转让方案有重大变化，造成与批准事项不符的，应当按照规定程序重新报批。

第二十六条 非上市企业产权转让过程中涉及国有土地（海域）使用权、探矿权、采矿权的，应当按照国家有关规定另行办理相关手续。

第二十七条 非上市企业产权转让完成后，转让和受让双方应当凭产权交易机构出具的产权交易凭证，按照国家有关规定及时办理相关国有产权登记手续。

第三章 上市公司国有股份转让

第二十八条 转让上市金融企业国有股份和金融企业转让上市公司国有股份应当通过依法设立的证券交易系统进行。

第二十九条 转让方应当根据有关规定，办理上市公司股份转让的信息披露事项。

第三十条 转让方为上市公司控股股东，应当将股份转让方案报财政部门审批后实施。

涉及国民经济关键行业的，应当得到相关部门的批准。

第三十一条 转让方为上市公司参股股东，在1个完整会计年度内累计净转让股份（累计减持股份扣除累计增持股份后的余额，下同）比例未达到上市公司总股本5%的，由转让方按照内部决策程序决定，并在每年1月10日前将上一年度转让上市公司股份的情况报财政部门；达到或者超过上市公司总股本5%的，应当事先将转让方案报财政部门批准后实施。

第三十二条 转让方转让上市公司国有股份需要报财政部门审批的，报送材料应当包括：

（一）转让上市公司股份的申请书，包括转让原因、转让股份数量、持股成本、转让价格确定等内容；

（二）上市公司股份转让方案和内部决策文件；

（三）转让方基本情况及上一年度经会计师事务所审计的财务会计报告；

（四）上市公司基本情况及最近一期年度财务会计报告和经会计师事务所审计的财务会计报告；

（五）转让上市公司股份对公司控制权、公司股价和资本市场的影响；

（六）财政部门规定的其他文件。

财政部门应当对转让方报送的材料进行认真审核，确定是否同意上市公司股份转让事项。

第三十三条 转让方采取大宗交易方式转让上市公司股份的，股份转让价格不得低于该上市公司股票当天交易的加权平均价格；当日无成交的，不得低于前1个交易日的加权平均价格。

第三十四条 上市公司股份转让完成后，转让方应当按照国家有关规定及时办理国有产权登记手续。

第四章 国有资产直接协议转让

第三十五条 有下列情况之一，经国务院批准或者财政部门批准，转让方可以采取直接协议转让方式转让非上市企业国有产权和上市公司国有股份。

（一）国家有关规定对受让方有特殊要求；

（二）控股（集团）公司进行内部资产重组；

（三）其他特殊原因。

拟采取直接协议转让方式对控股（集团）公司内部进行资产重组的，中央管理的金融企业一级子公司的产权转让工作由财政部负责；一级以下子公司的产权转让由控股（集团）公司负责，其中：拟直接协议转让控股上市公司股份的，应当将转让方案报财政部审批。

第三十六条 转让方采用直接协议方式转让非上市企业产权的，应当按照本办法第十三条、第十四条、第十五条、第二十三条和第二十四条的规定，组织转让方案制定、资产评估、审核材料报送、转让协议签署和转让价款收取等项工作。

第三十七条 非上市企业产权直接协议转让的价格不得低于经核准或者备案的资产评估结果。

国有金融企业在实施内部资产重组过程中，拟采取直接协议方式转让产权、且转让方和受让方为控股（集团）公司所属独资子公司的，可以不对转让标的企业进行整体评估，但转让价格不得低于最近一期经审计确认的净资产值。

第三十八条 财政部门对金融企业以直接协议转让形式转让非上市企业产权的审核按照本办法第二十五条规定执行。

第三十九条 转让方拟直接协议转让上市公司股份的，应当按照内部决策程序交股东大会、董事会或者其他决策部门进行审议，形成书面决议，并及时报告财政部门。

转让方应当将拟直接协议转让股份的信息书面告知上市公司，由上市公司依法向社会公众进行提示性公告，公告中应当注明，本次股份拟直接协议转让事项应当经财政部门审批。

第四十条 转让方直接协议转让上市公司股份，应当向财政部门提交下列材料：

（一）协议转让上市公司股份的申请书，包括转让原因、转让股份数量、持股成本等内容；

（二）协议转让上市公司股份的内部决策文件及可行性研究报告；

（三）拟公开发布的股份协议转让信息内容；

（四）财政部门规定的其他文件。

第四十一条 财政部门收到转让方提交的直接协议转让上市公司股份材料后，应当认真进行审核，确定是否批准协议转让事项，并在15个工作日内予以答复。

转让方收到财政部门出具的意见后2个工作日内，应当书面告知上市公司，由上市公司依法公开披露国有股东拟直接协议转让上市公司股份的信息。

第四十二条 转让方直接协议转让上市公司股份信息应当包括以下内容：

（一）转让股份数量及所涉及的上市公司名称及基本情况；

（二）受让方应当具备的资格条件；

（三）受让方递交受让申请的截止日期；

（四）财政部门和相关部门的批复意见。

第四十三条 具有下列情形之一的，经财政部门批准后，转让方可以不披露上市公司股份协议转让信息：

（一）国民经济关键行业、领域中对受让方有特殊要求的；

（二）转让方作为国有控股股东，为实施国有资源整合或者资产重组，在控股公司或者集团企业内部进行协议转让的；

（三）上市公司连续2年亏损并存在退市风险或者严重财务危机，受让方提出重大资产重组计划及具体时间表的；

（四）上市公司回购股份涉及转让方所持股份的。

第四十四条 转让方作为上市公司控股股东，拟采取直接协议转让方式转让股份并失去控股权的，应当聘请具有相应资质的专业中介机构担任财务顾问和法律顾问，并提出书面意见。财务顾问和法律顾问应当具有良好的信誉及近3年内无重大违法违规记录。转让方认为必要时，可委托具有证券评估资格的资产评估机构对转让标的资产进行评估。

第四十五条 转让方直接协议转让上市公司股份的，转让价格应当按照上市公司股份转让信息公告日（经批准不须公开股份转让信息的，以股份转让协议签署日为准）前30个交易日每日加权平均价格的加权平均价格或者前1个交易日加权平均价格孰高的原则确定。

转让方作为上市公司国有控股股东，为实施国有资源整合或者资产重组，在内部进行协议转让，且拥有的上市公司权益并不因此减少的，转让价格应当根据上市公司最近一期经审计的净资产、净资产收益率、市盈率等因素合理协商确定。

第四十六条 受让上市公司股份后，受让方拥有上市公司实际控制权的，应当具备以下条件：

（一）具有法人资格；

（二）设立3年以上，最近2年连续盈利且无重大违法违规行为；

（三）具有促进上市公司持续发展和改善上市公司法人治理结构的能力。

第四十七条 受让方确定后，转让方应当及时与受让方签署股份转让协议。

转让协议应当包括但不限于以下内容：

（一）转让方、上市公司、受让方企业名称、法定代表人姓名及住所；

（二）转让方持股数量、拟转让股份数量及价格；

（三）转让方、受让方的权利和义务；

（四）股份转让价款支付方式及期限；

（五）股份登记过户条件；

（六）协议变更和解除条件；

（七）协议争议解决方式；

（八）协议各方的违约责任；

（九）协议生效条件。

第四十八条 上市公司股份的转让方为国有及国有控股金融企业的，转让方在确定受让方后，应当及时向财政部门报送以下材料：

（一）转让方案的实施及选择受让方的有关情况；

（二）上一年度经会计师事务所审计的财务会计报告；

（三）受让方基本情况、公司章程及最近一期经会计师事务所审计的财务会计报告；

（四）上市公司基本情况、最近一期中期财务会计报告及经会计师事务所审计年度财务会计报告；

（五）股份转让协议及股份转让价格的定价说明；

（六）受让方与国有股东、上市公司之间在最近12个月内股权转让、资产置换、投资等重大情况及债权债务情况；

（七）律师事务所出具的法律意见书；

（八）转让上市公司股份对公司股价和资本市场的影响；

（九）财政部门规定的其他文件。

第四十九条 财政部门应当对转让方报送的

材料进行认真审核，并出具股份转让批复文件。

第五十条 转让方应当按照本办法第二十四条的规定，收取转让价款，并按照国家有关规定及时办理相关国有产权登记手续。

第五章 法律责任

第五十一条 金融企业国有资产转让过程中出现下列情形之一的，财政部门可以要求转让方立即中止或者终止资产转让活动：

（一）未按本办法有关规定在产权交易机构中进行交易的；

（二）转让方不履行相应的内部决策程序、批准程序或者超越权限，或者未按规定报经财政部门和相关部门审批，擅自转让资产的；

（三）转让方、转让标的企业故意隐匿应当纳入评估范围的资产，或者向中介机构提供虚假会计资料，导致审计、评估结果失真，以及未经审计、评估，造成国有资产流失的；

（四）转让方与受让方串通，低价转让国有资产，造成国有资产流失的；

（五）转让方未按规定落实转让标的企业的债权债务，非法转移债权或者逃避债务清偿责任的；以金融企业国有资产作为担保的，转让该部分资产时，未经担保债权人同意的；

（六）受让方采取欺诈、隐瞒等手段影响转让方的选择以及资产转让协议签订的；

（七）受让方在产权转让竞价过程中，恶意串通压低价格，造成国有资产流失的。

第五十二条 转让方、转让标的企业有本办法第五十一条规定的情形，由财政部门给予警告，并建议有关部门对负有直接责任的人员和其他直接责任人员给予行政处分；造成国有资产损失的，应当建议有关部门依法追究金融企业董事、监事、高级管理人员的责任；由于受让方的责任造成国有资产流失的，受让方应当依法赔偿转让方的经济损失。涉嫌犯罪的，应当移送司法机关。

第五十三条 会计师事务所、资产评估机构、律师事务所、财务顾问机构等社会中介机构在国有资产转让的审计、评估、法律和咨询服务中违规执业的，财政部门应当向其行业主管部门通报有关情况，建议依法给予相应处理。

第五十四条 产权交易机构在金融企业国有资产交易中弄虚作假或者玩忽职守，损害国家利益或者交易双方合法权益的，财政部门可以停止其从事金融企业国有资产交易的相关业务，建议有关部门依法追究产权交易机构及直接责任人员的责任。

第五十五条 金融企业国有资产转让批准机构及其有关人员违反法律、行政法规及本办法规定，造成国有资产流失的，由有关部门依法给予纪律处分；涉嫌犯罪的，移送司法机关。

第六章 附　则

第五十六条 省、自治区、直辖市、计划单列市的财政厅（局）可以根据本办法，制定本地区金融企业国有资产转让管理实施办法，并报财政部备案。

第五十七条 国有及国有控股金融企业因依法行使债权或者担保物权，而受偿于债务人、担保人或者第三人的非上市企业产权转让，比照本办法第二章在产权交易机构进行。

国有及国有控股金融企业因依法行使债权或者担保物权，而受偿于债务人、担保人或者第三人的上市公司股份转让，比照本办法第三章的规定在证券交易系统中进行。

第五十八条 国有及国有控股金融企业持有的国有资产涉及诉讼的，根据人民法院具有法律效力的文件，办理相关转让手续。

第五十九条 国有及国有控股的证券公司、基金管理公司、资产管理公司、信托公司和保险资产管理公司等金融企业出售其所持有的以自营为目的的上市公司股份按照相关规定办理。

第六十条 金融资产管理公司转让不良资产和债转股股权资产的，国家相关政策另有规定的，从其规定。

本办法所称金融资产管理公司，是指中国华融资产管理公司、中国长城资产管理公司、中国东方资产管理公司和中国信达资产管理公司。

第六十一条 中国人民银行总行所属企业、中国投资有限责任公司（含中央汇金投资有限责任公司）、信用担保公司以及其他金融类企业的国有资产转让监督管理工作，比照本办法执行。

第六十二条 本办法自2009年5月1日起施行。

中共中央、国务院
关于深化国有企业改革的指导意见

中发〔2015〕22号

（2015年8月24日）

国有企业属于全民所有，是推进国家现代化、保障人民共同利益的重要力量，是我们党和国家事业发展的重要物质基础和政治基础。改革开放以来，国有企业改革发展不断取得重大进展，总体上已经同市场经济相融合，运行质量和效益明显提升，在国际国内市场竞争中涌现出一批具有核心竞争力的骨干企业，为推动经济社会发展、保障和改善民生、开拓国际市场、增强我国综合实力作出了重大贡献，国有企业经营管理者队伍总体上是好的，广大职工付出了不懈努力，成就是突出的。但也要看到，国有企业仍然存在一些亟待解决的突出矛盾和问题，一些企业市场主体地位尚未真正确立，现代企业制度还不健全，国有资产监管体制有待完善，国有资本运行效率需进一步提高；一些企业管理混乱，内部人控制、利益输送、国有资产流失等问题突出，企业办社会职能和历史遗留问题还未完全解决；一些企业党组织管党治党责任不落实、作用被弱化。面向未来，国有企业面临日益激烈的国际竞争和转型升级的巨大挑战。在推动我国经济保持中高速增长和迈向中高端水平、完善和发展中国特色社会主义制度、实现中华民族伟大复兴中国梦的进程中，国有企业肩负着重大历史使命和责任。要认真贯彻落实党中央、国务院战略决策，按照“四个全面”战略布局的要求，以经济建设为中心，坚持问题导向，继续推进国有企业改革，切实破除体制机制障碍，坚定不移做强做优做大国有企业。为此，提出以下意见。

一、总体要求

（一）指导思想

高举中国特色社会主义伟大旗帜，认真贯彻落实党的十八大和十八届三中、四中全会精神，深入学习贯彻习近平总书记系列重要讲话精神，坚持和完善基本经济制度，坚持社会主义市场经济改革方向，适应市场化、现代化、国际化新形势，以解放和发展社会生产力为标准，以提高国有资本效率、增强国有企业活力为中心，完善产权清晰、权责明确、政企分开、管理科学的现代企业制度，完善国有资产监管体制，防止国有资产流失，全面推进依法治企，加强和改进党对国有企业的领导，做强做优做大国有企业，不断增强国有经济活力、控制力、影响力、抗风险能力，主动适应和引领经济发展新常态，为促进经济社

会持续健康发展、实现中华民族伟大复兴中国梦作出积极贡献。

（二）基本原则

——坚持和完善基本经济制度。这是深化国有企业改革必须把握的根本要求。必须毫不动摇巩固和发展公有制经济，毫不动摇鼓励、支持、引导非公有制经济发展。坚持公有制主体地位，发挥国有经济主导作用，积极促进国有资本、集体资本、非公有资本等交叉持股、互相融合，推动各种所有制资本取长补短、相互促进、共同发展。

——坚持社会主义市场经济改革方向。这是深化国有企业改革必须遵循的基本规律。国有企业改革要遵循市场经济规律和企业发展规律，坚持政企分开、政资分开、所有权与经营权分离，坚持权利、义务、责任相统一，坚持激励机制和约束机制相结合，促使国有企业真正成为依法自主经营、自负盈亏、自担风险、自我约束、自我发展的独立市场主体。社会主义市场经济条件下的国有企业，要成为自觉履行社会责任的表率。

——坚持增强活力和强化监管相结合。这是深化国有企业改革必须把握的重要关系。增强活力是搞好国有企业的本质要求，加强监管是搞好国有企业的重要保障，要切实做到两者的有机统一。继续推进简政放权，依法落实企业法人财产权和经营自主权，进一步激发企业活力、创造力和市场竞争力。进一步完善国有企业监管制度，切实防止国有资产流失，确保国有资产保值增值。

——坚持党对国有企业的领导。这是深化国有企业改革必须坚守的政治方向、政治原则。要贯彻全面从严治党方针，充分发挥企业党组织政治核心作用，加强企业领导班子建设，创新基层党建工作，深入开展党风廉政建设，坚持全心全意依靠工人阶级，维护职工合法权益，为国有企业改革发展提供坚强有力的政治保证、组织保证和人才支撑。

——坚持积极稳妥统筹推进。这是深化国有企业改革必须采用的科学方法。要正确处理推进改革和坚持法治的关系，正确处理改革发展稳定关系，正确处理搞好顶层设计和尊重基层首创精神的关系，突出问题导向，坚持分类推进，把握好改革的次序、节奏、力度，确保改革扎实推进、务求实效。

（三）主要目标

到2020年，在国有企业改革首要领域和关键环节取得决定性成果，形成更加符合我国基本经济制度和社会主义市场经济发展要求的国有资产管理体制、现代企业制度、市场化经营机制，国有资本布局结构更趋合理，造就一大批德才兼备、善于经营、充满活力的优秀企业家，培育一大批具有创新能力和国际竞争力的国有骨干企业，国有经济活力、控制力、影响力、抗风险能力明显增强。

——国有企业公司制改革基本完成，发展混合所有制经济取得积极进展，法人治理结构更加健全，优胜劣汰、经营自主灵活、内部管理人员能上能下、员工能进能出、收入能增能减的市场化机制更加完善。

——国有资产监管制度更加成熟，相关法律法规更加健全，监管手段和方式不断优化，监管的科学性、针对性、有效性进一步提高，经营性国有资产实现集中统一监管，国有资产保值增值责任全面落实。

——国有资本配置效率显著提高，国有经济布局结构不断优化、主导作用有效发挥，国有企业在提升自主创新能力、保护资源环境、加快转型升级、履行社会责任中的引领和表率作用充分发挥。

——企业党的建设全面加强，反腐倡廉制度体系、工作体系更加完善，国有企业党组织在公司治理中的法定地位更加巩固，政治核心作用充分发挥。

二、分类推进国有企业改革

（四）划分国有企业不同类型

根据国有资本的战略定位和发展目标，结合

不同国有企业在经济社会发展中的作用、现状和发展需要，将国有企业分为商业类和公益类。通过界定功能、划分类别，实行分类改革、分类发展、分类监管、分类定责、分类考核，提高改革的针对性、监管的有效性、考核评价的科学性，推动国有企业同市场经济深入融合，促进国有企业经济效益和社会效益有机统一。按照谁出资谁分类的原则，由履行出资人职责的机构负责制定所出资企业的功能界定和分类方案，报本级政府批准。各地区可结合实际，划分并动态调整本地区国有企业功能类别。

（五）推进商业类国有企业改革

商业类国有企业按照市场化要求实行商业化运作，以增强国有经济活力、放大国有资本功能、实现国有资产保值增值为主要目标，依法独立自主开展生产经营活动，实现优胜劣汰、有序进退。

主业处于充分竞争行业和领域的商业类国有企业，原则上都要实行公司制股份制改革，积极引入其他国有资本或各类非国有资本实现股权多元化，国有资本可以绝对控股、相对控股，也可以参股，并着力推进整体上市。对这些国有企业，重点考核经营业绩指标、国有资产保值增值和市场竞争能力。

主业处于关系国家安全、国民经济命脉的重要行业和关键领域、主要承担重大专项任务的商业类国有企业，要保持国有资本控股地位，支持非国有资本参股。对自然垄断行业，实行以政企分开、政资分开、特许经营、政府监管为主要内容的改革，根据不同行业特点实行运网分开、放开竞争性业务，促进公共资源配置市场化；对需要实行国有全资的企业，也要积极引入其他国有资本实行股权多元化；对特殊业务和竞争性业务实行业务板块有效分离，独立运作、独立核算。对这些国有企业，在考核经营业绩指标和国有资产保值增值情况的同时，加强对服务国家战略、保障国家安全和国民经济运行、发展前瞻性战略性产业以及完成特殊任务的考核。

（六）推进公益类国有企业改革

公益类国有企业以保障民生、服务社会、提供公共产品和服务为主要目标，引入市场机制，提高公共服务效率和能力。这类企业可以采取国有独资形式，具备条件的也可以推行投资主体多元化，还可以通过购买服务、特许经营、委托代理等方式，鼓励非国有企业参与经营。对公益类国有企业，重点考核成本控制、产品服务质量、营运效率和保障能力，根据企业不同特点有区别地考核经营业绩指标和国有资产保值增值情况，考核中要引入社会评价。

三、完善现代企业制度

（七）推进公司制股份制改革

加大集团层面公司制改革力度，积极引入各类投资者实现股权多元化，大力推动国有企业改制上市，创造条件实现集团公司整体上市。根据不同企业的功能定位，逐步调整国有股权比例，形成股权结构多元、股东行为规范、内部约束有效、运行高效灵活的经营机制。允许将部分国有资本转化为优先股，在少数特定领域探索建立国家特殊管理股制度。

（八）健全公司法人治理结构

重点是推进董事会建设，建立健全权责对等、运转协调、有效制衡的决策执行监督机制，规范董事长、总经理行权行为，充分发挥董事会的决策作用、监事会的监督作用、经理层的经营管理作用、党组织的政治核心作用，切实解决一些企业董事会形同虚设、“一把手”说了算的问题，实现规范的公司治理。要切实落实和维护董事会依法行使重大决策、选人用人、薪酬分配等权利，保障经理层经营自主权，法无授权任何政府部门和机构不得干预。加强董事会内部的制衡约束，国有独资、全资公司的董事会和监事会均应有职工代表，董事会外部董事应占多数，落实一人一票表决制度，董事对董事会决议承担责任。改进董事会和董事评价办法，强化对董事的考核评价和管理，对重大决策失误负有直接责任的要及时调整或解聘，并依法追究责任。进一步加强外部董事队伍建设，拓宽来源渠道。

（九）建立国有企业领导人员分类分层管理制度

坚持党管干部原则与董事会依法产生、董事会依法选择经营管理着、经营管理者依法行使用人权相结合，不断创新有效实现形式。上级党组织和国有资产监管机构按照管理权限加强对国有企业领导人员的管理，广开推荐渠道，依规考察提名，严格履行选用程序。根据不同企业类别和层级，实行选任制、委任制、聘任制等不同选人用人方式。推行职业经理人制度，实行内部培养和外部引进相结合，畅通现有经营管理者与职业经理人身份转换通道，董事会按市场化方式选聘和管理职业经理人，合理增加市场化选聘比例，加快建立退出机制。推行企业经理层成员任期制和契约化管理，明确责任、权利、义务，严格任期管理和目标考核。

（十）实行与社会主义市场经济相适应的企业薪酬分配制度

企业内部的薪酬分配权是企业的法定权利，由企业依法依规自主决定，完善既有激励又有约束、既讲效率又讲公平、既符合企业一般规律又体现国有企业特点的分配机制。建立健全与劳动力市场基本适应、与企业经济效益和劳动生产率挂钩的工资决定和正常增长机制。推进全员绩效考核，以业绩为导向，科学评价不同岗位员工的贡献，合理拉开收入分配差距，切实做到收入能增能减和奖惩分明，充分调动广大职工积极性。对国有企业领导人员实行与选任方式相匹配、与企业功能性质相适应、与经营业绩相挂钩的差异化薪酬分配办法。对党中央、国务院和地方党委、政府及其部门任命的国有企业领导人员，合理确定基本年薪、绩效年薪和任期激励收入。对市场化选聘的职业经理人实行市场化薪酬分配机制，可以采取多种方式探索完善中长期激励机制。健全与激励机制相对称的经济责任审计、信息披露、延期支付、追索扣回等约束机制。严格规范履职待遇、业务支出，严禁将公款用于个人支出。

（十一）深化企业内部用人制度改革

建立健全企业各类管理人员公开招聘、竞争上岗等制度，对特殊管理人员可以通过委托人才中介机构推荐等方式，拓宽选人用人视野和渠道。建立分级分类的企业员工市场化公开招聘制度，切实做到信息公开、过程公开、结果公开。构建和谐劳动关系，依法规范企业各类用工管理，建立健全以合同管理为核心、以岗位管理为基础的市场化用工制度，真正形成企业各类管理人员能上能下、员工能进能出的合理流动机制。

四、完善国有资产管理体制

（十二）以管资本为主推进国有资产监管机构职能转变

国有资产监管机构要准确把握依法履行出资人职责的定位，科学界定国有资产出资人监管的边界，建立监管权力清单和责任清单，实现以管企业为主向以管资产为主的转变。该管的要科学管理、决不缺位，重点管好国有资本布局、规范资本运作、提高资本回报、维护资本安全；不该管的要依法放权、决不越位，将依法应由企业自主经营决策的事项归位于企业，将延伸到子企业的管理事项原则上归位于一级企业，将配合承担的公共管理职能归位于相关政府部门和单位。大力推进依法监管，着力创新监管方式和手段，改变行政化管理方式，改进考核体系和办法，提高监管的科学性、有效性。

（十三）以管资本为主改革国有资本授权经营体制

改组组建国有资本投资、运营公司，探索有效的运营模式，通过开展投资融资、产业培育、资本整合，推动产业聚集和转型升级，优化国有资本布局结构；通过股权运作、价值管理、有序进退，促进国有资本合理流动，实现保值增值。科学界定国有资本所有权和经营权的边界，国有资产监管机构依法对国有资本投资、运营公司和其他直接监管的企业履行出资人职责，并授权国有资本投资、运营公司对授权范围内的国有资本履行出资人职责。国有资本投资、运营公司作为国有资本市场化运作的专业平台，依法自主开展国有资本运作，对所出资企业行使股东职责，按照责权对应原则切实承担起国有资产保值增值责任。开展政府直接授权国有资本投资、运营公司履行出资人职责的试点。

（十四）以管资本为主推动国有资本合理流动优化配置

坚持以市场为导向、以企业为主体，有进有退、有所为有所不为，优化国有资本布局结构，增强国有经济整体功能和效率。紧紧围绕服务国家战略，落实国家产业政策和重点产业布局调整总体要求，优化国有资本重点投资方向和领域，推动国有资本向关系国家安全、国民经济命脉和国计民生的重要行业和关键领域、重点基础设施集中，向前瞻性战略性产业集中，向具有核心竞争力的优势企业集中。发挥国有资本投资、运营公司的作用，清理退出一批、重组整合一批、创新发展一批国有企业。建立健全优胜劣汰市场化退出机制，充分发挥失业救济和再就业培训等的作用，解决好职工安置问题，切实保障退出企业依法实现关闭或破产，加快处置低效无效资产，淘汰落后产能。支持企业依法合规通过证券交易、产权交易等资本市场，以市场公允价格处置企业资产，实现国有资本形态转换，变现的国有资本用于更需要的领域和行业。推动国有企业加快管理创新、商业模式创新，合理限定法人层级，有效压缩管理层级。发挥国有企业在实施创新驱动发展战略和制造强国战略中的骨干和表率作用，强化企业在技术创新中的主体地位，重视培养科研人才和高技能人才。支持国有企业开展国际化经营，鼓励国有企业之间以及与其他所有制企业以资本为纽带，强强联合、优势互补，加快培育一批具有世界一流水平的跨国公司。

（十五）以管资本为主推进经营型国有资产集中统一监管

稳步将党政机关、事业单位所属企业的国有资本纳入经营性国有资产集中统一监管体系，具备条件的进入国有资本投资、运营公司。加强国有资产基础管理，按照统一制度规范、统一工作体系的原则，抓紧制定企业国有资产基础管理条例。建立覆盖全部国有企业、分级管理的国有资本经营预算管理制度，提高国有资本收益上缴公共财政比例，2020年提高到30%，更多用于保障和改善民生。划转部分国有资本充实社会保障基金。

五、发展混合所有制经济

（十六）推进国有企业混合所有制改革

以促进国有企业转换经营机制，放大国有资本功能，提高国有资本配置和运行效率，实现各种所有制资本取长补短、相互促进、共同发展为目标，稳妥推动国有企业发展混合所有制经济。对通过实行股份制、上市等途径已经实行混合所有制的国有企业，要着力在完善现代企业制度、提高资本运行效率上下功夫；对于适宜继续推进混合所有制改革的国有企业，要充分发挥市场机制作用，坚持因地施策、因业施策、因企施策，宜独则独、宜控则控、宜参则参，不搞拉郎配，不搞全覆盖，不设时间表，成熟一个推进一个。改革要依法依规、严格程序、公开公正，切实保护混合所有制企业各类出资人的产权权益，杜绝国有资产流失。

（十七）引入非国有资本参与国有企业改革

鼓励非国有资本投资主体通过出资入股、收购股权、认购可转债、股权置换等多种方式，参与国有企业改制重组或国有控股企业上市公司增资扩股以及企业经营管理。实行同股同权，切实维护各类股东合法权益。在石油、天然气、电力、铁路、电信、资源开发、公用事业等领域，向非国有资本推出符合产业政策、有利于转型升级的项目。依照外商投资产业指导目录和相关安全审查规定，完善外资安全审查工作机制。开展多类型政府和社会资本合作试点，逐步推广政府和社会资本合作模式。

（十八）鼓励国有资本以多种方式入股非国有企业

充分发挥国有资本投资、运营公司的资本运作平台作用，通过市场化方式，以公共服务、高新技术、生态环保、战略性产业为重点领域，对发展潜力大、成长性强的非国有企业进行股权投。鼓励国有企业通过投资入股、联合投资、重组等多种方式，与非国有企业进行股权融合、战略合作、资源整合。

（十九）探索实行混合所有制企业员工持股

坚持试点先行，在取得经验基础上稳妥有序推进，通过实行员工持股建立激励约束长效机制。优先支持人才资本和技术要素贡献占比较高的转制科研院所、高新技术企业、科技服务型企业开展员工持股试点，支持对企业经营业绩和持续发展有直接或较大影响的科研人员、经营管理人员和业务骨干等持股。员工持股主要采取增资扩股、出资新设等方式。完善相关政策，健全审核程序，规范操作流程，严格资产评估，建立健全股权流转和退出机制，确保员工持股公开透明，严禁暗箱操作，防止利益输送。

六、强化监督防止国有资产流失

（二十）强化企业内部监督

完善企业内部监督体系，明确监事会、审计、纪检监察、巡视以及法律、财务等部门的监督职责，完善监督制度，增强制度执行力。强化对权力集中、资金密集、资源富集、资产聚集的部门和岗位的监督，实行分事行权、分岗设权、分级授权，定期轮岗，强化内部流程控制，防止权力滥用。建立审计部门向董事会负责的工作机制。落实企业内部监事会对懂事、经理和其他高级管理人员的监督。进一步发挥企业总法律顾问在经营管理中的法律审核把关作用，推进企业依法经营、合规管理。集团公司要依法依规、尽职尽责加强对子企业的管理和监督。大力推进厂务公开，健全以职工代表大会为基本形式的企业民主管理制度，加强企业职工民主监督。

（二十一）建立健全高效协同的外部监督机制

强化出资人监督，加快国有企业行为规范法律法规制度建设，加强对企业关键业务、改革重点领域、国有资本运营重要环节以及境外国有资产的监督，规范操作流程，强化专业检查，开展总会计师由履行出资人职责机构委派的试点。加强和改进外派监事会制度，明确职责定位，强化与有关专业监督机构的协作，加强当期和事中监督，强化监督成果运用，建立健全核查、移交和整改机制。健全国有资本审计监督体系和制度，实行企业国有资产审计监督全覆盖，建立对企业国有资本的经常性审计制度。加强纪检监察监督和巡视工作，强化对企业领导人员廉洁从业、行使权力等的监督，加大大案要案查处力度，狠抓对存在问题的整改落实。整合出资人监管、外派监事会监督和审计、纪检监察、巡视等监督力量，建立监督工作会商机制，加强统筹，创新方式，共享资源，减少重复检查，提高监督效能。建立健全监督意见反馈整改机制，形成监督工作的闭环。

（二十二）实施信息公开加强社会监督

完善国有资产和国有企业信息公开制度，设立统一的信息公开网络平台，依法依规、及时准确披露国有资本整体运营和监督、国有企业公司治理以及管理架构、经营情况、财务状况、关联交易、企业负责人薪酬等信息，建设阳光国企。认真处理人民群众关于国有资产流失等问题的来信、来访和检举，及时回应社会关切。充分发挥媒体舆论监督作用，有效保障社会公众对企业国有资产运营的知情权和监督权。

（二十三）严格责任追究

建立健全国有企业重大决策失误和失职、渎职责任追究倒查机制，建立和完善重大决策评估、决策事项履职记录、决策过错认定标准等配套制度，严厉查处侵吞、贪污、输送、挥霍国有资产和逃废金融债务的行为。建立健全企业国有资产的监督问责机制，对企业重大违法违纪问题敷衍不追、隐匿不报、查处不力的，严格追究有关人员失职渎职责任，视不同情形给予纪律处分或行政处分，构成犯罪的，由司法机关依法追究刑事责任。

七、加强和改进党对国有企业的领导

（二十四）充分发挥国有企业党组织政治核心作用

把加强党的领导和完善公司治理统一起来，将党建工作总体要求纳入国有企业章程，明确国有企业党组织在公司法人治理结构中的法定地位，创新国有企业党组织发挥政治核心作用的途径和方式。在国有企业改革中坚持党的建设同步谋划、党的组织及工作机构同步设置、党组织负责人及党务工作人员同步配备、党的工作同步开展，保证党组织工作机构健全、党务工作者队伍稳定、党组织和党员作用得到有效发挥。坚持和完善双向进入、交叉任职的领导体制，符合条件的党组织领导班子成员可以通过法定程序进入董事会、监事会、经理层，董事会、监事会、经理层成员中符合条件的党员可以依照有关规定和程序进入党组织领导班子；经理层成员与党组织领导班子成员适度交叉任职；董事长、总经理原则上分设，党组织书记、董事长一般由一人担任。

国有企业党组织要切实承担好、落实好从严管党治党责任。坚持从严治党、思想建党、制度治党，增强管党治党意识，建立健全党建工作责任制，聚精会神抓好党建工作，做大守土有责、守土负责、守土尽责。党组织书记要切实履行“一岗双责”，结合业务分工抓好党建工作。中央企业党组织书记同时担任企业其他主要领导职务的，应当设立1名专职抓企业党建工作的副书记。加强国有企业基层党组织建设和党员队伍建设，强化国有企业基层党建工作的基础保障，充分发挥基层党组织战斗堡垒作用、共产党员先锋模范作用。加强企业党组织对群众工作的领导，发挥好工会、共青团等群团组织的作用，深入细致做好职工群众的思想政治工作。把建立党的组织、开展党的工作，作为国有企业推进混合所有制改革的必要前提，根据不同类新混合所有制企业特点，科学确定党组织的设置方式、职责定位、管理模式。

（二十五）进一步加强国有企业领导班子建设和人才队伍建设

根据企业改革发展需要，明确选人用人标准和程序，创新选人用人方式。强化党组织在企业领导人员选拔任用、培养教育、管理监督中的责任，支持董事会依法选择经营管理者、经营管理者依法行使用人权，坚决防止和整治选人用人中的不正之风。加强对国有企业领导人员尤其是主要领导人员日常监督管理和综合考核评价，及时调整不胜任、不称职的领导人员，切实解决企业领导人员能上能下的问题。以强化忠诚意识、拓展世界眼光、提高战略思维、增强创新精神、锻造优秀品行为重点，加强企业家队伍建设，充分发挥企业家作用。大力实施人才强企战略，加快建立健全国有企业集聚人才的体制机制。

（二十六）切实落实国有企业反腐倡廉“两个责任”

国有企业党组织要切实履行好主体责任，纪检机构要履行好监督责任。加强党性教育、法治教育、警示教育，引导国有企业领导人员坚定理想信念，自觉践行“三严三实”要求，正确履职行权。建立切实可行的责任追究制度，与企业考核等挂钩，实行“一案双查”。推动国有企业纪律检查工作双重领导体制具体化、程序化、制度化，强化上级纪委对下级纪委的领导。加强和改进国有企业巡视工作，强化对权力运行的监督和制约。坚持运用法治思维和法治方式反腐败，完善反腐倡廉制度体系，严格落实反“四风”规定，努力构筑企业领导人员不敢腐、不能腐、不想腐的有效机制。

八、为国有企业改革创造良好环境条件

（二十七）完善相关法律法规和配套政策

加强国有企业相关法律法规立改废释工作，确保重大改革于法有据。切实转变政府职能，减少审批、优化制度、简化手续、提高效率。完善公共服务体系，推进政府购买服务，加快建立稳定可靠、补偿合理、公开透明的企业公共服务支出补偿机制。完善和落实国有企业重组整合涉及的资产评估增值、土地变更登记和国有资产无偿划转等方面税收优惠政策。完善国有企业推出的相关政策，依法妥善处理劳动关系调整、社会保险关系接续等问题。

（二十八）加快剥离企业办社会职能和解决历史遗留问题

完善相关政策，建立政府和国有企业合理分担成本的机制，多渠道筹措资金，采取分离移交、重组改制、关闭撤销等方式，剥离国有企业职工家属区“三供一业”和所办医院、学校、社区等公共服务机构，继续推进厂办大集体改革，对国有企业退休人员实施社会化管理，妥善解决国有企业历史遗留问题，为国有企业公平参与市场竞争创造条件。

（二十九）形成鼓励改革创新的氛围

坚持解放思想、实事求是，鼓励探索、实践、创新。全面准确评价国有企业，大力宣传中央关于全面深化国有企业改革的方针政策，宣传改革的典型案例和经验，营造有利于国有企业改革的良好舆论环境。

（三十）加强对国有企业改革的组织领导

各级党委和政府要统一思想，以高度的政治责任感和历史使命感，切实履行对深化国有企业改革的领导责任。要根据指导意见，结合实际制定实施意见，加强统筹协调、明确责任分工、细化目标任务、强化督促落实，确保深化国有企业改革顺利推进，取得实效。

金融、文化等国有企业的改革，中央另有规定的依其规定执行。

整合建立统一的公共资源交易平台工作方案

国办发〔2015〕63号

（2015年8月10日）

为深入贯彻党的十八大和十八届二中、三中、四中全会精神，落实《国务院机构改革和职能转变方案》部署，现就整合建立统一的公共资源交易平台制定以下工作方案。

一、充分认识整合建立统一的公共资源交易平台的重要性

近年来，地方各级政府积极推进工程建设项目招标投标、土地使用权和矿业权出让、国

有产权交易、政府采购等公共资源交易市场建设，对于促进和规范公共资源交易活动，加强反腐倡廉建设发挥了积极作用。但由于公共资源交易市场总体上仍处于发展初期，各地在建设运行和监督管理中暴露出不少突出问题：各类交易市场分散设立、重复建设，市场资源不共享；有些交易市场职能定位不准，运行不规范，公开性和透明度不够，违法干预交易主体自主权；有些交易市场存在乱收费现象，市场主体负担较重；公共资源交易服务、管理和监督职责不清，监管缺位、越位和错位现象不同程度存在。这些问题严重制约了公共资源交易市场的健康有序发展，加剧了地方保护和市场分割，不利于激发市场活力，亟需通过创新体制机制加以解决。

整合工程建设项目招标投标、土地使用权和矿业权出让、国有产权交易、政府采购等交易市场，建立统一的公共资源交易平台，有利于防止公共资源交易碎片化，加快形成统一开放、竞争有序的现代市场体系；有利于推动政府职能转变，提高行政监管和公共服务水平；有利于促进公共资源交易阳光操作，强化对行政权力的监督制约，推进预防和惩治腐败体系建设。

二、指导思想和基本原则

（一）指导思想

全面贯彻党的十八大和十八届二中、三中、四中全会精神，按照党中央、国务院决策部署，发挥市场在资源配置中的决定性作用和更好发挥政府作用，以整合共享资源、统一制度规则、创新体制机制为重点，以信息化建设为支撑，加快构筑统一的公共资源交易平台体系，着力推进公共资源交易法制化、规范化、透明化，提高公共资源配置的效率和效益。

（二）基本原则

坚持政府推动、社会参与。政府要统筹推进公共资源交易平台整合，完善管理规则，优化市场环境，促进公平竞争。鼓励通过政府购买服务等方式，引导社会力量参与平台服务供给，提高服务质量和效率。

坚持公共服务、资源共享。立足公共资源交易平台的公共服务职能定位，整合公共资源交易信息、专家和场所等资源，加快推进交易全过程电子化，实现交易全流程公开透明和资源共享。

坚持转变职能、创新监管。按照管办分离、依法监管的要求，进一步减少政府对交易活动的行政干预，强化事中事后监管和信用管理，创新电子化监管手段，健全行政监督和社会监督相结合的监督机制。

坚持统筹推进、分类指导。充分考虑行业特点和地区差异，统筹推进各项工作，加强分类指导，增强政策措施的系统性、针对性和有效性。

三、整合范围和整合目标

（三）整合范围

整合分散设立的工程建设项目招标投标、土地使用权和矿业权出让、国有产权交易、政府采购等交易平台，在统一的平台体系上实现信息和资源共享，依法推进公共资源交易高效规范运行。积极有序推进其他公共资源交易纳入统一平台体系。民间投资的不属于依法必须招标的项目，由建设单位自主决定是否进入统一平台。

统一的公共资源交易平台由政府推动建立，坚持公共服务职能定位，实施统一的制度规则、共享的信息系统、规范透明的运行机制，为市场主体、社会公众、行政监管部门等提供综合服务。

（四）整合目标

2016 年 6 月底前，地方各级政府基本完成公共资源交易平台整合工作。2017 年 6 月底前，在全国范围内形成规则统一、公开透明、服务高效、监督规范的公共资源交易平台体系，基本实现公共资源交易全过程电子化。在此基础上，逐步推动其他公共资源进入统一平台进行交易，实现公共资源交易平台从依托有形场所向以电子化平台为主转变。

四、有序整合资源

（五）整合平台层级

各省级政府应根据经济发展水平和公共资源交易市场发育状况，合理布局本地区公共资源交易平台。设区的市级以上地方政府应整合建立本地区统一的公共资源交易平台。县级政府不再新设公共资源交易平台，已经设立的应整合为市级公共资源交易平台的分支机构；个别需保留的，由省级政府根据县域面积和公共资源交易总量等实际情况，按照便民高效原则确定，并向社会公告。法律法规要求在县级层面开展交易的公共资源，当地尚未设立公共资源交易平台的，原交易市场可予以保留。鼓励整合建立跨行政区域的公共资源交易平台。各省级政府应积极创造条件，通过加强区域合作、引入竞争机制、优化平台结构等手段，在坚持依法监督前提下探索推进交易主体跨行政区域自主选择公共资源交易平台。

（六）整合信息系统

制定国家电子交易公共服务系统技术标准和数据规范，为全国公共资源交易信息的集中交换和共享提供制度和技术保障。各省级政府应整合本地区分散的信息系统，依据国家统一标准建立全行政区域统一、终端覆盖市县的电子交易公共服务系统。鼓励电子交易系统市场化竞争，各地不得限制和排斥市场主体依法建设运营的电子交易系统与电子交易公共服务系统对接。各级公共资源交易平台应充分发挥电子交易公共服务系统枢纽作用，通过连接电子交易和监管系统，整合共享市场信息和监管信息等。加快实现国家级、省级、市级电子交易公共服务系统互联互通。中央管理企业有关电子招标采购交易系统应与国家电子交易公共服务系统连接并按规定交换信息，纳入公共资源交易平台体系。

（七）整合场所资源

各级公共资源交易平台整合应充分利用现有政务服务中心、公共资源交易中心、建设工程交易中心、政府集中采购中心或其他交易场所，满足交易评标（评审）活动、交易验证以及有关现场业务办理需要。整合过程中要避免重复建设，严禁假借场所整合之名新建楼堂馆所。在统一场所设施标准和服务标准条件下，公共资源交易平台不限于一个场所。对于社会力量建设并符合标准要求的场所，地方各级政府可以探索通过购买服务等方式加以利用。

（八）整合专家资源

进一步完善公共资源评标专家和评审专家分类标准，各省级政府应按照全国统一的专业分类标准，整合本地区专家资源。推动实现专家资源及专家信用信息全国范围内互联共享，有条件的地方要积极推广专家远程异地评标、评审。评标或评审时，专家应采取随机方式确定，任何单位和个人不得以明示、暗示等任何方式指定或者变相指定专家。

五、统一规则体系

（九）完善管理规则

发展改革委要会同国务院有关部门制定全国统一的公共资源交易平台管理办法，规范平台运行、管理和监督。国务院有关部门要根据工程建设项目招标投标、土地使用权和矿业权出让、国有产权交易、政府采购等法律法规和交易特点，制定实施全国分类统一的平台交易规则和技术标准。各省级政府要根据全国统一的规则和办法，结合本地区实际，制定平台服务管理细则，完善服务流程和标准。

（十）开展规则清理

各省级政府要对本地区各级政府和有关部门

发布的公共资源交易规则进行清理。对违法设置审批事项、以备案名义变相实施审批、干预交易主体自主权以及与法律法规相冲突的内容，要坚决予以纠正。清理过程和结果应在省级公共资源交易平台进行公告，接受社会监督。

六、完善运行机制

（十一）推进信息公开共享

建立健全公共资源交易信息和信用信息公开共享制度。各级公共资源交易平台应加大信息公开力度，依法公开交易公告、资格审查结果、成交信息、履约信息以及有关变更信息等。加快建立市场信息共享数据库和验证互认机制。对市场主体通过公共资源交易平台电子交易公共服务系统实现登记注册共享的信息，相应行政区域内有关行政监督部门和其他公共资源交易平台不得要求企业重复登记、备案和验证，逐步推进全国范围内共享互认。各级行政监管部门要履行好信息公开职能，公开有关公共资源交易项目审核、市场主体和中介机构资质资格、行政处罚等监管信息。公共资源交易平台应依托统一的社会信用代码，建立公共资源交易市场主体信用信息库，并将相关信息纳入国家统一的信用信息平台，实现市场主体信用信息交换共享。加强公共资源交易数据统计分析、综合利用和风险监测预警，为市场主体、社会公众和行政监管部门提供信息服务。

（十二）强化服务功能

按照简政放权、放管结合、优化服务的改革方向，简化交易环节，提高工作效率，完善公共资源交易平台服务功能，公开服务流程、工作规范和监督渠道，整治各种乱收费行为，切实降低市场主体交易成本、减轻相关负担。建立市场主体以及第三方参与的社会评价机制，对平台提供公共服务情况进行考核评价。各级公共资源交易平台不得取代依法设立的政府集中采购机构的法人地位、法定代理权以及依法设立的其他交易机构和代理机构从事的相关服务，不得违法从事或强制指定招标、拍卖等中介服务，不得行使行政审批、备案等管理职能，不得强制非公共资源交易项目在平台交易，不得通过设置注册登记、设立分支机构、资质验证、投标（竞买）许可、强制担保等限制性条件阻碍或者排斥其他地区市场主体进入本地区公共资源交易市场。凡是采取审核招标及拍卖文件、出让方案等实施行政审批，或者以备案名义变相实施行政审批的，一律限期取消。公共资源交易平台应与依法设立的相关专业服务机构加强业务衔接，保证法定职能正常履行。

七、创新监管体制

（十三）完善监管体制机制

按照决策权、执行权、监督权既相互制约又相互协调的要求，深化公共资源交易管理体制改革，推进公共资源交易服务、管理与监督职能相互分离，完善监管机制，防止权力滥用。发展改革部门会同有关部门要加强对公共资源交易平台工作的指导和协调。各级招标投标行政监督、财政、国土资源、国有资产监督管理等部门要按照职责分工，加强对公共资源交易活动的监督执法，依法查处公共资源交易活动中的违法违规行为。健全行政监督部门与监察、审计部门协作配合机制，严肃查处领导干部利用职权违规干预和插手公共资源交易活动的腐败案件。审计部门要加强对公共资源交易及平台运行的审计监督。

（十四）转变监督方式

各级行政主管部门要运用大数据等手段，实施电子化行政监督，强化对交易活动的动态监督和预警。将市场主体信用信息和公共资源交易活动信息作为实施监管的重要依据，健全守信激励和失信惩戒机制。对诚实守信主体参与公共资源交易活动要依法给予奖励，对失信主体参与公共资源交易活动要依法予以限制，对严重违法失信主体实行市场禁入。健全专家选聘与退出机制，建立专家黑名单制度，强化专家责任追究。加强社会监督，完善投诉处理机制，公布投诉举报电话，及时处理平台服务机构违法违规行为。发挥行业组织作用，建立公共资源交易平台服务机构和人员自律机制。

八、强化实施保障

（十五）加强组织领导

各地区、各部门要充分认识整合建立统一的公共资源交易平台的重要性，加强领导，周密部署，有序推进整合工作。建立由发展改革委牵头，工业和信息化部、财政部、国土资源部、环境保护部、住房城乡建设部、交通运输部、水利部、商务部、卫生计生委、国资委、税务总局、林业局、国管局、铁路局、民航局等部门参加的部际联席会议制度，统筹指导和协调全国公共资源交易平台整合工作，适时开展试点示范。各省级政府要根据本方案要求，建立相应工作机制，对行政区域内已有的各类公共资源交易平台进行清理，限期提出具体实施方案。在公共资源交易平台清理整合工作完成前，要保障原交易市场正常履行职能，实现平稳过渡。

（十六）严格督促落实

地方各级政府要将公共资源交易平台整合工作纳入目标管理考核，定期对本地区工作落实情况进行检查并通报有关情况。发展改革委要会同国务院有关部门加强对本方案执行情况的督促检查，协调解决工作中遇到的问题，确保各项任务措施落实到位。

国务院关于国有企业发展混合所有制经济的意见

国发〔2015〕54号

（2015年9月23日）

各省、自治区、直辖市人民政府，国务院各部委、各直属机构：

发展混合所有制经济，是深化国有企业改革的重要举措。为贯彻党的十八大和十八届三中、四中全会精神，按照“四个全面”战略布局要求，落实党中央、国务院决策部署，推进国有企业混合所有制改革，促进各种所有制经济共同发展，现提出以下意见。

一、总体要求

（一）改革出发点和落脚点

国有资本、集体资本、非公有资本等交叉持股、相互融合的混合所有制经济，是基本经济制度的重要实现形式。多年来，一批国有企业通过改制发展成为混合所有制企业，但治理机制和监管体制还需要进一步完善；还有许多国有企业为转换经营机制、提高运行效率，正在积极探索混合所有制改革。当前，应对日益激烈的国际竞争和挑战，推动我国经济保持中高速增长、迈向中高端水平，需要通过深化国有企业混合所有制改革，推动完善现代企业制度，健全企业法人治理结构；提高国有资本配置和运行效率，优化国有经济布局，增强国有经济活力、控制力、影响力和抗风险能力，主动适应和引领经济发展新常态；促进国有企业转换经营机制，放大国有资本功能，实现国有资产保值增值，实现各种所有制资本取长补短、相互促进、共同发展，夯实社会主义基本经济制度的微观基础。在国有企业混合所有制改革中，要坚决防止因监管不到位、改革不彻底导致国有资产流失。

（二）基本原则

——政府引导，市场运作。尊重市场经济规律和企业发展规律，以企业为主体，充分发挥市场机制作用，把引资本与转机制结合起来，把产权多元化与完善企业法人治理结构结合起来，探索国有企业混合所有制改革的有效途径。

——完善制度，保护产权。以保护产权、维护契约、统一市场、平等交换、公平竞争、有效监管为基本导向，切实保护混合所有制企业各类出资人的产权权益，调动各类资本参与发展混合所有制经济的积极性。

——严格程序，规范操作。坚持依法依规，进一步健全国有资产交易规则，科学评估国有资产价值，完善市场定价机制，切实做到规则公开、过程公开、结果公开。强化交易主体和交易过程监管，防止暗箱操作、低价贱卖、利益输送、化公为私、逃废债务，杜绝国有资产流失。

——宜改则改，稳妥推进。对通过实行股份制、上市等途径已经实行混合所有制的国有企业，要着力在完善现代企业制度、提高资本运行效率上下功夫；对适宜继续推进混合所有制改革的国有企业，要充分发挥市场机制作用，坚持因地施策、因业施策、因企施策，宜独则独、宜控则控、宜参则参，不搞拉郎配，不搞全覆盖，不设时间表，一企一策，成熟一个推进一个，确保改革规范有序进行。尊重基层创新实践，形成一批可复制、可推广的成功做法。

二、分类推进国有企业混合所有制改革

（三）稳妥推进主业处于充分竞争行业和领域的商业类国有企业混合所有制改革

按照市场化、国际化要求，以增强国有经济活力、放大国有资本功能、实现国有资产保值增值为主要目标，以提高经济效益和创新商业模式为导向，充分运用整体上市等方式，积极引入其他国有资本或各类非国有资本实现股权多元化。坚持以资本为纽带完善混合所有制企业治理结构和管理方式，国有资本出资人和各类非国有资本出资人以股东身份履行权利和职责，使混合所有制企业成为真正的市场主体。

（四）有效探索主业处于重要行业和关键领域的商业类国有企业混合所有制改革

对主业处于关系国家安全、国民经济命脉的重要行业和关键领域、主要承担重大专项任务的商业类国有企业，要保持国有资本控股地位，支持非国有资本参股。对自然垄断行业，实行以政企分开、政资分开、特许经营、政府监管为主要内容的改革，根据不同行业特点实行网运分开、放开竞争性业务，促进公共资源配置市场化，同时加强分类依法监管，规范营利模式。

——重要通信基础设施、枢纽型交通基础设施、重要江河流域控制性水利水电航电枢纽、跨流域调水工程等领域，实行国有独资或控股，允许符合条件的非国有企业依法通过特许经营、政府购买服务等方式参与建设和运营。

——重要水资源、森林资源、战略性矿产资源等开发利用，实行国有独资或绝对控股，在强化环境、质量、安全监管的基础上，允许非国有资本进入，依法依规有序参与开发经营。

——江河主干渠道、石油天然气主干管网、电网等，根据不同行业领域特点实行网运分开、主辅分离，除对自然垄断环节的管网实行国有独资或绝对控股外，放开竞争性业务，允许非国有资本平等进入。

——核电、重要公共技术平台、气象测绘水文等基础数据采集利用等领域，实行国有独资或绝对控股，支持非国有企业投资参股以及参与特许经营和政府采购。粮食、石油、天然气等战略物资国家储备领域保持国有独资或控股。

——国防军工等特殊产业，从事战略武器装备科研生产、关系国家战略安全和涉及国家

核心机密的核心军工能力领域，实行国有独资或绝对控股。其他军工领域，分类逐步放宽市场准入，建立竞争性采购体制机制，支持非国有企业参与武器装备科研生产、维修服务和竞争性采购。

——对其他服务国家战略目标、重要前瞻性战略性产业、生态环境保护、共用技术平台等重要行业和关键领域，加大国有资本投资力度，发挥国有资本引导和带动作用。

（五）引导公益类国有企业规范开展混合所有制改革

在水电气热、公共交通、公共设施等提供公共产品和服务的行业和领域，根据不同业务特点，加强分类指导，推进具备条件的企业实现投资主体多元化。通过购买服务、特许经营、委托代理等方式，鼓励非国有企业参与经营。政府要加强对价格水平、成本控制、服务质量、安全标准、信息披露、营运效率、保障能力等方面的监管，根据企业不同特点有区别地考核其经营业绩指标和国有资产保值增值情况，考核中要引入社会评价。

三、分层推进国有企业混合所有制改革

（六）引导在子公司层面有序推进混合所有制改革

对国有企业集团公司二级及以下企业，以研发创新、生产服务等实体企业为重点，引入非国有资本，加快技术创新、管理创新、商业模式创新，合理限定法人层级，有效压缩管理层级。明确股东的法律地位和股东在资本收益、企业重大决策、选择管理者等方面的权利，股东依法按出资比例和公司章程规定行权履职。

（七）探索在集团公司层面推进混合所有制改革

在国家有明确规定的特定领域，坚持国有资本控股，形成合理的治理结构和市场化经营机制；在其他领域，鼓励通过整体上市、并购重组、发行可转债等方式，逐步调整国有股权比例，积极引入各类投资者，形成股权结构多元、股东行为规范、内部约束有效、运行高效灵活的经营机制。

（八）鼓励地方从实际出发推进混合所有制改革

各地区要认真贯彻落实中央要求，区分不同情况，制定完善改革方案和相关配套措施，指导国有企业稳妥开展混合所有制改革，确保改革依法合规、有序推进。

四、鼓励各类资本参与国有企业混合所有制改革

（九）鼓励非公有资本参与国有企业混合所有制改革

非公有资本投资主体可通过出资入股、收购股权、认购可转债、股权置换等多种方式，参与国有企业改制重组或国有控股上市公司增资扩股以及企业经营管理。非公有资本投资主体可以货币出资，或以实物、股权、土地使用权等法律法规允许的方式出资。企业国有产权或国有股权转让时，除国家另有规定外，一般不再向受让人资质条件中对民间投资主体单独设置附加条件。

（十）支持集体资本参与国有企业混合所有制改革

明晰集体资产产权，发展股权多元化、经营产业化、管理规范化的经济实体。允许经确权认定的集体资本、资产和其他生产要素作价入股，参与国有企业混合所有制改革。研究制定股份合作经济（企业）管理办法。

（十一）有序吸收外资参与国有企业混合所有制改革

引入外资参与国有企业改制重组、合资合作，鼓励通过海外并购、投融资合作、离岸金融等方式，充分利用国际市场、技术、人才等

资源和要素，发展混合所有制经济，深度参与国际竞争和全球产业分工，提高资源全球化配置能力。按照扩大开放与加强监管同步的要求，依照外商投资产业指导目录和相关安全审查规定，完善外资安全审查工作机制，切实加强风险防范。

（十二）推广政府和社会资本合作（PPP）模式

优化政府投资方式，通过投资补助、基金注资、担保补贴、贷款贴息等，优先支持引入社会资本的项目。以项目运营绩效评价结果为依据，适时对价格和补贴进行调整。组合引入保险资金、社保基金等长期投资者参与国家重点工程投资。鼓励社会资本投资或参股基础设施、公用事业、公共服务等领域项目，使投资者在平等竞争中获取合理收益。加强信息公开和项目储备，建立综合信息服务平台。

（十三）鼓励国有资本以多种方式入股非国有企业

在公共服务、高新技术、生态环境保护和战略性产业等重点领域，以市场选择为前提，以资本为纽带，充分发挥国有资本投资、运营公司的资本运作平台作用，对发展潜力大、成长性强的非国有企业进行股权投资。鼓励国有企业通过投资入股、联合投资、并购重组等多种方式，与非国有企业进行股权融合、战略合作、资源整合，发展混合所有制经济。支持国有资本与非国有资本共同设立股权投资基金，参与企业改制重组。

（十四）探索完善优先股和国家特殊管理股方式

国有资本参股非国有企业或国有企业引入非国有资本时，允许将部分国有资本转化为优先股。在少数特定领域探索建立国家特殊管理股制度，依照相关法律法规和公司章程规定，行使特定事项否决权，保证国有资本在特定领域的控制力。

（十五）探索实行混合所有制企业员工持股

坚持激励和约束相结合的原则，通过试点稳妥推进员工持股。员工持股主要采取增资扩股、出资新设等方式，优先支持人才资本和技术要素贡献占比较高的转制科研院所、高新技术企业和科技服务型企业开展试点，支持对企业经营业绩和持续发展有直接或较大影响的科研人员、经营管理人员和业务骨干等持股。完善相关政策，健全审核程序，规范操作流程，严格资产评估，建立健全股权流转和退出机制，确保员工持股公开透明，严禁暗箱操作，防止利益输送。混合所有制企业实行员工持股，要按照混合所有制企业实行员工持股试点的有关工作要求组织实施。

五、建立健全混合所有制企业治理机制

（十六）进一步确立和落实企业市场主体地位

政府不得干预企业自主经营，股东不得干预企业日常运营，确保企业治理规范、激励约束机制到位。落实董事会对经理层成员等高级经营管理人员选聘、业绩考核和薪酬管理等职权，维护企业真正的市场主体地位。

（十七）健全混合所有制企业法人治理结构

混合所有制企业要建立健全现代企业制度，明晰产权，同股同权，依法保护各类股东权益。规范企业股东（大）会、董事会、经理层、监事会和党组织的权责关系，按章程行权，对资本监管，靠市场选人，依规则运行，形成定位清晰、权责对等、运转协调、制衡有效的法人治理结构。

（十八）推行混合所有制企业职业经理人制度

按照现代企业制度要求，建立市场导向的选人用人和激励约束机制，通过市场化方式选聘职业经理人依法负责企业经营管理，畅通现有经营管理者与职业经理人的身份转换通道。职业经理人实行任期制和契约化管理，按照市场化原则决定薪酬，可以采取多种方式探索中长期激励机制。严格职业经理人任期管理和绩效考核，加快建立退出机制。

六、建立依法合规的操作规则

（十九）严格规范操作流程和审批程序

在组建和注册混合所有制企业时，要依据相关法律法规，规范国有资产授权经营和产权交易等行为，健全清产核资、评估定价、转让交易、登记确权等国有产权流转程序。国有企业产权和股权转让、增资扩股、上市公司增发等，应在产权、股权、证券市场公开披露信息，公开择优确定投资人，达成交易意向后应及时公示交易对象、交易价格、关联交易等信息，防止利益输送。国有企业实施混合所有制改革前，应依据本意见制定方案，报同级国有资产监管机构批准；重要国有企业改制后国有资本不再控股的，报同级人民政府批准。国有资产监管机构要按照本意见要求，明确国有企业混合所有制改革的操作流程。方案审批时，应加强对社会资本质量、合作方诚信与操守、债权债务关系等内容的审核。要充分保障企业职工对国有企业混合所有制改革的知情权和参与权，涉及职工切身利益的要做好评估工作，职工安置方案要经过职工代表大会或者职工大会审议通过。

（二十）健全国有资产定价机制

按照公开公平公正原则，完善国有资产交易方式，严格规范国有资产登记、转让、清算、退出等程序和交易行为。通过产权、股权、证券市场发现和合理确定资产价格，发挥专业化中介机构作用，借助多种市场化定价手段，完善资产定价机制，实施信息公开，加强社会监督，防止出现内部人控制、利益输送造成国有资产流失。

（二十一）切实加强监管

政府有关部门要加强对国有企业混合所有制改革的监管，完善国有产权交易规则和监管制度。国有资产监管机构对改革中出现的违法转让和侵吞国有资产、化公为私、利益输送、暗箱操作、逃废债务等行为，要依法严肃处理。审计部门要依法履行审计监督职能，加强对改制企业原国有企业法定代表人的离任审计。充分发挥第三方机构在清产核资、财务审计、资产定价、股权托管等方面的作用。加强企业职工内部监督。进一步做好信息公开，自觉接受社会监督。

七、营造国有企业混合所有制改革的良好环境

（二十二）加强产权保护

健全严格的产权占有、使用、收益、处分等完整保护制度，依法保护混合所有制企业各类出资人的产权和知识产权权益。在立法、司法和行政执法过程中，坚持对各种所有制经济产权和合法利益给予同等法律保护。

（二十三）健全多层次资本市场

加快建立规则统一、交易规范的场外市场，促进非上市股份公司股权交易，完善股权、债权、物权、知识产权及信托、融资租赁、产业投资基金等产品交易机制。建立规范的区域性股权市场，为企业提供融资服务，促进资产证券化和资本流动，健全股权登记、托管、做市商等第三方服务体系。以具备条件的区域性股权、产权市场为载体，探索建立统一结算制度，完善股权公开转让和报价机制。制定场外市场交易规则和规范监管制度，明确监管主体，实行属地化、专业化监管。

（二十四）完善支持国有企业混合所有制改革的政策

进一步简政放权，最大限度取消涉及企业依法自主经营的行政许可审批事项。凡是市场主体基于自愿的投资经营和民事行为，只要不属于法律法规禁止进入的领域，且不危害国家安全、社会公共利益和第三方合法权益，不得限制进入。完善工商登记、财税管理、土地管理、金融服务等政策。依法妥善解决混合所有制改革涉及的国有企业职工劳动关系调整、社会保险关系接续等问题，确保企业职工队伍稳定。加快剥离国有企业办社会职能，妥善解决历史遗留问题。完善统

计制度，加强监测分析。

（二十五）加快建立健全法律法规制度

健全混合所有制经济相关法律法规和规章，加大法律法规立、改、废、释工作力度，确保改革于法有据。根据改革需要抓紧对合同法、物权法、公司法、企业国有资产法、企业破产法中有关法律制度进行研究，依照法定程序及时提请修改。推动加快制定有关产权保护、市场准入和退出、交易规则、公平竞争等方面法律法规。

八、组织实施

（二十六）建立工作协调机制

国有企业混合所有制改革涉及面广、政策性强、社会关注度高。各地区、各有关部门和单位要高度重视，精心组织，严守规范，明确责任。各级政府及相关职能部门要加强对国有企业混合所有制改革的组织领导，做好把关定向、配套落实、审核批准、纠偏提醒等工作。各级国有资产监管机构要及时跟踪改革进展，加强改革协调，评估改革成效，推广改革经验，重大问题及时向同级人民政府报告。各级工商联要充分发挥广泛联系非公有制企业的组织优势，参与做好沟通政企、凝聚共识、决策咨询、政策评估、典型宣传等方面工作。

（二十七）加强混合所有制企业党建工作

坚持党的建设与企业改革同步谋划、同步开展，根据企业组织形式变化，同步设置或调整党的组织，理顺党组织隶属关系，同步选配好党组织负责人，健全党的工作机构，配强党务工作者队伍，保障党组织工作经费，有效开展党的工作，发挥好党组织政治核心作用和党员先锋模范作用。

（二十八）开展不同领域混合所有制改革试点示范

结合电力、石油、天然气、铁路、民航、电信、军工等领域改革，开展放开竞争性业务、推进混合所有制改革试点示范。在基础设施和公共服务领域选择有代表性的政府投融资项目，开展多种形式的政府和社会资本合作试点，加快形成可复制、可推广的模式和经验。

（二十九）营造良好的舆论氛围

以坚持“两个毫不动摇”（毫不动摇巩固和发展公有制经济，毫不动摇鼓励、支持、引导非公有制经济发展）为导向，加强国有企业混合所有制改革舆论宣传，做好政策解读，阐释目标方向和重要意义，宣传成功经验，正确引导舆论，回应社会关切，使广大人民群众了解和支持改革。

各级政府要加强对国有企业混合所有制改革的领导，根据本意见，结合实际推动改革。

金融、文化等国有企业的改革，中央另有规定的依其规定执行。

国务院关于改革和完善国有资产管理体制的若干意见

国发〔2015〕63号

（2015年10月25日）

各省、自治区、直辖市人民政府、国务院各部委、各直属机构：

改革开放以来，我国国有资产管理体制改革稳步推进，国有资产出资人代表制度基本建立，保值增值责任初步得到落实，国有资产规模、利润水平、竞争能力得到较大提升。但必须看到，现行国有资产管理体制中政企不分、政资不分问题依然存在，国有资产监管还存在越位、缺位、错位现象；国有资产监督机制不健全，国有资产流失、违纪违法问题在一些领域和企业比较突出；国有经济布局结构有待进一步优化，国有资本配置效率不高等问题亟待解决。按照《中共中央关于全面深化改革若干重大问题的决定》和国务院有关部署，现就改革和完善国有资产管理体制提出以下意见。

一、总体要求

（一）指导思想

深入贯彻落实党的十八大和十八届二中、三中、四中全会精神，按照党中央、国务院决策部署，坚持和完善社会主义基本经济制度，坚持社会主义市场经济改革方向，尊重市场经济规律和企业发展规律，正确处理好政府与市场的关系，以管资本为主加强国有资产监管，改革国有资本授权经营体制，真正确立国有企业的市场主体地位，推进国有资产监管机构职能转变，适应市场化、现代化、国际化新形势和经济发展新常态，不断增强国有经济活力、控制力、影响力和抗风险能力。

（二）基本原则

坚持权责明晰。实现政企分开、政资分开、所有权与经营权分离，依法理顺政府与国有企业的出资关系。切实转变政府职能，依法确立国有企业的市场主体地位，建立健全现代企业制度。坚持政府公共管理职能与国有资产出资人职能分开，确保国有企业依法自主经营，激发企业活力、创新力和内生动力。

坚持突出重点。按照市场经济规则和现代企业制度要求，以管资本为主，以资本为纽带，以产权为基础，重点管好国有资本布局、规范资本运作、提高资本回报、维护资本安全。注重通过公司法人治理结构依法行使国有股东权利。

坚持放管结合。按照权责明确、监管高效、规范透明的要求，推进国有资产监管机构职能和监管方式转变。该放的依法放开，切实增强企业活力，提高国有资本运营效率；该管的科学管好，严格防止国有资产流失，确保国有资产保值增值。

坚持稳妥有序。处理好改革、发展、稳定的关系，突出改革和完善国有资产管理体制的系统性、协调性，以重点领域为突破口，先行试点，分步实施，统筹谋划，协同推进相关配套改革。

二、推进国有资产监管机构职能转变

（三）准确把握国有资产监管机构的职责定位

国有资产监管机构作为政府直属特设机构，根据授权代表本级人民政府对监管企业依法履行出资人职责，科学界定国有资产出资人监管的边界，专司国有资产监管，不行使政府公共管理职能，不干预企业自主经营权。以管资本为主，重点管好国有资本布局、规范资本运作、提高资本回报、维护资本安全，更好服务于国家战略目标，实现保值增值。发挥国有资产监管机构专业化监管优势，逐步推进国有资产出资人监管全覆盖。

（四）进一步明确国有资产监管重点

加强战略规划引领，改进对监管企业主业界定和投资并购的管理方式，遵循市场机制，规范调整存量，科学配置增量，加快优化国有资本布局结构。加强对国有资本运营质量及监管企业财务状况的监测，强化国有产权流转环节监管，加大国有产权进场交易力度。按照国有企业的功能界定和类别实行分类监管。改进考核体系和办法，综合考核资本运营质量、效率和收益，以经济增加值为主，并将转型升级、创新驱动、合规经营、履行社会责任等纳入考核指标体系。着力完善激励约束机制，将国有企业领导人员考核结果与职务任免、薪酬待遇有机结合，严格规范国有企业领导人员薪酬分配。建立健全与劳动力市场基本适应，与企业经济效益、劳动生产率挂钩的工资决定和正常增长机制。推动监管企业不断优化公司法人治理结构，把加强党的领导和完善公司治理统一起来，建立国有企业领导人员分类分层管理制度。强化国有资产监督，加强和改进外派监事会制度，建立健全国有企业违法违规经营责任追究体系、国有企业重大决策失误和失职渎职责任追究倒查机制。

（五）推进国有资产监管机构职能转变

围绕增强监管企业活力和提高效率，聚焦监管内容，该管的要科学管理、决不缺位，不该管的要依法放权、决不越位。将国有资产监管机构行使的投资计划、部分产权管理和重大事项决策等出资人权利，授权国有资本投资、运营公司和其他直接监管的企业行使；将依法应由企业自主经营决策的事项归位于企业；加强对企业集团的整体监管，将延伸到子企业的管理事项原则上归位于一级企业，由一级企业依法依规决策；将国有资产监管机构配合承担的公共管理职能，归位于相关政府部门和单位。

（六）改进国有资产监管方式和手段

大力推进依法监管，着力创新监管方式和手段。按照事前规范制度、事中加强监控、事后强化问责的思路，更多运用法治化、市场化的监管方式，切实减少出资人审批核准事项，改变行政化管理方式。通过“一企一策”制定公司章程、规范董事会运作、严格选派和管理股东代表和董事监事，将国有出资人意志有效体现在公司治理结构中。针对企业不同功能定位，在战略规划制定、资本运作模式、人员选用机制、经营业绩考核等方面，实施更加精准有效的分类监管。调整国有资产监管机构内部组织设置和职能配置，建立监管权力清单和责任清单，优化监管流程，提高监管效率。建立出资人监管信息化工作平台，推进监管工作协同，实现信息共享和动态监管。完善国有资产和国有企业信息公开制度，设立统一的信息公开网络平台，在不涉及国家秘密和企业商业秘密的前提下，依法依规及时准确地披露国有资本整体运营情况、企业国有资产保值增值及经营业绩考核总体情况、国有资产监管制度和监督检查情况，以及国有企业公司治理和管理架构、财务状况、关联交易、企业负责人薪酬等信息，建设阳光国企。

三、改革国有资本授权经营体制

（七）改组组建国有资本投资、运营公司

主要通过划拨现有商业类国有企业的国有股权，以及国有资本经营预算注资组建，以提升国有资本运营效率、提高国有资本回报为主要目标，通过股权运作、价值管理、有序进退等方式，促进国有资本合理流动，实现保值增值；或选择具备一定条件的国有独资企业集团改组设立，以服务国家战略、提升产业竞争力为主要目标，在关系国家安全、国民经济命脉的重要行业和关键领域，通过开展投资融资、产业培育和资本整合等，推动产业集聚和转型升级，优化国有资本布局结构。

（八）明确国有资产监管机构与国有资本投资、运营公司关系

政府授权国有资产监管机构依法对国有资本投资、运营公司履行出资人职责。国有资产监管机构按照“一企一策”原则，明确对国有资本投资、运营公司授权的内容、范围和方式，依法落实国有资本投资、运营公司董事会职权。国有资本投资、运营公司对授权范围内的国有资本履行出资人职责，作为国有资本市场化运作的专业平台，依法自主开展国有资本运作，对所出资企业行使股东职责，维护股东合法权益，按照责权对应原则切实承担起国有资产保值增值责任。

（九）界定国有资本投资、运营公司与所出资企业关系

国有资本投资、运营公司依据公司法等相关法律法规，对所出资企业依法行使股东权利，以出资额为限承担有限责任。以财务性持股为主，建立财务管控模式，重点关注国有资本流动和增值状况；或以对战略性核心业务控股为主，建立以战略目标和财务效益为主的管控模式，重点关注所出资企业执行公司战略和资本回报状况。

（十）开展政府直接授权国有资本投资、运营公司履行出资人职责的试点工作

中央层面开展由国务院直接授权国有资本投资、运营公司试点等工作。地方政府可以根据实际情况，选择开展直接授权国有资本投资、运营公司试点工作。

四、提高国有资本配置和运营效率

（十一）建立国有资本布局和结构调整机制

政府有关部门制定完善经济社会发展规划、产业政策和国有资本收益管理规则。国有资产监管机构根据政府宏观政策和有关管理要求，建立健全国有资本进退机制，制定国有资本投资负面清单，推动国有资本更多投向关系国家安全、国民经济命脉和国计民生的重要行业和关键领域。

（十二）推进国有资本优化重组

坚持以市场为导向、以企业为主体，有进有退、有所为有所不为，优化国有资本布局结构，提高国有资本流动性，增强国有经济整体功能和提升效率。按照国有资本布局结构调整要求，加快推动国有资本向重要行业、关键领域、重点基础设施集中，向前瞻性战略性产业集中，向产业链关键环节和价值链高端领域集中，向具有核心竞争力的优势企业集中。清理退出一批、重组整合一批、创新发展一批国有企业，建立健全优胜劣汰市场化退出机制，加快淘汰落后产能和化解过剩产能，处置低效无效资产。推动国有企业加快技术创新、管理创新和商业模式创新。推进国有资本控股经营的自然垄断行业改革，根据不同行业特点放开竞争性业务，实现国有资本和社会资本更好融合。

（十三）建立健全国有资本收益管理制度

财政部门会同国有资产监管机构等部门建立覆盖全部国有企业、分级管理的国有资本经营预算管理制度，根据国家宏观调控和国有资本布局结构调整要求，提出国有资本收益上交比例建议，报国务院批准后执行。在改组组建国有资本投资、运营公司以及实施国有企业重组过程中，国家根据需要将部分国有股权划转社会保障基金管理机构持有，分红和转让收益用于弥补养老等社会保障资金缺口。

五、协同推进相关配套改革

（十四）完善有关法律法规

健全国有资产监管法律法规体系，做好相关法律法规的立改废释工作。按照立法程序，抓紧推动开展企业国有资产法修订工作，出台相关配套法规，为完善国有资产管理体制夯实法律基础。根据国有企业公司制改革进展情况，推动适时废止全民所有制工业企业法。研究起草企业国有资产基础管理条例，统一管理规则。

（十五）推进政府职能转变

进一步减少行政审批事项，大幅度削减政府通过国有企业行政性配置资源事项，区分政府公共管理职能与国有资产出资人管理职能，为国有资产管理体制改革完善提供环境条件。推进自然垄断行业改革，实行网运分开、特许经营。加快推进价格机制改革，严格规范政府定价行为，完善市场发现、形成价格的机制。推进行政性垄断行业成本公开、经营透明，发挥社会监督作用。

（十六）落实相关配套政策

落实和完善国有企业重组整合涉及的资产评估增值、土地变更登记和国有资产无偿划转等方面税收优惠政策，切实明确国有企业改制重组过程中涉及的债权债务承接主体和责任，完善国有企业退出的相关政策，依法妥善处理劳动关系调整和社会保险关系接续等相关问题。

（十七）妥善解决历史遗留问题

加快剥离企业办社会职能，针对“三供一业”

（供水、供电、供热和物业管理）、离退休人员社会化管理、厂办大集体改革等问题，制定统筹规范、分类施策的措施，建立政府和国有企业合理分担成本的机制。国有资本经营预算支出优先用于解决国有企业历史遗留问题。

（十八）稳步推进经营性国有资产集中统一监管

按照依法依规、分类推进、规范程序、市场运作的原则，以管资本为主，稳步将党政机关、事业单位所属企业的国有资本纳入经营性国有资产集中统一监管体系，具备条件的进入国有资本投资、运营公司。

金融、文化等国有企业的改革，中央另有规定的依其规定执行。

各地区要结合本地实际，制定具体改革实施方案，确保国有资产管理体制改革顺利进行，全面完成各项改革任务。

国务院办公厅关于加强和改进企业国有资产监督、防止国有资产流失的意见

国办发〔2015〕79号

（2015年10月31日）

各省、自治区、直辖市人民政府，国务院各部委、各直属机构：

我国企业国有资产是全体人民的共同财富，保障国有资产安全、防止国有资产流失，是全面建成小康社会、实现全体人民共同富裕的必然要求。改革开放以来，我国国有经济不断发展壮大，国有企业市场活力普遍增强、效率显著提高，企业国有资产监管工作取得积极进展和明显成效。但与此同时，一些国有企业逐渐暴露出管理不规范、内部人控制严重、企业领导人员权力缺乏制约、腐败案件多有发生等问题，企业国有资产监督工作中多头监督、重复监督和监督不到位的现象也日益突出。为贯彻落实中央关于深化国有企业改革的有关部署，切实加强和改进企业国有资产监督、防止国有资产流失，经国务院同意，现提出以下意见。

一、总体要求

（一）指导思想

认真贯彻落实党的十八大和十八届二中、三中、四中、五中全会精神，按照党中央、国务院有关决策部署，以国有资产保值增值、防止流失为目标，坚持问题导向，立足体制机制制度创新，加强和改进党对国有企业的领导，切实强化国有企业内部监督、出资人监督和审计、纪检监察、巡视监督以及社会监督，严格责任追究，加快形成全面覆盖、分工明确、协同配合、制约有力的国有资产监督体系，充分体现监督的严肃性、权威性、时效性，促进国有企业持续健康发展。

（二）基本原则

坚持全面覆盖，突出重点。实现企业国有资产监督全覆盖，加强对国有企业权力集中、资金密集、资源富集、资产聚集等重点部门、重点岗

位和重点决策环节的监督，切实维护国有资产安全。

坚持权责分明，协同联合。清晰界定各类监督主体的监督职责，有效整合监督资源，增强监督工作合力，形成内外衔接、上下贯通的国有资产监督格局。

坚持放管结合，提高效率。正确处理好依法加强监督和增强企业活力的关系，改进监督方式，创新监督方法，尊重和维护企业经营自主权，增强监督的针对性和有效性。

坚持完善制度，严肃问责。建立健全企业国有资产监督法律法规体系，依法依规开展监督工作，完善责任追究制度，对违法违规造成国有资产损失以及监督工作中失职渎职的责任主体，严格追究责任。

二、着力强化企业内部监督

（三）完善企业内部监督机制

企业集团应当建立涵盖各治理主体及审计、纪检监察、巡视、法律、财务等部门的监督工作体系，强化对子企业的纵向监督和各业务板块的专业监督。健全涉及财务、采购、营销、投资等方面的内部监督制度和内控机制，进一步发挥总会计师、总法律顾问作用，加强对企业重大决策和重要经营活动的财务、法律审核把关。加强企业内部监督工作的联动配合，提升信息化水平，强化流程管控的刚性约束，确保内部监督及时、有效。

（四）强化董事会规范运作和对经理层的监督

深入推进外部董事占多数的董事会建设，加强董事会内部的制衡约束，依法规范董事会决策程序和董事长履职行为，落实董事对董事会决议承担的法定责任。切实加强董事会对经理层落实董事会决议情况的监督。设置由外部董事组成的审计委员会，建立审计部门向董事会负责的工作机制，董事会依法审议批准企业年度审计计划和重要审计报告，增强董事会运用内部审计规范运营、管控风险的能力。

（五）加强企业内设监事会建设

建立监事会主席由上级母公司依法提名、委派制度，提高专职监事比例，增强监事会的独立性和权威性。加大监事会对董事、高级管理人员履职行为的监督力度，进一步落实监事会检查公司财务、纠正董事及高级管理人员损害公司利益行为等职权，保障监事会依法行权履职，强化监事会及监事的监督责任。

（六）重视企业职工民主监督

健全以职工代表大会为基本形式的企业民主管理制度，规范职工董事、职工监事的产生程序，切实发挥其在参与公司决策和治理中的作用。大力推进厂务公开，建立公开事项清单制度，保障职工知情权、参与权和监督权。

（七）发挥企业党组织保证监督作用

把加强党的领导和完善公司治理统一起来，落实党组织在企业党风廉政建设和反腐败工作中的主体责任和纪检机构的监督责任，健全党组织参与重大决策机制，强化党组织对企业领导人员履职行为的监督，确保企业决策部署及其执行过程符合党和国家方针政策、法律法规。

三、切实加强企业外部监督

（八）完善国有资产监管机构监督

国有资产监管机构要坚持出资人管理和监督的有机统一，进一步加强出资人监督。健全国有企业规划投资、改制重组、产权管理、财务评价、业绩考核、选人用人、薪酬分配等规范国有资本运作、防止流失的制度。加大对国有资产监管制度执行情况的监督力度，定期开展对各业务领域制度执行情况的检查，针对不同时期的重点任务和突出问题不定期开展专项抽查。国有资产监管机构设立稽查办公室，负责分类处置和督办监督工作中发现的需要企业整改的问题，组织开展国有资产重大损失调查，提出有关责任追究的意见建议。开展国有资产监管机构向所出资企业依法委派总会计师试点工作，强化出资人对企业重大财务事项的监督。加强企业境外国有资产监督，重视在法人治理结构中运用出资人监督手段，强化对企业境外投资、运营和产权状况的监督，严格规范境外大额资金使用、集中采购和佣金管理，确保企业境外国有资产安全可控、有效运营。

（九）加强和改进外派监事会监督

对国有资产监管机构所出资企业依法实行外派监事会制度。外派监事会由政府派出，作为出资人监督的专门力量，围绕企业财务、重大决策、运营过程中涉及国有资产流失的事项和关键环节、董事会和经理层依法依规履职情况等重点，着力强化对企业的当期和事中监督。进一步完善履职报告制度，外派监事会要逐户向政府报告年度监督检查情况，对重大事项、重要情况、重大风险和违法违纪违规行为“一事一报告”。按照规定的程序和内容，对监事会监督检查情况实行“一企一公开”，也可以按照类别和事项公开。切实保障监事会主席依法行权履职，落实外派监事会的纠正建议权、罢免或者调整建议权，监事会主席根据授权督促企业整改落实有关问题或者约谈企业领导人员。建立外派监事会可追溯、可量化、可考核、可问责的履职记录制度，切实强化责任意识，健全责任倒查机制。

（十）健全国有企业审计监督体系

完善国有企业审计制度，进一步厘清政府部门公共审计、出资人审计和企业内部审计之间的职责分工，实现企业国有资产审计监督全覆盖。加大对国有企业领导人员履行经济责任情况的审计力度，坚持离任必审，完善任中审计，探索任期轮审，实现任期内至少审计一次。探索建立国有企业经常性审计制度，对国有企业重大财务异常、重大资产损失及风险隐患、国有企业境外资产等开展专项审计，对重大决策部署和投资项目、重要专项资金等开展跟踪审计。完善国有企业购买审计服务办法，扩大购买服务范围，推动审计监督职业化。

（十一）进一步增强纪检监察和巡视的监督作用

督促国有企业落实“两个责任”，实行“一案双查”，强化责任追究。加强对国有企业执行党的纪律情况的监督检查，重点审查国有企业执行党的政治纪律、政治规矩、组织纪律、廉洁纪律情况，严肃查处违反党中央八项规定精神的行为和“四风”问题。查办腐败案件以上级纪委领导为主，线索处置和案件查办在向同级党委报告的同时，必须向上级纪委报告。严肃查办发生在国有企业改制重组、产权交易、投资并购、物资采购、招标投标以及国际化经营等重点领域和关键环节的腐败案件。贯彻中央巡视工作方针，聚焦党风廉政建设和反腐败斗争，围绕“四个着力”，加强和改进国有企业巡视工作，发现问题，形成震慑，倒逼改革，促进发展。

（十二）建立高效顺畅的外部监督协同机制

整合出资人监管、外派监事会监督和审计、纪检监察、巡视等监督力量，建立监督工作会商机制，加强统筹，减少重复检查，提高监督效能。创新监督工作机制和方式方法，运用信息化手段查核问题，实现监督信息共享。完善重大违法违纪违规问题线索向纪检监察机关、司法机关移送机制，健全监督主体依法提请有关机关配合调查案件的制度措施。

四、实施信息公开加强社会监督

（十三）推动国有资产和国有企业重大信息公开

建立健全企业国有资产监管重大信息公开制度，依法依规设立信息公开平台，对国有资本整体运营情况、企业国有资产保值增值及经营业绩考核总体情况、国有资产监管制度和监督检查情况等依法依规、及时准确披露。国有企业要严格执行《企业信息公示暂行条例》，在依法保护国家秘密和企业商业秘密的前提下，主动公开公司治理以及管理架构、经营情况、财务状况、关联交易、企业负责人薪酬等信息。

（十四）切实加强社会监督

重视各类媒体的监督，及时回应社会舆论对企业国有资产运营的重大关切。畅通社会公众的监督渠道，认真处理人民群众有关来信、来访和举报，切实保障单位和个人对造成国有资产损失行为进行检举和控告的权利。推动社会中介机构规范执业，发挥其第三方独立监督作用。

五、强化国有资产损失和监督工作责任追究

（十五）加大对国有企业违规经营责任追究力度

明确企业作为维护国有资产安全、防止流失的责任主体，健全并严格执行国有企业违规经营责任追究制度。综合运用组织处理、经济处罚、禁入限制、纪律处分和追究刑事责任等手段，依法查办违规经营导致国有资产重大损失的案件，严厉惩处侵吞、贪污、输送、挥霍国有资产和逃废金融债务的行为。对国有企业违法违纪违规问题突出、造成重大国有资产损失的，严肃追究企业党组织的主体责任和企业纪检机构的监督责任。建立完善国有企业违规经营责任追究典型问题通报制度，加强对企业领导人员的警示教育。

（十六）严格监督工作责任追究

落实企业外部监督主体维护国有资产安全、防止流失的监督责任。健全国有资产监管机构、外派监事会、审计机关和纪检监察、巡视部门在监督工作中的问责机制，对企业重大违法违纪违规问题应当发现而未发现或敷衍不追、隐匿不报、查处不力的，严格追究有关人员失职渎职责任，视不同情形分别给予纪律处分或行政处分，构成犯罪的，依法追究刑事责任。完善监督工作中的自我监督机制，健全内控措施，严肃查处监督工作人员在问题线索清理、处置和案件查办过程中违反政治纪律、组织纪律、廉洁纪律、工作纪律的行为。

六、加强监督制度和能力建设

（十七）完善企业国有资产监督法律制度

做好国有资产监督法律法规的立改废释工作，按照法定程序修订完善企业国有资产法等法律法规中有关企业国有资产监督的规定，制定出台防止企业国有资产流失条例，将加强企业国有资产监督的职责、程序和有关要求法定化、规范化。

（十八）加强监督队伍建设

选派政治坚定、业务扎实、作风过硬、清正廉洁的优秀人才，进一步充实监督力量。优化监督队伍知识结构，重视提升监督队伍的综合素质和专业素养。加强对监督队伍的日常管理和考核评价，健全与监督工作成效挂钩的激励约束机制，强化监督队伍履职保障。

本意见适用于全国企业国有资产监督工作。金融、文化等企业国有资产监督工作，中央另有规定的依其规定执行。

国资委、财政部、发展改革委关于国有企业功能界定与分类的指导意见

国资发研究〔2015〕170 号

（2015 年 12 月 29 日）

国有企业功能界定与分类是新形势下深化国有企业改革的重要内容，是因企施策推进改革的基本前提，对推动完善国有企业法人治理结构、优化国有资本布局、加强国有资产监管具有重要作用。为贯彻落实党的十八大和十八届二中、三中、四中、五中全会精神以及国务院决策部署，根据《中共中央、国务院关于深化国有企业改革的指导意见》（中发〔2015〕22 号）有关要求，准确界定不同国有企业功能，有针对性地推进国有企业改革，经国务院同意，现提出以下意见。

一、划分类别

立足国有资本的战略定位和发展目标，结合不同国有企业在经济社会发展中的作用、现状和需要，根据主营业务和核心业务范围，将国有企业界定为商业类和公益类。

商业类国有企业以增强国有经济活力、放大国有资本功能、实现国有资产保值增值为主要目标，按照市场化要求实行商业化运作，依法独立自主开展生产经营活动，实现优胜劣汰、有序进退。其中，主业处于关系国家安全、国民经济命脉的重要行业和关键领域、主要承担重大专项任务的商业类国有企业，要以保障国家安全和国民经济运行为目标，重点发展前瞻性战略性产业，实现经济效益、社会效益与安全效益的有机统一。

公益类国有企业以保障民生、服务社会、提供公共产品和服务为主要目标，必要的产品或服务价格可以由政府调控；要积极引入市场机制，不断提高公共服务效率和能力。

商业类国有企业和公益类国有企业作为独立的市场主体，经营机制必须适应市场经济要求；作为社会主义市场经济条件下的国有企业，必须自觉服务国家战略，主动履行社会责任。

二、分类施策

（一）分类推进改革

商业类国有企业要按照市场决定资源配置的要求，加大公司制股份制改革力度，加快完善现代企业制度，成为充满生机活力的市场主体。其中，主业处于充分竞争行业和领域的商业类国有企业，原则上都要实行公司制股份制改革，积极引入其他资本实现股权多元化，国有资本可以绝对控股、相对控股或参股，加大改制上市力度，着力推进整体上市。主业处于关系国家安全、国民经济命脉的重要行业和关键领域、主要承担重大专项任务的商业类国有企业，要保持国有资本控股地位，支持非国有资本参股。处于自然垄断行业的商业类国有企业，要以“政企分开、政资分开、特许经营、政府监管”为原则积极推进改革，根据不同行业特点实行网运分开、放开竞争性业务，促进公共资源配置市场化。对需要实行国有全资的企业，要积极引入其他国有资本实行股权多元化。

公益类国有企业可以采取国有独资形式，具

备条件的也可以推行投资主体多元化，还可以通过购买服务、特许经营、委托代理等方式，鼓励非国有企业参与经营。

（二）分类促进发展

商业类国有企业要优化资源配置，加大重组整合力度和研发投入，加快科技和管理创新步伐，持续推动转型升级，培育一批具有创新能力和国际竞争力的国有骨干企业。其中，对主业处于充分竞争行业和领域的商业类国有企业，要支持和鼓励发展有竞争优势的产业，优化国有资本投向，推动国有产权流转，及时处置低效、无效及不良资产，提高市场竞争能力。对主业处于关系国家安全、国民经济命脉的重要行业和关键领域、主要承担重大专项任务的商业类国有企业，要合理确定主业范围，根据不同行业特点，加大国有资本投入，在服务国家宏观调控、保障国家安全和国民经济运行、完成特殊任务等方面发挥更大作用。

公益类国有企业要根据承担的任务和社会发展要求，加大国有资本投入，提高公共服务的质量和效率。严格限定主业范围，加强主业管理，重点在提供公共产品和服务方面做出更大贡献。

（三）分类实施监管

对商业类国有企业，要坚持以管资本为主加强国有资产监管，重点管好国有资本布局、提高国有资本回报、规范国有资本运作、维护国有资本安全。建立健全监督体制机制，依法依规实施信息公开，严格责任追究，在改革发展中防止国有资产流失。其中，对主业处于充分竞争行业和领域的商业类国有企业，重点加强对集团公司层面的监管，落实和维护董事会依法行使重大决策、选人用人、薪酬分配等权利，保障经理层经营自主权，积极推行职业经理人制度。对主业处于关系国家安全、国民经济命脉的重要行业和关键领域、主要承担重大专项任务的商业类国有企业，重点加强对国有资本布局的监管，引导企业突出主业，更好地服务国家重大战略和宏观调控政策。

对公益类国有企业，要把提供公共产品、公共服务的质量和效率作为重要监管内容，加大信息公开力度，接受社会监督。

（四）分类定责考核

对商业类国有企业，要根据企业功能定位、发展目标和责任使命，兼顾行业特点和企业经营性质，明确不同企业的经济效益和社会效益指标要求，制定差异化考核标准，建立年度考核和任期考核相结合、结果考核与过程评价相统一、考核结果与奖惩措施相挂钩的考核制度。其中，对主业处于充分竞争行业和领域的商业类国有企业，重点考核经营业绩指标、国有资产保值增值和市场竞争能力。对主业处于关系国家安全、国民经济命脉的重要行业和关键领域、主要承担重大专项任务的商业类国有企业，要合理确定经营业绩和国有资产保值增值指标的考核权重，加强对服务国家战略、保障国家安全和国民经济运行、发展前瞻性战略性产业以及完成特殊任务情况的考核。

对公益类国有企业，重点考核成本控制、产品质量、服务水平、营运效率和保障能力，根据企业不同特点有区别地考核经营业绩和国有资产保值增值情况，考核要引入社会评价。

有关方面在研究制定国有企业业绩考核、领导人员管理、工资收入分配制度改革等具体方案时，要根据国有企业功能界定与分类，提出有针对性、差异化的政策措施。

三、组织实施

按照谁出资谁分类的原则，履行出资人职责机构负责制定所出资企业的功能界定与分类方案，报本级人民政府批准；履行出资人职责机构直接监管的企业，根据需要对所出资企业进行功能界定和分类。根据经济社会发展和国家战略需要，结合企业不同发展阶段承担的任务和发挥的作用，在保持相对稳定的基础上，适时对国有企业功能定位和类别进行动态调整。

各地要结合实际合理界定本地国有企业功能类别，实施分类改革、发展和监管。

金融、文化等国有企业的分类改革，中央另有规定的依其规定执行。

关于进一步规范和加强行政事业单位国有资产管理的指导意见

财资〔2015〕90号

（2016年1月14日）

党中央有关部门，国务院各部委、各直属机构，全国人大常委会办公厅，全国政协办公厅，高法院，高检院，各民主党派中央，有关人民团体，有关中央管理企业，各省、自治区、直辖市、计划单列市财政厅（局），新疆生产建设兵团财务局：

行政事业单位国有资产是行政事业单位履行职能，保障政权运转以及提供公共服务的物质基础。行政事业单位国有资产管理是财政管理的重要基础和有机组成部分。近年来，行政事业单位资产管理工作取得明显成效，确立了“国家统一所有，政府分级监管，单位占有、使用”的管理体制，初步构建了管理制度框架，逐步规范资产配置、使用、处置等各环节管理。但是，在当前全面深化改革和经济社会发展的新形势下，现行行政事业单位资产管理仍然存在一些亟待解决的突出问题。各级财政部门与相关部门之间管理职责没有很好落实，制度体系不够健全；资产管理与预算管理相结合机制有待进一步完善，资产管理的资源配置职能没有充分发挥；资产使用、处置管理等需要进一步规范，管理方式有待改进；管理基础薄弱，部分单位特别是基层单位业务力量相对不足，资产管理队伍建设需要进一步加强。为了切实解决这些问题，加快建立与国家治理体系和治理能力现代化相适应的行政事业单位资产管理体系，更好地保障行政事业单位有效运转和高效履职，根据《中华人民共和国预算法》等法律制度，现就进一步规范和加强行政事业单位资产管理提出以下意见：

一、总体要求

（一）指导思想。认真贯彻落实党的十八大和十八届三中、四中、五中全会精神，按照深化财税体制改革的总体部署，理顺和巩固行政事业单位国有资产管理体制，健全行政事业单位资产管理法律制度和内控机制，深入推进资产管理与预算管理、国库管理相结合，建立既相互衔接又有效制衡的工作机制和业务流程，着力构建更加符合行政事业单位运行特点和国有资产管理规律、从“入口”到“出口”全生命周期的行政事业单位资产管理体系。

（二）基本原则。坚持所有权和使用权相分离。行政事业单位国有资产的所有权属于国家，使用权在单位。根据健全“归属清晰、权责明确、保护严格、流转顺畅”的现代产权制度要求，明确国家和单位在行政事业单位资产管理方面的权利、义务，进一步明晰国有资产产权关系。坚持资产管理与预算管理相结合。通过资产与预算相结合，管控总量、盘活存量、用好增量，有效缓解部门、单位之间资产占有水平不均衡的状况，促进资源配置的合理化，提高资产的使用效率。

坚持资产管理与财务管理、实物管理与价值

管理相结合。通过对预算管理和财务管理流程进行必要的再造，实现资产管理与财务管理紧密结合，实物管理与价值管理紧密结合，做到账账相符、账实相符，提升单位管理水平。

（三）主要目标。保障履职。充分发挥行政事业单位资产在单位履行职能方面的物质基础作用，有效保障政权运转和提供公共服务的需要。配置科学。行政事业单位资产配置的范围符合公共财政的要求；资产配置标准科学合理；根据行政事业单位职能、资产配置标准、资产存量情况以及资产使用绩效细化资产配置预算。使用有效。行政事业单位资产日常管理制度完善，单位资产得到有效维护和使用；资产共享共用机制合理，实现使用效益最大化；绩效评价体系科学；对资产出租、出借和对外投资行为及其收益实现有效监管。处置规范。有效遏制随意处置资产的行为，防止处置环节国有资产的流失；建立完善的资产处置交易平台和重大资产处置公示制度，引入市场机制，实现资产处置的公开化、透明化；规范资产处置收入管理。监督到位。建立财政部门、主管部门和行政事业单位全方位、多层次的行政事业单位资产管理监督体系，以及资产配置、使用、处置等全过程的监督制约机制，单位内部监督与财务监督和审计监督相结合，事前监督与事中监督和事后监督相结合，日常监督与专项检查相结合。

二、进一步强化和落实管理职责，合力推进行政事业单位资产管理工作

（四）各级财政部门、主管部门和行政事业单位要各司其职，各负其责，齐抓共管，进一步理顺和巩固"国家统一所有，政府分级监管，单位占有、使用"的管理体制，完善"财政部门—主管部门—行政事业单位"三个层次的监督管理体系，强化财政部门综合管理职能和主管部门的具体监管职能，进一步落实行政事业单位对占有使用国有资产的管理主体责任，实现对行政事业单位国有资产的有效管理。

（五）各级财政部门应当按照转变职能、简政放权的要求，强化和落实综合管理职责，明晰和理顺与主管部门和行政事业单位的管理职责，协调好与机关事务主管部门等相关部门的职责分工，加强指导监督，搞好协作配合。同时，明确财政部门内部资产管理职责分工，加强对资产管理制度、规则、标准、流程等制定、管理与控制。充分调动主管部门和行政事业单位的主动性、积极性，强化主管部门的组织管理和行政事业单位具体管理的主体责任。

（六）各级主管部门应当切实承担好本部门和所属行政事业单位国有资产的组织管理职责。认真组织实施资产管理规章制度；进一步加强本部门国有资产配置、使用、处置等事项的审核和监督管理；督促本部门所属行政事业单位按照规定缴纳国有资产收益；组织实施对所属行政事业单位资产管理情况的考核评价。

（七）各级行政事业单位承担本单位占有、使用国有资产的具体管理职责，应当严格执行《行政事业单位内部控制规范（试行）》，在资产管理岗位设置、权责分配、业务流程等方面建立决策、执行和监督相互分离、相互制约、相互监督的机制，完善内部管理制度，强化资产管理与财务管理、预算管理的衔接，构建既有机联系又相互制衡的内部工作机制，提升管理效能。对国有资产配置、使用、处置等事项，应当按照有关规定报经主管部门或同级财政部门审批；加强对出租、出借、对外投资的专项管理。

三、完善行政事业单位资产管理制度体系，提升管理的规范化、制度化水平

（八）各级财政部门应当对现有的资产管理规章制度进行梳理和完善，加强顶层设计，根据本地实际情况出台行政事业单位资产管理的地方性制度，逐步完善涵盖资产配置、使用、处置等各个环节的管理办法和清查核实、产权登记、收益

收缴、信息报告、监督检查等全方位管理制度体系。

（九）各级主管部门应当根据财政部门规定，结合本部门或本行业实际情况，制定本部门或本行业国有资产管理办法，健全完善本部门或本行业国有资产配置、使用、处置等配套制度，并报同级财政部门备案。

（十）各行政事业单位应当根据财政部门、主管部门的规定，结合本单位实际情况，制定本单位国有资产管理的具体实施办法，并报主管部门备案。建立和完善本单位资产清查登记、内部控制、统计报告、日常监督检查等具体管理制度。

四、加强行政事业单位资产配置管理，切实把好资产“入口关”

（十一）资产配置是行政事业单位资产形成的起点，各级财政部门、主管部门和行政事业单位应当严控资产配置“入口关”。配置资产应当以单位履行职能和促进事业发展需要为基础，以资产功能与单位职能相匹配为基本条件，不得配置与单位履行职能无关的资产。完善资产管理与预算管理相结合的机制，将资产配置管理职能嵌入到预算管理流程中，为预算编制提供准确、细化、动态的资产信息。以科学、合理地支撑行政事业单位履行职能为目标，建立健全资产配置标准体系，优化新增资产配置管理流程，逐步扩大新增资产配置预算范围。

（十二）资产配置标准是科学合理编制资产配置预算的重要依据，各级财政部门要按照“先易后难、分类实施、逐步推进”的原则，分类制定资产配置标准。明确各类资产的配置数量、价格上限和最低使用年限等，并根据物价水平和财力状况等因素变化适时调整，为预算编制提供科学依据。通用资产配置标准由财政部门组织制定，专用资产配置标准由财政部门会同有关部门制定。对已制定资产配置标准的，应当结合财力情况严格按照标准配置；对没有规定资产配置标准的，应当坚持厉行节约、从严控制的原则，并结合单位履职需要、存量资产状况和财力情况等，在充分论证的基础上，采取调剂、租赁、购置等方式进行配置。

（十三）加大对行政事业单位资产的调控力度，有效盘活存量资产，优化资源配置。建立行政事业单位超标准配置、低效运转或者长期闲置资产调剂机制。

五、加强行政事业单位资产使用管理，提高国有资产使用效率

（十四）各级主管部门和行政事业单位应当加强资产使用管理，进一步落实行政事业单位资产管理主体责任制和各项资产使用管理的规章制度，明确资产使用管理的内部流程、岗位职责和内控制度，充分依托行政事业单位资产管理信息系统的动态管理优势，做到账实相符、账账相符、账卡相符。

（十五）除法律另有规定外，各级行政单位不得利用国有资产对外担保，不得以任何形式利用占有、使用的国有资产进行对外投资。除国家另有规定外，各级事业单位不得利用财政资金对外投资，不得买卖期货、股票，不得购买各种企业债券、各类投资基金和其他任何形式的金融衍生品或进行任何形式的金融风险投资，不得在国外贷款债务尚未清偿前利用该贷款形成的资产进行对外投资等。事业单位对外投资必须严格履行审批程序，加强风险管控等。利用非货币性资产进行对外投资的，应当严格履行资产评估程序，法律另有规定的，从其规定。

（十六）加强对各行政事业单位资产出租出借行为的监管，严格控制出租出借国有资产行为，确需出租出借资产的，应当按照规定程序履行报批手续，原则上实行公开竞价招租，必要时可以采取评审或者资产评估等方式确定出租价格，确保出租出借过程的公正透明。

（十七）探索建立行政事业单位资产共享共用机制，推进行政事业单位资产整合。建立资产共

享共用与资产绩效、资产配置、单位预算挂钩的联动机制，避免资产重复配置、闲置浪费。鼓励开展“公物仓”管理，对闲置资产、临时机构（大型会议）购置资产在其工作任务完成后实行集中管理，调剂利用。

六、加强行政事业单位资产处置管理，进一步规范资产处置行为

（十八）资产处置应当遵循公开、公平、公正的原则，严格执行国有资产处置制度，履行审批手续，规范处置行为，防止国有资产流失。未按规定履行相关程序的，任何单位和个人不得擅自处置国有资产。处置国有资产原则上应当按照规定程序进行资产评估，并通过拍卖、招投标等公开进场交易方式处置，杜绝暗箱操作。资产处置完成后，应当及时办理产权变动并进行账务处理。

（十九）各级财政部门和主管部门应当进一步加大对资产处置的监管力度，建立资产处置监督管理机制。主管部门根据财政部门授权审批的资产处置事项，应当及时向财政部门备案；由行政事业单位审批的资产处置事项，应当由主管部门及时汇总并向财政部门备案。由本级人民政府确定的重大资产处置事项，由同级财政部门按照规定程序办理。

（二十）切实做好在分类推进事业单位改革、行业协会商会脱钩、培训疗养机构脱钩等重大专项改革中涉及的单位划转、撤并、改变隶属关系的资产处置工作，确保国有资产安全。

七、加强行政事业单位资产收益管理，确保应收尽收和规范使用

（二十一）国有资产收益是政府非税收入的重要组成部分，各级财政部门、主管部门应当进一步加强对国有资产收益的监督管理，建立健全资产收入收缴和使用等方面的规章制度，规范收支行为。行政单位国有资产处置收入和出租、出借收入，应当在扣除相关税费后及时、足额上缴国库，严禁隐瞒、截留、坐支和挪用。严格按照有关规定进一步规范事业单位国有资产处置收入管理。

（二十二）中央级事业单位出租、出借收入和对外投资收益，应当纳入单位预算，统一核算、统一管理。地方各级事业单位出租、出借收入和对外投资收益，应当依据国家和本级财政部门的有关规定加强管理。国家设立的研究开发机构、高等院校科技成果的使用、处置和收益管理按照《中华人民共和国促进科技成果转化法》等有关规定执行。

八、夯实基础工作，为行政事业单位资产管理提供有效支撑

（二十三）各级财政部门、主管部门和行政事业单位要根据有关专项工作要求和特定经济行为需要，按照规定的政策、工作程序和方法开展资产清查核实工作，并做好账务处理。继续做好事业单位及其所办企业国有资产产权登记工作，掌握事业单位的资产占有、使用情况和国有资产产权的基本情况。完善行政事业单位国有资产报告制度，按照政府信息公开的有关规定，积极稳妥推进国有资产占有、使用情况的公开。

（二十四）各级财政部门、主管部门和行政事业单位应当进一步加强行政事业单位资产管理信息系统建设，并与预算系统、决算系统、政府采购系统和非税收入管理系统实现对接，具备条件的资产管理事项逐步实现网上办理。依托行政事业单位资产管理信息系统，建立“全面、准确、细化、动态”的行政事业单位国有资产基础数据库，加强数据分析，为管理决策和编制部门预算等提供参考依据。

（二十五）各级财政部门、主管部门和行政事业单位应当对国有资产管理的绩效进行评价，科学设立评价指标体系，对管理机构、人员设置、资产管理事项、资产使用效果、信息系统建设和应用等情况进行考核评价，并将考核评价的结果

作为国有资产配置的重要依据。

（二十六）各级财政部门、主管部门应当加强对行政事业单位资产管理全过程的监管，强化内部控制和约束，并积极建立与公安、国土、房产、机构编制、纪检监察和审计等部门的联动机制，共同维护国有资产的安全。各级行政事业单位应当积极配合财政部门、主管部门的监督检查，并在单位内部建立完善国有资产监督管理责任制，将资产监督、管理的责任落实到具体部门和个人。

九、加强政府经管资产研究，规范政府经管资产管理

（二十七）研究探索将各级主管部门和行政事业单位代表政府管理的公共基础设施、政府储备资产、自然资源资产等经管资产纳入资产管理范畴。进一步明确经管资产的范围，摸清底数，界定管理权责，逐步建立经管资产的登记、核算、统计、评估、考核等管理制度体系。

（二十八）进一步明确财政部门、主管部门和行政事业单位加强经管资产管理的职能和职责，落实主体责任。探索建立经管资产存量、增量与政府债务管理相结合机制，逐步建立涵盖各类国有资产的政府资产报告制度。

十、以管资本为主，加强行政事业单位所属企业管理

（二十九）按照深化国有企业改革的总体部署，以管资本为主，鼓励将行政事业单位所属企业的国有资本纳入经营性国有资产集中统一监管体系。具备条件的进入国有资本投资、运营公司，暂时不具备条件的，要按照“政企分开、事企分开”的原则，建立以资本为纽带的产权关系，加强和规范监管，确保国有资产保值增值。

（三十）各级财政部门、主管部门、行政事业单位应当强化对所属企业运作模式、经营状况、收益分配等的监督管理，推动完善企业法人治理结构，逐步完善“产权清晰、权责明确、政企分开、管理科学”的现代企业制度，完善所属企业国有资产监管体制，防止国有资产流失，实现国有资产保值增值。

（三十一）根据建立覆盖全部国有企业、分级管理的国有资本经营预算管理制度的要求和国有资本经营预算管理的相关规定，纳入国有资本经营预算实施范围的行政事业单位所属企业，应当按照规定及时足额向国家上交国有资本经营收益。

十一、加强组织队伍建设，不断提高行政事业单位资产管理工作水平

（三十二）各级财政部门、主管部门和行政事业单位应当进一步高度重视资产管理工作，切实加强组织领导。各级财政部门应当建立健全行政事业资产管理机构，配备专职人员，充实工作队伍；各级主管部门和行政事业单位应当明确内部资产管理机构和人员，强化职责分工，落实管理责任，避免多头管理、相互推诿扯皮现象，为开展行政事业单位资产管理工作提供有力的组织保障。

（三十三）各级财政部门、主管部门和行政事业单位应当通过政策宣传、组织培训等多种方式，搭建学习和交流平台，提高行政事业单位资产管理干部队伍的素质和能力，有效推动行政事业单位资产管理工作。

企业国有资产交易监督管理办法

国务院国资委、财政部令第32号

（2016年7月1日）

第一章 总 则

第一条 为规范企业国有资产交易行为，加强企业国有资产交易监督管理，防止国有资产流失，根据《中华人民共和国企业国有资产法》《中华人民共和国公司法》《企业国有资产监督管理暂行条例》等有关法律法规，制定本办法。

第二条 企业国有资产交易应当遵守国家法律法规和政策规定，有利于国有经济布局和结构调整优化，充分发挥市场配置资源作用，遵循等价有偿和公开公平公正的原则，在依法设立的产权交易机构中公开进行，国家法律法规另有规定的从其规定。

第三条 本办法所称企业国有资产交易行为包括：

（一）履行出资人职责的机构、国有及国有控股企业、国有实际控制企业转让其对企业各种形式出资所形成权益的行为（以下称企业产权转让）；

（二）国有及国有控股企业、国有实际控制企业增加资本的行为（以下称企业增资），政府以增加资本金方式对国家出资企业的投入除外；

（三）国有及国有控股企业、国有实际控制企业的重大资产转让行为（以下称企业资产转让）。

第四条 本办法所称国有及国有控股企业、国有实际控制企业包括：

（一）政府部门、机构、事业单位出资设立的国有独资企业（公司），以及上述单位、企业直接或间接合计持股为100%的国有全资企业；

（二）本条第（一）款所列单位、企业单独或共同出资，合计拥有产（股）权比例超过50%，且其中之一为最大股东的企业；

（三）本条第（一）、（二）款所列企业对外出资，拥有股权比例超过50%的各级子企业；

（四）政府部门、机构、事业单位、单一国有及国有控股企业直接或间接持股比例未超过50%，但为第一大股东，并且通过股东协议、公司章程、董事会决议或者其他协议安排能够对其实际支配的企业。

第五条 企业国有资产交易标的应当权属清晰，不存在法律法规禁止或限制交易的情形。已设定担保物权的国有资产交易，应当符合《中华人民共和国物权法》《中华人民共和国担保法》等有关法律法规规定。涉及政府社会公共管理事项的，应当依法报政府有关部门审核。

第六条 国有资产监督管理机构（以下简称国资监管机构）负责所监管企业的国有资产交易监督管理；国家出资企业负责其各级子企业国有资产交易的管理，定期向同级国资监管机构报告本企业的国有资产交易情况。

第二章 企业产权转让

第七条 国资监管机构负责审核国家出资企业的产权转让事项。其中，因产权转让致使国家不再拥有所出资企业控股权的，须由国资监管机构报本级人民政府批准。

第八条 国家出资企业应当制定其子企业产权转让管理制度，确定审批管理权限。其中，对主业处于关系国家安全、国民经济命脉的重要行业和关键领域，主要承担重大专项任务子企业的产权转让，须由国家出资企业报同级国资监管机构批准。

转让方为多家国有股东共同持股的企业，由其中持股比例最大的国有股东负责履行相关批准程序；各国有股东持股比例相同的，由相关股东协商后确定其中一家股东负责履行相关批准程序。

第九条 产权转让应当由转让方按照企业章程和企业内部管理制度进行决策，形成书面决议。国有控股和国有实际控制企业中国有股东委派的股东代表，应当按照本办法规定和委派单位的指示发表意见、行使表决权，并将履职情况和结果及时报告委派单位。

第十条 转让方应当按照企业发展战略做好产权转让的可行性研究和方案论证。产权转让涉及职工安置事项的，安置方案应当经职工代表大会或职工大会审议通过；涉及债权债务处置事项的，应当符合国家相关法律法规的规定。

第十一条 产权转让事项经批准后，由转让方委托会计师事务所对转让标的企业进行审计。涉及参股权转让不宜单独进行专项审计的，转让方应当取得转让标的企业最近一期年度审计报告。

第十二条 对按照有关法律法规要求必须进行资产评估的产权转让事项，转让方应当委托具有相应资质的评估机构对转让标的进行资产评估，产权转让价格应以经核准或备案的评估结果为基础确定。

第十三条 产权转让原则上通过产权市场公开进行。转让方可以根据企业实际情况和工作进度安排，采取信息预披露和正式披露相结合的方式，通过产权交易机构网站分阶段对外披露产权转让信息，公开征集受让方。其中正式披露信息时间不得少于20个工作日。

因产权转让导致转让标的企业的实际控制权发生转移的，转让方应当在转让行为获批后10个工作日内，通过产权交易机构进行信息预披露，时间不得少于20个工作日。

第十四条 产权转让原则上不得针对受让方设置资格条件，确需设置的，不得有明确指向性或违反公平竞争原则，所设资格条件相关内容应当在信息披露前报同级国资监管机构备案，国资监管机构在5个工作日内未反馈意见的视为同意。

第十五条 转让方披露信息包括但不限于以下内容：

（一）转让标的基本情况；

（二）转让标的企业的股东结构；

（三）产权转让行为的决策及批准情况；

（四）转让标的企业最近一个年度审计报告和最近一期财务报表中的主要财务指标数据，包括但不限于资产总额、负债总额、所有者权益、营业收入、净利润等（转让参股权的，披露最近一个年度审计报告中的相应数据）；

（五）受让方资格条件（适用于对受让方有特殊要求的情形）；

（六）交易条件、转让底价；

（七）企业管理层是否参与受让，有限责任公司原股东是否放弃优先受让权；

（八）竞价方式，受让方选择的相关评判标准；

（九）其他需要披露的事项。

其中信息预披露应当包括但不限于以上（一）、（二）、（三）、（四）、（五）款内容。

第十六条 转让方应当按照要求向产权交易机构提供披露信息内容的纸质文档材料，并对披露内容和所提供材料的真实性、完整性、准确性负责。产权交易机构应当对信息披露的规范性负责。

第十七条 产权转让项目首次正式信息披露的转让底价，不得低于经核准或备案的转让标的的评估结果。

第十八条 信息披露期满未征集到意向受让方的，可以延期或在降低转让底价、变更受让条件后重新进行信息披露。

降低转让底价或变更受让条件后重新披露信息的，披露时间不得少于20个工作日。新的转让底价低于评估结果的90%时，应当经转让行为批准单位书面同意。

第十九条 转让项目自首次正式披露信息之日起超过12个月未征集到合格受让方的，应当重新履行审计、资产评估以及信息披露等产权转让工作程序。

第二十条 在正式披露信息期间，转让方不得变更产权转让公告中公布的内容，由于非转让方原因或其他不可抗力因素导致可能对转让标的价值判断造成影响的，转让方应当及时调整补充披露信息内容，并相应延长信息披露时间。

第二十一条 产权交易机构负责意向受让方的登记工作，对意向受让方是否符合受让条件提出意见并反馈转让方。产权交易机构与转让方意见不一致的，由转让行为批准单位决定意向受让方是否符合受让条件。

第二十二条 产权转让信息披露期满、产生符合条件的意向受让方的，按照披露的竞价方式组织竞价。竞价可以采取拍卖、招投标、网络竞价以及其他竞价方式，且不得违反国家法律法规的规定。

第二十三条 受让方确定后，转让方与受让方应当签订产权交易合同，交易双方不得以交易期间企业经营性损益等理由对已达成的交易条件和交易价格进行调整。

第二十四条 产权转让导致国有股东持有上市公司股份间接转让的，应当同时遵守上市公司国有股权管理以及证券监管相关规定。

第二十五条 企业产权转让涉及交易主体资格审查、反垄断审查、特许经营权、国有划拨土地使用权、探矿权和采矿权等政府审批事项的，按照相关规定执行。

第二十六条 受让方为境外投资者的，应当符合外商投资产业指导目录和负面清单管理要求，以及外商投资安全审查有关规定。

第二十七条 交易价款应当以人民币计价，通过产权交易机构以货币进行结算。因特殊情况不能通过产权交易机构结算的，转让方应当向产权交易机构提供转让行为批准单位的书面意见以及受让方付款凭证。

第二十八条 交易价款原则上应当自合同生效之日起5个工作日内一次付清。

金额较大、一次付清确有困难的，可以采取分期付款方式。采用分期付款方式的，首期付款不得低于总价款的30%，并在合同生效之日起5个工作日内支付；其余款项应当提供转让方认可的合法有效担保，并按同期银行贷款利率支付延期付款期间的利息，付款期限不得超过1年。

第二十九条 产权交易合同生效后，产权交易机构应当将交易结果通过交易机构网站对外公告，公告内容包括交易标的名称、转让标的评估结果、转让底价、交易价格，公告期不少于5个工作日。

第三十条 产权交易合同生效，并且受让方按照合同约定支付交易价款后，产权交易机构应当及时为交易双方出具交易凭证。

第三十一条 以下情形的产权转让可以采取非公开协议转让方式：

（一）涉及主业处于关系国家安全、国民经济命脉的重要行业和关键领域企业的重组整合，对受让方有特殊要求，企业产权需要在国有及国有控股企业之间转让的，经国资监管机构批准，可以采取非公开协议转让方式；

（二）同一国家出资企业及其各级控股企业或实际控制企业之间因实施内部重组整合进行产权转让的，经该国家出资企业审议决策，可以采取非公开协议转让方式。

第三十二条 采取非公开协议转让方式转让企业产权，转让价格不得低于经核准或备案的评估结果。

以下情形按照《中华人民共和国公司法》、企业章程履行决策程序后，转让价格可以资产评估报告或最近一期审计报告确认的净资产值为基础确定，且不得低于经评估或审计的净资产值：

（一）同一国家出资企业内部实施重组整合，转让方和受让方为该国家出资企业及其直接或间接全资拥有的子企业；

（二）同一国有控股企业或国有实际控制企业内部实施重组整合，转让方和受让方为该国有控股企业或国有实际控制企业及其直接、间接全资拥有的子企业。

第三十三条 国资监管机构批准、国家出资企业审议决策采取非公开协议方式的企业产权转让行为，应当审核下列文件：

（一）产权转让的有关决议文件；

（二）产权转让方案；

（三）采取非公开协议方式转让产权的必要性以及受让方情况；

（四）转让标的企业审计报告、资产评估报告及其核准或备案文件。其中属于第三十二条（一）、（二）款情形的，可以仅提供企业审计报告；

（五）产权转让协议；

（六）转让方、受让方和转让标的企业的国家出资企业产权登记表（证）；

（七）产权转让行为的法律意见书；

（八）其他必要的文件。

第三章　企业增资

第三十四条 国资监管机构负责审核国家出资企业的增资行为。其中，因增资致使国家不再拥有所出资企业控股权的，须由国资监管机构报本级人民政府批准。

第三十五条 国家出资企业决定其子企业的增资行为。其中，对主业处于关系国家安全、国民经济命脉的重要行业和关键领域，主要承担重大专项任务的子企业的增资行为，须由国家出资企业报同级国资监管机构批准。

增资企业为多家国有股东共同持股的企业，由其中持股比例最大的国有股东负责履行相关批准程序；各国有股东持股比例相同的，由相关股东协商后确定其中一家股东负责履行相关批准程序。

第三十六条 企业增资应当符合国家出资企业的发展战略，做好可行性研究，制定增资方案，明确募集资金金额、用途、投资方应具备的条件、选择标准和遴选方式等。增资后企业的股东数量须符合国家相关法律法规的规定。

第三十七条 企业增资应当由增资企业按照企业章程和内部管理制度进行决策，形成书面决议。国有控股、国有实际控制企业中国有股东委派的股东代表，应当按照本办法规定和委派单位的指示发表意见、行使表决权，并将履职情况和结果及时报告委派单位。

第三十八条 企业增资在完成决策批准程序后，应当由增资企业委托具有相应资质的中介机构开展审计和资产评估。

以下情形按照《中华人民共和国公司法》、企业章程履行决策程序后，可以依据评估报告或最近一期审计报告确定企业资本及股权比例：

（一）增资企业原股东同比例增资的；

（二）履行出资人职责的机构对国家出资企业增资的；

（三）国有控股或国有实际控制企业对其独资子企业增资的；

（四）增资企业和投资方均为国有独资或国有全资企业的。

第三十九条 企业增资通过产权交易机构网站对外披露信息公开征集投资方，时间不得少于40个工作日。信息披露内容包括但不限于：

（一）企业的基本情况；

（二）企业目前的股权结构；

（三）企业增资行为的决策及批准情况；

（四）近三年企业审计报告中的主要财务指标；

（五）企业拟募集资金金额和增资后的企业股权结构；

（六）募集资金用途；

（七）投资方的资格条件，以及投资金额和持股比例要求等；

（八）投资方的遴选方式；

（九）增资终止的条件；

（十）其他需要披露的事项。

第四十条 企业增资涉及上市公司实际控制人发生变更的，应当同时遵守上市公司国有股权管理以及证券监管相关规定。

第四十一条 产权交易机构接受增资企业的委托提供项目推介服务，负责意向投资方的登记工作，协助企业开展投资方资格审查。

第四十二条 通过资格审查的意向投资方数量较多时，可以采用竞价、竞争性谈判、综合评议等方式进行多轮次遴选。产权交易机构负责统一接收意向投资方的投标和报价文件，协助企业开展投资方遴选有关工作。企业董事会或股东会以资产评估结果为基础，结合意向投资方的条件和报价等因素审议选定投资方。

第四十三条 投资方以非货币资产出资的，应当经增资企业董事会或股东会审议同意，并委托具有相应资质的评估机构进行评估，确认投资方的出资金额。

第四十四条 增资协议签订并生效后，产权交易机构应当出具交易凭证，通过交易机构网站对外公告结果，公告内容包括投资方名称、投资金额、持股比例等，公告期不少于5个工作日。

第四十五条 以下情形经同级国资监管机构批准，可以采取非公开协议方式进行增资：

（一）因国有资本布局结构调整需要，由特定的国有及国有控股企业或国有实际控制企业参与增资；

（二）因国家出资企业与特定投资方建立战略合作伙伴或利益共同体需要，由该投资方参与国家出资企业或其子企业增资。

第四十六条 以下情形经国家出资企业审议决策，可以采取非公开协议方式进行增资：

（一）国家出资企业直接或指定其控股、实际控制的其他子企业参与增资；

（二）企业债权转为股权；

（三）企业原股东增资。

第四十七条 国资监管机构批准、国家出资企业审议决策采取非公开协议方式的企业增资行为，应当审核下列文件：

（一）增资的有关决议文件；

（二）增资方案；

（三）采取非公开协议方式增资的必要性以及投资方情况；

（四）增资企业审计报告、资产评估报告及其核准或备案文件。其中属于第三十八条（一）、（二）、（三）、（四）款情形的，可以仅提供企业审计报告；

（五）增资协议；

（六）增资企业的国家出资企业产权登记表（证）；

（七）增资行为的法律意见书；

（八）其他必要的文件。

第四章 企业资产转让

第四十八条 企业一定金额以上的生产设备、房产、在建工程以及土地使用权、债权、知识产权等资产对外转让，应当按照企业内部管理制度履行相应决策程序后，在产权交易机构公开进行。涉及国家出资企业内部或特定行业的资产转让，确需在国有及国有控股、国有实际控制企业之间非公开转让的，由转让方逐级报国家出资企业审核批准。

第四十九条 国家出资企业负责制定本企业不同类型资产转让行为的内部管理制度，明确责任部门、管理权限、决策程序、工作流程，对其中应当在产权交易机构公开转让的资产种类、金额标准等作出具体规定，并报同级国资监管机构备案。

第五十条 转让方应当根据转让标的情况合理确定转让底价和转让信息公告期：

（一）转让底价高于100万元低于1000万元的资产转让项目，信息公告期应不少于10个工作日；

（二）转让底价高于1000万元的资产转让项目，信息公告期应不少于20个工作日。

企业资产转让的具体工作流程参照本办法关

于企业产权转让的规定执行。

第五十一条 除国家法律法规或相关规定另有要求的外，资产转让不得对受让方设置资格条件。

第五十二条 资产转让价款原则上一次性付清。

第五章 监督管理

第五十三条 国资监管机构及其他履行出资人职责的机构对企业国有资产交易履行以下监管职责：

（一）根据国家有关法律法规，制定企业国有资产交易监管制度和办法；

（二）按照本办法规定，审核批准企业产权转让、增资等事项；

（三）选择从事企业国有资产交易业务的产权交易机构，并建立对交易机构的检查评审机制；

（四）对企业国有资产交易制度的贯彻落实情况进行监督检查；

（五）负责企业国有资产交易信息的收集、汇总、分析和上报工作；

（六）履行本级人民政府赋予的其他监管职责。

第五十四条 省级以上国资监管机构应当在全国范围选择开展企业国有资产交易业务的产权交易机构，并对外公布名单。选择的产权交易机构应当满足以下条件：

（一）严格遵守国家法律法规，未从事政府明令禁止开展的业务，未发生重大违法违规行为；

（二）交易管理制度、业务规则、收费标准等向社会公开，交易规则符合国有资产交易制度规定；

（三）拥有组织交易活动的场所、设施、信息发布渠道和专业人员，具备实施网络竞价的条件；

（四）具有较强的市场影响力，服务能力和水平能够满足企业国有资产交易的需要；

（五）信息化建设和管理水平满足国资监管机构对交易业务动态监测的要求；

（六）相关交易业务接受国资监管机构的监督检查。

第五十五条 国资监管机构应当对产权交易机构开展企业国有资产交易业务的情况进行动态监督。交易机构出现以下情形的，视情节轻重对其进行提醒、警告、通报、暂停直至停止委托从事相关业务：

（一）服务能力和服务水平较差，市场功能未得到充分发挥；

（二）在日常监管和定期检查评审中发现问题较多，且整改不及时或整改效果不明显；

（三）因违规操作、重大过失等导致企业国有资产在交易过程中出现损失；

（四）违反相关规定，被政府有关部门予以行政处罚而影响业务开展；

（五）拒绝接受国资监管机构对其相关业务开展监督检查；

（六）不能满足国资监管机构监管要求的其他情形。

第五十六条 国资监管机构发现转让方或增资企业未执行或违反相关规定、侵害国有权益的，应当责成其停止交易活动。

第五十七条 国资监管机构及其他履行出资人职责的机构应定期对国家出资企业及其控股和实际控制企业的国有资产交易情况进行检查和抽查，重点检查国家法律法规政策和企业内部管理制度的贯彻执行情况。

第六章 法律责任

第五十八条 企业国有资产交易过程中交易双方发生争议时，当事方可以向产权交易机构申请调解；调解无效时可以按照约定向仲裁机构申请仲裁或向人民法院提起诉讼。

第五十九条 企业国有资产交易应当严格执行“三重一大”决策机制。国资监管机构、国有及国有控股企业、国有实际控制企业的有关人员违反规定越权决策、批准相关交易事项，或者玩忽职守、以权谋私致使国有权益受到侵害的，由有关单位按照人事和干部管理权限给予相关责任人员相应处分；造成国有资产损失的，相关责任人员应当承担赔偿责任；构成犯罪的，依法追究其刑事责任。

第六十条 社会中介机构在为企业国有资产交易提供审计、资产评估和法律服务中存在违规执业行为的，有关国有企业应及时报告同级国资监管机构，国资监管机构可要求国有及国有控股企业、国有实际控制企业不得再委托其开展相关业务；情节严重的，由国资监管机构将有关情况通报其行业主管部门，建议给予其相应处罚。

第六十一条 产权交易机构在企业国有资产交易中弄虚作假或者玩忽职守、给企业造成损失的，应当承担赔偿责任，并依法追究直接责任人员的责任。

第七章 附 则

第六十二条 政府部门、机构、事业单位持有的企业国有资产交易，按照现行监管体制，比照本办法管理。

第六十三条 金融、文化类国家出资企业的国有资产交易和上市公司的国有股权转让等行为，国家另有规定的，依照其规定。

第六十四条 国有资本投资、运营公司对各级子企业资产交易的监督管理，相应由各级人民政府或国资监管机构另行授权。

第六十五条 境外国有及国有控股企业、国有实际控制企业在境内投资企业的资产交易，比照本办法规定执行。

第六十六条 政府设立的各类股权投资基金投资形成企业产（股）权对外转让，按照有关法律法规规定执行。

第六十七条 本办法自发布之日起施行，现行企业国有资产交易监管相关规定与本办法不一致的，以本办法为准。

公共资源交易平台管理暂行办法

中华人民共和国国家发展和改革委员会令第39号

（2016年6月24日）

为贯彻落实《国务院办公厅关于印发整合建立统一的公共资源交易平台工作方案的通知》（国办发〔2015〕63号），规范公共资源交易平台运行、服务和监督管理，我们制定了《公共资源交易平台管理暂行办法》，现予印发，自2016年8月1日起施行。

国家发展和改革委员会主任 徐绍史

工业和信息化部部长 苗 圩

财政部部长 楼继伟

国土资源部部长 姜大明

环境保护部部长 陈吉宁

住房和城乡建设部部长 陈政高

交通运输部部长 杨传堂

水利部部长 陈 雷

商务部部长 高虎城

国家卫生和计划生育委员会主任 李 斌

国务院国有资产监督管理委员会主任 肖亚庆

国家税务总局局长 王 军

国家林业局局长 张建龙

国家机关事务管理局局长 李宝荣

第一章 总 则

第一条 为规范公共资源交易平台运行，提高公共资源配置效率和效益，加强对权力运行的监督制约，维护国家利益、社会公共利益和交易当事人的合法权益，根据有关法律法规和《国务院办公厅关于印发整合建立统一的公共资源交易平台工作方案的通知》（国办发〔2015〕63号），制定本办法。

第二条 本办法适用于公共资源交易平台的运行、服务和监督管理。

第三条 本办法所称公共资源交易平台是指实施统一的制度和标准、具备开放共享的公共资源交易电子服务系统和规范透明的运行机制，为市场主体、社会公众、行政监督管理部门等提供公共资源交易综合服务的体系。公共资源交易是指涉及公共利益、公众安全的具有公有性、公益性的资源交易活动。

第四条 公共资源交易平台应当立足公共服务职能定位，坚持电子化平台的发展方向，遵循开放透明、资源共享、高效便民、守法诚信的运行服务原则。

第五条 公共资源交易平台要利用信息网络推进交易电子化，实现全流程透明化管理。

第六条 国务院发展改革部门会同国务院有关部门统筹指导和协调全国公共资源交易平台相关工作。

设区的市级以上地方人民政府发展改革部门或政府指定的部门会同有关部门负责本行政区域的公共资源交易平台指导和协调等相关工作。

各级招标投标、财政、国土资源、国有资产等行政监督管理部门按照规定的职责分工，负责公共资源交易活动的监督管理。

第二章 平台运行

第七条 公共资源交易平台的运行应当遵循相关法律法规和国务院有关部门制定的各领域统一的交易规则，以及省级人民政府颁布的平台服务管理细则。

第八条 依法必须招标的工程建设项目招标投标、国有土地使用权和矿业权出让、国有产权交易、政府采购等应当纳入公共资源交易平台。

国务院有关部门和地方人民政府结合实际，推进其他各类公共资源交易纳入统一平台。纳入平台交易的公共资源项目，应当公开听取意见，并向社会公布。

第九条 公共资源交易平台应当按照国家统一的技术标准和数据规范，建立公共资源交易电子服务系统，开放对接各类主体依法建设的公共资源电子交易系统和政府有关部门的电子监管系统。

第十条 公共资源交易项目的实施主体根据交易标的专业特性，选择使用依法建设和运行的电子交易系统。

第十一条 公共资源交易项目依法需要评标、评审的，应当按照全国统一的专家专业分类标准，从依法建立的综合评标、政府采购评审等专家库中随机抽取专家，法律法规另有规定的除外。

有关行政监督管理部门按照规定的职责分工，对专家实施监督管理。

鼓励有条件的地方跨区域选择使用专家资源。

第十二条 公共资源交易平台应当按照省级人民政府规定的场所设施标准，充分利用已有的各类场所资源，为公共资源交易活动提供必要的现场服务设施。

市场主体依法建设的交易场所符合省级人民政府规定标准的，可以在现有场所办理业务。

第十三条 公共资源交易平台应当建立健全网络信息安全制度，落实安全保护技术措施，保障平台平稳运行。

第三章 平台服务

第十四条 公共资源交易平台的服务内容、服务流程、工作规范、收费标准和监督渠道应当按照法定要求确定，并通过公共资源交易电子服务系统向社会公布。

第十五条 公共资源交易平台应当推行网上预约和服务事项办理。确需在现场办理的，实行窗口集中，简化流程，限时办结。

第十六条 公共资源交易平台应当将公共资源交易公告、资格审查结果、交易过程信息、成交信息、履约信息等，通过公共资源交易电子服务系统依法及时向社会公开。涉及国家秘密、商业秘密、个人隐私以及其他依法应当保密的信息除外。

公共资源交易平台应当无偿提供依法必须公开的信息。

第十七条 交易服务过程中产生的电子文档、纸质资料以及音视频等，应当按照规定的期限归档保存。

第十八条 公共资源交易平台运行服务机构及其工作人员不得从事以下活动：

（一）行使任何审批、备案、监管、处罚等行政监督管理职能；

（二）违法从事或强制指定招标、拍卖、政府采购代理、工程造价等中介服务；

（三）强制非公共资源交易项目进入平台交易；

（四）干涉市场主体选择依法建设和运行的公共资源电子交易系统；

（五）非法扣押企业和人员的相关证照资料；

（六）通过设置注册登记、设立分支机构、资质验证、投标（竞买）许可、强制担保等限制性条件阻碍或者排斥其他地区市场主体进入本地区公共资源交易市场；

（七）违法要求企业法定代表人到场办理相关手续；

（八）其他违反法律法规规定的情形。

第十九条 公共资源交易平台运行服务机构提供公共服务确需收费的，不得以营利为目的。根据平台运行服务机构的性质，其收费分别纳入行政事业性收费和经营服务性收费管理，具体收费项目和收费标准按照有关规定执行。属于行政事业性收费的，按照本级政府非税收入管理的有关规定执行。

第二十条 公共资源交易平台运行服务机构发现公共资源交易活动中有违法违规行为的，应当保留相关证据并及时向有关行政监督管理部门报告。

第四章 信息资源共享

第二十一条 各级行政监督管理部门应当将公共资源交易活动当事人资质资格、信用奖惩、项目审批和违法违规处罚等信息，自作出行政决定之日起 7 个工作日内上网公开，并通过相关电子监管系统交换至公共资源交易电子服务系统。

第二十二条 各级公共资源交易平台应当依托统一的社会信用代码，记录公共资源交易过程中产生的市场主体和专家信用信息，并通过国家公共资源交易电子服务系统实现信用信息交换共享和动态更新。

第二十三条 国务院发展改革部门牵头建立国家公共资源交易电子服务系统，与省级公共资源交易电子服务系统和有关部门建立的电子系统互联互通，实现市场主体信息、交易信息、行政监管信息的集中交换和同步共享。

第二十四条 省级人民政府应当搭建全行政区域统一、终端覆盖市县的公共资源交易电子服务系统，对接国家公共资源交易电子服务系统和有关部门建立的电子系统，按照有关规定交换共享信息。有关电子招标投标、政府采购等系统应当分别与国家电子招标投标公共服务系统、政府采购管理交易系统对接和交换信息。

第二十五条 公共资源交易电子服务系统应当分别与投资项目在线审批监管系统、信用信息共享系统对接，交换共享公共资源交易相关信息、项目审批核准信息和信用信息。

第二十六条 市场主体已经在公共资源电子交易系统登记注册，并通过公共资源交易电子服务系统实现信息共享的，有关行政监督管理部门和公共资源交易平台运行服务机构不得强制要求其重复登记、备案和验证。

第二十七条 公共资源交易电子服务系统应当支持不同电子认证数字证书的兼容互认。

第二十八条 公共资源交易平台和有关行政监督管理部门在公共资源交易数据采集、汇总、传输、存储、公开、使用过程中，应加强数据安全管理。涉密数据的管理，按照有关法律规定执行。

第五章 监督管理

第二十九条 各级行政监督管理部门按照规定的职责分工，加强对公共资源交易活动的事中事后监管，依法查处违法违规行为。

对利用职权违规干预和插手公共资源交易活动的国家机关或国有企事业单位工作人员，依纪依法予以处理。

各级审计部门应当对公共资源交易平台运行依法开展审计监督。

第三十条 设区的市级以上地方人民政府应当推动建立公共资源交易电子监管系统，实现对项目登记，公告发布，开标评标或评审、竞价，成交公示，交易结果确认，投诉举报，交易履约等交易全过程监控。

公共资源交易电子服务系统和其对接的公共资源电子交易系统应当实时向监管系统推送数据。

第三十一条 建立市场主体公共资源交易活动事前信用承诺制度，要求市场主体以规范格式向社会作出公开承诺，并纳入交易主体信用记录，接受社会监督。

第三十二条 各级行政监督管理部门应当将公共资源交易主体信用信息作为市场准入、项目审批、资质资格审核的重要依据。

建立行政监督管理部门、司法机关等部门联合惩戒机制，对在公共资源交易活动中有不良行为记录的市场主体，依法限制或禁止其参加招标投标、国有土地使用权出让和矿业权出让、国有产权交易、政府采购等公共资源交易活动。

建立公共资源交易相关信息与同级税务机关共享机制，推进税收协作。

第三十三条 各级行政监督管理部门应当运用大数据技术，建立公共资源交易数据关联比对分析机制，开展监测预警，定期进行效果评估，及时调整监管重点。

第三十四条 各级行政监督管理部门应当建立联合抽查机制，对有效投诉举报多或有违法违规记录情况的市场主体，加大随机抽查力度。

行政监督管理部门履行监督管理职责过程中，有权查阅、复制公共资源交易活动有关文件、资料和数据。公共资源交易平台运行服务机构应当如实提供相关情况。

第三十五条 建立由市场主体以及第三方参与的社会评价机制，对所辖行政区域公共资源交易平台运行服务机构提供公共服务情况进行评价。

第三十六条 市场主体或社会公众认为公共资源交易平台运行服务机构及其工作人员存在违法违规行为的，可以依法向政府有关部门投诉、举报。

第三十七条 公共资源交易领域的行业协会应当发挥行业组织作用，加强自律管理和服务。

第六章 法律责任

第三十八条 公共资源交易平台运行服务机构未公开服务内容、服务流程、工作规范、收费标准和监督渠道，由政府有关部门责令限期改正。拒不改正的，予以通报批评。

第三十九条 公共资源交易平台运行服务机构及其工作人员违反本办法第十八条禁止性规定的，由政府有关部门责令限期改正，并予以通报批评。情节严重的，依法追究直接责任人和有关领导的责任。构成犯罪的，依法追究刑事责任。

第四十条 公共资源交易平台运行服务机构违反本办法第十九条规定收取费用的，由同级价格主管部门会同有关部门责令限期改正。拒不改正的，依照《中华人民共和国价格法》《价格违法行为行政处罚规定》等给予处罚，并予以公示。

第四十一条 公共资源交易平台运行服务机

构未按照本办法规定在公共资源交易电子服务系统公开、交换、共享信息的，由政府有关部门责令限期改正。拒不改正的，对直接负责的主管人员和其他直接责任人员依法给予处分，并予以通报。

第四十二条 公共资源交易平台运行服务机构限制市场主体建设的公共资源电子交易系统对接公共资源交易电子服务系统的，由政府有关部门责令限期改正。拒不改正的，对直接负责的主管人员和其他直接责任人员依法给予处分，并予以通报。

第四十三条 公共资源交易平台运行服务机构及其工作人员向他人透露依法应当保密的公共资源交易信息的，由政府有关部门责令限期改正，并予以通报批评。情节严重的，依法追究直接责任人和有关领导的责任。构成犯罪的，依法追究刑事责任。

第四十四条 有关行政监督管理部门、公共资源交易平台运行服务机构及其工作人员徇私舞弊、滥用职权、弄虚作假、玩忽职守，未依法履行职责的，依法给予处分；构成犯罪的，依法追究刑事责任。

第七章 附 则

第四十五条 公共资源电子交易系统是根据工程建设项目招标投标、土地使用权和矿业权出让、国有产权交易、政府采购等各类交易特点，按照有关规定建设、对接和运行，以数据电文形式完成公共资源交易活动的信息系统。

公共资源交易电子监管系统是指政府有关部门在线监督公共资源交易活动的信息系统。

公共资源交易电子服务系统是指联通公共资源电子交易系统、监管系统和其他电子系统，实现公共资源交易信息数据交换共享，并提供公共服务的枢纽。

第四十六条 公共资源交易平台运行服务机构是指由政府推动设立或政府通过购买服务等方式确定的，通过资源整合共享方式，为公共资源交易相关市场主体、社会公众、行政监督管理部门等提供公共服务的单位。

第四十七条 本办法由国务院发展改革部门会同国务院有关部门负责解释。

第四十八条 本办法自 2016 年 8 月 1 日起实施。

国务院办公厅关于推动中央企业结构调整与重组的指导意见

国办发〔2016〕56 号

（2016 年 7 月 17 日）

各省、自治区、直辖市人民政府，国务院各部委、各直属机构：

近年来，中央企业积极推进结构调整与重组，布局结构不断优化，规模实力显著增强，发展质量明显提升，各项改革发展工作取得了积极成效。但总的来看，中央企业产业分布过广、企业层级过多等结构性问题仍然较为突出，资源配置效率亟待提高、企业创新能力亟待增强。为贯彻落实党中央、国务院关于深化国有企业改革的决策部署，进一步优化国有资本配置，促进中央企业转型升级，经国务院同意，现就推动中央企业结构调整与重组提出以下意见。

一、总体要求

（一）指导思想

全面贯彻党的十八大和十八届三中、四中、五中全会精神，深入学习领会习近平总书记系列重要讲话精神，认真贯彻落实“四个全面”战略布局和党中央、国务院决策部署，牢固树立创新、协调、绿色、开放、共享的发展理念，推进供给侧结构性改革，坚持公有制主体地位，发挥国有经济主导作用，以优化国有资本配置为中心，着力深化改革，调整结构，加强科技创新，加快转型升级，加大国际化经营力度，提升中央企业发展质量和效益，推动中央企业在市场竞争中不断发展壮大，更好发挥中央企业在保障国民经济持续健康安全发展中的骨干中坚作用。

（二）基本原则

——坚持服务国家战略。中央企业结构调整与重组，要服务国家发展目标，落实国家发展战略，贯彻国家产业政策，以管资本为主加强国资监管，不断推动国有资本优化配置。

——坚持尊重市场规律。遵循市场经济规律和企业发展规律，维护市场公平竞争秩序，以市场为导向，以企业为主体，以主业为主，因地制宜、因业制宜、因企制宜，有进有退、有所为有所不为，不断提升中央企业市场竞争力。

——坚持与改革相结合。在调整重组中深化企业内部改革，建立健全现代企业制度，形成崭新的体制机制，打造充满生机活力的新型企业。加强党的领导，确保党的建设与调整重组同步推进，实现体制、机制、制度和工作的有效对接。

——坚持严格依法规范。严格按照有关法律法规推进中央企业结构调整与重组，切实保护各类股东、债权人和职工等相关方的合法权益。加强国有资产交易监管，防止逃废金融债务，防范国有资产流失。

——坚持统筹协调推进。突出问题导向，处理好中央企业改革、发展、稳定的关系，把握好调整重组的重点、节奏与力度，统筹好巩固加强、创新发展、重组整合和清理退出等工作。

二、主要目标

到2020年，中央企业战略定位更加准确，功能作用有效发挥；总体结构更趋合理，国有资本配置效率显著提高；发展质量明显提升，形成一批具有创新能力和国际竞争力的世界一流跨国公司。具体目标是：

功能作用有效发挥。在国防、能源、交通、粮食、信息、生态等关系国家安全的领域保障能力显著提升；在重大基础设施、重要资源以及公共服务等关系国计民生和国民经济命脉的重要行业控制力明显增强；在重大装备、信息通信、生物医药、海洋工程、节能环保等行业的影响力进一步提高；在新能源、新材料、航空航天、智能制造等产业的带动力更加凸显。

资源配置更趋合理。通过兼并重组、创新合作、淘汰落后产能、化解过剩产能、处置低效无效资产等途径，形成国有资本有进有退、合理流动的机制。中央企业纵向调整加快推进，产业链上下游资源配置不断优化，从价值链中低端向中高端转变取得明显进展，整体竞争力大幅提升。中央企业间的横向整合基本完成，协同经营平台建设加快推进，同质化经营、重复建设、无序竞争等问题得到有效化解。

发展质量明显提升。企业发展战略更加明晰，主业优势更加突出，资产负债规模更趋合理，企业治理更加规范，经营机制更加灵活，创新驱动发展富有成效，国际化经营稳步推进，风险管控能力显著增强，国有资本效益明显提高，实现由注重规模扩张向注重提升质量效益转变，从国内经营为主向国内外经营并重转变。

三、重点工作

（一）巩固加强一批

巩固安全保障功能。对主业处于关系国家安全、国民经济命脉的重要行业和关键领域、主要承担国家重大专项任务的中央企业，要保证国有资本投入，增强保障国家安全和国民经济运行能力，保持国有资本控股地位，支持非国有资本参股。对重要通信基础设施、重要江河流域控制性水利水电航电枢纽等领域，粮食、棉花、石油、天然气等国家战略物资储备领域，实行国有独资或控股。对战略性矿产资源开发利用，石油天然气主干管网、电网等自然垄断环节的管网，核电、重要公共技术平台、地质等基础数据采集利用领域，国防军工等特殊产业中从事战略武器装备科研生产、关系国家战略安全和涉及国家核心机密的核心军工能力领域，实行国有独资或绝对控股。对其他服务国家战略目标、重要前瞻性战略性产业、生态环境保护、共用技术平台等重要行业和关键领域，加大国有资本投资力度，发挥国有资本引导和带动作用。

（二）创新发展一批

搭建调整重组平台。改组组建国有资本投资、运营公司，探索有效的运营模式，通过开展投资融资、产业培育、资本整合，推动产业集聚和转型升级，优化中央企业国有资本布局结构；通过股权运作、价值管理、有序进退，促进国有资本合理流动。将中央企业中的低效无效资产以及户数较多、规模较小、产业集中度低、产能严重过剩行业中的中央企业，适度集中至国有资本投资、运营公司，做好增量、盘活存量、主动减量。

搭建科技创新平台。强化科技研发平台建设，加强应用基础研究，完善研发体系，突破企业技术瓶颈，提升自主创新能力。构建行业协同创新平台，推进产业创新联盟建设，建立和完善开放高效的技术创新体系，突破产业发展短板，提升集成创新能力。建设"互联网+"平台，推动产业互联网发展，促进跨界创新融合。建立支持创新的金融平台，充分用好各种创投基金支持中央企业创新发展，通过市场化方式设立各类中央企业科技创新投资基金，促进科技成果转化和新兴产业培育。把握世界科技发展趋势，搭建国际科技合作平台，积极融入全球创新网络。鼓励企业搭建创新创业孵化和服务平台，支持员工和社会创新创业，推动战略性新兴产业发展，加快形成新的经济增长点。鼓励优势产业集团与中央科研院所企业重组。

搭建国际化经营平台。以优势企业为核心，通过市场化运作方式，搭建优势产业上下游携手走出去平台、高效产能国际合作平台、商产融结合平台和跨国并购平台，增强中央企业联合参与国际市场竞争的能力。加快境外经济合作园区建设，形成走出去企业集群发展优势，降低国际化经营风险。充分发挥现有各类国际合作基金的作用，鼓励以市场化方式发起设立相关基金，组合引入非国有资本、优秀管理人才、先进管理机制和增值服务能力，提高中央企业国际化经营水平。

（三）重组整合一批

推进强强联合。统筹走出去参与国际竞争和维护国内市场公平竞争的需要，稳妥推进装备制造、建筑工程、电力、钢铁、有色金属、航运、建材、旅游和航空服务等领域企业重组，集中资源形成合力，减少无序竞争和同质化经营，有效化解相关行业产能过剩。鼓励煤炭、电力、冶金等产业链上下游中央企业进行重组，打造全产业链竞争优势，更好发挥协同效应。

推动专业化整合。在国家产业政策和行业发展规划指导下，支持中央企业之间通过资产重组、股权合作、资产置换、无偿划转、战略联盟、联合开发等方式，将资源向优势企业和主业企业集中。鼓励通信、电力、汽车、新材料、新能源、油气管道、海工装备、航空货运等领域相关中央企业共同出资组建股份制专业化平台，加大新技术、新产品、新市场联合开发力度，减少无序竞争，提升资源配置效率。

加快推进企业内部资源整合。鼓励中央企业依托资本市场，通过培育注资、业务重组、吸收合并等方式，利用普通股、优先股、定向发行可转换债券等工具，推进专业化整合，增强持续发展能力。压缩企业管理层级，对五级以下企业进行清理整合，将投资决策权向三级以上企业集中，积极推进管控模式与组织架构调整、流程再造，构建功能定位明确、责权关系清晰、层级设置合理的管控体系。

积极稳妥开展并购重组。鼓励中央企业围绕发展战略，以获取关键技术、核心资源、知名品牌、市场渠道等为重点，积极开展并购重组，提高产业集中度，推动质量品牌提升。建立健全重组评估机制，加强并购后企业的联动与整合，推进管理、业务、技术、市场、文化和人力资源等方面的协同与融合，确保实现并购预期目标。并购重组中要充分发挥各企业的专业化优势和比较优势，尊重市场规律，加强沟通协调，防止无序竞争。

（四）清理退出一批

大力化解过剩产能。严格按照国家能耗、环保、质量、安全等标准要求，以钢铁、煤炭行业为重点，大力压缩过剩产能，加快淘汰落后产能。对产能严重过剩行业，按照减量置换原则从严控制新项目投资。对高负债企业，以不推高资产负债率为原则严格控制投资规模。

加大清理长期亏损、扭亏无望企业和低效无效资产力度。通过资产重组、破产清算等方式，解决持续亏损三年以上且不符合布局结构调整方向的企业退出问题。通过产权转让、资产变现、无偿划转等方式，解决三年以上无效益且未来两年生产经营难以好转的低效无效资产处置问题。

下大力气退出一批不具有发展优势的非主营业务。梳理企业非主营业务和资产，对与主业无互补性、协同性的低效业务和资产，加大清理退出力度，实现国有资本形态转换。变现的国有资本除按有关要求用于安置职工、解决历史遗留问题外，集中投向国有资本更需要集中的领域和行业。

加快剥离企业办社会职能和解决历史遗留问题。稳步推进中央企业职工家属区“三供一业”分离移交，实现社会化管理。对中央企业所办医疗、教育、市政、消防、社区管理等公共服务机构，采取移交、撤并、改制或专业化管理、政府购买服务等多种方式分类进行剥离。加快推进厂办大集体改革。对中央企业退休人员统一实行社会化管理。

四、保障措施

（一）加强组织领导

国务院国资委要会同有关部门根据国家战略要求，结合行业体制改革和产业政策，提出有关中央企业实施重组的具体方案，报国务院批准后稳步推进。中央企业结合实际制定本企业结构调整与重组的具体实施方案，报国务院国资委备案后组织实施，其中涉及国家安全领域的，须经相关行业主管部门审核同意。中央企业在结构调整与重组过程中要切实加强党的领导，建立责任清晰、分工明确的专项工作机制，由主要负责人负总责，加大组织协调力度，切实依法依规操作。同时发挥工会和有关社团组织的作用，做好干部职工的思想政治工作。

（二）加强行业指导

各有关部门要根据实现“两个一百年”奋斗目标、国家重大战略布局以及统筹国内国际两个市场等需要，明确国有资本分行业、分区域布局的基本要求，作为中央企业布局结构调整的重要依据，同时结合各自职责，配套出台相关产业管理政策，保障国有资本投入规模科学合理，确保中央企业结构调整与重组有利于增强国有经济主导能力、维护市场公平竞争秩序。

（三）加大政策支持

各有关部门要研究出台财政、金融、人才、

科技、薪酬分配、业绩考核等支持政策，并切实落实相关税收优惠政策，为中央企业结构调整与重组创造良好环境。要充分发挥各类基金的作用，积极稳妥引入各类社会资本参与和支持中央企业结构调整与重组。

（四）完善配套措施

健全企业退出机制，完善相关退出政策，依法妥善处理劳动关系调整、社会保险关系接续等问题，切实维护好企业职工合法权益。建立完善政府和企业合理分担成本的机制，多渠道筹措资金，妥善解决中央企业历史遗留问题，为中央企业公平参与市场竞争创造条件。

金融、文化等中央企业的结构调整与重组，中央另有规定的依其规定执行。

关于国有控股混合所有制企业开展员工持股试点的意见

国资发改革〔2016〕133 号

为全面贯彻党的十八大和十八届三中、四中、五中全会精神，落实“四个全面”战略布局和创新、协调、绿色、开放、共享的发展理念，根据《中共中央、国务院关于深化国有企业改革的指导意见》（中发〔2015〕22 号）有关要求，经国务院同意，现就国有控股混合所有制企业开展员工持股试点提出以下意见。

一、试点原则

（一）坚持依法合规，公开透明。依法保护各类股东权益，严格遵守国家有关法律法规和国有企业改制、国有产权管理等有关规定，确保规则公开、程序公开、结果公开，杜绝暗箱操作，严禁利益输送，防止国有资产流失。不得侵害企业内部非持股员工合法权益。

（二）坚持增量引入，利益绑定。主要采取增资扩股、出资新设方式开展员工持股，并保证国有资本处于控股地位。建立健全激励约束长效机制，符合条件的员工自愿入股，入股员工与企业共享改革发展成果，共担市场竞争风险。

（三）坚持以岗定股，动态调整。员工持股要体现爱岗敬业的导向，与岗位和业绩紧密挂钩，支持关键技术岗位、管理岗位和业务岗位人员持股。建立健全股权内部流转和退出机制，避免持股固化僵化。

（四）坚持严控范围，强化监督。严格试点条件，限制试点数量，防止“一哄而起”。严格审批程序，持续跟踪指导，加强评价监督，确保试点工作目标明确、操作规范、过程可控。

二、试点企业条件

（一）主业处于充分竞争行业和领域的商业类企业。

（二）股权结构合理，非公有资本股东所持股份应达到一定比例，公司董事会中有非公有资本股东推荐的董事。

（三）公司治理结构健全，建立市场化的劳动人事分配制度和业绩考核评价体系，形成管理人员能上能下、员工能进能出、收入能增能减的市场化机制。

（四）营业收入和利润 90% 以上来源于所在企业集团外部市场。

优先支持人才资本和技术要素贡献占比较高的转制科研院所、高新技术企业、科技服务型企业（以下统称科技型企业）开展员工持股试点。中央企业二级（含）以上企业以及各省、自治区、直辖市及计划单列市和新疆生产建设兵团所属一级企业原则上暂不开展员工持股试点。违反国有企业职工持股有关规定且未按要求完成整改的企业，不开展员工持股试点。

三、企业员工入股

（一）员工范围。参与持股人员应为在关键岗位工作并对公司经营业绩和持续发展有直接或较大影响的科研人员、经营管理人员和业务骨干，且与本公司签订了劳动合同。

党中央、国务院和地方党委、政府及其部门、机构任命的国有企业领导人员不得持股。外部董事、监事（含职工代表监事）不参与员工持股。如直系亲属多人在同一企业时，只能一人持股。

（二）员工出资。员工入股应主要以货币出资，并按约定及时足额缴纳。按照国家有关法律法规，员工以科技成果出资入股的，应提供所有权属证明并依法评估作价，及时办理财产权转移手续。上市公司回购本公司股票实施员工持股，须执行有关规定。

试点企业、国有股东不得向员工无偿赠与股份，不得向持股员工提供垫资、担保、借贷等财务资助。持股员工不得接受与试点企业有生产经营业务往来的其他企业的借款或融资帮助。

（三）入股价格。在员工入股前，应按照有关规定对试点企业进行财务审计和资产评估。员工入股价格不得低于经核准或备案的每股净资产评估值。国有控股上市公司员工入股价格按证券监管有关规定确定。

（四）持股比例。员工持股比例应结合企业规模、行业特点、企业发展阶段等因素确定。员工持股总量原则上不高于公司总股本的30%，单一员工持股比例原则上不高于公司总股本的1%。企业可采取适当方式预留部分股权，用于新引进人才。国有控股上市公司员工持股比例按证券监管有关规定确定。

（五）股权结构。实施员工持股后，应保证国有股东控股地位，且其持股比例不得低于公司总股本的34%。

（六）持股方式。持股员工可以个人名义直接持股，也可通过公司制企业、合伙制企业、资产管理计划等持股平台持有股权。通过资产管理计划方式持股的，不得使用杠杆融资。持股平台不得从事除持股以外的任何经营活动。

四、企业员工股权管理

（一）股权管理主体。员工所持股权一般应通过持股人会议等形式选出代表或设立相应机构进行管理。该股权代表或机构应制定管理规则，代表持股员工行使股东权利，维护持股员工合法权益。

（二）股权管理方式。公司各方股东应就员工股权的日常管理、动态调整和退出等问题协商一致，并通过公司章程或股东协议等予以明确。

（三）股权流转。实施员工持股，应设定不少于36个月的锁定期。在公司公开发行股份前已持股的员工，不得在公司首次公开发行时转让股份，并应承诺自上市之日起不少于36个月的锁定期。锁定期满后，公司董事、高级管理人员每年可转让股份不得高于所持股份总数的25%。

持股员工因辞职、调离、退休、死亡或被解雇等原因离开本公司的，应在12个月内将所持股份进行内部转让。转让给持股平台、符合条件的员工或非公有资本股东的，转让价格由双方协商确定；转让给国有股东的，转让价格不得高于上一年度经审计的每股净资产值。国有控股上市公司员工转让股份按证券监管有关规定办理。

（四）股权分红。员工持股企业应处理好股东短期收益与公司中长期发展的关系，合理确定利润分配方案和分红率。企业及国有股东不得向持股员工承诺年度分红回报或设置托底回购条款。持股员工与国有股东和其他股东享有同等权益，不得优先于国有股东和其他股东取得分红收益。

（五）破产重整和清算。员工持股企业破产重整和清算时，持股员工、国有股东和其他股东应以出资额为限，按照出资比例共同承担责任。

五、试点工作实施

（一）试点企业数量。选择少量企业开展试点。各省、自治区、直辖市及计划单列市和新疆生产建设兵团可分别选择 5 – 10 户企业，国务院国资委可从中央企业所属子企业中选择 10 户企业，开展首批试点。

（二）试点企业确定。开展员工持股试点的地方国有企业，由省级人民政府国有资产监督管理机构协调有关部门，在审核申报材料的基础上确定。开展试点的中央企业所属子企业，由国有股东单位在审核有关申报材料的基础上，报履行出资人职责的机构确定。

（三）员工持股方案制定。企业开展员工持股试点，应深入分析实施员工持股的必要性和可行性，以适当方式向员工充分提示持股风险，严格按照有关规定制定员工持股方案，并对实施员工持股的风险进行评估，制定应对预案。员工持股方案应对持股员工条件、持股比例、入股价格、出资方式、持股方式、股权分红、股权管理、股权流转及员工岗位变动调整股权等操作细节做出具体规定。

（四）员工持股方案审批及备案。试点企业应通过职工代表大会等形式充分听取本企业职工对员工持股方案的意见，并由董事会提交股东（大）会进行审议。地方试点企业的员工持股方案经股东（大）会审议通过后，报履行出资人职责的机构备案，同时抄报省级人民政府国有资产监督管理机构；中央试点企业的员工持股方案经股东（大）会审议通过后，报履行出资人职责的机构备案。

（五）试点企业信息公开。试点企业应将持股员工范围、持股比例、入股价格、股权流转、中介机构以及审计评估等重要信息在本企业内部充分披露，切实保障员工的知情权和监督权。国有控股上市公司执行证券监管有关信息披露规定。

（六）规范关联交易。国有企业不得以任何形式向本企业集团内的员工持股企业输送利益。国有企业购买本企业集团内员工持股企业的产品和服务，或者向员工持股企业提供设备、场地、技术、劳务、服务等，应采用市场化方式，做到价格公允、交易公平。有关关联交易应由一级企业以适当方式定期公开，并列入企业负责人经济责任审计和财务审计内容。

六、组织领导

实施员工持股试点，事关国有企业改革发展大局，事关广大员工切身利益，各地区、各有关部门要高度重视，加强领导，精心组织，落实责任，确保试点工作规范有序开展。国务院国资委负责中央企业试点工作，同时负责指导地方国有资产监督管理机构做好试点工作，重要问题应及时向国务院国有企业改革领导小组报告。首批试点原则上在 2016 年启动实施，各有关履行出资人职责的机构要严格审核试点企业申报材料，成熟一户开展一户，2018 年年底进行阶段性总结，视情况适时扩大试点。试点企业要按照要求规范操作，严格履行有关决策和审批备案程序，扎实细致开展员工持股试点工作，积极探索员工持股有效模式，切实转换企业经营机制，激发企业活力。各有关履行出资人职责的机构要对试点企业进行定期跟踪检查，及时掌握情况，发现问题，纠正不规范行为。试点过程中出现制度不健全、程序不规范、管理不到位等问题，致使国有资产流失、损害有关股东合法权益或严重侵害企业职工合法权益的，要依法依纪追究相关责任人的责任。

金融、文化等国有企业实施员工持股，中央另有规定的依其规定执行。国有科技型企业的股权和分红激励，按国务院有关规定执行。已按有关规定实施员工持股的企业，继续规范实施。国有参股企业的员工持股不适用本意见。

国务院办公厅关于建立国有企业违规经营投资责任追究制度的意见

国办发〔2016〕63 号

各省、自治区、直辖市人民政府，国务院各部委、各直属机构：

根据《中共中央、国务院关于深化国有企业改革的指导意见》《国务院办公厅关于加强和改进企业国有资产监督防止国有资产流失的意见》（国办发〔2015〕79 号）等要求，为落实国有资本保值增值责任，完善国有资产监管，防止国有资产流失，经国务院同意，现就建立国有企业违规经营投资责任追究制度提出以下意见。

一、总体要求

（一）指导思想。全面贯彻党的十八大和十八届三中、四中、五中全会精神，按照“五位一体”总体布局和“四个全面”战略布局，牢固树立和贯彻落实创新、协调、绿色、开放、共享的发展理念，深入贯彻习近平总书记系列重要讲话精神，认真落实党中央、国务院决策部署，坚持社会主义市场经济改革方向，按照完善现代企业制度的要求，以提高国有企业运行质量和经济效益为目标，以强化对权力集中、资金密集、资源富集、资产聚集部门和岗位的监督为重点，严格问责、完善机制，构建权责清晰、约束有效的经营投资责任体系，全面推进依法治企，健全协调运转、有效制衡的法人治理结构，提高国有资本效率、增强国有企业活力、防止国有资产流失，实现国有资本保值增值。

（二）基本原则。

一是依法合规、违规必究。以国家法律法规为准绳，严格执行企业内部管理规定，对违反规定、未履行或未正确履行职责造成国有资产损失以及其他严重不良后果的国有企业经营管理有关人员，严格界定违规经营投资责任，严肃追究问责，实行重大决策终身责任追究制度。

二是分级组织、分类处理。履行出资人职责的机构和国有企业按照国有资产分级管理要求和干部管理权限，分别组织开展责任追究工作。对违纪违法行为，严格依纪依法处理。

三是客观公正、责罚适当。在充分调查核实和责任认定的基础上，既考虑量的标准也考虑质的不同，实事求是地确定资产损失程度和责任追究范围，恰当公正地处理相关责任人。

四是惩教结合、纠建并举。在严肃追究违规经营投资责任的同时，加强案例总结和警示教育，不断完善规章制度，及时堵塞经营管理漏洞，建立问责长效机制，提高国有企业经营管理水平。

（三）主要目标。

在 2017 年年底前，国有企业违规经营投资责任追究制度和责任倒查机制基本形成，责任追究的范围、标准、程序和方式清晰规范，责任追究工作实现有章可循。在 2020 年底前，全面建立覆盖各级履行出资人职责的机构及国有企业的责任追究工作体系，形成职责明确、流程清晰、规范有序的责任追究工作机制，对相关责任人及时追究问责，国有企业经营投资责任意识和责任约束显著增强。

二、责任追究范围

国有企业经营管理有关人员违反国家法律法规和企业内部管理规定，未履行或未正确履行职责致使发生下列情形造成国有资产损失以及其他严重不良后果的，应当追究责任：

（一）集团管控方面。所属子企业发生重大违纪违法问题，造成重大资产损失，影响其持续经营能力或造成严重不良后果；未履行或未正确履行职责致使集团发生较大资产损失，对生产经营、财务状况产生重大影响；对集团重大风险隐患、内控缺陷等问题失察，或虽发现但没有及时报告、处理，造成重大风险等。

（二）购销管理方面。未按照规定订立、履行合同，未履行或未正确履行职责致使合同标的价格明显不公允；交易行为虚假或违规开展“空转”贸易；利用关联交易输送利益；未按照规定进行招标或未执行招标结果；违反规定提供赊销信用、资质、担保（含抵押、质押等）或预付款项，利用业务预付或物资交易等方式变相融资或投资；违规开展商品期货、期权等衍生业务；未按规定对应收款项及时追索或采取有效保全措施等。

（三）工程承包建设方面。未按规定对合同标的进行调查论证，未经授权或超越授权投标，中标价格严重低于成本，造成企业资产损失；违反规定擅自签订或变更合同，合同约定未经严格审查，存在重大疏漏；工程物资未按规定招标；违反规定转包、分包；工程组织管理混乱，致使工程质量不达标，工程成本严重超支；违反合同约定超计价、超进度付款等。

（四）转让产权、上市公司股权和资产方面。未按规定履行决策和审批程序或超越授权范围转让；财务审计和资产评估违反相关规定；组织提供和披露虚假信息，操纵中介机构出具虚假财务审计、资产评估鉴证结果；未按相关规定执行回避制度，造成资产损失；违反相关规定和公开公平交易原则，低价转让企业产权、上市公司股权和资产等。

（五）固定资产投资方面。未按规定进行可行性研究或风险分析；项目概算未经严格审查，严重偏离实际；未按规定履行决策和审批程序擅自投资，造成资产损失；购建项目未按规定招标，干预或操纵招标；外部环境发生重大变化，未按规定及时调整投资方案并采取止损措施；擅自变更工程设计、建设内容；项目管理混乱，致使建设严重拖期、成本明显高于同类项目等。

（六）投资并购方面。投资并购未按规定开展尽职调查，或尽职调查未进行风险分析等，存在重大疏漏；财务审计、资产评估或估值违反相关规定，或投资并购过程中授意、指使中介机构或有关单位出具虚假报告；未按规定履行决策和审批程序，决策未充分考虑重大风险因素，未制定风险防范预案；违规以各种形式为其他合资合作方提供垫资，或通过高溢价并购等手段向关联方输送利益；投资合同、协议及标的企业公司章程中国有权益保护条款缺失，对标的企业管理失控；投资参股后未行使股东权利，发生重大变化未及时采取止损措施；违反合同约定提前支付并购价款等。

（七）改组改制方面。未按规定履行决策和审批程序；未按规定组织开展清产核资、财务审计和资产评估；故意转移、隐匿国有资产或向中介机构提供虚假信息，操纵中介机构出具虚假清产核资、财务审计与资产评估鉴证结果；将国有资产以明显不公允低价折股、出售或无偿分给其他单位或个人；在发展混合所有制经济、实施员工持股计划等改组改制过程中变相套取、私分国有股权；未按规定收取国有资产转让价款；改制后的公司章程中国有权益保护条款缺失等。

（八）资金管理方面。违反决策和审批程序或超越权限批准资金支出；设立“小金库”；违规集资、发行股票（债券）、捐赠、担保、委托理财、拆借资金或开立信用证、办理银行票据；虚列支出套取资金；违规以个人名义留存资金、收支结算、开立银行账户；违规超发、滥发职工薪酬福利；因财务内控缺失，发生侵占、盗取、欺诈等。

（九）风险管理方面。内控及风险管理制度缺失，内控流程存在重大缺陷或内部控制执行不力；对经营投资重大风险未能及时分析、识别、评估、预警和应对；对企业规章制度、经济合同和重要决策的法律审核不到位；过度负债危及企业持续经营，恶意逃废金融债务；瞒报、漏报重大风险及风险损失事件，指使编制虚假财务报告，企业账实严重不符等。

（十）其他违反规定，应当追究责任的情形。

三、资产损失认定

对国有企业经营投资发生的资产损失，应当在调查核实的基础上，依据有关规定认定损失金额及影响。

（一）资产损失包括直接损失和间接损失。直接损失是与相关人员行为有直接因果关系的损失金额及影响。间接损失是由相关人员行为引发或导致的，除直接损失外、能够确认计量的其他损失金额及影响。

（二）资产损失分为一般资产损失、较大资产损失和重大资产损失。涉及违纪违法和犯罪行为查处的损失标准，遵照相关党内法规和国家法律法规的规定执行；涉及其他责任追究处理的，由履行出资人职责的机构和国有企业根据实际情况制定资产损失程度划分标准。

（三）资产损失的金额及影响，可根据司法、行政机关出具的书面文件，具有相应资质的会计师事务所、资产评估机构、律师事务所等中介机构出具的专项审计、评估或鉴证报告，以及企业内部证明材料等进行综合研判认定。相关经营投资虽尚未形成事实损失，经中介机构评估在可预见未来将发生的损失，可以认定为或有资产损失。

四、经营投资责任认定

国有企业经营管理有关人员任职期间违反规定，未履行或未正确履行职责造成国有资产损失以及其他严重不良后果的，应当追究其相应责任；已调任其他岗位或退休的，应当纳入责任追究范围，实行重大决策终身责任追究制度。经营投资责任根据工作职责划分为直接责任、主管责任和领导责任。

（一）直接责任是指相关人员在其工作职责范围内，违反规定，未履行或未正确履行职责，对造成的资产损失或其他不良后果起决定性直接作用时应当承担的责任。

企业负责人存在以下情形的，应当承担直接责任：本人或与他人共同违反国家法律法规和企业内部管理规定；授意、指使、强令、纵容、包庇下属人员违反国家法律法规和企业内部管理规定；未经民主决策、相关会议讨论或文件传签、报审等规定程序，直接决定、批准、组织实施重大经济事项，并造成重大资产损失或其他严重不良后果；主持相关会议讨论或以文件传签等其他方式研究时，在多数人不同意的情况下，直接决定、批准、组织实施重大经济事项，造成重大资产损失或其他严重不良后果；将按有关法律法规制度应作为第一责任人（总负责）的事项、签订的有关目标责任事项或应当履行的其他重要职责，授权（委托）其他领导干部决策且决策不当或决策失误造成重大资产损失或其他严重不良后果；其他失职、渎职和应当承担直接责任的行为。

（二）主管责任是指相关人员在其直接主管（分管）工作职责范围内，违反规定，未履行或未正确履行职责，对造成的资产损失或不良后果应当承担的责任。

（三）领导责任是指主要负责人在其工作职责范围内，违反规定，未履行或未正确履行职责，对造成的资产损失或不良后果应当承担的责任。

五、责任追究处理

（一）根据资产损失程度、问题性质等，对相关责任人采取组织处理、扣减薪酬、禁入限制、纪律处分、移送司法机关等方式处理：一是组织处理。包括批评教育、责令书面检查、通报批评、诫勉、停职、调离工作岗位、降职、改任非领导职务、责令辞职、免职等。

二是扣减薪酬。扣减和追索绩效年薪或任期激励收入，终止或收回中长期激励收益，取消参加中长期激励资格等。

三是禁入限制。五年内直至终身不得担任国有企业董事、监事、高级管理人员。

四是纪律处分。由相应的纪检监察机关依法依规查处。

五是移送司法机关处理。依据国家有关法律规定，移送司法机关依法查处。

以上处理方式可以单独使用，也可以合并使用。

（二）国有企业发生资产损失，经过查证核实和责任认定后，除依据有关规定移送司法机关处理外，应当按以下方式处理：一是发生较大资产损失的，对直接责任人和主管责任人给予通报批评、诫勉、停职、调离工作岗位、降职等处理；同时按照以下标准扣减薪酬：扣减和追索责任认定年度50%～100%的绩效年薪、扣减和追索责任认定年度（含）前三年50%～100%的任期激励收入并延期支付绩效年薪，终止尚未行使的中长期激励权益、上缴责任认定年度及前一年度的全部中长期激励收益、五年内不得参加企业新的中长期激励。

对领导责任人给予通报批评、诫勉、停职、调离工作岗位等处理；同时按照以下标准扣减薪酬：扣减和追索责任认定年度30%～70%的绩效年薪、扣减和追索责任认定年度（含）前三年30%～70%的任期激励收入并延期支付绩效年薪，终止尚未行使的中长期激励权益、三年内不得参加企业新的中长期激励。

二是发生重大资产损失的，对直接责任人和主管责任人给予降职、改任非领导职务、责令辞职、免职和禁入限制等处理；同时按照以下标准扣减薪酬：扣减和追索责任认定年度100%的绩效年薪、扣减和追索责任认定年度（含）前三年100%的任期激励收入并延期支付绩效年薪，终止尚未行使的中长期激励权益、上缴责任认定年度（含）前三年的全部中长期激励收益、不得参加企业新的中长期激励。

对领导责任人给予调离工作岗位、降职、改任非领导职务、责令辞职、免职和禁入限制等处理；同时按照以下标准扣减薪酬：扣减和追索责任认定年度70%～100%的绩效年薪、扣减和追索责任认定年度（含）前三年70%～100%的任期激励收入并延期支付绩效年薪，终止尚未行使的中长期激励权益、上缴责任认定年度（含）前三年的全部中长期激励收益、五年内不得参加企业新的中长期激励。

三是责任人在责任认定年度已不在本企业领取绩效年薪的，按离职前一年度全部绩效年薪及前三年任期激励收入总和计算，参照上述标准追索扣回其薪酬。

四是对同一事件、同一责任人的薪酬扣减和追索，按照党纪政纪处分、责任追究等扣减薪酬处理的最高标准执行，但不合并使用。

（三）对资产损失频繁发生、金额巨大、后果严重、影响恶劣的，未及时采取措施或措施不力导致资产损失扩大的，以及瞒报、谎报资产损失的，应当从重处理。对及时采取措施减少、挽回损失并消除不良影响的，可以适当从轻处理。

（四）国有企业违规经营投资责任追究处理的具体标准，由各级履行出资人职责的机构根据资产损失程度、应当承担责任等情况，依照本意见制定。

六、责任追究工作的组织实施

（一）开展国有企业违规经营投资责任追究工作，应当遵循以下程序：

一是受理。资产损失一经发现，应当立即按管辖规定及相关程序报告。受理部门应当对掌握的资产损失线索进行初步核实，属于责任追究范围的，应当及时启动责任追究工作。

二是调查。受理部门应当按照职责权限及时组织开展调查，核查资产损失及相关业务情况、核实损失金额和损失情形、查清损失原因、认定相应责任、提出整改措施等，必要时可经批准组成联合调查组进行核查，并出具资产损失情况调查报告。

三是处理。根据调查事实，依照管辖规定移送有关部门，按照管理权限和相关程序对相关责任人追究责任。相关责任人对处理决定有异议的，有权提出申诉，但申诉期间不停止原处理决定的执行。责任追究调查情况及处理结果在一定范围内公开。

四是整改。发生资产损失的国有企业应当认真总结吸取教训，落实整改措施，堵塞管理漏洞，建立健全防范损失的长效机制。

（二）责任追究工作原则上按照干部管理权限组织开展，一般资产损失由本企业依据相关规定自行开展责任追究工作，上级企业或履行出资人职责的机构认为有必要的，可直接组织开展；达到较大或重大资产损失标准的，应当由上级企业或履行出资人职责的机构开展责任追究工作；多次发生重大资产损失或造成其他严重不良影响、资产损失金额特别巨大且危及企业生存发展的，应当由履行出资人职责的机构开展责任追究工作。

（三）对违反规定，未履行或未正确履行职责造成国有资产损失的董事，除依法承担赔偿责任外，应当依照公司法、公司章程及本意见规定对其进行处理。对重大资产损失负有直接责任的董事，应及时调整或解聘。

（四）经营投资责任调查期间，对相关责任人未支付或兑现的绩效年薪、任期激励收入、中长期激励收益等均应暂停支付或兑现；对有可能影响调查工作顺利开展的相关责任人，可视情采取停职、调离工作岗位、免职等措施。

（五）对发生安全生产、环境污染责任事故和重大不稳定事件的，按照国家有关规定另行处理。

七、工作要求

（一）各级履行出资人职责的机构要明确所出资企业负责人在经营投资活动中须履行的职责，引导其树立责任意识和风险意识，依法经营，廉洁从业，坚持职业操守，履职尽责，规范经营投资决策，维护国有资产安全。国有企业要依据公司法规定完善公司章程，建立健全重大决策评估、决策事项履职记录、决策过错认定等配套制度，细化各类经营投资责任清单，明确岗位职责和履职程序，不断提高经营投资责任管理的规范化、科学化水平。履行出资人职责的机构和国有企业应在有关外聘董事、职业经理人聘任合同中，明确违规经营投资责任追究的原则要求。

（二）各级履行出资人职责的机构和国有企业要按照本意见要求，建立健全违规经营投资责任追究制度，细化经营投资责任追究的原则、范围、依据、启动机制、程序、方式、标准和职责，保障违规经营投资责任追究工作有章可循、规范有序。国有企业违规经营投资责任追究制度应当报履行出资人职责的机构备案。

（三）国有企业要充分发挥党组织、审计、财务、法律、人力资源、巡视、纪检监察等部门的监督作用，形成联合实施、协同联动、规范有序的责任追究工作机制，重要情况和问题及时向履行出资人职责的机构报告。履行出资人职责的机构要加强与外派监事会、巡视组、审计机关、纪检监察机关、司法机关的协同配合，共同做好国有企业违规经营投资责任追究工作。对国有企业违规经营投资等重大违法违纪违规问题应当发现而未发现或敷衍不追、隐匿不报、查处不力的，严格追究企业和履行出资人职责的机构有关人员的失职渎职责任。

（四）各级履行出资人职责的机构和国有企业要做好国有企业违规经营投资责任追究相关制度的宣传解释工作，凝聚社会共识，为深入开展责任追究工作营造良好氛围；要结合对具体案例的调查处理，在适当范围进行总结和通报，探索向社会公开调查处理情况，接受社会监督，充分发挥警示教育作用。

本意见适用于国有及国有控股企业违规经营投资责任追究工作。金融、文化等国有企业违规经营投资责任追究工作，中央另有规定的依其规定执行。

中共中央、国务院关于完善产权保护制度、依法保护产权的意见

（2016年11月4日）

产权制度是社会主义市场经济的基石，保护产权是坚持社会主义基本经济制度的必然要求。有恒产者有恒心，经济主体财产权的有效保障和实现是经济社会持续健康发展的基础。改革开放以来，通过大力推进产权制度改革，我国基本形成了归属清晰、权责明确、保护严格、流转顺畅的现代产权制度和产权保护法律框架，全社会产权保护意识不断增强，保护力度不断加大。同时也要看到，我国产权保护仍然存在一些薄弱环节和问题：国有产权由于所有者和代理人关系不够清晰，存在内部人控制、关联交易等导致国有资产流失的问题；利用公权力侵害私有产权、违法查封扣押冻结民营企业财产等现象时有发生；知识产权保护不力，侵权易发多发。解决这些问题，必须加快完善产权保护制度，依法有效保护各种所有制经济组织和公民财产权，增强人民群众财产财富安全感，增强社会信心，形成良好预期，增强各类经济主体创业创新动力，维护社会公平正义，保持经济社会持续健康发展和国家长治久安。现就完善产权保护制度、依法保护产权提出以下意见。

一、总体要求

加强产权保护，根本之策是全面推进依法治国。要全面贯彻党的十八大和十八届三中、四中、五中、六中全会精神，深入学习贯彻习近平总书记系列重要讲话精神，按照党中央、国务院决策部署，紧紧围绕统筹推进“五位一体”总体布局和协调推进“四个全面”战略布局，牢固树立和贯彻落实新发展理念，着力推进供给侧结构性改革，进一步完善现代产权制度，推进产权保护法治化，在事关产权保护的立法、执法、司法、守法等各方面各环节体现法治理念。要坚持以下原则：

——坚持平等保护。健全以公平为核心原则的产权保护制度，毫不动摇巩固和发展公有制经济，毫不动摇鼓励、支持、引导非公有制经济发展，公有制经济财产权不可侵犯，非公有制经济财产权同样不可侵犯。

——坚持全面保护。保护产权不仅包括保护物权、债权、股权，也包括保护知识产权及其他各种无形财产权。

——坚持依法保护。不断完善社会主义市场经济法律制度，强化法律实施，确保有法可依、有法必依。

——坚持共同参与。做到政府诚信和公众参与相结合，建设法治政府、责任政府、诚信政府，增强公民产权保护观念和契约意识，强化社会监督。

——坚持标本兼治。着眼长远，着力当下，抓紧解决产权保护方面存在的突出问题，提高产

权保护精准度，加快建立产权保护长效机制，激发各类经济主体的活力和创造力。

二、加强各种所有制经济产权保护

深化国有企业和国有资产监督管理体制改革，进一步明晰国有产权所有者和代理人关系，推动实现国有企业股权多元化和公司治理现代化，健全涉及财务、采购、营销、投资等方面的内部监督制度和内控机制，强化董事会规范运作和对经理层的监督，完善国有资产交易方式，严格规范国有资产登记、转让、清算、退出等程序和交易行为，以制度化保障促进国有产权保护，防止内部人任意支配国有资产，切实防止国有资产流失。建立健全归属清晰、权责明确、监管有效的自然资源资产产权制度，完善自然资源有偿使用制度，逐步实现各类市场主体按照市场规则和市场价格依法平等使用土地等自然资源。完善农村集体产权确权和保护制度，分类建立健全集体资产清产核资、登记、保管、使用、处置制度和财务管理监督制度，规范农村产权流转交易，切实防止集体经济组织内部少数人侵占、非法处置集体资产，防止外部资本侵吞、非法控制集体资产。坚持权利平等、机会平等、规则平等，废除对非公有制经济各种形式的不合理规定，消除各种隐性壁垒，保证各种所有制经济依法平等使用生产要素、公开公平公正参与市场竞争、同等受到法律保护、共同履行社会责任。

三、完善平等保护产权的法律制度

加快推进民法典编纂工作，完善物权、合同、知识产权相关法律制度，清理有违公平的法律法规条款，将平等保护作为规范财产关系的基本原则。健全以企业组织形式和出资人承担责任方式为主的市场主体法律制度，统筹研究清理、废止按照所有制不同类型制定的市场主体法律和行政法规，开展部门规章和规范性文件专项清理，平等保护各类市场主体。加大对非公有财产的刑法保护力度。

四、妥善处理历史形成的产权案件

坚持有错必纠，抓紧甄别纠正一批社会反映强烈的产权纠纷申诉案件，剖析一批侵害产权的案例。对涉及重大财产处置的产权纠纷申诉案件、民营企业和投资人违法申诉案件依法甄别，确属事实不清、证据不足、适用法律错误的错案冤案，要依法予以纠正并赔偿当事人的损失。完善办案质量终身负责制和错案责任倒查问责制，从源头上有效预防错案冤案的发生。严格遵循法不溯及既往、罪刑法定、在新旧法之间从旧兼从轻等原则，以发展眼光客观看待和依法妥善处理改革开放以来各类企业特别是民营企业经营过程中存在的不规范问题。

五、严格规范涉案财产处置的法律程序

进一步细化涉嫌违法的企业和人员财产处置规则，依法慎重决定是否采取相关强制措施。确需采取查封、扣押、冻结等措施的，要严格按照法定程序进行，除依法需责令关闭企业的情形外，在条件允许情况下可以为企业预留必要的流动资金和往来账户，最大限度降低对企业正常生产经营活动的不利影响。采取查封、扣押、冻结措施和处置涉案财物时，要依法严格区分个人财产和企业法人财产。对股东、企业经营管理者等自然人违法，在处置其个人财产时不任意牵连企业法人财产；对企业违法，在处置企业法人财产时不任意牵连股东、企业经营管理者个人合法财产。严格区分违法所得和合法财产，区分涉案人员个人财产和家庭成员财产，在处置违法所得时不牵连合法财产。完善涉案财物保管、鉴定、估价、拍卖、变卖制度，做到公开公正和规范高效，充分尊重和依法保护当事人及其近亲属、股东、债权人等相关方的合法权益。

六、审慎把握处理产权和经济纠纷的司法政策

充分考虑非公有制经济特点，严格区分经济

纠纷与经济犯罪的界限、企业正当融资与非法集资的界限、民营企业参与国有企业兼并重组中涉及的经济纠纷与恶意侵占国有资产的界限，准确把握经济违法行为入刑标准，准确认定经济纠纷和经济犯罪的性质，防范刑事执法介入经济纠纷，防止选择性司法。对于法律界限不明、罪与非罪不清的，司法机关应严格遵循罪刑法定、疑罪从无、严禁有罪推定的原则，防止把经济纠纷当作犯罪处理。严禁党政干部干预司法活动、介入司法纠纷、插手具体案件处理。对民营企业在生产、经营、融资活动中的经济行为，除法律、行政法规明确禁止外，不以违法犯罪对待。对涉及犯罪的民营企业投资人，在当事人服刑期间依法保障其行使财产权利等民事权利。

七、完善政府守信践诺机制

大力推进法治政府和政务诚信建设，地方各级政府及有关部门要严格兑现向社会及行政相对人依法作出的政策承诺，认真履行在招商引资、政府与社会资本合作等活动中与投资主体依法签订的各类合同，不得以政府换届、领导人员更替等理由违约毁约，因违约毁约侵犯合法权益的，要承担法律和经济责任。因国家利益、公共利益或者其他法定事由需要改变政府承诺和合同约定的，要严格依照法定权限和程序进行，并对企业和投资人因此而受到的财产损失依法予以补偿。对因政府违约等导致企业和公民财产权受到损害等情形，进一步完善赔偿、投诉和救济机制，畅通投诉和救济渠道。将政务履约和守诺服务纳入政府绩效评价体系，建立政务失信记录，建立健全政府失信责任追究制度及责任倒查机制，加大对政务失信行为惩戒力度。

八、完善财产征收征用制度

完善土地、房屋等财产征收征用法律制度，合理界定征收征用适用的公共利益范围，不将公共利益扩大化，细化规范征收征用法定权限和程序。遵循及时合理补偿原则，完善国家补偿制度，进一步明确补偿的范围、形式和标准，给予被征收征用者公平合理补偿。

九、加大知识产权保护力度

加大知识产权侵权行为惩治力度，提高知识产权侵权法定赔偿上限，探索建立对专利权、著作权等知识产权侵权惩罚性赔偿制度，对情节严重的恶意侵权行为实施惩罚性赔偿，并由侵权人承担权利人为制止侵权行为所支付的合理开支，提高知识产权侵权成本。建立收集假冒产品来源地信息工作机制，将故意侵犯知识产权行为情况纳入企业和个人信用记录，进一步推进侵犯知识产权行政处罚案件信息公开。完善知识产权审判工作机制，积极发挥知识产权法院作用，推进知识产权民事、刑事、行政案件审判“三审合一”，加强知识产权行政执法与刑事司法的衔接，加大知识产权司法保护力度。完善涉外知识产权执法机制，加强刑事执法国际合作，加大涉外知识产权犯罪案件侦办力度。严厉打击不正当竞争行为，加强品牌商誉保护。将知识产权保护和运用相结合，加强机制和平台建设，加快知识产权转移转化。

十、健全增加城乡居民财产性收入的各项制度

研究住宅建设用地等土地使用权到期后续期的法律安排，推动形成全社会对公民财产长久受保护的良好和稳定预期。在国有企业混合所有制改革中，依照相关规定支持有条件的混合所有制企业实行员工持股，坚持同股同权、同股同利，着力避免大股东凭借优势地位侵害中小股东权益的行为，建立员工利益和企业利益、国家利益激励相容机制。深化金融改革，推动金融创新，鼓励创造更多支持实体经济发展、使民众分享增值收益的金融产品，增加民众投资渠道。深化农村土地制度改革，坚持土地公有制性质不改变、耕地红线不突破、粮食

生产能力不减弱、农民利益不受损的底线，从实际出发，因地制宜，落实承包地、宅基地、集体经营性建设用地的用益物权，赋予农民更多财产权利，增加农民财产收益。

十一、营造全社会重视和支持产权保护的良好环境

大力宣传党和国家平等保护各种所有制经济产权的方针政策和法律法规，使平等保护、全面保护、依法保护观念深入人心，营造公平、公正、透明、稳定的法治环境。在坚持以经济建设为中心、提倡勤劳致富、保护产权、弘扬企业家精神等方面加强舆论引导，总结宣传一批依法有效保护产权的好做法、好经验、好案例，推动形成保护产权的良好社会氛围。完善法律援助制度，健全司法救助体系，确保人民群众在产权受到侵害时获得及时有效的法律帮助。有效发挥工商业联合会、行业协会商会在保护非公有制经济和民营企业产权、维护企业合法权益方面的作用，建立对涉及产权纠纷的中小企业维权援助机制。更好发挥调解、仲裁的积极作用，完善产权纠纷多元化解机制。

各地区各部门要充分认识完善产权保护制度、依法保护产权的重要性和紧迫性，统一思想，形成共识和合力，狠抓工作落实。各地区要建立党委牵头，人大、政府、司法机关共同参加的产权保护协调工作机制，加强对产权保护工作的组织领导和统筹协调。各有关部门和单位要按照本意见要求，抓紧制定具体实施方案，启动基础性、标志性、关键性工作，加强协调配合，确保各项举措落到实处、见到实效。

财政部、民政部关于通过政府购买服务支持社会组织培育发展的指导意见

财综〔2016〕54号

各省、自治区、直辖市人民政府，国务院各部委、各直属机构：

为落实党中央、国务院的决策部署，加快转变政府职能，创新社会治理体制，促进社会组织健康有序发展，提升社会组织能力和专业化水平，改善公共服务供给，根据《国务院办公厅关于政府向社会力量购买服务的指导意见》（国办发〔2013〕96号）精神，经国务院同意，现就通过政府购买服务支持社会组织培育发展提出如下意见：

一、总体要求

（一）指导思想

全面贯彻党的十八大、十八届三中、四中、五中、六中全会和习近平总书记系列重要讲话精神，围绕供给侧结构性改革，结合“放管服”改革、事业单位改革和行业协会商会脱钩改革，充分发挥市场机制作用，大力推进政府向社会组织购买服务，引导社会组织专业化发展，促进提供公共服务能力持续提升，发挥社会组织的独特优势，优化公共服务供给，有效满足人民群众日益增长的公共服务需求。

（二）基本原则

一是坚持深化改革。加快转变政府职能，正确处理政府和社会的关系，推进政社分开，完善相关政策，为社会组织发展创造良好环境，凡适合社会组织提供的公共服务，尽可能交由社会组

织承担。二是注重能力建设。通过政府向社会组织购买服务引导社会组织加强自身能力建设，优化内部管理，提升社会组织服务能力和水平，充分发挥社会组织提供公共服务的专业和成本优势，提高公共服务质量和效率。三是坚持公开择优。通过公开公平、竞争择优方式选择社会组织承接政府购买服务，促进优胜劣汰，激发社会组织内在活力，实现健康发展。四是注重分类指导。遵循社会组织发展规律，区分社会组织功能类别、发展程度，结合政府购买服务需求，因地制宜，分类施策，积极推进政府向社会组织购买服务。

（三）主要目标

“十三五”时期，政府向社会组织购买服务相关政策制度进一步完善，购买服务范围不断扩大，形成一批运作规范、公信力强、服务优质的社会组织，公共服务提供质量和效率显著提升。

二、主要政策

（四）切实改善准入环境

社会组织参与承接政府购买服务应当符合有关资质要求，但不应对社会组织成立年限做硬性规定。对成立未满三年，在遵守相关法律法规、按规定缴纳税收和社会保障资金、年检等方面无不良记录的社会组织，应当允许参与承接政府购买服务。积极探索建立公共服务需求征集机制，充分发挥社会组织在发现新增公共服务需求、促进供需衔接方面的积极作用。有条件的地方可以探索由行业协会商会搭建行业主管部门、相关职能部门与行业企业沟通交流平台，邀请社会组织参与社区及社会公益服务洽谈会等形式，及时收集、汇总公共服务需求信息，并向相关行业主管部门反馈。有关部门应当结合实际，按规定程序适时将新增公共服务需求纳入政府购买服务指导性目录并加强管理，在实践中逐步明确适宜由社会组织承接的具体服务项目，鼓励和支持社会组织参与承接。

（五）加强分类指导和重点支持

按照党的十八届三中全会关于重点培育、优先发展行业协会商会类、科技类、公益慈善类、城乡社区服务类社会组织的要求，各地方和有关部门应结合政府购买服务需求和社会组织专业化优势，明确政府向社会组织购买服务的支持重点。鼓励各级政府部门同等条件下优先向社会组织购买民生保障、社会治理、行业管理、公益慈善等领域的公共服务。各地可以结合本地区实际，具体确定向社会组织购买服务的重点领域或重点项目。要采取切实措施加大政府向社会组织购买服务的力度，逐步提高政府向社会组织购买服务的份额或比例。政府新增公共服务支出通过政府购买服务安排的部分，向社会组织购买的比例原则上不低于30%。有条件的地方和部门，可以制定政府购买服务操作指南并向社会公开，为社会组织等各类承接主体参与承接政府购买服务项目提供指导。

（六）完善采购环节管理

实施购买服务的各级政府部门（购买主体）应充分考虑公共服务项目特点，优化政府购买服务项目申报、预算编制、组织采购、项目监管、绩效评价等工作流程，提高工作效率。要综合考虑社会组织参与承接政府购买服务的质量标准和价格水平等因素，合理确定承接主体。研究适当提高服务项目采购限额标准和公开招标数额标准，简化政府购买服务采购方式变更的审核程序和申请材料要求，鼓励购买主体根据服务项目需求特点选择合理的采购方式。对购买内容相对固定、连续性强、经费来源稳定、价格变化较小的公共服务项目，购买主体与提供服务的社会组织签订的政府购买服务合同可适当延长履行期限，最长可以设定为3年。对有服务区域范围要求、市场竞争不充分的服务项目，购买主体可以按规定采取将大额项目拆分采购、新增项目向不同的社会组织采购等措施，促进建立良性的市场竞争关系。对市场竞争较为充分、服务内容具有排他性并可收费的项目，鼓励在依法确定多个承接主体的前提下采取凭单制形式购买服务，购买主体向符合条件的服务对象发放购买凭单，由领受者自主选择承接主体为其提供服务并以凭单支付。

（七）加强绩效管理

购买主体应当督促社会组织严格履行政府购买服务合同，及时掌握服务提供状况和服务对象满意度，发现并研究解决服务提供中遇到的问题，增强服务对象的获得感。加强绩效目标管理，合理设定绩效目标及指标，开展绩效目标执行监控。畅通社会反馈渠道，将服务对象满意度作为一项主要的绩效指标，务实开展绩效评价，尽量避免增加社会组织额外负担。鼓励运用新媒体、新技术辅助开展绩效评价。积极探索推进第三方评价，充分发挥专业机构在绩效评价中的作用。积极探索将绩效评价结果与合同资金支付挂钩，建立社会组织承接政府购买服务的激励约束机制。

（八）推进社会组织能力建设

加强社会组织承接政府购买服务培训和示范平台建设，采取孵化培育、人员培训、项目指导、公益创投等多种途径和方式，进一步支持社会组织培育发展。建立社会组织负责人培训制度，将社会组织人才纳入专业技术人才知识更新工程。推动社会组织以承接政府购买服务为契机专业化发展，完善内部治理，做好社会资源动员和整合，扩大社会影响，加强品牌建设，发展人才队伍，不断提升公共服务提供能力。鼓励在街道（乡镇）成立社区社会组织联合会，联合业务范围内的社区社会组织承接政府购买服务，带动社区社会组织健康有序发展。

（九）加强社会组织承接政府购买服务信用信息记录、使用和管理

民政部门要结合法人库和全国及各地信用信息共享平台建设，及时收录社会组织承接政府购买服务信用信息，推进信用信息记录公开和共享。购买主体向社会组织购买服务时，要提高大数据运用能力，通过有关平台查询并使用社会组织的信用信息，将其信用状况作为确定承接主体的重要依据。有关购买主体要依法依规对政府购买服务活动中的失信社会组织追究责任，并及时将其失信行为通报社会组织登记管理机关，有条件的要及时在信用中国网站公开。

三、保障措施

（十）加强组织领导

各级财政、民政部门要把政府向社会组织购买服务工作列入重要议事日程，会同有关部门加强统筹协调，扎实推进。加强政府向社会组织购买服务工作的指导、督促和检查，及时总结推广成功经验。充分利用报纸、杂志、广播、电视、网络等各类媒体，大力宣传通过政府购买服务支持社会组织培育发展的有关政策要求，营造良好的改革环境。

（十一）健全支持机制

民政部门要会同财政等部门推进社会组织承接政府购买服务的培训、反馈、示范等相关支持机制建设，鼓励购买主体结合绩效评价开展项目指导。财政部门要加强政府购买服务预算管理，结合经济社会发展和政府财力状况，科学、合理安排相关支出预算。购买主体应当结合政府向社会组织购买服务项目特点和相关经费预算，综合物价、工资、税费等因素，合理测算安排项目所需支出。中央财政将继续安排专项资金，有条件的地方可参照安排专项资金，通过政府购买服务等方式支持社会组织参与社会服务。

（十二）强化监督管理

有关购买主体应当按照《中华人民共和国政府采购法》《中华人民共和国政府信息公开条例》等相关规定，及时公开政府购买服务项目相关信息，方便社会组织查询，自觉接受社会监督。凡通过单一来源采购方式实施的政府购买服务项目，要严格履行审批程序，该公示的要做好事前公示，加强项目成本核查和收益评估工作。民政等部门

要按照职责分工将社会组织承接政府购买服务信用记录纳入年度检查（年度报告）、抽查审计、评估等监管体系。财政部门要加强对政府向社会组织购买服务的资金管理，确保购买服务资金规范管理和合理使用。有关部门要加强政府向社会组织购买服务的全过程监督，防止暗箱操作、层层转包等问题；加大政府向社会组织购买服务项目审计力度，及时处理涉及政府向社会组织购买服务的投诉举报，严肃查处借政府购买服务之名进行利益输送的各种违法违规行为。

中央企业投资监督管理办法

国务院国有资产监督管理委员会令第34号

第一章　总　则

第一条　为依法履行出资人职责，建立完善以管资本为主的国有资产监管体制，推动中央企业规范投资管理，优化国有资本布局和结构，更好地落实国有资本保值增值责任，根据《中华人民共和国公司法》《中华人民共和国企业国有资产法》《关于深化国有企业改革的指导意见》（中发〔2015〕22号）和《关于改革和完善国有资产管理体制的若干意见》（国发〔2015〕63号）等法律法规和文件，制定本办法。

第二条　本办法所称中央企业是指国务院国有资产监督管理委员会（以下简称国资委）代表国务院履行出资人职责的国家出资企业。本办法所称投资是指中央企业在境内从事的固定资产投资与股权投资。本办法所称重大投资项目是指中央企业按照本企业章程及投资管理制度规定，由董事会研究决定的投资项目。本办法所称主业是指由中央企业发展战略和规划确定并经国资委确认公布的企业主要经营业务；非主业是指主业以外的其他经营业务。

第三条　国资委以国家发展战略和中央企业五年发展规划纲要为引领，以把握投资方向、优化资本布局、严格决策程序、规范资本运作、提高资本回报、维护资本安全为重点，依法建立信息对称、权责对等、运行规范、风险控制有力的投资监督管理体系，推动中央企业强化投资行为的全程全面监管。

第四条　国资委指导中央企业建立健全投资管理制度，督促中央企业依据其发展战略和规划编报年度投资计划，对中央企业年度投资计划实行备案管理，制定中央企业投资项目负面清单，对中央企业投资项目进行分类监管，监督检查中央企业投资管理制度的执行情况、重大投资项目的决策和实施情况，组织开展对重大投资项目后评价，对违规投资造成国有资产损失以及其他严重不良后果的进行责任追究。

第五条　中央企业投资应当服务国家发展战略，体现出资人投资意愿，符合企业发展规划，坚持聚焦主业，大力培育和发展战略性新兴产业，严格控制非主业投资，遵循价值创造理念，严格遵守投资决策程序，提高投资回报水平，防止国有资产流失。

第六条　中央企业是投资项目的决策主体、执行主体和责任主体，应当建立投资管理体系，健全投资管理制度，优化投资管理信息系统，科学编制投资计划，制定投资项目负面清单，切实加强项目管理，提高投资风险防控能力，履行投资信息报送义务和配合监督检查义务。

第二章　投资监管体系建设

第七条　中央企业应当根据本办法规定，结合本企业实际，建立健全投资管理制度。企业投资管理制度应包括以下主要内容：

（一）投资应遵循的基本原则；

（二）投资管理流程、管理部门及相关职责；

（三）投资决策程序、决策机构及其职责；

（四）投资项目负面清单制度；

（五）投资信息化管理制度；

（六）投资风险管控制度；

（七）投资项目完成、中止、终止或退出制度；

（八）投资项目后评价制度；

（九）违规投资责任追究制度；

（十）对所属企业投资活动的授权、监督与管理制度。

企业投资管理制度应当经董事会审议通过后报送国资委。

第八条　国资委和中央企业应当建立并优化投资管理信息系统。国资委建立中央企业投资管理信息系统，对中央企业年度投资计划、季度及年度投资完成情况、重大投资项目实施情况等投资信息进行监测、分析和管理。中央企业建立完善本企业投资管理信息系统，加强投资基础信息管理，提升投资管理的信息化水平，通过信息系统对企业年度投资计划执行、投资项目实施等情况进行全面全程的动态监控和管理。中央企业按本办法规定向国资委报送的有关纸质文件和材料，应当同时通过中央企业投资管理信息系统报送电子版信息。

第九条　国资委根据国家有关规定和监管要求，建立发布中央企业投资项目负面清单，设定禁止类和特别监管类投资项目，实行分类监管。列入负面清单禁止类的投资项目，中央企业一律不得投资；列入负面清单特别监管类的投资项目，中央企业应报国资委履行出资人审核把关程序；负面清单之外的投资项目，由中央企业按照企业发展战略和规划自主决策。中央企业投资项目负面清单的内容保持相对稳定，并适时动态调整。

中央企业应当在国资委发布的中央企业投资项目负面清单基础上，结合企业实际，制定本企业更为严格、具体的投资项目负面清单。

第十条　国资委建立完善投资监管联动机制，发挥战略规划、法律合规、财务监督、产权管理、考核分配、资本运营、干部管理、外派监事会监督、纪检监察、审计巡视等相关监管职能合力，实现对中央企业投资活动过程监管全覆盖，及时发现投资风险，减少投资损失。

第三章　投资事前管理

第十一条　中央企业应当按照企业发展战略和规划编制年度投资计划，并与企业年度财务预算相衔接，年度投资规模应与合理的资产负债水平相适应。企业的投资活动应当纳入年度投资计划，未纳入年度投资计划的投资项目原则上不得投资，确需追加投资项目的应调整年度投资计划。

第十二条　中央企业应当于每年3月10日前将经董事会审议通过的年度投资计划报送国资委。年度投资计划主要包括以下内容：

（一）投资主要方向和目的；

（二）投资规模及资产负债率水平；

（三）投资结构分析；

（四）投资资金来源；

（五）重大投资项目情况。

第十三条　国资委依据中央企业投资项目负面清单、企业发展战略和规划，从中央企业投资方向、投资规模、投资结构和投资能力等方面，对中央企业年度投资计划进行备案管理。对存在问题的企业年度投资计划，国资委在收到年度投资计划报告（含调整计划）后的20个工作日内，向有关企业反馈书面意见。企业应根据国资委意见对年度投资计划做出修改。

进入国资委债务风险管控“特别监管企业”

名单的中央企业，其年度投资计划需经国资委审批后方可实施。

第十四条 列入中央企业投资项目负面清单特别监管类的投资项目，中央企业应在履行完企业内部决策程序后、实施前向国资委报送以下材料：

（一）开展项目投资的报告；

（二）企业有关决策文件；

（三）投资项目可研报告（尽职调查）等相关文件；

（四）投资项目风险防控报告；

（五）其他必要的材料。

国资委依据相关法律、法规和国有资产监管规定，从投资项目实施的必要性、对企业经营发展的影响程度、企业投资风险承受能力等方面履行出资人审核把关程序，并对有异议的项目在收到相关材料后 20 个工作日内向企业反馈书面意见。国资委认为有必要时，可委托第三方咨询机构对投资项目进行论证。

第十五条 中央企业应当根据企业发展战略和规划，按照国资委确认的各企业主业、非主业投资比例及新兴产业投资方向，选择、确定投资项目，做好项目融资、投资、管理、退出全过程的研究论证。对于新投资项目，应当深入进行技术、市场、财务和法律等方面的可行性研究与论证，其中股权投资项目应开展必要的尽职调查，并按要求履行资产评估或估值程序。

第十六条 中央企业应当明确投资决策机制，对投资决策实行统一管理，向下授权投资决策的企业管理层级原则上不超过两级。各级投资决策机构对投资项目做出决策，应当形成决策文件，所有参与决策的人员均应在决策文件上签字背书，所发表意见应记录存档。

第四章 投资事中管理

第十七条 国资委对中央企业实施中的重大投资项目进行随机监督检查，重点检查企业重大投资项目决策、执行和效果等情况，对发现的问题向企业进行提示。

第十八条 中央企业应当定期对实施、运营中的投资项目进行跟踪分析，针对外部环境和项目本身情况变化，及时进行再决策。如出现影响投资目的的实现的重大不利变化时，应当研究启动中止、终止或退出机制。中央企业因重大投资项目再决策涉及年度投资计划调整的，应当将调整后的年度投资计划报送国资委。

第十九条 中央企业应当按照国资委要求，分别于每年一、二、三季度终了次月 10 日前将季度投资完成情况通过中央企业投资管理信息系统报送国资委。季度投资完成情况主要包括固定资产投资、股权投资、重大投资项目完成情况，以及需要报告的其他事项等内容。部分重点行业的中央企业应按要求报送季度投资分析情况。

第五章 投资事后管理

第二十条 中央企业在年度投资完成后，应当编制年度投资完成情况报告，并于下一年 1 月 31 日前报送国资委。年度投资完成情况报告包括但不限于以下内容：

（一）年度投资完成总体情况；

（二）年度投资效果分析；

（三）重大投资项目进展情况；

（四）年度投资后评价工作开展情况；

（五）年度投资存在的主要问题及建议。

第二十一条 中央企业应当每年选择部分已完成的重大投资项目开展后评价，形成后评价专项报告。通过项目后评价，完善企业投资决策机制，提高项目成功率和投资收益，总结投资经验，为后续投资活动提供参考，提高投资管理水平。国资委对中央企业投资项目后评价工作进行监督和指导，选择部分重大投资项目开展后评价，并向企业通报后评价结果，对项目开展的有益经验进行推广。

第二十二条 中央企业应当开展重大投资项目专项审计，审计的重点包括重大投资项目决策、投资方向、资金使用、投资收益、投资风险管理等方面。

第六章　投资风险管理

第二十三条　中央企业应当建立投资全过程风险管理体系，将投资风险管理作为企业实施全面风险管理、加强廉洁风险防控的重要内容。强化投资前期风险评估和风控方案制订，做好项目实施过程中的风险监控、预警和处置，防范投资后项目运营、整合风险，做好项目退出的时点与方式安排。

第二十四条　国资委指导督促中央企业加强投资风险管理，委托第三方咨询机构对中央企业投资风险管理体系进行评价，及时将评价结果反馈中央企业。相关中央企业应按照评价结果对存在的问题及时进行整改，健全完善企业投资风险管理体系，提高企业抗风险能力。

第二十五条　中央企业商业性重大投资项目应当积极引入社会各类投资机构参与。中央企业股权类重大投资项目在投资决策前应当由独立第三方有资质咨询机构出具投资项目风险评估报告。纳入国资委债务风险管控的中央企业不得因投资推高企业的负债率水平。

第七章　责任追究

第二十六条　中央企业违反本办法规定，未履行或未正确履行投资管理职责造成国有资产损失以及其他严重不良后果的，依照《中华人民共和国企业国有资产法》《国务院办公厅关于建立国有企业违规经营投资责任追究制度的意见》（国办发〔2016〕63号）等有关规定，由有关部门追究中央企业经营管理人员的责任。对瞒报、谎报、不及时报送投资信息的中央企业，国资委予以通报批评。

第二十七条　国资委相关工作人员违反本办法规定造成不良影响的，由国资委责令其改正；造成国有资产损失的，由有关部门按照干部管理权限给予处分；涉嫌犯罪的，依法移送司法机关处理。

第八章　附　则

第二十八条　本办法由国资委负责解释。

第二十九条　本办法自公布之日起施行。国资委于2006年公布的《中央企业投资监督管理暂行办法》（国资委令第16号）同时废止。

中共中央办公厅、国务院办公厅印发《关于创新政府配置资源方式的指导意见》

（2017年1月13日）

改革开放以来，随着市场化改革的不断深化，市场在资源配置中的作用日益增强，政府配置资源的范围和方式也在不断调整。在社会主义市场经济条件下，政府配置的资源主要是政府代表国家和全民所拥有的自然资源、经济资源和社会事业资源等公共资源。为解决当前政府配置资源中存在的市场价格扭曲、配置效率较低、公共服务供给不足等突出问题，需要从广度和深度上推进市场化改革，大幅度减少政府对资源的直接配置，创新配置方式，更多引入市场机制和市场化手段，提高资源配置的效率和效益。按照党中央、国务院决策部署，现就创新政府配置资源方式提出以下意见。

一、总体要求

（一）指导思想

全面贯彻党的十八大和十八届三中、四中、五中、六中全会精神，以邓小平理论、“三个代表”重要思想、科学发展观为指导，深入贯彻习近平总书记系列重要讲话精神和治国理政新理念新思想新战略，紧紧围绕统筹推进“五位一体”总体布局和协调推进“四个全面”战略布局，主动适应把握引领经济发展新常态，牢固树立和贯彻落实新发展理念，提高政府治理能力和水平，着力推进供给侧结构性改革，使市场在资源配置中起决定性作用和更好发挥政府作用。对于适宜由市场化配置的公共资源，要充分发挥市场机制作用，切实遵循价值规律，建立市场竞争优胜劣汰机制，实现资源配置效益最大化和效率最优化。对于不完全适宜由市场化配置的公共资源，要引入竞争规则，充分体现政府配置资源的引导作用，实现政府与市场作用有效结合。对于需要通过行政方式配置的公共资源，要遵循规律，注重运用市场机制，实现更有效率的公平性和均等化。通过创新公共资源配置方式，促进经济社会持续健康发展。

（二）基本原则

——问题导向、分类施策。针对政府配置资源方式单一、行政性配置手段较多的突出问题，坚持从体制上改革突破，构建科学、合理、规范的公共资源配置长效机制。根据各类公共资源的不同情况和特点，分类分领域创新资源配置方式。

——提高效率、促进公平。正确处理效率与公平的关系，更加注重公共资源配置的公平性，充分发挥市场机制作用，拓展竞争性配置的公共资源范围，以资源配置方式创新推动实现公平配置基础上的效率提升，努力实现全体人民公平分享公共资源收益。

——平台整合、信息共享。整合分散设立的各类公共资源交易平台，立足公共服务职能定位，完善管理规则，优化市场环境，着力构建规则统一、公开透明、服务高效、监督规范的公共资源交易平台体系。依托大数据、云计算等信息技术，加快推进交易全过程电子化，实现交易全流程公开透明和信息共享。

——依法依规、创新监管。坚持运用法治思维和法治方式，着力健全规划、产权、监管等各方面制度，推动各类公共资源依法依规、公开透明配置。严格区分政府资源配置职能和监管职能，创新资源配置监管方式，实现对公共资源配置的动态和全程监管。

（三）改革目标

创新政府配置资源方式，自然资源方面要以建立产权制度为基础，实现资源有偿获得和使用；经济资源方面（主要指金融类和非金融类经营性国有资产）要突出国有资本的内在要求，明确委托代理关系的制度安排，建立健全国有资本形态转换机制；社会事业资源方面（主要指非经营性国有资产）要引入市场化手段和方法，实现更有效率的公平性和均等化，促进公共资源配置更高效、更公平、更可持续。

到2020年，公共资源产权制度进一步健全，形成合理的资源收益分配机制，资源所有者权益得到进一步保障；行政性配置范围进一步厘清，结构进一步优化，市场配置资源的决定性作用明显增强；以目录管理、统一平台、规范交易、全程监管为主要内容的新型资源配置体系基本建立，资源配置过程公开公平公正，公共资源配置的效益和效率显著提高。

二、创新自然资源配置方式

法律明确规定由全民所有的土地、矿藏、水流、森林、山岭、草原、荒地、海域、无居民海岛、滩涂等自然资源，建立明晰的产权制度、健全管理体制，对无线电频率等非传统自然资源，推进市场化配置进程，完善资源有偿使用制度。

（四）建立健全自然资源产权制度

坚持资源公有、物权法定，明确全部国土空间各类自然资源资产的产权主体。对水流、森林、山岭、草原、荒地、滩涂等所有自然生态空间统一进行确权登记。区分全民所有和集体所有，明确国家对全民所有的自然资源的所有者权益。除具有重要生态功能及农牧民从事农牧业生产必需的资源外，可推动自然资源资产所有权和使用权相分离，明确自然资源所有权、使用权等产权归属关系和权责，适度扩大使用权的出让、转让、出租、担保、入股等权能。

（五）健全国家自然资源资产管理体制

区分自然资源资产所有者和监管者职能，健全国家自然资源资产管理体制，依照法律规定，由国务院代表国家行使所有权，探索建立分级代理行使所有权的体制。划清全民所有、不同层级政府行使所有权的边界，按照不同资源种类和在生态、经济、国防等方面的重要程度，研究实行中央和地方政府分级代理行使所有权职责体制。完善自然资源监管体制，强化各自然资源管理部门监管职能，使自然资源资产所有者和监管者相互独立、相互配合、相互监督。

（六）完善自然资源有偿使用制度

建立健全全民所有自然资源的有偿使用制度，更多引入竞争机制进行配置，完善土地、水、矿产资源和海域有偿使用制度，探索推进国有森林、国有草原、无居民海岛有偿使用。在充分考虑资源所有者权益和生态环境损害成本基础上，完善自然资源及其产品价格形成机制。发挥资源产出指标、使用强度指标及安全标准等的标杆作用，促进资源公平出让、高效利用。

（七）发挥空间规划对自然资源配置的引导约束作用

以主体功能区规划为基础，整合各部门分头编制的各类空间性规划，编制统一的空间规划，合理布局城镇空间、农业空间和生态空间，划定城镇开发边界、永久基本农田和生态保护红线，科学配置和严格管控各类自然资源。健全国土空间用途管制制度，将开发强度指标分解到各县级行政区，控制建设用地总量。将用途管制扩大到所有自然生态空间，确定林地、草原、河流、湖泊、湿地、荒漠等的保护边界，严禁任意改变用途。

（八）推进无线电频率、空域等资源优化配置

对地面公众移动通信使用频率等商用无线电频率、电信网码号等资源，要逐步探索引入招投标、拍卖等竞争性方式进行配置。优化空域资源配置，提高空域资源配置使用效率，增加民航可用空域，深化低空空域管理改革。

三、创新经营性国有资产配置方式

对于金融类和非金融类经营性国有资产，要建立健全以管资本为主的国有资产管理体制，优化国有资本布局，推动国有资本合理流动、有序进退和优化配置，提高国有资本配置效率和效益。

（九）优化国有资本布局

紧紧围绕服务国家战略，统筹规划国有资本战略布局，建立动态调整机制。落实国家产业政策和重点产业布局调整总体要求，优化国有资本重点投向和领域，推动国有资本向关系国家安全、国民经济命脉和国计民生的重要行业和关键领域、重点基础设施集中，向前瞻性战略性产业集中，向具有核心竞争力的优势企业集中。完善国有资本退出机制，研究国家持股金融机构的合理比例，对系统重要性金融机构保持控制力，对其他机构按照市场化原则优化股权结构，激发社会资本活力。

（十）完善国有资本授权经营体制

建立以管资本为主的国有资产监管体系，改革国有资本授权经营体制，改组组建国有资本投资、运营公司，开展政府直接授权国有资本投资、

运营公司履行出资人职责的试点。国有资本投资、运营公司通过开展投资融资、产业培育、资本整合等，优化国有资本布局结构；通过股权运作、价值管理、有序进退，促进国有资本合理流动，实现保值增值。国有资本投资、运营公司作为国有资本市场化运作的专业平台，依法自主开展国有资本运作，对所出资企业行使股东职责，按照责权对应原则切实承担起国有资产保值增值责任。

（十一）建立健全国有资本形态转换机制

坚持以管资本为主，以提高国有资本流动性为目标，积极推动经营性国有资产证券化。建立健全优胜劣汰市场化退出机制，加快处置低效无效资产，支持企业依法合规通过证券交易、产权交易等市场，以市场公允价格处置国有资产，实现国有资本形态转换，用于国家长远战略、宏观调控以及保障基本民生的需要，更好服务于国家发展目标。

（十二）规范经营性国有资产处置和收益分配

企业重大资产转让应依托统一的公共资源交易平台公开进行。重大经营性国有资产出租、出借要引入市场机制，做到公开、公正、透明。建立覆盖全部国有企业、分级管理的国有资本经营预算管理制度，国有资本收益和国有资产处置等非税收入，必须按规定及时足额上缴国库并纳入政府预算，更多用于保障和改善民生，国家另有规定的从其规定。逐步提高国有资本收益上缴公共财政比例，划转部分国有资本充实社保基金。

（十三）强化国有资本基础管理

守住防止国有资产流失的底线。强化国有产权流转环节监管，创新监管方式和手段，协同推进监管工作，按照收放有度要求，实现维护出资人权益和尊重企业自主经营权的有效结合。

四、创新非经营性国有资产配置方式

对用于实施公共管理和提供公共服务目的的非经营性国有资产，坚持公平配置原则，积极引入竞争机制提高配置效率，提高基本公共服务的可及性、公平性。

（十四）推进政事分开、管办分离

区分政府作为资源配置者和行业监管者的不同职能，创新和改进政府直接配置资源的方式，强化教育、医疗、养老、文化、体育等部门的行业监管职能。放开相关行业市场准入，放松价格管制，促进公平竞争。区分基本与非基本公共服务，理顺政府与事业单位在基本公共服务供给中的关系，推进政事分开、事企分开、管办分离。创新与事业单位运行相适应的制度体系，健全事业单位法人治理结构。

（十五）推进基本公共服务均等化

围绕均等化、标准化、法治化，加快健全国家基本公共服务制度，制定国家基本公共服务清单，动态调整服务项目和标准，促进城乡区域间服务项目和标准有机衔接，推动基本公共服务公平共享。合理确定各级政府的财政事权和支出责任。加强基本公共服务资源均衡配置，推动基层基本公共服务资源优化整合，提高服务效率。

（十六）创新公共服务供给方式

建立政府主导、社会参与、自主运行、公众监督的多元化公共服务供给体制。各地区各部门可以根据需要和财力状况，通过特许经营、政府购买服务等方式，扩大和改善公共产品和服务供给。推进公益类事业单位改革，强化公益属性，创新体制机制，提高供给质量和效益。制定发布政府购买服务指导性目录，引入竞争机制，提高财政资金使用效率。采取人员培训、项目指导、公益创投等多种途径和方式，提升事业单位、企业和社会组织承接政府购买服务能力。

（十七）推进非经营性国有资产整合与共享

在清产核资、界定产权的基础上，进一步打破部门行政化分割，构建共享平台，实现公共科技、教育、医疗、文化等资源开放共享。建立资产共享共用与资产绩效、资产配置、单位预算挂钩的联动机制，避免资产重复配置、闲置浪费。对行政事业单位超标准配置、低效运转或者长期闲置资产，要建立完善的调剂机制，有效盘活存量资产，实现高效利用。按规定程序报经批准后，允许将部分闲置的非经营性国有资产转为经营性国有资产。

（十八）推进行政事业单位资产规范管理

依据行政事业单位职能及其工作性质，按完成职能的最低限度和最优标准配置资产。制定行政事业单位资产配置标准体系，针对通用、专用资产实施不同的配置标准。严格非经营性国有资产建设项目审批，强化预算约束和财政拨款控制，符合预算管理规定的非经营性国有资产配置涉及的管理费用支出具体安排应编入预决算，经同级人民代表大会或其常务委员会审议批准后应向社会公开。建立健全全方位、多层次的资产管理和监督体系，建立工作机制，加强资产使用、处置和收益管理，确保规范高效使用、公开透明处置，确保资产处置收入和出租、出借收入应收尽收，防止国有资产流失。

五、创新资源配置组织方式

着眼于各类资源的整合管理和高效利用，依托国家公共资源交易服务平台，加强清查核算和综合管理，创新服务方式，构建新型组织和服务体系。

（十九）建立公共资源目录清单

结合编制权责发生制政府综合财务报告制度中的资产负债表、自然资源资产负债表，全面开展公共资源清查，系统梳理现有政府配置公共资源的数量和范围、各项资源产权归属、市场化配置情况以及监管主体、监管制度等。对公共资源进行适当分类并按类逐项登记，明确资源底数。建立完善的资源申报、登记、调整、公开和报告制度，资源清单根据资源变动进行动态调整、及时更新。

（二十）加快推进公共资源交易全过程电子化

按照国务院办公厅印发的《整合建立统一的公共资源交易平台工作方案》精神，推动公共资源交易全过程电子化，充分发挥信息技术在提高交易效率和透明度，节约资源和交易成本，解决公共资源配置领域突出问题方面的优势，实现公共资源交易平台从依托有形场所向以电子化平台为主转变，为市场主体和社会公众服务，为行政监督部门依法履职提供便利。积极稳妥推进公共资源电子交易系统市场化竞争，引导市场主体参与平台服务供给。做好国家公共资源交易平台和不动产统一登记平台的对接和数据共享。

（二十一）完善市场交易机制

在摸清底数的基础上，对政府配置资源中应该或可以通过市场化方式配置的资源，按照应进必进、能进必进的原则，严格将其纳入统一的公共资源交易平台进行规范交易，采取招拍挂或其他方式进行配置。针对不同公共资源特点，明确交易基本规则，准确评估资源价值，严格规范交易程序，确保交易过程公开公平公正。培育资源价值评估的专业人才队伍，完善相关技术标准体系。

（二十二）建立健全信息服务机制

推动各级公共资源交易平台加大信息公开力度，依法公开交易公告、资格审查结果、成交、履约及变更等信息。加快建立市场信息共享数据库和验证互认机制，逐步实现市场主体登记注册信息全国范围内共享互认。建立公共资源交易市场主体信用信息库，实现市场主体信用信息共享。加强公共资源交易数据统计分析、综合利用和风险监测预警，为市场主体、社会公众和行政监管部门提供信息服务。

六、创新资源配置监管方式

全面履行政府监管职能，转变监管理念，坚持运用法治思维和法治方式，创新监管机制和监管方式，构建依法监管与信用激励约束、政府监管与社会监督相结合的新型监管格局。

（二十三）加强和完善信用监管

加快推进社会信用体系建设，建立健全市场主体信用评价制度，建立信用信息互通共享机制，完善全国信用信息共享平台，健全守信联合激励和失信联合惩戒机制。充分发挥信用管理在事中事后监管中的作用，将市场主体参与公共资源交易活动的信用信息作为实施监管的重要依据，建立失信黑名单制度，强化信用约束。

（二十四）加强和完善协同监管

在理顺各部门监管职责、落实执法责任的基础上，以加强市场监管为重点，建立健全行业主管部门监管、国有资产监管与行政审批、司法、监察、审计监督等衔接机制，建立跨部门、跨区域执法协作机制，推动实现各部门和地区之间监管资源共享、联动预防监控、联动检查处理，形成各司其职、各负其责、横向协调、纵向联通的协同监管新格局。

（二十五）加强和完善动态在线监管

运用互联网和大数据技术，依托政务服务网上平台，对公共资源配置项目规划、评估、审核、交易、收支等过程实施电子化行政监督，全面记录各市场主体、服务机构、监管机构信息，形成来源可溯、去向可查、监督留痕、责任可究的完整信息链条，实现实时动态监管和在线即时监督监测。

（二十六）加强和完善全过程监管

严格执行招标投标法、政府采购法等法律法规，规范招标人、投标人、评价人、中介机构等相关方行为，依法依规公开相关信息，确保公共资源配置全过程公开透明。强化惩戒措施，依法纠正和查处违法违规行为，并及时向社会公布。

七、强化组织领导和实施保障

（二十七）加强组织领导

各地区各部门要充分认识创新政府配置资源方式改革的重要性，把创新政府配置资源方式列入重要工作日程，完善工作机制，明确和落实责任分工。强化舆论引导，大力宣传和解读创新政府配置资源方式的重要意义和政策措施。加强调查研究、政策指导和工作协调，及时掌握和研究解决资源配置改革中的困难和问题。强化督查考核，建立科学的绩效考核制度，对公共资源配置情况定期开展绩效评估和综合性考核。

（二十八）鼓励开展改革探索

创新政府配置资源方式涉及面广，情况复杂，各地区各部门要结合工作实际，积极开展改革探索，建立健全有效推进改革的问责、容错和纠偏机制。在维护全国统一大市场的前提下，支持各地区在新型城镇化、国资国企改革、区域性金融市场和金融机构、房地产税、养老和医疗保障等方面探索创新。各省（自治区、直辖市）可根据经济社会发展需要，将部分经营性国有资产由实物形态转变为资本形态，将部分统筹使用后仍闲置的非经营性国有资产转为经营性国有资产，其经营收益或出让变现所得上缴财政，统筹用于保障和改善民生。认真总结各地区在实践中的经验做法，及时加以推广。

（二十九）建立健全法律法规

健全政府配置资源相关法律法规和规章，加大法律法规立改废释工作力度，着力完善资源产权制度，调整相关法律法规中有关市场准入、市场主体资格、行政许可等方面不符合市场化改革方向的规定，明确资源所有者权益，健全资源产权占有、使用、收益、处分制度。根据创新政府配置资源方式需要，加快修订完善涉及自然资源、经济资源、社会事业资源配置等方面法律法规。加快制定有关产权保护、社会信用、公平竞争等方面法律法规。

（三十）完善相关配套制度

根据法律法规的制定和修改情况，加快完善市场准入和退出、交易规则、公平竞争、特许经营等方面的配套制度，协同推进行政审批、财税、金融、投资、价格、国有企事业单位等各方面改革。加快制定完善自然资源、公共服务领域专项规划，科学建立公共服务和公共设施配置定额指标、资源开发强度指标、使用效率指标、效益评价指标，合理确定并公布指标标准，指导和引导地方各级政府和市场主体合理配置资源。建立健全促进资源节约集约利用、资源管理责任以及政府考核、激励、监督等方面制度。建立健全资源配置信息公开和公众参与制度，资源配置目标、原则、程序、配置结果等信息，除涉及国家安全内容外，要一律向社会公开，充分发挥社会公众和第三方专业机构在创新政府配置资源方式工作中的积极作用。

国务院办公厅关于进一步完善国有企业法人治理结构的指导意见

国办发〔2017〕36号

各省、自治区、直辖市人民政府，国务院各部委、各直属机构：

完善国有企业法人治理结构是全面推进依法治企、推进国家治理体系和治理能力现代化的内在要求，是新一轮国有企业改革的重要任务。当前，多数国有企业已初步建立现代企业制度，但从实践情况看，现代企业制度仍不完善，部分企业尚未形成有效的法人治理结构，权责不清、约束不够、缺乏制衡等问题较为突出，一些董事会形同虚设，未能发挥应有作用。根据《中共中央、国务院关于深化国有企业改革的指导意见》等文件精神，为改进国有企业法人治理结构，完善国有企业现代企业制度，经国务院同意，现提出以下意见：

一、总体要求

（一）指导思想

全面贯彻党的十八大和十八届三中、四中、五中、六中全会精神，深入贯彻习近平总书记系列重要讲话精神和治国理政新理念新思想新战略，认真落实党中央、国务院决策部署，统筹推进“五位一体”总体布局和协调推进“四个全面”战略布局，牢固树立和贯彻落实创新、协调、绿色、开放、共享的发展理念，从国有企业实际情况出发，以建立健全产权清晰、权责明确、政企分开、管理科学的现代企业制度为方向，积极适应国有企业改革的新形势新要求，坚持党的领导、加强党的建设，完善体制机制，依法规范权责，根据功能分类，把握重点，进一步健全各司其职、各负其责、协调运转、有效制衡的国有企业法人治理结构。

（二）基本原则

1. 坚持深化改革。尊重企业市场主体地位，遵循市场经济规律和企业发展规律，以规范决策机制和完善制衡机制为重点，坚持激励机制与约束机制相结合，体现效率原则与公平原则，充分调动企业家积极性，提升企业的市场化、现代化经营水平。

2. 坚持党的领导。落实全面从严治党战略部署，把加强党的领导和完善公司治理统一起来，明确国有企业党组织在法人治理结构中的法定地位，发挥国有企业党组织的领导核心和政治核心作用，保证党组织把方向、管大局、保落实。坚持党管干部原则与董事会依法选择经营管理者、经营管理者依法行使用人权相结合，积极探索有效实现形式，完善反腐倡廉制度体系。

3. 坚持依法治企。依据《中华人民共和国公司法》《中华人民共和国企业国有资产法》等法律法规，以公司章程为行为准则，规范权责定位和行权方式；法无授权，任何政府部门和机构不得干预企业正常生产经营活动，实现深化改革与依法治企的有机统一。

4. 坚持权责对等。坚持权利义务责任相统一，规范权力运行、强化权利责任对等，改革国有资本授权经营体制，深化权力运行和监督机制改革，构建符合国情的监管体系，完善履职评价和责任追究机制，对失职、渎职行为严格追责，建立决策、执行和监督环节的终身责任追究制度。

（三）主要目标

2017年年底前，国有企业公司制改革基本完成。到2020年，党组织在国有企业法人治理结构中的法定地位更加牢固，充分发挥公司章程在企业治理中的基础作用，国有独资、全资公司全面建立外部董事占多数的董事会，国有控股企业实行外部董事派出制度，完成外派监事会改革；充分发挥企业家作用，造就一大批政治坚定、善于经营、充满活力的董事长和职业经理人，培育一支德才兼备、业务精通、勇于担当的董事、监事队伍；党风廉政建设主体责任和监督责任全面落实，企业民主监督和管理明显改善；遵循市场经济规律和企业发展规律，使国有企业成为依法自主经营、自负盈亏、自担风险、自我约束、自我发展的市场主体。

二、规范主体权责

健全以公司章程为核心的企业制度体系，充分发挥公司章程在企业治理中的基础作用，依照法律法规和公司章程，严格规范履行出资人职责的机构（以下简称出资人机构）、股东会（包括股东大会，下同）、董事会、经理层、监事会、党组织和职工代表大会的权责，强化权利责任对等，保障有效履职，完善符合市场经济规律和我国国情的国有企业法人治理结构，进一步提升国有企业运行效率。

（一）理顺出资人职责，转变监管方式

1. 股东会是公司的权力机构。股东会主要依据法律法规和公司章程，通过委派或更换董事、监事（不含职工代表），审核批准董事会、监事会年度工作报告，批准公司财务预决算、利润分配方案等方式，对董事会、监事会以及董事、监事的履职情况进行评价和监督。出资人机构根据本级人民政府授权对国家出资企业依法享有股东权利。

2. 国有独资公司不设股东会，由出资人机构依法行使股东会职权。以管资本为主改革国有资本授权经营体制，对直接出资的国有独资公司，出资人机构重点管好国有资本布局、规范资本运作、强化资本约束、提高资本回报、维护资本安全。对国有全资公司、国有控股企业，出资人机构主要依据股权份额通过参加股东会议、审核需由股东决定的事项、与其他股东协商作出决议等方式履行职责，除法律法规或公司章程另有规定外，不得干预企业自主经营活动。

3. 出资人机构依据法律法规和公司章程规定行使股东权利、履行股东义务，有关监管内容应依法纳入公司章程。按照以管资本为主的要求，出资人机构要转变工作职能、改进工作方式，加强公司章程管理，清理有关规章、规范性文件，研究提出出资人机构审批事项清单，建立对董事会重大决策的合规性审查机制，制定监事会建设、责任追究等具体措施，适时制定国有资本优先股和国家特殊管理股管理办法。

（二）加强董事会建设，落实董事会职权

1. 董事会是公司的决策机构，要对股东会负责，执行股东会决定，依照法定程序和公司章程授权决定公司重大事项，接受股东会、监事会监督，认真履行决策把关、内部管理、防范风险、深化改革等职责。国有独资公司要依

法落实和维护董事会行使重大决策、选人用人、薪酬分配等权利，增强董事会的独立性和权威性，落实董事会年度工作报告制度；董事会应与党组织充分沟通，有序开展国有独资公司董事会选聘经理层试点，加强对经理层的管理和监督。

2. 优化董事会组成结构。国有独资、全资公司的董事长、总经理原则上分设，应均为内部执行董事，定期向董事会报告工作。国有独资公司的董事长作为企业法定代表人，对企业改革发展负首要责任，要及时向董事会和国有股东报告重大经营问题和经营风险。国有独资公司的董事对出资人机构负责，接受出资人机构指导，其中外部董事人选由出资人机构商有关部门提名，并按照法定程序任命。国有全资公司、国有控股企业的董事由相关股东依据股权份额推荐派出，由股东会选举或更换，国有股东派出的董事要积极维护国有资本权益；国有全资公司的外部董事人选由控股股东商其他股东推荐，由股东会选举或更换；国有控股企业应有一定比例的外部董事，由股东会选举或更换。

3. 规范董事会议事规则。董事会要严格实行集体审议、独立表决、个人负责的决策制度，平等充分发表意见，一人一票表决，建立规范透明的重大事项信息公开和对外披露制度，保障董事会会议记录和提案资料的完整性，建立董事会决议跟踪落实以及后评估制度，做好与其他治理主体的联系沟通。董事会应当设立提名委员会、薪酬与考核委员会、审计委员会等专门委员会，为董事会决策提供咨询，其中薪酬与考核委员会、审计委员会应由外部董事组成。改进董事会和董事评价办法，完善年度和任期考核制度，逐步形成符合企业特点的考核评价体系及激励机制。

4. 加强董事队伍建设。开展董事任前和任期培训，做好董事派出和任期管理工作。建立完善外部董事选聘和管理制度，严格资格认定和考试考察程序，拓宽外部董事来源渠道，扩大专职外部董事队伍，选聘一批现职国有企业负责人转任专职外部董事，定期报告外部董事履职情况。国有独资公司要健全外部董事召集人制度，召集人由外部董事定期推选产生。外部董事要与出资人机构加强沟通。

（三）维护经营自主权，激发经理层活力

1. 经理层是公司的执行机构，依法由董事会聘任或解聘，接受董事会管理和监事会监督。总经理对董事会负责，依法行使管理生产经营、组织实施董事会决议等职权，向董事会报告工作，董事会闭会期间向董事长报告工作。

2. 建立规范的经理层授权管理制度，对经理层成员实行与选任方式相匹配、与企业功能性质相适应、与经营业绩相挂钩的差异化薪酬分配制度，国有独资公司经理层逐步实行任期制和契约化管理。根据企业产权结构、市场化程度等不同情况，有序推进职业经理人制度建设，逐步扩大职业经理人队伍，有序实行市场化薪酬，探索完善中长期激励机制，研究出台相关指导意见。国有独资公司要积极探索推行职业经理人制度，实行内部培养和外部引进相结合，畅通企业经理层成员与职业经理人的身份转换通道。开展出资人机构委派国有独资公司总会计师试点。

（四）发挥监督作用，完善问责机制

1. 监事会是公司的监督机构，依照有关法律法规和公司章程设立，对董事会、经理层成员的职务行为进行监督。要提高专职监事比例，增强监事会的独立性和权威性。对国有资产监管机构所出资企业依法实行外派监事会制度。外派监事会由政府派出，负责检查企业财务，监督企业重大决策和关键环节以及董事会、经理层履职情况，不参与、不干预企业经营管理活动。

2. 健全以职工代表大会为基本形式的企业民主管理制度，支持和保证职工代表大会依法行使

职权，加强职工民主管理与监督，维护职工合法权益。国有独资、全资公司的董事会、监事会中须有职工董事和职工监事。建立国有企业重大事项信息公开和对外披露制度。

3. 强化责任意识，明确权责边界，建立与治理主体履职相适应的责任追究制度。董事、监事、经理层成员应当遵守法律法规和公司章程，对公司负有忠实义务和勤勉义务；要将其信用记录纳入全国信用信息共享平台，违约失信的按规定在“信用中国”网站公开。董事应当出席董事会会议，对董事会决议承担责任；董事会决议违反法律法规或公司章程、股东会决议，致使公司遭受严重损失的，应依法追究有关董事责任。经理层成员违反法律法规或公司章程，致使公司遭受损失的，应依法追究有关经理层成员责任。执行董事和经理层成员未及时向董事会或国有股东报告重大经营问题和经营风险的，应依法追究相关人员责任。企业党组织成员履职过程中有重大失误和失职、渎职行为的，应按照党组织有关规定严格追究责任。按照“三个区分开来”的要求，建立必要的改革容错纠错机制，激励企业领导人员干事创业。

（五）坚持党的领导，发挥政治优势

1. 坚持党的领导、加强党的建设是国有企业的独特优势。要明确党组织在国有企业法人治理结构中的法定地位，将党建工作总体要求纳入国有企业章程，明确党组织在企业决策、执行、监督各环节的权责和工作方式，使党组织成为企业法人治理结构的有机组成部分。要充分发挥党组织的领导核心和政治核心作用，领导企业思想政治工作，支持董事会、监事会、经理层依法履行职责，保证党和国家方针政策的贯彻执行。

2. 充分发挥纪检监察、巡视、审计等监督作用，国有企业董事、监事、经理层中的党员每年要定期向党组（党委）报告个人履职和廉洁自律情况。上级党组织对国有企业纪检组组长（纪委书记）实行委派制度和定期轮岗制度，纪检组组长（纪委书记）要坚持原则、强化监督。纪检组组长（纪委书记）可列席董事会和董事会专门委员会的会议。

3. 积极探索党管干部原则与董事会选聘经营管理人员有机结合的途径和方法。坚持和完善双向进入、交叉任职的领导体制，符合条件的国有企业党组（党委）领导班子成员可以通过法定程序进入董事会、监事会、经理层，董事会、监事会、经理层成员中符合条件的党员可以依照有关规定和程序进入党组（党委）；党组（党委）书记、董事长一般由一人担任，推进中央企业党组（党委）专职副书记进入董事会。在董事会选聘经理层成员工作中，上级党组织及其组织部门、国有资产监管机构党委应当发挥确定标准、规范程序、参与考察、推荐人选等作用。积极探索董事会通过差额方式选聘经理层成员。

三、做好组织实施

（一）及时总结经验，分层有序实施

在国有企业建设规范董事会试点基础上，总结经验、完善制度，国务院国资委监管的中央企业要依法改制为国有独资公司或国有控股公司，全面建立规范的董事会。国有资本投资、运营公司法人治理结构要“一企一策”地在公司章程中予以细化。其他中央企业和地方国有企业要根据自身实际，由出资人机构负责完善国有企业法人治理结构。

（二）精心规范运作，做好相互衔接

国有企业要按照完善法人治理结构的要求，全面推进依法治企，完善公司章程，明确内部组织机构的权利、义务、责任，实现各负其责、规范运作、相互衔接、有效制衡。国务院国资委要会同有关部门和单位抓紧制定国有企业公司章程审核和批准管理办法。

金融、文化等国有企业的改革，中央另有规定的依其规定执行。

国务院国资委以管资本为主推进职能转变方案

国办发〔2017〕38号

党的十八大以来，国务院国资委认真贯彻落实党中央、国务院关于深化国有企业改革的决策部署，准确把握国有资产监管机构的出资人代表职责定位，坚定不移深化国有企业改革，探索完善国有资产监管体制机制，积极推进国有企业结构调整、创新发展，为实现国有资产保值增值、防止国有资产流失、发展壮大国有经济做出了积极贡献。但与此同时，国有资产监督机制尚不健全，国有资产监管中越位、缺位、错位问题依然存在，亟需加快调整优化监管职能和方式，推进国有资产监管机构职能转变，进一步提高国有资本运营和配置效率。按照《中共中央、国务院关于深化国有企业改革的指导意见》《国务院关于改革和完善国有资产管理体制的若干意见》（国发〔2015〕63号）有关要求，制定本方案。

一、总体要求

（一）指导思想

全面贯彻党的十八大和十八届二中、三中、四中、五中、六中全会精神，深入学习贯彻习近平总书记系列重要讲话精神和治国理政新理念新思想新战略，坚持党的领导不动摇，统筹推进“五位一体”总体布局和协调推进“四个全面”战略布局，牢固树立和贯彻落实创新、协调、绿色、开放、共享的发展理念，按照深化简政放权、放管结合、优化服务改革的要求，依法履行职责，以管资本为主加强国有资产监管，以提高国有资本效率、增强国有企业活力为中心，明确监管重点，精简监管事项，优化部门职能，改进监管方式，全面加强党的建设，进一步提高监管的科学性、针对性和有效性，加快实现以管企业为主向以管资本为主的转变。

（二）基本原则

坚持准确定位。按照政企分开、政资分开、所有权与经营权分离要求，科学界定国有资产出资人监管的边界，国务院国资委作为国务院直属特设机构，根据授权代表国务院依法履行出资人职责，专司国有资产监管，不行使社会公共管理职能，不干预企业依法行使自主经营权。

坚持依法监管。按照有关法律法规规定，建立和完善出资人监管的权力和责任清单，健全监管制度体系，重点管好国有资本布局、规范资本运作、提高资本回报、维护资本安全。全面加强国有资产监督，充实监督力量，完善监督机制，严格责任追究，切实防止国有资产流失。

坚持搞活企业。遵循市场经济规律和企业发展规律，突出权责一致，确保责任落实，将精简监管事项与完善国有企业法人治理结构相结合，依法落实企业法人财产权和经营自主权，激发企业活力、创造力和市场竞争力，打造适应市场竞争要求、以提高核心竞争力和资源配置效率为目标的现代企业。

坚持提高效能。明确国有资产监管重点，调整优化监管职能配置和组织设置，改进监管方式和手段，整合监管资源，优化监管流程，提高监管效率，加强监管协同，推进监管信息共享和动态监管，实现依法监管、分类监管、阳光监管。

坚持党的领导。坚持党对国有企业政治领导、思想领导、组织领导的有机统一，发挥国有企业党组织的领导核心和政治核心作用，把方向、管大局、保落实。健全完善党建工作责任制，落实党建工作主体责任，为国有企业改革发展提供坚强有力的政治保证、组织保证和人才支撑。

二、调整优化监管职能

按照职权法定、规范行权的要求，调整、精简、优化监管职能，将强化出资人监管与落实管党治党责任相结合、落实保值增值责任与搞活企业相结合，做好整合监管职能与优化机构设置的衔接，强化 3 项管资本职能，精简 43 项监管事项，整合三方面相关职能。加大简政放权力度，更好维护企业市场主体地位，推动完善现代企业制度，健全各司其职、各负其责、协调运转、有效制衡的国有企业法人治理结构。坚持权力和责任相统一、相匹配，层层建立权力和责任清单，确保企业接住管好精简的监管事项，体现国资监管要求，落实保值增值责任。按照全面从严治党战略部署，严格落实管党治党责任，全面加强国有企业党的建设，保证党和国家方针政策、重大部署在国有企业贯彻执行。

（一）强化管资本职能，落实保值增值责任

完善规划投资监管。服从国家战略和重大决策，落实国家产业政策和重点产业发展总体要求，调整优化国有资本布局，加大对中央企业投资的规划引导力度，加强对发展战略和规划的审核，制定并落实中央企业国有资本布局结构整体规划。改进投资监管方式，通过制定中央企业投资负面清单、强化主业管理、核定非主业投资比例等方式，管好投资方向，根据投资负面清单探索对部分企业和投资项目实施特别监管制度。落实企业投资主体责任，完善投资监管制度，开展投资项目第三方评估，防止重大违规投资，依法依规追究违规责任。加强对中央企业国际化经营的指导，强化境外投资监管体系建设，加大审核把关力度，严控投资风险。

突出国有资本运营。围绕服务国家战略目标和优化国有资本布局结构，推动国有资本优化配置，提升国有资本运营效率和回报水平。牵头改组组建国有资本投资、运营公司，实施资本运作，采取市场化方式推动设立国有企业结构调整基金、国有资本风险投资基金、中央企业创新发展投资引导基金等相关投资基金。建立健全国有资本运作机制，组织、指导和监督国有资本运作平台开展资本运营，鼓励国有企业追求长远收益，推动国有资本向关系国家安全、国民经济命脉和国计民生的重要行业和关键领域、重点基础设施集中，向前瞻性战略性产业集中，向具有核心竞争力的优势企业集中。

强化激励约束。实现业绩考核与薪酬分配协同联动，进一步发挥考核分配对企业发展的导向作用，实现“业绩升、薪酬升，业绩降、薪酬降”。改进考核体系和办法，突出质量效益与推动转型升级相结合，强化目标管理、对标考核、分类考核，对不同功能定位、不同行业领域、不同发展阶段的企业实行差异化考核。严格贯彻落实国有企业负责人薪酬制度改革相关政策，建立与选任方式相匹配、与企业功能性质相适应、与经营业绩相挂钩的差异化薪酬分配办法。

（二）加强国有资产监督，防止国有资产流失

坚持出资人管理和监督的有机统一。健全规范国有资本运作、防止国有资产流失的监管制度，加强对制度执行情况的监督检查。增加监督专门力量，分类处置和督办发现的问题，组织开展国有资产重大损失调查，形成发现、调查、处理问题的监督工作闭环。进一步强化监督成果在业绩考核、薪酬分配、干部管理等方面的运用。

强化外派监事会监督。进一步加强和改进监事会监督，完善监督工作体制机制，明确外派监事会由政府派出、作为出资人监督专门力量的职

责定位。突出监督重点，围绕企业财务和重大决策、运营过程中可能造成国有资产流失的事项和关键环节以及董事会和经理层依法依规履职情况等重点，着力强化当期和事中监督。改进监事会监督方式，落实外派监事会纠正违规决策、罢免或者调整领导人员的建议权，建立外派监事会可追溯、可量化、可考核、可问责的履职记录制度，提升监督效能。

严格落实责任。建立健全违法违规经营投资责任追究制度体系，完善责任倒查和追究机制，构建权责清晰、约束有效的经营投资责任体系。加大对违法违规经营投资责任的追究力度，综合运用组织处理、经济处罚、禁入限制、党纪政纪处分和追究刑事责任等手段，依法依规查办违法违规经营投资导致国有资产重大损失的案件。

（三）精简监管事项，增强企业活力

取消一批监管事项。严格按照出资关系界定监管范围。减少对企业内部改制重组的直接管理，不再直接规范上市公司国有股东行为，推动中央企业严格遵守证券监管规定。减少薪酬管理事项，取消中央企业年金方案、中央企业子企业分红权激励方案审批，重点加强事后备案和规范指导。减少财务管理事项，取消与借款费用、股份支付、应付债券等会计事项相关的会计政策和会计估计变更事前备案，重点管控企业整体财务状况。取消中央企业职工监事选举结果、工会组织成立和工会主席选举等事项审批，由企业依法自主决策。

下放一批监管事项。将延伸到中央企业子企业和地方国有企业的管理事项，原则上归位于企业集团和地方国资委。将中央企业所持有部分非上市股份有限公司的国有股权管理方案和股权变动事项，企业集团内部国有股东所持有上市公司股份流转、国有股东与上市公司非重大资产重组、国有股东通过证券交易系统转让一定比例或数量范围内所持有上市公司股份等事项以及中央企业子企业股权激励方案的审批权限，下放给企业集团。国有企业要进一步明确各治理主体行权履职边界，层层落实责任，确保国有资产保值增值。落实国家所有、分别代表原则，将地方国有上市公司的国有股权管理事项的审批权限下放给省级国资委。

授权一批监管事项。结合落实董事会职权等试点工作，将出资人的部分权利授权试点企业董事会行使，同时健全完善制度规范，切实加强备案管理和事后监督。依法将中央企业五年发展战略规划制定权授予试点企业董事会，进一步落实试点企业董事会对经理层成员选聘、业绩考核、薪酬管理以及企业职工工资总额管控、重大财务事项管理的职权，充分发挥董事会的决策作用。试点企业董事会要进一步健全和规范决策制度，明确授权事项在企业内部的决策、执行、监督机制，落实相应责任，严格责任追究。

移交一批社会公共管理事项。落实政资分开原则，立足国有资产出资人代表职责定位，全面梳理配合承担的社会公共管理职能，结合工作实际，提出分类处理建议，交由相关部门和单位行使。

（四）整合相关职能，提高监管效能

整合国有企业改革职能。对承担的企业重组整合、结构优化、改制上市、规范董事会建设以及解决历史遗留问题等职能进行统筹整合，集中力量加大对改革改制、管理创新和商业模式创新的指导服务力度，加快完善现代企业制度。

整合经济运行监测职能。集中统一开展财务动态监测和经济运行分析，综合分析行业与企业情况、经营与财务情况，及时、准确提供运行数据，全面掌握中央企业运行状况，为国家宏观调控和国有资产监管工作提供基础支撑。

整合推动科技创新职能。明确中央企业科技创新方向和重点任务，整合新兴产业培育、知识产权保护、企业品牌建设等职能，推动企业完善技术创新体系，组建产业协同发展平台，协调落实重大科技政策和项目，更好发挥中央企业在大众创业、万众创新中的引领带动作用。

（五）全面加强党的建设，强化管党治党责任

建立健全党建工作责任制。强化中央企业党建工作考核，落实“四同步”“四对接”要求，加强基层党组织和党员队伍建设，保证党组织工作机构健全、党务工作者队伍稳定、党组织和党员作用得到有效发挥。注重加强混合所有制企业党建工作。

加强党的领导与完善公司治理相统一。明确和落实党组织在国有企业法人治理结构中的法定地位，把党建工作总体要求写入公司章程，健全党组织参与重大问题决策的规则和程序，使党组织发挥作用组织化、制度化、具体化。处理好党组织和其他治理主体的关系，明确权责边界，做到无缝衔接。

坚持党管干部原则与市场化机制相结合。保证党对干部人事工作的领导权和对重要干部的管理权，严格执行国有企业领导人员对党忠诚、勇于创新、治企有方、兴企有为、清正廉洁的选任标准，党组织要在确定标准、规范程序、参与考察、推荐人选等方面把好关，按照市场规律对经理层进行管理，建立科学合理的考核评价体系，为国有企业领导人员树立正向激励的鲜明导向。

加大纪检监察工作力度。深入推进党风廉政建设和反腐败斗争。认真落实《中国共产党问责条例》等规定，加大对中央企业党委（党组）和党员领导人员履行管党治党责任不力的问责力度。对国务院国资委党委管理主要负责人的中央企业开展巡视监督，加强对中央企业开展内部巡视的领导和指导。

三、改进监管方式手段

按照事前制度规范、事中跟踪监控、事后监督问责的要求，积极适应监管职能转变和增强企业活力、强化监督管理的需要，创新监管方式和手段，更多采用市场化、法治化、信息化监管方式，提高监管的针对性、实效性。

（一）强化依法监管

严格依据公司法、企业国有资产法、企业国有资产监督管理暂行条例等法律法规规定的权限和程序行权履职。健全完善国有资产监管法规制度体系，建立出资人监管的权力和责任清单，清单以外的事项由企业依法自主决策。加强公司章程管理，规范董事会运作，严格选派、管理股东代表和董事、监事，注重通过国有企业法人治理结构依法履行出资人职责。

（二）实施分类监管

针对商业类和公益类国有企业的不同战略定位和发展目标，研究制定差异化的监管目标、监管重点和监管措施，因企施策推动企业改革发展，促进经济效益和社会效益有机统一。在战略规划制定、资本运作模式、人员选用机制、经营业绩考核等方面，实施更加精准有效的分类监管。

（三）推进阳光监管

依法推进国有资产监管信息公开，主动接受社会监督。健全信息公开制度，加强信息公开平台建设，依法向社会公开国有资本整体运营情况、企业国有资产保值增值及经营业绩考核总体情况、国有资产监管制度和监督检查情况。指导中央企业加大信息公开力度，依法依规公开治理结构、财务状况、关联交易、负责人薪酬等信息，积极打造阳光企业。

（四）优化监管流程

按照程序简化、管理精细、时限明确的原则，深入推进分事行权、分岗设权、分级授权和定期轮岗，科学设置内设机构和岗位职责权限，确保权力运行协调顺畅。推进监管信息化建设，整合信息资源，统一工作平台，畅通共享渠道，健全中央企业产权、投资、财务等监管信息系统，实现动态监测，提升整体监管效能。

四、切实抓好组织实施

国务院国资委要依据本方案全面梳理并优化

调整具体监管职能，相应调整内设机构，明确取消、下放、授权的监管事项，加快制定出资人监管的权力和责任清单，按程序报批后向社会公开。要坚持试点先行，结合企业实际，继续推进简政放权、放管结合、优化服务改革，分类放权、分步实施，确保放得下、接得住、管得好。要积极适应职能转变要求，及时清理完善涉及的国有资产监管法规和政策文件。

各地区可参照本方案要求，结合实际情况，制定本地区国有资产监管机构的职能转变方案。

附件：精简的国资监管事项（共43项）

附件

精简的国资监管事项（共43项）

（一）取消事项（共26项）

序号	事项内容
1	直接规范上市公司国有股东行为
2	指导中央企业评估机构选聘
3	中央企业境外产权管理状况检查
4	审批中央企业子企业分红权激励方案
5	审批中央企业年金方案
6	审批中央企业重组改制中离退休和内退人员相关费用预提方案
7	审批中央企业住房补贴整体方案和负责人异地调动住房补贴方案
8	对中央企业账销案存的事前备案
9	与借款费用、股份支付、应付债券等12个会计事项相关的会计政策和会计估计变更事前备案
10	指导中央企业内部资源整合与合作
11	联合开展全国企业管理现代化创新成果评审和推广
12	指导地方国有企业重组改制上市管理
13	指导中央企业所属科研院所等事业单位改制
14	审批中央企业职工监事选举结果
15	指导中央企业内设监事会工作
16	中央企业职工董事履职管理
17	组织中国技能大赛、中央企业职工技能比赛
18	批复中央企业工会组织成立和工会主席选举有关事项
19	评比表彰中央企业企业文化示范单位
20	指导地方国资委新闻宣传工作
21	直接开展中央企业高级政工师任职资格评定
22	要求中介机构提供对中央企业国有资本经营决算的审计报告
23	指导和监督中央企业开展全员业绩考核工作
24	中央企业信息工作评价
25	中央企业信息化水平评价
26	指导中央企业档案工作

（二）下放事项（共9项）

序号	事项内容
1	审批地方国资委监管企业的上市公司国有股权管理事项
2	审批中央企业所持有非上市股份有限公司的国有股权管理方案和股权变动事项（主业涉及国家安全和国民经济命脉的重要行业和关键领域、主要承担重大专项任务的子企业除外）
3	审批中央企业子企业股权激励方案
4	审批国有股东通过证券交易系统转让一定比例或数量范围内所持有上市公司股份事项
5	审批本企业集团内部的国有股东所持有上市公司股份的无偿划转、非公开协议转让事项
6	审批未导致国有控股股东持股比例低于合理持股比例的公开征集转让、国有股东发行可交换公司债券及所控股上市公司发行证券事项
7	审批国有参股股东所持有上市公司国有股权公开征集转让、发行可交换公司债券事项
8	审批未导致上市公司控股权转移的国有股东通过证券交易系统增持、协议受让、认购上市公司发行股票等事项
9	审批未触及证监会规定的重大资产重组标准的国有股东与所控股上市公司进行资产重组事项

（三）授权事项（共8项）

序号	事项内容
1	制定中央企业五年发展战略规划和年度投资计划
2	经理层成员选聘
3	经理层成员业绩考核
4	经理层成员薪酬管理
5	职工工资总额审批
6	中央企业子企业以非公开协议方式增资及相应的资产评估
7	国有参股企业与非国有控股上市公司重组
8	大额预算外捐赠、重大担保管理和债务风险管控

说明：1. 本表适用于国务院国资委监管范围内中央企业。

2. 下放事项中，第1项下放给地方国资委，第2、3项下放给中央企业，第4—9项下放给国家出资企业。

3. 授权事项将根据企业实际情况，授予落实董事会职权试点企业，国有资本投资、运营公司试点企业。

中国产权市场年鉴 2016—2018

China Property Rights Exchanging Capital Market Yearbook 2016–2018

年度统计

北京产权交易所

序号	项目	2015 年		2016 年		2017 年	
		交易宗数	成交金额(万元)	交易宗数	成交金额(万元)	交易宗数	成交金额(万元)
1	产股权交易	685	6433147.42	700	8230673.15	1005	16081267.14
2	资产转让	3058	480135.18	9166	596780.39	19240	957521.48
3	诉讼资产交易	183	156945.23	372	561332.87	200	148278.52
4	金融产品交易	2550	251731261.20	4817	526003351.05	4990	443472784.56
5	环境权益交易	—	135018.64	—	308636.92	—	350828.51
6	公共资源交易	—	—	—	—	481	1453669.05
7	技术产权交易	2218	1410103.19	8363	12107995.37	2587	14251150.27
8	融资服务	13	397611.00	74	4147667.61	164	11930842.23
9	文化产权交易	—	—	—	—	—	—
10	林权交易	874	12097.00	15	79381.96	1	5500.00
11	矿业权交易	351	1182671.81	145	26378.44	8	111.91
12	农村产权交易	—	—	—	—	—	—

上海联合产权交易所

序号	项目	2015 年		2016 年		2017 年	
		交易宗数	成交金额(万元)	交易宗数	成交金额(万元)	交易宗数	成交金额(万元)
1	产股权交易	785	10883315.28	1002	16119991.85	1292	14195254.00
2	资产转让	1589	345814.36	823	9169109.54	748	1853529.00
3	诉讼资产交易	—	—	—	—	—	—
4	金融产品交易	—	—	176	399.66	—	—
5	环境权益交易	—	39134.14	—	17304.00	—	28177.00
6	公共资源交易	—	—	—	—	—	—
7	技术产权交易	—	—	14	6620.69	13	1016.41
8	融资服务	10	242664.76	12	161114.14	83	4420889.00
9	文化产权交易	732934	7528614.76	—	—	41	199943.00
10	林权交易	—	—	—	—	—	—
11	矿业权交易	—	—	—	—	—	—
12	农村产权交易	—	—	60	25866.00	79	46375.00

天津产权交易中心

序号	项目	2015年		2016年		2017年	
		交易宗数	成交金额（万元）	交易宗数	成交金额（万元）	交易宗数	成交金额（万元）
1	产股权交易	1356	609810.80	1175	303694.74	109	1097948.06
2	资产转让	139	329541.34	243	583478.79	1706	200694.86
3	诉讼资产交易	9	24219.96	3	3736.98	—	—
4	金融产品交易	508	8152294.69	396	4637889.11	7564	15000000.00
5	环境权益交易	390	2093.43	78	366.00	—	1133.40
6	公共资源交易	—	—	—	—	—	—
7	技术产权交易	12724	5553600.00	13170	6382287.00	—	—
8	融资服务	174	311700.00	198	599848.00	43	225468.60
9	文化产权交易	6	697.24	—	—	—	—
10	林权交易	—	—	—	—	9	144.70
11	矿业权交易	—	—	—	—	—	—
12	农村产权交易	47	23363.80	114	23042.00	261	52900.00

重庆联合产权交易所

序号	项目	2015年		2016年		2017年	
		交易宗数	成交金额（万元）	交易宗数	成交金额（万元）	交易宗数	成交金额（万元）
1	产股权交易	148	1959926.74	183	1565391.40	171	1573799.48
2	资产转让	5977	439630.00	5709	427327.00	2740	642055.10
3	诉讼资产交易	763	189241.85	4374	1184198.00	1718	1025936.00
4	金融产品交易	—	—	—	—	—	—
5	环境权益交易	—	—	4090	25044.00	—	25025.76
6	公共资源交易	519	2974359.86	8317	20832547.90	8128	24285972.00
7	技术产权交易	99	268373.70	256	256675.39	105	310090.07
8	融资服务	14	101322.04	4	23173.00	59	119633.86
9	文化产权交易	—	—	—	—	—	—
10	林权交易	—	—	—	—	22	1402.46
11	矿业权交易	4	788.00	5	7867.25	3	4229.23
12	农村产权交易	14	2624.47	16	2760.33	2	120.00

河北产权市场有限公司

序号	项目	2015 年		2016 年		2017 年	
		交易宗数	成交金额(万元)	交易宗数	成交金额(万元)	交易宗数	成交金额(万元)
1	产股权交易	18	237584.21	25	185817.67	25	106231.16
2	资产转让	54	12419.00	120	5024.52	74	13098.06
3	诉讼资产交易	151	159617.00	415	245889.19	354	569176.00
4	金融产品交易	—	—	—	—	—	—
5	环境权益交易	—	—	—	—	—	—
6	公共资源交易	—	—	—	—	—	—
7	技术产权交易	—	—	—	—	—	—
8	融资服务	—	—	—	—	—	—
9	文化产权交易	—	—	—	—	—	—
10	林权交易	—	—	—	—	—	—
11	矿业权交易	—	—	—		—	—
12	农村产权交易	—	—	—	—	—	—

哈尔滨产权交易中心

序号	项目	2015 年		2016 年		2017 年	
		交易宗数	成交金额(万元)	交易宗数	成交金额(万元)	交易宗数	成交金额(万元)
1	产股权交易	7	15136.18	7	39194.86	9	136301.20
2	资产转让	128	20316.39	176	9389.00	355	16850.69
3	诉讼资产交易	56	18721.09	90	21961.78	28	2420.53
4	金融产品交易	4	52846.92	1	2000.00	—	—
5	环境权益交易	—	—	—	—	—	—
6	公共资源交易	925	104485.51	672	52415.42	526	14482.01
7	技术产权交易	—	—	—	—	—	—
8	融资服务	1	50.00	1	26.00	—	—
9	文化产权交易	—	—	—	—	—	—
10	林权交易	—	—	—	—	—	—
11	矿业权交易	—	—	—	—	—	—
12	农村产权交易	—	—	—	—	—	—

江苏省产权交易所

序号	项目	2015 年		2016 年		2017 年	
		交易宗数	成交金额(万元)	交易宗数	成交金额(万元)	交易宗数	成交金额(万元)
1	产股权交易	34	183358.33	35	145424.88	46	199348.52
2	实物资产交易	22	48747.85	21	199132.16	112	27956.90
3	诉讼资产交易	—	—	—	—	—	—
4	金融产品交易	—	—	1	10753.00	34	204831.69
5	环境权益交易	—	—	—	—	—	—
6	公共资源交易	—	—	—	—	—	—
7	技术产权交易	—	—	—	—	—	—
8	融资服务	—	—	1	1995.00	387	1541624.00
9	文化产权交易	—	—	—	—	—	—
10	林权交易	—	—	—	—	—	—
11	矿业权交易	—	—	—	—	—	—
12	农村产权交易	—	—	—	—	—	—

武汉光谷联合产权交易所

序号	项目	2015 年		2016 年		2017 年	
		交易宗数	成交金额(万元)	交易宗数	成交金额(万元)	交易宗数	成交金额(万元)
1	产股权交易	231	382901.71	1522	1279554.00	1938	1250471.06
2	资产转让	533	95922.49	347	100263.00	504	165004.81
3	诉讼资产交易	1019	280336.37	2107	14023.00	3000	2137508.86
4	金融产品交易	2967	43376.00	11584	635323.00	8	114886.01
5	环境权益交易	238	3506.10	253	2337.00	15259	35481.04
6	公共资源交易	—	—	—	—	—	—
7	技术产权交易	501	314150.00	545	432836.00	2359	501171.59
8	融资服务	227	921532.61	767	3994766.00	486	1425334.27
9	文化产权交易	278	7700650.27	424	13720421.00	432	168184.29
10	林权交易	—	—	—	—	—	—
11	矿业权交易	—	—	1	350.00	1	1200.00
12	农村产权交易	—	—	—	—	—	—

西部产权交易所

序号	项目	2015 年		2016 年		2017 年	
		交易宗数	成交金额(万元)	交易宗数	成交金额(万元)	交易宗数	成交金额(万元)
1	产股权交易	30	282393. 42	27	57670. 00	40	306330. 97
2	资产转让	115	56709. 57	12	8908. 00	92	50407. 12
3	诉讼资产交易	119	59208. 65	206	87238. 79	61	34015. 12
4	金融产品交易	1	111. 00	2	51. 00	10	30563. 00
5	环境权益交易	—	—	—	—	—	—
6	公共资源交易	—	—	—	—	—	—
7	技术产权交易	—	—	—	—	—	—
8	融资服务	—	—	—	—	6	44313. 11
9	文化产权交易	—	—	—	—	—	—
10	林权交易	—	—	—	—	—	—
11	矿业权交易	—	—	—	—		—
12	农村产权交易	—	—	—	—	—	—

广州产权交易所

序号	项目	2015 年		2016 年		2017 年	
		交易宗数	成交金额(万元)	交易宗数	成交金额(万元)	交易宗数	成交金额(万元)
1	产股权交易	23	123023. 57	26	333776. 04	50	779119. 48
2	资产转让	59	10033. 70	497	86196. 63	1851	170520. 00
3	诉讼资产交易	749	121621. 67	1777	367158. 53	365	145011. 48
4	金融产品交易	—	—	—	—	—	—
5	环境权益交易	1	15975. 19	—	28943. 78	—	29286. 29
6	公共资源交易	47506	109311. 00	48715	227645. 86	47986	116752. 04
7	技术产权交易	72	17995. 09	64	59731. 99	106	91686. 28
8	融资服务	16	10611427. 00	—	14011989. 14	—	15251168. 40
9	文化产权交易	—	—	—	—	3	3327. 19
10	林权交易	—	—	4	9340. 65	6	34. 80
11	矿业权交易	—	—	—	—	—	—
12	农村产权交易	25	37728. 00	50	78304. 68	45	208935. 30

青岛产权交易所

序号	项目	2015年		2016年		2017年	
		交易宗数	成交金额（万元）	交易宗数	成交金额（万元）	交易宗数	成交金额（万元）
1	产股权交易	21	188913.80	27	301878.99	20	482419.51
2	资产转让	28	60309.55	78	58240.44	180	146926.84
3	诉讼资产交易	179	784834.42	313	98261.43	494	292800.00
4	金融产品交易	—	—	—	—	—	—
5	环境权益交易	—	—	—	—	—	—
6	公共资源交易	—	—	—	—	—	—
7	技术产权交易	—	—	—	—	—	—
8	融资服务	—	—	—	—	—	—
9	文化产权交易	—	—	—	—	—	—
10	林权交易	—	—	—	—	—	—
11	矿业权交易	—	—	—	—	—	—
12	农村产权交易	—	—	—	—	—	—

山西省产权交易市场有限责任公司

序号	项目	2015年		2016年		2017年	
		交易宗数	成交金额（万元）	交易宗数	成交金额（万元）	交易宗数	成交金额（万元）
1	产股权交易	4	2001.28	15	344746.66	10	83699.56
2	资产转让	70	137118.28	73	28356.00	131	172561.78
3	诉讼资产交易	—	—	—	—	—	—
4	金融产品交易	—	—	—	—	—	—
5	环境权益交易	—	—	—	—	—	—
6	公共资源交易	—	—	—	—	—	—
7	技术产权交易	—	—	—	—	—	—
8	融资服务	—	—	—	—	1	2725.56
9	文化产权交易	—	—	—	—	—	—
10	林权交易	—	—	—	—	—	—
11	矿业权交易	—	—	—	—	—	—
12	农村产权交易	—	—	—	—	—	—

内蒙古产权交易中心

序号	项目	2015 年		2016 年		2017 年	
		交易宗数	成交金额(万元)	交易宗数	成交金额(万元)	交易宗数	成交金额(万元)
1	产股权交易	3	199523.18	11	38909.00	14	57870.82
2	资产转让	300	80153.57	1144	44089.00	1080	57269.19
3	诉讼资产交易	—	—	30	21133.00	4	758.03
4	金融产品交易	1	12500.00	—	—	20	206.13
5	环境权益交易	—	—	—	—	—	—
6	公共资源交易	—	—	—	—	—	—
7	技术产权交易	—	—	—	—	—	—
8	融资服务	10	24480.00	7	5208.00	1	4000.00
9	文化产权交易	—	—	—	—	—	—
10	林权交易	—	—	—	—	—	—
11	矿业权交易	—	—	2	11055.00	5	2255.09
12	农村产权交易	—	—	—	—	—	—

沈阳联合产权交易所

序号	项目	2015 年		2016 年		2017 年	
		交易宗数	成交金额(万元)	交易宗数	成交金额(万元)	交易宗数	成交金额(万元)
1	产股权交易	13	192683.00	12	70101.83	14	126789.73
2	资产转让	153	155814.58	352	49387.00	898	206799.52
3	诉讼资产交易	2	1491.94	3	268.52	5	637.25
4	金融产品交易	1	4150.00	2	48406.20	14	415164.00
5	环境权益交易	—	—	—	—	—	—
6	公共资源交易	—	—	—	—	9	281.10
7	技术产权交易	—	—	—	—	—	—
8	融资服务	—	—	134	1196848.00	270	814432.16
9	文化产权交易	—	—	—	—	—	—
10	林权交易	—	—	—	—	—	—
11	矿业权交易	—	—	—	—	—	—
12	农村产权交易	—	—	115	23570.18	99	31552.78

吉林长春产权交易中心

序号	项目	2015年		2016年		2017年	
		交易宗数	成交金额(万元)	交易宗数	成交金额(万元)	交易宗数	成交金额(万元)
1	产股权交易	18	50403.83	25	51701.00	17	86820.00
2	资产转让	415	33371.76	204	33182.00	223	95659.00
3	诉讼资产交易	—	—	—	—	1	107.00
4	金融产品交易	1	173.00	7	436517.00	1	107.00
5	环境权益交易	—	—	—	—	—	—
6	公共资源交易	2	408.00	—	—	—	—
7	技术产权交易	—	—	26	6395.00	12	4400.00
8	融资服务	—	—	397	2024000.00	350	1767400.00
9	文化产权交易	—	—	—	550000.00	—	148700.00
10	林权交易	—	—	—	—	—	—
11	矿业权交易	—	—	—	—	—	—
12	农村产权交易	—	—	—	—	5	45.00

浙江产权交易所

序号	项目	2015年		2016年		2017年	
		交易宗数	成交金额(万元)	交易宗数	成交金额(万元)	交易宗数	成交金额(万元)
1	产股权交易	56	562231.20	66	731289.23	71	751027.86
2	资产转让	82	152926.98	513	220787.42	373	75736.86
3	诉讼资产交易	—	—	—	—	—	—
4	金融产品交易	5	123588.00	3	4368.20	1	380.00
5	环境权益交易	—	—	—	—	—	—
6	公共资源交易	—	—	—	—	—	—
7	技术产权交易	—	—	2	570.12	—	—
8	融资服务	4	40008.84	3	17314.86	5	275794.57
9	文化产权交易	—	—	—	—	—	—
10	林权交易	—	—	—	—	—	—
11	矿业权交易	—	—	—	—	—	—
12	农村产权交易	—	—	—	—	—	—

宁波产权交易中心

序号	项目	2015 年		2016 年		2017 年	
		交易宗数	成交金额(万元)	交易宗数	成交金额(万元)	交易宗数	成交金额(万元)
1	产股权交易	11	4987.43	12	86365.50	16	135881.81
2	资产转让	31	14810.18	40	69617.08	60	64656.22
3	诉讼资产交易	—	—	—	—	—	—
4	金融产品交易	—	—	4	15248.35	—	—
5	环境权益交易	—	—	—	—	—	—
6	公共资源交易	46	1434225.00	112	206.30	17	1690.84
7	技术产权交易	—	—	—	—	—	—
8	融资服务	—	—	2	14409.00	—	—
9	文化产权交易	—	—	—	—	—	—
10	林权交易	—	—	—	—	—	—
11	矿业权交易	—	—	—	—	—	—
12	农村产权交易	—	—	—		—	—

安徽省产权交易中心

序号	项目	2015 年		2016 年		2017 年	
		交易宗数	成交金额(万元)	交易宗数	成交金额(万元)	交易宗数	成交金额(万元)
1	产股权交易	28	72570.35	45	187529.46	39	402183.80
2	资产转让	67	7347.00	117	19085.29	305	65926.75
3	诉讼资产交易	—	—	2	1214.70	—	—
4	金融产品交易	—	—	4	3000.00	—	—
5	环境权益交易	—	—	—	—	—	—
6	公共资源交易	—	—	—	—	—	—
7	技术产权交易	—	—	—	—	—	—
8	融资服务	—	—	—	—	—	—
9	文化产权交易	—	—	—	—	—	—
10	林权交易	—	—	—	—	—	—
11	矿业权交易	—	—	2	1885.62	4	16260.31
12	农村产权交易	—	—	—	—	—	—

福建省产权交易中心

序号	项目	2015 年		2016 年		2017 年	
		交易宗数	成交金额(万元)	交易宗数	成交金额(万元)	交易宗数	成交金额(万元)
1	产股权交易	28	393326.98	31	240285.23	34	592677.50
2	资产转让	1361	377985.34	381	93229.75	1712	1043463.62
3	诉讼资产交易	7	828.59	—	—	—	—
4	金融产品交易	1	10135.20	2	1217.00	—	—
5	环境权益交易	—	—	—	—	—	—
6	公共资源交易	1675	1054309.87	2287	501393.68	1955	482173.79
7	技术产权交易	—	—	—	—	—	—
8	融资服务	—	—	—	—	2	12340.00
9	文化产权交易	—	—	—	—	—	—
10	林权交易	—	—	12	1728.46	7	1226.01
11	矿业权交易	—	—	1	200.00	2	223.00
12	农村产权交易	—	—	—	—	—	—

厦门产权交易中心

序号	项目	2015 年		2016 年		2017 年	
		交易宗数	成交金额(万元)	交易宗数	成交金额(万元)	交易宗数	成交金额(万元)
1	产股权交易	15	35582.56	184	185691.00	152	128813.00
2	资产转让	191	46722.95	232	36347.00	228	30920.00
3	诉讼资产交易	—	—	—	—	—	—
4	金融产品交易	—	—	—	—	6	24341.00
5	环境权益交易	—	—	—	—	—	1.77
6	公共资源交易	—	—	—	—	—	—
7	技术产权交易	—	—	—	—	—	—
8	融资服务	—	—	73	266588.00	95	443492.00
9	文化产权交易	—	—	—	—	—	—
10	林权交易	—	—	—	—	—	—
11	矿业权交易	—	—	—	—	—	—
12	农村产权交易	—	—	—	—	—	—

江西省产权交易所

序号	项目	2015 年		2016 年		2017 年	
		交易宗数	成交金额(万元)	交易宗数	成交金额(万元)	交易宗数	成交金额(万元)
1	产股权交易	36	528147.18	25	87580.59	40	401942.51
2	资产转让	174	346562.55	180	263653.15	132	220170.80
3	诉讼资产交易	—	—	—	—	—	—
4	金融产品交易	—	—	—	—	13	43074.93
5	环境权益交易	—	—	—	—	—	31.50
6	公共资源交易	—	—	—	—	—	—
7	技术产权交易	—	—	—	—	—	—
8	融资服务	—	—	202	855450.00	146	1151227.82
9	文化产权交易	—	—	—	—	—	—
10	林权交易	—	—	—	—	—	—
11	矿业权交易	—	—	—	—	—	—
12	农村产权交易	—	—		—	—	—

山东产权交易中心

序号	项目	2015 年		2016 年		2017 年	
		交易宗数	成交金额(万元)	交易宗数	成交金额(万元)	交易宗数	成交金额(万元)
1	产股权交易	60	346039.41	85	962300.00	281	5152419.21
2	资产转让	145	547369.56	302	487500.00	630	3062265.94
3	诉讼资产交易	38	18085.13	88	96700.00	57	30392.78
4	金融产品交易	—	—	39	1271100.00	27	736250.87
5	环境权益交易	—	—	—	—	—	—
6	公共资源交易	—	—	—	—	83	3728.99
7	技术产权交易	—	—	1	232.65	—	—
8	融资服务	7	1411599.76	73	1451186.40	26	407572.80
9	文化产权交易	—	—	10	2158.56	23	124500.08
10	林权交易	—	—	—	—	—	—
11	矿业权交易	—	—	—	—	—	—
12	农村产权交易	—	—	39	596.77	220	3909.55

郑州市产权交易市场

序号	项目	2015年		2016年		2017年	
		交易宗数	成交金额(万元)	交易宗数	成交金额(万元)	交易宗数	成交金额(万元)
1	产股权交易	—	—	11	23179.57	5	10369.00
2	实物资产交易	—	—	2	223.00	—	—
3	诉讼资产交易	—	—	—	—	—	—
4	金融产品交易	—	—	—	—	—	—
5	环境权益交易	—	—	—	—	—	—
6	公共资源交易	—	—	—	—	—	—
7	技术产权交易	—	—	—	—	—	—
8	融资服务	—	—	—	—	—	—
9	文化产权交易	—	—	—	—	—	—
10	林权交易	—	—	—	—	—	—
11	矿业权交易	—	—	—	—	—	—
12	农村产权交易	—	—	—	—	—	—

河南省产权交易中心

序号	项目	2015年		2016年		2017年	
		交易宗数	成交金额(万元)	交易宗数	成交金额(万元)	交易宗数	成交金额(万元)
1	产股权交易	71	216652.71	59	175975.00	39	433471.84
2	实物资产交易	10	126703.43	—	—	593	69521.33
3	诉讼资产交易	—	—	—	—	—	—
4	金融产品交易	—	—	—	—	4	10805.00
5	环境权益交易	—	—	—	—	—	—
6	公共资源交易	—	—	—	—	—	—
7	技术产权交易	—	—	—	—	—	—
8	融资服务	10	105687.77	—	—	—	—
9	文化产权交易	—	—	—	—	—	—
10	林权交易	—	—	—	—	—	—
11	矿业权交易	—	—	—	—	—	—
12	农村产权交易	—	—	—	—	—	—

湖南省联合产权交易所

序号	项目	2015 年		2016 年		2017 年	
		交易宗数	成交金额(万元)	交易宗数	成交金额(万元)	交易宗数	成交金额(万元)
1	产股权交易	37	102549.57	42	192219.22	39	530667.84
2	实物资产交易	434	219330.66	1426	214281.70	1414	55707.99
3	诉讼资产交易	347	86060.91	729	104995.00	394	129078.18
4	金融产品交易	—	—	9	27917.36	19	115617.83
5	环境权益交易	1	69.88	—	—	—	265.65
6	公共资源交易	—	—	—	—	—	—
7	技术产权交易	—	—	—	—	—	—
8	融资服务	5	6760.00	14	146947.70	5	7019.89
9	文化产权交易	—	—	—	—	—	—
10	林权交易	—	—	—	—	—	—
11	矿业权交易	—	—	—	—	—	—
12	农村产权交易	—	—	—	—	—	—

广东省产权交易集团

序号	项目	2015 年		2016 年		2017 年	
		交易宗数	成交金额(万元)	交易宗数	成交金额(万元)	交易宗数	成交金额(万元)
1	产股权交易	71	1535183.39	77	1237416.00	70	7957772.39
2	实物资产交易	332	46502.67	1335	107975.00	44351	441127.59
3	诉讼资产交易	498	129720.72	1008	179962.00	1140	219799.46
4	金融产品交易	1190	31533233.71	307	54469645.00	2671	107860400.00
5	环境权益交易	3	2371.50	31	1472.00	10	500.00
6	公共资源交易	—	—	1165853	8109500.00	1396029	12250100.00
7	技术产权交易	—	—	1795	53169.00	2387	161918.00
8	融资服务	7	320807.22	2893	16654450.00	33	31086402.00
9	文化产权交易	—	—	116	30502646.00	6	3417254.00
10	林权交易	—	—	—	—	—	—
11	矿业权交易	—	—	—	—	—	—
12	农村产权交易	—	—	—	—	—	—

深圳联合产权交易所

序号	项目	2015年		2016年		2017年	
		交易宗数	成交金额(万元)	交易宗数	成交金额(万元)	交易宗数	成交金额(万元)
1	产股权交易	119	618646.34	74	774004.30	84	967085.92
2	实物资产交易	117	99455.64	117	74817.84	102	151554.44
3	诉讼资产交易	—	—	1	25029.41	2	551997.00
4	金融产品交易	—	—	29	436517.00	32	420959.00
5	环境权益交易	—	—	—	—	—	—
6	公共资源交易	—	—	—	—	39955	214518.00
7	技术产权交易	—	—	—	—	—	—
8	融资服务	65	59200.00	41	1013802.00	220	3409306.00
9	文化产权交易	—	—	9	12.26	—	—
10	林权交易	—	—	—	—	—	—
11	矿业权交易	—	—	—	—	—	—
12	农村产权交易	—	—	—	—	—	—

北部湾产权交易所集团

序号	项目	2015年		2016年		2017年	
		交易宗数	成交金额(万元)	交易宗数	成交金额(万元)	交易宗数	成交金额(万元)
1	产股权交易	19	123230.27	15	24167.84	41	281954.22
2	实物资产交易	108	19553.73	63	184798.73	228	198160.10
3	诉讼资产交易	1	2408.05	—	—	15	106901.63
4	金融产品交易	30	1241223.33	2	4825.89	21	296166.75
5	环境权益交易	—	—	—	—	—	—
6	公共资源交易	—	—	—	—	—	—
7	技术产权交易	—	—	—	—	36	4240.74
8	融资服务	—	—	19	650823.17	9	380476.21
9	文化产权交易	—	—	—	—	—	—
10	林权交易	—	—	288	166415.74	337	172900.00
11	矿业权交易	—	—	—	—	—	—
12	农村产权交易	—	—	—	—	—	—

海南产权交易所

序号	项目	2015 年		2016 年		2017 年	
		交易宗数	成交金额(万元)	交易宗数	成交金额(万元)	交易宗数	成交金额(万元)
1	产股权交易	2	1116.00	10	24665.39	12	55853.52
2	实物资产交易	88	9044.00	186	14533.68	119	53790.66
3	诉讼资产交易	5	9300.00	1	1217.14	4	7056.51
4	金融产品交易	1	101.83	—	—	—	—
5	环境权益交易	—	—	—	—	—	—
6	公共资源交易	17	89018.56	11	30344.11	—	—
7	技术产权交易	—	—	—	—	—	—
8	融资服务	1	9012.00	4	38421.74	4	50650.00
9	文化产权交易	—	—	—	—	—	—
10	林权交易	—	—	—	—	—	—
11	矿业权交易	—	—	—	—	—	—
12	农村产权交易	—	—	—	—	—	—

西南联合产权交易所

序号	项目	2015 年		2016 年		2017 年	
		交易宗数	成交金额(万元)	交易宗数	成交金额(万元)	交易宗数	成交金额(万元)
1	产股权交易	80	777726.70	99	866089.14	85	738466.40
2	实物资产交易	563	234076.26	947	213007.84	1515	238261.05
3	诉讼资产交易	331	62343.74	634	142654.93	407	143220.71
4	金融产品交易	—	—	—	1292537.45	—	3687300.00
5	环境权益交易	—	—	—	—	—	1135.33
6	公共资源交易	—	—	—	—	—	—
7	技术产权交易	—	—	2282	144500.00	2701	159717.21
8	融资服务	—	—	212	199570.59	26	771209.74
9	文化产权交易	—	—	—	242333.59		303708.31
10	林权交易	—	—	—	—	—	—
11	矿业权交易	—	—	—	—	—	—
12	农村产权交易	—	—	—	—	—	—

贵州阳光产权交易所

序号	项目	2015年		2016年		2017年	
		交易宗数	成交金额(万元)	交易宗数	成交金额(万元)	交易宗数	成交金额(万元)
1	产股权交易	2	25879.29	35	71834.73	23	621756.00
2	实物资产交易	18	40952.38	35	46413.51	31	8853.00
3	诉讼资产交易	—	—	—	—	—	—
4	金融产品交易	—	—	—	—	—	—
5	环境权益交易	—	—	—	—	—	—
6	公共资源交易	366	275454.42	520	145671.00	521	105632.00
7	技术产权交易	—	—	—	—	—	—
8	融资服务	—	—	22	874600.00	16	609993.00
9	文化产权交易	—	—	—	—	—	—
10	林权交易	—	—	—	—	—	—
11	矿业权交易	—	—	—	—	—	—
12	农村产权交易	—	—	—	—	—	—

云南产权交易所

序号	项目	2015年		2016年		2017年	
		交易宗数	成交金额(万元)	交易宗数	成交金额(万元)	交易宗数	成交金额(万元)
1	产股权交易	16	201579.51	17	82191.04	25	416973.17
2	实物资产交易	12	13095.29	15	3025.00	73	13127.74
3	诉讼资产交易	—	—	—	—	—	—
4	金融产品交易	—	—	—	—	—	—
5	环境权益交易	—	—	—	—	—	—
6	公共资源交易	—	—	—	—	—	—
7	技术产权交易	—	—	—	—	—	—
8	融资服务	—	—	2	21656.00	3	40432.00
9	文化产权交易	—	—	—	—	—	—
10	林权交易	310	15175.00	58	2574.04	21	2266.10
11	矿业权交易	—	—	—	—	—	—
12	农村产权交易	—	—	—	—	—	—

甘肃省产权交易所

序号	项目	2015年		2016年		2017年	
		交易宗数	成交金额(万元)	交易宗数	成交金额(万元)	交易宗数	成交金额(万元)
1	产股权交易	6	8604.19	10	176281.19	17	63029.80
2	实物资产交易	53	227068.70	72	187890.85	110	302022.14
3	诉讼资产交易	6	2324.79	4	2976.49	5	2307.00
4	金融产品交易	—	—	2	941.00	3	31677.40
5	环境权益交易	—	—	—	—	—	—
6	公共资源交易	2	5599.00	—	—	—	—
7	技术产权交易	—	—	1	5.15	—	—
8	融资服务	2	100450.00	5	1013703.10	—	—
9	文化产权交易	—	—	—	—	—	—
10	林权交易	—	—	—	—	—	—
11	矿业权交易	—	—	—	—	—	—
12	农村产权交易	—	—	—	—	—	—

青海省产权交易市场

序号	项目	2015年		2016年		2017年	
		交易宗数	成交金额(万元)	交易宗数	成交金额(万元)	交易宗数	成交金额(万元)
1	产股权交易	3	326.04	6	68050.59	3	52024.00
2	实物资产交易	37	3558.15	261	29383.93	281	30235.00
3	诉讼资产交易	—	—	—	—	—	—
4	金融产品交易	—	—	—	—	—	—
5	环境权益交易	—	—	—	—	—	—
6	公共资源交易	—	—	—	—	—	—
7	技术产权交易	—	—	—	—	—	—
8	融资服务	—	—	1	7200.00	—	—
9	文化产权交易	—	—	—	—	—	—
10	林权交易	—	—	—	—	—	—
11	矿业权交易	—	—	—	—	—	—
12	农村产权交易	—	—	—	—	—	—

宁夏科技资源与产权交易所

序号	项目	2015 年		2016 年		2017 年	
		交易宗数	成交金额(万元)	交易宗数	成交金额(万元)	交易宗数	成交金额(万元)
1	产股权交易	7	6050.22	2	40973.93	5	15084.16
2	实物资产交易	32	447.70	75	953.74	92	949.20
3	诉讼资产交易	—	—	1	4271.77	—	—
4	金融产品交易	—	—	—	—	—	—
5	环境权益交易	—	—	—	—	—	—
6	公共资源交易	—	—	—	—	—	—
7	技术产权交易	—	—	—	—	—	—
8	融资服务	—	—	—	—	1	11872.73
9	文化产权交易	—	—	—	—	—	—
10	林权交易	—	—	—	—	—	—
11	矿业权交易	—	—	—	—	—	—
12	农村产权交易	—	—	—	—	—	—

新疆产权交易所

序号	项目	2015 年		2016 年		2017 年	
		交易宗数	成交金额(万元)	交易宗数	成交金额(万元)	交易宗数	成交金额(万元)
1	产股权交易	24	32116.60	28	135698.93	19	40250.06
2	实物资产交易	50	24096.86	31	18429.86	63	53369.07
3	诉讼资产交易	—	—	—	—	—	—
4	金融产品交易	—	—	—	—	—	—
5	环境权益交易	—	—	—	—	—	1399.78
6	公共资源交易	—	—	—	—	—	—
7	技术产权交易	—	—	—	—	—	—
8	融资服务	3	49253.60	4	18018.33	3	8274.82
9	文化产权交易	—	—	—	—	—	—
10	林权交易	—	—	—	—	—	—
11	矿业权交易	—	—	—	—	—	—
12	农村产权交易	—	—	—	—	—	—

黑龙江联合产权交易所

序号	项目	2015 年		2016 年		2017 年	
		交易宗数	成交金额(万元)	交易宗数	成交金额(万元)	交易宗数	成交金额(万元)
1	产股权交易	12	31280. 27	9	227892. 00	15	45859. 68
2	实物资产交易	703	59309. 29	480	57751. 11	570	55372. 00
3	诉讼资产交易	3	444. 47	—	—	—	—
4	金融产品交易	5	15685. 90	20	2470045. 00	1	150000. 00
5	环境权益交易	—	—	—	—	—	—
6	公共资源交易	—	—	—	—	—	—
7	技术产权交易	—	—	—	—	—	—
8	融资服务	—	—	—	—	1	200. 00
9	文化产权交易	—	—	—	—	—	—
10	林权交易	—	—	—	—	—	—
11	矿业权交易	—	—	—	—	—	—
12	农村产权交易	—	—		—	—	—

苏州产权交易所

序号	项目	2015 年		2016 年		2017 年	
		交易宗数	成交金额(万元)	交易宗数	成交金额(万元)	交易宗数	成交金额(万元)
1	产股权交易	45	245398. 81	44	250066. 27	41	71008. 68
2	实物资产交易	9	135531. 24	6	22124. 00	8	26897. 36
3	诉讼资产交易	—	—	—	—	—	—
4	金融产品交易	—	—	—	—	—	—
5	环境权益交易	—	—	—	—	—	—
6	公共资源交易	—	—	—	—	—	—
7	技术产权交易	—	—	—	—	—	—
8	融资服务	1	176. 48	1	7501. 95	—	—
9	文化产权交易	—	—	—	—	—	—
10	林权交易	—	—	—	—	—	—
11	矿业权交易	—	—	—	—	—	—
12	农村产权交易	—	—	—	—	—	—

徐州产权交易所

序号	项目	2015 年		2016 年		2017 年	
		交易宗数	成交金额(万元)	交易宗数	成交金额(万元)	交易宗数	成交金额(万元)
1	产股权交易	7	86853.75	2	28376.56	2	9258.33
2	实物资产交易	10	3575.76	9	2130.71	1	715.95
3	诉讼资产交易	—	—	—	—	—	—
4	金融产品交易	—	—	—	—	—	—
5	环境权益交易	—	—	—	—	—	758.71
6	公共资源交易	1	1174.26	12	314.02	—	—
7	技术产权交易	—	—	—	—	—	—
8	融资服务	—	—	—	—	—	—
9	文化产权交易	—	—	—	—	—	—
10	林权交易	—	—	—	—	—	—
11	矿业权交易	—	—	—	—	—	—
12	农村产权交易	—	—	—	—	—	—

无锡产权交易所

序号	项目	2015 年		2016 年		2017 年	
		交易宗数	成交金额(万元)	交易宗数	成交金额(万元)	交易宗数	成交金额(万元)
1	产股权交易	53	175709.68	41	44497.78	45	436315.82
2	实物资产交易	16	31170.68	22	138916.09	37	52208.88
3	诉讼资产交易	—	—	—	—	—	—
4	金融产品交易	—	—	—	—	38	269246.96
5	环境权益交易	—	—	—	—	—	—
6	公共资源交易	449	111990.00	462	91966.20	345	118596.00
7	技术产权交易	—	—	—	—	—	—
8	融资服务	—	—	—	—	1	198.97
9	文化产权交易	—	—	—	—	—	—
10	林权交易	—	—	—	—	—	—
11	矿业权交易	—	—	—	—	—	—
12	农村产权交易	—	—	—	—	—	—

南通众和产权交易所

序号	项目	2015 年		2016 年		2017 年	
		交易宗数	成交金额(万元)	交易宗数	成交金额(万元)	交易宗数	成交金额(万元)
1	产股权交易	4	4465. 27	6	69396. 34	—	—
2	实物资产交易	13	1251. 41	23	1312. 12	—	—
3	诉讼资产交易	—	—	—	—	—	—
4	金融产品交易	—	—	—	—	—	—
5	环境权益交易	—	—	—	—	—	—
6	公共资源交易	—	—	—	—	—	—
7	技术产权交易	—	—	—	—	—	—
8	融资服务	—	—	1	3111. 26	—	—
9	文化产权交易	1	40. 00	—	—	—	—
10	林权交易	—	—	—	—	—	—
11	矿业权交易	—	—	—	—	—	—
12	农村产权交易	—	—	—	—	—	—

杭州产权交易所

序号	项目	2015 年		2016 年		2017 年	
		交易宗数	成交金额(万元)	交易宗数	成交金额(万元)	交易宗数	成交金额(万元)
1	产股权交易	26	457441. 81	31	362769. 31	30	619439. 55
2	实物资产交易	240	171601. 90	245	331766. 52	527	74394. 00
3	诉讼资产交易	19	19322. 70	5	8312. 20	—	—
4	金融产品交易	66	35972. 20	34	70521. 73	—	—
5	环境权益交易	10	5436. 90	17	1899. 00	—	8748. 00
6	公共资源交易	—	—	18	61543. 00	—	77227. 86
7	技术产权交易	—	—	—	—	—	—
8	融资服务	—	—	—	—	254	1946. 00
9	文化产权交易	—	—	—	—	—	—
10	林权交易	—	—	—	—	—	—
11	矿业权交易	—	—	—	—	—	—
12	农村产权交易	6	3389. 28	10	21140. 90	17	7227. 00

温州产权交易中心

序号	项目	2015 年		2016 年		2017 年	
		交易宗数	成交金额(万元)	交易宗数	成交金额(万元)	交易宗数	成交金额(万元)
1	产股权交易	23	10415. 58	22	87460. 14	18	40589. 07
2	实物资产交易	—	—	—	—	—	—
3	诉讼资产交易	—	—	—	—	—	—
4	金融产品交易	—	—	—	—	—	—
5	环境权益交易	10	439. 93	12	292. 70	—	501. 58
6	公共资源交易	30	4852. 09	27	3823. 90	—	—
7	技术产权交易	—	—	—	—	—	—
8	融资服务	—	—	—	—	—	—
9	文化产权交易	—	—	—	—	—	—
10	林权交易	—	—	—	—	—	—
11	矿业权交易	—	—	—	—	—	—
12	农村产权交易	—	—	—	—	—	—

台州市产权交易所

序号	项目	2015 年		2016 年		2017 年	
		交易宗数	成交金额(万元)	交易宗数	成交金额(万元)	交易宗数	成交金额(万元)
1	产股权交易	4	3473. 20	2	5638. 20	4	9431. 63
2	实物资产交易	13	6013. 51	9	8088. 21	11	12680. 96
3	诉讼资产交易	—	—	—	—	—	—
4	金融产品交易	—	—	—	—	—	—
5	环境权益交易	—	—	—	—	—	—
6	公共资源交易	25	4901. 52	26	7919. 53	28	15750. 37
7	技术产权交易	—	—	—	—	—	—
8	融资服务	1	8500. 00	—	—	—	—
9	文化产权交易	—	—	—	—	—	—
10	林权交易	—	—	—	—	—	—
11	矿业权交易	—	—	—	—	—	—
12	农村产权交易	—	—	—	—	—	—

合肥市产权交易中心

序号	项目	2015 年		2016 年		2017 年	
		交易宗数	成交金额(万元)	交易宗数	成交金额(万元)	交易宗数	成交金额(万元)
1	产股权交易	5	24861.00	4	25275.27	5	10333.66
2	实物资产交易	197	20711.13	107	92218.39	28	93672.18
3	诉讼资产交易	—	—	508	253157.00	188	97118.40
4	金融产品交易	—	—	—	—	—	—
5	环境权益交易	—	—	—	—	—	—
6	公共资源交易	—	—	—	—	—	—
7	技术产权交易	—	—	—	—	4	454.00
8	融资服务	—	—	—	—	—	—
9	文化产权交易	—	—	8	70390.70	16	3150.70
10	林权交易	—	—	—	—	—	—
11	矿业权交易	—	—	—	—	1	16000.00
12	农村产权交易	—		—	—	242	45829.89

蚌埠市产权交易中心

序号	项目	2015 年		2016 年		2017 年	
		交易宗数	成交金额(万元)	交易宗数	成交金额(万元)	交易宗数	成交金额(万元)
1	产股权交易	1	65.41	—	—	4	30364.87
2	实物资产交易	9	645.25	32	5624.83	42	2163.76
3	诉讼资产交易	—	—	8	15763.25	—	—
4	金融产品交易	—	—	—	—	—	—
5	环境权益交易	—	—	—	—	—	—
6	公共资源交易	59	303576.00	82	507161.00	65	793459.00
7	技术产权交易	—	—	—	—	—	—
8	融资服务	—	—	—	—	—	—
9	文化产权交易	—	—	—	—	—	—
10	林权交易	—	—	—	—	1	60.00
11	矿业权交易	—	—	—	—	—	—
12	农村产权交易	—	—	—	—	—	—

安徽长江产权交易所

序号	项目	2015 年		2016 年		2017 年	
		交易宗数	成交金额(万元)	交易宗数	成交金额(万元)	交易宗数	成交金额(万元)
1	产股权交易	27	116096.13	10	71608.50	14	253514.06
2	实物资产交易	158	25650.82	259	113312.94	582	58189.00
3	诉讼资产交易	157	28501.00	217	53155.75	161	37199.25
4	金融产品交易	—	—	—	—	—	—
5	环境权益交易	—	—	—	—	—	—
6	公共资源交易	—	—	—	—	—	—
7	技术产权交易	—	—	—	—	—	—
8	融资服务	—	—	—	—	—	—
9	文化产权交易	—	—	—	—	—	—
10	林权交易	—	—	—	—	11	526.84
11	矿业权交易	—	—	—	—	—	—
12	农村产权交易	5	395.94	14	582.04	16	560.67

开封市公共资源交易中心

序号	项目	2015 年		2016 年		2017 年	
		交易宗数	成交金额(万元)	交易宗数	成交金额(万元)	交易宗数	成交金额(万元)
1	产股权交易	—	—	—	—	—	—
2	实物资产交易	33	3208.47	—	—	—	—
3	诉讼资产交易	3	1097.00	—	—	—	—
4	金融产品交易	—	—	—	—	—	—
5	环境权益交易	—	—	—	—	—	—
6	公共资源交易	1344	668686.51	—	—	—	—
7	技术产权交易	—	—	—	—	—	—
8	融资服务	—	—	—	—	—	—
9	文化产权交易	—	—	—	—	—	—
10	林权交易	—	—	—	—	—	—
11	矿业权交易	—	—	—	—	—	—
12	农村产权交易	—	—	—	—	—	—

珠海产权交易中心

序号	项目	2015 年		2016 年		2017 年	
		交易宗数	成交金额(万元)	交易宗数	成交金额(万元)	交易宗数	成交金额(万元)
1	产股权交易	21	135592.77	9	50566.93	7	78447.25
2	实物资产交易	69	8766.87	58	14346.23	82	7886.71
3	诉讼资产交易	—	—	—	—	—	—
4	金融产品交易	—	—	—	—	—	—
5	环境权益交易	—	—	—	—	—	—
6	公共资源交易	19	8145.69	4	399.84	791	182569.88
7	技术产权交易	—	—	—	—	—	—
8	融资服务	—	—	—	—	1	48750.00
9	文化产权交易	—	—	—	—	—	—
10	林权交易	—	—	—	—	—	—
11	矿业权交易	—	—	—	—	—	—
12	农村产权交易	—	—	—	—	—	—

广西联合产权交易所

序号	项目	2015 年		2016 年		2017 年	
		交易宗数	成交金额(万元)	交易宗数	成交金额(万元)	交易宗数	成交金额(万元)
1	产股权交易	8	39555.30	3	53431.17	7	46934.16
2	实物资产交易	36	4161.59	44	4697.18	62	18484.99
3	诉讼资产交易	—	—	—	—	—	—
4	金融产品交易	—	—	—	—	—	—
5	环境权益交易	—	—	—	—	—	—
6	公共资源交易	—	—	—	—	—	—
7	技术产权交易	—	—	—	—	—	—
8	融资服务	—	—	—	—	—	—
9	文化产权交易	—	—	—	—	—	—
10	林权交易	—	—	—	—	—	—
11	矿业权交易	—	—	—	—	—	—
12	农村产权交易	—	—	—	—	—	—

昆明联合产权交易所

序号	项目	2015 年		2016 年		2017 年	
		交易宗数	成交金额(万元)	交易宗数	成交金额(万元)	交易宗数	成交金额(万元)
1	产股权交易	1	21089.91	2	2765.36	3	44854.60
2	实物资产交易	4	150.74	9	687.62	40	23636.46
3	诉讼资产交易	110	103887.32	—	—	—	—
4	金融产品交易	—	—	—	—	—	—
5	环境权益交易	—	—	—	—	—	—
6	公共资源交易	—	—	—	—	—	—
7	技术产权交易	—	—	—	—	—	—
8	融资服务	—	—	—	—	—	—
9	文化产权交易	—	—	—	—	—	—
10	林权交易	—	—	—	—	—	—
11	矿业权交易	—	—	—	—	—	—
12	农村产权交易	—	—	—	—	—	—

邯郸产权交易中心

序号	项目	2015 年		2016 年		2017 年	
		交易宗数	成交金额(万元)	交易宗数	成交金额(万元)	交易宗数	成交金额(万元)
1	产股权交易	7	12415.58	1	1016.85	—	—
2	实物资产交易	30	1432.72	7	974.90	—	—
3	诉讼资产交易	—	—	—	—	—	—
4	金融产品交易	—	—	—	—	—	—
5	环境权益交易	—	—	—	—	—	—
6	公共资源交易	—	—	—	—	—	—
7	技术产权交易	—	—	—	—	—	—
8	融资服务	—	—	—	—	—	—
9	文化产权交易	—	—	—	—	—	—
10	林权交易	—	—	—	—	—	—
11	矿业权交易	—	—	—	—	—	—
12	农村产权交易	—	—	—	—	—	—

阳泉市产权交易市场

序号	项目	2015年		2016年		2017年	
		交易宗数	成交金额(万元)	交易宗数	成交金额(万元)	交易宗数	成交金额(万元)
1	产股权交易	—	—	2	728.48	—	—
2	实物资产交易	2	21.04	4	45.05	6	219.92
3	诉讼资产交易	—	—	—	—	—	—
4	金融产品交易	—	—	—	—	—	—
5	环境权益交易	—	—	—	—	—	—
6	公共资源交易	—	—	—	—	—	—
7	技术产权交易	—	—	—	—	—	—
8	融资服务	—	—	—	—	—	—
9	文化产权交易	—	—	—	—	—	—
10	林权交易	—	—	—	—	—	—
11	矿业权交易	—	—	—	—	—	—
12	农村产权交易	—	—	—	—	—	—

晋城市产权交易市场

序号	项目	2015年		2016年		2017年	
		交易宗数	成交金额(万元)	交易宗数	成交金额(万元)	交易宗数	成交金额(万元)
1	产股权交易	1	385.00	—	—	1	2.17
2	实物资产交易	6	1442.97	6	512.20	11	826.33
3	诉讼资产交易	—	—	—	—	—	—
4	金融产品交易	—	—	—	—	—	—
5	环境权益交易	—	—	—	—	—	—
6	公共资源交易	7	185.14	5	303.58	—	—
7	技术产权交易	—	—	—	—	—	—
8	融资服务	—	—	—	—	—	—
9	文化产权交易	—	—	—	—	—	—
10	林权交易	—	—	—	—	—	—
11	矿业权交易	—	—	—	—	—	—
12	农村产权交易	—	—	—	—	—	—

济南产权交易中心

序号	项目	2015 年		2016 年		2017 年	
		交易宗数	成交金额(万元)	交易宗数	成交金额(万元)	交易宗数	成交金额(万元)
1	产股权交易	4	2325.00	2	1140.00	4	1802.04
2	实物资产交易	13	1179.00	47	3942.99	19	2429.71
3	诉讼资产交易	—	—	—	—	—	—
4	金融产品交易	—	—	—	—	—	—
5	环境权益交易	—	—	—	—	—	—
6	公共资源交易	—	—	—	—	—	—
7	技术产权交易	—	—	—	—	—	—
8	融资服务	—	—	—	—	—	—
9	文化产权交易	—	—	—	—	—	—
10	林权交易	—	—	—	—	—	—
11	矿业权交易	—	—	—	—	—	—
12	农村产权交易	—	—	—	—	—	—

义乌产权交易所

序号	项目	2015 年		2016 年		2017 年	
		交易宗数	成交金额(万元)	交易宗数	成交金额(万元)	交易宗数	成交金额(万元)
1	产股权交易	15	3297.21	11	1752.67		4833.00
2	实物资产交易	21	23997.55	17	432.00	454	64421.50
3	诉讼资产交易	—	—	—	—	—	—
4	金融产品交易	—	—	—	—	—	—
5	环境权益交易	—	—	—	—	—	—
6	公共资源交易	69	39166.26	57	24887.79	187	39451.50
7	技术产权交易	—	—	—	—	—	—
8	融资服务	—	—	—	—	—	—
9	文化产权交易	—	—	—	—	—	—
10	林权交易	—	—	—	—	—	—
11	矿业权交易	—	—	—	—	—	—
12	农村产权交易	—	—	—	—	25	4702.36

秦皇岛市产权交易中心

序号	项目	2015 年		2016 年		2017 年	
		交易宗数	成交金额(万元)	交易宗数	成交金额(万元)	交易宗数	成交金额(万元)
1	产股权交易	—	—	—	—	—	—
2	实物资产交易	41	3373.12	330	6753.78	—	—
3	诉讼资产交易	—	—	—	—	—	—
4	金融产品交易	—	—	—	—	—	—
5	环境权益交易	—	—	—	—	—	—
6	公共资源交易	—	—	—	—	—	—
7	技术产权交易	—	—	—	—	—	—
8	融资服务	—	—	—	—	—	—
9	文化产权交易	—	—	—	—	—	—
10	林权交易	—	—	—	—	—	—
11	矿业权交易	—	—	—	—	—	—
12	农村产权交易	—	—		—	—	—

常州产权交易所

序号	项目	2015 年		2016 年		2017 年	
		交易宗数	成交金额(万元)	交易宗数	成交金额(万元)	交易宗数	成交金额(万元)
1	产股权交易	7	2639.04	4	1123.36	13	2393.00
2	实物资产交易	216	27903.43	192	2274.88	82	87261.91
3	诉讼资产交易	—	—	—	—	—	—
4	金融产品交易	—	—	—	—	19	32374.64
5	环境权益交易	—	—	—	—	—	—
6	公共资源交易	—	—	—	—	—	—
7	技术产权交易	—	—	—	—	—	—
8	融资服务	—	—	—	—	—	—
9	文化产权交易	—	—	—	—	—	—
10	林权交易	—	—	—	—	—	—
11	矿业权交易	—	—	—	—	—	—
12	农村产权交易	—	—	—	—	—	—

河南中原产权交易有限公司

序号	项目	2015 年		2016 年		2017 年	
		交易宗数	成交金额(万元)	交易宗数	成交金额(万元)	交易宗数	成交金额(万元)
1	产股权交易	7	140567.28	17	68621.04	24	421090.00
2	实物资产交易	6	118401.73	9	2024.32	24	111235.80
3	诉讼资产交易	—	—	—	—	—	—
4	金融产品交易	—	—	—	—	—	—
5	环境权益交易	—	—	—	—	—	—
6	公共资源交易	—	—	—	—	—	—
7	技术产权交易	—	—	—	—	—	—
8	融资服务	—	—	1	1200.00	1	15000.00
9	文化产权交易	—	—	—	—	—	—
10	林权交易	—	—	—	—	—	—
11	矿业权交易	—	—	—	—	—	—
12	农村产权交易	—	—	—	—	—	—

山西产权交易中心

序号	项目	2015 年		2016 年		2017 年	
		交易宗数	成交金额(万元)	交易宗数	成交金额(万元)	交易宗数	成交金额(万元)
1	产股权交易	7	5917.62	16	63516.03	34	39992.22
2	实物资产交易	289	15307.32	346	94879.58	892	59237.47
3	诉讼资产交易	125	38003.00	196	64519.70	150	84782.62
4	金融产品交易	76	278260.44	—	—	462	3166595.31
5	环境权益交易	—	—	—	—	—	25074.25
6	公共资源交易	—	—	—	—	—	—
7	技术产权交易	—	—	—	—	—	—
8	融资服务	1	2826.77	5	35689.10	4	20160.38
9	文化产权交易	—	—	—	—	—	—
10	林权交易	1	100.00	—	—	—	—
11	矿业权交易	—	—	—	—	—	—
12	农村产权交易	—	—	—	—	—	—

大连产权交易所

序号	项目	2015年		2016年		2017年	
		交易宗数	成交金额(万元)	交易宗数	成交金额(万元)	交易宗数	成交金额(万元)
1	产股权交易	11	133172.09	12	45839.90	17	95436.53
2	实物资产交易	58	29316.86	276	16715.64	299	35397.93
3	诉讼资产交易	—	—	—	—	—	—
4	金融产品交易			1	902.62	2	34765.00
5	环境权益交易	—	—	—	—	—	—
6	公共资源交易	2	578.00	—	—	32	3839.66
7	技术产权交易	—	—	—	—	—	—
8	融资服务	1	246.75	3	430922.00	2	2481.70
9	文化产权交易	—	—	—	—	—	—
10	林权交易	—	—	—	—	—	—
11	矿业权交易	—	—	—	—	1	4101.06
12	农村产权交易	—	—	4	59.00	2	6257.07

唐山产权交易中心

序号	项目	2015年		2016年		2017年	
		交易宗数	成交金额(万元)	交易宗数	成交金额(万元)	交易宗数	成交金额(万元)
1	产股权交易	1	3500.00	1	646.50	—	—
2	实物资产交易	52	4877.30	66	34471.44	49	4070.24
3	诉讼资产交易	—	—	—	—	—	—
4	金融产品交易	—	—	—	—	—	—
5	环境权益交易	—	—	—	—	—	—
6	公共资源交易	—	—	—	—	—	—
7	技术产权交易	—	—	—	—	—	—
8	融资服务	—	—	—	—	—	—
9	文化产权交易	—	—	—	—	—	—
10	林权交易	—	—	—	—	—	—
11	矿业权交易	—	—	—	—	—	—
12	农村产权交易	—	—	—	—	—	—

盐城公共资源交易中心

序号	项目	2015年		2016年		2017年	
		交易宗数	成交金额(万元)	交易宗数	成交金额(万元)	交易宗数	成交金额(万元)
1	产股权交易	1	24.07	10	31083.77	12	45195.44
2	实物资产交易	—	—	5	22026.42	5	4083.06
3	诉讼资产交易	—	—	—	—	—	—
4	金融产品交易	—	—	—	—	—	—
5	环境权益交易	—	—	—	—	—	139.18
6	公共资源交易	1	126.00	—	—	2	331.00
7	技术产权交易	—	—	—	—	—	—
8	融资服务	—	—	1	990.00	—	—
9	文化产权交易	—	—	—	—	—	—
10	林权交易	—	—	—	—	—	—
11	矿业权交易	—	—	—	—	—	—
12	农村产权交易	—	—	—	—	—	—

黑龙江农垦农信产权交易有限公司

序号	项目	2015年		2016年		2017年	
		交易宗数	成交金额(万元)	交易宗数	成交金额(万元)	交易宗数	成交金额(万元)
1	产股权交易	4	2420.04	3	9557.18	5	12449.87
2	实物资产交易	28	4672.87	68	3384.95	84	31857.74
3	诉讼资产交易	—	—	—	—	—	—
4	金融产品交易	—	—	—	—	—	—
5	环境权益交易	—	—	—	—	—	—
6	公共资源交易	—	—	—	—	—	—
7	技术产权交易	—	—	—	—	—	—
8	融资服务	—	—	—	—	—	—
9	文化产权交易	—	—	—	—	—	—
10	林权交易	—	—	—	—	—	—
11	矿业权交易	—	—	—	—	—	—
12	农村产权交易	—	—	—	—	—	—

长治市产权交易市场

序号	项目	2015 年		2016 年		2017 年	
		交易宗数	成交金额(万元)	交易宗数	成交金额(万元)	交易宗数	成交金额(万元)
1	产股权交易	—	—	4	20955.93	—	—
2	实物资产交易	—	—	28	7882.44	42	5393.23
3	诉讼资产交易	—	—	—	—	—	—
4	金融产品交易	—	—	—	—	—	—
5	环境权益交易	—	—	—	—	—	—
6	公共资源交易	—	—	—	—	—	—
7	技术产权交易	—	—	—	—	—	—
8	融资服务	—	—	—	—	—	—
9	文化产权交易	—	—	—	—	—	—
10	林权交易	—	—	—	—	—	—
11	矿业权交易		—	—	—	—	—
12	农村产权交易	—	—	—		—	—

连云港市产权交易所有限公司

序号	项目	2015 年		2016 年		2017 年	
		交易宗数	成交金额(万元)	交易宗数	成交金额(万元)	交易宗数	成交金额(万元)
1	产股权交易	—	—	4	4969.00	2	1951.28
2	实物资产交易	—	—	2	4217.00	9	8344.17
3	诉讼资产交易	—	—	—	—	—	—
4	金融产品交易	—	—	—	—	—	—
5	环境权益交易	—	—	—	—	—	—
6	公共资源交易	—	—	—	—	—	—
7	技术产权交易	—	—	—	—	—	—
8	融资服务	—	—	1	3.00	—	—
9	文化产权交易	—	—	—	—	—	—
10	林权交易	—	—	—	—	—	—
11	矿业权交易	—	—	—	—	—	—
12	农村产权交易	—	—	—	—	—	—

烟台联合产权交易中心

序号	项目	2015年		2016年		2017年	
		交易宗数	成交金额(万元)	交易宗数	成交金额(万元)	交易宗数	成交金额(万元)
1	产股权交易	—	—	7	156633.18	8	27258.07
2	实物资产交易	—	—	11	4400.85	23	19493.00
3	诉讼资产交易	—	—	—	—	—	—
4	金融产品交易	—	—	—	—	3	2000.00
5	环境权益交易	—	—	—	—	—	—
6	公共资源交易	—	—	—	—	9	18347.84
7	技术产权交易	—	—	—	—	1	43.00
8	融资服务	—	—	1	26060.00	3	125252.04
9	文化产权交易	—	—	—	—	—	—
10	林权交易	—	—	—	—	—	—
11	矿业权交易	—	—	—	—	—	—
12	农村产权交易	—	—	—	—	1	36.00

西安产权交易中心

序号	项目	2015年		2016年		2017年	
		交易宗数	成交金额(万元)	交易宗数	成交金额(万元)	交易宗数	成交金额(万元)
1	产股权交易	—	—	14	34100.83	14	36196.30
2	实物资产交易	—	—	7	4804.31	6	6552.71
3	诉讼资产交易	—	—	—	—	—	—
4	金融产品交易	—	—	—	—	—	—
5	环境权益交易	—	—	—	—	—	—
6	公共资源交易	—	—	—	—	—	—
7	技术产权交易	—	—	—	—	—	—
8	融资服务	—	—	—	—	—	—
9	文化产权交易	—	—	—	—	—	—
10	林权交易	—	—	—	—	—	—
11	矿业权交易	—	—	—	—	—	—
12	农村产权交易	—	—	—	—	—	—

乐山产权交易中心

序号	项目	2015 年		2016 年		2017 年	
		交易宗数	成交金额(万元)	交易宗数	成交金额(万元)	交易宗数	成交金额(万元)
1	产股权交易	—	—	—	—	—	—
2	实物资产交易	—	—	3	10486.00	—	—
3	诉讼资产交易	—	—	—	—	—	—
4	金融产品交易	—	—	—	—	—	—
5	环境权益交易	—	—	—	—	—	—
6	公共资源交易	—	—	—	—	—	—
7	技术产权交易	—	—	—	—	—	—
8	融资服务	—	—	—	—	—	—
9	文化产权交易	—	—	—	—	—	—
10	林权交易	—	—	—	—	—	—
11	矿业权交易	—	—	—	—	—	—
12	农村产权交易	—	—	—	—		—

南平市产权交易中心

序号	项目	2015 年		2016 年		2017 年	
		交易宗数	成交金额(万元)	交易宗数	成交金额(万元)	交易宗数	成交金额(万元)
1	产股权交易	—	—	1	148.13	—	—
2	实物资产交易	—	—	20	977.11	184	2906.97
3	诉讼资产交易	—	—	—	—	—	—
4	金融产品交易	—	—	—	—	—	—
5	环境权益交易	—	—	—	—	—	—
6	公共资源交易	—	—	—	—	166	6043.49
7	技术产权交易	—	—	—	—	—	—
8	融资服务	—	—	—	—	—	—
9	文化产权交易	—	—	—	—	—	—
10	林权交易	—	—	12	1728.46	7	1226.01
11	矿业权交易	—	—	1	100.00	—	—
12	农村产权交易	—	—	—	—	—	—

临汾地区资产调剂产权交易中心

序号	项目	2015 年		2016 年		2017 年	
		交易宗数	成交金额(万元)	交易宗数	成交金额(万元)	交易宗数	成交金额(万元)
1	产股权交易	—	—	—	—	—	—
2	实物资产交易	—	—	—	—	2	9328.70
3	诉讼资产交易	—	—	—	—	—	—
4	金融产品交易	—	—	—	—	—	—
5	环境权益交易	—	—	—	—	—	—
6	公共资源交易	—	—	—	—	—	—
7	技术产权交易	—	—	—	—	—	—
8	融资服务	—	—	—	—	—	—
9	文化产权交易	—	—	—	—	—	—
10	林权交易	—	—	—	—	—	—
11	矿业权交易	—	—	—	—	—	—
12	农村产权交易	—	—	—	—	—	—

甘肃省文化产权交易中心

序号	项目	2015 年		2016 年		2017 年	
		交易宗数	成交金额(万元)	交易宗数	成交金额(万元)	交易宗数	成交金额(万元)
1	产股权交易	—	—	—	—	1	45.00
2	实物资产交易	—	—	—	—	5	819.00
3	诉讼资产交易	—	—	—	—	—	—
4	金融产品交易	—	—	—	—	—	—
5	环境权益交易	—	—	—	—	—	—
6	公共资源交易	—	—	—	—	—	—
7	技术产权交易	—	—	—	—	—	—
8	融资服务	—	—	—	—	—	—
9	文化产权交易	—	—	—	—	1	691.00
10	林权交易	—	—	—	—	—	—
11	矿业权交易	—	—	—	—	—	—
12	农村产权交易	—	—	—	—	—	—

中国产权市场年鉴 2016—2018

China Property Rights Exchanging Capital Market Yearbook 2016–2018

附　录

全国产权交易行业国有资产交易指数

1. 所有企业的产股权交易增值指数

2. 所有企业的产股权交易综合指数

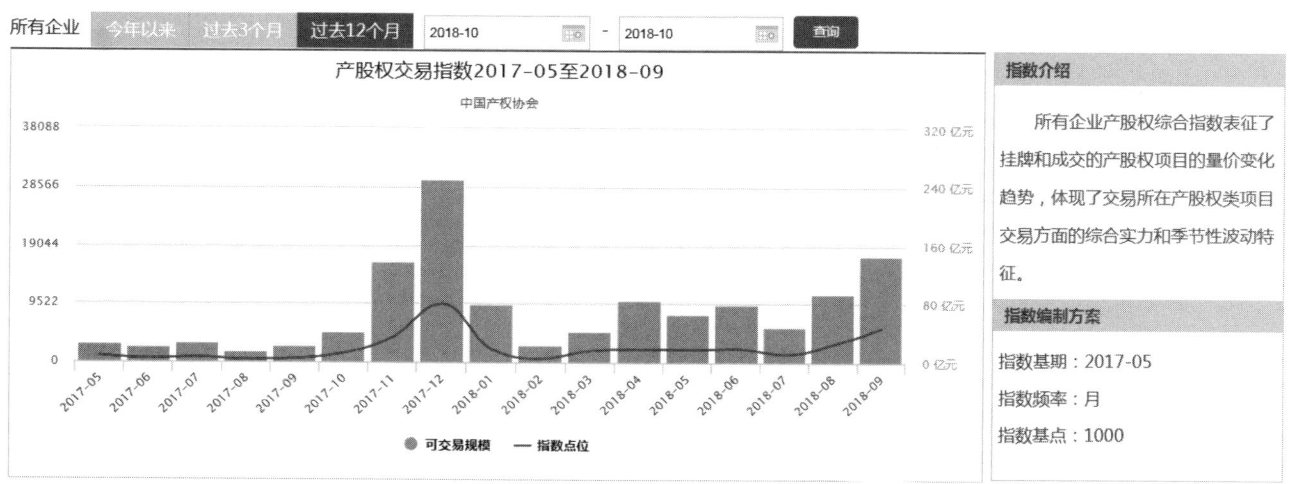

3. 央企——产股权交易增值指数

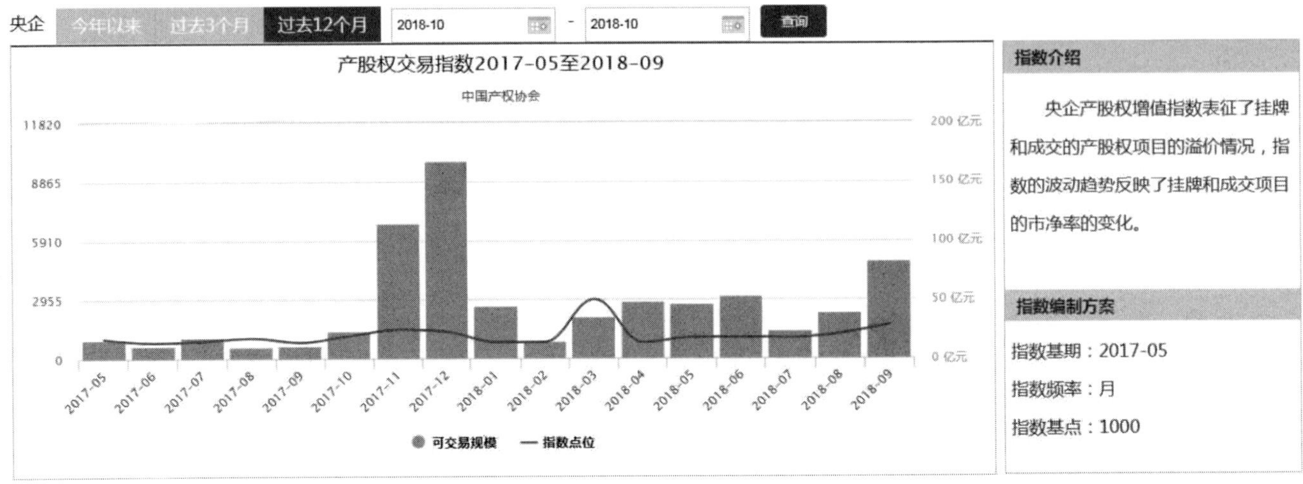

4. 央企——产股权交易综合指数

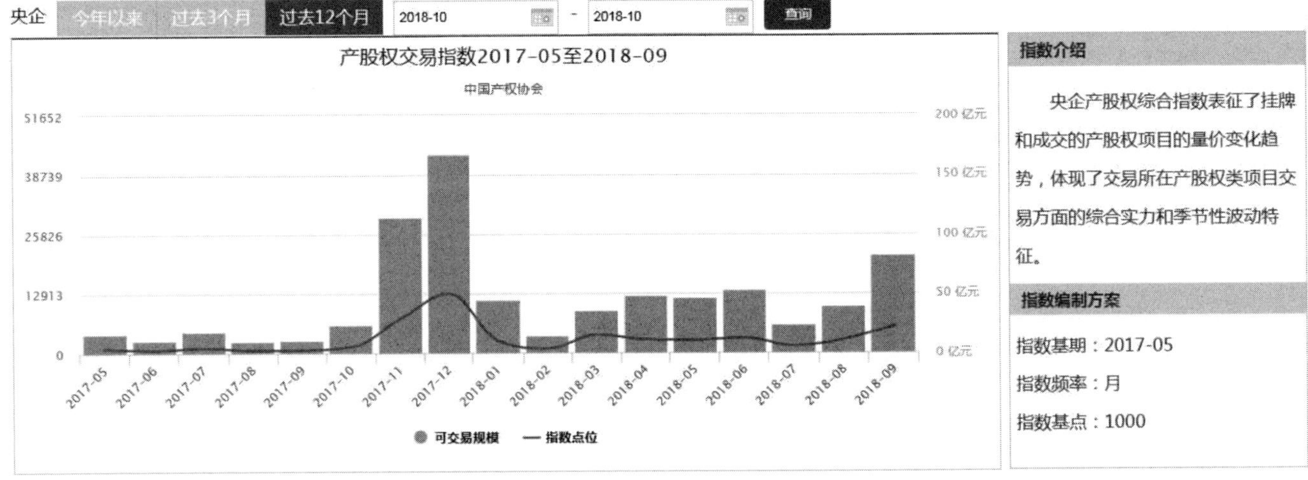

5. 地方国企——产股权交易增值指数

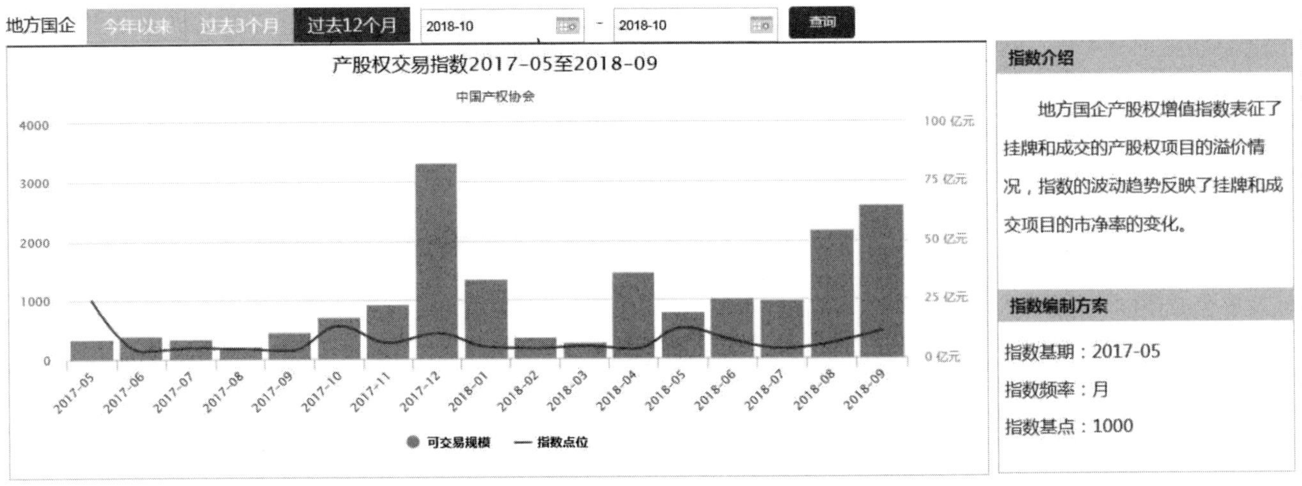

6. 地方国企——产股权交易综合指数

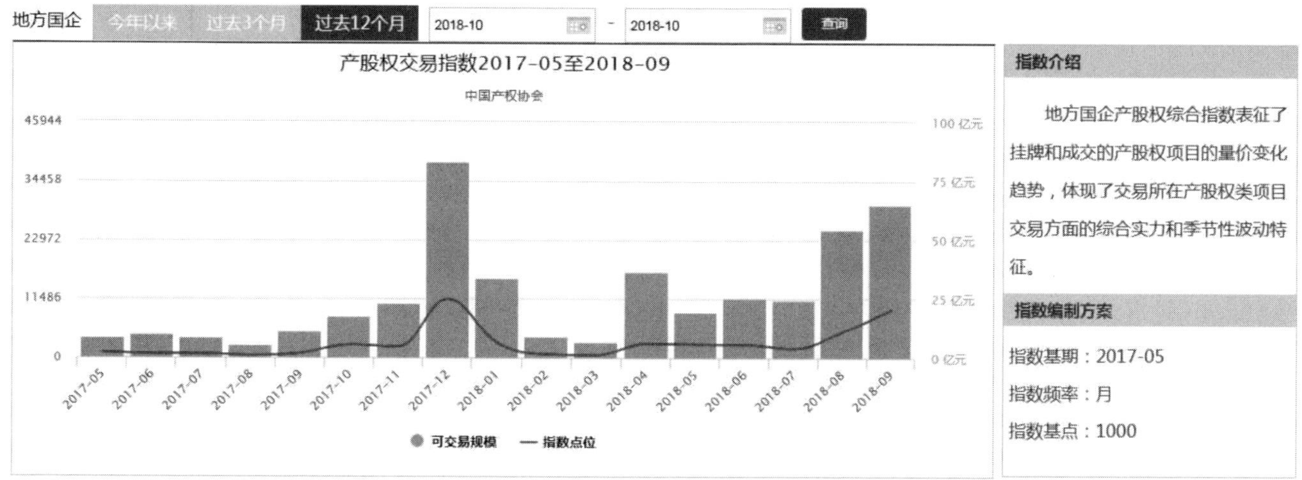

7. 房产交易增值指数

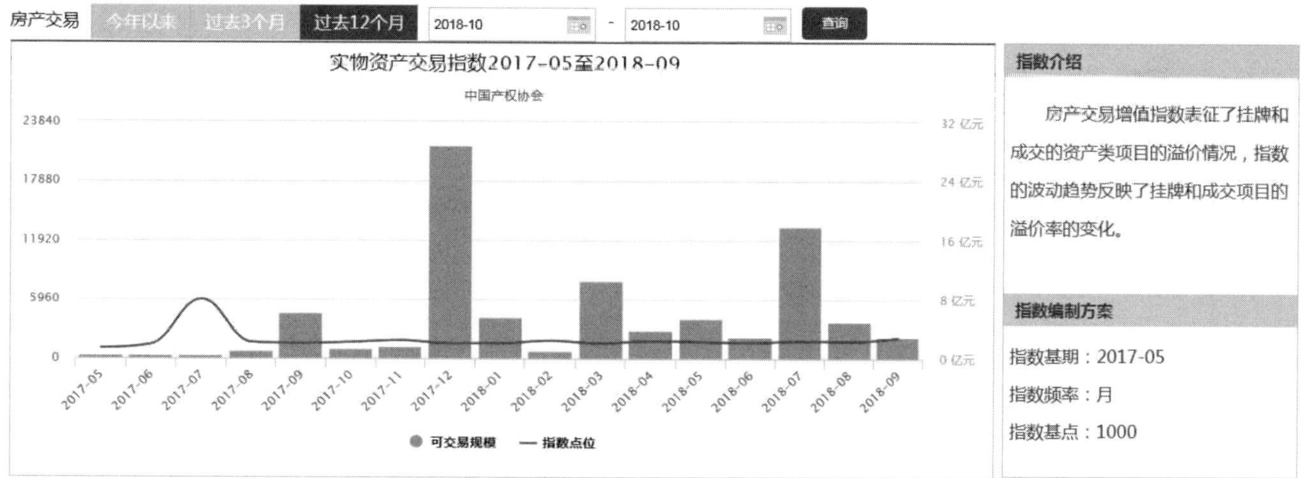

8. 房产交易综合指数

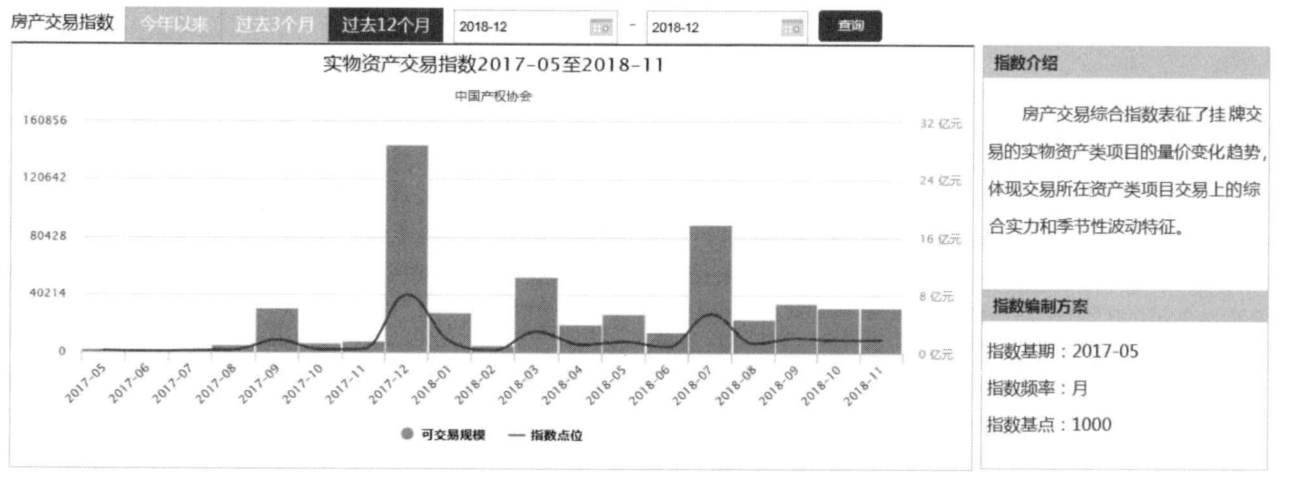

9. 不动产及土地使用权交易增值指数

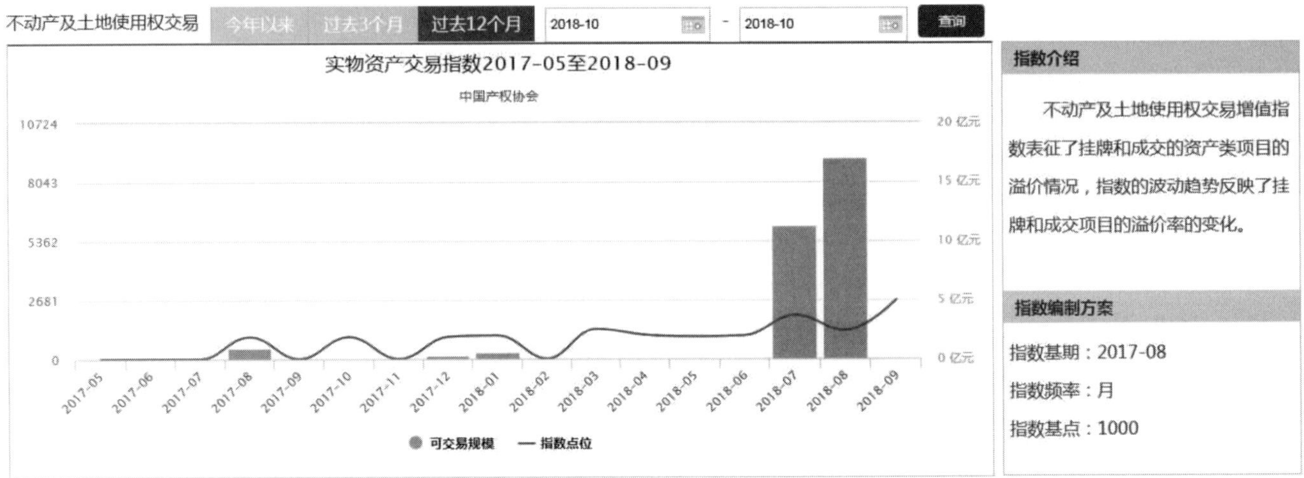

10. 不动产及土地使用权交易综合指数

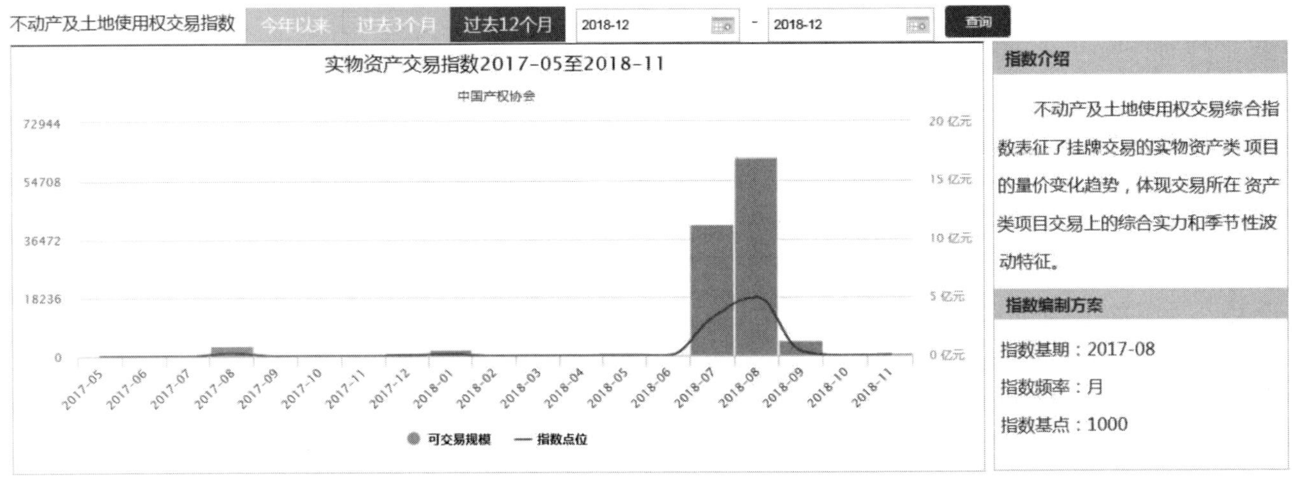

11. 交通运输设备交易增值指数

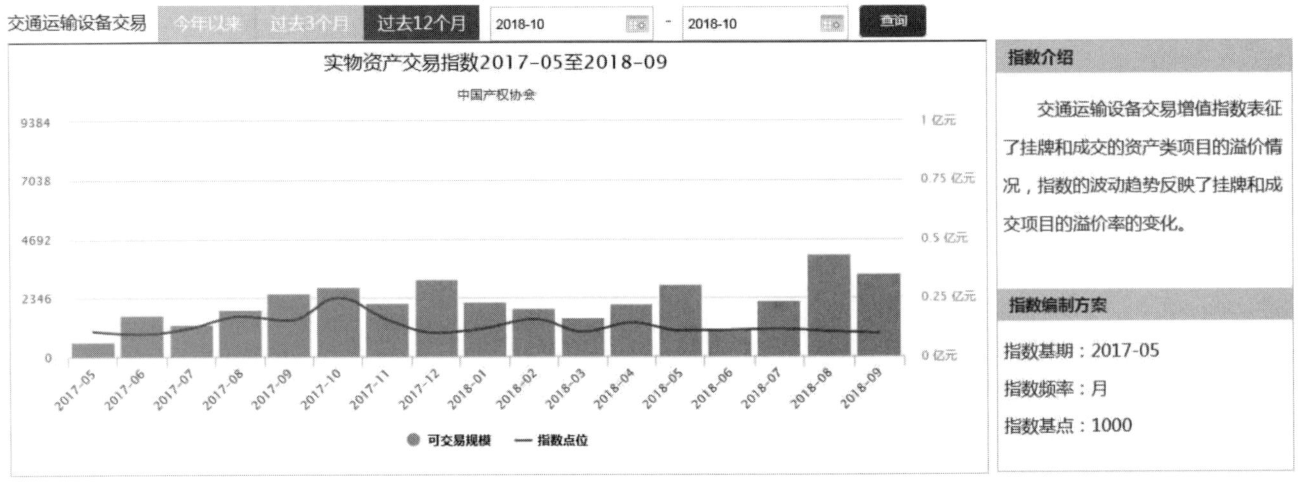

12. 交通运输设备交易综合指数

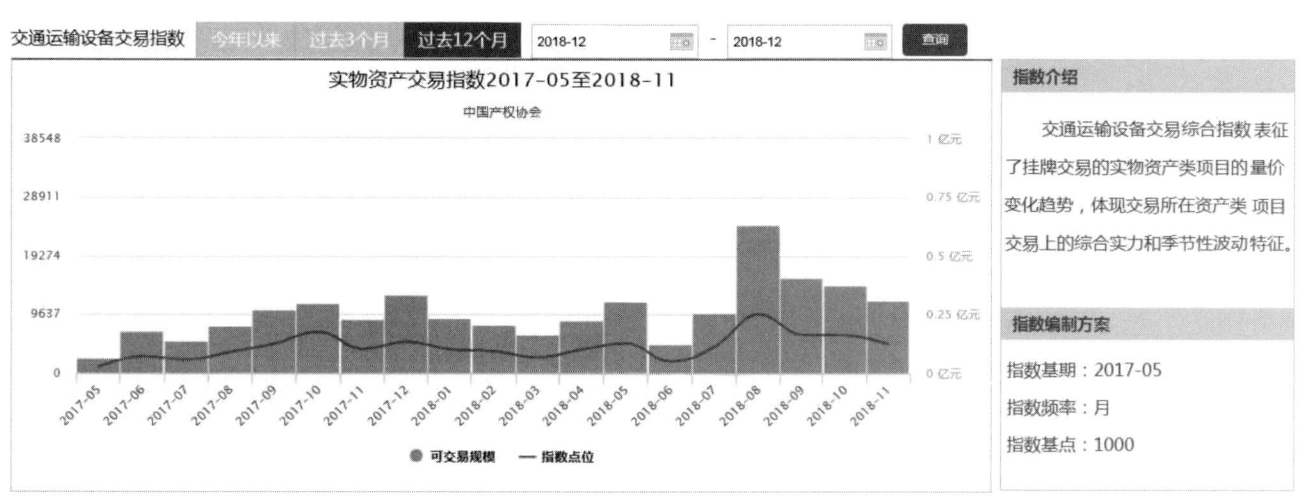

13. 机械设备交易增值指数

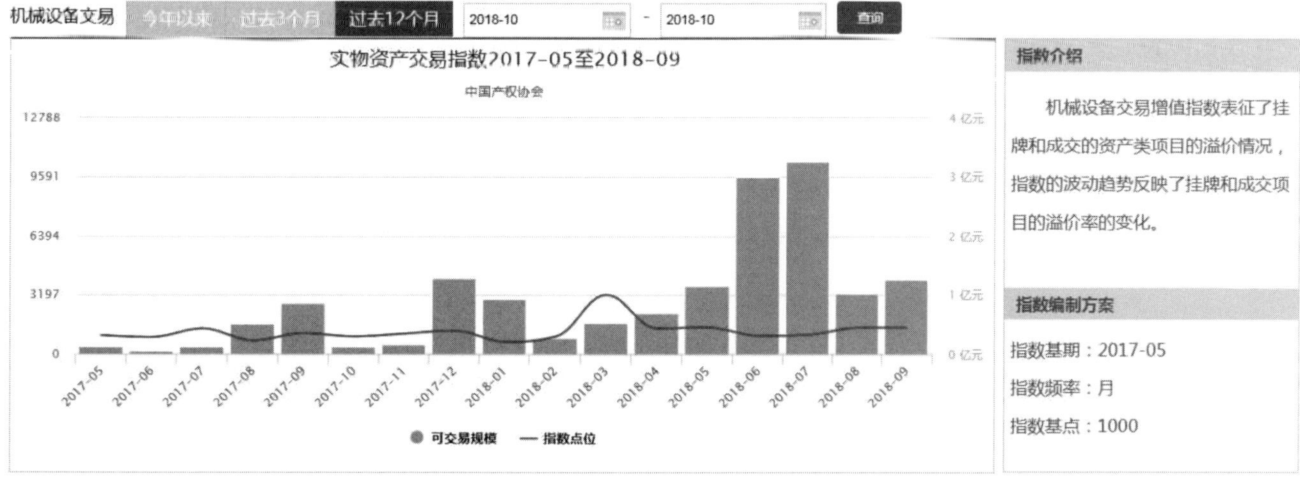

14. 机械设备交易综合指数

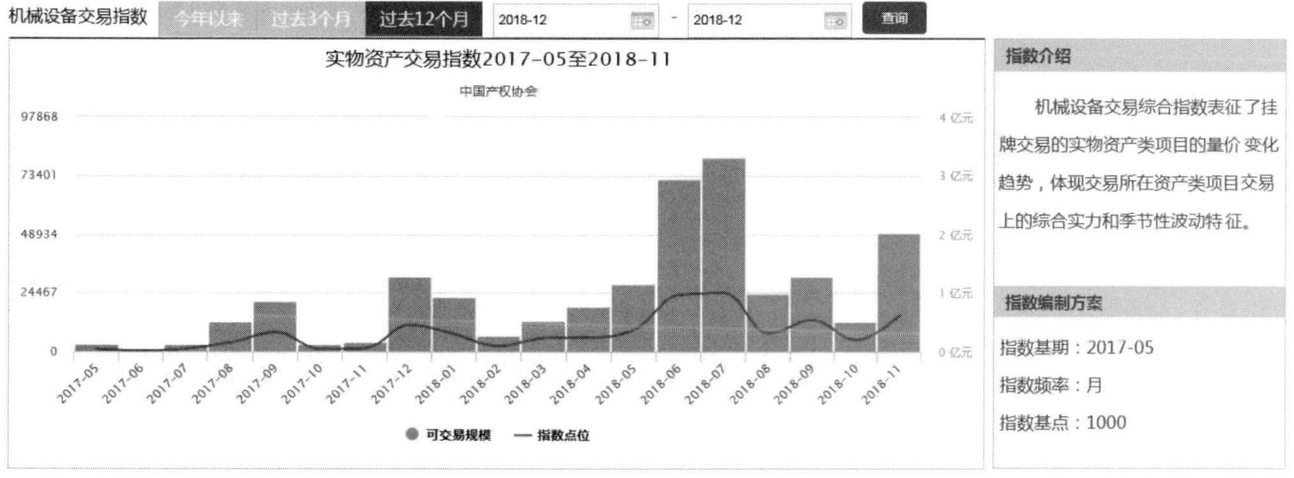

15. 在建工程交易增值指数

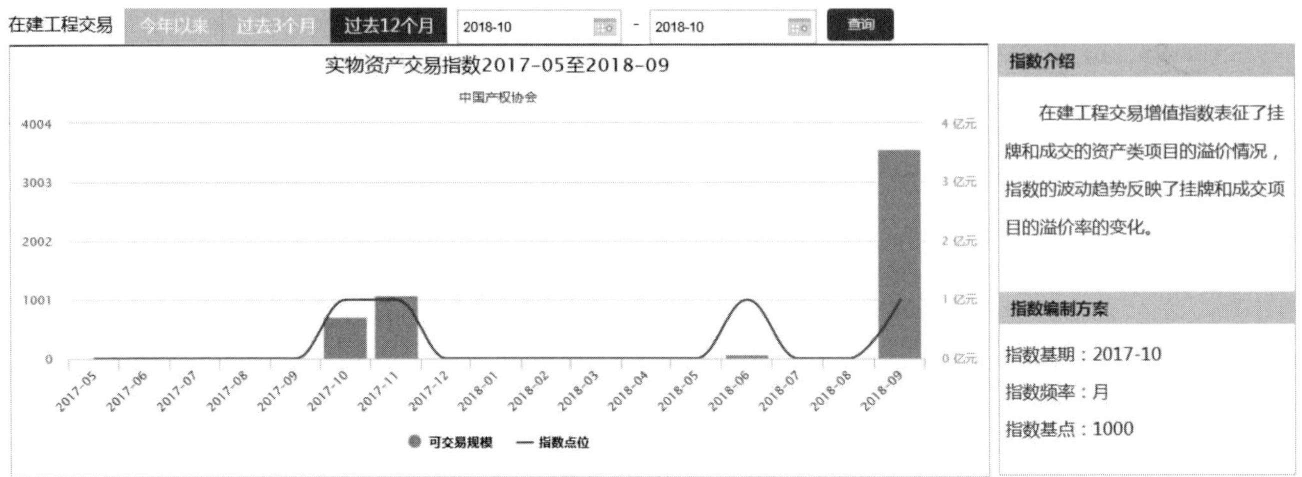

16. 在建工程交易综合指数

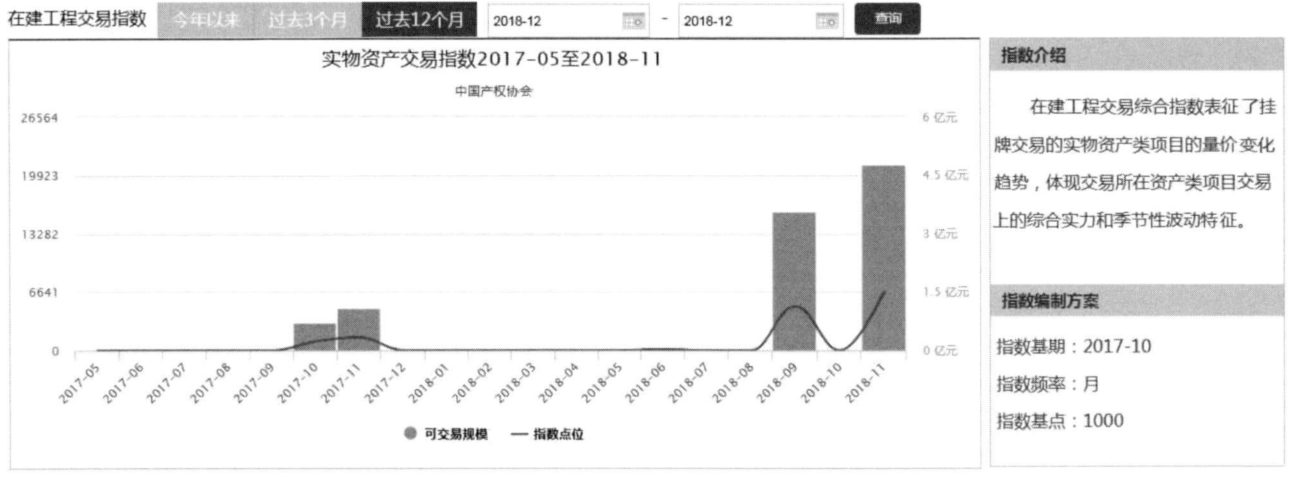

17. 所有企业增资交易增值指数

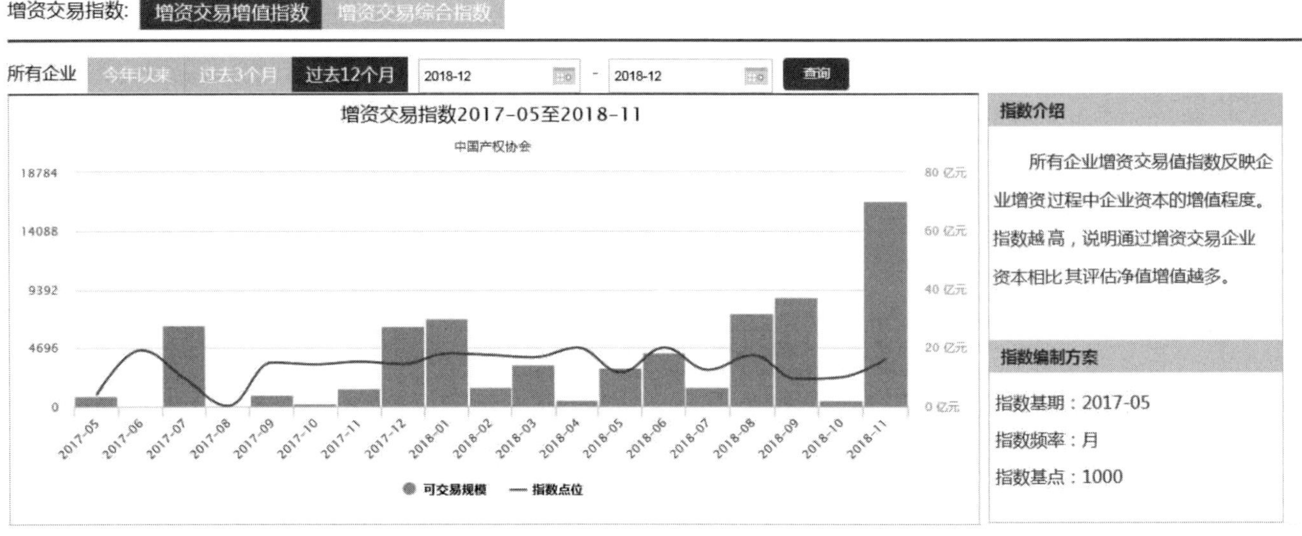

18. 所有企业增资交易综合指数

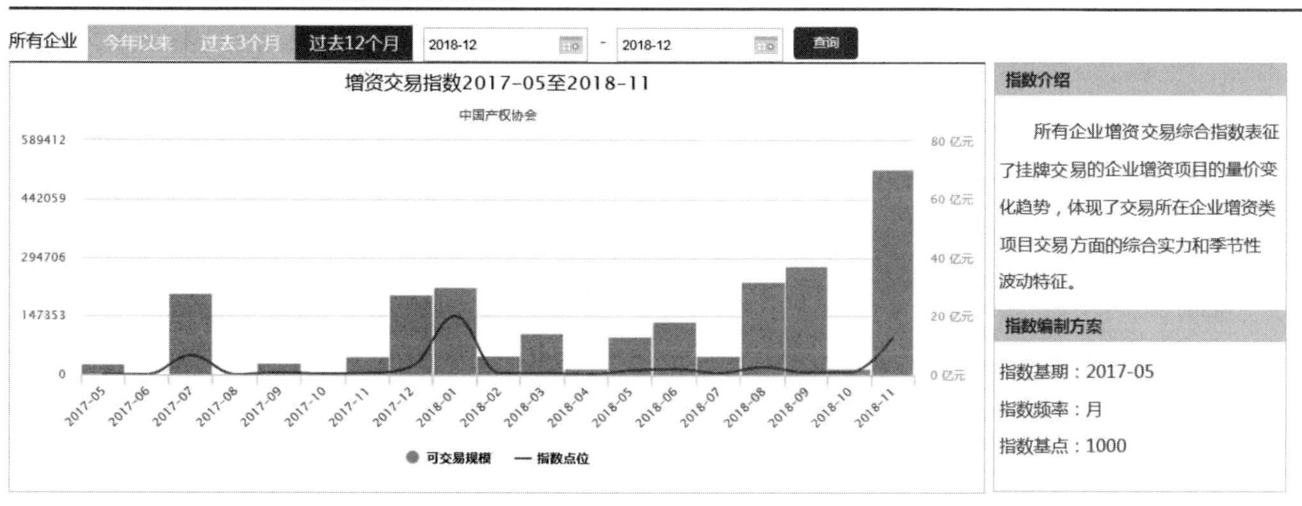

19. 央企增资交易增值指数

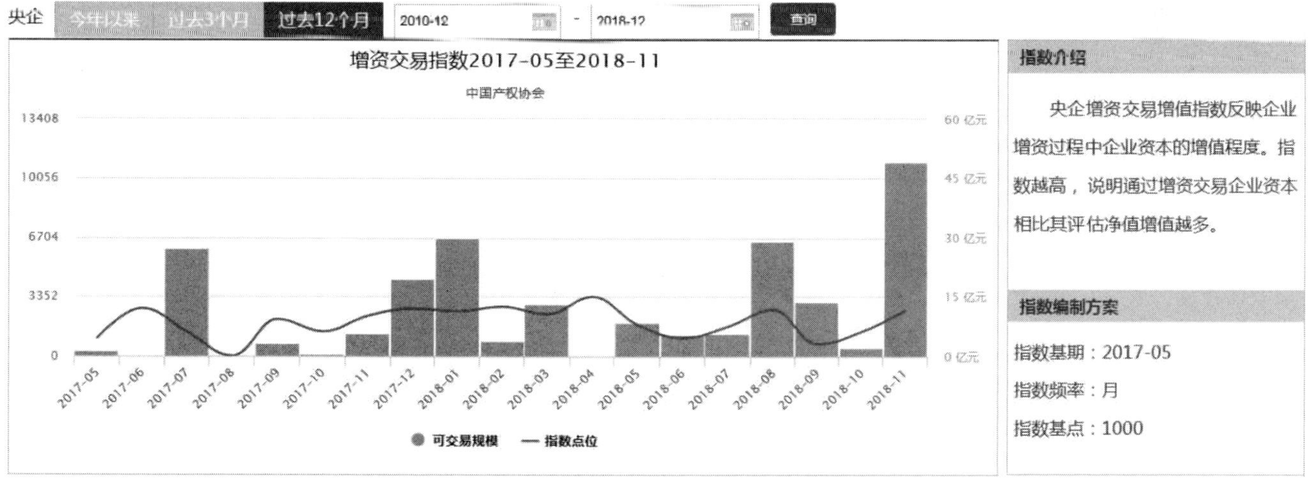

20. 央企增资交易综合指数

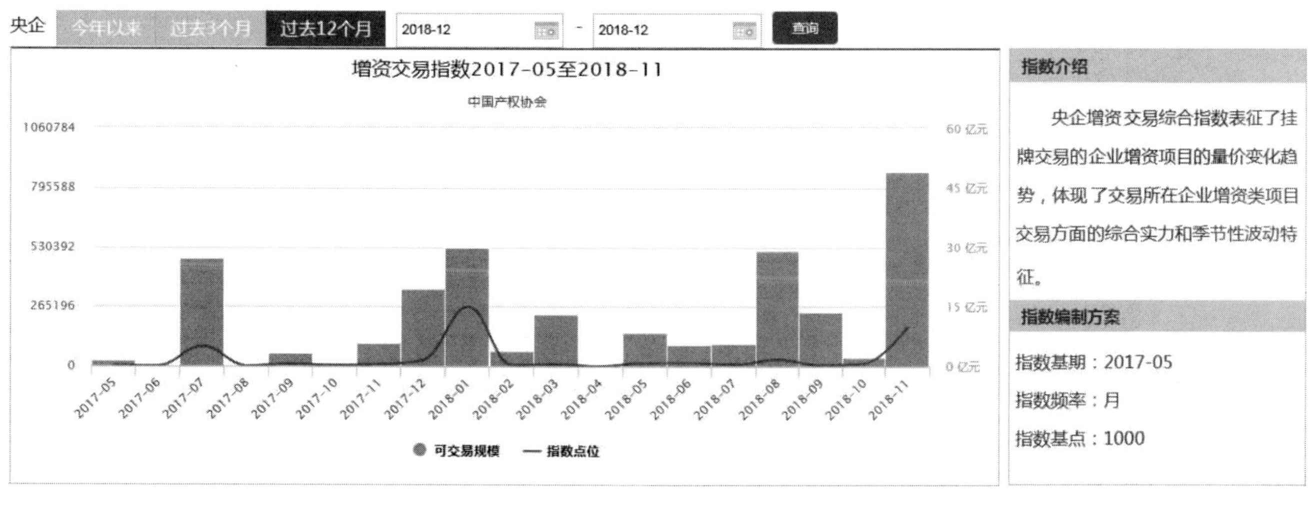

21. 地方国企增资交易增值指数

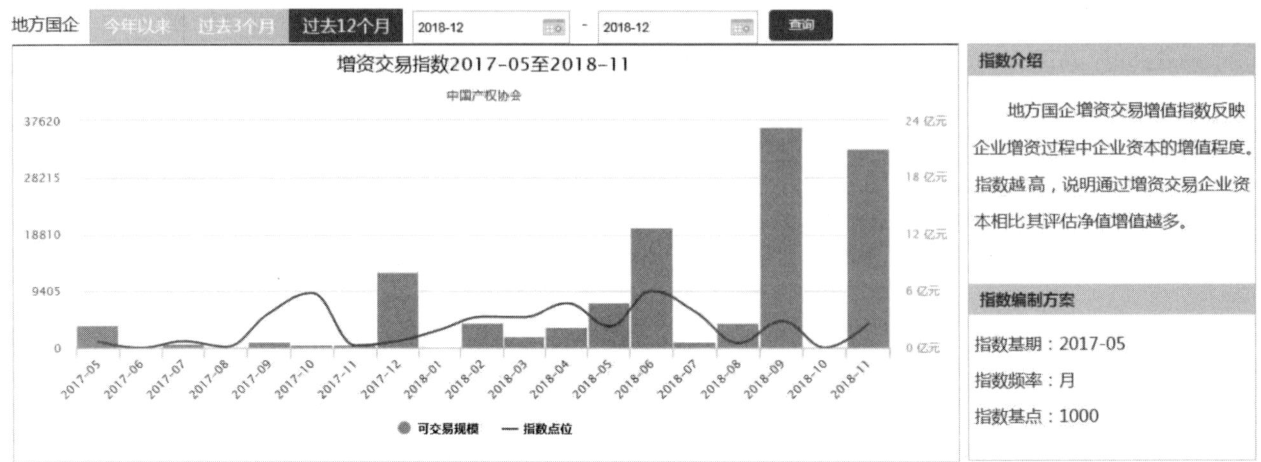

22. 地方国企增资交易综合指数

中国产权市场年鉴 2016—2018

China Property Rights Exchanging Capital Market Yearbook 2016–2018

2015—2017年度企业国有产权交易相关地方性法律规章索引

序号	法规及相关文件	颁布日期	发文部门	法规文号
1	《关于全面推进市属国企法治建设的意见》	2016年7月28日	北京市国资委	京国资发〔2016〕9号
2	《北京市人民政府关于改革和完善国有资产管理体制的实施意见》于2017年1月7日印发实施	2017年1月7日	北京市国资委	京政发〔2017〕3号
3	《北京市国资委出资人监管权力和责任清单》的通知	2017年12月21日	北京市国资委	京国资发〔2017〕32号
4	市国资委关于印发《关于市属国有企业创新创业的指导意见》的通知	2016年8月29日	天津市国资委	津国资规划〔2016〕11号
5	市国资委关于市管企业健全完善产权管理制度体系的通知	2016年9月26日	天津市国资委	津国资产权〔2016〕23号
6	市国资委关于印发《天津市市管企业投资监督管理办法》的通知	2017年2月6日	天津市国资委	津国资规划〔2017〕2号
7	《市国资委关于贯彻落实〈企业国有资产交易监督管理办法〉有关事项的通知》	2016年10月9日	天津市国资委	津国资产权〔2016〕24号
8	《天津市财政局关于贯彻落实〈企业国有资产交易监督管理办法〉有关事项的通知》	2016年10月9日	天津市财政局	津财会〔2017〕35号
9	市国资委、市财政局、天津证监局关于印发《天津市开展国有控股混合所有制企业员工持股试点的实施意见》的通知	2017年5月2日	天津市国资委	津国资企改〔2017〕6号
10	市国资委关于印发《天津市市管金融企业国有资产监督管理若干规定》的通知	2017年6月29日	天津市国资委	
11	关于印发《本市国有企业混合所有制改制操作指引（试行）》的通知	2016年3月9日	上海市国资委	沪国资委改革〔2016〕26号
12	关于印发《关于本市地方国有控股混合所有制企业员工持股首批试点工作实施方案》的通知	2017年1月18日	上海市国资委	沪国资委改革〔2017〕18号
13	关于印发《上海市国有企业内部审计管理办法》的通知	2017年11月7日	上海市国资委	沪国资委审计〔2017〕47号
14	关于印发《重庆市企业国有资产评估管理暂行办法》的通知	2015年4月16日	重庆市国资委	
15	关于贯彻《重庆市企业国有产权转让管理办法》有关问题的通知	2015年5月13日	重庆市国资委	渝府令第220号
16	关于重庆市属地方国有金融企业产权转让有关问题的通知	2015年5月18日	重庆市国资委	
17	重庆市人民政府办公厅关于市属国有重点企业功能界定与分类的通知	2016年5月10日	重庆市人民政府办公厅	渝府办发〔2016〕70号

续表

序号	法规名称	颁布日期	发文部门	法规文号
18	重庆市市属国有企业投资监督管理办法	2017 年 5 月 3 日	重庆市国资委	渝国资发〔2017〕5 号
19	关于改革和完善全省国有资产管理体制的实施意见	2016 年 6 月 13 日	河北省人民政府	冀政发〔2015〕53 号
20	河北省国资委关于健全企业法律内控机制、加强企业法治建设的指导意见	2016 年 12 月 14 日	河北省国资委	
21	河北省国资委关于推进监管企业信息公开的指导意见	2017 年 12 月 29 日	河北省国资委	
22	河南证监局、河南省国资委关于印发《关于完善河南国有控股上市公司治理的指导意见》的通知	2015 年 1 月 21 日	河南证监局 河南省国资委	
23	省政府国资委关于加强企业国有产权管理有关事项的通知		河南省国资委	
24	河南省人民政府关于省属国有工业企业发展混合所有制经济的实施意见	2016 年 7 月 7 日	河南省人民政府	豫政〔2016〕47 号
25	河南省人民政府关于加强和改进企业国有资产监管工作的实施意见	2016 年 8 月 18 日	河南省人民政府	豫政〔2016〕45 号
26	河南省人民政府办公厅关于转发河南省国有企业功能界定与分类指导意见的通知	2016 年 7 月 21 日	河南省人民政府	豫政办〔2016〕112 号
27	关于印发河南省属国有企业市场化银行债权转股权推进工作方案的通知	2017 年 3 月 1 日	河南省人民政府 办公厅	豫政办〔2017〕36 号
28	关于印发《关于省属企业处置“僵尸企业”的意见》的通知	2017 年 3 月 20 日	河南省国资委	豫国资文〔2017〕16 号
29	云南省国资委关于印发《云南省国资委履行出资人职责事项权利责任清单（暂行）》的通知	2016 年 6 月 20 日	云南省国资委	
30	云南省人民政府办公厅关于云南省国有企业分类监管的实施意见	2016 年 8 月 11 日	云南省人民政府 办公厅	
31	云南省人民政府办公厅关于加强和改进企业国有资产监督、防止国有资产流失的实施意见	2016 年 8 月 11 日	云南省人民政府 办公厅	
32	云南省人民政府关于进一步优化国有经济布局结构的指导意见	2016 年 8 月 11 日	云南省人民政府	
33	云南省人民政府关于完善国有资产管理体制的实施意见	2016 年 8 月 11 日	云南省人民政府	
34	云南省人民政府关于推进国有企业完善现代企业制度的实施意见	2016 年 8 月 11 日	云南省人民政府	
35	云南省人民政府关于国有企业发展混合所有制经济的实施意见	2016 年 8 月 11 日	云南省人民政府	
36	云南省人民政府办公厅关于做好国有企业提质增效工作的实施意见	2017 年 1 月 18 日	云南省人民政府	
37	云南省人民政府办公厅关于推进国有企业供给侧结构性改革的实施意见	2017 年 1 月 18 日	云南省人民政府	
38	中共云南省委办公厅、云南省人民政府办公厅印发《关于推进省级经营性国有资产集中统一监管的实施意见》的通知	2017 年 4 月 28 日	中共云南省委办公厅 云南省人民 政府办公厅	
39	云南省国资委关于印发《云南省省属企业境外投资监督管理办法（试行）》和《云南省省属企业境外投资项目负面清单（试行）》的通知	2017 年 12 月 1 日	云南省国资委	云国资规划〔2017〕275 号

续表

序号	法规名称	颁布日期	发文部门	法规文号
40	辽宁省国资委出资企业负责人经营业绩考核暂行办法	2016年8月31日	辽宁省国资委	
41	全省国有控股混合所有制企业开展员工持股试点工作方案	2017年5月11日	辽宁省国资委	
42	省政府出台《辽宁省省属企业违规经营投资责任追究暂行规定》	2017年10月11日	辽宁省政府	
43	关于加强和规范省国资委出资企业资产租赁管理有关事项的通知	2015年8月14日	黑龙江省国资委	黑国资产〔2014〕134号
44	黑龙江省国资委关于规范省国资委出资企业改制方案审批备案工作的通知	2016年11月7日	黑龙江省国资委	黑国资改〔2015〕1号
45	黑龙江省国资委关于印发《省国资委出资企业分类监管的实施意见》的通知	2016年11月7日	黑龙江省国资委	黑国资评价〔2015〕92号
46	黑龙江省国资委关于印发《黑龙江省国资委出资企业发展战略和规划管理办法》的通知	2016年11月17日	黑龙江省国资委	黑国资规〔2016〕313号
47	黑龙江省国资委关于推进出资企业公司制改制工作的通知	2017年9月25日	黑龙江省国资委	黑国资办规〔2017〕1号
48	关于修订《湖南省联合产权交易所国有企业实物和无形资产交易规则》的通知	2016年4月6日	湖南省国资委	湘国资产权〔2016〕37号
49	湖南省国资委关于印发《湖南省国资委监管企业负责人综合绩效考核办法》的通知	2017年6月30日	湖南省国资委	湘国资〔2017〕190号
50	湖南省国资委、湖南省发改委、湖南省财政厅、湖南省人力资源和社会保障厅关于鼓励和规范省属国有企业投资项目引入非国有资本的意见	2017年9月6日	湖南省国资委、湖南省发改委、湖南省财政厅、湖南省人力资源和社会保障厅	湘国资〔2017〕102号
51	山东省国资委关于全面推进法治国企建设的意见	2015年4月26日	山东省国资委	鲁国资企改〔2015〕1号
52	山东省国资委关于开展混合所有制改革试点工作的通知	2015年12月2日	山东省国资委	鲁国资收益字〔2015〕67号
53	山东省国资委关于做好国家出资企业产权登记工作有关事项的通知	2015年12月2日	山东省国资委	鲁国资产权字〔2015〕42号
54	省委办公厅、省政府办公厅关于省属国有企业发展混合所有制经济的意见	2016年3月16日	山东省委办公厅、山东省政府办公厅	鲁办发〔2016〕10号
55	山东省省属企业资产转让管理办法	2016年9月6日	山东省国资委	鲁国资产权〔2016〕2号
56	山东省国资委关于省属国有企业混合所有制改革发挥中小股东作用的指导意见	2017年1月25日	山东省国资委	鲁国资〔2017〕1号
57	山东省人民政府办公厅关于加强和改进企业国有资产监督防止国有资产流失的实施意见	2017年5月10日	山东省人民政府办公厅	鲁政办发〔2017〕40号
58	关于规范企业国有资产评估工作的通知	2017年12月27日	新疆国资委	新国资产权〔2005〕265号
59	关于对监管企业进行产权管理工作综合检查的通知	2017年3月7日	新疆国资委	新国资产权〔2017〕50号
60	关于印发《自治区鼓励和规范国有企业投资项目引入非国有资本实施意见》的通知	2016年5月15日	新疆发展改革委、财政厅、人社厅、国资委	新发改体改〔2016〕915号
61	江西省人民政府办公厅关于进一步完善省属国有企业法人治理结构的实施意见	2017年10月27日	江西省人民政府办公厅	赣府厅发〔2017〕91号

续表

序号	法规名称	颁布日期	发文部门	法规文号
62	湖北省国有控股混合所有制企业开展员工持股试点实施办法	2016年11月11日	湖北省国资委 湖北省财政厅 湖北证监局	鄂国资规〔2016〕1号
63	湖北省企业国有产权交易操作规则	2016年9月13日	湖北省国资委	鄂国资产权〔2009〕394号
64	关于深化国有企业改革的实施意见	2016年6月17日	湖北省国资委	鄂办发〔2015〕60号
65	湖北省企业失信行为联合惩戒办法（试行）	2015年8月30日	湖北省人民政府办公厅	鄂政办发〔2015〕67号
66	关于印发《自治区国资委监管企业重组整合方案》的通知	2016年12月23日	广西壮族自治区人民政府国有资产监督管理委员会	桂国资发〔2016〕91号
67	关于建立企业国有资产交易等有关事项报告制度的通知	2017年12月21日	广西壮族自治区人民政府国有资产监督管理委员会	桂国资产权字〔2017〕69号
68	广西壮族自治区人民政府办公厅关于转发自治区国资委以管资本为主推进职能转变方案的通知	2017年12月6日	广西壮族自治区人民政府办公厅	桂政办发〔2017〕173号
69	自治区国资委关于公布北部湾产权交易所集团股份有限公司为从事全区国有企业增资业务产权交易机构的通知	2017年5月11日	广西壮族自治区人民政府国有资产监督管理委员会	桂国资产权字〔2017〕30号
70	关于做好自治区国资委科技型企业股权和分红激励工作的通知	2017年4月10日	广西壮族自治区人民政府国有资产监督管理委员会	桂国资分配字〔2017〕7号
71	关于印发《自治区本级国有“僵尸企业”处置方案》的通知	2017年1月17日	广西壮族自治区人民政府国有资产监督管理委员会	桂国资发〔2017〕7号
72	关于印发《甘肃省省属国有控股混合所有制企业开展员工持股试点实施办法》的通知	2017年11月21日	甘肃省政府国资委、省财政厅、甘肃证监局	甘国资发改组〔2017〕406号
73	甘肃省政府国资委关于印发《甘肃省国有资产监管工作指导监督实施办法》的通知	2017年1月3日	甘肃省国资委	甘国资发法规〔2017〕2号
74	甘肃省人民政府关于改革和完善国有资产管理体制的实施意见	2016年11月28日	甘肃省人民政府	甘政发〔2016〕97号
75	甘肃省人民政府关于国有企业发展混合所有制经济的实施意见	2016年9月5日	甘肃省人民政府	甘政发〔2016〕78号
76	中共甘肃省委甘肃省人民政府关于深化国有企业改革的实施意见	2016年1月11日	中共甘肃省委办公厅	甘发〔2016〕3号
77	甘肃省政府国资委关于印发《省属企业供给侧结构性改革实施方案》的通知	2016年6月30日	甘肃省国资委	甘国资发改革〔2016〕237号
78	甘肃省政府国资委关于进一步健全国资国企改革工作推进机制的通知	2015年4月29日	甘肃省政府国资委	甘国资发改革〔2015〕84号
79	关于做好国家出资企业产权登记工作有关事项的通知	2015年1月30日	甘肃省政府国资委	甘国资发产权〔2015〕25号
80	山西省人民政府关于加快股权投资基金业发展的若干意见	2017年5月4日	山西省人民政府	晋政发〔2017〕19号
81	省政府办公厅关于印发江苏省“互联网+”公共资源交易实施方案（2017—2018年）的通知	2017年5月26日	江苏省人民政府办公厅	苏政办发〔2017〕82号

续表

序号	法规名称	颁布日期	发文部门	法规文号
82	省政府办公厅关于转发省发展改革委江苏省碳排放权交易第三方核查机构管理办法（暂行）的通知	2016年6月15日	江苏省人民政府办公厅	苏政办发〔2016〕63号
83	省政府办公厅关于印发江苏省知识产权区域布局试点工作推进方案的通知	2016年2月17日	江苏省人民政府办公厅	苏政办发〔2016〕15号
84	省政府办公厅关于印发江苏省整合建立统一的公共资源交易平台实施方案的通知	2015年12月15日	江苏省人民政府办公厅	苏政办发〔2015〕132号
85	浙江省人民政府办公厅转发省国资委关于加快推进省属国有资产证券化工作实施意见的通知	2015年5月8日	浙江省人民政府办公厅	浙政办发〔2015〕48号
86	浙江省人民政府办公厅关于加快融资租赁业发展的实施意见	2016年9月9日	浙江省人民政府办公厅	浙政办发〔2016〕112号
87	浙江省人民政府办公厅关于加快处置“僵尸企业”的若干意见	2017年12月6日	浙江省人民政府办公厅	浙政办发〔2017〕136号
88	浙江省人民政府办公厅关于加快融资租赁业发展的实施意见	2016年9月3日	浙江省人民政府办公厅	浙政办发〔2016〕112号
89	中共安徽省委、安徽省人民政府关于稳步推进农村集体产权制度改革的实施意见	2017年10月31日	安徽省人民政府办公厅	皖发〔2017〕27号
90	安徽省人民政府关于开展农村承包土地的经营权和农民住房财产权抵押贷款试点的实施意见	2016年1月8日	安徽省人民政府	皖政〔2015〕136号
91	安徽省人民政府办公厅关于印发省国资委以管资本为主推进职能转变方案的通知	2017年12月1日	安徽省人民政府办公厅	皖政办〔2017〕94号
92	安徽省人民政府办公厅关于进一步完善国有企业法人治理结构的实施意见	2017年11月20日	安徽省人民政府办公厅	皖政办〔2017〕89号
93	安徽省人民政府办公厅关于规范发展区域性股权市场的通知	2017年5月4日	安徽省人民政府办公厅	皖政办〔2017〕45号
94	安徽省人民政府办公厅关于完善集体林权制度的实施意见	2017年4月26日	安徽省人民政府办公厅	皖政办〔2017〕39号
95	安徽省人民政府办公厅关于印发安徽省公共资源交易平台整合试点工作方案的通知	2016年11月15日	安徽省人民政府办公厅	皖政办秘〔2016〕188号
96	安徽省人民政府办公厅关于印发安徽省公共资源交易平台服务管理细则的通知	2016年11月15日	安徽省人民政府办公厅	皖政办〔2016〕65号
97	安徽省人民政府办公厅关于印发整合建立统一的公共资源交易平台实施方案的通知	2015年12月4日	安徽省人民政府办公厅	皖政办〔2015〕64号
98	安徽省人民政府办公厅关于推进农村产权流转交易市场建设的实施意见	2015年4月27日	安徽省人民政府办公厅	皖政办〔2015〕21号
99	安徽省人民政府办公厅关于进一步优化企业兼并重组市场环境的实施意见	2015年3月10日	安徽省人民政府办公厅	皖政办〔2015〕6号
100	自治区国资委关于进一步加强出资监管企业依法治企工作的意见	2015年6月5日	内蒙古国资委	内国资法规字〔2015〕125号
101	关于自治区直属企业增资扩股有关事宜的通知	2015年10月13日	内蒙古国资委	内国资产权字〔2015〕116号
102	关于印发《内蒙古自治区区属企业国有资产评估项目公示办法》的通知	2016年8月8日	内蒙古国资委	内国资产权字〔2016〕210号
103	陕西省人民政府办公厅转发省国资委关于做好2016年国有企业提质增效工作指导意见的通知	2016年5月16日	陕西省政府	陕政办发〔2016〕33号

续表

序号	法规名称	颁布日期	发文部门	法规文号
104	陕西省人民政府办公厅关于加快省属国有企业股份制改革推进国有资产证券化的意见	2016 年 8 月 22 日	陕西省政府	陕政办发〔2016〕52 号
105	陕西省人民政府办公厅关于创新管理优化服务培育壮大经济发展新动能加快新旧动能接续转换的实施意见	2017 年 12 月 11 日	陕西省政府	陕政办发〔2017〕101 号
106	贵州省国资委关于印发《贵州省国资委监管企业增资工作指引（试行）》的通知	2016 年 10 月 12 日	贵州省国资委	黔国资产权〔2016〕142 号
107	贵州省国资委关于全面推进监管企业法治国企建设的意见	2016 年 4 月 6 日	贵州省国资委	黔国资通法规〔2016〕64 号
108	关于四川省省属企业内部资产重组中企业国有产权协议转让有关事项的通知	2015 年 11 月 10 日	四川省国资委	川国资产权〔2015〕67 号
109	四川省人民政府关于改革和完善国有资产管理体制的实施意见	2017 年 4 月 1 日	四川省政府	川府发〔2017〕19 号
110	关于印发《四川省企业国有资产交易监督管理办法》的通知	2018 年 1 月 18 日	四川省国资委	川国资委〔2018〕18 号
111	青海省人民政府办公厅关于加强和改进企业国有资产监督防止国有资产流失的实施意见	2016 年 12 月 12 日	青海省政府	青政办〔2016〕216 号
112	广东省人民政府关于全省国企出清重组“僵尸企业”促进国资结构优化的指导意见	2016 年 4 月 8 日	广东省政府	粤府〔2016〕29 号
113	海南省国资委机关国有资产管理办法	2016 年 12 月 5 日	海南省国资委	琼国资办〔2016〕134 号
114	关于印发《宁夏回族自治区地方国有资产监管工作指导监督实施办法》的通知	2016 年 6 月 13 日	宁夏国资委	宁国资发〔2016〕55 号